重庆直辖时刻

CHONGQING ZHIXIA SHIKE

——设立重庆直辖市文献选编

1996.7—1997.6（上）

重庆市地方史研究会 编

周勇 主编

重庆出版集团 重庆出版社

图书在版编目(CIP)数据

重庆直辖时刻：设立重庆直辖市文献选编：1996.7-1997.6 / 周勇主编；重庆市地方史研究会编. —重庆：重庆出版社，2017.9

ISBN 978-7-229-12447-2

Ⅰ.①重… Ⅱ.①周… ②重… Ⅲ.①政区沿革—文献—选编—重庆—1996-1997 Ⅳ.①K927.19

中国版本图书馆CIP数据核字(2017)第170412号

重庆直辖时刻

CHONGQING ZHIXIA SHIKE

重庆市地方史研究会 编

周 勇 主编

责任编辑:秦 琥 吴 昊

责任校对:杨 媚

装帧设计:彭平欣

重庆出版集团
重 庆 出 版 社 **出版**

重庆市南岸区南滨路162号1幢 邮政编码:400061 http://www.cqph.com

重庆出版社艺术设计有限公司制版

重庆天旭印务有限责任公司印刷

重庆出版集团图书发行有限公司发行

E-MAIL:fxchu@cqph.com 邮购电话:023-61520646

全国新华书店经销

开本:740mm×1030mm 1/16 印张:63.5 字数:970千

2017年9月第1版 2017年9月第1次印刷

ISBN 978-7-229-12447-2

定价:130.00元(上下册)

如有印装质量问题,请向本集团图书发行有限公司调换:023-61520678

前言：忠实记录重庆历史上的第四次直辖

周　勇

一

1997 年，是在中国历史上占有重要位置的一年。中国恢复了对香港行使主权，结束了自鸦片战争以来割地赔款的历史；中国共产党召开了第十五次全国代表大会，开启了中国特色社会主义的新征程。

也是在 1997 年，第八届全国人民代表大会第五次会议决定设立重庆直辖市，标志着重庆的经济社会发展进入了一个新的历史阶段，这也是重庆历史上的第四次直辖。较之此前的三次“直辖”，即公元前 316 年秦在此置“巴郡”、1939 年国民政府在此设立“特别市”、1949 年中华人民共和国中央政府在此设立“直辖市”，1997 年设立的“重庆直辖市”同样具有重大的意义。

因此，1997 年，无论在中国，还是在重庆，都将载入史册。

我们重庆市地方史研究会是以重庆历史为研究对象，由历史、文博、档案、图书等相关机构及学者、工作者组成的学术性团体。30 多年来，我们研究过这座内陆城市的崛起，记录过这座英雄城市的涅槃，更见证了这座伟大城市的奋飞，尤其为能亲身经历、参与重庆历史上的第四次直辖而自豪。

重庆市地方史研究会有责任忠实地记录这一重大历史事件，为城市存史，为市民立言，为后代续传统，为国史添篇章。于是，在 1998 年，即直辖一周年之时，创始会长孟广涵即带领本会同仁编纂了《设立重庆直辖市纪实》（以下简称《设立》）一书，于1999年出版。这是关于重庆直辖历史的第一部文献集。这项工作得到了中共重庆市委、市政府的充分肯定，得到了社会各界的大力支持。时任市委书记张德邻为该书作序，时任市长蒲海清题写书名。同时，我们开展了关于重庆直辖的一系列研究，产生了一批研究成果。这在当时产生过很大的影响。

回首重庆直辖以来20年的历程，重庆人民秉持“登高涉远，负重自强”的重庆城市精神，以愚公移山的恒心，勇于攀登的意志，逆水行舟的顽强，激流勇进的胆略，开放兼容的胸襟，放眼天下的视野，上演了一幕幕爬坡上坎、栉风沐雨、精彩纷呈、威武雄壮的活剧，向中国和世界奉献了一座江山之城。而这一切都源于1997年重庆直辖那个伟大的时刻。

20年来，研究重庆直辖的条件发生了很大的变化，深入探究直辖历史之谜的条件更渐成熟——当年禁锢的档案已经部分解禁，当年散落于官民之间的不少史料逐渐披露出来，当年的不少主事者、重要参与者或撰写回忆录，或接受口述访谈，使得那些曾经或明或暗的直辖史实逐渐清晰起来。

当年主持会务并编写《设立重庆直辖市纪实》的孟广涵、周永林老先生已经去世，历史的责任落到我们身上。于是2016年我们决定新编《重庆直辖时刻》（以下简称《时刻》）一书，再续我们忠实记录重庆第四次直辖历史的传统。

二

20年前编纂的《设立》一书，由“代管时期”、“成立时期”、“开局时期”和“海外述评”四部分构成。从时间上，起于1996年9月重庆代管“两市一地”，止于1998年重庆直辖一周年；内容上，只反映公开见诸报端的直辖进程，同时加上了直辖一年来取得的成就；资料上，主要来源是媒体报道，只有少量的文件。共47万字。虽然大体上反映了重庆直辖的进程，但因当时条件的限制，核心史料不足，对历史的还原有相当差距，史实的表述相对表浅。

20年后编纂的《时刻》一书，分为“决策”“启动”“代管”“设立”

“挂牌”五个部分。保留了《设立》中的约30万字，新增约70万字，全书共计近100万字，分上下两册。主要有以下特点：

（一）《时刻》定位于直辖时刻，体现了时间的精准性

重庆直辖是一部大戏，尤其是直辖20年来重庆发生了天翻地覆的变化。但本书定位于1996年7月至1997年6月，即只深耕深挖1996年7月直辖工作的传达启动，到1997年6月18日正式挂牌成立这一年的历史。而把直辖发生的巨大变化留待新闻工作者和后世学者去描述。史料按时间顺序排列，个别少量专题资料适当集中，以反映历史的进程和内在的逻辑。这是历史学家的眼光。这使它与同类著作相比，更有独特性。

（二）《时刻》集中于直辖决策及设立，体现了内容上的完整性

尽管时间已经过去了20年，但是读者对重庆直辖仍存在许多问号：直辖的动因到底是什么？直辖市的荣耀为什么落在重庆？直辖的决策是怎么形成的？那“不三不四”的状况怎么变成了“重庆直辖市”？直辖的工作是怎么推进的？直辖的任务是怎么完成的？……因此，本书紧紧围绕这些问题，用史料说话，用事实发言，循序渐进，层层展开，逐一回答，使学者、读者对重庆直辖的历史有一个较为完整清晰的了解。

（三）《时刻》针对于直辖的进程，尤其是对这一历史分期进行了初步的研究，体现了学术上的严谨性

我们把这段历史分为五个时期：

1. 决策时期。即从1985年邓小平提出“可以考虑把四川分为两个省，一个以重庆为中心城市，另一个以成都为中心城市”开始，到1996年6月中央政治局常委会正式决定设立重庆直辖市并通过了设立重庆市直辖市方案。

2. 启动时期。即从1996年7月初四川省委将中央关于设立重庆直辖市的决策向全省传达，重庆直辖筹备工作随即全面展开；到9月5日中央政治局常委会决定，重庆市从9月15日起代管四川省万县市、涪陵市、黔江地区。

3. 代管时期。即从1996年9月15日起，重庆市与万县市、涪陵市、黔江地区一体运行、相互融合、整体推动，直辖筹备工作取得重要进展；到

1997 年 2 月 23 日，第八届全国人大常委会第二十四次会议决定将设立重庆直辖市的议案提请第八届全国人大第五次会议审议。

4. 设立时期。即从 1997 年 3 月 1 日第八届全国人民代表大会第五次会议将设立重庆直辖市议案列入会议议程，3 月 14 日正式表决通过设立重庆直辖市议案；到 5 月，设立重庆直辖市的一系列工作全面展开，公开进行。

5. 挂牌时期。即从 1997 年 5 月 27 日，中国共产党重庆市第一次代表大会召开，随后政协重庆市一届一次会议、重庆市人大一届一次会议相继召开，完成了设立重庆直辖市的全部法定程序；6 月 18 日，重庆直辖市挂牌揭幕大会召开，标志着重庆直辖市正式成立。

（四）《时刻》初步揭示了设立重庆直辖市的动因与使命，体现了编者在学术研究基础上的现实关怀

主要体现在收入书中的一系列研究性成果之中：

——《重庆城市发展目标研究报告》（1996 年 9 月），反映了我们对未来重庆市情的新认识和直辖市发展的目标定位，实践证明这是有前瞻性的；

——《重庆市代管万县市、涪陵市、黔江地区宣传教育提纲》（1996 年 9 月），侧重于阐述重庆市代管“两市一地”的历史机遇、整体优势和发展前景，成为当时统一全市思想的基本依据；

——《当前重庆市形势与任务宣传教育提纲》（1997 年 3 月），这是我们对设立重庆直辖市背景、动因、使命、意义、责任的一次集中表达，也成为市委组织的重庆直辖市宣讲团的基本依据；

——《重庆历史上的三次“直辖”》（1997 年 3 月），从 3000 年重庆城市历史的长河中，研究了中央政府对重庆三次进行直接管辖的史实，指出这种状况往往出现在历史发展的关键时期，“直辖”是重庆发展的历史机遇和强大动力，揭示了重庆城市发展的规律性，是对设立重庆直辖市理由唯一性的一次独特论证；

——《文化中心：重庆跨世纪发展目标》（1997 年 3 月）、《对发展重庆文化事业的几点建议》（1997 年 5 月），这是在重庆直辖市发展目标争论的背景下对关于重庆文化发展战略的重要材料，具有文献意义。

这些成果都基于本会多年研究的基础，出自本会成员之手，是本会对直

辖的学术性贡献。这些成果既是党委政府交办的课题，亦是专家学者研究的成果。经过历史的沉淀，如今它已经成为重庆直辖文献的一部分。

（五）《时刻》着眼于核心资料和媒体评论，体现了史料上的独特性

20 年前在编纂《设立》一书时，我们只搜集到《中共中央、国务院关于四川省委托重庆市代管万县市、涪陵市和黔江地区的批复》《国务院关于提请审议设立重庆直辖市的议案》等核心史料。20 年后在《时刻》一书中，有关重庆直辖的重要资料已经大为丰富，主要有：

1. 核心史料的披露。这得益于李鹏同志的两部著作：

——《众志绘宏图：李鹏三峡日记》（中国三峡出版社 2003 年版）。书中披露了邓小平同志对设立三峡行政区的考虑。邓小平“可以考虑把四川分为两个省”的构想即出于此书，这是对后来设立重庆直辖市的最初构想。

——《李鹏论三峡工程》（中国三峡出版社、中央文献出版社 2011 年版）。书中披露了李鹏对三峡移民工作与三峡地区行政建制问题、建立和撤销三峡省筹备组及善后等工作的思考与工作部署，是设立重庆直辖市决策阶段的重要史料。我们从中辑录了《抓住机遇，搞好移民工作》《全国都来支援三峡库区建设》，这是 1996 年 10 月李鹏同志考察重庆及三峡库区期间关于三峡工程移民暨对口支援工作的几次重要讲话；《建设一个繁荣发展的新重庆》《振兴重庆要处理好四个关系》《在重庆直辖市挂牌揭幕大会上的讲话》，这是 1997 年李鹏同志代表党中央、国务院出席重庆直辖挂牌揭幕大会期间在重庆的几次重要讲话。这是中央的要求，也有他个人的作为，是重庆直辖时刻的重要文献。尤为重要的是，2006 年重庆直辖 10 年之际，李鹏同志第十八次考察三峡工程，作了题为《关于三峡工程及重庆直辖的回顾》的讲话。他回顾了三峡工程的决策经过、工程建设的基本经验，清晰地回答了建设三峡工程与设立重庆直辖市的关系，其中的决策经过、基本考虑、干部配备等重大问题是第一次披露，十分珍贵。因此，尽管这次讲话的时间已经超出了本书界定的时限，但它是核心史料中的核心史料，我们仍将其收入书中。

2. 文献史料的丰富。在相当长的一段时间里，“重庆直辖”这项工作都是在内部进行的，新闻媒体也不公开进行报道。因此，对于多数学者，尤其

是普通市民来说，直辖的历史若隐若现，若暗若明。我们从两个方面来披露和还原那段历史：

——如前所述，我们尽可能将直辖期间的一些已经解密的文献搜集起来，提供给读者和研究者。

——将当年不能公开报道，但一些具有深意的新闻报道集中起来，让读者体会新闻背后的深意。如1994年在决策重庆直辖的过程中，江泽民同志考察重庆时题词“努力把重庆建设成为长江上游的经济中心”，李鹏同志为重庆题词“开发三峡，振兴重庆”。1996年7月5日，即内部传达中央关于设立重庆直辖市决定的次日，《重庆日报》就刊发了题为《重庆应有大作为》的报道，称“国务院有关专家建议，重庆应起好以下作用：长江经济带的龙尾作用，三峡工程和库区建设的支撑和带动作用，川东和西南一片的凝聚和纽带作用”。这实际上释放了中央设立重庆直辖市的意图。1996年8月24日，《重庆日报》更在头版头条位置刊发了“新华社供本报特稿”《迈向新世纪的中国城市》，这是一篇全面阐述面向21世纪中国城市发展战略的深度报道。报道指出，“九五”期间至2010年，我国较发达的城市将基本实现现代化，达到或接近中等发达国家城市水平。这包括长江三角洲、珠江三角洲、环渤海地区城市群以及其他东部地区城市，还有部分中、西部地区城市。同时，巨大的人口负担和日益紧缺的资源将在很长的历史过程中成为我国经济社会和城市发展的重大制约因素。“这个问题是世界上任何国家也从未碰到过的，它的成功解决将是21世纪中国对世界的最大贡献！”这就把重庆摆在了中国城市化的大背景中，昭示我们“天将降大任于斯人”。还有10月初《重庆日报》连续刊发的《神女当惊世界殊——万县市移民带动战略备忘录》《开窗放入大江来——涪陵市扩大开放风云录》《武陵磅礴走泥丸——黔江地区扶贫开发启示录》，都是在特殊历史条件下的特殊新闻安排。

3. 口述史料的问世。20年来，重庆直辖市设立时期的几位主政者的口述史料陆续发布，主要有时任市委书记张德邻的《设立重庆直辖市是党中央、国务院作出的重大决策》，这是1998年他为我们编纂的《设立重庆直辖市纪实》一书所作序言的一部分；时任市长蒲海清的口述《我所知道的重庆成立直辖市经过》；时任市委副书记、分管移民工作的副市长甘宇平的《我所了解的设立重庆直辖市的推进过程》。

三

本书第一次比较完整地梳理反映了直辖决策和实施的历史进程。

(一)邓小平提出了设立重庆直辖市的最初构想

据李鹏同志回忆[①]:在筹备三峡工程的过程中,国务院最初考虑设立三峡行政区,用行政区的力量来支持三峡工程建设,做好淹没区的移民和经济开发工作。这个行政区包括重庆市,有了大城市,有一定的工业经济基础和人员智力的支援,便于发展经济。

1985年1月19日,小平同志到人民大会堂福建厅,参加广东核电投资公司与香港核电投资公司合营合同签字仪式。随后听取了李鹏关于三峡工程及筹备情况的汇报。他说:"三峡工程是一个特大的工程项目,要考虑长远利益,我们应该为子孙后代留下一些好的东西。""低坝方案不好,中坝方案是好方案,从现在即可着手进行。"他指出,过去建水电站,动员移民搬家,但移民总是越来越穷。现在搞开发性移民,"移民方针对头了","100万移民也有办法安置,可以发展乡镇企业,也可以搞第三产业,还可以发展旅游"。他特别指出,四川省太大,"可以考虑把四川分为两个省,一个以重庆为中心城市,另一个以成都为中心城市"。后来,李鹏同志说,1985年1月19日被称为"决定三峡工程命运、永远值得纪念的日子"[②]。

(二)国务院建立三峡省筹备组及撤销

1985年2月,国务院召开三峡行政区筹备小组会议,宣布成立三峡省筹备组。三峡省的地域范围包括:四川省涪陵地区、万县地区,湖北省宜昌市和宜昌地区、鄂西自治州巴东县。尽管涪陵地区和重庆市连接,但国务院当时考虑,鉴于三峡工程水位按可行性报告的150米方案,为了不影响人心,

---

①李鹏:《众志绘宏图:李鹏三峡日记》,中国三峡出版社2003年版。

②李鹏:《关于三峡工程及重庆直辖的回顾》,载《李鹏论三峡工程》,中国三峡出版社、中央文献出版社2011年版,第318—329页。

不干扰筹备工作，所以筹备中的三峡省不考虑重庆市。[①]

1986年4月，试运行一年的情况表明，三峡省成为一个经济实体确有困难，这样做有利有弊，对移民试点有利，但不能解决筹备组与川鄂两省两不管问题，对工程本身也有弊。国务院决定撤销三峡省筹备组，由四川省、湖北省执行好中央政策，分别领导做好移民工作。[②]

（三）国务院论证设立川东省和提议设立重庆直辖市

邓小平同志关于“可以考虑把四川分为两个省，一个以重庆为中心城市，另一个以成都为中心城市”的构想，就是把四川省分设为川东省和川西省。国务院在研究这一方案时发现，如果建立川东省，重庆一定是省会，但重庆市的实力比川东省还要强，这样省市之间易产生矛盾，而且省市两套机构，人浮于事，工作效率不高，重庆市对做好三峡移民工作的积极性也调动不起来。

为了减少将来的省和市之间的矛盾，国务院才考虑了建立重庆直辖市的方案，用直辖市的行政力量来解决三峡移民问题。这是因为，三峡工程85%的移民在万州、涪陵，而且重庆本身就是西南经济重镇，是计划单列市，还是抗战时期的陪都和新中国成立初期西南局所在地，最终中央决定把重庆升格为第四个中央直辖市。因此，重庆直辖，最直接的原因是为了三峡工程。可以说，没有三峡工程就没有重庆的直辖。

在确定了设立重庆直辖市方案后，最大的问题就是“酉秀黔彭”这一欠发达区域的归属。如果重庆带上“酉秀黔彭”，负担将非常重；但如果不带上“酉秀黔彭”，这一区域在地理上远离四川，划给湖南、湖北都不合适。考虑到历史、地理和经济的因素，中央决定把黔江地区划在重庆直辖市的范围之内。通过设立重庆直辖市，提高重庆市经济中心城市的作用和地位，同时，带动这一区域经济发展。[③]

---

①李鹏：《三峡移民工作与三峡地区行政建制问题》，载《李鹏论三峡工程》，中国三峡出版社、中央文献出版社2011年版，第33—42页。

②李鹏：《做好撤销三峡省筹备组的善后工作》，载《李鹏论三峡工程》，中国三峡出版社、中央文献出版社2011年版，第164—165页。

③李鹏：《关于三峡工程及重庆直辖的回顾》，载《李鹏论三峡工程》，中国三峡出版社、中央文献出版社2011年版，第318—329页。

设立重庆直辖市，大部分人是赞成的。重庆都是赞成的，四川大多数也是赞成的。1995年12月9日，四川省委书记谢世杰和省长肖秧联名向江泽民、李鹏同志写报告，明确表示赞成将四川一分为二，同意设立重庆直辖市。报告指出，由于四川地广人多，历史上由四川、西康两省和重庆市合并而成，大体相当日本的人口，要全面深入、及时了解情况，掌握进度，实属不易。加之四川是一个多民族的地区，经济、社会以及地理差异极大，很不平衡，就在西昌卫星发射基地附近，还存在母系社会。谢、肖表示，尽管我们随时想努力把中央各项指示更好地加以贯彻，但时有顾此失彼，力不从心，忙不过来。我们思考再三，建议中央将四川省一分为二：四川省和重庆市，改重庆市为直辖市，将三峡库区的涪陵、黔江、万县、达川四个地市划入重庆。新四川约为八千万人口，新重庆约为三千万人口。这样做的好处是，可以避免一个省过于庞大，过于复杂，新的四川可以着重支持四川西部少数民族地区的发展；新的重庆可以担负四川东部三峡库区的移民。就整体而言，对于加强四川的全面发展，是有好处的。同时还可以在新成立的重庆市，探索适应社会主义市场经济体制的政府机构改革和城乡结合的新路子，作为中央的试验区。①

（四）中央政治局常委会作出设立重庆直辖市的决策

1996年3月，国务院总理李鹏同志请李贵鲜（时任国务委员，负责民政和区划工作）和四川省长肖秧到北京研究设立重庆直辖市的筹备工作问题。研究比选认为，重庆只带万县、涪陵、黔江比较合适。随后，李贵鲜征求全国人大分管法制工作的副委员长王汉斌同志意见，王汉斌同意改设直辖市，直接领导县，取消两市一地。

其间，李鹏同志与总书记江泽民同志交谈了设立重庆直辖市问题，江泽民同志表示积极支持，要求与其他常委商量并做好工作。

5月11—14日，中央政治局常委、全国政协主席李瑞环同志考察了三峡工程库区，强调要进一步加强库区移民的领导问题。

5月22日，李鹏同志同中央政治局常委胡锦涛同志及国务委员李贵鲜同

---

①谢世杰、肖秧：《就设立重庆直辖市给江泽民、李鹏同志的信》，1995年12月9日。

志谈重庆改设直辖市问题。

6月14日，李鹏总理召开总理办公会，讨论通过了重庆改设直辖市方案。

6月14—18日，中央政治局常委、全国人大常委会委员长乔石，全国人大常委会副委员长倪志福、李锡铭、王丙乾、王光英、布赫、铁木尔·达瓦买提以及秘书长曹志等，考察三峡工程和移民工作。

6月19日，总书记江泽民同志主持召开中央政治局常委会，通过了重庆市改设为直辖市的方案。

6月26日，李鹏、胡锦涛、李贵鲜同志向谢世杰（时任四川省委书记）、宋宝瑞（时任四川省长）、张德邻（时任重庆市委书记）、蒲海清（时任四川省委副书记）正式传达中央关于将重庆改设为直辖市的决策，研究有关工作问题。谢世杰、宋宝瑞希望把达川和广安地区都划入重庆，李鹏认为这样重庆又多了1000万人，小马拉不动大车，显然不合适。他说，小平多次说"我是四川人"，广安如划入重庆，也不合适。会议决定成立重庆市代管筹备工作领导小组，张德邻为组长，蒲海清为副组长。①

（五）设立重庆直辖市工作正式启动

1996年7月8日，四川省委下发文件，将中央关于设立重庆直辖市的决策正式传达到厅局级干部。

重庆市成立了代管筹备工作领导小组。这是重庆直辖在行政管理上迈出的第一步，筹备工作在内部陆续全面展开。但"直辖"二字并未见诸报端。

7月，为做好未来重庆直辖市的发展规划，重庆市成立了发展战略研究小组，随后市计委下达了一批重庆市经济社会发展决策咨询研究项目，组织全市专家学者集中攻关。成立了由全市有关专家学者组成的重庆直辖市经济社会发展战略研究专家顾问组，对发展战略研究工作进行咨询、论证，以充分体现直辖决策工作的民主化和科学化。

8月7日，李鹏同志写信给江泽民同志，提出加快重庆市的组建工作，率先把移民的担子由四川省（远离库区）转到重庆市的身上，建立一个高效

①甘宇平：《我所了解的设立重庆直辖市的推进过程》，载《红岩春秋》，2008年第5期。

率的、廉洁的移民局。同时提出，从9月份起重庆开始代管“两市一地”工作。8月8日江泽民同志批示“完全同意”。这一时期，国务院开始研究重庆直辖后的财政问题。

9月5日，中央政治局常委会决定，从1996年9月15日起，四川省把万县市、涪陵市、黔江地区（简称“两市一地”）交由重庆市代管。这是由“四川省重庆市”到“重庆直辖市”的过渡期。会议决定，张德邻继续担任重庆市委书记，蒲海清为代市长，王云龙（时任山西省委副书记）任重庆市委常务副书记。重庆直辖市按“小政府、大社会”的原则设置政府机构。由国务院提出设立重庆直辖市的方案，提请1997年八届全国人大五次会议审议。江泽民同志提出要做好“两市一地”干部的思想工作。同日，中共中央、国务院下发了《关于四川省委托重庆市代管万县市、涪陵市和黔江地区的批复》。①

国务委员李贵鲜到重庆专题调研“两市一地”保留与否的问题。按照宪法规定，直辖市只能设区县。但如果重庆直辖市刚一建立，就按宪法规定把“两市一地”撤销了，直辖市负担太重；但如果保留“两市一地”，又与宪法相抵触。有人曾提出修改宪法，但这不现实，不能因为重庆一个市的情况就修改宪法，而且即使修改宪法也要全国人大全体会议通过，非同小可。考虑到重庆当时已经是副省级计划单列市，而且有历史地位，于是中央决定，1996年9月15日起，在没有正式成立重庆直辖市之前，暂时保留并由四川省委托重庆市代管“两市一地”，以后逐步理顺。② 实践表明，这个决策是非常英明的。

（六）重庆市代管“两市一地”——向直辖市过渡

9月13日，四川省委正式发出委托重庆市代管四川省涪陵市、万县市、黔江地区的文件，这标志着落实中央设立重庆直辖市的部署进入了关键时刻。这一时期要实现重庆市和“两市一地”在磨合基础上的一体运行，形成未来直辖市的体制架构和运行机制。同时，要重新制订直辖后的《重庆市国

---

①甘宇平：《我所了解的设立重庆直辖市的推进过程》，载《红岩春秋》，2008年第5期。

②李鹏：《关于三峡工程及重庆直辖的回顾》，载《李鹏论三峡工程》，中国三峡出版社、中央文献出版社2011年版，第318—329页。

民经济和社会发展“九五”计划和2010年远景目标纲要》，并依据这个《纲要》起草第一次党代会和第一届政府工作报告，做好直辖市第一次党代会、人代会、政协会的筹备工作。为此，重庆市下发《历史的责任——重庆市代管万县市、涪陵市、黔江地区宣传教育提纲》，在重庆市及万县市、涪陵市、黔江地区开展宣讲教育活动和调查研究，促进全市干部群众的思想统一。

9月18—21日，胡锦涛同志前往四川省和重庆市及三峡库区视察工作，着重研究重庆直辖市的班子建设问题。

10月3—4日，重庆市召开全市工作会议。重庆市及各区县，万县市、涪陵市、黔江地区的领导同志和有关部门主要领导共800人出席会议。这是即将设立的重庆直辖市范围内第一次领导干部大会。见诸报端的会议主题是：统一思想，振奋精神，团结一心，为振兴区域经济奠定坚实基础。会议传达了胡锦涛同志在重庆考察结束时的讲话精神。四川省委书记谢世杰、省长宋宝瑞、省人大主任杨析综、省政协主席聂荣贵出席会议。10月10—11日，重庆市政府召开第七次全体会议。10月25—26日，中共重庆市委召开七届七次全委扩大会议。这三次会议，实际上是为实现设立直辖市目标而进行思想动员、工作部署和干部准备的大会，是在重庆历史进入新时期的历史性会议。

10月14—20日，国务院总理李鹏同志考察重庆和三峡库区，在重庆主持召开国务院三峡工程移民暨对口支援工作会议，加快重庆直辖市的筹备建设。会议结束后，三峡工程四川库区移民工作全部移交重庆市管理。

这一时期，中央政治局委员、国务院副总理邹家华（1996年10月12—17日），中央政治局常委、国务院副总理朱镕基（1996年10月25—31日、1997年1月24—27日），中央政治局委员、书记处书记吴邦国（1996年12月13—22日），先后前往四川省、重庆市考察直辖市筹备工作，研究解决若干重要问题。

根据中央的部署，重庆市加快推进代管衔接工作，在办理“两市一地”固定资产投资项目移交、法制工作、扩大计划单列实施、分税制财政管理体制等方面出台了一系列文件；采取一系列措施，确保经济运行平稳，速度逐步加快；先后就三峡工程移民暨对口支援、经济与社会发展战略研究、精神文明建设、整顿机关作风、农业和农村、教育、卫生、环保、安全生产、区县经济发展、维护社会稳定、个体私营经济发展、工业经济、城市规划和建设、经济、对外开放、国防后备力量建设、计划、经贸、财政税收、金融、宣传思想文化、科技、外贸、乡镇企业、政法、交通等工作进行安排部署，办成了15件民生实事。

这一时期，中共重庆市委、重庆市人民政府成立了四个专家组，即国家有关部委专家组、重庆市经济社会发展战略研究专家顾问组、国务院发展研究中心专家组、中国科学院和工程院院士专家组，从不同层面和角度，对重庆直辖市的经济社会发展进行全面系统的论证。在此基础上，召开了重庆市经济社会发展战略专家研讨会，邀请专家学者对重庆直辖市发展战略出谋献策，为制订《重庆市国民经济和社会发展“九五”计划和2010年远景目标纲要》，起草第一次党代会、第一届政府工作报告奠定了坚实的学理基础。

1997年2月19日，邓小平同志逝世。同日，国务院向第八届全国人大常委会第二十四次会议提交了关于提请审议设立重庆直辖市的议案。2月23日，经过表决，会议决定将国务院关于提请审议设立重庆直辖市的议案，提交八届全国人大五次会议审议。

（七）全国人大八届五次会议决定设立重庆直辖市

1997年3月1日，第八届全国人民代表大会第五次会议开幕，会议决定将设立重庆直辖市议案列入会议议程。3月6日，会议举行第三次全体会议，国务委员李贵鲜代表国务院向会议作了关于提请审议设立重庆直辖市议案的说明。

李鹏、胡锦涛同志参加了四川代表团的讨论，就设立重庆直辖市作了重要讲话。四川省委书记谢世杰举行记者招待会说，设立重庆直辖市意义重大。与会的全国人大代表赞成设立重庆直辖市，全国政协委员认为重庆设立直辖市的方案可行。出席全国人大会议的四川代表团审议设立重庆直辖市议案，赞成设立重庆直辖市。

3月14日下午，八届全国人大五次会议举行全体会议，对《第八届全国人民代表大会第五次会议关于批准设立重庆直辖市的决定（草案）》进行表决。当天到会代表2720人，2403人赞成，148人反对，133人弃权，36人未按表决器，得票率88%，通过了这一决议。至此，设立重庆直辖市的法律依据全部完备。

3月18日，隆重庆祝设立重庆直辖市大会在重庆举行，庆祝重庆城市发展史上这一重大历史事件；4月5日，四川省和重庆市领导同志座谈会在成都举行，共叙巴山蜀水亲情永固，携手共创美好未来。

这之后，实施全国人大决议，设立重庆直辖市的一系列具体工作全面展开，公开进行。重庆的工作主要转向筹备召开重庆市第一次党代会、政协会、人代会上。这一时期召开了重庆市各民主党派、工商联第一次代表大会。

（八）重庆直辖市正式挂牌揭幕

1997年5月21日，中央政治局会议决定任命张德邻为中共重庆市委书记，提名蒲海清为重庆市人民政府市长候选人。

5月27日—6月1日，中国共产党重庆市第一次代表大会召开。会议通过了张德邻同志作的题为《负重自强，加快发展，为建设繁荣富裕文明进步的新重庆而奋斗》的报告、中共重庆市纪律检查委员会工作报告和《中共重庆市委关于制定重庆市国民经济和社会发展“九五”计划和2010年远景目标纲要的建议》。会议选举产生了中共重庆市第一届市委领导班子和市纪委领导班子，选举产生了重庆市出席中国共产党第十五次全国代表大会的代表。在市委一届一次全会上，张德邻当选为市委书记。

6月7—9日，中国人民政治协商会议重庆市第一届委员会第一次会议召开。通过了张文彬同志作的工作报告，选举产生了重庆市政协第一届领导班子，张文彬当选为市政协主席。

6月8—15日，重庆市第一届人民代表大会第一次会议召开。会议第二次全体会议选举产生了第一届人大常委会、市政府领导班子，王云龙当选第一届市人大常委会主任，蒲海清当选第一任重庆市长，赵俊如当选重庆市高级人民法院院长，同时选举产生了重庆市人民检察院检察长（提请最高人民检察院报全国人大常委会批准）。会议审议通过了蒲海清作的政府工作报告、王云龙作的市人大常委会工作报告、《重庆市国民经济和社会发展“九五”

计划和2010年远景目标纲要》，审议通过了计划报告、财政报告、移民工作报告和法院、检察院工作报告。会议审议通过了重庆市第一届人民代表大会设立专门委员会的决定和各专门委员会组成人员名单。会议审议通过了关于四川省和原重庆市地方性法规在重庆市适用的决定。国务院总理李鹏同志出席闭幕式，作了题为《建设一个繁荣发展的新重庆》的讲话。

6月17日，李鹏总理出席重庆市工作汇报会，发表了《振兴重庆要处理好四个关系》的讲话。

6月18日，重庆直辖市挂牌揭幕大会隆重举行。李鹏总理代表党中央、国务院和江泽民总书记向重庆市各族人民表示热烈祝贺，并发表了题为《正确处理好四个关系，开创重庆市新局面》的重要讲话。国务院有关部委和其他方面的领导同志何椿霖、郭树言、刘仲黎、肖秧、韩杼滨、黄镇东、钮茂生、陈光毅、姚振炎、张俊九、梁国庆、万绍芬、徐鹏航、徐大铨、江恕诚、吴建常、姜云宝，市领导张德邻、蒲海清、王云龙、张文彬，市委常委、市人大常委会副主任、市政府副市长、市政协副主席和驻渝部队首长、老同志等在主席台上就座。中国共产党重庆市委员会、重庆市人民政府、中国共产党重庆市纪律检查委员会、重庆市人民代表大会常务委员会、中国人民政治协商会议重庆市委员会正式挂牌成立。次日，重庆市高级人民法院、重庆市人民检察院正式挂牌成立。

至此，中央关于设立重庆直辖市的决策圆满实现，重庆历史翻开了新的一页，三千万各族人民开始续写新的篇章。

1996年直辖筹备启动之时，我受聘担任重庆市经济社会发展战略研究专家顾问组副组长，1997年当选为第一届党代会代表。

20年过去了，我还清晰地记得，1997年5月27日，中国共产党重庆市第一次代表大会在市委礼堂开幕。散会以后我来到市委大院。这时，代表们都已陆续乘车而去。散步院中，四周很静，树木葱茏，青草依依。抬头仰望，五月的黄葛树已经郁郁葱葱，遮盖了蓝天。这时几片黄叶随风飘洒，静静地落在地上。那是重庆独有的景观。因为黄葛树的特性在于，什么时候栽种，就什么时候落叶，并不和其他树木一样只在秋天落叶。直辖的喧嚣终将褪去，而大院依旧，黄葛依旧。

我感到很幸运，作为一个历史学者，亲身经历了重庆历史上的第四次直辖时刻。我应该为记录这一时刻尽一份责任。

这便是我们两代历史学者为记录这段历史而接续努力的动力。

2017 年 1 月 30 日，农历丁酉年正月初三初稿于十驾庐

2017 年 2 月 11 日，农历丁酉年正月十五定稿于十驾庐

目　录

第三篇 代管（1996年9月—1997年2月）

重庆市第一届人民代表大会第一次会议

重庆市政协第一届第一次会议

重庆直辖市挂牌揭幕大会

第一篇

决　策

（1985 年 1 月—1996 年 6 月）

纪　事[①]

1985年1月19日，邓小平提出“可以考虑把四川分为两个省，一个以重庆为中心城市，另一个以成都为中心城市”。

1985年2月起，中央开始研究三峡地区行政建制问题。

1994年，中央正式酝酿设立重庆直辖市。

1994年10月，中共中央总书记江泽民考察重庆，题词“努力把重庆建设成为长江上游的经济中心”。

1994年12月，国务院总理李鹏来渝考察，题词“开发三峡，振兴重庆”。

1995年，中央派人到四川进行调查研究。

1995年12月9日，谢世杰、肖秧同志致信江泽民、李鹏同志，请示设立重庆直辖市。

1995年12月19日，李鹏同志同江泽民同志商讨建立重庆直辖市问题。

1995年12月25日，李鹏同志同胡锦涛同志（时任中央政治局常委）商讨建立重庆直辖市问题。

1996年3月15日，李鹏同志请李贵鲜（时任国务委员，负责民政和区划工作）和肖秧到办公室谈设立重庆直辖市的筹备工作问题。

1996年5月11—14日，李瑞环同志（时任中央政治局常委、全国政协主席）考察了三峡工程库区。

---

①本文根据李鹏：《众志绘宏图：李鹏三峡日记》（中国三峡出版社2003年版）和甘宇平：《我所了解的设立重庆直辖市的推进过程》（《红岩春秋》，2008年第5期）综合整理。

1996年5月22日，李鹏同志同胡锦涛、李贵鲜同志谈重庆改设直辖市问题。

1996年6月8日，李鹏同志集中精力修改了重庆改设直辖市的报告。

1996年6月14日，李鹏同志召开总理办公会，讨论通过重庆改设直辖市问题。

1996年6月14—18日，全国人大常委会委员长乔石，副委员长倪志福、李锡铭、王丙乾、王光英、布赫、铁木尔·达瓦买提和秘书长曹志等考察三峡库区，听取库区移民工作情况的汇报。

1996年6月19日，江泽民同志召开中央政治局常委会，通过了重庆市改为直辖市的方案。

1996年6月26日，李鹏、胡锦涛、李贵鲜同志请谢世杰（时任四川省委书记）、宋宝瑞（时任四川省长）、蒲海清（时任四川省委副书记）、张德邻（时任重庆市委书记）谈重庆改直辖市问题。正式决定成立重庆市代管筹备领导小组，张德邻为组长，蒲海清为副组长。

邓小平关于设立重庆直辖市的构想[①]

李　鹏

一九八五年一月十九日　星期六　晴

上午9时45分，邓小平同志到人民大会堂福建厅，参加广东核电投资公司与香港核电投资公司合营合同签字仪式。我和朱琳前去迎接，他亲切地与我握手，问朱琳是哪里人。朱琳答是上海人。邓问为什么嫁给四川人。我说，云南人不是也嫁给四川人了嘛。引起哄堂大笑。邓小平又问，你们是哪一年结婚的。我答1958年。这一场对话体现了邓小平对烈士后代的关切之情。

坐下来后，小平同志和省长、部长们一一握手。今天中方出席人员中有黄毅诚、周南[②]、魏玉明[③]、赵庆夫、王全国[④]、李建安[⑤]、郑华[⑥]、周溪午[⑦]、陈增庆[⑧]、薛正军等。我向小平同志简单介绍了大亚湾核电站的情况。他对大家说，现在的问题是快建设，早收益。

小平同志非常高兴地会见了嘉道理勋爵，时任香港中华电力公司董事长一行，说了热情洋溢的话。他们约定，在大亚湾核电站第一台机组建成发电

①本文原载于李鹏：《众志绘宏图：李鹏三峡日记》，中国三峡出版社2003年版。
②周南，时任外交部副部长。
③魏玉明，时任对外经贸部副部长。
④王全国，时任广东省委副书记。
⑤李建安，时任广东省副省长。
⑥郑华，时任新华社香港分社副社长。
⑦周溪午，时任深圳市副市长。
⑧陈增庆，时任国务院核电领导小组办公室副主任。

之日，将共同去为之剪彩。

会见后，小平同志要我们留下来，问我今后十年电力发展的情况怎样，他说大家都不放心。我一一作了回答。他十分关心三峡工程。他说，开发性移民这个办法好，可以在库区建工厂。听说四川人已不反对坝高到180米，我很高兴。万吨船队不能到重庆，太可惜。多移几十万人不算什么，可以办工厂，可以发展服务业。我们应该为子孙后代留下一些好的东西，要办好这件事。他还提出把四川省一分为二的设想。

根据回忆和笔记，我整理了小平同志这次谈话的主要内容。

附：邓小平同志关于三峡工程的谈话

小平同志首先说：今天我们谈谈建三峡的问题，你谈谈是怎么安排的。我说：三峡工程需要3年准备，总工期17年，11年后第一台机组开始投产。三峡工程目前主要有两个问题争论比较大，一个是泥沙的淤积；另一个是坝高的问题。过去是四川的同志由于淹没面积大、移民多，不赞成高、中坝方案。现在四川有人，还是重庆人，提出建设中坝，坝高180米，万吨船队可开到重庆。这些年重庆在城市规划建设中，在180米以下没有安排工程。中坝方案装机容量可以由低坝的1300万千瓦增加到2000万千瓦，增加700万千瓦，年发电量可由650亿千瓦时增加到1000亿千瓦时，增加300多亿千瓦时。

小平同志接着问：中坝方案移民增加多少？

我说：现在低坝方案按150米考虑，移民36万，到电站建成时增加到50万。中坝方案按180米考虑，移民增加到100万，或者更多一些。移民问题，过去搞安置性移民，把农民迁移到别的地方。现在准备用安置移民的钱，开工厂、办农场等。移民可以种植经济作物，特别是柑橘，四川柑橘品种很好。而且，可以用移民的经费，发展乡镇企业，搞商品生产，增加收入。

小平同志肯定地说：现在的移民方针对头了，100万移民也有办法安置。可以发展乡镇企业，也可以搞第三产业，还可以发展旅游。

接着，我向小平同志介绍了“180方案”总投资、建设时间和设备等方面的问题。“180 方案”总投资可能增加 1/3 以上，第一台机组开始发电的时间，可能延长一两年，但是采取“以电养电”的办法，第一批机组发电后，就可以用发电的收入作为第二期建设的资金和移民的资金。三峡工程建设现在还没有开始，泥沙、航运问题没有弄清楚前不能开工。“150 方案”每台发电机容量是50 万千瓦，“180 方案”每台发电机容量是70 万千瓦。机组开始可以从国外购买并引进技术，以后的机组自已生产。

他还关切地问道：长江建了坝，对航运有什么影响？

我回答说：这两年过葛洲坝船闸的货运量每年增加 30% 左右。已经建了两个船闸，还有些问题，主要是国产设备质量不过关。3 号船闸建成后就不会有什么影响了。

小平同志说：三峡工程是特大的工程项目，为我们子孙后代留下一些好的东西，要考虑长远利益。过去是四川人不赞成把坝搞高，现在情况变了，四川人，主要是重庆人同意“180 方案”。低坝方案不好。中坝方案是好方案，从现在即可着手筹备。中坝可以多发电，万吨船队可以开到重庆。以后可有意识地把国家重大工业项目放在三峡移民区。

我说：正在考虑专门成立三峡行政区，用行政区的力量来支持三峡工程建设，做好淹没区的移民和经济开发工作。这个行政区应该包括重庆市，有了大城市，有一定的工业经济基础和人员智力的支援，便于发展经济。

小平同志又讲：可以考虑把四川分为两个省，一个以重庆为中心城市；另一个以成都为中心城市。他还问三峡工程建设现在开始了没有。

我说：现在还没有正式开始，泥沙、航运等问题没有弄清楚前不能开工。目前只做些准备，如修路、通电。宜昌通往大坝区有 40 公里路正在修建。

小平同志还问到本世纪末电要搞到多少，才能保证国民经济翻两番需要的问题。我说：至少要与国民经济同步发展，原来设想搞到 2 亿千瓦左右。现在看来，这个数不够了，因为除了工农业用电外，人民生活用电增加也很快，还要千方百计多搞一点儿。办法就是大家办电，不是一家办电。“七五”期间要争取每年搞到 700 万千瓦，“八五”期间每年要搞到 1000 万千瓦以上，才能基本上保证翻两番的需要。只要政策对头，我看把电搞上去是很有希望的。

小平同志高兴地说：有人说电能上去了，翻三番都可以。那就按照这个规划去安排，看来电有希望，翻两番有希望。

关于三峡工程及重庆直辖的回顾[①]

(2006年10月24日)

李　鹏

一、关于决定建设三峡工程的问题

1958年，在南宁召开的中央工作会议上，就三峡工程建设问题展开过激烈的争论：一种意见主张“先修三峡，后开发支流”；另一种意见主张“先支流，后干流”。毛主席决定由周恩来总理亲自作调查研究，再向中央提出是否建设三峡工程的报告。毛主席当时讲过，中国北方水少，南方水多，可以考虑从长江调一部分到北方去。南水北调迟早会从三峡调水。所以三峡工程除了防洪、发电和航运的功能外，还有助于解决北方缺水的问题。

1983年，水电部提出三峡工程可行性报告，姚依林[②]、宋平[③]同志主持召开了350多人参加的审查会，原则通过这个报告。1984年4月，国务院批准可行性报告。按照这个报告，三峡大坝蓄水位定在150米，即低坝方案。后来，重庆市委向中央写了个报告，提出一个中坝方案。他们认为150米方案不能改善重庆航运条件，泥沙淤积还可能造成一些不利影响，而且重庆常年降雨量较大，长江水位经常到180米（1981年最高水位就达到193米），180米以下基本没有永久性建筑。所以他们建议把三峡大坝水位提高到180米。

---

①本文原载于李鹏：《李鹏论三峡工程》，中国三峡出版社、中央文献出版社2011年版，第318—329页。这是李鹏同志第十八次考察三峡工程时的讲话要点。

②姚依林，时任中共中央政治局候补委员、中央书记处书记，国务院副总理。

③宋平，时任国务委员兼国家计划委员会主任。

1985 年 1 月 19 日，小平同志在人民大会堂福建厅听取了我关于三峡工程及筹备情况的汇报。他说："三峡工程是一个特大的工程项目，要考虑长远利益，我们应该为子孙后代留下一些好的东西。""低坝方案不好，中坝方案是好方案，从现在即可着手进行。"他指出，过去建水电站，动员移民搬家，但移民总是越来越穷。现在搞开发性移民，"移民方针对头了"，"100 万移民也有办法安置，可以发展乡镇企业，也可以搞第三产业，还可以发展旅游"。所以，1985 年 1 月 19 日被称为"决定三峡工程命运、永远值得纪念的日子"。

1985 年 3 月，中央发出成立三峡省筹备组的通知，李伯宁任组长。拟筹建的三峡省包括宜昌、万州、涪陵、黔江等 4 个地区，万州、涪陵、黔江和重庆一样都是四川的直属地区，因当时的重庆市与三峡水库淹没没有直接关系，所以没有纳入三峡省的范围。三峡省筹备组第一阶段做了移民试验，也搬迁了部分 175 米以下的移民，还试验了 400 米以上种柑橘，证明是可行的。三峡省筹备了两年，有些同志对此有不同意见。中央也察觉到建三峡省这个体制不行，因为把宜万涪黔 4 个"穷哥们"绑在一起，没有大城市带动，移民工作很难开展起来。

1986 年，我和钱正英[①]、李伯宁等，从十堰经达县、梁平、忠县到万县，对三峡建省问题，沿途进行了调查研究。我建议，撤销三峡省筹备组，把移民任务交给川鄂两省负责。后来，中央同意我们的建议，发了通知撤销了三峡省筹备组。

有关三峡工程的建设，原水电部主持水电建设的副部长李锐是反对的，另外还有一些人，也反对修建三峡大坝。同时，支持三峡工程的专家、学者也不少，如张光斗[②]、李鹗鼎[③]、钱宁[④]等一批长期从事水电工作的专家都赞成。境外反对的虽然比较多，但美国专门搞水电建设的陆军工程师团（相当

①钱正英，时任水利电力部部长、党组书记。

②张光斗，中国科学院院士、中国工程院院士。曾任清华大学副校长、中国水利水电科学研究院院长、三峡枢纽工程验收组组长、国务院三峡建委三峡枢纽工程质量检查专家组副组长。

③李鹗鼎，中国工程院院士。曾任水利电力部副部长、水电部总工程师。

④钱宁，中国科学院学部委员。曾任中国科学院水工研究室研究员，水利电力部水利水电科学研究院河渠研究所副所长、清华大学水利系教授。

于中国的水电工程部队)、美国垦务局表示支持，还提出了三峡工程可行性报告。国内有些部队的同志担心如遇到战争，三峡工程被破坏，威胁将会很大。以张爱萍[①]、林一山[②]为代表的一些同志就指出，战争时期任何一个地方都很危险，如果是这样，我们任何建设都干不成。小平同志认为，相当长时间内世界大战是打不起来的。万一有战争，根据设计方案，三峡水库7天内就可以把蓄水放掉。基于以上基本分析，作为国务院三峡工程筹备组组长，我对建设三峡工程是比较有把握的，但也认为还有若干问题需要进一步论证。

1986年5月，中央决定成立协调小组，由我和薄一波[③]、王任重[④]、程子华[⑤]等4位同志组成，对三峡工程论证和审查工作在党内外进行协调。1986年，党中央和国务院决定重新组织三峡工程论证工作，进一步扩大论证范围。先成立论证小组，在协调小组的领导下开展工作。于是成立了以钱正英为组长的三峡工程论证领导小组，有400多位中国著名专家、学者参加的14个专家组，进行了长达两年八个月的论证。其中论证最困难的是经济小组，主要是工程资金从哪里出的问题。最后，参加论证的大多数专家认为，建设三峡工程在技术上是可行的，经济上是合理的。14个组的组长都在论证报告上郑重地签上了自己的名字。国务院也成立了以邹家华副总理为主任的国务院三峡工程论证审查委员会，审查通过三峡工程可行性报告。

这个时期争论仍然很激烈。陈云同志认为，要搞三峡工程，就不要再搞别的大工程了，因为中国当时的国力决定了只能搞一个特大型项目，否则会得不偿失。陈云同志思想方法很实在，他说只能搞一个，也等于是同意了。姚依林同志曾经主张低坝方案，因为国内外反对声音很大，才同意这个折中方案的。在这种情况下，姚依林和我最后商量好，三峡工程在“八五”计划5年内不考虑，制订“九五”计划时再定。这话说得弹性很大，并不是说不搞了。李先念同志临终时还对我交代，三峡工程一定要建成。

---

①张爱萍，曾任国防科委主任、国务委员兼国防部长、国务院副总理等职。

②林一山，曾任长江流域规划办公室主任、水利部副部长等职。

③薄一波，时任中共中央顾问委员会常务副主任。

④王任重，时任第六届全国人民代表大会常务委员会副委员长。

⑤程子华，时任中共中央顾问委员会委员、常委，全国政协副主席。

江泽民同志1989年6月担任总书记之后，问我："第一次考察，你建议我到哪里？"我说去三峡。同年7月，他首次考察三峡，并接见了三峡工程论证汇报会的专家、学者，这是对三峡工程的一种支持和鼓舞。1992年，三峡工程论证工作已结束了，考虑到第二年全国人大和政府要换届。换届之后，许多人都是新的全国人大常委，那时再讨论通过三峡工程，可能就有新的问题了，所以决定提交七届全国人大五次会议审议。当时全国人大常委会委员长是万里同志，他是支持兴建三峡工程的。1982年他曾经带队到三峡搞过考察。考察后，他认为可以干，找我讨论过这个问题，但那时候国家经济实力还不行，所以定不下来。陈慕华副委员长当时也赞成上三峡工程，人大的很多同志赞成。中央也决定上三峡工程，小平同志主持大局，江泽民同志还亲自到"两会"党员领导干部会上就通过三峡工程作动员。

在三峡工程论证结束后到提交七届全国人大五次会议之前，我们一个省一个省地摸底，看看各省市有什么意见，结果发现大多数省市是赞成的，跟中央一致。但四川省持反对意见的同志还相当多，四川内部又分为成都和重庆两边，成都那边反对的人较多，重庆这边赞成的人较多。

全国人大通过三峡工程审议的决定前夕，陈慕华副委员长带领部分全国人大常委和人大代表到三峡进行考察，回京后她向全国人大常委会作了报告，认为三峡工程建设条件已经具备，建议国务院尽早将建设方案提交全国人大审议。

提交七届全国人大五次会议审议时，在政府工作报告中，我提出三峡工程项目是可行的。邹家华副总理代表国务院对三峡工程审查情况向大会作了专题报告，关于开工的时间，视国家财力由国务院决定。人大全体会议最后表决：1767票赞成，占总数的67.1%，刚过2/3，其余的1/3大多数是因为不了解三峡工程而投弃权票，真正的反对票只有177张。万里委员长看到票数达到了要求，就庄严宣布兴建三峡工程议案通过了。

三峡工程议案通过后，成立了三峡工程建设委员会，我兼任主任，后来的总理朱镕基、温家宝也都兼任主任。在三峡建委的指导下，各项准备工作有序地推进。1994年12月，我看已经准备得差不多了，经国务院讨论，中央批准，就宣布三峡工程开工。开工当晚，我有感而发，写了《大江曲》。[①]

二、关于三峡工程建设的几点经验

经验之一：开展对口支援。全国20多个省市对库区进行对口支援是一种行之有效的支援形式，也是我国社会主义制度优越性又一生动体现。三峡工程是全国人大通过的，全国人民都十分支持三峡工程，对口支援也就一直延续到现在。

经验之二：启动电力基金。搞电力建设困难之一就是资金不足。那时候财政部一年究竟有多少收入，提前估计不出来，是“八月十五月光明”，农业丰收了，财政收入就比较多。如果仅仅靠财政拨款，即使国家决定了建设这样大的工程，上半年也不会得到拨款，只有到了9、10月份，才可能会有资金，但项目建设的时间也耽误了。所以，要建设三峡工程，就要特事特办。国务院决定从电费中征收资金，每一度电征收4~7厘，作为国家的资本金投入三峡工程。因为每度电增加不到1分钱，企业和居民负担不重，所以很顺利就通过了。这样全国加起来，就形成了一笔稳定的资金来源。

经验之三：实行科学管理。如果按过去大型工程建设，仍然实行甲乙方制度，一旦扯皮、产生矛盾，就会影响工程效率。所以要以改革的精神搞三峡工程，决定实行业主制。三峡总公司是三峡工程的业主，被授予对外经营权。采用了合同管理制、工程监理制等现代企业科学管理制度。

经验之四：完善输电电网。过去大电站建起来以后，没有输电网，有电也送不出去。为此决定把电网与电站分开。通过对三峡工程直接受益的7个省，每度电加0.8分钱，来解决电网建设资金问题。当时的国家电力总公司，后来的国家电网公司，在财政部的支持下，都按时得到资金，因此做到发电工程与电网工程同步进行。

经验之五：实行招投标制。对国际上知名的电力设备供应集团我们都欢

①《大江曲》，李鹏为三峡工程开工建设而作的一首自度曲。全文为：巍巍昆仑，不尽长江，滚滚东流。望巴山蜀水，沃野千里，人杰地灵，满天星斗。夔门天险，巫峡奇峰，山川壮丽冠九州，出西陵，看大江南北，繁荣锦绣。却惜无情风雨，滔滔洪水，万姓悲愁。众志绘宏图，截断波涛，高峡平湖，驯服龙虬。巨轮飞转，威力无穷，利在当代功千秋。展宏图，恰逢新时代，万丈潮头。

迎他们来参加三峡机组的投标。一方面，国外的大公司如果不参加三峡这样的特大水电工程投标，就会影响他在国际上的声誉；另一方面，这些集团跟中国也有很多业务关系，比如火电建设、电网建设都买过他们的设备，拒绝哪一家都不好。所以就决定让他们联合投标。为了引进技术，规定中方各电机制造厂分包不低于25%的份额，分别由哈尔滨和东方动力设备制造厂与外国投标公司结成投标伙伴。左岸14台机组投标时，14台机组，前8台由外方负责，中方分交；后6台中方负责，外方分交。经过激烈的竞标，最终选了两家集团，条件定下来，费用也合理，技术也就转让了。虽然他们是极不愿意把技术转移过来，但为了14台机组中标，不得不拿过来。

招标工作专业性比较强，工作量也比较大，所以在总公司领导下成立一个三峡国际招标公司。过去经贸部管商务，对商务谈判有经验，长江水利委员会管工程，在技术上有专长，都可派得力专业人员参加招标工作。为了加强领导，提高工作效率，经贸部和长委会参加招标公司的专业人员完全接受招标公司的领导，不再代表本单位发表意见，由招标公司全权负责招标。

三、关于设立重庆直辖市的问题

设立重庆直辖市，起源于小平同志1985年1月19日的谈话。当时小平同志讲，四川省太大，“可以考虑把四川分为两个省，一个以重庆为中心，一个以成都为中心”，就是川东省和川西省。国务院在研究这一方案时，发现如果建立川东省，重庆一定是省会，但重庆市的实力比川东省还要强，这样省市之间易产生矛盾，而且省市两套机构，人浮于事，工作效率不高，重庆市对三峡移民的积极性也调动不起来。为了减少将来的省和市之间的矛盾，才考虑了建立重庆直辖市。当然，建立重庆直辖市的初衷，还是需要有一个行政单位，用行政的力量解决三峡移民问题。三峡工程85%的移民在万州、涪陵，而且重庆本身就是西南经济重镇，是计划单列市，还是抗战时期的陪都和新中国成立初期西南局所在地，最终中央决定把重庆升格为第四个中央直辖市。重庆成为第四个直辖市，最直接的原因是为了三峡工程。可以说没有三峡工程，重庆市是不可能直辖的。

设立重庆直辖市，最大的问题是“西秀黔彭”这一欠发达区域的归属。

如果重庆带上“西秀黔彭”，负担将非常重；但如果不带上“西秀黔彭”，这一区域在地理上远离四川，划给湖南、湖北也都不合适。考虑到历史、地理和经济的因素，中央决定把黔江地区划在重庆直辖市的范围之内。通过设立重庆直辖市，提高重庆市经济中心城市的作用和地位，同时，带动这一区域经济发展。

设立重庆直辖市，大部分人是赞成的。重庆这边都是赞成的，四川大多数也是赞成的，但也确实有一部分人担心，重庆直辖后，地位提高了，一块肥肉没有了。这只是地方狭隘主义的观点，不占主流。不过因为四川省太大，1 亿多人口，还有三个少数民族贫困州，省委书记谢世杰和省长肖秧联合向中央写了报告，表示赞成分开，四川是同意设立重庆直辖市的。

设立重庆直辖市，干部配备很重要。原重庆市委书记张德邻继续担任市委书记，中央在委任他担任重庆市委书记的时候就已经有考虑了。蒲海清同志当时是四川省委常务副书记，在重庆长期工作过，所以提名他当重庆市市长。领导班子的主要成员确定了之后，决定从北京再派来几位同志，比如李学举①、李德水②等，便于与中央联系，特别是直辖初期搞建设，中央下来的同志对新直辖市工作起来比较方便。

设立重庆直辖市，过渡期先由重庆代管涪陵、万州、黔江“两市一地”。李贵鲜国务委员当时分管民政部，他到重庆来调查“两市一地”保留与否的问题。如果直辖市刚一建立，就把“两市一地”取消了，直辖市负担太重；但如果保留“两市一地”，又与宪法相抵触，宪法允许直辖市只能设区、县。有人曾提出修改宪法，但也不能因为重庆一个市的情况就修改宪法。而且即使修改也要全国人大全体会议通过，这事非同小可。考虑到重庆当时已经是副部级计划单列市，而且有历史地位，中央决定，1996 年 9 月 15 日起，在没有正式成立重庆直辖市之前，暂时保留并由四川省委托重庆市代管“两市一地”，以后逐步理顺。1997 年 3 月，全国人大顺利通过了设立重庆直辖市的议案，2403 票赞成，达到 88%，比想象的还多一些，当然也还有反对和

①李学举，原任民政部党组成员、直属机关党委副书记、人事教育司司长。1996 年 9 月调任中共四川省重庆市委常委、市委组织部部长。

②李德水，原任国家计划委员会国民经济综合司司长。1996 年 11 月调任四川省重庆市副市长。

弃权的。

设立重庆直辖市，我参加了挂牌仪式并讲了话。当时，我提出要处理好四个关系，即大重庆与小重庆的关系，新重庆与老重庆的关系，新建与扩建改造老企业的关系，中央支持、各地支援与自力更生的关系。我一再强调，如果没有三峡工程就没有重庆直辖，所以重庆要把三峡工程建设、库区移民工作当作首要任务。

直辖了，重庆人民当然很高兴，因为政治地位提高了，经济地位肯定也会提高。那时候，我来重庆发现，市财政确实很困难，首先决定中央财政给重庆 1 亿元作为开办费，然后把重庆上缴的 16 亿元，分次全部留给重庆。在当时国家的财政不多的情况下，这笔钱已经很多了。

设立重庆直辖市，要实行市直管区县。曾经有一段时间设想成立代表机构，比如设立万县工作委员会，代替市委行使权力，不设人大和政协。贺国强、包叙定同志担任重庆市委、市政府主要领导期间，经中央同意，把地区一级撤了，直接由市管区、县。黄镇东、王鸿举同志任职期间，把万州区的 3 个开发区撤了。现在汪洋、王鸿举同志还准备把 4 个县级市撤销，改设区。到明年，重庆市的行政体制基本上就理顺了。

世界上所有城市，除了重庆，城市里农村人口比例没有这么大的，总人口没有达到3000 万的，但这都是为了建三峡工程。当然，中国有中国的国情，中国自己可以创新一个“大城市”带动“大农村”的试验。重庆成为直辖市以后，经济蒸蒸日上，人气非常旺盛，事实证明中央的决策是正确的。

重庆市直辖转眼快 10 年了，这 10 年重庆变化确实不少，一座美丽的山城更增添了秀丽景色。城市交通状况和市容发生巨大变化，对旧的工业进行技术改造，一座以汽车、摩托车为主的产业群初步形成。重庆历届市委、市政府不负中央重望，较好地完成了百万移民任务，下一步要继续巩固移民成果，做到移得出、稳得住、逐步能致富。移民后期扶持还有大量工作要做，不可掉以轻心。现在重庆交通水陆空四通八达，为形成中国西南经济中心城市奠定了良好基础。10 年来的实践证明，中央关于重庆市直辖的决定是正确的，已初见成效。然而任重而道远，要真正把重庆建设成为现代化大城市，还要各级领导和广大人民群众坚持不懈地长期努力。

江泽民在渝考察提出殷切希望[①]
努力把重庆建设成为长江上游的经济中心

10 月 13 日至 14 日，中共中央总书记、国家主席、中央军委主席江泽民在渝考察期间，向我市各级党政领导和全市人民提出殷切希望：“努力把重庆建设成为长江上游的经济中心。”

13 日下午，江泽民总书记乘坐的客机由成都抵达重庆江北机场。陪同江泽民来渝考察的中央政治局候补委员、书记处书记温家宝，四川省委书记谢世杰，省长肖秧，成都军区司令员李九龙等也随机到达。

江泽民一下飞机，风尘未洗，由机场径直来到长安机器厂考察。在此，他受到重庆市委书记孙同川、市长刘志忠和兵器工业总公司总经理张俊九的迎接。

在热气腾腾的烤漆生产线，在焊花闪烁的焊接车间，在机声隆隆的冲压机前，到处是一派热火朝天、秩序井然的生产场面。看着一辆辆崭新的汽车驶下检测线，江泽民高兴地对厂长杨善志说：搞汽车工业就是要上规模。

杨善志向江泽民汇报说，近年来，工厂在“军转民”中，在引进国外先进技术的同时，坚持走自力更生的道路，利用自己的力量自行设计、安装和制造，仅用同类汽车厂 1/6 的投资，就建成了年产 3 万辆汽车的生产线。对此，江泽民十分满意，他赞扬说，长安厂的职工队伍有好传统、好作风、好技术，有铁的纪律。长安车的市场信誉好，品种也多，这样企业的市场竞争和应变能力就强。

---

①本文原载于《重庆日报》，1994 年 10 月 20 日。

江泽民说，深化国有企业改革，增强国有企业的活力，是当前经济体制改革的重点，也是城市经济发展的重点。国有企业能不能在新的历史条件下形成新的强大优势，不仅直接影响我国经济的全局，而且直接影响社会主义制度的巩固。因此，国有企业的改革必须成功，国有企业的实力必须加强。

在长安机器厂的考察结束后，江泽民一行片刻未停又来到驻渝某集团军，在此亲切接见了驻渝部队部分师以上干部。接见中，江泽民赞扬驻渝某集团军是一支有着光荣革命传统、战功不可磨灭的部队。他要求驻渝部队广大官兵在改革开放和发展社会主义市场经济的新形势下，要始终保持和发扬人民军队的光荣传统，不断加强部队思想政治工作，尤其要搞好基层连队建设，在关键时候经得起考验，为维护国家安全和社会稳定再立新功。

14 日上午，江泽民继续考察了重庆通信设备厂、重庆大学。在重庆大学，江泽民参观了机械传动实验室、ICT 研究中心，详细听取了有关负责人关于科研情况和科研成果的介绍，他对科研人员所取得的成果表示祝贺，并向他们表示亲切问候。

在重大校园里，江泽民在数千师生员工的欢迎声中，站在第五教学大楼的台阶前，对来自重庆五所高校的专家教授和重庆大学的广大师生发表了亲切的语重心长的讲话。他指出，科学技术在经济和社会的各个领域发挥着越来越重要的作用。科学技术的发展是没有止境的。要把我们国家建设好，就需要不断掌握新知识，跟踪新技术。每个人从年轻时起，就要立下报国之志，要有奋发图强、振兴中华的坚定信念，要有甘当无名英雄的奉献精神。他勉励师生们在教学和科研上取得更大成绩。

14 日一早，中共重庆市委在渝州宾馆举行了汇报会。江泽民听取了市委书记孙同川关于我市今年以来的工作和下一步打算的情况汇报。在汇报会上，江泽民说，重庆位于长江上游，应努力把重庆建设成为长江上游的经济中心。

他指出，不久前召开的党的十四届四中全会是一次非常重要的会议，对于进一步加强和改善党的领导，建设有中国特色的社会主义事业具有重大而深远的影响。现在，我们无论是促进改革、发展、稳定，还是加强党的建设，大政方针都已确定，关键在于各地各部门要结合实际，努力落实、落实、再落实。而落实的关键又在于走好群众路线。领导干部要深入群众，坚决克服官僚主义、形式主义、做表面文章的不良作风，遇事多同群众商量，真正做到群策群力。群策之为则无不成，群力之举则无不胜。这是历史经验反复证明了的一个真理。

江泽民反复强调加强党的建设的重要性。他指出，在复杂多变的国际形势下，在社会主义市场经济体制的建立过程中，中国共产党人面临着新的考验。党的十四届四中全会作出的《决定》，为新形势下全面加强和改进党的建设指明了方向。只要把我们党建设好了，党的战斗力、创造力和党的领导水平、执政水平大大提高了，我们就什么困难和风险都不怕，我们的事业就会永远立于不败之地。

江泽民还强调指出，在现代化建设过程中，我们要始终注意正确处理改革、发展、稳定的关系，在抓好物质文明建设的同时，大力抓好精神文明建设。各级领导干部要认真学习邓小平同志建设有中国特色社会主义理论，积极、全面、正确地贯彻党的基本路线，善于从全局的高度观察、处理改革和建设中的矛盾与问题；要牢固树立正确的世界观、人生观，发扬艰苦奋斗、求真务实的工作作风，诚心诚意为人民谋利益；在事关大局、政治方向和根本原则的问题上要始终保持清醒和坚定，努力提高政治水平和知识水平，团结带领广大群众，为实现社会主义现代化建设的宏伟目标而努力奋斗。

我市党政军领导孙同川、刘志忠、金烈、滕久明、于汉卿、张文彬、牟大明等参加了汇报会。会后，江泽民同志亲切接见我市党政军领导和老同志。

江泽民同志在渝期间，欣然命笔题词：努力把重庆建设成为长江上游的经济中心。

14 日中午 12 时，江泽民同志一行，在谢世杰、肖秧、李九龙等领导同志的陪同下乘船东下，到三峡库区考察。

（《重庆日报》记者　任美荣）

巨大的鼓舞 有力的鞭策[①]

10月13日至14日，中共中央总书记、国家主席、中央军委主席江泽民在渝考察时，十分关心重庆的经济社会发展。他于13日晚，欣然命笔题词：“努力把重庆建设成为长江上游的经济中心。”

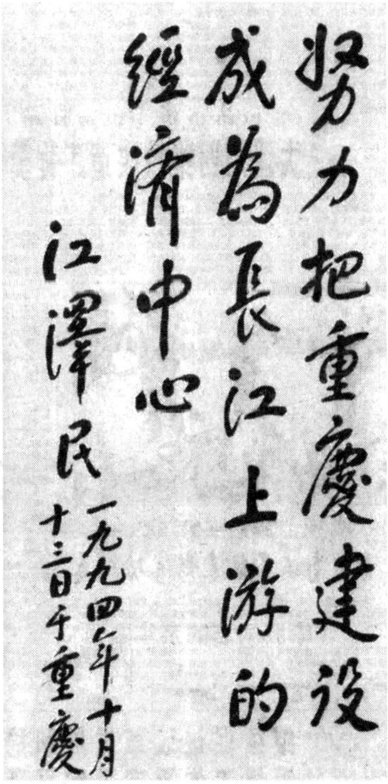

江泽民同志的亲笔题词

①本文原载于《重庆日报》，1994年12月27日。

机遇就在我们手中①

12月9日至11日，国务院总理李鹏在渝考察时，一再勉励我市各级干部和全市人民，要抓住三峡工程建设的机遇，加快重庆经济的发展，并欣然题词：“开发三峡，振兴重庆。”

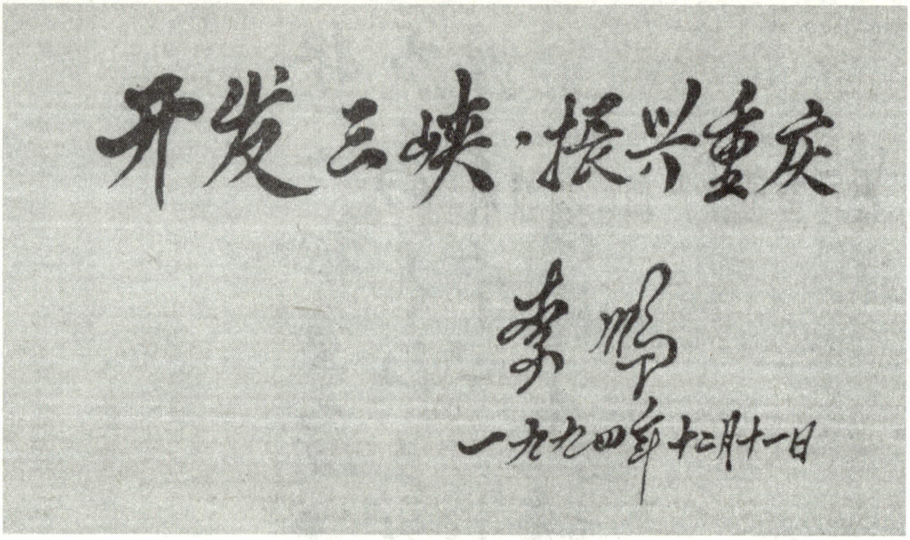

李鹏同志的亲笔题词

①本文原载于《重庆日报》，1994年12月27日。

就设立重庆直辖市给江泽民、李鹏同志的信①

谢世杰 肖 秧

江总书记、李总理：

你们好！

十四大以来，四川在党中央、国务院的正确领导下，经过广大干部和群众的努力，无论经济建设、社会文明、民主法制各个方面都有了明显的进步。在工作实践中，我们深深体会到中央路线、方针、政策的正确，同时也感受到你们对四川的关怀和帮助，这是四川进步的根本原因。每念及此，无不万分感激，决心竭尽全力，奋发图强，不负重任。

由于四川地广人多，历史上由四川、西康两省和重庆市合并而成，大体相当日本的人口，要全面深入、及时了解情况，掌握进度，实属不易。加之四川是一个多民族的地区，经济、社会以及地理差异极大，很不平衡，就在西昌卫星发射基地，还存在母系社会。尽管我们随时想努力把中央各项指示更好地加以贯彻，但时有顾此失彼，力不从心，忙不过来。我们思考再三，建议中央将四川省一分为二：四川省和重庆市，改重庆市为直辖市，将三峡库区的涪陵、黔江、万县、达川四个地市划入重庆。新四川约为八千万人口，新重庆约为三千万人口。这样做的好处是，可以避免一个省过于庞大，过于复杂，新的四川可以着重支持四川西部少数民族的发展；新的重庆可以

①本文原载于甘宇平：《我所了解的设立重庆直辖市的推进过程》（《红岩春秋》，2008年第5期）。标题是编者加的。

担负四川东部三峡库区的移民。就整体而言，对于加强四川的全面发展，是有好处的。同时还可以在新成立的重庆市，探索适应社会主义市场经济体制的政府机构的改革和城乡接合的新路子，作为中央的试验区。以上设想，妥否，请指示。

再次问好！

1995 年 12 月 9 日

设立重庆直辖市是党中央、国务院作出的重大决策①

张德邻

重庆是一座具有悠久历史、灿烂文化和光荣革命传统的城市，在中国经济社会发展中具有重要的战略地位。

在重庆3000年的城市发展史上，中央政府曾三次对重庆直接进行管理，也可以说重庆曾经历过三次“直辖”。第一次是在统一中国的大业中，秦以江州（今重庆）为首府设立“巴郡”，重庆成为中国36郡之一。第二次是在抗日战争时期，国民政府升重庆市为“特别市——陪都”。第三次是新中国建国之初，邓小平同志主政西南，重庆是西南的政治、经济、文化中心，是西南地区党、政、军最高领导机关——中共中央西南局、西南军政委员会和西南军区所在地。中央决定设立重庆直辖市。1949年12月11日，重庆市人民政府正式成立。可以说，重庆直辖市是在邓小平同志的直接领导下，在“一唱雄鸡天下白”，“中国人民从此站立起来了”的关键时刻诞生的。从此，这座光荣的城市为我国彻底完成新民主主义革命任务，巩固和发展社会主义政权，再次发挥了独特的作用，也为50年来的社会主义革命和建设奠定了基础。

3000年重庆史揭示出一条历史规律，即中央政府对重庆进行直接管辖，往往出现在历史发展的关键时期，重庆也因此而对中国历史进程发挥过关键

①本文原载于张德邻同志为《设立重庆直辖市纪实》一书所作序言，标题是编者加的，有删节。该书由重庆市地方史研究会、重庆市政协文史资料委员会编，重庆出版社1999年11月出版。作者时任重庆市委书记。

的作用。“直辖”是重庆发展的历史机遇和强大动力，是历史赋予重庆的使命。

新中国成立后，毛泽东、刘少奇、周恩来、朱德、邓小平等党的第一代领导集体成员多次来重庆视察，指导重庆工作。考虑到重庆的历史地位、特殊的区位优势和经济上的巨大影响，中央曾对重庆实行经济计划单列，从而确立了重庆在新中国的重要战略地位。

邓小平同志自从和刘伯承同志一起率大军解放重庆之日起，几十年始终情系重庆，心系重庆，关怀着重庆的人民，关注着重庆的发展。特别是在中国进入社会主义现代化建设的新时期，他作为党的第二代领导集体的核心，更是高瞻远瞩，精心擘划，奋力把重庆推向社会主义现代化建设和改革开放的战略前沿。1983 年，党中央、国务院批准重庆作为全国第一个经济体制综合改革试点大城市；从 1984 年起，对重庆实行第三次经济计划单列。在党中央、国务院的关怀下，重庆市在传统的计划经济的束缚中披荆斩棘，艰难前行，综合经济实力和区域中心城市的辐射功能不断增强，已经具有良好而广阔的发展潜力，进一步巩固和加强了重庆的战略地位。

以江泽民同志为核心的党的第三代领导集体高举邓小平理论伟大旗帜，对加快重庆的发展十分重视，寄予厚望。十四大以来，在邓小平理论和党的基本路线的指引下，在以江泽民同志为核心的党中央正确领导下，我国国民经济持续、快速、健康发展，各项社会事业不断进步，出现了经济发展、政治稳定、民族团结、社会进步的大好局面。为了逐步改变地区发展的不平衡状况，更好更快地实施“三步走”发展战略，党中央、国务院要求加快中西部地区发展、建设长江经济带、加快三峡工程建设和库区开发。重庆位于我国东部经济发达地区和西部资源富集地区的接合部，是西南地区和长江上游最大的经济中心城市和重要的口岸，有着对长江经济带和西南地区的双重辐射功能，可以起到承东启西、左右传递的枢纽作用。重庆又是三峡库区唯一的特大城市，应当承担起搞好库区移民，发展库区经济，确保三峡建设顺利进行的重任。1994 年 10 月，江泽民总书记来渝视察时指出：“重庆地位太重要了”，并题词勉励“努力把重庆建设成为长江上游的经济中心”。同年 12 月，李鹏总理又来渝考察，并作了“开发三峡，振兴重庆”的题词。随后，党中央、国务院作出了设立重庆直辖市的重大决策。

为了确保设立重庆直辖市这一重大决策的顺利实施，1996 年 9 月，党中央、国务院批准了四川省委托重庆市代管万县市、涪陵市和黔江地区的请示。从 1996 年秋天以来，李鹏、朱镕基、胡锦涛、邹家华、吴邦国等中央领导同志分别来重庆视察、指导工作。1997 年 3 月 14 日，全国人大八届五次会议通过了关于设立重庆直辖市的议案。6 月 18 日，重庆直辖市正式挂牌揭幕。

1999 年 6 月 7 日

我所知道的重庆成立直辖市经过①

蒲海清

1997年6月18日，重庆直辖市正式挂牌成立。在此之前，我作为四川省委常务副书记，重庆市委副书记、代市长，参与了有关筹备工作。虽然时间已过去了十多年，但我对此仍然记忆犹新，不能忘怀。

知道重庆成立直辖市，我经历了三部曲

1997年重庆成为直辖市，其实是一种“回归”，因为历史上重庆曾两次直辖：国民政府时期，重庆为陪都，也是特别市（后改为行政院院辖市），同时也称为直辖市；新中国成立后直到1954年，重庆先为中央直辖市，后改为西南行政大区直辖市。

20世纪60年代的重庆，虽然不再是直辖市，但仍然是四川省甚至整个西部地区最好、最大的一个城市。当时重庆人口有400多万，而成都还不到200万。

我是四川南部县人，但从1961年在重庆上大学开始，就长期在重庆学习、工作、生活，对重庆感情很深。

改革开放初期，重庆也是朝气蓬勃，给人印象深刻的事情很多。比如，1983年，重庆在全国第一个被列为计划单列城市，在试点过程中有很多改

①本文原载于《百年潮》，2009年第1期。该文由蒲海清口述，汪文庆、刘一丁整理，收入本书时略有删节。作者时任重庆市委副书记、市长。

革。当时，我在重庆钢铁公司任总经理，率先推行厂长（经理）负责制，有很多创新。那个时候大家普遍工作很忙、很累，但心情很好，积极性很高。20 世纪 90 年代，重庆作为一个老工业城市，又是军工企业比较多的城市，进入改革的困难磨合期，一下子出现几十万下岗职工。与沿海地区甚至成都相比，重庆落后了。当时重庆很困难，经济发展上不去，老百姓生活水平降低，社会不稳定。当时，我已经调任四川省委副书记、常务副省长。我爱人娘家在重庆。春节去重庆探亲的时候，我目睹重庆交通拥堵、城市环境又是脏乱差，实在是看不过了，就主动找当时的重庆市市长刘志忠同志。我说："志忠，重庆现在这个样子，你们要不顾其他任何事情，想想办法。你现在是市长，就得把这个责任担起来，把所有副市长召集到一起，找一个没有人上访的安静地方开个会，研究一下该怎么办。"可以说，当时上至政府官员，下至普通老百姓都在探究解决办法，普遍希望重庆成为直辖市。

但包括我在内的绝大多数人当时不知道的是，早在 80 年代中期，小平同志就提出了把重庆从四川分出来、单独建省的设想。1985 年 1 月 19 日，小平同志在参加了广东大亚湾核电厂有关合同签字仪式后，找时任国务院副总理、三峡工程筹备领导小组组长的李鹏同志，详细询问了三峡工程的情况。当李鹏说"正在考虑成立三峡行政区，用行政力量来支持三峡建设，做好移民工作"时，小平同志提出，"可以考虑把四川分为两个省，一个以重庆为中心，一个以成都为中心"。

中央正式酝酿设立重庆直辖市是 1994 年。1995 年中央派人到四川进行调研工作。1996 年 6 月 19 日，江泽民总书记主持召开中央政治局常委会，通过了重庆市改为直辖市的方案。我知道重庆成立直辖市，已经是 1996 年了。对此，我可以说是经历了三部曲，开始是不相信，然后是高兴，再后来就是直接参与筹备工作，到重庆任市委副书记、代市长。

先说说"不相信"。1996 年 1 月，具体哪天记不清楚了，我找到时任四川省省长的肖秧，他以前是重庆市委书记。我说："肖秧同志，我向你报告一下重庆经济发展情况，请你考虑。"这个时候，肖秧说："海清，你不要着急。我告诉你个事，你不要告诉别人。我从李鹏总理那里听到，中央正在研究重庆成立直辖市，国务院已经研究了。"这是我第一次听说重庆要成立直辖市。回来以后，我想了一下，觉得肖秧讲的话很难说一定准确，不大相信。

再说说“高兴”。1996 年 4 月，我作为四川省委常务副书记，到北京向时任中央政治局常委、书记处书记的胡锦涛同志汇报干部工作和党建工作。他对我讲：中央原来准备让你作四川省省长，但是考虑到重庆要成立直辖市，重庆的工作任务更艰巨，中央准备调你到重庆市工作。这件事情要绝对保密。我说，能不能告诉一下四川省委书记谢世杰同志。胡锦涛说，对谢世杰同志也不要讲。因此，我当时没有向任何人讲，连老婆也没告诉。

不久，我就到重庆，直接参与筹备工作。1996 年 6 月 26 日下午，李鹏总理在他的办公室开了一个会，参加的中央领导还有胡锦涛、李贵鲜（时任国务委员），四川省参加的有谢世杰书记、宋宝瑞省长、重庆市委书记张德邻和我。在这个会上，正式宣布成立重庆市直辖筹备领导小组，张德邻任组长，我任副组长。

管辖范围的四套方案之争

中央考虑设立重庆直辖市的原因，主要是基于三个方面的考虑：一是四川省人口过多，1.1 亿多人，相当于英国和法国的人口总和；面积大，有 57 万平方公里，管辖 23 个地级行政区、221 个县级行政区，是中国管辖县级以上行政区域单位最多的省。我在四川当了 11 年副省长、副书记，还没有把所有的县走完。这次汶川大地震的震中汶川县，我只到过县城，其他地方都没有去过。其次，是为了便于三峡工程建设的统筹管理。再者，重庆是长江上游最大的城市，成立直辖市可以充分发挥其中心城市的辐射作用。

关于重庆直辖市管辖范围，中央先后共提出了四个方案：一个方案是以三峡库区为中心建立一级行政区，成立省或者直辖市，包括湖北宜昌，也就是和之前的“三峡省”模式差不多。但后来觉得牵涉地方太多，不能精简机构，中间管理成本过高，放弃了，没有怎么讨论。第二个方案，即大方案，除了把万县市、涪陵市和黔江地区等划过来外，还把广安、达川、南充等也拿过来。第三个方案，即小方案，直接把老重庆地区升格为直辖市，这个办法简单，不过无法解决三峡库区移民的问题，只能放弃。第四个方案，即现行的重庆市区划，老重庆地区、黔江地区、涪陵市、万县市合在一起成立重庆直辖市。

1996 年 6 月 26 日下午，在李鹏办公室就管辖方案展开了讨论。当时谢世杰、宋宝瑞提出了大方案，建议把广安、南充、达川都纳入重庆直辖市范围。中央不同意。李鹏说，这是小马拉大车，贫穷的县太多了，人口也太多了。

我将到重庆工作，感觉要是按照谢世杰、宋宝瑞的意见办，压力太大了。当时四川省达川、涪陵、万县都很穷。但是，我想把广安划过来，因为当时广安产粮，而重庆缺粮（现在重庆农业发展了，实现粮食自给了）。当时四川省每年调一些粮食给重庆。要是重庆成立直辖市，四川省的粮食就不能再按照国家粮价划拨了，必须要给补差。这中间就会有很多争议。因此，我发言提出，不赞成大方案；南充和达川还是由四川省管辖，而黔江地区本来就是从涪陵市分出去的，可以纳入重庆市，同时把广安接收过来。李鹏说：广安现在不纳入，以后再研究。后来我才知道小平同志多次讲：“我是四川人”。广安如归入重庆市，也不合适。经过讨论，李鹏作结论，意思是就按照现在涪陵市、万县市、黔江地区和老重庆市组建成立重庆直辖市。因为要成立重庆市直辖筹备领导小组，暂时不把涪陵、黔江、万县直接纳入，而是交给重庆代管。以后四川省开会，涪陵市、万县市、黔江地区还是去参加，重庆市开会，也可以列席，逐渐适应。

中央最后确定的方案是一个中间方案，从当时来说，是最好、最可行的一个方案。从目前来看，重庆实际上对广安的辐射很大，广安到重庆不到一个小时路程，而到成都要在高速公路上走两个半小时以上。重庆和广安经济往来频繁，广安的土特产在重庆销售很好，而重庆很多机械零部件也是在广安那边制造的。

为什么成立直辖市而不是省

1996 年 7 月 8 日，四川省委正式下文件，成立重庆直辖市问题传达到厅局级干部。同一天，李鹏同志打电话问我筹备的情况怎么样了。我说：报告总理，筹备工作正在抓紧进行，省委已正式下文重庆代管涪陵、万县、黔江，并正式向全省地厅级以上干部作了传达。重庆正在抓紧做工作，重点一是解放思想，做好深化改革的准备；二是计划安排下一步的工作。

1996年7月25日，李贵鲜、中央组织部副部长王旭东、中央编办主任张志坚等领导，到重庆来谈行政体制问题，正式和重庆市直辖筹备领导小组成员交换意见。当时大家就提出，重庆成立直辖市以后，行政体制怎么安排，万县市、涪陵市、黔江地区还要不要？有的人主张重庆直辖市直接管县，取消两市一地委；有的人不同意，说一下子管四十几个县怎么能管得了？当时我主张地市级机构还暂时存在一段时间为好，毕竟我们对万县市、涪陵市、黔江地区下属的这些县还不熟悉，但我的看法也不好多说。当时的情况是：这些县坚决要求重庆直管，不要地市级机构这一中间层了；而两市一地干部思想动荡，又特别提出县还要不要他们管，如果不管了，富余的干部怎么安排是个大问题。矛盾之下，我们同意中央的意见，作为过渡，地市先保留，县可以到地市级机构汇报工作，也可以到重庆来汇报。实际上，随着重庆直辖市机构编制的确定，我们很快就把地市这级中间机构取消了。地市这一级一大批干部怎么办呢？有的提前退休，有的逐渐做巡视员，有的去了人大、政协，通过10年全消化了。

李贵鲜同志要求我们按照小政府、大社会的思路，减少编制。当时我的想法是：减少编制是好事，但减下来的干部怎么安排是个问题，所以希望中央能多给点编制，不能缩得太小。我提了这个意见，中央后来同意了。我还私下悄悄跟张志坚同志讲：你放我一马，我不一定把编制用完，编制会逐渐减下来。实际上，重庆直辖市编制控制得很好，我任职期间，只给重庆市外办增加了30人，其他的部门都减少了职数。至今重庆市编制还没有用完。新的重庆直辖市领导干部的配备，以原重庆市干部为主。中央也给我们提了一些建议，李学举（曾任第一届重庆市委常委，现任国家民政部部长）、王云龙（曾任第一届重庆市委副书记、人大常委会主任）、李德水（曾任重庆市副市长、后任国家统计局局长）等同志都是中央统一配备的。同时，我们也从涪陵、万县、黔江调了少数干部，安排到市委、市政府及市级有关部门。我在省政府工作过，两市一地干部都熟悉，也不便多谈。我主动出面做工作，逐步调来一些人做适当安排，很快、很好地进行了工作的交接，确保了工作的连续性、有效性。

可能你们会问，为什么重庆成立直辖市而不是省？我觉得中央决策的英明就在这儿。按照我国现在的行政体制，省下面是市，市下面是县，县下面是乡镇，这就是四级体制；而直辖市不同，可以直接管县，是市、县、乡镇三级体制。从四川省来讲，要直接管221个县确实有困难；而重庆就可以，当时是管42个县。这样一来，重庆直辖市就没有地市级机构这一中间层了。地市这一级五套班子都是齐全的，公务人员不少，撤销了以后，整个直辖市的编制减少了三分之一，这样就初步形成了小政府、大社会的格局。当然我只能说是初步形成，今后还有很多工作要做。现在，我个人体会，设立直辖市而不是省有几大好处：一是去掉中间层，效率提高了。二是公务人员少了，现在重庆市公务人员占总人口的比例是全国最低的，比北京都低。这样就减少了国家的财政负担，可以把钱更多地用在建设上。三是干部责任感增强了，工作积极性提高。重庆成立直辖市十多年来发展很快，中央和全国各地给了很大的支持，但从我个人的工作经历来看，行政体制改革对经济发展的推动作用也是很大的，甚至更加重要。

1996年9月18日，我被选举为重庆市代市长。

9月20日至9月21日，胡锦涛同志视察重庆，主要是研究考虑重庆直辖市班子建设问题。他对我们的做法表示认可。这样，重庆直辖市行政体制就确定下来了。

财政体制的调整

1996年10月14日至10月20日，李鹏总理带领李贵鲜、国家计委主任陈锦华、财政部长刘仲藜等，到重庆和三峡库区视察，同我们一起研究了重庆财政体制问题。当时重庆市的财政体制，是1983年被列为全国首批计划单列市以后形成的，简单来讲就是：上缴四川省1.8亿，上缴财政部13亿。

10月19日，李鹏把张德邻和我叫到船上，同李贵鲜、陈锦华、刘仲藜等领导一起研究重庆财政体制。李鹏说，既然重庆要设立直辖市了，财政体制直接和中央挂钩，交四川省的1.8亿就算了，给中央的13亿减1.5亿，一共减5年。我表示不能同意：重庆现在财政收入一年才74亿，人均财政收入在全国来讲是很低的，确实困难。我提出，交四川省的1.8亿就算了，由中央财政补给四川省；交中央财政的13亿减6亿。说着说着，我就和刘仲藜争论了起来。李鹏一下子生气了，批评了我一顿，他说：蒲海清，你不要讲了。你老讲困难，现在中央这么支持你，你还叫穷。给你每年减少1.5亿，减五年，你还不同意。李鹏的意思是这个方案是集体先行研究过的。听完批评后，我说：总理息怒。今天总理在，财政部长在，计委主任在，李贵鲜同志在，这是我最好的发言机会。现在我不说，等到哪个时候说呢？我感谢中央的支持，但我的困难是实实在在的，不是叫穷，希望中央多支持一点。这时，陈锦华悄悄跟李鹏说了一句：再加个“倒板”吧？我在旁边听到了。李鹏对刘仲藜说：算了，这个不研究了，散会。中午吃饭的时候，我到李鹏那诚恳地说：总理请您批评我，我太冲动，话说得多了一点，不过实在是困难，现在也确实是一个机会，请您谅解。李鹏当时很客气，表示理解我的困难。后来他们又研究了一下，告诉我重庆每年上缴中央财政减少3亿。同时，李鹏还答应从总理预备费中拨给重庆1亿元，作为建直辖市的开办费。

12月13日至22日，吴邦国副总理受中央委托，带领19个部委的同志，到重庆调研解决工业经济运行中的一系列问题。我跟吴邦国说，上次李鹏总理来，决定我们每年财政减少上缴3亿，但重庆实在太困难，我们建议全部减下来，不再上缴中央财政了。吴邦国说做不了这个主，回去研究。后来财政部研究决定重庆上缴中央财政再减少3亿，就是重庆上缴中央财政总的减少6亿，还要上缴7亿。

后来，重庆市又一再向中央反映，同时这一时期的国家财政大为好转。最后，中央同意重庆免予上缴中央财政，开始时说免上缴5年，后来财政体制改革，到现在一直没有上缴。1996年10月底，三峡工程四川库区移民工作顺利移交重庆市接管，到同年12月底，我们把四川省副省长甘宇平调到重庆任副书记、副市长，继续分管移民工作。

实践证明，成立重庆直辖市的决策是正确的

经过一系列的筹备工作以后，重庆直辖市的成立是万事俱备、只欠东风了。1997 年 3 月 14 日，八届全国人大五次会议投票通过国务院提出的设立重庆直辖市的方案。我是全国人大代表，当时就在现场，现在还清楚地记得，2720 个代表投票，赞成的 2403 票，反对的 148 票，弃权的 133 票，没有摁按钮的 36 票。方案通过以后，很多重庆的人大代表跟我拥抱，还有外省的代表跟我握手。大家都非常高兴。重庆整个城市沸腾了，老百姓到处放鞭炮、喊口号——“我们直辖了”。我也很兴奋，但相比较而言，我更大的感受是肩上的担子重了、压力大了。

吃水不忘挖井人。现在回过头来看，中央的决策是伟大、英明的。小平同志是最早提出把重庆从四川独立出来的，他不愧是改革开放的总设计师，站得高、望得远。中央第三代领导集体认真贯彻执行，给重庆市各个方面大力支持，功不可没。全国人民给予重庆极大的支持，充分体现了社会主义制度的优越性。

我所了解的设立重庆直辖市的推进过程[①]

甘宇平

一九九五年：开始酝酿

11月9日，李鹏同志第七次考察三峡工程（11月8日从北京出发），乘坐“锦绣中华”号船，谢世杰（时任四川省委书记）、肖秧（时任四川省长）、甘宇平（时任四川省副省长兼政府秘书长）陪同。

轮船夜泊巫山。由甘宇平联系姜云宝（时任总理办主任），请李鹏同志对川工作作指示。晚8点后，在李鹏同志与贾志杰（时任湖北省委书记）、蒋祝平（时任湖北省长）谈完话后，找谢世杰、肖秧、甘宇平谈话。李鹏讲：我查阅了工作笔记，邓小平同志1985年元月19日讲的一段话很重要，他说，可以考虑把四川分为两个省，一个以重庆为中心城市，另一个以成都为中心城市。这一设想现在怎么来实施，为了发挥重庆作为长江上游中心城市的作用，为统一规划管理三峡移民，可考虑设立重庆直辖市。你们回去以后可以开始考虑研究。

回到四川后，谢世杰、肖秧同志布置甘宇平把重庆、万县、涪陵、黔江、达川、南充、广安的地理、资源、经济、社会、粮食等情况摸清楚，做两个方案，一个是大方案，即重庆市管万县、涪陵、黔江、达川、南充、广安；另一个是小方案，即重庆市管万县、涪陵、黔江。此工作要求绝对保

---

①本文原载于《红岩春秋》，2008年第5期。作者时任重庆市委副书记、副市长，国务院三峡建委副主任。

密。10 天后，甘宇平同志完成方案编写并呈送给了肖秧。

12 月 9 日，谢世杰、肖秧同志致信给江泽民、李鹏同志，实际上是一份请示报告。

12 月 19 日，李鹏同志同江泽民同志商讨了建立重庆直辖市问题，江泽民同志讲：可以先进行酝酿。

12 月 25 日，李鹏同志同胡锦涛同志（时任中央政治局常委）商讨建立重庆直辖市问题，胡锦涛同志表示积极支持。

一九九六年：中央决策

3 月 15 日，李鹏同志请李贵鲜（时任国务委员，负责民政和区划工作）和肖秧到办公室谈设立重庆直辖市的筹备工作问题。肖秧带了准备好的大、小方案赴京。研究比选认为重庆只带万县、涪陵、黔江较合适。

李鹏同志去法国前，又同江泽民同志交谈了设立重庆直辖市问题，江泽民同志表示积极支持，讲要与其他常委商量并做好工作。

5 月 11—14 日，李瑞环同志（时任中央政治局常委、全国政协主席）考察了三峡工程库区，强调要进一步加强库区移民的领导问题。

5 月 22 日，李鹏同志同胡锦涛、李贵鲜同志谈重庆改设直辖市问题，李贵鲜已征求人大副委员长王汉斌（分管法制工作）意见，王汉斌同意改设直辖市。直接领导县，取消两市一地委。

6 月 8 日，李鹏同志集中精力修改了重庆改设直辖市的报告。

6 月 14 日，李鹏同志召开总理办公会，讨论通过重庆改设直辖市问题，大家一致同意。

6 月 14—18 日，乔石委员长，倪志福、李锡铭、王丙乾、王光英、布赫、铁木尔·达瓦买提副委员长和曹志秘书长等，从长江乘船顺江而下，6 月 14 日上午听取谢世杰、甘宇平关于库区移民工作情况的汇报。乔石同志说，三峡工程就是建好了，百万移民问题如果解决不好，也留下了大的隐患。

6 月 19 日，江泽民同志召开中央政治局常委会，通过了重庆市改为直辖市的方案。

6月24日，谢世杰同志找甘宇平拿出关于重庆直辖市大、小方案的底稿。

6月26日，李鹏、胡锦涛、李贵鲜同志请谢世杰、宋宝瑞（时任四川省长）、蒲海清（时任四川省委副书记）、张德邻（时任重庆市委书记）谈重庆改直辖市问题。谢世杰、宋宝瑞希望把达川和广安地区都划入重庆，李鹏认为这样重庆又多了1000万人，小马拉不动大车，显然不合适。小平多次说“我是四川人”，广安如划入重庆，也不合适。正式决定成立重庆市代管筹备领导小组，张德邻为组长，蒲海清为副组长。

7月8日，关于设立重庆直辖市的问题，四川省委已传达到厅局级干部。李鹏同蒲海清同志通电话，蒲海清说筹备工作正在抓紧进行。

7月18日，李鹏同志见杨汝岱（时任全国政协副主席），杨汝岱同志讲四川赞成重庆改直辖市，但重庆直管县范围太大，鞭长莫及，会削弱领导，两市一地干部思想动摇。李鹏同志同胡锦涛同志商量重庆直辖的体制问题，胡锦涛同志认为，重庆改直辖市后，下面体制可暂不变动，可从长计议，以保持稳定。作为过渡，地市先保留，改制可逐步到位。

7月19日，李鹏同志请李贵鲜同志到重庆去了解干部思想，做安定人心的工作。一致认为，重庆改为直辖市以后，地市机构和干部级别暂不变动。

7月25日，李贵鲜同志及王旭东（时任中组部副部长）、张志坚（时任中央编办主任）同志正式同重庆市代管筹备领导小组成员交换意见。

8月7日，李鹏同志写信给江泽民同志，加快重庆市的组建工作。把移民的担子由四川省（远离库区）转到重庆的身上，建立一个高效率的、廉洁的移民局。有关重庆市的组建工作，正在按照常委会的决定，由胡锦涛同志主持，李鹏也参加，抓紧进行有关工作，争取8月份能基本就绪，9月份重庆开始代管工作。8月8日江泽民同志批示“完全同意”。

8月17日，李鹏同志找刘仲藜（时任财政部长）、何椿霖（时任国务院常务副秘书长）谈重庆直辖后财政问题，决定：重庆上缴四川财政的1.8亿元可由中央财政直补给四川，另给重庆市增加补贴1.5亿元，这样重庆可以增加3.3亿元财政收入。

8月22日，四川省以川委厅〔1996〕105号文印发了李贵鲜同志同重庆代管筹备领导小组成员交换意见时的讲话。主要内容：1. 为什么要建立重庆直辖市；2. 需要明确和强调的问题；3. 人大批准以后，重庆市要开好“两会”。

9 月 5 日，江泽民同志主持中央政治局常委会，通过了重庆市从 9 月 15 日起代管万县、涪陵、黔江“两市一地”，张德邻继续担任重庆市委书记，蒲海清为代市长，王云龙（时任山西省委副书记）为常务副书记的决定。江泽民同志提出要做好“两市一地”干部的思想工作。

中央认为，重庆直辖不仅有利于解决四川面积过大、人口过多、难于管理的问题，而且有利于加快四川和重庆的经济发展，带动西南地区和长江上游地区的经济开发，有利于三峡工程的建设和做好移民工作。按“小政府、大社会”的原则，设置政府机构。决定由国务院提出设立重庆直辖市的方案，提交 1997 年八届人大五次会议审议。

9 月 13 日，四川省委发〔1996〕31 号文正式委托重庆代管涪陵、万县、黔江。

9 月 18—21 日，胡锦涛同志来川渝及三峡库区视察，研究考虑重庆直辖市的班子建设问题。

10 月 14—20 日，李鹏同志视察三峡库区，召开库区移民暨对口支援工作会，加快重庆直辖市的筹备建设。

10 月 24 日，三峡工程四川库区移民工作顺利移交重庆市接管。

10 月 25—31 日，朱镕基同志（时任中央政治局常委、国务院副总理）来四川视察，听取了四川省关于设立重庆直辖市的情况汇报。

12 月 13—22 日，吴邦国同志（时任中央政治局委员、书记处书记）来重庆视察，主要解决重庆经济运行中的一系列问题。

一九九七年：直辖揭牌

3 月 14 日下午，八届全国人大五次会议，到会 2720 人，通过了国务院提出的设立重庆直辖市的方案，得票 2403 票，得票率 88% 。

4 月 3 日，中央政治局常委开会，通过重庆市机构方案，并听取四川省及重庆人事考察情况。重庆市按“小政府、大社会”设置政府，准备 5 月份召开党代会，6月份召开人大会。直辖市的人大代表以43个区县为单位选出，“两市一地”在调整前仍照常行使职权。

5月21日，中央政治局开会，通过任命张德邻为中共重庆市委书记，提名蒲海清为重庆市人民政府市长候选人。

6月18日，隆重举行重庆直辖市领导机关揭牌仪式。李鹏同志在讲话中提出，设立重庆直辖市，是党中央、国务院为加快中西部地区经济和社会发展所采取的重大决策。从今后重庆的工作看，要特别处理好以下四个方面的关系：一是要处理好“大重庆”与“小重庆”的关系；二是要处理好“新重庆”与“老重庆”的关系；三是要处理好新建与扩建改造老企业的关系；四是要处理好中央支持、各地支援与自力更生的关系。

第二篇

启　动

（1996 年 7 月—1996 年 9 月）

纪　事[1]

1996年7月8日，四川省委将设立重庆直辖市的问题传达到厅局级干部。

1996年7月18日，国务院总理李鹏同志同中央政治局常委、书记处书记胡锦涛同志研究重庆直辖的体制问题；李鹏同志与全国政协副主席、四川省委原书记杨汝岱同志研究设立直辖市问题。

1996年7月19日，李鹏同志请国务委员李贵鲜同志到重庆去了解情况。

1996年7月25日，李贵鲜同志及中组部副部长王旭东、中央编办主任张志坚同志正式同重庆市代管筹备领导小组成员交换意见。

1996年7月，重庆市代管筹备领导小组成立。重庆市发展战略研究小组成立，专题研究重庆直辖市发展规划。

1996年8月7日，李鹏同志写信给中共中央总书记江泽民同志，加快重庆市的组建工作。8月8日江泽民同志批示“完全同意”。

1996年8月17日，李鹏同志找财政部长刘仲藜、国务院常务副秘书长何椿霖谈重庆直辖后财政问题。

1996年8月22日，四川省以川委厅〔1996〕105号文印发李贵鲜同志同重庆代管筹备领导小组成员交换意见时的讲话。

---

①本文根据甘宇平《我所了解的设立重庆直辖市的推进过程》（《红岩春秋》，2008年第5期）及有关资料综合整理。

加强党的建设　发扬优良传统
为实现跨世纪宏伟目标而努力奋斗①

——在中共重庆市委纪念建党七十五周年座谈会上的讲话

（1996 年 6 月 28 日）

张德邻

同志们：

今天，我们举行座谈会，隆重纪念中国共产党诞辰 75 周年。在打好“九五”开局第一仗、迈向新纪元的关键时刻，我们回顾党胜利走过的 75 年光辉历程，畅谈重庆的现代化建设，交流党建工作经验，对于继承和发扬党的光荣传统，进一步加强党的建设，更好地带领全市人民为实现“九五”计划和 2010 年远景目标共同奋斗，具有十分重要的现实意义。借此机会，我代表中共重庆市委向全市各级党组织和各条战线的共产党员，向全体老同志表示亲切的慰问，并致以节日的祝贺！

中国共产党为了中国人民的解放事业，为了中华民族的振兴，为了我们伟大祖国的繁荣昌盛，进行了长期艰苦卓绝的英勇斗争，建立了不可磨灭的历史功勋。75 年前，中国共产党的诞生给我们苦难深重的中华民族带来了希望。在革命斗争中，我们党始终站在最前列，带领全国各族人民英勇奋斗，取得了新民主主义革命的胜利，结束了半殖民地半封建的历史，建立起社会主义制度的新中国。在社会主义建设实践中，我们党领导全国人民励精图治，艰苦创业，改变了旧中国贫困落后的面貌，初步实现了祖国的繁荣昌

①本文原载于《重庆日报》，1996 年 7 月 1 日。

盛。在全国人民意气风发，昂首迈向21世纪的今天，我们党集中全国人民的智慧，制定了我国国民经济和社会发展“九五”计划和2010年远景目标，描绘了我国经济和社会发展的跨世纪蓝图。我们党正带领全国人民继续坚持以经济建设为中心，进一步发展和完善社会主义市场经济，发展和完善社会主义民主和法制，发展和完善社会主义精神文明，全面实现第二步战略目标，为实现第三步战略目标打下坚实基础而努力奋斗。75年的历史证明：我们的党是一个伟大的党、光荣的党、正确的党，没有共产党就没有新中国。

75年来，重庆也同全国一样，发生了并正在继续发生着巨大而深刻的变化。特别是党的十一届三中全会以来，我市各级党组织带领全市干部群众艰苦奋斗，开拓进取，使重庆经济和社会发展取得了重要进展。在此基础上，我们已经制定出重庆市国民经济和社会发展“九五”计划和2010年远景目标纲要，提出今后15年要努力把重庆建设成为长江上游经济中心，发挥老工业基地和交通通信枢纽作用，强化贸易中心、金融中心、科教信息中心地位，在本世纪末全面实现现代化建设的第二步战略部署；2010年初步建成经济发达、社会文明、生活富裕、环境优美、国际合作交流广泛、富有内陆沿江开放特色的现代化的山水城市。这个战略目标是宏伟的，我们肩负的历史使命是光荣而艰巨的。重庆跨世纪发展目标，只能靠全市各级党组织带领广大干部群众共同奋斗去实现。重庆的发展，关键在于加强和改善党的领导，更好地发挥党的领导核心作用。因此，我们必须在新形势下不断加强党的自身建设，努力提高执政水平和领导水平。

加强党的建设是全党在新时期的一个新的伟大工程，党的优良传统是我们党加强自身建设的宝贵财富。在75年的战斗历程中，我们党形成了自己优良的传统和作风。中国共产党的斗争历史反复证明：什么时候我们党发扬和继承党的优良传统，党的队伍就蓬勃发展，党的战斗力就增强，革命和建设事业就胜利前进；什么时候党的优良传统遭到削弱和破坏，党的组织就涣散无力，党和国家就会受到危害。在改革开放、建立社会主义市场经济体制、建设社会主义现代化的新的历史时期，我们党的建设面临三个重大课题，这就是：第一，在执政条件下继续坚持全心全意为人民服务的宗旨；第二，在改革开放、发展社会主义市场经济条件下坚定共产主义的理想和信念；第三，抵御国内外敌对势力的和平演变和资产阶级腐朽思想的侵蚀。党的优良传统是解决这些课题的重要武器，并不因时代的不同、党的工作重心的转移而改变其根本性质。

在新的历史条件下，结合我市党的建设实际，继承和发扬党的优良传统，既是一项必须持之以恒的长期任务，又是一项十分急迫的现实任务。我们应当始终把思想建设放在党的建设的首位，继承党的优良传统，并使之发扬光大，在坚持一切从实际出发、实事求是的思想路线，坚持全心全意为人民服务的宗旨，保持艰苦奋斗的本色，维护党的团结和统一等方面有一个大的进步，努力建设一支高素质的干部队伍，进一步增强各级党组织的凝聚力和战斗力，更好地担负起领导重庆改革开放和现代化建设的历史重任。

发扬党的优良传统，加强党的建设，必须坚持一切从实际出发、实事求是的思想路线。总结我们党 75 年斗争历史的宝贵经验，归结到一点，就是把马克思主义的普遍真理同中国革命和建设的具体实际相结合，就是实事求是。实事求是，是保证我们党在思想上、工作上永葆蓬勃生机的法宝。解放思想是实事求是的前提。今后，在一切工作中要真正坚持实事求是，就必须解放思想。实事求是的过程就是一个勇于探索的过程、不断解放思想的过程。我们进行社会主义现代化建设，实现计划经济体制向社会主义市场经济体制转变，党的建设必然面临许多新情况、新问题，只有认真学习马列主义、毛泽东思想，特别是邓小平同志建设有中国特色社会主义理论，准确把握这一理论的思想体系和精神实质，努力学习社会主义市场经济知识、现代科学技术知识、法律知识、历史知识和其他方面的知识，把理论知识同改革开放、现代化建设实践紧密结合，在实践中坚持解放思想、更新观念，才能抓好党的建设，促进改革开放，加快经济社会发展。重庆多年的实践表明，要解放思想、实事求是，关键在于在任何时候、任何工作中都要牢固树立“三个有利于”的标准，坚持一心一意搞建设、发展才是硬道理。在现阶段的工作中，要努力清除传统的计划经济观念，强化市场经济观念；摒弃姓“社”姓“资”的争论，强化公有制为主体多种经济成分共同发展的观念；克服封闭、保守的思想意识，强化大开放促大发展的观念；克服故步自封的思想，强化机遇意识。在加强党的自身建设方面，要不断探索，不断实践，使党的建设围绕经济建设，经济建设依靠党的建设，增强各级党组织驾驭全局的能力。

党在长期革命和建设中创立和发展起来的一切为了群众，一切依靠群众，从群众中来到群众中去的群众路线，是实现党的思想路线、政治路线、组织路线的根本工作路线，也是我们党的政治优势之所在。因此，无论什么时候都要坚持尊重群众、尊重实践这个辩证唯物主义和历史唯物主义的根本观点，坚持和发扬党的密切联系群众的优良传统。党的一切工作都要依靠人民，相信人民，尊重人民的创造，接受人民的监督，这是共产党人的世界观、人生观、价值观所决定的。在进行社会主义现代化建设的现阶段，我们党的工作重点和具体任务发生了变化，但党的工人阶级先锋队性质始终没有变，全心全意为人民服务的宗旨始终没有变。我们工作的好坏，最高裁决者是人民。各级党组织和全体共产党员都要把人民拥护不拥护，人民赞成不赞成，人民高兴不高兴，人民答应不答应，作为想问题、办事情的根本衡量尺度。在处理改革开放、市场经济条件下错综复杂的问题和矛盾时，首先要端正对人民群众的态度，特别要解决一些领导干部群众观点淡漠、同群众感情疏远的问题。我们进行工作决策、制定改革措施，必须考虑和维护人民群众的根本利益。要经常深入基层，深入群众，认真调查研究，听取群众意见，切实改进工作，在人民群众丰富多彩的实践中寻求深化改革、加快发展的好办法。重庆是一个产业工人人数众多的城市，在深化改革、建立现代企业制度的过程中，要维护全体职工的国家主人翁地位和工人阶级的权益，全心全意依靠工人阶级搞活国有大中型企业。同时，我市又具有大城市与大农村并存的特殊市情，要充分认识新时期农民问题的极端重要性，切实保障农民权益，减轻农民负担，不断提高农民生活水平。要主动关心、帮助群众解决好实际困难，使群众的积极性持久充分地发挥。我市“九五”计划和2010年远景目标是体现山城1500万人民中长期根本利益的宏伟蓝图，要围绕实现这个蓝图，充分调动全市人民的参与热情，发挥广大群众的积极性和创造性，把密切联系群众的优良作风在各项工作中不断发扬光大。

中国共产党领导全国各族人民，历经千辛万苦，夺取了全国胜利，从中培育了艰苦奋斗的优良作风和光荣传统。艰苦奋斗，革命战争年代需要，社会主义现代化建设时期仍然需要。改革开放的巨大成就使我国的综合国力大大增强，人民的生活水平大幅度提高，但是我们必须看到，建设有中国特色的社会主义，既是一项伟大的事业，又是一项艰巨的事业，没有全党全国人民的艰苦奋斗，我们的事业就不可能取得胜利。我们没有任何理由丢掉艰苦朴素的工作作风和艰苦创业的拼搏精神。不可忽视的是，在改革开放、发展社会主义市场经济的新时期，我们党内一些人丢掉了艰苦奋斗的传统，滋生了特权思想，不愿到艰苦环境中去经受考验，有的甚至被糖衣炮弹击中，为政不廉，腐败堕落，削弱了党的凝聚力和战斗力。可以说，我们党艰苦奋斗的传统能否继承发扬，直接关系人心向背和政权存亡，关系政治安定和社会稳定，关系党的路线、方针政策能否贯彻落实。我们要从改革、发展、稳定乃至整个社会主义现代化事业的高度，认识发扬艰苦奋斗优良传统的重要性和紧迫性，从领导干部做起，从自身做起，领导干部特别是中青年干部要多到艰苦和困难多的地方去工作和锻炼，要向当年浴血奋战的红岩英烈学习，严以律己，无私奉献，努力做到“自重、自省、自警、自励”，自觉过好名利关、权力关、金钱关、色情关、人情关，勤政廉政，为完成当代中国共产党人肩负的历史使命而艰苦奋斗。

党的团结是党的生命。全党的团结，党同广大人民群众的团结是我们事业取得胜利的基本保证。我们的全体党员，特别是各级领导干部要十分珍惜团结，维护团结。团结出凝聚力，团结出战斗力，团结出新的生产力，这是客观事实反复证明了的真理。在实施“九五”计划和2010年远景目标纲要的起步之年，市委总结重庆市的历史经验，特别是近几年的工作，确立了“团结一心向前看，集中精力抓发展”的总的工作方针，这一方针对加强党的建设和领导，促进重庆经济社会持续、快速、健康发展，具有很强的针对性和现实意义。全体党员都要坚定马列主义、毛泽东思想和邓小平同志建设有中国特色社会主义理论的信念，以实现党的基本路线为己任，统一思想，统一步调，严格遵守政治纪律，自觉增强全局观念，保证政令统一和畅通。各级领导班子和领导干部要在思想上、政治上同以江泽民同志为核心的党中央保持高度一致，维护中央的权威，同时要集中精力为实施好市委、市政府的决策认真履行各自的职责。为了把我市各级领导班子建设成为团结坚强的领导集体，当前必须切实加强以坚持民主集中制为重点的自身建设，进一步健全民主集中制的各项制度，把思想和行动真正统一到团结一心向前看、集中精力抓发展上来。

江泽民同志在纪念中国共产党成立75周年座谈会上，从保证我国改革和建设顺利发展、保证跨世纪宏伟目标的顺利实现、保证党和国家的长治久安的高度，告诫全党，严重的问题在于教育干部，强调努力建设高素质的干部队伍是一项刻不容缓的重大任务。我市各级党组织一定要提高思想认识，增强责任感和紧迫感，进一步加大工作力度，以思想政治建设为重点，把领导班子建设、干部队伍建设抓紧抓好，以此带动全市党的建设。各级领导干部要自觉按照江总书记提出的领导干部必备的五条基本素质要求，刻苦学习，勤奋工作，勇于创先，自觉奉献。

同志们，我们肩负着实现跨世纪宏伟蓝图的历史责任，肩负1500万山城人民的重托，任重而道远。让我们在以江泽民同志为核心的党中央领导下，在邓小平同志建设有中国特色社会主义理论和党的基本路线指引下，团结和带领全市人民坚定不移地朝着我们的奋斗目标迈进。

重庆应有大作为[①]

1997年三峡大坝截流，现已进入“倒计时”。

由于三峡工程几十年不上不下等原因，三峡地区成了全国最贫困的地区之一。例如，历史上曾有“成渝万”之称的万县，国家40年对万县的预算内投资仅6.1亿元，人均70元。万县市3区8县被排入全国18个连片贫困地区之中，形成了重庆至上海这条长江经济带的一个断层。

三峡工程上马，库区百万大移民，无疑给三峡地区带来了大发展的机遇。

不管是坝区还是库区，记者所到之处，人们都对重庆寄予厚望。

湖北省三峡办副主任熊心康说，重庆作为长江的龙尾，位居我国西部，不论过去或现在，其地理位置相当重要。在三峡工程建设中，重庆在长江经济带中应起带动作用，向川东、湖北发挥大城市的经济辐射作用。

奉节县县长陈孝来告诉记者，成渝高速公路开通后，奉节同重庆联系多了。将来三峡库区深水港形成，许多物资要在重庆中转。奉节发展旅游业，旅游资源除白帝城外，还有世界上最大最深的天坑、地缝，希望重庆把奉节的旅游带动起来，实行多层次紧密合作。重庆作为我国的大工业基地，能否把一些零配件放到库区来加工，以大工业带动小工业的发展。奉节的烟叶、茶叶、水果、蔬菜等农副土特产品，可以作为重庆的原料基地。例如现在农民把红苕、土豆喂了猪，若把这些粗粮拿到重庆加工，就能增加不少附加值。

涪陵三峡办副主任徐本栋认为，重庆具有区域优势，市场很大。涪陵有

①本文原载于《重庆日报》，1996年7月5日。

100 多家企业同重庆联姻，以汽车、摩托车配件为主。涪陵的旅游依托重庆已尝到甜头，去年旅游收入仅次于成都、重庆。重庆的烹调、美容等实用技术培训，费用最好降低一点，帮助库区移民，让他们掌握一门手艺谋生。涪陵到长寿正在修建高速路，竣工后涪陵到江北机场只有 82 公里，涪陵不修机场，不建港口，就利用重庆的。

重庆作为三峡库区唯一的特大城市，对周边地区、中小城市具有较强的辐射力和带动功能。依托重庆，优势互补，坚持全方位整体开放，联合发展经济，是省政府的要求，也是各地市的共同愿望。大家希望构造一种新颖的联合方式，用市场经济的办法制定一种合作规则，并创造一种新的分配制度，在四川省政府的领导和协调下，由各地投入资源、资金、技术、人力等，开展跨行业地区的铁路、公路、通讯、气矿开采以及大型支柱产业的建设，使库区经济加速“一体化”。

经济学家断言：未来最有希望的经济增长区是长江经济带，即以上海为龙头，重庆为龙尾，以三峡工程为契机，以沿岸中心城市为支撑的长江二线。1994 年 9 月，国务院批准建立了长江三峡经济开发区，这一重大举措和三峡工程的兴建，带动了长江经济带的发展，为长江巨龙的腾飞增添了新的活力。

大发展带来大市场，大市场促进大发展。三峡工程给库区带来一个大发展的机遇，盛况空前的全国对口支援，又为库区带来了大量项目和资金，直接促进了库区经济发展。例如由国内贸易部等单位投资 2 亿元兴建的三峡农副产品中心批发市场，日前在湖北秭归新县城动工兴建，预计年成交额达 20 亿元。又如，仅据宜昌、万县、涪陵三地市广告管理部门统计，去年广告营业额就达 4000 多万元。

重庆许多有识之士已经看到三峡库区这个巨大的潜在市场，首先是巨大的金融市场。三峡工程中有 400 亿元作为开发性移民的专项经费，加上扶贫、技改、城镇赔偿等专项拨款，将近上千亿元资金。如果再创造一流的投资环境，大力招商引资，还会有更多的资金涌入。把钱用好用活，使其滚雪球似的增殖，库区建设就会跃上一个新台阶。

其次是巨大的物资、建筑市场。据不完全统计，三峡大坝和移民搬迁共需水泥 1000 多万吨，钢材 140 万吨，木材 160 万立方米，沙石、粉煤灰等材料8000多万吨。还要开挖土石方1亿多立方米，填筑土石方3亿立方米，浇筑混凝土2700多万立方米。

第三，也是十分重要的，这里交通运输等第三产业正在日益繁荣兴旺，对这个市场的估价，人们说法不一，但潜力巨大却是共识。三峡工程和库区移民搬迁，给重庆的建材、建筑、冶金、机电、交通、电子和通讯等一系列现代化工业都带来了发展机遇。机不可失，时不再来。怎样才能抓住机遇，已是摆在重庆人面前的新课题。

重庆论工业实力、人才技术等等都不缺，但差距在思想观念上，以老大自居，故步自封，怨三怨四。长此以往，机遇就要丧失。例如，重庆由于受两江环抱地理位置限制，城区几乎天天堵车，影响了经济的发展。堵车的一个重要原因是大桥太少。因此，在三峡水库形成前的这13年时间内，修建起由江北嘴经朝天门到南岸玄坛庙的V型桥、寸滩长江大桥和黄花园嘉陵江大桥，改变重庆母城区交通堵塞的状况，改变重庆在外地人眼中“大县城”形象，增强对外招商引资的吸引力，是重庆在库区应有大作为的一项重要工作。

长江中下游的宜昌、黄石、铜陵、九江、芜湖、安庆等城市，其长江江面比重庆江面宽阔得多，为了改变交通状况，这些城市都建起了大桥。与重庆同为大城市的武汉、南京，千方百计筹措资金在长江上建三桥、二桥。重庆所处的两江江面很窄，建桥难度相对小些，应该有志气、有信心在两江上建桥。

有权威人士指出：重庆地处内陆不靠海，既是劣势又是优势，因为商品、资金总往利润最大、成本最低的地区流。重庆是库区最大城市，库区建设各种资金近千亿元，是重庆人大显身手的时机。万吨级船队直达重庆，重庆至宜昌600多公里可能成为长江上游的发达经济带。重庆应抓住国家对老工业基地技术改造和库区大发展的机遇大做文章，做好文章。

国务院有关专家建议，重庆应起好以下作用：长江经济带的龙尾作用，三峡工程和库区建设的支撑和带动作用，川东和西南一片的凝聚和纽带作用。

愿重庆不负众望。

（《重庆日报》记者　蔡贵俊　叶兆超）

迈向新世纪的中国城市[①]

城市是现代化建设的主要基地，是体现一个国家经济发展、社会进步的主要窗口。改革开放以来，我国城市化水平以年均0.5个百分点的速度增长，其增速处于世界前列。

中国加速城市化

新中国成立以来，城市化发展经历了建国初期短暂健康发展。1958—1960年过度城市化，“文革”10年反向；城市化、改革开放以来的快速城市化等历程，其间的反复性和曲折性是世界其他国家所少见的，教训也相当深刻。

目前度量城市化水平的主要指标是城镇人口占总人口的比重。由于建国以来我国总人口的增长率相当高，城市化水平上升幅度不大。近些年随着经济发展不断加快，乡镇企业的异军突起和人口的流动，使我国的城市化进程呈现平稳发展的态势。从1978年到1994年，城市人口每年平均增加851万人，最高年份达1300万人，我国城市化进程进入加速起飞阶段，而且这种快速增长的势头还将持续一个较长的时期。

据统计，到1995年底，我国设市城市已发展到近640个，建制镇近1.7万个，居住在城镇地区的人口达3.5亿，城市化水平达到29%，比1978年提高了11个百分点。其中，非农业人口在100万以上的特大城市有32个，50万~100万非农业人口的大城市42个，20万~50万人之间的中等城市

①本文原载于《重庆日报》，1996年7月5日。

192 个、20 万人口以下的小城市 373 个。尤其是我国贯彻规划法“严格控制大城市规模，合理发展中等城市和小城市”的方针，使大、中、小城市协调发展，避免了许多发展中国家城市化进程走过的大城市过度发展、周边村镇过于贫困的弯路，这一点，成为中国城市发展的一大特色，受到国际社会的称赞。

城市是国家或区域的政治、经济、文化中心，随着城市自身的快速发展和功能的日益完善，城市在我国社会经济生活中的主导地位不断提高，带动作用越来越明显。到 1999 年底，我国城市以仅占全国国土 16.9% 的面积和占 40% 的人口、创造了全国近 70% 的国内生产总值、72.3% 的工业产值和 70.8% 的社会商品零售额，容纳了全国 43.7% 的就业人口。城市的完善为我国的经济发展、社会进步作出了巨大的贡献。

城市病能避免吗

城市化创造了较高的国民经济收入和就业机会，推动了社会经济发展，但同时也带来了一些消极的影响：交通拥挤、环境恶化、住房紧张、基础设施不足等情况一定程度上阻碍了城市功能的实现。在经济社会发展的历史进程中，我国虽面临加速城市化的历史机遇，同时也面临着巨大的挑战，即如何利用人类有限的资源实现社会、经济和环境的持续发展。一些历史文化名城、风景名城，由于工业污染，逐渐失去美感。生态平衡对城市人来说也日益显得重要。

建设部副部长叶如棠最近指出，这些问题的产生是由于城市化进程与经济发展水平相脱节，城市化的过度发展超过了国家经济发展所能承受的能力。对此，要坚持城市规模的扩大与工业和经济的发展相适应，坚持科学决策，协调推进，尊重规划，持续发展，才能保障我国城市建设少走弯路，经济发展水平不断提高。

叶如棠还强调，在城市化进程中不能片面理解现代化，以为小城市报批成中等城市，中等城市报批成大城市，大城市向更大的规模发展，就是城市化；以为多建摩天大楼、立交桥就是现代化。这些肤浅的理解会阻碍我国城市的健康发展，现代化应是指基础设施配套水平的提高，指城市生产、生活等环境质量的提高，是城市和谐有序的运行及功能效益的真正提高。

一些城市规划专家指出，城市最终是为人而存在的。而目前我国的生态环境确实令人担忧，有的城市在开发建设中只偏重眼前经济利益，忽视长远的综合利益，盲目的开发和各自为政的规划造成不少地方“建设性的破坏”，使居民生活质量下降，城市景观越来越单调、乏味。最近钱学森再次提出建立“山水城市”的思想，以图从根本上处理好城市与自然的关系。从总体规划上全盘考虑，建设一个充满绿色、充满阳光的城市。

中国城市应如何发展？中国城市未来的命运如何？怎样保持城市各自的特色并使城市高质量地运转？这些问题有待决策层的慎重思考和社会各界的认真选择和探索。

新世纪的中国城市

人类正处在跨入21世纪的重大历史时刻，中国也正处于加速城市化的起飞时期。

根据我国经济发展战略目标，“九五”期间至2010年，我国较发达的城市将基本实现现代化，长江三角洲、珠江三角洲、环渤海地区城市群以及其他东部地区城市，还有部分中、西部地区城市，将在经济发展、产业和产业结构现代化、基础设施现代化、环境建设、城市管理等方面达到或接近中等发达国家城市水平。

据权威机构预测，到2000年我国设市城市将达到800个左右，建制镇将达到2万个左右，城市化水平将达到35%，城镇总人口将达到4.5亿左右。到2010年，我国设市城市将达到1200个，建制镇将达到3万个，城镇人口将达到6.28亿左右，城市化水平将达到45%。城市的区域组织更加合理，城市在国民经济和社会发展中的核心地位将进一步加强，城市的现代化水平也将进一步提高。

严格说来，实现这一目标并非易事。从中国国情看，巨大的人口负担和日益紧缺的资源将在很长的历史过程中成为我国经济社会和城市发展的重大制约因素。如何在经济可持续发展的同时，解决好几亿农民从农村到城镇的地域流动、从农民到市民的生活方式转变，解决好几亿城镇居民的安居乐业，是我国跨世纪发展的重大难题。

这个问题是世界上任何国家也从未碰到过的，它的成功解决将是21世纪中国对世界的最大贡献！

（新华社供《重庆日报》特稿）

重庆城市发展目标研究报告[①]

中共重庆市委党校课题组

编者按：1996年7月，重庆市代管筹备领导小组成立。为做好未来重庆直辖市发展规划，成立了重庆市发展战略研究工作小组[②]、重庆市发展战略研究专家顾问组[③]，市计委下达了一批重庆市发展战略重大问题决策咨询研究项目[④]，其中委托重庆市委党校周勇教授负责《重庆市直辖市发展目标研究（1996—2010）》课题研究工作。研究工作于7—8月进行。这份研究报告大体反映了当时重庆学界对重庆新市情的认识。

---

①本文见于《重庆城市发展目标研究报告（送审稿）》，1996年9月。

②该小组由中共重庆市委、市政府有关部门同志组成。其任务是：组织协调重庆市各部门、涪陵市、万县市、黔江地区以及大专院校的专家学者研究未来发展的重大战略问题，理清发展思路；汇总各方面思路，综合平衡形成主体思路；研究制定重庆市国民经济和社会发展第九个五年计划和2010年远景目标纲要；对关系平稳过渡、代管和直辖体制有关重大政策问题研究提出建议方案，供筹备领导小组参考。领导小组组下设四个研究小组：总体战略组、基础结构组、产业发展和生产力布局组、社会发展组。

③专家顾问组由市政府特邀市内知名专家、学者组成，其任务是对发展战略研究工作进行咨询、论证，以充分体现研究工作的民主化和科学化，提高研究水平；同时对市级各部门研究制定本行业专题规划提出意见建议。组长韦思琪（四川省人大副主任、重庆市政协副主席），副组长张湘伟（重庆大学副校长、教授）、鲁济典（重庆市社科院院长、研究员）、周勇（重庆市委党校副校长、教授）。成员有廖元和、雷亨顺、顾恒岳、张宗益、陈才倜、何景华、周直、戴思锐、赖明、郑仁蓉、陈年、孙启祥、王崇举、彭邦兴、阎庆明、沈季平。

④市计委同时委托的课题还有：《开发三峡，振兴重庆的目标与途径研究》（重庆大学承担）、《重庆市公路交通体系和水运体系研究》（重庆交通学院承担）、《重庆农业开发研究》（西南农业大学承担）、《长江上游城镇体系布局研究》（重庆建筑大学承担）、《重庆市支柱产业选择研究》（重庆市顾问团承担）、《培育重庆区域性金融市场，强化金融中心功能研究》（重庆市人民银行承担）、《重庆市人才发展战略及对策》（重庆师范学院承担）、《扶持贫困地区和少数民族地区经济发展研究》（西南师范大学承担）、《三峡库区生态环境保护治理研究》（重庆市政协承担）。

党中央、国务院决定设立重庆直辖市，是在世纪之交实施“九五”计划，规划2010年远景目标的重要历史时刻，着眼于我国改革开放和社会主义现代化建设的全局，加快中西部地区发展步伐，加快三峡库区建设，促进内陆地区走向世界的一项战略性决策。

设立重庆直辖市是党中央、国务院为面向新世纪的重庆城市提供的再度崛起的历史性发展机遇，又是按国际经济大循环，促进亚太经济发展，拉动长江经济，启动内陆腾飞的具有划时代意义的大事。

这个决策充分体现了中国经济发展的总体格局，顺应了历史潮流，尊重发展规律的大思路，体现了巴渝大地三千万各族人民的百年愿望，也是巴渝地区实现21世纪经济腾飞的又一次历史性跨越。

面向未来，面向世界，面向现代化，重庆是机遇与挑战并存，希望与困难同在。立足重庆，环顾全国，放眼世界，展望21世纪，研究确定重庆城市跨世纪发展的战略目标，对于明确我市长远发展的基本方向、功能定位和发展战略重点，对于实现党中央、国务院的重托，迎接重庆光辉的未来具有重要意义。

（一）本课题指导思想：跳跃发展，开发三峡，服务长江，带动西部，面向全国，走向世界。

（二）本课题基本思路：以马列主义、毛泽东思想，特别是邓小平同志建设有中国特色社会主义理论为指导，体现党中央、国务院赋予重庆的重大使命，在重新认识市情市力，正确分析和把握客观环境的基础上，着力揭示重庆城市发展的特殊规律，超前提出重庆城市发展目标、功能及重大战略措施，为市委、市府科学决策服务。

（三）本课题的研究方法：在研究城市发展的一般规律、我国直辖市现状的基础上，注重重庆城市的特色研究，注重报告的前瞻性和现实的可行性。

（四）本课题的重点：1. 新重庆城市发展目标；2. 新重庆城市发展的依据。

（五）本课题的难点：1. 全面、准确地认识新的市情与市力；2. 处理好作为“区域”的重庆市发展目标与作为“城市”的重庆都市圈发展目标的关系；3. 城市发展目标的确定和表述的准确性；4. 重庆城市的特殊功能。

（六）本课题几个概念的界定：“重庆”，指代管以前的“重庆市”。“新重庆”，指“重庆直辖市”（含重庆市与万县市、涪陵市、黔江地区）。“（重庆）城市”，指“主城及城郊地区”（都市圈）。

第一章 重庆城市发展目标

一、目标

重庆城市发展的目标可以确定为：到本世纪末把重庆建成为长江上游的经济中心，在2010年把重庆初步建设成为我国西部地区的经济中心、文化中心和城市体系中心，成为具有较强国际影响力的现代化大都市。

这一目标的基本内容包括：

（一）经济中心

作为中心城市，首先应是一个经济中心。近代以来，重庆就一直是经济中心城市。在跨世纪的发展中，新重庆应首先定位在以“长江上游产业群”为主要特征的“综合性经济中心”上，主要包括：

1. 金融中心。近代城市经济的发展主要来自第二产业，而现代城市经济发展则主要来自第三产业。在第三产业中，金融业作为经济运行的“血液”其地位尤为突出，重庆不仅应该是三峡库区最大的金融中心和西部地区最大的金融中心，而且要成为长江流域最大的金融中心之一。重庆要抓住三峡工程资金运作的机遇来迅速实现这一中心的地位。

2. 贸易中心。重庆是一个因商而兴的城市。商贸活动的兴旺是中心城市凝聚力和辐射力的主要表现之一，通过强大的商贸活动形成与周边地区及其他地区的市场网络，这样中心城市功能才能充分地发挥出来。重庆城市的商贸活动要占领内地市场，还要与世界市场相衔接。

3. 工业中心。近代以来重庆城市因工而盛。工业中心是经济中心的基础。重庆要成为工业中心，必须形成以技术含量高的，与世界新技术潮流相衔接的产业，通过提高作为特大型城市的工业与中心城市工业、乡镇企业的技术档次，来实现重庆城市的带动作用。

4. 科技信息中心。现代市场竞争是科技和人才的竞争，重庆作为中心城市，应该建立在全国甚至国际上领先的科技水平及人才储备的基础上，这样才能在激烈的市场竞争中立于不败之地。

5. 交通通讯中心。交通通讯业是物资和信息流通、交换的载体，也是城市一切经济活动的基本条件。没有发达的交通通讯就不可能有大贸易、大流通，不可能有现代化的商品经济的发展，从而也就不可能有城市经济的发展。重庆城市的交通将是以水运、公路、铁路、航空、管道为主体的，多元化的、多形式的网络。

（二）文化中心

城市兴起以后便形成了独特的城市文化。重庆是一座历史文化名城，长期发挥着区域文化中心的作用。新重庆作为文化中心主要包括：

1. 创造发达的城市精神文明，重庆要成为三峡库区、长江上游和中国西部各城市中精神文明的示范之区。

2. 以其独特的巴渝文化闻名于世。

3. 弘扬“红岩精神”，塑造当代重庆人。

4. 拥有一批一流的城市文化设施，成为本区域国内外文化交流的中心。

（三）城市体系中心

重庆在城市体系的中心地位分别表现在不断扩大的能级范围内：重庆区域（重庆市、三峡库区）—长江上游地区—中国西部地区。其内容主要如下：

1. 在库区内形成一个完善的大、中、小城镇组成的发达的城市体系，城市布局合理。

2. 城市功能齐全，结构完善，在区内居领导地位，在区际居领先地位。

3. 城市社会稳定，市民安居乐业，生活富裕。

4. 城乡关系协调，功能互补，并能带动广大农村经济与社会的迅速发展。

5. 生态环境优美，富有内陆沿江特色的山水城市。

6. 在全国各城市体系中，在经济、文化、社会等各个方面发挥较强的影响力，并起到领先的作用。

（四）较强国际影响力的城市

作为中国西部唯一的直辖市，“现代化国际都市”的长期战略目标是不可回避的。今天对中期目标的确定主要是指：重庆不仅作为长江经济带的一个不可或缺的重要组成部分，而且要建成中国的一流城市，在亚太地区和东南亚地区发挥较大的影响力。

二、重庆城市的功能

重庆城市应具有 5 个功能，即：

（一）聚散功能

城市虽然不是生产力的独立要素，但它却能对生产力的各个部分起到“乘数”作用。城市集聚了相当数量和密度的资源，同时，它又是一个由各种要素组成的有机整体，因此，城市就产生了大得多的整体功能，就能以较低的成本创造出较高的社会经济效益，就能以较低的费用和较短的时间，创造出大规模的商业流通和物资集散。这种聚散功能以城市的“极点效应”在国内外经济社会活动中实现商品、要素、信息的有效集聚和扩散，以其强大的辐射力和凝聚力，成为商品、资本、技术、人才、信息“五流”流动的中心。重庆城市要利用现有城市资本和三峡投资，集中全国各商业银行和非银行金融机构，吸引国外金融机构，使城市成为国内外资金运转的调度中枢，并在西南处于领先地位。要建立健全发达的金融市场体系，并与国际资本市场相衔接。重庆要以库区城市的口岸中心和航运中心的地位，加强川内和西南地区的货物转口贸易，并成为长江流域，以及连接西部地区的以批发市场为重要内容的大宗商品交易中心。

（二）生产功能

重庆城市要充分利用现有的工业基础，强化产业开发，实现适度规模经济，通过产业转移实现产业升级，积极发展代表世界潮流的支柱产业。重庆城市的生产功能应具有两大特征：一是高附加值、高技术含量、高出口率产品的制造能力；二是产业规模大、产业关联性强、产业带动作用大的第二产业。

（三）服务功能

重庆城市要为国内外各种要素在城内和城际之间的自由流动和优化配

置，提供必要的交通运输、通讯、中介咨询、会务展示和娱乐休闲服务。以其良好的城市设施为其他社会活动提供优质服务。

（四）创新功能

重庆城市的创新功能，要体现在：

1. 率先进行制度创新。即在城市率先建立社会主义市场经济新体制，率先进行现代企业制度的改革，建立与国际惯例相衔接的符合重庆城市特色的城市管理体制和管理规范。

2. 进行技术创新。要提高科技开发能力和转化能力，提高科技的吸收、消化能力，形成西南技术创新和资源开发的中心地位。

3. 观念创新。继续高扬重庆人敢为天下先的精神，大胆吸取世界的先进经验，强化商品意识，进一步解放思想，为全国改革创造新鲜经验。

4. 机制创新。要形成与国际惯例相吻合的新的城市运行机制、企业经营机制。

（五）带动功能

当前和今后相当一段时间内，重庆城市都要具有一种特殊的带动功能，主要是：

1. 大城市带大农村，重庆城市要在8.2万平方公里的范围内，带动库区农村脱贫。同时还要带动周边地区、西南地区农村的发展。

2. 重庆城市要统筹三峡的移民与开发工作，以保障三峡工程的顺利进行。

3. 重庆城市要带动三峡库区的经济与社会的加速发展。

4. 重庆城市要承东启西带动西部地区的发展。

三、重庆城市发展目标的“坐标”（参照系）

（一）空间坐标

国际——重庆城市发展的目标在世界范围进行比较应选择其城市性质相近的城市，即经济型城市，如洛杉矶、大阪、法兰克福、苏黎世等。

国内——首先是城市群的坐标。重庆城市目标的参照城市分为两类，一是北京、上海、天津直辖市，重庆要与这三座城市看齐，其主要功能和作用必须相似，要有“建一流直辖市”的意识。二是与成都、武汉、南京、西安等中西部城市比较，这些城市今后在发展过程中与重庆是既竞争又互补的关系。

其次是在长江流域中的坐标。在长江产业带中，上海是龙头，重庆是龙尾，龙的腾飞要求首尾相联。而首尾相联应是城市目标相联，功能相联，产业相联。

再次，在中国区域发展格局中的坐标。重庆作为中西部的接合部要起到承东启西、左右传递的作用，在西部各大城市中率先发展。

最后，在三峡库区的坐标。重庆城市要起到大城市带大农村的作用。库区移民和开发在很大程度上都要以城市的功能发挥来实现。

（二）时间坐标

第一阶段：1996—2000年，在全面完成“九五”计划的同时，集中力量争取在经济建设上有重要的进展，实现“努力把重庆建设成为长江上游经济中心”的目标。

第二阶段：2000—2010年，在“九五”发展的基础上，把重庆初步建成中国西部的经济中心、文化中心、城市体系中心，为下世纪中叶建成现代化国际都市奠定坚实的基础。

（三）“城市”目标与“区域”目标的关系

在一般意义上讲，直辖市的主体是城市，而且是综合性中心城市，它处在我国城市体系的最高层次上。但是，重庆直辖市又不仅仅是城市，它又是一个大的区域，是一个省的架构。因此，我们提出新重庆发展目标的时候，既要从直辖市的职能出发（即大城市特点），又要考虑到新重庆的特殊性（即大区域特点）。如果只顾区域特点，提出的发展目标与直辖市名不符实；如果只注意城市特点，确定的发展目标又将失去区域的特色。所以，在确定发展目标的时候，要兼顾城市特点与区域特点，而以城市特点为主。这是未来重庆直辖市特殊市情使然，是我们做中长期战略规划时所不能不考虑的。

第二章　新市情与新市力：研究重庆城市发展目标的基础

一、独特的区位优势

重庆代管万县、涪陵市和黔江地区后，地跨东经105度17分~110度11

分，北纬28度11分~32度11分之间，东西宽470公里，南北长450公里，幅员8.2万平方公里，在全国32个省市区中居第22位。1995年末人口3001.78万人，其中非农业人口559.43万人，占总人口18.6%，居住有汉、苗、土家、回、藏、彝等50个民族。近代以来，重庆是中国西部地区起步最早、发展最快的城市和地区。

重庆的区位优势：

（一）水系发达。重庆地处祖国内陆腹心地带，长江上游水系的中心，位于长江、嘉陵江汇合处，是上游最大的港口和综合交通中心，是长江经济带四大开放经济中心之一。这种独特的经济地理区位决定了重庆是上游地区辐射内陆、沿海，走向世界的“桥头堡”和流通中心。

（二）重庆处于东部发达地区与西部资源富集地区的接合部，有利于承东启西，推动西部丰富资源的开发作用，使西部的资源优势转化为经济优势，缩短东西部的差距，迅速赶上全国发展步伐。

（三）重庆处于中西部开发、长江开发、三峡工程及三大重点国土开发区（三峡库区、乌江水电及有色金属开发、攀西六盘水开发区）的复合中心地位。上述重点地区的开发和重点工程的建设，都处在国家规划的以重庆为中心的长江上游经济带的范围内，重庆作为这一地区的中心城市，理应担负起服务这个经济带、带动它发展的历史任务。

二、丰富多样，组合良好的自然资源

自然资源丰富多样，光热水土配合良好，是重庆国土资源的显著优势，是重庆地区经济发展的良好物质基础。

（一）土地、气候资源类型多，适宜种植养殖业发展。

（二）水资源异常丰富，现开发利用程度低。平均水资源总量超过每年5000亿立方米。蕴藏有水利资源1438万千瓦，可供开发的有750万千瓦。

（三）生物资源种类繁多，开发潜力大。生物的科目齐全，有各种作物3000种以上，栽培作物近千种，许多品种全国驰名，有的还大量出口。

（四）矿产资源品种多，分布较集中。已发现各类矿产50种，能源矿，黑色、有色金属矿，稀有金属矿，非金属矿储量都较丰富。有的矿种在全国占有重要地位。

（五）旅游资源绚丽多彩，发展前景良好。以重庆为中心的巴渝地区，自古以来，以峡谷风光为主体的自然风景就驰名天下，全市共有60多个旅游景区，其中著名的峡谷21处，长江三峡是世界级峡谷风光，大宁河小三峡山清水秀，乌江峡谷号称天险，嘉陵江小三峡险峻幽深，金佛山闻名天下，缙云山号称“川东小峨眉”，四面山为地球同一纬度唯一幸存的原始森林。还有大足石刻、钓鱼城、红岩革命纪念馆、歌乐山烈士陵园等名胜古迹和纪念地。

三、有较为雄厚的城市经济基础

（一）经济总量较大

1995年，重庆与“两市一地”国内生产总值为1013.32亿元，经济总量占四川省的30%左右，在全国省市自治区中排第22位。

（二）工业基础比较雄厚

1995年，重庆与两市一地共有工业企业16万多个，年末固定资产原值730.73亿元，净值405.75亿元。乡及乡以上工业总产值954.37亿元（包括乡以下工业为1432.81亿元），工业的门类比较齐全，配套能力较强。工业结构经过多次调整重组，逐步形成了能源、机械、冶金、化工、电子仪表、建筑建材、纺织、食品等支柱行业，生产汽车、摩托车、通信设备、优质钢材等数十种拳头产品。与四川省乃至全国大多数城市相比，重庆的工业具有明显的资源优势、科技优势、配套优势和运输优势。

（三）农业的自然条件较好，生产潜力大

重庆是全国城市中农村面积最大、人口最多的城市。农业生产的自然、气候条件较好，农副产品种类繁多，再生资源丰富。目前全市的粮食、生猪、蚕茧、烟叶、柑橘、茶叶等产量在全国大城市中居首位。

（四）交通、邮电通信较发达

目前市内公路通车里程已达2.83万公里，其中国道、省道干线近20条，城乡公路密布。境内铁路长537公里，拥有一等客站和一等编组站，客货运输能力很强。水运潜力巨大。航空发展迅速，拥有一级标准民用机场，经营40条国内航线和部分国际线路包机航班。重庆水陆空交通网络设施齐全，已成为西南地区的综合交通枢纽。邮电通信发展迅速，是西南地区的邮电网络中心。

（五）内外贸易、金融、旅游等第三产业发展较快

1995年，商业饮食业有网点1.5万多个，完成社会消费品零售总额371.81亿元。外贸进出口总额15.41亿美元。金融网点6264家，1995年底各项存款余额668.97亿元，各项贷款余额754.62亿元，基本上形成了以资金存贷、同业拆借、证券买卖、外汇调剂为主的金融市场。

（六）城市基础设施建设取得明显成就

市场建设、城市道路、园林绿化、城市住房等都有了明显改观。城市的多功能服务作用加强，投资环境大为改善。

（七）科教文化卫生事业较为发达

重庆地区拥有各级各类科研机构近千所，科技人员40多万人，大专院校25所，广播、电视、新闻、出版也都有长足发展，电视人口覆盖率达85%。卫生机构和体育设施也较完备。

（八）对外开放有较快发展

现有各类开发区近50个，其中国家级2个，省级10个。1995年利用外资项目376个，实际利用外资5.45亿美元。此外，还广泛开展地区间的横向经济联合协作和对口支援工作。如五省七方经济协作、三峡移民对口支援等，都取得良好效果。

四、新重庆的基本特征

根据以上市情市力分析，新重庆的基本特征可以概括为：大城市、大农村、大库区、大移民、大扶贫、大开发。

（一）重庆既是一个有500多万城市人口的特大城市，又是一个带有43个县级行政单位的城市。土地面积之大，人口之多，农村之广，中国独有，世界无二。

（二）三峡水利工程形成的长达600公里库区和百万移民是史无前例的世界级难题。

（三）有集中连片的贫困县，贫困人口比重大。截至1995年底尚有21个贫困区县，贫困人口400多万，占全市人口近14%，比全国贫困人口占总人口5%的比例高出近2倍，扶贫任务十分艰巨。

（四）二元经济结构十分突出。

（五）人均国内生产总值和收入水平低于国内平均水平。

第三章　宏观环境：研究重庆城市发展目标的背景

一、国际环境

（一）和平发展条件下世界经济的发展为重庆城市发展目标的实现提供了最大的机遇

和平与发展是当今世界的主题。中国的发展离不开世界，重庆在实现自己发展目标的过程中，也必须掌握利用国内国际两种资源、两个市场的本领。

（二）国际资本流动为重庆跳跃式发展提供极好的外部资金环境

战后，国际资本流动的规模和速度大大超过战前。联合国贸发会议的报告指出：全球对外直接投资额 1994 年为 2260 亿美元，1995 年达 2350 亿美元。这些资金主要流向发达国家和经济迅速发展的发展中国家和地区，东亚成为国际投资的热点地区。国际投资形式多样化，投资主体多元化，国际证券投资发展迅速。国际资本流动的特点对重庆扩大利用外资，实现发展目标十分有利：

1. 国际资本加速流动为重庆扩大利用外资提供了可能。重庆地处长江战略、三峡战略和西部战略的叠合部，处于枢纽地位，世所瞩目，有可能成为外资投入的热点。通过改善投资环境，在“九五”期间争取利用 50 亿～100 亿美元外资是有可能的。

2. 国际投资形式多样化、投资主体多元化有利于重庆对资本的需求格局。重庆是个老工业城市，产业结构、产品结构的调整十分迫切，急需资金。国际金融组织贷款、外国政府贷款条件相对优惠，应积极争取这类贷款，以弥补重庆基础设施和老工业基地改造所需资金的不足。

3. 国际投资证券化趋势为企业走向世界提供了条件。从全球资本流动来看，应通过转换企业经营机制和股份制改造，让一部分企业进入国际资本市场，通过发行股票和债券筹集资金，形成资金来源国际化是完全可能的。

（三）国际贸易的发展为重庆发展提供较好的外部市场环境

实现城市发展目标，既要利用国内市场，也要利用国际市场。对外贸易是促进本国经济发展的推进器。国际贸易经过90年代头几年的停滞以后，1995年世界贸易额首次超过6万亿美元。贸易与投资自由化成为世界经济发展的主流。

重庆经济技术发展水平相对落后，要实现发展目标就必须实行赶超战略，这就必须大量引进国外的先进技术、设备和短缺的资源，客观上要求外资（出口）按比例超前增长，以换取急需的外汇。同时，必然有大批商品劳务进入国际市场。

重庆的资源丰富，可以利用各种资源加工成附加值高的产品出口。但近期看，仍然要充分利用劳动力资源，发展劳动密集型产品出口，而这一优势的发挥在相当大的程度上需要通过国际交换来实现。

（四）世界经济有可能进入持续增长期，将为重庆发展提供新的机遇

许多专家预测，由于技术革命的推动，世界经济正处于两次长周期的交替期，世界经济第五次长周期波动可能始于90年代下半期。东亚经济持续增长的推动以及国际直接投资的发展等因素的综合作用，从90年代下半期起，世界经济有可能进入迅速增长期。东亚经济甚至整个亚洲地区经济将以较高的速度向前发展，占人类人口大多数的国家或地区将成为世界经济发展的新的生力军，甚至成为强大的主力军。重庆经济的发展恰好与世界经济迅速增长期同步，确实是难得的机遇。我们对此应有新的认识，珍惜机遇，做好抢抓机遇的准备工作，迎接新机遇的到来。

二、国内环境

我国实行的中西部开发、长江开发、三峡库区开发“三大跨世纪发展战略”和重庆直辖市的建立，使重庆城市在中国经济发展大格局、大战略中面临极好的发展机遇。

（一）中西部开发战略的实施是重庆城市新一轮发展的启动器

中西部开发战略就是把改革开放和投资的重点及政策导向，逐步由沿海向内地、由东部向西部、由经济发达地区向资源富集地区转移，以缩小我国东西部的经济差距，实现全国经济的平衡发展。这将使广大内陆腹地和中西部的崛起获得强大的动力，为我国下世纪的经济腾飞奠定基础。

重庆地处资源富集的西部地带的东面，是中国西部最大的工业城市，它依托西部的丰富资源和广阔市场，历来是大西南水陆交通枢纽和商业物资集散地，具有经济迅速发展的综合优势。无论从哪一方面说，它都是处在国家实施西部开发战略的前沿。因此，要发展中国西部地区的经济就要首先发展重庆，要拉开中国西部地区经济发展的序幕，首先就应该由重庆来启动。国家实施的中西部开发战略，既给西部大工业城市重庆带来了新的发展机遇，也赋予重庆进一步加强对中西部的吸引力和辐射功能，强化服务西南，带动西部的历史重任。

（二）长江开发战略的实施，是重庆城市发展的加速器

如果把沿海开放比喻成一张弓的话，那么就等着箭上弦了。这支箭就是长江经济带。现在中央适时地提出长江开发战略，就是根据全国总的经济态势而作出的战略决策。

古往今来，大江大河都是人类经济社会文化的发源地和生命线，流域经济已构成国土经济和一些跨国经济的主干。当今世界经济发展重心在东移，海内外有识之士一致认为21世纪中国经济增长极在长江沿岸。

长江开发战略实质上是以开放促发展的战略，同时也是一个带动战略。作为长江上游经济中心的重庆，广阔的腹地市场和日益完善的经济网络，构成了它的巨大发展潜力。它作为长江经济带这条巨龙的“龙尾”，将与上游浦东“龙头”遥相呼应，同时构筑起长江流域的两大产业群，进而形成国内外关注的长江流域的两个新的增长极，使重庆成为长江上游地区辐射内陆和沿海，走向世界的“桥头堡”。

（三）三峡建设战略的实施是重庆城市发展的起跑器

正在建设的长江三峡工程是当今中国最大的跨世纪工程。它对改革开放、经济发展的巨大的乘数效应和开发开放的能量积聚，将推动长江流域以至全国经济的新飞跃。

举世瞩目的长江三峡水利枢纽工程将以其优越的位置、特殊的功能、巨大的综合效益，对长江干流地区以及全国经济建设的持续发展，产生全方位的辐射作用和多层次的影响；空前未有的对三峡工程的大投资，必将成为三峡库区经济全面振兴的强大动力。17 年建设工程动态投资需 2000 多亿元。

置身库区的重庆无疑是这些庞大市场的重要载体，在三峡工程的实施和库区建设中将发挥巨大的支撑和牵动作用。

三峡工程移民将推动三峡库区产业结构、产品结构和企业组织结构调整，促进区域性支柱产业的形成，为库区经济全面振兴提供千载难逢的良机。三峡工程建成后，将淹没川鄂两省陆地面积632平方公里，回水长度580公里，形成水库总面积1084平方公里。以农业为基础，农工商结合，通过多渠道、多产业、多形式、多方法妥善安置百万移民，将会带来库区固定资产的全面更新，带来交通、通讯等基础设施和投资环境的全面改善；将会加强第一产业，全面引发二、三产业的大规模崛起，实现三峡库区各种资源的优化配置。

如果说国家对三峡移民的补偿投资总额相当可观的话，那么，三峡库区长期享有的优惠政策措施所带来的机遇和实惠远大于此。在三峡库区百万大移民的过程中，国家赋予了移民和整个三峡库区一系列优惠政策措施，包括从发电收入中提取库区建设基金、移民经费的滚动开发、税收、小水电开发、各项建设基金及专项贷款、技术改造、科技开发的优先照顾、对口支援，以及将万县市、涪陵市列为沿江开放城市，库区17个县（市）列为长江三峡经济开发区，分别享受沿海开放城市和沿海开放地区的政策等。这些政策措施，一方面为三峡库区经济全面振兴提供了资金保证，另一方面又为国际资本投向三峡库区提供了吸引力很强的政策环境。

（四）“直辖”是重庆城市高起点、高水平、高速度发展的强大助推器

如果说国家实施的“三大跨世纪发展战略”为重庆城市的新一轮发展提供了极好的机遇，那么，党中央决定设立重庆直辖市，则是重庆城市新一轮发展的直接推动力。

党中央、国务院历来十分重视和关注重庆的建设和发展。特别是十一届三中全会以来，以邓小平同志为核心的党的第二代领导集体为重庆改革、开放、发展都给予了很大的支持。1983年，党中央、国务院批准重庆为全国第一个经济体制综合改革试点大城市，实行经济计划单列，赋予重庆省级经济管理权限。90年代初，中央又批准重庆为全国第二轮经济体制综合改革试点城市，给予了许多优惠政策。近年来，以江泽民同志为核心的党的第三代领

导集体对加快重庆的发展寄予希望。1994 年，江泽民总书记和李鹏总理相继到重庆考察，并分别题词：“努力把重庆建设成为长江上游的经济中心”；“开发三峡，振兴重庆”。这对重庆人民是极大的鼓舞和鞭策。最近作出的设立重庆直辖市的决定，不仅能使重庆更好地进行其工业基地改造，搞好国有大中型企业和军民结合，探索城乡一体化发展的新路子，更有利于发挥重庆的中西部桥梁和纽带作用，长江开发的龙尾作用和三峡库区开发的牵头作用，而且可以推动重庆城市超常规跳跃发展，以发挥其长江上游经济中心的作用，带动与推进三峡库区、长江流域以及中西部的发展。

三、重庆面临的八大挑战

（一）国际市场竞争日益激烈，不迅速发展自己，错失良机，则会落后

世界经济的发展为重庆发展目标的实现提供了极为难得的机遇。但是许多机遇，对世界各国，对一国内部的各个地区、城市都是普遍存在的，机遇并不特别垂青某一个国家、某一个地区。所以辩证地看，机遇同时也是挑战。就国际资本流动来看，目前国际资本供求失衡，有关机构估计，每年大约有 1000 亿美元的缺口。发展中国家特别是周边国家都在加快开放的步伐，形成与我争夺外资的态势。就国际贸易领域来看，挑战更加严峻，国际市场竞争更加激烈，贸易保护主义抬头，而我国至今尚未加入世界贸易组织。由于我国经济高速发展，在国际上的地位增强，以美国为首的西方国家力图对我进行遏制，大肆散布中国威胁论，煽起周边国家的无端恐惧感，这些都不利于我国的发展，对重庆的发展也是严峻的挑战。机遇与挑战并存，希望和困难同在，机遇大于挑战，希望战胜困难。

（二）优势相同，重庆并非“一枝独秀”

从国内环境来看，“三大跨世纪发展战略”既是重庆城市发展的机遇，也是相关内陆城市和沿江城市的共同发展机遇。面对相同的优势和机遇，重庆与其他相关城市比较，客观上有许多不利因素。比如：实施沿江开发战略，“龙头”在上海，武汉是“龙身”，重庆仅为“龙尾”。地理区位的差异可能造成对外开放的时间差，使具有地理区位优势的武汉便可捷足先登。而处在“龙尾”的重庆如在开发上缺乏大手笔，就很容易丧失有利机遇而进一步落于人后。

（三）开发性移民任重道远

库区百万移民不仅是一个世界级的难题，而且是中央交给重庆的一项艰巨的使命。三峡水库淹没搬迁区是库区经济相对落后和人民生活相对贫困的地方，特别是大量城镇的淹没迁建，改变了原来区域社会经济文化中心的自然布局，需要在十多年时间内重新组合，这是一项十分艰苦浩大的系统工程。开发性移民成功与否，直接关系到三峡工程的成败，也是重庆城市发展生死攸关的问题。

（四）重庆“直辖”是一项社会试验，没有成功的模式可资借鉴

在国家经济发展大战略、大格局中，重庆独得“直辖”之殊荣。但这种“直辖”是在中国体制改革的历史进程中所没有的，因而只能在实践中探索。更何况一方面使重庆政区升了级，另一方面在经济实力上却相对降了格。城市化水平降低，农业人口由过去的1100多万上升到2400多万，非农人口在总人口中的比例由26.17%降为18.6%。产业结构低级化，第一产业在国内生产总值中的比重由过去的21.63%上升到26.16%。特别是在两市一地的22个区市县里面，有20个贫困县，贫困人口400多万，占总人口的1/7。另有200万少数民族。这相对于京、津、沪直辖市来说，重庆面临的问题更为复杂，发展的任务更加艰巨。

（五）周边城市崛起的挑战

经过较长时期的发展积累，重庆作为西南地区经济发展的龙头，在长江中上游地区也有较大影响。但是随着周边城市在改革开放中迅速崛起，重庆的这种地位和作用受到严峻挑战。在新形势下，与周边城市相比，重庆存在工业改造任务特别繁重，企业改组改制尤为困难，环境污染特别突出，二元经济结构反差鲜明，脱贫任务非常艰巨，百万移民担子特别繁重等问题。“直辖”虽然强化了重庆中心城市的作用，但同时又激化了同周边城市的竞争。重庆在激烈的竞争中，只有充分认清自己的市情，把握住机遇，既要解放思想，又要扎实工作，才能不负党中央、国务院所寄予的厚望。

（六）老工业国有企业改革改造任务重，进展迟缓，新技术企业未能良性发展

重庆的大多数工业企业都是三四十年代和60年代建的，相当部分国有

老工业企业的老设备、老产品没有得到更新换代，缺乏市场竞争力，亏损面和亏损金额越来越大。原重庆地区的市属国有工业亏损面高达70%以上，有的已是全行业亏损，已成为影响重庆经济实力增长，发挥中心城市带动作用的大难题。同时，重庆一部分企业曾采取引进关键设备来开发高新产品，但其产品形不成规模经济，在竞争中无法站稳脚跟。此外一些高新成果长期不能转化为生产力，不能形成产业也是影响其发展的原因。

（七）城乡经济发展不平衡，二元结构十分突出

由于农业比重大，全市80%以上人口在农村，多数采取手工耕地，生产力水平低，商品率低，收入当然也很低。特别是新划到重庆的22个县中就有12个国家级、8个省级贫困县，这就严重影响了重庆人均各项主要经济指标。怎样使贫困地区脱贫、城乡共同富裕全面达到小康是摆在全市面前的又一难题。在产业结构上，存在重工业过重，轻工业过轻的问题。加强农业基础和改革老工业企业，振兴城市经济是当务之急。

城市基础设施仍不适应高速发展的城市经济的要求。城市规划、管理工作滞后。社区管理体制不健全，环境脏、乱、差相当突出。

（八）人口素质有待提高

人口的整体素质与现代化建设的需要很不适应，特别是一些贫困地区，学校数量少，教师素质差。

第四章　历史与现实、理论与实践：研究重庆城市发展目标的依据

一、提出重庆城市发展目标的历史依据

（一）重庆城市发展符合城市发展的一般规律

伴随着生产力的空前发展，当今世界正经历着所谓的“城市世纪”，即在世界各地大量涌现出规模不等的各种类型的城市，并出现了巨型城市和城市群，世界已进入了相当高度发展的城市化时代。

马克思主义认为，“中世纪（日耳曼时代）是从乡村这个历史的舞台出发的，然后，它的进一步发展是在城市和乡村的对立中进行的；现代的历史

是乡村城市化，而不像在古代那样是城市乡村化”①。这一论断阐明了城市发展的一般进程：城市（出现）—（发展成）传统城市—（经过）城市化—（实现）城市近代化—（发展成）近代城市。

这里的“传统城市”，即以自然经济为基础的古代城市。其主要特征是“城市的乡村化”，即乡村（从经济上）统治城市。因此城市的主要功能只是“军政中心”。这里的“近代城市”，即以商品经济为基础的城市，其重要特征是“乡村城市化”，即城市（从经济上）统治乡村。城市功能便由“军政中心”变成了“经济中心”。

实现这个转变的枢纽就是“城市化”。这里的“城市化”，即由于近代生产力的发展和社会生产方式的变化而引起的第二、第三产业的聚集过程，以及由此决定的人口集中过程和城市生活方式不断扩大过程相统一的社会过程。

综观世界城市发展的历程，城市发展的规律是：传统城市—近代城市—现代城市；

城市发展的过程是：城市—传统城市—城市化—城市近代化—城市现代化。

所以，从总体上讲，城市在走完了它的“近代化”历程以后，都面临着迈向现代化的重任。

今天，城市化已经成为世界潮流。大城市继续增多，有的城市已达空前规模（出现百万、千万人口以上的大城市）。城市范围、规模、结构、功能等方面出现了一系列新的变化，不少城市越来越超出自身的范围，而与毗邻的相联系的区域连接起来，产生了巨型城市、城市连绵带和城市群等各种新的类型；城市结构因城市功能的增多、增强和规模的扩大，而由集中趋向分散，由单一中心演变为多中心。同时还涌现了更多的以一两个主要职能为主的新城市（如政治中心、旅游城市、汽车城等）。与此同时，发展也不平衡，城市问题日趋严重，城市正面临严峻的抉择。

重庆这座城市是中国城市的缩影。从半殖民地半封建社会走过来的中国

---

①《马克思恩格斯全集》（第46卷上），人民出版社1986年版，第480页。

在建设具有中国特色社会主义的事业中，尽管近代化的任务还没有全部完成，但就其历史使命而言，我们和世界各民族一样，都肩负着现代化的重任。把重庆建设成为中国西部的综合性中心城市，完全符合城市发展的一般规律。

（二）重庆城市成长的特殊规律

考察重庆城市3000年的历史，特别是1891年重庆开埠以来的历史，重庆已经实现了“三个转变”，即实现了从一座封闭的城堡发展成为开放的，连接我国中西部的战略枢纽的转变，实现了从古代区域性军政中心发展成为区域性经济中心的转变，实现了从偏居四川东部一隅的中等城市发展成为立足中国内陆，面向五洲四海的特大城市的转变。从中我们可以发现一些规律性的东西：

1. 国家对重庆实行一级行政机构管理，往往出现在历史发展的关键时期

研究3000年的重庆城市发展史，我们可以发现一个现象，即国家对重庆实行一级行政机构管理，往往出现在历史发展的关键时期。

——在统一中国的大业中，秦置“巴郡”。战国时期，秦在统一中国的过程中灭巴国。公元前314年，秦置“巴郡”，以江州城（今重庆市城区）为首府。“郡”相当于今省或直辖市一级行政机构。这既是统一的中国的中央政府对重庆实行一级行政机构管理之始，也是重庆代表中央政府管辖巴渝地区之始。迄今已2310年。秦完成统一中国的大业后，设天下36郡，仍以江州为巴郡。可以说，秦所设之“巴郡”是秦统一中国的结果之一。从中可见“巴郡”在统一的中国全局中的重要地位和作用。

——在抗日战争时期，国民政府升重庆市为“特别市——陪都”。重庆建市于1929年，初为省辖普通市。抗战爆发后，国民政府迁都重庆，重庆遂以普通市担负起战时首都的重任。1938年9月，国民政府行政院决定重庆在作为四川省辖市的同时，照特别市（直辖市）组织，其行政地位开始超过省会城市和其他大城市。1939年5月5日，国民政府发布命令，正式将重庆升格为直隶行政院之“特别市”（直辖市）。1940年9月6日，国民政府发布训令：“明定重庆为陪都。”当“中华民族到了最危险的时候”，重庆以“特别市——陪都”成为中国的政治中心。其重要地位当不言而喻。

——在新中国成立之初，党中央设重庆为“直辖市”。当时，重庆是中共中央西南局（书记邓小平）、西南军政委员会（主席刘伯承）、西南军区（司令员贺龙）所在地。当“中国人民从此站立起来了”的时候，重庆再次以“直辖市”的地位成为中国西南的政治与行政中心。

今天，当新的世纪就要到来的时候，党中央、国务院再次决定设立重庆直辖市，我们应该感受到这历史责任的重大。

2. 重庆城市因商而兴，发展成为长江上游经济中心

重庆的崛起得益于长江流域经济带的形成与发展。唐宋以后，中国经济重心由黄河流域移向长江流域，开始了长江流域经济开发的新时期。但是，在几百年的发展中，长江流域经济的发展仅仅局限在下游的江南地区以及某些点上。近代以后，随着西方资本主义的入侵和中国近代经济的发展，对外贸易成为国内东西部联系的经济纽带。历史就选定了长江，并最先造就了上海——中国的经济中心。因为它是“江海要津”，“濒海重镇”，通过长江控制着 2 亿人口的中国市场，控制着 45%~65% 的中国外贸总额。随后，溯江而上，经过 50 年的进攻，又造就了重庆——长江上游经济中心。这是因为重庆居于长江之头，连接着中国的整个西部，与上海东西呼应。从而形成了以长江为中轴，以城市为要点的长江流域经济带，开始了比较完整意义上的长江流域经济带的开发。

3. 重庆因（内）迁而盛，成为多功能中心城市

抗日战争的爆发，国民政府的西迁，大大加重了重庆在中国政治生活和国际舞台上的分量，重庆迅速成为中国大后方的政治和军事中心。与此同时，抗日战争迫使我国进行生产力布局的重大调整，随着沿海及长江中下游地区的工厂大批内迁，交通的急剧发展，商业和金融的空前繁荣，形成了内迁的外力和由于内迁而形成的内部动力的相互作用，造成了城市工商业盛极一时，城市经济综合功能迅速扩大的局面。重庆又成为中国大后方的经济中心。至此，重庆从一座工商业城市发展成为了集经济、政治、军事、文化中心于一体的综合性、多功能中心城市。这是重庆城市发展史上的鼎盛时期。

4. 外部条件的刺激是重庆城市高速成长的重要因素

百年来的重庆城市史表明，重庆城市的高速发展是内因和外力综合作用

的结果，而外部的刺激则起了主要的作用。

世界中世纪城市向近代城市的转变主要有两种方式，一是由内部结构变动而引起城市功能的改变，从而导致城市性质的变化。来自于内部的工业化是这类城市成长的动力，其演变过程属于渐进型。另一种是由于城市外部力量的刺激，使城市功能发生变化，进而导致城市性质的变化。这种由外力引起的变化一般是由商业贸易引起的，其演变过程表现为突变型。重庆即属于后者。重庆由于地处内陆，在中国经济发展历程中一直处于后发地区，仅靠内部动力是很不够的。因此，外部刺激就成为重庆高速成长的主要动力。百年来刺激重庆发展的“外力”分为两种，一为“西力”（西方资本主义的入侵），二为“东力”（以上海为代表的东部各省的影响）。重庆经济中心就是这种外因和内因相互作用的结果。

5. 跳跃式发展是重庆城市成长的显著特征

近代以来，重庆城市经历了五次跳跃式的大发展：

（1）开埠时期。重庆近代经济始于 1891 年的开埠。从开埠至抗战前，重庆成为四川及西南近代工业门类最多、企业及职工人数最多、资金最雄厚、发展最快的城市。

（2）抗战时期。抗战爆发后，国民政府迁渝，重庆进而发展成为大后方政治、经济、军事、文化的中心。城市经济与社会的巨大发展，使重庆有实力支持长期抗战直至最后胜利，一跃成为世界著名的综合性中心城市。

（3）解放后国民经济恢复和“一五”时期。新中国成立之初，重庆属中央直辖市，是西南地区党政军最高领导机构的驻地。国家在重庆新建和改建了一批基本建设项目，到 1957 年全市工业总产值跃居全国大城市的第五位。这段发展，大大提高了重庆作为中心城市的地位，进一步奠定了重庆作为长江上游经济中心作用的雄厚物质基础。

（4）三线建设时期。1965 年，国家把三线建设的重点放在西部。为此，新建和迁建了 200 多家大中型骨干企业，形成了以常规兵器为主的军工产品生产体系，使重庆的工业体系更加配套齐全，工业固定资产原值一跃而居全国第五位。重庆成为我国常规兵器的生产基地和战略后方基地。

（5）改革开放时期。党的十一届三中全会后，由于实行了一系列改革开放的重大措施，重庆的经济与社会各方面有了持续、高效的发展。1978 年以来，重庆社会总产值和工农业总产值均以 11% 以上的平均速度递增，重庆的中心城市地位和作用日益突出，作为长江上游经济中心的各种功能正在大步加强。

（三）我们的认识

从上述世界城市、我国城市和重庆城市发展的历史分析，我们得出如下结论：

1. 城市的发展是生产力发展的表现。因此，我们推动城市的加速发展，也就是推动生产力加速发展。

2. 重庆城市自近代以来的跳跃式发展的运动轨迹说明，重庆城市只要具备一定的外部条件，是能够在较短时间内实现城市“起飞”的。

3. 世界城市发展证明，城市功能的充分发挥，要靠完善的城市群，重庆作为一个特大城市其功能的发挥也必须在库区内，甚至在库区周围建立一个结构合理的城市群。

4. 城市发展的目标单一，其城市产业结构也就单一，城市目标的多元化，就必然导致城市产业结构的多元化。重庆应该把自己未来发展的目标定在“综合性中心城市”上。

5. 中国城市发展的实效与其行政级别紧密相联。建立重庆直辖市就彻底解决了重庆城市发展的行政体制性障碍，这对于推动重庆走向新世纪是至关重要的条件。

二、提出实现重庆城市目标的客观依据

（一）重庆已经初步具备了向综合性中心城市发展的基本要素

城市发展的基本要素包括：

1. 工业生产在空间上的高度集中。

2. 发达的国内外贸易。

3. 大规模的人口流动。

4. 完善的城市体系。

从这四个方面来看，重庆的工业门类齐全，而且有相当的工业基础，其城市发展的产业基础已经具备。重庆有较为发达的国内外贸易，城市贸易发展迅速，而且有“因商而兴”的城市发展历史。三峡工程的百万移民，也为人口大规模流动，从而形成库区城镇提供了条件。重庆城市体系虽不完整，但随着三峡工程的开展，产业群的构建，其城市体系也会随之建立并趋于完善。

（二）重庆具有发展成为综合性中心城市的基本条件

城市发展的基本条件有：

1. 自然条件。包括城市所处的纬度、气候、地形，周边地区的自然资源、文化历史等。

2. 区位优势。包括便利的交通条件，发达的通讯手段，以及独特的地理位置等。

3. 腹地市场。人口众多，经济规模越大，城市化水平越高的城市，其资源的需求量、商品的交易量、自身的消耗量就越大，这就需要广阔的腹地市场。其腹地市场容量越大，资源越丰富，城市发展的基础也就越雄厚。

4. 综合实力。城市自身已经形成的经济功能，集聚与辐射力越强，其城市发展的自身素质也就越高。

重庆在长江流域经济带上居于上游经济中心的地位。流域经济虽然也是一种区域经济，但它是以自然河流为基础而形成的，以水资源的综合开发利用为核心的区域经济。江河，特别是通航江河，自古以来，就是流域经济区实现经济联系的天然纽带。作为流域经济至少有两个特征：第一，沿江沿河和湖泊密布地区，都是重要的农业区。因此，农业是流域经济的重要组成部分。第二，江河两岸又往往是商业和工业繁盛的地区。大批工商业城市、集镇都沿河岸而立，以水设港，以港兴市，以市建城。依水而立，依商而兴，是沿江城市发育成长的一般规律。而且，一些重要支流和干流汇合处，则因交通便利，商业繁荣而发展成为大型中心城市或特大型中心城市。重庆作为流域城市就具有“大工业、大农业”的特点，同时兼有联系“长江一线、西南一片”的双重功能。

三、直辖市发展的格局要求重庆成为综合性中心城市

（一）直辖市必然是综合性中心城市，居于城市体系的最高层次上

直辖市在中国城市体系中居于最高层次。考察一下中国直辖市的现状，

我们发现，直辖市无不是综合性中心城市。北京是首都，是全国的政治和文化中心；而上海和天津，既是经济中心，又是城市体系中心和文化中心。这里所指的“城市体系中心”是指这些城市在各自那一地区（华东、华北）具有最大的政治和行政影响力。

（二）重庆将是中国西部唯一的直辖市，这个格局客观上要求它成为综合性的中心城市

我国现有的三个直辖市都处在东部经济发达地区，而即将设立的重庆直辖市则是西部唯一的直辖市。它的使命是西部经济起飞的推动器，是带领西部前进的火车头。因此，它不应该仅仅是单一的“经济中心”城市，而应该是一个具有经济、社会、文化等多种中心作用的综合性城市。这是重庆的历史使命使然，是西部发展格局使然。

（三）把“文化中心”作为重庆直辖市的目标之一，已经具有相当现实的紧迫性

这里所指的文化，即包括教育、卫生、体育、广播、电视、新闻、出版、社会科学研究、文学、艺术等在内的“大文化”。

重庆完全有条件成为中国西部地区的文化中心：

1. 重庆具有作为文化中心的丰厚的文化底蕴

重庆是一座有3000多年历史、灿烂文化和光荣革命传统的城市。

重庆是巴渝文化的发祥地。“巴渝文化”就是以重庆为中心的川东地区的文化，其内涵不仅限于古代巴国和巴族的历史文化，而是包括了从先秦历史到明清时期的历史文化。它是巴蜀文化的一个重要组成部分。几千年来，在巴渝文化的熏陶下，产生了巴国蔓子将军、南宋抗元民族英雄张珏、元末农民起义领袖明玉珍等一大批仁人志士。李白、杜甫、白居易、李商隐、陈子昂、王维、苏轼、范成大、文天祥等都在这里留下了壮丽的诗篇。

近代以来，重庆在广袤的中国西部率先走上近代化的历程。在近代重庆的崛起中，有两个不可忽视的文化因素：一个是“西力”，即以近代西方文化为代表的“西学”之“东渐”；另一个是“东力”，即在中西文化冲突中形成的近代“海派”文化之“西进”。这两种因素与重庆土著的传统文化相互激荡，产生了内陆城市文化，它不仅推动了中国内陆经济的发展，还给以

豪放和阳刚之气为特征的巴渝文化，以更多的理性、理智和现代色彩，从而造就了现代的重庆人，使重庆人在相当长的一个时期里，领导着中国西部的思想潮流。与此同时，马克思主义的启蒙，新文化的传播，资本主义经济的发展，无产阶级的产生，使重庆成为了巴渝地区、四川省，乃至中国西部的革命运动中心。辛亥革命时期，孙中山先生对以重庆为中心的长江上游地区的革命运动给予了极大的关注，曾考虑在重庆建立同盟会西方支部。1905年，重庆成立同盟会支部，并于1911年推翻清朝在重庆的统治，建立了蜀军政府。1926年，中共重庆地委（四川省委）成立，后来，四川省委曾长期设在重庆。抗战时期，周恩来同志为首的中共中央南方局设重庆，领导着中国南部的抗日民族统一战线的斗争。

在现代史上，随着重庆政治中心地位的形成和巩固，经济中心的形成和日益强化，到了抗日战争时期，以抗战文化的兴起为标志，重庆的教育、新闻、出版、文学、艺术等都达到了前所未有的高度，成为中国大后方的文化中心。特别值得大书特书的是，以周恩来同志为首的南方局在团结、领导重庆人民同反动势力展开不屈不挠的斗争中，培育、形成了以“爱国、团结、奋斗、奉献”为主要内容的“红岩精神”。“红岩精神”的本质是共产主义的世界观、人生观和价值观。它和“延安精神”“井冈山精神”一样，是在特定的历史条件下形成的，是对我们党的优良传统与作风的继承和发扬。同时，它又植根于中华民族不屈不挠的民族精神的沃土，植根于几千年来重庆人民身上所凝聚的优秀文化和传统美德，所以“红岩精神”又是我们中华民族宝贵的精神财富。

2. 在长江上游和中国西部地区诸城市中，重庆具有成为文化中心的综合优势条件

在长江上游和中国西部地区的主要城市，都具有各自的文化优势。比如，西安的文化优势在于以国都和帝王陵墓为代表的古代皇陵文化，成都的文化优势在于以汉民族传统文化为代表的文人文化，兰州的文化优势在于以民族起源为标志的原始的黄河文化，昆明的文化优势在于古代滇文化和多姿多彩的少数民族文化。这些都是它们成为各自区域文化中心的底蕴。

然而，纵观5000年文明史，以时代考察，在整个中国西部地区，不论是

悠远辉煌的古代，还是风起云涌的近现代，一个城市的文化始终独具特色，占据领导时代潮流地位，重庆当之无愧；以文化的类型考察，重庆又具有种类齐全，丰富多彩的突出特点：古代的“巴渝文化”独树一帜（作为古代文化代表的青铜器，以地域标识的只有“巴蜀”和“滇”）；近代在西方文化、海派文化与传统文化冲突中形成的“内陆文化”风骚独领（领导西部经济和思想新潮流）；现代史上以抗战文化为代表的“大后方文化”和以“红岩精神”为代表的“革命文化”，更达到空前的高度，影响深远，直至今日。这种历代文化始终能够持续保持在领先水平的状况，在中国西部无城能出其右者。

3. 重庆人民急切盼望“文化昌明”时代的再现

解放以来，重庆的文化事业发生了天翻地覆的变化，取得了巨大的成就。这是不容置疑的，是有目共睹的。

但是，面对新的世纪、新的机遇，特别是与直辖市的使命、地位、作用相比，重庆文化的发展现状是无论如何也不能令人乐观的：

——文化设施，尤其是标志性的文化建筑，几十年来没有明显进展，基本上还是吃50年代老一辈无产阶级革命家奠定的基础的饭。难怪有的重庆文化界人士说重庆是“大城市的格局，中等城市的（文化）设施，小城市的‘文化’”。语言尽管有些偏激，但是，足以让人警醒。

——社会科学研究，多数学科优势不明显，学科发展不平衡，优势学科少且优势滑坡；缺乏规划与协调，至今没有一个领导机构，没有制订过社会科学的发展规划（五年计划或者年度计划）；投入严重不足，没有专门的社会科学项目经费或者基金；一些领导同志很不重视社会科学研究，对社会科学工作者的工作和学术成果采取轻视的态度。

——教育与科技基础广大，但是资源配置不合理，没有一所综合性大学，没有一个中国科学院所属的分院和研究所（成都、西安、兰州、昆明都有分院和大批研究所）；科技成果的转化率、科技教育对经济增长的贡献率低。

——人才两头低。一方面高级人才数量少，比例低，不到2%，低于京津沪和四川省，特别是在重庆的两院院士仅有6名（侯光炯去世后只剩5

名），而四川省就达数十人之多；人才外流严重。另一方面，全市人均文化程度太低，平均受教育年限不到7年，且文盲半文盲普遍存在。

——文学艺术，有影响的重要作品不多，人才外流，精品太少，演出场所奇缺。

——城市设施缺少文化品位；部分市民素质相当粗俗。

这些已经严重地影响了重庆经济与社会的发展，影响了城市形象的树立，在相当大的程度上，挫伤了重庆人民的自尊心与自信心。造成这种状况的原因是复杂的，既有行政体制的束缚，也有城市地理环境的影响，但更多的还是城市发展指导思想上的偏差。有种观点认为，重庆是一个经济中心，因此就只抓经济；认为重庆是一个工业城市，因此只注意工业而忽视其他各业。总之，由于在经济发展中的急躁情绪，发展方针上的急功近利，把文化事业充其量算个“软任务”，根本不可能把文化作为城市发展的目标。这种指导思想上的“一手硬，一手软”，其结果是“两手都软”。这不能不说是重庆这些年来与发达地区差距进一步拉大，与周边地区差距不断缩小的一个重要原因。

4. 突破单纯“经济城市”的定势，实现经济与社会的可持续发展，把文化建设作为发展的重要目标之一

实现经济与社会的可持续发展，把文化建设作为现代化事业发展的重要目标之一，是中国特色社会主义对城市发展的必然要求。

党的十一届三中全会以来，“以经济建设为中心”已经成为全国人民的共识，这是必须坚定不移的。然而，这些年来，在发展中也出现了只讲物质，不讲精神；只讲经济发展，不问社会进步；只求完成经济指标，不管文化事业发展的问题，出现了经济与社会发展不协调、物质文明与精神文明不匹配的现象。在我们重庆的表现之一，就是城市目标的过于单一化，即只强调城市的经济功能，强调把重庆建设成为“经济中心”，而忽视它的文化功能，轻视文化建设，甚至根本不把文化发展作为现代化城市的发展目标之一。一句话，对两个文明的关系缺乏全面理解，对精神文明建设的重要性认识不足。

学习邓小平同志关于精神文明建设的重要指示，总结十多年改革和建设

的实践经验，一条重要的启示就是：建设高度的社会主义精神文明是社会主义现代化建设的重要目标。对此，党的十四届六中全会《决议》强调：“社会主义精神文明是社会主义社会的重要特征，是现代化建设的重要目标和重要保证。”江泽民同志在全会上深刻指出：“社会文明既包括物质文明也包括精神文明，缺少任何一个方面，社会就是畸形的，不可能健康地向前发展。……我们必须始终重视社会主义精神文明的发展，重视思想道德、教育科学文化的建设。这是促进经济和社会全面进步的重要保证，也是任何时候都不能动摇的。”这就从根本上明确了作为精神文明建设重要组成部分的文化事业在社会主义现代化建设中的重要地位，这有助于我们克服把发展目标仅仅定位在“经济建设”上而忽视“文化事业”的偏向。这一论断对于我们把“文化中心”确定为重庆城市跨世纪发展目标，具有十分重要的现实指导作用。为此，市委七届七次全委扩大会议通过的《决议》指出：在实现重庆跨世纪发展宏伟蓝图的伟大事业中，一定要把“两个文明作为统一的目标，一起部署，一起落实，一起检查”。

第五章 战略与策略：实现重庆城市发展目标的对策

城市的功能主要是通过城市经济增长来实现的，因此，城市发展战略的主要内容应该是经济发展战略。同时，城市发展的动力又来自内部和外部两个方面综合因素的推动。其中，外部力量创造城市发展的最初刺激，而内部因素决定了城市经济增长的持续时间和城市发展的稳定性。因此，重庆城市发展战略的制定应充分考虑到这些相关因素。

重庆的总体发展战略应该是：抓住历史机遇，强化城市功能；互补城乡优势，主动承东启西；开发移民产业，带动库区发展；扩大对外开放，衔接内外机制，尽快实现城市发展目标。

一、总体发展战略的主要内容

（一）超常规发展战略

这是总体战略的指导思想和核心内容，由于重庆所处地理条件（内陆、丘陵）对经济发展的制约，以及重庆现有经济实力与重庆在带动三峡库区、长江上游地区和西南地区共同发展的历史重任之间的矛盾，重庆就必须抓住难得的机遇，依靠自身努力和大力借助于外力，在党中央、国务院的支持下，采取多种特殊政策和措施，在较长时间内持续地以明显高于全国经济发展水平的速度壮大其城市综合经济实力。它不仅包括城市经济的超常规发展，也包括通过库区移民实现社会的超常规发展。实施这一战略的关键：一是发展的起点要高，要动态地把握中心城市未来发展的最新趋势；二是发展过程必须是跳跃式的，变顺向发展为逆向发展，跳过常规发展的阶段，缩短或超越中间发展的过程。

（二）制度创新战略

重庆经济的高速发展除了要克服地理条件的制约外，首要的是必须彻底地冲破计划经济旧观念和旧体制的束缚，要以建立社会主义市场经济体制为纲，用足中央给予的各种政策，开拓新思路，探索新路子，创立新制度。只有思想和制度创新，才有行动和速度的超常规。（即以生产关系的调整来为重庆城市生产力大发展提供广阔的空间，创造一系列使重庆城市充分利用历史和机遇的条件，包括“硬条件”和“软条件”。）

（三）全方位开放战略

重庆现有的资金和市场不足以支撑重庆超常规的发展，必须加大对内对外开放的力度，最大可能地利用国内、国外的资金和市场，壮大支柱产业，培育新的经济增长点，建立全新产业群。当前特别是要充分利用三峡工程这一国际性的跨世纪的大工程来推动两个开放。

（四）可持续发展战略

全社会协调发展既是经济超常规发展的保证，又是经济超常规发展的目的。在重庆现代化发展的过程中，必须统筹兼顾人口、经济、社会、文化、生态、资源的发展和利用，坚持主城与中、小城市和大农村优势互补，共同繁荣。

（五）科技兴渝战略

全面落实科学技术是第一生产力的思想，加快科技体制改革。通过产学研一体化、经济科技一体化以及发展高新技术产业来武装支柱产业，改造基础产业，大力提高科技对国民经济增长的贡献度。加强人力资源投资和开放，提高劳动者素质，造就一支高级专家队伍和现代化优秀企业家群体，造就艺精敬业的百万产业大军。

（六）名城战略

充分认识和发掘重庆作为“历史文化名城”这一精神和物质财富，树立重庆特有的城市文明，要通过各种媒体、多种方式，在市内、在国内、在国外突出宣传重庆在世纪之交，在三峡库区，在长江上游，在西南地区以及在我国经济发展重点由东向西转移中无可替代的地位，扩大重庆知名度，增强吸引力，鼓舞全市人民建设新重庆的斗志。

二、为实现总体发展战略，近期（1996—2000年）的若干重大对策

（一）结合生产力布局调整，实施百万移民工程，形成环库区的层次分明、规模适度、分布合理的城市体系

1. 规划、建设以主城区为核心、辅城为枢纽、外围组团为补充的都市圈，重点发展第三产业，发挥不同层次经济中心的作用。

2. 规划建设7个二级市（涪陵、万县、合川、江津、永川、荣昌、长寿），使它们成为主城区连接整个库区和向外辐射的枢纽。

3. 规划、建设围绕库区的上百个城镇，集中安置部分水库淹没区的工矿企业和分散的居民。

4. 要遵循“合理布局，长远规划，用好资金，分步实施，引进产业，开发移民”的原则，搞好淹没区县城、乡、镇的搬迁和新建。

（二）以推进现代企业制度为中心，加速建立和完善社会主义市场经济体制

1. 加快推行现代企业制度的步伐，把改制与改组、改造结合起来，从总体上搞好搞活国有制经济。

2. 建立一套具有中国特色的造就和选用企业家的制度，为搞好国有企业提供组织保证。

3. 通过完善设施、制度创新、招商等培育和发展市场体系。

4. 按“小政府、大市场”的思路，调整政府机构，转变政府职能。

5. 完善以养老保险和失业保险为重点的社会保障制度，促进人才平等竞争，保障人民安居乐业。

（三）加快城市基础设施建设，增强城市功能，发挥城市中心作用

1. 在能源、交通、通信和市政设施方面完成一批重大基础项目的建设，

从根本上解决城市基础设施对重庆经济超常规发展的支撑作用。

2. 确保全国性金融单位在重庆设立二级机构，争取允许外国银行在重庆设立分支机构，力争在重庆建立证券交易所，把重庆建成长江上游的金融中心。

3. 抓住国家“金桥工程”西南地区分中心设在重庆的机遇，用好国家信息系统第三批日元贷款，搞好组织管理和各种配套服务工作，把重庆建成长江上游最大的信息港。

4. 搞好、扩大重庆经济技术开发区和高新技术产业开发区，力争建立我国西部内陆唯一的保税区（自由贸易区），把重庆建成长江上游的最大的进出口贸易基地。

5. 加快港口建设和机场改造，争取渝怀铁路和汉渝高速公路尽早开工，把重庆建成长江上游先进、发达的水、陆、空运输交通枢纽。大力发展水上高速运输系统，促成整个库区经济的一体化。

（四）大力引进资金、人才、技术、产业，调整产业结构，形成结构合理、集约增长的全新产业群

要确定能带动重庆和长江上游全面发展，并与上海浦东相衔接的重点产业与支柱产业；要下决心组建重庆的高新技术产业，并以其为依托全面改造重庆的传统产业；通过城市产业结构的调整和大企业集团的组建，形成重庆城市的规模效益，真正实现经济增长方式的转变。要抓住高新技术这一核心，促使工业化、城市化与现代化成为相互渗透的联动发展过程。

1. 产业结构调整的方向是“由重变轻，由轻变软”。大力发展第三产业，调整发展第二产业，改造发展第一产业。一、二、三产业产值之比由 1995 年的 26∶42∶32 调整到 10∶40∶50。第二产业调整要坚持轻重并举，大力发展轻工业，以发挥城市带动以农业为主的县域经济发展的作用。轻重工业产值之比由 1995 年的 40∶60 发展调整到 50∶50。

2. 发展高技术（包括信息技术、生物工程技术、新材料技术、新能源技术、空间技术等）产业，培育新的经济增长点。大学和科研机构要主动争取国家自然科学基金课题，积极开展国际合作，争取尽可能多的国外高技术产业在渝落户，通过高新技术改造传统产业并带动一大批新产业建立。

3. 借助高科技，培育和壮大支柱产业。鉴于重庆市的特殊性，应有 10

个以上的支柱产业，目前可选定的是：建筑及建材业，汽车、摩托车及零配件制造业，金属冶炼及压延加工业，化工及医药制造业，重大机电设备制造业，仪表电子通信制造业，食品饮料加工制造业，旅游业，烟草种植与加工业等。

4. 充分利用土地、市场和劳动力优势，利用中央各部委、全国各省市对口支援的机会，加速对内对外开放，引进资金和技术，高起点改造现有国有企业。国有大中型企业积极与国际著名大公司合作，国有中小企业积极与国内名牌企业合作，实现城市制造业的跳跃发展，实现与“巨人同行”。

5. 加强企业管理，转变经济增长方式，提高产品质量，提高企业经济效益，壮大现有名牌企业，培植新的名牌企业，围绕名牌组建企业集团。

6. 广开筹资渠道，用好用活资金。重庆发展所需要的巨额建设资金，一是争取中央财政支持，保证扶贫、移民、环保、农业发展等资金的拨付；二是争取银行贷款；三是以地生财和盘活资产存量；四是开辟利用外资的新领域、新方式和新途径。资金使用要统筹兼顾，精打细算，保证重大基础设施项目和新产业群的建设。

（五）改造传统农业，夯实农业基础，加快脱贫步伐

1. 强化科教兴农，突出抓好“种子工程”，加强水利建设，加快中低产田改造，提高单产，保证主要农产品稳定增产，同时全面发展林、牧、副、渔各业。

2. 稳定党在农村的基本政策，通过改革大力推进农业产业化，在农业上实现贸、工、农一体化经营。

3. 结合库区移民和产业引进，加快转移农村剩余劳动力，促进乡镇企业集中连片，并以节约耕地为目标的小城镇综合改革，推动农村经济社会全面发展。保证农民收入较快增加，实现全市农村基本脱贫，农村居民平均生活水平达到小康。

（六）高度重视全社会的协调发展，建设成为经济发达、人文日新、民族团结、环境优美的世界第一大库区

1. 大力发展教育事业，特别要充分利用在渝各高等院校力量，集中力量创办一所综合性大学。

2. 围绕高新技术的开发利用，发展壮大一大批科研院所。

3. 坚决关闭不符合国家产业政策和污染环境的企业，保证库区山清水秀。

4. 切实保护好库区内的人文景观和自然景观。

5. 兴建和改造一批大型标志性文化体育设施，组建和发展重庆的文化和艺术团体、各专项体育代表队。

6. 对少数民族聚集地区，通过对口支援、重点扶贫，使其尽快走上富裕道路，增进民族团结。

7. 大力弘扬“爱国、奋斗、团结、奉献”的“红岩精神”，在全社会树立起对所有从业者都需要的“敬业”精神，形成重庆特有的城市文明。

（周　勇　王　钟　执笔）

第三篇

代　管

（1996 年 9 月—1997 年 2 月）

纪 事[1]

1996年9月5日，江泽民同志主持中央政治局常委会，通过了重庆市从9月15日起代管万县、涪陵、黔江“两市一地”，张德邻继续担任重庆市委书记，蒲海清为代市长，王云龙（时任山西省委副书记）为常务副书记的决定。江泽民同志提出要做好“两市一地”干部的思想工作。重庆直辖市按“小政府、大社会”的原则，设置政府机构。由国务院提出设立重庆直辖市的方案，提交1997年八届全国人大五次会议审议。

同日，中共中央、国务院下发《关于四川省委托重庆市代管万县市、涪陵市和黔江地区的批复》。

1996年9月8日，美国前国务卿基辛格访问重庆。9日，市委书记张德邻会见基辛格。

1996年9月13日，四川省委发〔1996〕31号文正式委托重庆代管涪陵、万县、黔江。

1996年9月18—21日，胡锦涛同志来川渝及三峡库区视察，研究考虑重庆直辖市的班子建设问题。

1996年9月，重庆市下发《历史的责任——重庆市代管万县市、涪陵市、黔江地区宣传教育提纲》，在重庆市及万县市、涪陵市、黔江地区开展宣讲和调查研究活动。

1996年10月3—4日，重庆市召开全市工作会议。四川省主要领导同志

---

①本文根据甘宇平《我所了解的设立重庆直辖市的推进过程》（《红岩春秋》，2008年第5期）及有关资料综合整理。

和重庆市、万县市、涪陵市、黔江地区有关领导同志800人出席。

1996年10月10—11日，重庆市政府召开第七次全体会议。

1996年10月12—17日，中央政治局委员、国务院副总理邹家华在重庆考察工作。

1996年10月14—20日，李鹏同志视察三峡库区，主持召开国务院三峡工程移民暨对口支援工作会议，加快重庆直辖市的筹备建设。

1996年10月24日，三峡工程四川库区移民工作顺利移交重庆市接管。

1996年10月25—26日，中共重庆市委召开七届七次全委会扩大会议。

1996年10月28日，重庆市人民政府下发《关于办理万县市、涪陵市和黔江地区固定资产投资项目移交有关问题的通知》。

1996年10月25—31日，中央政治局常委、国务院副总理朱镕基同志来四川视察，听取了四川省关于设立重庆直辖市的情况汇报。

1996年11月22日，四川省人民政府法制局下发《关于重庆市代管两市一地期间政府法制工作有关问题请示的答复》。

1996年12月4日，重庆市人民政府下发《关于加快代管衔接工作进度，全面做好扩大计划单列实施准备的紧急通知》。

1996年12月13—22日，中央政治局委员、书记处书记吴邦国同志来重庆视察，主要解决重庆经济运行中的一系列问题。

1996年12月26日，重庆市人民政府下发《关于实施扩大计划单列有关问题的通知》。

1996年12月27日，重庆市人民政府下发《关于万县市、涪陵市、黔江地区实行分税制财政管理体制的通知》。

这一时期，重庆市开始重新制订直辖后的《重庆市国民经济和社会发展"九五"计划和2010年远景目标纲要》，筹备召开直辖后的第一次党代会、人代会、政协会，起草第一次党代会和政府工作报告。

1997年1月24—27日，中央政治局常委、国务院副总理朱镕基到重庆考察工作。

1997年2月15—17日，重庆市政府召开经济社会发展战略专家研讨会，来自国家机关、研究机构、高等院校和本市的专家学者，对重庆直辖市发展战略出谋献策。

1997 年 2 月 19 日，国务院向全国人大常委会第二十四次会议提交议案，提请审议设立重庆直辖市。

1997 年 2 月 21 日，全国人大常委会第二十四次会议分组审议设立重庆直辖市议案。

1997 年 2 月 23 日，全国人大常委会第二十四次会议决定将设立重庆直辖市议案提请八届全国人大五次会议审议。

1997 年 2 月 27 日，国务院向八届全国人大五次会议提交《关于提请设立重庆直辖市的议案》。

中共中央、国务院
关于四川省委托重庆市代管
万县市、涪陵市和黔江地区的批复

（1996 年 9 月 5 日）

中共四川省委、四川省人民政府：

你们《关于委托重庆市代管万县市、涪陵市和黔江地区的请示》收悉。现批复如下：

一、重庆市是我国的特大城市之一，与万县市、涪陵市、黔江地区（以下简称两市一地）在经济与社会发展和三峡工程建设等方面有着密切的联系。为充分发挥重庆市中心城市的作用，推动区域经济的发展，搞好三峡工程建设和开发性移民工作，党中央、国务院同意从 1996 年 9 月 15 日起，由四川省委托重庆市代管两市一地。自代管之日起，两市一地的党政工作和政治、经济与社会发展及三峡库区移民工作等，均由重庆市代四川省行使管理职能。

二、关于你们在请示中提出的几个具体问题，按以下原则办理：

1．两市一地 1996 年度的各项计划和财政预算、贷款规模、项目投资以及大中专院校毕业生分配等，仍按四川省原定的计划由省里负责到底并与重庆市搞好衔接。省里今年该拨给两市一地的资金照拨，两市一地今年该交省里的税费照交。从 1997 年开始，两市一地的经济与社会发展计划和财政预算均纳入重庆市计划单列盘子，重庆市和四川省要认真做好相关准备工作。

2．尽快组建重庆市移民局，承担三峡移民工作。重庆市移民局可从四川省移民局选调熟悉三峡移民工作的骨干到重庆工作。三峡库区的移民规划工作，仍由四川省负责在今年底完成。重庆市农村工作机构和扶贫机构可在现有基础上适当充实人员，其机构设置、人员编制由重庆市在提出总体机构改革方案时一并按程序报批。

3. 充实和加强重庆市的领导班子，由中央组织部负责与你们研究提出具体意见，按干部管理权限和程序审批，两市一地的省管干部可委托重庆市管理，涉及职务任免的，由重庆市委提出建议报四川省委审批。

4. 两市一地的省人大常委、省政协常委、省人大代表、省政协委员列席重庆市人大、政协会议事宜，依照有关法律规定和章程办理。法院、检察院、军分区、警备区、武警部队的现行体制和执法程序不变。

三、做好重庆市代管两市一地的工作十分重要，四川省委、省政府和重庆市委、市政府，两市一地的党委、政府及其各级党政部门和广大干部，都要讲政治，讲党性，守纪律，顾大局，认真做好思想政治工作和各项经济工作，确保代管的顺利过渡和社会稳定。在过渡期间，四川省、重庆市要加强领导，密切合作，搞好衔接，保证各项日常工作和三峡库区移民工作的正常进行，不能相互推诿扯皮和出现“两不管”的情况。广大干部要自觉服从组织安排，遵守纪律，忠于职守，积极主动地工作，领导干部要以身作则，作出表率。在移交和代管工作中，对失职渎职的，要追查责任，严肃处理。

四、党中央、国务院有关部门对重庆市代管两市一地的工作，要给予必要的支持。特别是对明年两市一地经济与社会发展计划和财政预算纳入重庆市计划单列盘子的工作，要加强指导。

附：重庆市代管万县市、涪陵市和黔江地区的基本情况①

党的十四大以来，在邓小平建设有中国特色社会主义理论和党的基本路线的指引下，在以江泽民同志为核心的党中央正确领导下，我国国民经济持续、快速、健康发展，各项社会事业不断进步，出现了经济发展、政治稳定、民族团结、社会进步的大好局面。为了逐步改变地区发展的不平衡状

①本文原见于中共重庆市委书记张德邻1997年5月27日在中共重庆市第一次代表大会上的报告。标题系编者所加。

况，更好更快地实施“三步走”发展战略，党中央、国务院相继作出了加快中西部地区发展、建设长江经济带、加快三峡工程建设和库区开发的战略决策。重庆位于我国东部经济发达地区和西部资源富集地区的接合部，是西南地区和长江上游最大的经济中心城市和重要的内河口岸，有着对长江经济带和西南地区的双重辐射功能，可以起到承东启西、左右传递的枢纽作用。重庆又是三峡库区唯一的特大城市，应当承担起搞好库区移民，发展库区经济，确保三峡工程建设顺利进行的重任。为此，党中央、国务院作出了设立重庆直辖市的重大决策。这一决策，既加重了我们肩上的担子，也给重庆创造了一个前所未有的发展机遇。我们深刻地认识到，重庆的未来任重而道远，前景无限光明。

为了确保设立重庆直辖市这一重大决策的顺利实施。1996 年 9 月，党中央、国务院批准了四川省委托重庆市代管万县市、涪陵市和黔江地区的请示。实施代管半年多来，在四川省委、省政府的领导下，市委坚决贯彻中央的部署和“思想领先，平稳过渡”的方针，紧紧围绕“抓住机遇、深化改革、扩大开放、促进发展、保持稳定”的全党全国工作大局，以加快发展为主题，以推进两个根本性转变为主线，从实施代管后新的市情出发，先后对全市经济工作、精神文明建设、党的建设、国有企业改革、农村工作、移民工作、扶贫工作作了全面部署。全市上下团结一心，着力于开创新局面，代管工作按照中央的要求顺利进行。一是认真组织全市党员、干部学习中央指示精神，不断深化了对党中央、国务院重大决策的认识；二是按照江泽民总书记和李鹏总理对重庆题词的要求，把全市各级干部的思想统一到“团结一心向前看，集中精力抓发展”上来；三是大力抓好各级领导班子建设，充分发挥好带头作用；四是广泛开展“弘扬红岩精神，塑造当代重庆人”的活动，努力培植加快重庆发展的精神动力；五是切实转变作风，狠抓工作落实。同时，及时做好重庆经济和社会发展计划、财政等方面同中央和四川省的衔接；组织力量对重庆经济和社会发展战略作了认真研究，前后三次邀请数十位全国知名专家、学者进行论证，形成了中共重庆市委《关于制定重庆市国民经济和社会发展“九五”计划和2010 年远景目标纲要的建议（草案)》。

经过全市共产党员、各级干部、广大人民群众的共同努力，我市实施代管后的各项事业都取得了较大发展。1996 年，国民经济持续稳定增长。全市国内生产总值完成 1175 亿元，比上年增长 10.7%。农业获得丰收，区县经济稳定发展；国有企业改革力度加大，取得了一定进展；工业经济在调整中前进，部分优势行业和骨干企业增长速度和效益进一步提高；市场活跃，物价稳定。各项社会事业取得新的进步。进入 1997 年以来，我市各方面工作开局良好，全市人心振奋，呈现出社会稳定和经济持续、快速、健康发展的可喜局面。尤其值得一提的是，在实施代管工作中，万县市、涪陵市、黔江地区各级党委、政府做了大量艰苦细致的工作，保持了地区经济的快速发展和社会稳定，经济增长速度超过全市平均水平。这些成绩的取得，是在党中央、国务院的正确领导下，全市各级党委、政府带领各族人民齐心协力、团结奋斗、苦干实干、顽强拼搏的结果，标志着重庆代管任务的圆满完成，为设立重庆直辖市奠定了坚实的基础。在此，我代表中共重庆市第七届委员会向全体共产党员、各级干部和全市各族人民表示衷心的感谢，并致以崇高的敬意！

张德邻、蒲海清、王云龙任中共重庆市委书记、副书记

经中央批准：张德邻同志任中共四川省委委员、常委和中共重庆市委委员、常委、书记；孙同川同志不再担任中共重庆市委书记、常委、委员职务。

（摘自中共中央1995年10月13日《关于张德邻等三名同志职务调整的通知》）

中央同意：蒲海清、王云龙同志任中共重庆市委委员、常委、副书记；李学举、王鸿举、陈光国、税正宽同志任中共重庆市委委员、常委。

（摘自中共中央组织部1996年9月5日干任字〔96〕782号文件）

重庆市代管万县市、涪陵市、黔江地区宣传教育提纲[①]

党中央、国务院决定，从 1996 年 9 月 1 日起，把万县市、涪陵市和黔江地区交重庆市代管。

重庆市代管万县市、涪陵市和黔江地区，是在世纪之交的重要历史时期，努力实现邓小平同志提出的社会主义现代化建设“三步走”战略目标第二阶段战略任务，开始执行“九五”计划和 2010 年远景目标的重要时刻，党中央、国务院从我国改革开放和社会主义现代化建设的全局出发，为加快中西部地区发展作出的一项战略决策。

重庆市代管万县市、涪陵市和黔江地区，是党中央、国务院为重庆市及万县市、涪陵市和黔江地区提供的最大的历史性发展机遇，是重庆历史上具有划时代意义的大事，它体现了 3000 万各族人民的共同愿望，展现了重庆市未来发展的辉煌前景。

我们一定要紧紧地抓住这一历史性机遇，认清我们所肩负的历史责任，团结起来，振奋精神，加快发展步伐，为实现新的历史任务而努力奋斗。

一、为什么由重庆市代管万县市、涪陵市、黔江地区

党中央、国务院一贯对重庆非常关心，非常重视，对重庆的发展寄予厚望。重庆市代管万县市、涪陵市和黔江地区是一项关系全局的科学决策。

---

①这是中共重庆市委宣传部交办给中共重庆市委党校的课题。这个稿子最初的名字叫《历史的责任——代管宣传教育提纲》，经市委领导同志审定后，作为市委宣讲团宣讲的基本依据，并以《重庆市代管万县市、涪陵市、黔江地区宣传教育提纲》名义下发全市。

（一）重庆市代管万县市、涪陵市和黔江地区，有利于国家的行政管理，加速四川经济社会的发展

四川省幅员广大，人口众多。全省面积57万平方公里，东西长1200多公里，南北宽900余公里，是中国第五大省区。全省有23个地市州、218个县市区，是全国县级单位最多的省区。辽阔的地域是造成四川行政区划单位繁多的重要原因。到1994年底止，全省共有11084万人，居全国第一位。其中农业人口占83.6%，非农业人口占16.4%。全省共有53种民族成分。少数民族人口452万多人，总数居全国第五位。主要分布在以甘孜、阿坝、凉山三个自治州为代表的西部地区，和以黔江地区（黔江、酉阳、秀山、彭水、石柱5个自治县）为代表的东南部地区。民族自治地方幅员31.8万平方公里，占四川省面积的57%。

重庆市代管万县市、涪陵市和黔江地区后，全市共辖43个区市县，幅员8.2万平方公里，占四川省的14%；人口3001.78万，约占四川全省的27%，其中农村人口2400万人；国内生产总值和财政收入分别各占四川全省的27%。这样就有利于解决四川省面积过大、人口过多、难于领导和管理的状况，保证四川省领导机关集中精力抓好其他地区的工作，特别是加快西部少数民族地区的发展，从而加速四川经济社会的发展。

（二）重庆市代管万县市、涪陵市和黔江地区，有利于加快重庆市的经济发展，从而带动西南地区和长江上游地区的经济开发

重庆市与万县市、涪陵市、黔江地区同处长江上游和三峡库区，具有上千年的历史联系，形成了以重庆为中心的长江上游经济圈，重庆经济对整个西南和长江上游地区具有十分强劲的集散和辐射力。

百年来，伴随着中国历史前进的步伐，重庆凭借其独特的自然地理条件，形成了连接长江一线、影响西南一片、辐射中国西部的区位优势，实现了从一座封闭的城堡发展成为开放的、连接我国中西部战略枢纽的转变，实现了从古代区域性军政中心发展成为区域性经济中心的转变，实现了从偏居四川东部一隅的中等城市发展成为立足中国内陆，面向五洲四海的特大城市的转变。

特别是经过党的十一届三中全会以来改革开放的洗礼，重庆已经筑就了

强劲的经济实力，具有良好而广阔的发展潜力。1995 年，重庆国内生产总值达到 740 亿元，工农业总产值达到 1084 亿元，综合经济实力大为增强。重庆农村广阔，物产丰富，是我国猪肉、蚕茧、柑橘商品基地和重要粮食产地；重庆是我国重要的老工业基地，工业是重庆国民经济的主体，现有工业企业 8862 个，其中大中型企业 311 个，有 12 家企业进入全国 500 家大型企业行列；重庆自古以来就是长江上游物资集散地，第三产业发展迅速，1995 年消费品零售总额 274 亿元；重庆科技实力雄厚，全市有高等院校 23 所、各类科研院所 380 所、科技人员 40 余万人，强大的科技优势，为经济的腾飞插上了翅膀；重庆是对外开放口岸，与世界 120 多个国家和地区建立了经济贸易合作关系；重庆山川钟灵毓秀，旅游资源丰富，是著名的三峡旅游热线的起点。

中央决定重庆市代管万县市、涪陵市和黔江地区，必将进一步发挥重庆的潜力，加快万县市、涪陵市和黔江地区的经济发展，推动重庆按照江泽民总书记提出的“努力把重庆建设成为长江上游经济中心”的要求，更好地发挥重庆的区位优势和经济上对西南和长江上游地区的辐射、凝聚作用。

（三）重庆市代管万县市、涪陵市和黔江地区，有利于三峡工程的建设和做好库区移民工作

三峡工程是我国在建的，当今世界上最大的水利水电工程，它的突出效益是防洪、发电、航运，并将为南水北调创造条件，尤其是在防洪方面有不可替代的作用。它对我国未来的经济与社会发展具有十分重大的战略意义。

三峡水库淹没区少数在湖北省（宜昌、秭归、兴山、巴东），其主体部分都在重庆市和万县市、涪陵市和黔江地区（巫山、巫溪、奉节、云阳、开县、万县市、忠县、丰都、涪陵市、武隆、长寿、渝北区、巴南区），共 19 个县市，以及重庆市区和江津市的河滩地。直接受淹人口 84.62 万人，其中非农业人口 48.47 万，农业人口 36.15 万。据动态测算，到 2008 年，移民总数将达到 113.18 万。需迁建 13 座县（市）城和 140 个集镇。而重庆市和万县、涪陵要承担 85% 以上的移民任务。这是三峡工程给我们出的一道世界级难题。这道史无前例的难题，曾随着孙中山先生“以闸堰其水”的治国方略梦想了 70 年，其间，又历经 50 年勘测、40 年论证、30 年争执……

移民是三峡工程中最复杂、最艰难、事关全局的工作。在中外历史上，有关水利工程在移民方面不乏成功的经验和动人的事例，但也有不少惨痛而深刻的教训。就我国而言，修建的水库规模越大，移民的后遗症就越多，延续时间越长。究其缘由，盖因实行补偿性移民的办法所致。因此，党中央、国务院最为关切的是百万移民的安置。李鹏总理在长江三峡工程开工典礼上指出："库区移民是三峡工程成败的关键，任务十分艰巨。"我国"实行开发性移民的方针"。为此，国家决定把三峡库区列为经济开发区，给予优惠政策；国家和省在安排建设项目时，将根据建设条件，予以同等优先的原则加以考虑；中央和有关部门对库区实行对口支援等等。

"开发性移民方针"是我国政府对中外众多水库移民的成败得失进行认真总结和深刻反思，在对新中国成立40多年来传统的补偿性移民方式进行扬弃的基础上，从三峡工程的特殊性和三峡库区贫穷落后的实际出发作出的慎重决定。这是在改革开放，建立社会主义市场经济体制的新的历史条件下的伟大探索和创举，具有十分重要的现实意义和深远的历史意义。

三峡工程的成败关键在移民，而做好移民工作的关键又在于把开发性移民的方针落到实处，使三峡工程建设实实在在地成为库区人民走向现代化的一个契机。

由重庆市代管万县市、涪陵市和黔江地区，有利于统筹规划、统一领导三峡库区的移民工作，加强对移民资金的统筹安排和管理，也有利于吸引更多的国内外资金投入到三峡移民工程中来。通过合理运用移民资金及其他发展投入（如扶贫资金），合理运用政策，充分利用库区资源，广泛发动库区人民自力更生，艰苦奋斗，在全国人民的支援下，对库区沿江19个县市和农村进行改造和开发，扩大人口生息容量，改善生态环境，妥善安置移民，改变库区落后面貌，比较快地赶上全国平均发展水平，实现库区经济社会的协调发展，真正把国家开发性移民的政策落到实处。

重庆市代管万县市、涪陵市和黔江地区还有利于对三峡库区进行集中管理，并促使三峡经济区的完全形成；加大对三峡库区开发开放的力度，形成新的有竞争力的群体优势，从而有利于加快三峡工程建设和做好移民工作。

二、重庆市代管万县市、涪陵市和黔江地区的历史机遇、整体优势和发展前景

面对着跨世纪的重任，各级干部和广大人民群众应该从长江流域经济的大发展，从全国经济发展的大格局，从中国社会主义现代化建设的大战略，从世界历史潮流的大趋势，从历史与现实的结合上，来重新认识市情，重新认识重庆独特的区位优势，重新认识我们面临的历史机遇，认真审视未来重庆发展的历史命运，满怀豪情迎接未来重庆的辉煌前景。

（一）党中央、国务院非常重视重庆市的建设和发展

党中央、国务院历来十分重视和关注重庆的建设和发展。四川省委和省政府对重庆也非常关心。特别是党的十一届三中全会以来，以邓小平同志为核心的党的第二代领导集体对重庆改革、开放、发展都给予了很大支持，把重庆作为中国改革的试验场，许多综合的、单项的改革试点都放在重庆进行。1983 年，党中央、国务院批准重庆为全国第一个经济体制综合改革试点大城市，实行经济计划单列，赋予重庆省级经济管理权限。进入 90 年代，中央又批准重庆为全国第二轮经济体制综合改革试点城市、全国发展体育产业试验区和沿江开放城市，给予了许多优惠的政策。在中共四川省委和四川省政府的领导下，重庆市在传统的计划经济束缚的重重困难中披荆斩棘，艰难前行，功不可没。

随着改革的不断深入，各种深层次的矛盾不断显现，进一步探索适应社会主义市场经济的政府机构和行政管理体制的改革，日益成为解决重庆经济与社会发展诸种矛盾的焦点。近年来，以江泽民同志为核心的党的第三代领导集体对加快重庆的发展寄予厚望。中央主要领导人多次来重庆考察指导工作。特别是 1994 年，江泽民总书记和李鹏总理相继到重庆考察，并分别题词勉励。江总书记的题词是“努力把重庆建设成为长江上游的经济中心”；李总理的题词是“开发三峡，振兴重庆”。这对重庆人民是极大的鼓舞和鞭策。最近作出的由重庆市代管万县市、涪陵市和黔江地区的重大决策，就体现了党中央、国务院对改革重庆体制方面存在的主要问题的远见卓识和雄才大略。这也是多少年来在重庆工作的同志长期希望得到的机遇。代管万县市、涪陵市和黔江地区以后，重庆就更有条件在推动“两个转变”方面认真

做好老工业基地改造、搞好国有大中型企业和军民结合这几篇体制改革的大文章。

如何探索城乡结合、城乡一体化发展的新路子，也是中国改革面临的重大课题，也是一个世纪性的难题。从 1983 年重庆经济计划单列以来，重庆就肩负起了“市带县”的改革重任，作了许多有益的探索，迈出了以大城市带动大农村的坚实步伐，积累了宝贵的经验，重庆也因此具有了大城市与大农村并存的特点。今后，在重庆管辖的范围内，农村特别是较为贫困的农村的比例大幅度地提高，使重庆大城市、大农村的特点更加突出。以特大城市来带动广大农村的发展，这种状况是我国其他特大城市所没有的，在世界城市发展史上也没有先例可循。为此，中央将在许多方面给重庆也更多的政策支持。我们相信，只要按照党中央、国务院的统一部署，依靠四川省委的领导，坚持解放思想、实事求是的思想路线，充分尊重和利用市场经济规律，一切从实际出发，以改革的精神和坚韧不拔的毅力，突破一切阻碍生产力发展的不符合社会主义市场经济要求的工作规范和程序，果敢决策，高效率地创造性地工作，经过全市各级党委和政府的辛勤工作，经过全市各族人民的艰苦努力，我们就一定能够充分发挥未来重庆城市经济的整体优势，在探索适应社会主义市场经济体制的政府机构改革和城乡结合的新路子方面，提供新鲜经验，不负党中央、国务院的重托，为我国经济体制与政治体制的改革作出更大的贡献。

（二）历史的发展把重庆市和万县市、涪陵市、黔江地区紧紧地连在一起

重庆是一座有 3000 多年历史、灿烂文化和光荣革命传统的城市。自古以来，由于地理、自然等方面的原因，重庆就是巴渝地区的军事和政治中心，与万县市、涪陵市和黔江地区有着密切的经济文化联系。

以重庆为中心的巴渝地区是中华民族的发祥地之一。迄今为止，我国发现的最远古的原始人类化石，就出现在万县市巫山县的大庙区龙坪村，距今已 200 多万年。在这一地区所发现的原始人类活动遗迹与重庆境内发现的原始人类遗迹具有许多共同的特征，形成了先巴文化。

公元前 11 世纪，周武王封宗姬于巴，以江州（今重庆）为首府，逐渐控制了以长江、嘉陵江、乌江为腹心，“东起鱼腹（今奉节），西至僰道

（今宜宾），北接汉中（今陕西南部），南极黔、涪（今彭水、黔江及贵州东北和湖南西北）”的巴渝地区，建立了巴国，并且在这块土地上创造了著名的巴渝文化。战国时期，秦灭巴国，统一中国，设 36 郡。公元前 314 年，秦置巴郡，以江州城（今重庆市城区）为首府。这是今重庆作为国家一级行政机构治理巴渝地区之始。迄今已 2310 年。此后，巴郡先后改置为楚州（南北朝）、渝州（隋）、恭州（北宋），1189 年改为重庆府（南宋）。重庆得名，已 807 年。后称重庆路（元）、重庆府（明）。清又在重庆设川东道。1891 年重庆开埠。民国时期，设重庆商埠督办、市政公所。1929 年建重庆市。重庆还曾是四川省政府所在地。在 3000 年的历史长河之中，重庆的辖区有所变化，但与今天万县市、涪陵市和黔江地区的大部分市县有着密切的行政联系。到抗日战争时期，重庆先后成为国民政府的直辖市和陪都，中国大后方的政治、经济和文化中心。

重庆还曾经是革命运动的中心。辛亥革命后，重庆设蜀军政府，辖川东南 57 州县。中共四川省委、川东特委曾长期设在重庆。抗战时期，周恩来同志为首的中共中央南方局设重庆，领导着中国南部的抗日民族统一战线的斗争。新中国成立初期，重庆作为中央直辖市，是中共中央西南局、西南军政委员会、西南军区所在地。在邓小平、刘伯承、贺龙等老一辈无产阶级革命家的直接领导下，重庆市为新中国的建立和巩固，为社会主义事业的开拓和发展，作出了历史性的贡献。

重庆和万县、涪陵、黔江人民还共同创造了灿烂的巴渝文化和光荣的革命传统，涌现出一大批中华民族的优秀儿女。李白、杜甫、白居易、李商隐、陈子昂、王维、苏轼、范成大、文天祥等都在这里留下了壮丽的诗篇。这里是老一辈无产阶级革命家杨闇公、刘伯承、聂荣臻、赵世炎、李硕勋（李鹏同志的父亲）的家乡；这里是毛泽东、邓小平、朱德、陈毅、贺龙等工作和战斗过，并且建立了丰功伟绩的地方；这里是周恩来、董必武、吴玉章、邓颖超等同志培育并倡导了“红岩精神”的热土；这里也是巴国蔓子将军、南宋抗元民族英雄张珏、元末农民领袖明玉珍、辛亥革命先驱邹容和杨沧白等无数仁人志士成长、奋斗，并为之献身的地方。在这里，著名的民族英雄杨虎城，杰出的无产阶级革命家叶挺、廖承志、车耀先、罗世文，优秀的共产主义战士许晓轩、江竹筠、陈然、王朴等歌乐英烈或被囚禁，或流尽了最后一滴血。他们将受到3000万巴渝人民永远的爱戴，他们是巴渝大地上最为灿烂的群星。

千百年来，重庆与万县、涪陵、黔江在保持着行政隶属关系的同时，人民之间也有着密切的交往，建立了深厚的情谊。不论是在城市化、近代化的过程中，乡村农民进入重庆城，还是20世纪六七十年代重庆知识青年到万县、涪陵、黔江上山下乡，插队落户；不论是汉族与少数民族之间的不断融合，还是民族文化之间的相互交流与影响；不论是城市经济的发展，还是城乡经济联系的不断扩大；不论是文化之间的相互渗透与交流，还是生活方式的改变与生活质量的逐步提高，一句话，不论是由于地理环境，还是历史沿革，不论是由于地域特色，还是文化背景方面的因素，历史都早已把重庆市与万县市、涪陵市和黔江地区连接成了一个整体，已经形成了谁也离不开谁的格局。

党中央、国务院决定重庆市代管万县市、涪陵市和黔江地区，既充分考虑到重庆的建置沿革，又十分注重重庆的现状，既考虑到自然的地域条件，又适应了文化背景与历史传统。8万平方公里巴渝大地是我们3000万各族人民生于斯，长于斯，魂牵梦绕的家园，实现重庆的振兴是3000万各族人民的共同责任。

（三）重庆在全国大格局、大战略中面临着极好的发展机遇

重庆市代管万县市、涪陵市和黔江地区，是我国实行中西部开发、长江经济带的发展、三峡工程建设这“三大跨世纪发展战略”在重庆的集中体现，是重庆经济与社会发展面临的历史性机遇，是21世纪中国现代化发展前景对重庆的召唤。

重庆具有独特的区位优势。它既处我国三大国土开发区（三峡经济区、乌江水电及有色金属开发区、攀西六盘水开发区）的中心部位，又是东部经济发达地区和西部资源富集地区的接合部，具有对长江经济带和西南经济区的双重聚散功能，在东西部地区的渗透和融合中发挥着承东启西，左右传递的枢纽作用。

80年代，我国成功地实施了沿海发展战略，已经使沿海地区成为我国经

济中最具活力，与世界经济融合度最高的地区。但是，在此期间，我国广大内陆地区与沿海地区在经济、社会、文化发展上的差距进一步拉大。有鉴于此，进入90年代，党中央从实现中国社会主义现代化第二步战略目标的高度，作出了实施中西部开发、长江经济带的发展、三峡工程建设这“三大跨世纪发展战略”的重大决策。

对重庆来说，从现在起到21世纪初，宏观环境机遇与挑战并存，是重庆发展的极为重要的时期。历史为未来重庆的发展提供了三个重大的机遇：

1. 中西部开发战略的实施

中西部开发战略就是在把改革开放和投资的重点及政策导向，逐步由沿海向内地、由东部向西部、由经济发达地区向资源富集地区转移，以实现全国经济的平衡发展。这就为广大内陆腹地的全面开发、开放，特别是中西部的崛起创造了极为有利的条件。

中国的中西部地区是资源富集地区，东部则是经济发达地区，重庆正好居于中西部的接合部上，是中国西部地区的路口。由于重庆所具有的中国东部经济发达地区和西部资源富集地区的连接部和传递手的战略地位，因此，要发展中国西部地区的经济就要首先发展重庆，要拉开中国西部地区的经济发展的序幕，首先就应该由重庆来启动。这一战略的实施和重庆独特的区位优势，既给重庆带来了新的发展机遇，也赋予了重庆进一步加强对中西部地区的吸引力和辐射力，强化服务西南，带动西部的历史责任。同时也预示着未来中国西部地区发挥优势，告别贫穷，实现面向21世纪经济腾飞的历史性跨越的美好前景。

2. 长江开发战略的实施

长江是中华民族的摇篮，长江流域是中国经济的命脉，长江流域在中国改革开放和经济发展格局中发挥着越来越大的作用。历史赋予了长江以跨世纪的使命，也给予了长江流域跨世纪的机遇。这是我们走向新世纪的基础。

在实现邓小平同志提出的中国社会主义现代化建设“三步走”发展战略的过程中，特别是在第二个战略发展阶段和第三个发展阶段中，中国经济发展的布局将有一个战略性的调整。如果说改革开放前15年带动全国经济发展的先是深圳、广东和东部沿海地区，后是上海浦东的话，那么，到20世纪末和21世纪上半叶，即未来50多年的时间里，中国经济首先要发展的地区就是长江流域。

长江流域贯通中国东部、中部和西部，腹地辽阔，沿江七省一市人口4.085亿，占全国的34.9%；面积为145万平方公里，占全国的15.1%；国内生产总值8964亿元，工业总产值15473亿元，社会消费零售总额4030亿元，进出口贸易总额445亿美元，分别占全国的37.3%、41.7%、36.7%和27%。农业总产值、全社会固定资产投资总额、外商实际直接投资额分别占全国38.5%、34.8%、24.8%。在整个长江流域经济带迅猛发展的同时，以上海为中心的长江三角洲已经成为全国最强大的经济区之一，以武汉为中心的长江中游经济圈也已初具规模。在上游，则有以重庆为中心的长江上游经济圈。重庆在长江上游经济圈的中心作用，是其他城市所难以替代的。

不论是作历史的研究，还是对现实的分析，不论是中国经济资产的数量还是质量，不论是人口的数量还是国民的素质，长江流域都高于中国的北部和南部地区。这一流域的发展将会带来最高的经济社会效益，得到最高的回报率。长江经济带的崛起，将更加强劲地带动我国北方和南方的发展。因此，中国改革开放的战略重点将不断向长江流域纵深推进，长江流域将成为未来中国经济发展的主要支撑点。而上海浦东的开发与开放，将成为长江流域经济带进一步发展的“龙头”，重庆处在长江“龙尾”。龙头耸峙，龙身涌起，龙尾摆动，方能使长江流域经济带成为中国经济发展新的增长极，成为中国经济在21世纪腾飞的高速路。

重庆的崛起得益于长江，重庆腾飞的机遇在于长江，实现重庆振兴的挑战也来自于长江，而出路仍然在于打好“长江牌”——努力把重庆建设成为长江上游经济中心。重庆的任务则是让长江龙尾更加强劲有力地摆动起来，与龙头、龙身相呼应，带动长江经济的腾飞。

3. 三峡开发战略的实施

正在建设的长江三峡工程是当今中国最大的跨世纪工程。它与浦东分别位于长江经济带的东、西两端。这两个跨世纪工程的巨额投资，尤其是它对改革开放、经济发展产生的巨大的乘数效应和开发开放的能量积聚，将推动长江流域乃至全国经济的新飞跃。

重庆作为库区最大的城市，既承担着开发三峡、服务三峡的任务，又面临着抓住三峡开发的历史性机遇，发展重庆、振兴重庆的使命。重庆承担的百万三峡移民工作是一件难度极大的艰巨任务。但是，辩证地看问题，这又是重庆振兴和发展的巨大机遇。首先是中央对三峡实行开发性移民方针，将投入巨额移民资金，这对重庆市未来产业结构的调整是一个机遇；其次，中央确定由全国几十个省市和部委对口支援三峡库区各地市县的移民工作，这种对口支援的主要形式是把当地的产业和技术转移到三峡库区来；第三，三峡工程所形成的巨大市场已经引起国外财团的巨大投资热情，将会出现国外投资从沿海地区向中国西部，特别是三峡库区转移的局面。这些就构成了重庆在库区周围和边缘形成新的产业带的机遇，更是重庆进一步振兴和发展的历史性机遇。

总之，只要我们从世界、中国、中西部发展战略上去审视重庆市代管万县市、涪陵市和黔江地区的重大意义，就不难发现，面向21世纪的中国社会主义发展战略召唤重庆：通过中央的扶持和自身的努力，把沿江各地区的优势、沿海地区和沿江地区的优势、内地和沿海的优势有机结合起来，形成整体优势，尽快缩短中国东部、中部和西部，沿海和内地的经济差距，走上共同繁荣、共同富裕的新路。

（四）工业化、城市化、现代化将加快重庆市城乡一体化的进程

重庆市代管万县市、涪陵市和黔江地区，体现了工业化、城市化、现代化发展的规律性，是社会主义市场经济对重庆城市发展的必然要求。

城市是一个国家或地区工业化的产物，是经济、社会发展的载体和依托，是国家或地区经济、社会发展水平的综合反映和走向现代化的火车头。

从现在起到21世纪的前半期，将是我国工业化、城市化、现代化进程的加速时期。

实行市场经济就要求通过中心城市来带动区域经济与社会的全面发展，在更大的范围内推进工业化、城市化、现代化的进程。十多年重庆改革的目标指向，实际上就是把一个在计划经济体制和行政地域的束缚下的工业基地，改革成为一个符合市场经济要求的经济中心城市，凭借重庆优越的区位优势，充分发挥重庆在我国西部地区经济发展中的龙头作用、窗口作用和辐

射作用。

工业化和城市化是三峡库区发展必须经历的历史阶梯，是三峡库区经济与社会发展的必然趋势和首要任务。当前，重庆与万县、涪陵、黔江的经济与社会发展状况还很不平衡。除重庆市、万县市、涪陵市等少数几个点工业化水平稍高以外，广大地区基本上还是单一的小农经济。从世界区域经济社会发展的规律来看，区域经济总要从单一的农业经济，特别是从小农业经济、从单一的粮食生产向大农业转移，从单一的农业向第二、第三产业转移。而在第二、三产业发展的同时，也就是不断从农业人口中分离出非农业人口的过程，就是工业化的过程。

这些人口将逐步地向城镇集中转移，这也就是区域城市化的过程。从世界历史来看，城市化水平是一个区域经济社会发展水平的重要标志，农业人口与非农产业人口的比例，是衡量一个国家和地区现代化水平的重要指标。三峡库区经济社会发展水平低，也表现在城市化水平上。特别是城市体系很不合理，数量不足，布局不合理，基础设施差，综合功能差。因此，加快城市化步伐，建立一个结构合理，大中小城市配套发展，以中小城市为主的城市发展格局，形成三峡库区城镇体系的牢固基础，这又是构建适应库区现代化城镇体系的一个关键环节。重庆市代管万县市、涪陵市和黔江地区以后，重庆这个特大城市将在自身发展的基础上，极大地加速区域的工业化、城市化和现代化的水平，实现经济与社会发展的历史性跨越。

万县市、涪陵市和黔江地区的工业化、城市化水平的大大提高，反过来又会促进重庆城市的发展。世界城市发展史表明，大城市，特别是特大城市的发展，光靠自身的发展还不够，还取决于地区城市化水平的提高，即大城市的崛起需要一个强大的城市群的依托。而重庆恰恰缺乏这样条件，重庆城市经济在三峡库区一枝独秀的状况已经成为重庆在新世纪再度崛起的制约因素。万县市、涪陵市和黔江地区工业化、城市化进程的加快，将会造就出一批各具特色，充满生机与活力的中小城市，形成一个强大的城市群。它们将与重庆的发展相得益彰，从而大大推进整个新重庆的现代化步伐。

重庆市代管万县市、涪陵市和黔江地区以后，就可能在三峡库区形成一个比较科学合理的城市体系，完善长江上游经济圈，造就新重庆的整体优势，在未来全国跨世纪发展格局中成为我国新的经济增长极的支撑点，带动长江上游和西部地区经济的全面起飞，为国家的长治久安，加快建立社会主义市场经济新体制，实现工业化、城市化、现代化作出新的贡献。

（五）新的整体优势必将给重庆市带来辉煌的前景

重庆具有优越的区位优势、内陆城市对外开放的独特优势和强大的城市综合实力。而万县市、涪陵市和黔江地区在自然资源、生态环境、水路交通、旅游资源等方面则有着明显的优势。在这里，土地和气候资源类型多样；水资源和水能资源比较丰富；生物资源种类繁多；矿产资源比较丰富，以集中分布和伴生为主，易于集中开采和综合利用；旅游资源绚丽多彩，开发潜力很大。重庆市代管万县市、涪陵市和黔江地区后，就可以在8万平方公里的巴渝大地上，实现资源、经济、科技、人才和政策优势的互补，各地可以互为市场、互为基地、相互支援、共谋发展，并形成新的综合优势，从而在更大的区域内实现资源的合理配置，更加有效地联合开发与利用，更加科学地进行生产力的布局与发展，促进地区产业结构的合理化。代管万县市、涪陵市、黔江地区后，重庆市将会在党中央、国务院的支持下，经过艰苦奋斗，更加有力地带动这些贫困地区和少数民族地区的发展，加快包括万县、涪陵和黔江人民在内的全体重庆人民共同致富奔小康的步伐，从而形成重庆市与“两市一地”优势互补、携手并进的新局面，实现经济与社会的可持续发展。

重庆市代管万县市、涪陵市和黔江地区，是党中央、国务院为巴渝地区3000万人民提供的最大的历史性发展机遇，也是按国际经济大循环，促进亚太经济发展，拉动长江经济，启动内陆腾飞的具有划时代意义的大事。这个决策充分体现了中国经济发展的总体格局，顺应了历史潮流，尊重了发展规律的大思路。它预示着面向21世纪的新重庆将进入一个崭新的历史发展阶段。

面向未来，面向现代化，面向世界，重庆机遇与挑战并存，希望与困难同在。重庆市代管万县市、涪陵市和黔江地区所形成的新的整体优势，和它将面临的新的跨世纪发展机遇，将为重庆带来辉煌的前景。

有党中央、国务院的正确领导，有四川省委、省政府的关心和支持，有全国人民的帮助和鼓励，有全市各族人民的共同奋斗，我们一定能够使重庆的综合经济实力跃上一个大台阶，在中国西部地区继续领先，努力赶上全国同类城市的先进水平。人民生活将跃上一个大台阶，实现各地区、各民族的共同富裕，国家级、省级贫困县将全面告别贫困，走上小康之路；农村人民的生活将在实现小康的基础上，更加宽裕；城镇居民生活将向现代化迈进。我们将基本形成现代化的城镇体系框架，形成多层次、全方位对外开放格局，形成较为完善的市场经济运行机制，形成较为完备的基础设施体系，形成文明的社会发展体系和优美的生态环境体系。我们将完成三峡库区百万移民的安置和城镇、工矿的搬迁这一跨世纪的壮举。

重庆的城市经济将更加强劲。我们将全面实现江泽民总书记“努力把重庆建设成为长江上游经济中心”的要求，充分发挥重庆金融中心、贸易中心和科教信息中心作用，强化重庆交通和通信枢纽的功能，实现老工业基地向现代工业生产基地的转变。3000 万重庆人民有信心，有能力，把重庆建设成为长江经济带上与上海浦东首尾相应，最具内陆特色的上游经济中心城市；把重庆建设成为三峡经济区中最具活力与凝聚力的特大城市；把重庆建设成为中国西部地区最大的、开放度最高的现代化城市。重庆不会辜负党中央、国务院的重托，能够真正担当起推动中国西部经济面向全国，走向世界的火车头的历史使命。

（周 勇 执笔）

张德邻会见基辛格博士
希望加强与美国企业界的合作①

中共重庆市委书记张德邻昨晚在扬子江假日饭店亲切会见了来渝访问的美国前国务卿基辛格博士及其夫人一行，对基辛格博士一行的来访表示欢迎。

张德邻说，基辛格博士是世界著名政治家，对发展中美关系作出了重要贡献，且至今发挥着重要的影响。他说，三峡工程是迄今中国最大的工程建设项目，它的建成无疑对长江中上游及库区经济的发展产生重要的作用。随着三峡工程的建设，重庆将加快经济发展，相信基辛格博士及夫人再次访问重庆时，这里将发生很大变化。

基辛格博士此次是参加在北京举办的“展望21世纪论坛”后来渝访问的，这是他第3次到重庆访问。

基辛格博士说，他这次参观了桂园、史迪威将军博物馆，再一次回顾了当年中美合作的情景，并亲眼目睹了重庆的可喜变化，感到很高兴，访问留下了深刻印象。他说，1987年，他访问上海，有人曾说浦东开发是永远不可能的。可两年前，再次访问时，浦东已建成拥有152万人的“新城”。他预言重庆的发展将取得像浦东一样辉煌的成果。因为，纵观中国历史发展，首先是以港口发展为先导的。三峡工程建成后，重庆、武汉可直通海轮，他认为重庆具有辉煌的未来。

张德邻书记感谢基辛格博士对重庆发展所作出的预言和寄予厚望。他

---

①本文原载于《重庆日报》，1996年9月9日。

说，重庆经济要发展除自身努力外，对外交往十分重要，希望进一步加强与国外的经济交往和合作，特别是加大与美国企业界的合作，并希望能发挥博士先生的影响，介绍更多的美国企业家来重庆投资、发展。

基辛格博士表示，愿做这方面努力。他再次感谢重庆提供的这次访问机会。

最后，张德邻书记与基辛格博士及夫人一行合影留念。市委常委、市委秘书长刘文等参加了会见。

基辛格博士一行今晨离渝游览三峡。

（《重庆日报》记者 崔 健）

附：关于基辛格博士访问重庆的有关情况①

1996年9月8日基辛格第三次访问重庆。当时他的公开职务是基辛格联合咨询公司董事长，与他一起来的还有几位著名的企业家，其公开的使命就是为美国的财团提供咨询服务。显然，他也是奔重庆直辖而来的，因为中央决定设立重庆直辖市的消息早已在海外媒体上传开了，重庆在海外媒体上的曝光率直线上升。进入9月，对重庆直辖猜测越来越多。当时，合众国际社香港消息《重庆：中国的下一个热点吗?》，英国《经济学家》杂志发表了一篇文章《北京让长江龙尾舞起来》。再加上9月5日，党中央、国务院批准了四川省关于委托重庆市代管万县、涪陵、黔江的请示，这都发出了重庆即将成为中国第四个直辖市的信息。因此，重庆直辖已经是公开的秘密。在这个背景下，基辛格来到了重庆，可以说，他是来作有关中国经济，特别是中国西部经济开发的战略性研究的。由于他的特殊身份，中国政府给了他很高的礼遇：一是专机飞行，二是由曾任联合国副秘书长的中国外交官谢启美在重庆迎接并陪同考察。

8号那一天，基辛格在重庆的活动很多。他提出要参观二战时期中美合作打击日本的旧址。因此，市里就要我去陪同他参观访问，给他当向导，讲

①本文原载于周勇：《我所经历的重庆直辖》，载重庆市政协学习及文史委员会编：《回忆重庆直辖》（《重庆文史资料》第二十二辑）。

解有关历史。我们一起参观了1945年毛泽东蒋介石在重庆谈判后，双方签字的地方（桂园），访问了美国史迪威将军博物馆。基辛格在参观时，对朱德当年送给史迪威的相册特别感兴趣，因为那上面有当年毛泽东、周恩来在延安与美军观察组的非常珍贵的照片。同时也情不自禁地介绍了他与毛泽东、周恩来70年代在北京的多次会见。因为这次是她夫人一同访问重庆，他那位高他半头的夫人非常抢眼。我专门向他问起毛主席对着他们夫妇的身高比划着说过的那段风趣的话，大家哈哈大笑。

参观结束时，我问他对重庆的印象如何。他说，我们今天再一次回顾了第二次世界大战期间中美合作抗击日本军国主义的历史，同时再一次亲眼目睹了重庆的可喜变化，访问给他留下了深刻印象。他随即在史迪威博物馆留言簿上题词："中美两国在反法西斯战争期间的崇高而史诗般的合作是双方将来更加辉煌合作的基础。"

我当时正在作《重庆直辖市城市发展目标研究》课题。因此，希望听听这位大战略家的意见。他告诉我，纵观中国城市的发展进程，都是以港口发展为先导的。重庆本身就有这个条件，三峡工程完成后，重庆与武汉可以直通万吨船队，条件就更好了。加上重庆人有干劲，有献身精神，整个城市充满了活力。他特别指出，1987年他访问上海时曾"预言"浦东将得到巨大的发展。可是有人并不相信，说浦东开发是永远不可能的。然而两年前(1994年)，当他再次访问上海的时候，浦东已经是一座拥有152万人口的"新城"。因此，基辛格预言："重庆的发展将取得像浦东一样辉煌的成果"，"重庆将具有辉煌的未来。"

当时我以为这是外交家的戏言。结果，当晚市委书记张德邻会见他的时候，基辛格又讲了这一番话，发表在《重庆日报》1996年9月9日第一版上。后来，他在美国、在香港还说过类似的话，对于重庆的直辖起到了很好的宣传作用。

增强信心　抓住机遇　勇负重任　加快发展
胡锦涛同志在我市考察工作[1]

中共中央政治局常委、书记处书记胡锦涛在我市考察工作时指出，重庆在长江流域经济带和西南经济区中有着重要地位，中央对重庆的发展寄予厚望。希望重庆增强信心，抓住机遇，勇负重任，加快发展，构筑新的优势，更好地发挥中心城市的辐射和带动作用。

19 日，胡锦涛同志在四川省委书记谢世杰、省长宋宝瑞、省委副书记秦玉琴的陪同下来我市考察工作。市领导张德邻、蒲海清、王云龙、刘志忠、金烈陪同胡锦涛同志在我市考察。

胡锦涛同志对农村基层组织建设和农村经济的发展十分关注，19 日下午和 20 日下午，分别考察了大足县复隆镇横店村和涪陵市枳城区江北办事处水塘村。这两个村，一个靠种植、养殖业致富，一个靠办乡镇企业致富。横店村以种植、养殖业为主的生态立体农业开发，现已形成一定的规模，全村 770 户社员种蔬菜形成规模的有 348 户，养殖业主要有养鸡、养猪、养鱼、养鸭等，全村已有二十多户养鸡专业户，养蛋鸡 4 万只。全村已有 40 户社员集中规划修建了一楼一底的小合院，户平投资 2. 25 万元。水塘村以前是有名的贫困村，土地贫瘠，村里因地制宜，办起了水泥厂，经过四次技改，水泥厂年产水泥 18 万吨，成为涪陵市最大规模的水泥企业。集体企业和集体经济的大发展，增强了党支部的凝聚力，同时也为改善群众生活提供了物质基础。胡锦涛同志还走访了横店村三社社员谢友超家和水塘村村民刘楚红

①本文原载于《重庆日报》，1996 年 9 月 22 日。

家，详细询问了他们的生产、生活情况。

在去涪陵的船上，胡锦涛同志还出席了农村基层组织建设座谈会。重庆市委常委、涪陵市委书记王鸿举在会上介绍了涪陵市近几年社会经济的发展情况。万县市天城区天城镇党委书记宋明武，江津市先锋镇程家村党支部副书记、村主任张发元，涪陵市南川市沿塘乡柑桔村党支部书记谢美霞在会上分别介绍了村镇基层组织建设的情况。胡锦涛同志首先肯定了市、县、镇、村各级党组织加强农村基层党组织建设所取得的成效。他指出，农村工作千头万绪，中心是抓好经济工作，关键是要抓好农村基层党组织班子建设。这几年农村基层组织建设取得了很大成绩，但与中央提出三年整顿的要求相比，与农村经济发展相比还不相适应。他强调要把整顿工作作为一项经常性的工作来抓。加强农村基层党组织建设，要把加快经济发展、带领群众致富奔小康作为党在农村的中心工作，离开了农村的经济发展去搞整顿抓党建，我们就会脱离群众。抓整顿，要紧紧围绕中央提出的农村基层组织建设“五个好”的目标，重点解决“有人办事”和“有钱办事”的问题。还要解决这个班子会办事、办好事、为群众办实事的问题。

21 日上午，胡锦涛同志听取了我市工作汇报并作了重要讲话。他指出，重庆市历史悠久，是一座独具特色、颇有盛名的山城，也是一个具有光荣革命传统的地方，无论是战争年代还是社会主义建设时期，重庆的党组织和人民都作出了重大贡献。党的十一届三中全会以来，在邓小平同志建设有中国特色社会主义理论和党的基本路线指引下，在党中央和四川省委的正确领导下，经过全市各级党组织和广大党员、干部、群众的共同努力，重庆在各方面都发生了深刻的变化，两个文明建设取得了很大成绩。重庆市的深刻变化和巨大进步，再一次证明，邓小平同志建设有中国特色社会主义理论和党的“一个中心、两个基本点”的基本路线是完全正确的；同时也证明，重庆市各级党组织贯彻执行党的路线、方针、政策是坚决的、认真的，是有战斗力的，广大党员和干部队伍是好的，这一点应充分肯定。胡锦涛指出，当前，全国经济继续保持良好的发展势头，宏观经济环境进一步改善。国家已把区域经济协调发展，逐步缩小地区经济发展差距，作为重要的指导方针和战略任务，并已出台了加快中西部发展的政策和措施。以浦东为龙头的长江经济带开发、开放工作迅速展开。举世瞩目的三峡建设工程，正在全面启动。这些都是重庆加快发展的良好外部环境。重庆市地跨西南经济区和长江经济区，处于长江开放开发和三峡建设工程的叠合点上，又是西南地区的主要交通枢纽和商贸中心，有比较雄厚的工业基础和经济实力，还有科技、教育等方面的智力和人才优势。这些都是重庆进一步发展的内在条件。只要重庆市各级党委、政府坚决贯彻执行党的基本理论、基本路线和各项方针政策，牢牢抓住加强党的建设这个关键，紧紧依靠广大人民群众，进一步解放思想，抓住机遇，深化改革，扩大开放。知难而进，真抓实干，重庆市的经济建设和社会发展一定能够再上新台阶、再创新局面。

胡锦涛同志在讲话中希望我市从自身的实际出发，抓住影响全市经济、社会发展的几个突出问题，认真加以解决。一是要高度重视农业和农村工作，大力推进县域经济的发展。结合三峡工程建设和库区开发，积极推进农业内部的两个根本性转变。加大推行科教兴农的力度，加大改善农业生产基本条件的力度。因地制宜发展多种经营。立足资源优势，积极发展乡镇企业。尤其要坚决落实好调动和保护广大农民积极性的各项政策，促进农村经济的全面发展。二是要加快推进两个根本性转变，努力重振国有企业雄风。重庆市国有企业在全市经济结构中占有很大比重，搞好国有企业、发挥支柱作用尤为重要。重庆市的国有企业困难多，优势也不少，压力大，潜力也不小，关键是坚定搞好国有企业的信心，切实加强领导，尽快把精力用于促进两个根本性转变落实，把企业内部各方面的力量凝聚起来，在“三改一加强”上下真功夫、苦功夫。三是加大扶贫工作的力度，确保扶贫目标的如期完成。要实事求是，因地制宜，带领群众开拓脱贫致富的路子。加大扶贫的投入，管好、用好扶贫资金，提高扶贫效益。要借助三峡工程建设和库区开发来加快扶贫步伐，把外部扶持与发扬自力更生精神结合起来，把物质扶贫与推进观念更新、智力开发结合起来，把政府扶贫与动员社会力量扶贫结合起来，把扶贫工作与加强基层组织建设结合起来。四是坚持开发性移民，妥善解决库区移民安置问题。

胡锦涛同志指出，办好中国的事情关键在党，关键在人。对全国来说是这样，对重庆来说也是这样。要切实加强党的建设，尤其要把领导班子建设好，把干部队伍建设好。要继续弘扬“爱国、奋斗、团结、奉献”的“红岩精神”，激发广大干部群众的积极性，使大家心齐、劲足、气顺，努力形成一种良好的党内风气和社会氛围。各级领导班子要讲党性、讲原则、顾大局、守纪律，团结一致，齐心协力，奋力开拓。广大干部要顾全大局，振奋精神，扎实工作。牢固树立马克思主义的群众观点，走群众路线，关心群众的利益，切实改进作风，认真解决涉及群众切身利益的实际问题，扎扎实实办几件老百姓满意的事情。取信于民、振奋人心、增强信心、凝聚民心，调动起人民群众建设重庆、发展的积极性，为重庆进一步发展奠定坚实的群众基础。胡锦涛表示相信，重庆市委、市政府领导班子，全市广大干部一定不会辜负党中央、国务院的希望和全市人民群众的希望，重庆再振雄风之日一定会到来。

考察期间，胡锦涛同志还冒雨察看了涪陵市公路园观景亭三峡水位淹没线和正在修建的涪陵长江大桥，参观了大足石刻。

在渝期间，胡锦涛同志会见了市里老同志段大明、张文澄、马力，原市顾委主任王效才。

陪同考察及参加市里情况汇报会的市领导还有于汉卿、张文彬、黄立沛、滕久明、肖祖修、赵海渔、邢元敏、辜文兴、陈邦国、刘文、李兵、王鸿举、陈光国、税正宽、窦瑞华、唐情林。随胡锦涛同志考察的有中央政策研究室副主任郑科扬等。

胡锦涛一行已于昨日下午结束考察离渝。

（《重庆日报》记者　张德泽　重庆人民广播电台记者　余　晖）

胡锦涛在四川考察时强调 路线是根本 干部是关键[①]

中共中央政治局常委、书记处书记胡锦涛在四川考察工作时强调，要又快又好地发展自己，实现发展目标，说到底，路线是根本，干部是关键。广大干部首先是领导干部要切实提高自身素质特别是思想政治素质，坚持用党的基本理论、基本路线、基本方针武装头脑，指导工作，确保改革和建设沿着正确的方向健康发展。

9 月 14 日至 21 日，胡锦涛在中共四川省委书记谢世杰、省长宋宝瑞等陪同下，先后到凉山、成都、重庆、涪陵等考察工作。在海拔 2500 多米的凉山州普格县五道菁乡，他一连走访了四户彝族农家。当了解到那里的经济发展了，群众生活条件有了明显改善时，胡锦涛十分高兴地对凉山州的领导同志说，要从当地实际出发，走农业综合开发的扶贫路子，把物质扶贫与更新观念、开发智力结合起来，把扶贫工作与加强基层组织建设结合起来，加快脱贫致富奔小康的步伐。

胡锦涛强调，四川是一个农业大省和人口大省，各级领导要始终把农业生产抓紧抓好，切实按照两个根本性转变的要求，在提高科学种田水平上下功夫，在改善农业生产基本条件上下功夫。要在确保粮食稳定增长的前提下，继续优化农村产业结构，积极发展农区畜牧业和多种经营，并依托农业优势，立足本地资源，指导乡镇企业合理布局，上规模、上档次、上水平。

胡锦涛在西昌的明日风花卉公司和郫县的四川通联珍稀动物养殖公司考

①本文原载于《重庆日报》，1996 年 9 月 23 日。

察时，对他们实行资金、土地、劳力、技术等要素的合理组合，积极兴建以农产品加工为主的“龙头”企业，通过“公司+农户”等方式，走产加销一条龙，贸工农一体化的路子，给予充分肯定。胡锦涛强调，当前，在我国广大农村，农业产业化这一新事物方兴未艾。这是发展社会主义市场经济的必然要求，是由传统农业走向现代农业的发展方向。在实施农业产业化的过程中，要坚持农民自愿和因地制宜的原则。要面向市场，研究市场，选好产品、工艺、规模；发挥本地优势，形成本地特色；加强基地建设，完善服务体系；实行外引内联，引进资金、技术和科学管理方法，并注意发展外向型经济和创汇农业。

在成都市，胡锦涛先后考察了成都飞机公司、彩虹电器公司、前锋股份公司、鼎天多媒体公司、成都电缆股份有限公司等企业。他指出，办好企业必须要有一个好机制。机制活了，就能够面向市场，实行生产要素的合理配置，开发生产出适应市场需求变化的产品。这样做了，集体小企业就能变成“经济巨人”，国有企业就可以重振雄风。胡锦涛强调，搞好国有企业的改革和发展，既是一个重大的经济问题，也是一个重大的政治问题。

目前一些企业效益下降，说到底反映了这些企业还不适应国内外市场的变化和需求，反映了企业本身在机制、结构和管理等方面的一些深层次的矛盾和问题还未得到根本解决。这恰恰说明了实行两个根本性转变，加快国有企业改革的必要性和紧迫性。实践证明，只要认真按照中央确定的指导方针去做，着力在“三改一加强”上下真功夫、苦功夫，国有企业是能够搞好的。

在考察期间，胡锦涛专程来到三峡库区，了解库区群众生产生活和移民安置情况，并同涪陵、万县、黔江两市一地的干部进行了座谈。他希望广大干部以大局为重，以党的事业为重，齐心协力，扎实工作，改进作风，关心群众，确保各项工作的顺利进行，促进经济持续发展。

在听取四川省委工作汇报后，胡锦涛讲了话。他充分肯定了改革开放以来特别是近几年来四川取得的巨大成绩。他指出，新的形势和任务，既对四川的发展提出了新的要求，也为四川的振兴提供了宝贵的机遇。四川地处长江经济带上游和西南经济区域中心地带，在我国经济建设和社会发展中有着十分重要的地位。他希望四川的干部群众，认清形势，抓住机遇，努力把四川的事情办得更好。

胡锦涛强调，办好中国的事情，关键在党，关键在人。对全国来说是这样，对一个省、一个市来说也是这样。他要求各级党组织和领导干部，紧紧抓住加强党的建设这个关键不放松。当前，要突出抓好高素质干部队伍的建设和党的基层组织建设。在谈到加强农村基层党组织建设时，胡锦涛指出，要按照中央的要求，一抓到底，全面完成三年整顿和建设的任务，决不能松劲。他强调，农村基层组织建设是一个动态的过程，是一项长期的任务，不可能一劳永逸。即使完成了整顿任务，也还有一个不断巩固和提高的问题，也还要不断加强经常性的工作。要全面落实“五个好”的目标要求，不可偏废。重点是解决好“有人办事”和“有钱办事”这两个方面的问题，不断提高基层干部的素质和带领群众共同致富的能力，不断发展壮大集体经济实力。

在考察期间，胡锦涛还看望了一些在长期革命和建设中作出贡献的老红军、老同志。

（新华社记者 杨 力）

市政协举行十届十六次常委会
协商讨论重庆发展战略问题[①]

市政协 9 月 24 日举行十届十六次常委会，就重庆发展战略问题进行协商讨论。市党政领导张德邻、王云龙、刘志忠、金烈到会听取意见。会议由市政协主席张文彬主持。

中共重庆市委书记张德邻在会上作了重要讲话。他说，制定重庆发展战略意义重大深远。制定的过程既是认清形势的过程，又是民主化决策的过程。重庆未来发展面临不少困难，同时也有着长江沿江开发、三峡工程建设和加快中西部发展等机遇。如何抓住这些机遇，克服前进中的困难，完善城市功能，增强中心城市实力，真正发挥中心城市的辐射带动作用，是摆在全市人民面前紧迫而又繁重的任务。他希望政协充分发挥人才库优势和参政议政职能，集思广益，献计献策，通过协商讨论成共识，制定出适合市情的发展战略。经过全市上下的共同奋斗，使重庆社会经济快速健康发展。

会上重庆大学教授雷亨顺、民建重庆市委主委程贻举、市政协农林委副主任郑成坤、民盟重庆市委副主任何景华、市政协经济委副主任俞舫龄等分别就重庆总体发展格局、重庆产业发展方向和重点、重庆农业和农村经济发展战略、重庆综合交通体系发展战略和重庆工业经济发展战略等问题发表了意见、建议和看法。

张文彬在会上作总结发言。他说，市政协把制定重庆发展战略作为当前参政议政的重点，广泛发动组成单位和政协委员积极参与发展战略的研究。

①本文原载于《重庆日报》，1996 年 9 月 25 日。

会上所提的意见建议具有一定的深度，对市委、市政府制定发展战略和一些重大问题的决策具有重要的参考价值。他要求各级政协今后对发展战略作进一步的深入研究，集思广益，提出比较规范、完整、系统的意见、看法、建议，继续为我市发展战略的制定献计出力。

市政协副主席邓中文、韦思琪、蒋书楠、蒋先齐、徐宗俊、罗淑芳、张忠惠、刘惠君、张国忠、易治安出席了会议。

列席会议的有：市党政领导辜文兴、刘文、李克熙、陈之惠，四川省政协在渝常委，市各民主党派、工商联、有关人民团体负责人，市级有关部门负责同志，重庆大学发展战略专家研究组成员及各区市县政协主席。

（《重庆日报》记者　谭红樱）

市十二届人大常委会第二十二次会议结束 会议决定任命蒲海清为重庆市人民政府副市长、代理市长，许忠民为副市长[①]

市第十二届人大常委会第二十二次会议 27 日结束。会议决定任命蒲海清为重庆市人民政府副市长、代理市长，许忠民为重庆市人民政府副市长；决定免去鲁善昭的重庆市人民政府副市长职务，林君宴的重庆市城建局局长职务；接受刘志忠辞去重庆市人民政府市长职务，并向下一次人民代表大会备案。

蒲海清在会上作了“团结奋斗，加快重庆经济发展”的讲话。

会议还通过了市人大常委会代表资格审查委员会关于补选代表的代表资格的审查报告，通过了市人大财经委员会、农业委员会、教科文卫委员会关于市十二届人大四次会议代表议案办理结果的报告。

市人大常委会主任于汉卿在会议结束时指出，本次常委会通过了有关人事任免事项，为重庆社会经济发展提供了组织保证。希望市政府团结全市人民，抓住机遇，奋力拼搏，开创重庆发展新局面。

各级人大要充分发挥地方国家权力机关的职能，加强法律监督和工作监督，推动人大工作的开展和重庆社会经济发展。

昨日的会议由市人大常委会副主任王文德主持，市人大常委会副主任冯克熙、许香谷、王华生、黄梅、章必果、李克熙、陈之惠、康纲有，秘书长尹万邦出席了会议。市政协副主席邓中文，市中级人民法院、市人民检察院及市有关部门负责人，有关人大常委会主任或副主任 96 人列席会议。

（《重庆日报》记者　谭　挺　谭红樱）

①本文原载于《重庆日报》，1996 年 9 月 28 日。

蒲海清在市十二届人大常委会第二十二次会议上表示与全市人民齐努力加快重庆经济发展[①]

新任重庆代理市长蒲海清27日在市第十二届人大常委会第二十二次会议上讲话时表示，在其位，务谋其政，务勤其政，与全市人民齐努力共奋斗，为重庆社会经济发展奉献毕生精力。

蒲海清在讲话中首先感谢市人大对他的信任。他说，我能来到重庆工作，这既是我的荣幸，更感到责任重大。

他动情地说道，重庆是我的第二故乡，在重庆我度过了人生中最重要的一个阶段。重庆所取得的每一项成就，我都由衷地高兴；重庆遇到的困难和问题，也使我焦虑不安。对这片熟悉的故乡，我一直充满着深情和厚爱。

蒲海清认为，历届市委、市政府坚持党的基本路线，贯彻中共中央和四川省委的指示，带领全市人民做了大量的工作，付出了艰辛的劳动，取得了令人瞩目的成绩。重庆的广大干部是很能干的，重庆的广大群众勤劳智慧，富有创造精神。作为长江上游的特大型城市，重庆在建设长江经济带，加快我国中西部地区开发、开放的总体战略中，处于特殊的重要地位，具有特殊的重要作用，发展前景十分广阔。

“机遇与挑战并存，希望与困难同在。”蒲海清指出，我们必须正视目前面临的困难，必须在发挥优势中克服困难。要坚决按照以江泽民同志为核心的党中央的指示和省委、市委的部署，紧紧依靠全市广大干部群众，上下齐心，团结拼搏，苦干实干，知难而进，不断取得新的成就。

---

①本文原载于《重庆日报》，1996年9月28日。

蒲海清说，中央对重庆的建设和发展寄予了厚望，要求重庆建设成为一流的中心城市。要完成这项光荣而艰巨的任务，“关键在党，关键在人”。市政府要在市委的领导下，坚持“发展才是硬道理”，按照“三个有利于”的原则，进一步解放思想，加大改革开放力度，特别要把该下放的权和事放开、放够，同时要把该管的事管住、管好，努力创造深化改革、扩大开放、促进发展的良好环境。

在讲到勤政廉政时，蒲海清严肃地指出，重庆市政府是人民的政府，一定要全心全意为人民服务。我们的各级干部务必按照江泽民同志所指出的要“讲学习，讲政治，讲正气，讲大局，讲团结”。要以法治市，以勤兴政，以廉昌政。勤政务实是对各级政府和国家公务员的基本要求，空谈误国，实干兴邦。党和人民委我以重任，我不敢有丝毫懈怠，决心把自己的一切包括生命都交给党安排，交给重庆父老乡亲安排。在其位，务谋其政，务勤其政。

蒲海清强调，反腐倡廉是关系党和国家生死存亡的大事，也是保证重庆顺利发展的大事，必须引起各级政府的高度重视。我们是人民的公仆，只有为人民服务的义务，没有在政治上、生活上搞特殊化的权利，更不能搞权钱交易。对特殊化和腐败问题，要通过大力加强廉政建设，提高广大干部觉悟，使其不为；加强监督，完善制度，使其不能；严厉惩治，奖惩分明，使其不敢。

当他讲到要加大对大案要案的查处力度，集中力量一个一个查清，不管涉及到谁，都要查个水落石出，向人民作出交代时，全场报以热烈的掌声。

蒲海清最后诚恳地说，做好政府工作，需要得到与会各界的关心、支持、帮助，要自觉地接受各个方面的监督，包括党内监督，人大的法律、工作监督，政协的民主监督，新闻媒介的舆论监督，人民群众的社会监督等等。市政府要带头接受市人大的监督和评议，首先是对我的监督和评议，希望大家给予我更多的指导、支持、帮助和监督。我唯有以“鞠躬尽瘁，死而后已”的精神，在江泽民同志为核心的党中央领导下，在省委、市委的领导下，为建设一个经济发达、社会文明、生活富裕、环境优美的重庆而奉献毕生的精力。此时，会场响起了长时间的掌声。

蒲海清的讲话，多次被常委和与会者的热烈掌声打断。

（《重庆日报》记者　谭　挺　谭红樱）

峡江浪潮系列报道（共3篇）

神女当惊世界殊

——万县市移民带动战略备忘录[①]

“巍巍昆仑，滚滚长江，不尽东流。望巴山蜀水，沃野千里。人杰地灵，满天星斗。夔门天险，巫峡奇峰。山川壮丽冠九州。”船至万县港，正逢MTV播放共和国总理李鹏所作的《沁园春·大江曲》，那雄浑、高亢的旋律，荡气回肠，撼人心魄。

万县，古称万州，万县之名源于北周设置的万川郡。万川郡地处盆地东部边缘，因长江毕汇上游千山万川之水，经三峡浩荡东去而得名，万县向为“川东门户”“三峡锁钥”，“西控巴渝收万壑，东连荆楚压群山”，无论在政治、军事，还是在交通、经济上都具有举足轻重的地位。

当历史演进到20世纪90年代，随着举世瞩目的三峡工程一声炮响，扼“夔门天险”、拥“巫山奇峰”的巴国古州，猛地“水涨船高”，成为一方商贾云集、万家抢滩的投资热土。万县走俏了！

但局外人只知锣是一面响，不知鼓是两面敲。三峡工程包括主体工程和移民工程。如果按三峡大坝蓄水175米测算，移民总量将突破百万人，而居于库区腹心的万县市将承担近80万人的移民任务。

80万！一个令世界大吃一惊的数字！印度的萨塔萨洛瓦水库移民10万，非洲加纳的沃尔塔枢纽移民8.4万，已属举世罕见。据悉，在联合国成员国和世界银行会员国中，不足100万人口的国家有55个。怪不得有的西方记

①本文原载于《重庆日报》，1996年10月2日。

者投以怀疑的目光：中国能行吗？万县撑得住吗？

面对三峡大移民这道“世界级难题”，万县人是怎样“求解”的呢？万县的决策者们又是怎样“运算”的呢？

“无疑地，三峡工程上马后，万县市是库区淹没最多、损失最大、移民搬迁任务最重的。但‘百万移民’既是挑战，又是机遇。”万县市委书记陈光国对记者说，“我们关键是要抓住机遇，加快发展，艰苦创业，实干兴万！”

市长魏益章说得更直截了当：“三峡工程看移民，三峡移民看万县。经济建设是我市当前工作的中心，而移民是中心的中心。我们的基本思路是：以移民为先，从移民破题，通过移民促开发开放，进而带动各项事业协调发展。”

移民补偿为经济发展注入启动力，经济发展为移民拓宽安置容量。在移民中发展，在发展中移民，鱼和熊掌可以得兼

三峡工程的成败在移民！

移，怎么移？

一旦“高峡出平湖”，将有3区6县遭淹，1座城市、5座县城、72个集镇需要挪窝，各项主要实物淹没综合指标均占库区60%以上，占四川库区75%以上——这是万县的实情。

传统的赔偿性移民政策显然难以奏效。“重要的是要树立开发性移民新观念，坚持在移民中发展，在发展中移民。”万县市委书记陈光国坦言：“利用移民资金作启动，通过开发库区资源，形成支柱产业，进而扩大移民安置容量。”万县的资源优势是明摆着的。农业资源：桐油、生漆、山羊皮全国数一数二，开县锦橙、奉节脐橙、梁平柚子闻名遐迩。矿产资源：岩盐页岩石膏石灰石，铁矿镁矿锰矿硫铁矿储量丰富自不必说，单天然气就够外地人眼红。据专家称，中国的天然气40%在四川，四川的天然气40%在万县。旅游资源更是得天独厚：大三峡小三峡小小三峡，石宝寨张飞庙白帝城……

资源如此富集，万县市却难以充分利用。“非不为也，是不能也。”客观的因素是：三峡工程“不上不下”，体制上的“不三不四”，造成开发建设

“不死不活”。统计表明：国家从新中国成立至1989年对万县市的预算内投资仅6.1亿元，人平仅有70多元！

三峡移民带来了空前良机：国家建设资金向库区流动，各种生产要素向库区聚集。万县市抓住国家确定向移民安置静态投资200个亿的历史机遇，全面实施“开发型移民带动”战略，寓发展于移民之中。同时，大胆推进“多元重点突破”战略：通过在公路干线硬化，铁路、航空、港口建设上的突破，推进大交通、大流通格局的形成；通过发挥自然资源优势和重点建设项目上的突破，加快盐气化工和水泥等建筑建材支柱产业的形成，迅速增加经济总量；通过加快乡镇企业、三资企业、民营科技企业，尤其是个体私营企业的突破，培育壮大新的经济生长点。

事实证明，万县市的套路是卓有成效的。回顾“八五”历程，万县市的领导和群众喜上眉梢：全市国内生产总值年均增长12%，高于全国和全省平均水平，比“七五”期间高7.3个百分点，尤其是1995年实现国内生产总值133亿元，比上年增长16%，增幅名列全省23个地市州的第二位；财政收入大幅飙升，1995年达到8.39亿元，相当于1990年的2.4倍，年均增长19.1%；5年累计完成社会投资106亿元，相当于“七五”期间3.3倍。

一张“三峡牌”，赢了个大满贯；一着“移民棋”，活了一盘局！

让对口支援的政治义务与经济回报有机结合，用市场法则、效益原则调节横向协作；你发财我发展，你发大财我大发展

万县人民顾全大局，牺牲小我的精神，赢得了世人的敬佩，也得到了党中央、国务院的称赞与关心。

1992年，国务院发出《关于加强三峡库区移民工作对口支援的通知》，要求中央、国务院各部委及省市单位加大对口支援三峡移民的力度，在工作上帮助，项目上倾斜，政策上优惠，信息上沟通，人才上支持，资金上扶持。

随即，一批批物资、设备、资金从长城内外、大江南北送往万县市的机关、厂矿、街道、农村、学校……

面对来自天南海北的深情厚谊，万县人先是激动，随之沉思，继而担心：这种“施舍”式的援助能解一时之困，可不能解一生之忧啊，关键要有项目合作，有长期联系的纽带。

决策者们也已意识到了这一点：强扭的瓜不甜，要解决对口支援“谈恋爱的多结婚的少”的状况，就得培养共同的“感情基础”。说白了，就是要考虑市场法则，给对方相应的经济收益，你发财我发展，你发大财我大发展。

副市长周金华对此是有一番感受的：“受援方要有开发开放受援、强化联合合作意识，以体现互惠互利、优势互补、一共同发展的原则；支援方则应将政治义务和经济效益有机结合，既讲无偿援助，又讲有偿回报。只有这样，对口支援才能形成合力，取得实效。”

新一轮的协作式援助浪潮很快席卷万县大地。

抢先一步闯入三峡库区的大型企业是山东华盛集团总公司。这个年产值近5亿元的“山东大汉”赢得了忠县建筑公司的“爱慕”。两厢情愿，合资4000万元，于1994年10月组建了鲁川陶瓷公司，成为山东援川的样板项目。

上海“白猫”也笑眯眯地走来。这家生产量、销售量、出口量均居全国同行业榜首的洗涤用品公司之所以从上海滩到万县市抢滩，关键看中了三峡库区的资源优势和广阔市场。当她以雄厚的资金、技术力量同万县“五一”日化公司的厂房、设备“嫁接”后，“洗衣不用愁，白猫帮你手”的广告词很快就在当地家喻户晓。

《“常万”结了“名牌缘”》，我们在万县市采访，当地媒介正在宣介常州柴油机厂与三峡柴油机厂成功合作的经验。合资3500万元组建的常万公司，今年1月底开工，7月份完成土建，创下了当年设计、当年竣工、当年投产、当年见效的“常万速度”。

据介绍，上述三个联合企业投入正常运行后，每年将为万县市增创税利7000万元。更重要的是，“鲁川样板”“白猫效应”“常万速度”作为对口支援三峡库区的形象工程，能更有效地吸引国内外商家、厂家来抢滩、投资。统计资料显示：到目前为止，万县市横向对口支援合作项目共实施100余项，支援方累计协议投入资金4亿多元，已到位2亿元；技术合作项目34

个；另有9个省市建立了对口支援基金……

万县的抉择是明智的。由过去的政府行为逐步向企业行为转变，由过去要钱要物向寻求生产性、开发性项目转变，由过去单一要求上新项目向搞企业嫁接、改造、引进名特优新产品上转变——这正是万县人“在移民中发展，用移民促开发开放”思路的体现和升华。

移民搬迁给企业改制、改组、改造带来了转机，通过脱胎换骨、输氧造血，骨干企业益加身强体壮，病弱企业得以起死回生

三峡水库蓄水，万县市将有995家企业被淹没，涉及账面固定资产原值18亿元。这对于一个解放几十年来国家财政投资仅几亿元、直到80年代中期尚无一个大中型企业的穷市来说，这不啻是沉重的压力。

按照规定，移民补偿资金仅可供恢复原规模、原标准、原功能，即按淹没的不动产的全新安置价格补偿。如何用活这批有限的资金，把好钢用在刀刃上，无疑是颇费思量的。

万县人没有搞一一对应的还原式搬迁。而是利用移民搬迁的契机，调整产业结构，优化经济结构，按市场经济要求以及现代企业制度“改制、改组、改造”，形成一批起点高、有规模、上档次的大中型企业和有带动力的骨干企业。

由于多年“不迁不建”，万县市900多家被淹没企业中经营状况较好的仅占20%左右，半数以上都是亏损，一部分已濒临倒闭破产。移民搬迁使企业通过脱胎换骨、输氧造血进而起死回生成为可能。奉节县经过深入反复的调查研究，决定将全县115户工矿企业打散、组装为53户新企业，实施“组合迁建”。一种模式是搞联合，主要以乡镇为单位，对同行业的乡镇企业实行联合迁建。如奉节县特种耐火材料厂，就是由原县耐火材料厂与骨粉厂、白马预制厂、幸福预制厂组合而成的，该企业投产后年产值可达900万元，创税利200多万元。

第二种模式是搞股份合作制，按行业或产品组建股份合作制企业，实行组合迁建。奉节塑料包装集团公司就是由县二轻塑料厂、布鞋厂、皮件厂“三合一”的。此种形式不仅克服了迁建配套资金不足的问题，又可避免重复建设，一箭双雕。

第三就是兼并模式，由实力雄厚、效益良好的企业对亏损企业实行兼并组合，并承担其全部债务。奉节罐头厂、大发公司、乳制品厂先后被县乡企燃化公司、建筑公司、水泥厂兼并。

推出上述三种“组合迁建”模式后，奉节县的企业搬迁的步伐明显加快。目前，全县已有14家淹没企业通过重组进行了成功搬迁。

“奉节”模式只是万县市企业搬迁工作的一个缩影。万县市常务副市长莫官元告诉记者，在企业搬迁的规划、实施中，全市955家企业将通过兼并、联合归并为371户。除了借移民迁建之机，适时调整产业结构、产品结构和企业组织结构外，万县市将利用移民资金、争取技改优惠政策，新上一批科技含量高、规模效益好的大型开发项目。不久的将来，一座座投资数千万、上亿元、几亿元、十几亿元的大水泥厂、大纸浆厂、大纯碱厂、大化工厂，将改变万州古城的风景线。

移民搬迁企业改制、改组、改造，不仅解决了企业原有职工的就业安置，而且拓宽了农村移民的转移空间。

四川索特集团公司率先擎起“企业成建制安置移民”的大旗。自1994年相继将巫山县两家濒临倒闭企业兼并进而组建成包装工业公司后，又利用集团力量，使巫峡镇江东村数十名“江东父老”走出了红土地。董事长张铭泰的宏伟目标是：由集团出面成建制地包下巫山县3万多农村移民。

据万县市移民办透露：近年来，全市工矿企业共安置农村移民8000多人，其中已销号3000余人。

城镇迁建不能依旧样画葫芦，去搞“仿古建筑”，而要站在与时代同步的高度进行再创作，在一张白纸上绘出最新最美的图画

伴随三峡工程的推进，万县市将有一大批老城、县城、集镇从版图上被抹掉，但与此同时，也会有一批新城镇、新地名被标上新版地图。

城镇迁建可不像农村移民、企业搬迁那么单纯，它涉及生产布局、资源配置、就业安置、二次移民诸方面，是一项要求规划科学、分区合理、设施配套、功能完善的系统工程。

滔滔江水会将沿江城镇人民千百年来创造、积累的文明成果吞没，但另一方面又给当地人以新的创业机会：先破后立，除旧布新，重新安排大好河山。

据万县市建委的同志介绍，由于地理的制约和历史的局限，万县市沿江城镇普遍“先天营养不足，后天发育欠佳”，“街道窄得像腰带，坐车没得走路快”是常事。所以，城镇迁建没有依旧样画葫芦，去搞“仿古建筑”，而是立足时代，着眼未来，高起点，再创作。一张白纸好绘最新最美的图画，万县人深知其中的道理。

万县市抓住迁建机遇，以超前的意识，改革的气魄，重新描绘未来大城市的轮廓。从区域、经济、社会的整体出发，把万县市城市性质确定为长江三峡工程库区的开发开放经济区，长江三峡风景名胜区的旅游服务基地，以盐气化工为主导产业的沿江开放城市。

为进一步完善总体规划，构筑现代城市的总体框架，市里特地委托全国最高档次的国家规划设计院对城市重新规划，初步确定城市用地 40 平方公里，以长江为中轴线，依托旧城区，开拓新城区，呈组团式布局。

万县人办事雷厉风行。当我们来到五桥区百安坝新城时，但见“六横六纵”的道路网络正全面施工，号称“川东第一街”的 50 米宽的城市大道正迅速延伸；4480 门程控电话已经开通，万吨水上水厂陆上供水工程基本建成，江南变电站与葛洲坝大电网已实现联网供电。

在其他一些迁建县城、集镇，也不难看到万县人的“得意之作”。云阳老县城房破街窄，且处滑坡地带。迁建于距上游 32 公里处的双江镇后，地势开阔，布局充容，一座设计新颖、交通便利、环境优雅的滨江城市已具雏形。

刘伯承元帅故里开县赵家镇，是库区内需全迁的小城镇。近年来，该镇借助库区移民的优惠政策，投入移民资金 375 万元，用于基础设施建设，改善投资环境，先后建起 4 座水电站，开通 386 门程控电话。三峡工程建成后，这里将成为一个水陆联运港口，21 世纪初形成一座新型的中等城镇……

水同城镇的关系是如此密切。水，可能使一些城镇文明悄然消失，但也能使一些城镇文明大放异彩。万县的发展轨迹选择了后者。在远古，巫山人在长江边创造了灿烂的大溪文化；在近代，万县曾以开埠港城闻名天下，在蜀中与成渝鼎足而三。昔日的辉煌已逝，未来的辉煌可待。“万县是个好地方，万县大有希望！”江总书记的激励言犹在耳。“每次来万县都有新变化，希望万县一年一个样，十年大变样！”李鹏总理的要求鼓舞人心。

站在“亚洲第一跨”的万县长江大桥桥头，远望群山峥嵘，近看大江浩荡，行云急走，百舸争流，这一切似乎孕育着新一轮发展大潮的到来。触景生情，不禁想起共和国缔造者毛泽东那豪迈的诗章：“更立西江石壁，截断巫山云雨，高峡出平湖。神女应无恙，当惊世界殊！”

（《重庆日报》记者　向泽映　罗成友）

开窗放入大江来

——涪陵市扩大开放风云录[1]

滚滚乌江辞别乌蒙山麓，自雄浑苍茫的云贵高原逶迤磅礴而下，似一柄巨型长剑，斩大娄山脉，劈武陵雄峰，挟千溪百河，闯八峡八滩，直扑万里长江。就在乌江与长江千百年来从未间断的撞击和交响中，一座壮丽的城市诞生了——这，就是涪陵。

涪陵古称枳。涪者，涪水（即乌江）之渭也；陵者，坟墓也。《华阳国志》载："巴王陵墓多在枳"，故有涪陵之名。

涪陵，历史悠久，人文鼎盛，是巴文化的摇篮地之一。枳曾为巴国国都，唐以后一直为州治所在地。涪陵自古为川东南商业重镇，长江上游重要港口城市。古诗"人烟繁峡内，风物冠江前"，"涪陵李渡最繁华，不用词人枉自夸"，是对该地盛况的真实写照。

但涪陵人并没有沉湎于历史的辉煌。他们更看重现实，珍惜今朝，他们为当代涪陵的日新月异倍加惊喜，倍加自豪！

今非昔比。20世纪90年代的涪陵市，利用三峡工程上马的天赐良机，围绕建设大三峡，共与三峡创辉煌，坚持以开放为主题，以改革为动力，使经济建设、城市开发、社会发展呈现出龙腾虎跃、莺歌燕舞的生动局面。一座现代化的新兴工业城市屹立在长江之畔、乌江之滨。

统计表明："八五"期间，全市国内生产总值269亿元、工业总产值424亿元，分别相当于"六五"和"七五"总量的1.8倍、1.3倍；全社会固定

---

①本文原载于《重庆日报》，1996年10月3日。

资产投资69亿元，比前10年累计还多39亿元；财政收入24亿元，超过前40年总和。横向比较，势头更猛。1995年，涪陵人均国内生产总值在全省23个市地州中名列第12位，比“八五”末期上升了5位；人均国民生产总值名列第11位，比“八五”末期上升了6位；工业经济效益综合位次名列全省第一，旅游总收入仅次于成渝两市，居全省第三。

涪陵缘何能迅速崛起，后来居上？涪陵人的回答是两个字——开放。

出路取决于思路，思路取决于思想。开放的前提是放开，是换脑筋，是解放思想、转变观念

涪陵人的体制改革得风气之先。1979年2月，涪陵百货公司被四川省委列入全省100个扩权试点企业之一。1981年，广大农村已全面推行家庭联产承包责任制。1983年10月，原涪陵地委、行署所在地——涪陵县撤县改市，加速了城市经济体制改革的进程。

坦率地说，涪陵人对开放的反应最初是迟钝的。巍巍武陵山，挡住了山里人的视线；高峡大江，割断了人们与外界的往来。因此，80年代涪陵的对外开放显得风平浪静。

沿海开放，使中国的海岸线变得光彩夺目；沿边开放，使偏僻的陆疆边贸活跃异常；沿江开放，使以上海为“龙头”、重庆为“龙尾”的长江经济“巨龙”翘首欲飞。进入90年代后，涪陵人再也坐不住了，“如果我们再不奋发图强，扩大开放，主动出击，我们将被机遇所遗忘、被时代所淘汰！”

一场解放思想、转变观念的大讨论在360多万涪陵人中广泛进行。“闭门防盗”与“引狼入室”“封山打虎”与“放虎归山”“小富即安”与“知足常忧”的思想观念在激烈交锋、碰撞。涪陵的领导人最后作了“总结”：发展是硬道理，开放是大趋势。开放的前提是观念放开。脑壳不开窍，背时又倒灶；“人头马”（借指头脑）一开，好事自然来。

“以开放为主题，以开放促发展”的思想很快变成了涪陵人“两靠”“两沿”的战略思路。“两靠”，就是指背靠重庆、紧靠三峡移民；“两沿”，即指沿江、沿路。

在实施这一发展战略中，涪陵决策层本着解放思想、实事求是的思想路线，提出了“三个不争论”——姓“资”姓“社”不争论，发展模式不争论，经济“冷热”不争论；以及冲破“四个界限”——冲破所有制界限，冲破行政区域界限，冲破行业隶属界限，冲破产业类别界限。

随着三峡工程上马开工，百万移民正式启动，涪陵被进一步推到了开放开发的前沿阵地。1994年8月，国务院批准丰都、武隆两县列入新成立的长江三峡经济开放区，涪陵市被列为沿江开放城市，实行沿海经济开放区和沿海开放城市政策。

涪陵抓住这“百年难相逢，千年等一回”的历史性机遇，明确提出：进一步扩大对外开放，以开放总揽经济工作全局，以开放促改革，以开放促移民，以开放促开发，促进市场经济的发育，确保国民经济持续、快速、健康发展。

有关部门迅速推出了《关于进一步抓住机遇扩大对外开放的若干意见》、《关于加快对外开放步伐鼓励外来客商投资的优惠政策的通知》，明文宣称：将凭借地处三峡库区和长江经济开发带的区位优势，沿用比经济特区和沿海开放城市更特别的三峡经济区优惠政策，为外来客商提供宽松的政策环境，为参与三峡库区移民开发提供投资机会。

一个《意见》、一个《通知》，使涪陵的开放空间进一步拓宽，开放层次进一步深化，开放内容更加丰富，开放气氛更加浓厚。

与此同时，为使改革与开放有机结合，涪陵市大胆决定：市体改委除挂开放办、招商引资办牌子外，还归口管理经协办。统一协调对外开放工作；各区市县也把开放办、经协办设在体改委内，由体改委行使改革开放双重职能。

扩大开放促改革，深化改革促发展——一条创新之路，把涪陵市推上了新高度。

以旅游促开放，以旅游带开发。凭借旅游的窗口效应，活跃招商引资；发挥旅游的龙头作用，启动关联产业的发展

应当说，涪陵市对外开放的大门最早是从旅游业打开的。只不过，开门之初是“犹抱琵琶半遮面”。

1982 年 11 月，驰名中外的“鬼城”——丰都名山被国务院列为第一批重点名胜区。当时，许多丰都人还没有开放的概念，甚至还习惯将旅游称做“参观”。1986 年，国务院批准丰都县对外开放，鬼城冥府的“鸡脚神”“牛头马面”，“请”来了第一批黄头发、蓝眼睛的外国人。外国人觉得丰都城好看，丰都人觉得外国人好看。是年，丰都县接待境外游客共 354 人次。

但从这以后，一浪高过一浪的旅游热潮涌向长江三峡，自然也冲击着丰都这片森严神秘的鬼国神宫。1987 年至 1990 年，丰都名山接待国内游客累计超过百万人次，接待境外游客 2 万多人。

涪陵人这才恍然大悟：原来，旅游开发开放也能生大财！

1992 年，当时的涪陵地区以及所属各县市开始把旅游业定位为对外开放的“先导产业”、地方经济的“支柱产业”、第三产业的“龙头产业”。次年 5 月，地区又组织召开旅游工作流动现场办公会，地委主要领导作了《解放思想，大胆突破，超常规发展我区旅游业》的重要讲话。行署随后颁发的《关于加速我区旅游业发展的决定》更明确了“以旅游促开放，以旅游促发展”的思路。

市场经济的牵动力、政府行为的推动力、景区景点的吸引力三力合一，成为一股巨大的爆发力，使涪陵旅游业以惊人的速度向前冲刺。

据悉，“八五”期间，全涪陵接待海外游客 32 万人次，创汇 3800 万美元；接待国内游客 795 万人次，直接经营收入 3.3 亿元，带动第三产业发展创收 12 亿元。其中尤以去年成果卓著：共接待海内外游客 284 万人次，旅游直接收入 1.8 亿元，同比增长 113%，实现货币回笼 7.8 亿元，同比增长 212%；在全省旅游业综合指标考核中，涪陵市一跃跻身前三名。

骄人的成绩，崇高的荣誉，对涪陵人来说是受之无愧的。曾在丰都任过副县长的涪陵市旅游局副局长王良才说，涪陵旅游能异军突起，一方面受惠于丰富的自然、人文景观资源，但更重要的一面是上下齐心整体推进。近年来，涪陵市不光重视政策投入，也较注重硬投入，先后投资近 2 亿元用于旅游开发。其中较大的项目如：丰都“鬼国神宫”1500 万元、金佛山 3000 万元、松林山庄 1000 万元、芙蓉洞 800 万元。每年仅用于宣传的费用都在 300 万元左右。

作为对外开放的先导产业，旅游的“窗口效应”是无法否认的。丰都县借“鬼城”神威每年都要搞一届旅游搭台、经贸唱戏的庙会，既提高了丰都的知名度，又促进了招商引资。在今年举办的第九届“鬼城”庙会期间，共有来自东南亚、中国台港澳及云贵川等地的88个经贸团参加贸易、招商洽谈，参会总人数达50万人之多，经贸成交上千万元，招商引资上亿元。

作为骨干产业、龙头产业，旅游也起到了“一业兴，百业旺”的连带、共振作用。武隆县因偏处深山峡谷，老县城十分狭窄破旧。“好个武隆县，衙门像猪圈，大堂打板子，全城都听见。”民谣尽管是骂旧社会的，但解放后很长一段时间当地变化慢也是事实。但自从开发芙蓉江、仙女山旅游后，路桥纵横，新厦林立，游人如织，餐旅兴隆，令世人刮目相看，惊叹不已。

“上门女婿会相亲，外来和尚会念经。”一句俏皮话道出了一条真理。涪陵人的聪明之处，就在于用事实印证了这条真理

沿江开放开发、三峡工程上马、对口支援移民、撤地区改市……涪陵的机遇一个接一个。

“但面对机遇，既要敏于捕捉，更要善于利用。”在窗明几净的会议室里，聂卫国市长讲述了涪陵市如何引“上门女婿”、请“外来和尚”的故事，令我们耳目一新。

“上门女婿”是指浙江、河北等地的对口支援移民的单位；“外来和尚”是指境外客商。

涪陵属三峡库区的“重灾区”“困难户”，三峡工程将“吞”掉该市72平方公里土地、319家工厂和1座县城，全市几十年艰难创业苦心积蓄的18亿元工业资产，将有8亿元付诸东流。

为帮助涪陵走出困境，国务院确定浙江省重点支援涪陵市。浙江省响应号召实施“西进”，提出了“突出重点、先易后难、因地制宜、积极推进”的指导思想，制定了对口支援的相关政策，并派出了强大阵容。

对此事，一部分人持求之不得的心态。因为涪陵属“老少边穷”，经济脆弱，浙江可是全国响当当的经济强省。伸出援助之手，当然好。但也有少数人不以为然：远水不救近火，远水不解近渴，恐怕浙江心有余而力不足。

为此，涪陵市的领导人提出了“要依靠，不依赖；求合作，共发展”的思想，以及双方近期支援与长远合作相结合、项目开发与人才培养相结合、重点突破与联动发展相结合、经济增长与移民迁建相结合、对口支援与共同发展相结合的新思路。

第一个上门“相亲”的是著名的杭州娃哈哈集团。涪陵市以礼相待，一改过去“皇帝的女儿不愁嫁”的观念，主动实行“五出让”（出让资源、出让产权、出让土地、出让市场、出让利润），让“漂亮的女儿先出嫁”。

娃哈哈集团“联姻”成功，与涪陵市方面各出资4000万元，组建了娃哈哈涪陵有限责任公司。从去年年初起，娃哈哈集团采取移民经费与移民任务总承包的方式，对原涪陵市糖果厂、涪陵市百花潞酒厂、地区罐头食品厂等厂家实行技术改造，开发生产果奶、关帝酒、榨菜系列产品，一举救活了濒临倒闭的企业，安置移民1018人。仅今年上半年，涪陵公司就实现产值5900万元，创税利1187万元。

“一家有女百家求。”浙江金义集团、方园公司相中了涪陵市二轻系统下属的“五朵金花”（造纸厂、制革厂、橡胶二厂、锅炉厂、五金厂）等几家淹没、亏损企业，浙涪双方商定各出资4040万元，组建金山联合有限公司，并由公司承包经营，负责销号5家淹没企业和安置千名移民。公司自去年起，凭借浙江的先进技术，利用涪陵的资源优势，先后建立起箱包厂、皮件厂、卫生巾厂，当年即实现产值637万，创税利近百万元。

浙江作为经济大省，有其明显的资金优势、技术优势、品牌优势，而涪陵居三峡库区腹心也有其区位优势、资源优势、市场优势。两地通过引资嫁接、杂交组合、优势互补，进而取得了经济上的“优生”效应。

除了招“上门女婿”外，涪陵人还请了一批“外来和尚”。有道是，“远来和尚会念经”。市里规定，凡外商、中国台港澳及海外侨商将尽最大可能提供宽松的政治环境和投资环境，手续办理一律特事特办，随到随办。

结果，外商纷至沓来，竞相投资。美国爱依斯发电有限公司率先涌入，与半溪煤矿合建四川涪陵爱溪电力有限公司，总投资达2.53亿元，填补了外商在该市能源建设上的空白。香港东南实业有限公司也大举介入，其独资900万元兴建的四川康乐建材公司目前已点火试产，独资1500万元兴建的四川康乐化工有限公司已建成投产，产品打入国际市场。

据统计，涪陵市去年批准兴办“三资”企业8户，总投资4258万美元，注册资金2281万美元，合同外资1672万美元，超额完成全年目标任务的67%。

西部地区的“东出口”，东部地区的“西跳板”，三峡库区的“腹心带”——地利独优使涪陵形成八面来风、四方出击的大开放格局

涪陵大开放战略的确立与实施，一方面是对“天时”的认识与捕捉，另一方面是对“地利”的衡定与把握。

涪陵，居川东南，四川盆地与盆周山区在此过渡，大娄山脉与武陵山脉在此碰头，长江与乌江在此交汇贯通。东连酉秀黔彭、南接贵州遵义、西毗重庆市界、北邻广安万县，特定的区位，使涪陵成为川东、川南、黔北20多个区市县人流、物流、信息流的集散地。

正是基于发挥涪陵“川东出口”“乌江门户”的特殊功能，一个“立足涪陵，背靠重庆，紧靠移民，依托两江开发两业，两翼起飞奔小康”的发展思路才最后得以完善、定型。

作为一个沿江开放城市、一个居于三峡库区腹心的地级市，对外开放、向外扩张是经济发展的内在要求。而畅通的交通干线则是经济中心的产业、产品向外扩散的基本前提。

从“八五”开始，涪陵就提出“一年奠基，三年成型，五年摘帽”的交通建设奋斗目标。“依托长江乌江，打通沿岸通道，逐步建成以涪陵城区为中心，长乌两江为主轴，铁路、国道及省市县公路干道为骨架的水陆并举，路港结合，功能齐全，四通八达的运输网络”的构想，经过几年努力已初成现实。

目前，涪陵市拥有主要港口5个，小码头15处，各类泊位约260个，港口货运吞吐量在550万吨以上，货运周转量约占全省的7.6%。客运经营跨市、跨省航线有十几条，加上境内短途航班，日均运输旅客3万多人次，为全省客运航线最多、客船最大、里程最长、水运客运发展最为迅速的地区之一。其中旅游客运更是一枝独秀，现有中型豪华旅游船11艘、舱位1068

个，另有中档旅游船7艘、水翼飞船2艘、气垫船3艘，旅客周转量占全省总量一半以上。

陆上运输蓬勃发展：万南铁路使全国十五个大地方煤矿之一的南武矿区与川黔铁路连线入网；国道319线涪长段、省道渝巫路垫江段、省道雷石路涪水段硬化改造、油路铺筑相继完成；全长74公里的涪武水泥路，逢山开路，遇水搭桥，实现了“乌江天险重飞渡”；涪陵长江大桥、丰都长江大桥正加紧施工，不久的将来，扬子江上将再现“一桥飞架南北，天堑变通途”的壮丽景观。

伴随水路、铁路、公路交通命脉的畅通，涪陵的经济触角迅速向四面延伸，城市能量不断向八方释放，与此同时，来自五湖四海的资金、技术、人才、信息等生产要素加速向涪陵流动、聚集。涪陵在吐故纳新中发展壮大。

数据最能说明这一点：1995年，全市共签订项目协议达315项，其中千万元以上项目达54项，协议引进资金26亿元，到位资金近6亿，是上年任务完成数的3倍，比1991至1993年三年市外经济协作引进资金总和还多1亿元。今年上半年，涪陵吸纳外资势头不减，共签意向性协作项目154项，项目和到位资金均超过去年同期。

尤为可喜的是，涪陵充分利用临长江黄金水道、居三峡库区腹心的区位之便，承东接西，呼南应北，把个“中转站”“二传手”的角色表现得淋漓尽致。

重庆与涪陵一衣带水，水路相距120公里，高速公路建成后仅100公里。作为长江上游的经济中心、西南工业重镇，重庆的产业、商品都需要向周边辐射。涪陵看准机会，积极主动寻求与重庆区域化协作、一体化发展。

尽可能地接纳重庆的辐射，通过吸收、消化形成产业优势，再向重庆市场反射或向川黔湘鄂边区折射，这便是涪陵人的精明之举。如依托重庆而发展起来的汽车、摩托车零部件配套，如今已成为涪陵机械工业的支柱产业，而重庆摩托车配套产品市场，半壁河山已让涪陵。又如垫江啤酒厂，在进退维谷之时加盟重庆啤酒集团，去年实现税利超100万元，产品辐射到川东北、下川东。

涪陵人借江造势，告别了封闭，走出了狭隘。涪陵正以海纳百川的开阔胸襟走向大江，走向未来！

屹立于长江之滨的涪陵客运大楼，是三峡库区现已竣工的规模最大的客运站大楼。它以闻名于世的涪陵水下碑林——白鹤梁为构思造型设计而成，外观像一块块直立的石碑，具有浓烈的水文化特色。三峡成库后此楼将四面临水，八面来风，但并不影响其使用功能。登上70余米高的17层顶楼，推窗凭眺，顿觉大江扑面而来，波澜壮阔，惊涛拍岸。一句“要看银山拍天浪，开窗放入大江来”的壮美古诗陡然跃入脑海。以此意境，借喻涪陵开放潮涌之势，名副其实，恰如其分。

（《重庆日报》记者　向泽映　罗成友）

武陵磅礴走泥丸

——黔江地区扶贫开发启示录[1]

“四川有个黔江地区。辖5个县，278万人，是全国有名的贫困地区。然而，时隔5年，这里却以整体脱贫震惊中南海。”

今年8月20日，香港《信报》一篇报道中国扶贫的长文引起了海内外读者的广泛关注。人们争相将惊疑的目光投向中国西南腹地的武陵山区：那里不是全国十几个连片贫困区之一吗？那里10年前不还是处于伐木烧畲、刀耕火种的原始状态吗？四川民间不是流传着“养儿不用教，酉秀黔彭走一遭”的谣谚吗？

人们的怀疑是不无道理的。10年前，中央统战部的铁木尔对川东南的酉阳、秀山、黔江、彭水、石柱5个少数民族自治县进行了一番实地调查。当地的现状令他大吃一惊：年人均工农业总产值仅285.5元。不仅大大低于本省的甘孜、阿坝、凉山三个自治州，也低于邻省自然条件相近的湘西、鄂西两个自治州，是“四川省最贫穷落后的少数民族地区，也是全国最贫穷落后的少数民族地区之一”。1987年，一部名为《穷山在呼唤》的电视纪录片在北京中南海播映，片中具体展示了川东南5个自治县的贫穷状况：100万农民闹饥荒、吃野菜，4万多人居岩洞、住窝棚。60万人患地方病，105万人饮水困难，5万适龄儿童无法上学，80%的农民年均纯收入不足150元、粮食不足200公斤。川东南民族地区的凄凉贫寒，令闻者为之动容，见者为之泪下！

弹指一挥间，建区仅8个春秋的黔江地区却发生了翻天覆地的巨变：从

①本文原载于《重庆日报》，1996年10月7日。

1987年到1995年，国民生产总值年均递增12.9%，比全国高4.2个百分点，比八个民族省区高3.7个百分点；工农业总产值年均递增18.6%，比全国高7.5个百分点，比八个民族省区高9个百分点；农民人均收入由150元增至823元，人均占有粮食由不到200公斤增至508公斤；住岩洞窝棚的农民全迁入了新居，农村适龄儿童入学率达96.5%。对比是如此强烈，无怪乎人们难以置信，不可思议。

但这是事实，千真万确。国务委员、国务院扶贫领导小组组长陈俊生率领国家部委和四川省有关方面70余人，上山下乡，走村串户，口问手写，翻箱倒柜。最后验证确认：黔江的变化是真真切切实实在在的；并指出，“总结黔江的发展历程和扶贫经验，对全国的扶贫开发工作都具有重要的示范意义和指导作用”。

“老少边山”并不等于“穷”。只要继承发扬“老”“少”的优良传统，充分发挥“边”“山”的特有优势，就一定能摘“穷”帽脱“穷”衣

黔江在全国的贫困地区中，是个很特殊的地区，可谓“老、少、边、山、穷”集于一身。

老——黔江是革命老区，在第二次土地革命战争中，贺龙率领红军在此建立了苏维埃政权，著名的南腰界革命遗迹至今保存完好；在解放战争中，刘邓大军由此入川，为解放大西南奠定了基础。

少——所辖5县均为土家族、苗族或土家族苗族自治县，共有土家族104万，苗族39万，少数民族占地区总人口53%。

边——这里古为“巴之南鄙”，今为蜀之盆周，周边与湘、鄂、黔三省接壤，是陆路距省会成都最远的一个地区，号称“天府好望角”。

山——境内崇山峻岭，千沟万壑，“武陵峰万仞，突兀镇黔江”，“眼中全县小，脚底乱山降”，是对这一大石山区的真实描写。

穷——5个“穷哥们”（均是国定贫困县）捆在一块，80%的农民生活在贫困线以下，除黔江县外的4个县财政收入人平不到20元，连党政机关干部的工资都发不起。

面对贫穷落后的境况，黔江人曾单纯寄望于外援，坐等扶持，等不到就怨，怨这怨那，怨爹怨妈，一级怨一级，一年怨一年，越怨越消极。

“开发黔江，必先开发黔江人的思想；要立起黔江的经济支柱，必先立起黔江人的精神支柱!”地委书记、行署专员税正宽告知我们，1988 年黔江地区刚一成立，地委和行署的领导班子就形成了“救人先救气，扶贫先扶志”的共识。

地委、行署抓住地区成立这一历史性机遇，在古老的武陵山区掀起了一场振奋精神、振兴黔江的思想解放运动。破除“等、靠、怨”，确立“逼、学、干”；摒弃“怕这怕那不怕穷，争这争那不争干”的思想，响亮提出“宁可苦干，决不苦熬”的口号，进而树立起了“艰苦创业，团结奋进”的黔江精神。

一场“精神战”，打出了士气，打开了局面。尽管省里只给了地区机关 400 人编制 500 万元开办费，尽管所有机关干部都寄居在民宅、工棚、地下室，尽管领导、职员们每天步行去上班、一日三餐吃“地摊”，但大家无怨无悔，一门心思求进取、谋发展、作奉献。“精神战”后是“观念战”。1990 年，一场“重新认识黔江”的解放思想转变观念大讨论在全区 5 县 300 乡（镇）展开。大讨论的显著成果是，在观念上打破了“老、少、边、山”等于“穷”这一经济公式。黔江人来了个“换脑筋”新思维：只要继承发扬“老”“少”优良传统，充分发挥“边”“山”的特有优势，通过改革开放，艰苦创业，就一定能摘“穷”帽脱“穷”衣。

观念的力量是无形的，精神的力量是无穷的。同样是那些山同样是那些关，但黔江人却有了不同的感受不同的认识。过去是穷山恶水，如今是绿水青山；过去是“猿猱欲度愁攀援”，如今是“终日看山不厌山”；过去是雄关险道真如铁，“而今迈步从头越”。

观念上的超越，使黔江人的认识境界发生了飞跃：贫穷不是翻不过的大山，温饱线不是跨不过的难关!

脱贫之道在苦干、实干、巧干；拔除穷根须先拔病根、愚根；要治穷、治病、治愚三位一体，输血、补血、造血三管齐下

黔江的贫困面积是惊人的：5 个县均为国家“八七”扶贫攻坚计划所列

重点扶持贫困县；1987 年，全地区有 195 万户建卡贫困户，占总人口的 82%。

黔江的贫困深度也是惊人的：“有女莫嫁鹿青盖，包谷壳子当铺盖。脚杆烤起火斑子，一年四季吃酸菜。”这首歌谣反映了彭水一带农民食不果腹、衣不蔽体的实况。因生活贫寒，该县大龄男子中（30 至 45 岁）就有近 5000 名光棍汉，占同年龄段男性人口的 9%。黔江的贫困复杂程度更是惊人：许多地方是饥寒交迫，贫病交加，贫愚交织。全地区地氟病危害程度为全国罕见，分布于 4 县 856 个村；丝虫病遍及土家苗寨，为全省丝虫重病区；全区疟疾猖獗，另有 42 万人受碘缺乏病危害。据统计，全地区受各种地方病不同程度危害威胁人口达 200 余万人。由于相当一部分人病魔缠身，丧失了体力、智力，因病致穷、因病返穷的家庭占贫困户总数的 23%。

辨证施治，对症下药。地委、行署果断确立了“治穷、治病、治愚”三位一体，“输血、补血、造血”三管齐下的指导思想，明确提出“要想拔穷根就必须先拔病根”的工作方针。

从 1987 年起，地委、行署相继领导黔江、彭水、秀山、石柱四县广泛发动群众，大规模开展改良炉灶，全面防治地氟病。各地把防治地氟病与扶贫开发紧密结合，在地氟病区全面推广白色工程（地膜玉米），提前了农作物收割季节，延长了阳光晒粮时间，从而结束了自古以来用高氟煤烘烤粮食造成氟污染的历史。

几年来，全地区出动专业防治人员 10 余万人次，投入防治专款 2000 多万元，治病扶贫取得了辉煌战绩。目前，黔江地区地氟病已得到有效控制，并成为全省第一个消灭丝虫病、第二个基本消灭疟疾病的地区。

彭水县的小厂乡，地处海拔 1200 米至 1600 米的高寒山区，一度因“贫病交加的特重病区”闻名全国。1985 年，新华社《内参选编》记载了该乡的贫困状况：全乡 6300 人中，70% 的农户欠贷款，50% 的人无棉衣棉絮，30% 的农户住岩洞窝棚，90% 的人患地氟病，10% 的人长期瘫痪在床。

人们怎么也没想到，十年扶贫开发使小厂乡这个病入膏肓的“老病号”枯木逢春，元气焕发。

今年 5 月 9 日，省委书记谢世杰冒雨考察小厂乡。乡党委书记罗光权笑逐颜开地作汇报：该乡坚持“治穷与治病”相结合的方针，走“地膜玉米饱肚，发展烤烟致富”的开发式扶贫之路，十年迈了三大步：一是基本解决了群众温饱，钱粮人均双超千。二是防氟治病成果显著，全乡1412户全换了“灶王爷”。用上新式防氟炉，未出现新一代氟斑牙病和新的瘫痪病人。三是社会事业全面进步，适龄儿童入学率达95%以上，文盲基本消除。谢书记听了连连点头：“好！这是党的扶贫政策的胜利，是对小厂人苦干实干的回报。”

由于病害深重，在黔江，病成了贫困的根源，贫是病的表现，贫病交加，互为因果，互为转换，恶性循环。“要拔穷根须先拔病根”的路子无疑是正确的。但黔江人心头明白：造成贫病交加的深层原因在于文化素质低下、科学知识贫乏。于是乎，黔江人在搞救济“输血”、养病“补血”的同时，把治愚“造血”放在了更重要的位置，“治穷治病先治愚”的口号更加响亮。

科技扶贫、科教兴农成了黔江人解决温饱、脱贫奔富的突破口。全区建立健全了技术网络，乡乡办起“庄稼医院”，层层兴办科技示范片，常年技术培训达七八十万人次。全区还广泛改革耕作制度和种植方法，采取“抗不赢就躲”“小春抓多，大春抓早”的战略战术，趋利而避害，一巧胜百力。

如今，黔江人沿袭古制的刀耕火种生产方式已为现代先进技术所淘汰。彭水的“八万亩水稻旱育秧”丰收计划推开，石柱“访农帮技富民”工程启动，黔江科技兴县“十亿工程”首战告捷，酉阳“科技示范长廊”初具规模，秀山农科教三结合声势浩大。

短短8年，黔江人跨越了先辈们千百年来都未曾逾越的粗放耕作阶段。全区良种普及率达90%，水稻、玉米规范栽培分别达90%、80%左右。种植业经济增长中科技含量已占53.3%，这意味着当地农业科技水平赶上了全省平均水平。

科技兴农使黔江粮食总量由1987年的76万吨增至1995年的141万吨；全区人均占有粮食由全省倒数第二位变为顺数第二位；全区实现了“五子登科”——5县全部越过了省定温饱线。

（《重庆日报》记者　向泽映　罗成友）

统一思想　振奋精神　团结一心
为振兴区域经济奠定坚实基础
全市工作会议昨召开[①]

全市工作会议昨日在中共重庆市委礼堂召开。会议的主要议题是：统一思想，振奋精神，团结一心，为振兴区域经济奠定坚实基础。

市领导张德邻、蒲海清、于汉卿、张文彬、刘志忠、金烈、黄立沛、滕久明、王鸿举、陈光国、税正宽在主席台就座。出席昨天会议的有中共重庆市委常委，市人大副主任，市政府副市长、顾问，市政协副主席和部分副市级以上离退休同志。

会议由市委副书记、代理市长蒲海清主持。

会议开始时，市委副书记刘志忠传达了胡锦涛同志在重庆考察结束时的讲话精神。

市委书记张德邻在会上作了重要讲话。

张德邻说，当前和今后一个时期，重庆区域经济发展面临三大机遇，具有十分优越的大环境。一是中央加快中西部地区经济发展的战略决策。重庆地处东部经济发达地区与西部资源富集地区的接合部，在实施中西部发展战略中，具有十分重要的战略地位，可以起到承东启西，左右传递的枢纽作用。二是长江经济带开发战略的实施。目前，开发建设长江经济带的战略已经启动，作为龙头的上海浦东已初具规模。重庆位处长江龙尾，是龙尾地区最大的工商业城市，以重庆为依托建设三峡库区新的产业群，与上海浦东相

---

①本文原载于《重庆日报》，1996年10月4日。

呼应，将会使长江巨龙腾空而起，对全国经济发展产生巨大的带动作用。三是三峡工程建设和库区经济开发。同时，我们自身也具备诸多有利条件和优势。一是初具规模的物质技术基础为加快发展提供了前提条件。二是丰富的资源是我们经济腾飞的巨大潜力和优势。三是庞大的城乡市场，尤其是因三峡工程建设和三峡库区开发而潜在的巨大市场，是我们经济发展的广阔空间。四是改革开放以来我们积累的丰富经验，是加快发展的宝贵财富。五是广大群众加快发展的强烈愿望和奋力争先的拼搏精神，是我们加速经济发展，尽快走向繁荣的思想基础。总之，我们从认识自己的优势和发展前景上，增强信心，振奋精神，团结一致，开拓奋进。

张德邻指出，抓住机遇，加快发展，必须首先明确发展思路。当前和今后一个时期，我们主要面临三大任务。一是搞好开发性移民，发展库区经济；二是要增强中心城市的综合实力，完善城市功能，充分发挥长江上游经济中心的作用；三是要探索城市带农村的新路子，加快农村经济发展，实现城乡共发展、共繁荣。要完成三大任务，必须解决好移民、贫困人口脱贫，振兴工业经济，保持生态平衡和治理环境污染这四大难题。根据上述任务和要求，我们的基本发展思路是，统筹规划，因地制宜，合理布局，扬长避短，城乡一体，优势互补，经过若干年的努力，争取实现这样一个目标：在三峡库区建成一个新的产业群，同上海浦东产业群相呼应；形成充分体现市内各区域优势的、合理的生产力布局和产业结构；以中心城市为依托，形成大、中、小城市有机结合的、组团式、网络化的现代化城市群，沟通城乡联系，实现城乡一体化，城乡共发展、共繁荣。

在谈到涉及当前又事关未来大局的几个重大问题时，张德邻指出，从整体上优化生产力布局和产业结构，要在遵循市场经济规律，坚持市场配置资源这个大原则下，充分考虑以下几点：一是要有利于发挥优势；二是要有利于改变区域经济发展不平衡的状况，实现区域经济一体化；三是要有利于加大资源开发力度，综合利用资源；四是要同开发性移民结合起来，有利于形成库区产业群。今后产业调整和发展的方向是：强化国民经济基础结构，稳定推进第一产业，调整提高第二产业，加快发展第三产业，促进产业升级；探索城市带农村、城乡共发展的成功之路，大力加强城市自身建设，完善城市体系，增强城市辐射农村的能力，同时，要抓好一批中小城市和众多区县小集镇的发展。城市带动农村主要体现在“结合、联系、转移、服务”八个字上，即通过畅通高效的交通、通信、信息、中介机构等网络和渠道，把城市的先进技术、人才、资金与农村丰富的资源结合起来，广泛建立起城乡之间社会、经济、文化等方面的交流与联系，加快城市大工业的辅助生产和一部分下游工业向农村的转移，积极为农村提供各种综合性和专业性服务，从而促进城乡一体共同繁荣。农业、农村经济在全市国民经济发展中具有突出的战略地位，要进一步深化农村改革，建立起与社会主义市场经济相适应的农村经济管理体制和运行机制；要始终坚持“决不放松粮食生产，积极发展多种经营，大力发展乡镇企业”的方针，全面发展农村经济；要大力推进农业产业化；要坚持“科教兴农”，提高农村劳动者素质，提高科技在农村经济增长中的贡献率；要认真贯彻落实中央扶贫开发工作会议精神，坚持开发式扶贫的方针，把解决群众的温饱问题作为扶贫工作第一位的任务，加快贫困地区交通和通信、广播、电视等信息网络的建设，发挥大城市的科教优势，加大科教扶贫的力度，加大贫困地区资源开发力度，在生产力布局上，认真帮助贫困地区规划和发展二、三产业。要在全市范围内统一规划对口扶贫工作，尽快建立对口扶贫制度，实行严格的责任制；搞好开发性移民，切实做到把移民迁建安置与经济发展紧密结合起来，以移民促发展，以发展促移民，把移民迁建安置与库区产业结构、产品结构和企业组织结构调整以及优化资源配置紧密结合起来，以开发性项目带动移民；尽可能往库区摆一些较大型的工业项目，把开发性移民与库区全方位扩大开放结合起来，充分发挥区位优势和资源优势，进一步扩大对外开放。尤其是要主动积极地拓展对口支援，扩大招商引资，以大开放促大移民，把调动库区和移民主体的积极性同政策扶持紧密结合起来，以政策倾斜扶持移民，帮助移民主体树立早搬迁、早发展、早受益的观念，主动积极实施移民。要加快社会事业发展，围绕建立社会主义市场经济体制，进一步深化各项社会事业改革，全面实施提高人的素质、完善社会保障、优化生态环境、加强民主法制建设四大战略，促进经济社会协调发展。

张德邻强调，按照上述思路开拓奋进，我们必须做到：要进一步解放思想，大胆闯，大胆试，真正把解放思想、更新观念落实到行动中，说实话、办实事、求实效；要全力推进“两个转变”，深刻理解、准确把握“两个转变”的内涵；把推进“两个转变”变为我们紧迫的自觉行动；要坚定不移地扩大开放，以大开放促大发展，大力改善投资环境，特别是软环境，增强招商引资的吸引力，尽快形成长江上游沿江开放走廊；要团结奋进，苦干实干，在重任和困难面前，不等待、不依赖、不埋怨，依靠自己的力量，自加压力，主动出击，迎难而上，在团结奋斗、拼搏进取中求发展。在谈到做好当前的工作时，张德邻指出，农村工作，要重点抓好大春收购和晚秋作物生产，及早部署安排明年小春生产和今冬明春农田基本建设，为明年夺取农业丰收打好基础。在抓好农村经济的同时，要花更大的力气、更多的精力抓好工业发展，针对当前工业增幅下降，效益低下的状况，加大增盈扭亏的力度。要继续抓好重点工程、重点项目的建设。要充分调动区市县的积极性，加快区市县经济的发展。要大力抓好科技、教育工作，区域内的科研院所、大专院校，都是我们实施“科教兴渝”战略的中坚力量，各级各部门都要重视、关心、支持科研院所、大专院校的工作，为他们实实在在服好务。要加强精神文明建设，深入开展“弘扬红岩精神，塑造当代重庆人”的活动。同时，要大力宣传、学习和发扬“宁愿苦干，不愿苦熬”的黔江精神，激励广大干部和群众为改变家乡面貌作出更大的贡献。要维护社会稳定，为加快发展创造良好的社会环境。

张德邻强调，当前，我们正处于跨入大发展、大飞跃的新的历史时期的重要关头，迎接这个新的历史时期的到来，需要作好充分的准备，其中最重要、最关键的就是进一步加强党的建设。要进一步加强领导班子建设，着力解决好团结协调、政令畅通、勤政廉政等方面的问题，把各级领导班子建设成为坚决贯彻党的基本路线、全心全意为人民服务、具有领导现代化建设能力的坚强领导集体。要切实转变党政机关工作作风，勤奋工作，认真解决好与群众切身利益密切相关的热点、难点问题，解决好经济社会发展中遇到的困难和问题，实实在在地为群众办好事、办实事，以实际行动塑造党政机关的良好形象。要大力加强农村基层组织建设和企业党组织建设。要坚持不懈地抓好党风廉政建设，高度重视对违纪案件特别是大案要案和扶贫、移民工作中经济案件的查处，凡是涉及侵吞扶贫、移民专项资金的案件一定要尽快彻底查清，对证据确凿的坚决依法予以严惩。

张德邻最后强调，我们面临的任务光荣而艰巨，加快发展得靠我们自己发奋图强。让我们在党中央、国务院和省委、省政府的领导和关怀下，加强团结，扎实工作，圆满完成各项任务，为未来重庆的建设和发展奠定良好的基础。

参加昨天会议的有市政府市长助理，市人大、市政府、市政协秘书长，各民主党派、工商联主要负责人，市级各委办局主要领导，市人大、市政协工作委员会、专门委员会主任；万县、涪陵市委常委，市人大主任、副主任，市政府市长、副市长，市政协主席、副主席；黔江地委委员，人大工委主任、副主任，行政公署副专员，政协工委主任、副主任；各区市县党委、人大、政府、政协主要领导和纪委书记；万县市、涪陵市、黔江地区部委办局主要领导；各大专院校和部分大型企业主要领导800余人。

（《重庆日报》记者　张德泽）

全市工作会议结束
谢世杰作重要讲话　张德邻主持会议
蒲海清作会议总结[①]

全市工作会议昨日结束。中共重庆市委书记张德邻在会议结束时强调，开创重庆经济、社会发展新局面的重担已经历史地落在了我们肩上。我们的使命是神圣的，我们的责任是重大的。让我们团结在以江泽民同志为核心的党中央周围，在省委、省政府的领导下，带领全市人民，统一思想，振奋精神，团结一心，为振兴区域经济而努力奋斗。

省委书记谢世杰、省长宋宝瑞、省人大主任杨析综、省政协主席聂荣贵，市领导张德邻、蒲海清、于汉卿、张文彬、刘志忠、金烈、黄立沛、滕久明、王鸿举、陈光国、税正宽在主席台就座。中共重庆市委常委，市人大副主任，市政府副市长、顾问，市政协副主席和部分副市级以上离退休同志出席了会议。

市委书记张德邻主持会议。

谢世杰在会上作了重要讲话。他代表省委、省人大、省政府、省政协向会议圆满成功表示热烈的祝贺。谢世杰指出，重庆历史悠久，独具特色，在国内外都享有盛名。改革开放以来，在党中央的正确领导下，经过全市各级党组织和广大党员、干部、群众的共同努力，重庆在各方面都发生了深刻的变化，两个文明建设成绩显著，综合实力大大增强，人民群众的生活水平不断提高。重庆工业基础好，实力雄厚，也是我省重要的商品粮、猪肉、柑

①本文原载于《重庆日报》，1996年10月5日。

橘、蚕茧生产基地。重庆第三产业发展迅速，商业和金融业发达，是西南地区和长江上游最大的商贸中心，也是西南地区重要的交通枢纽和科技、文化、教育中心。这些都说明重庆有基础、有实力、有优势、有条件加快经济和社会的发展。

谢世杰说，党中央一直寄厚望于重庆，我们各级领导干部要充分认识当前面临的历史性发展机遇，增强光荣感、责任感和使命感，坚定不移地把工作做好。市委、市政府一定要把农业和农村工作放到更加突出的位置，拿出更大的力量来抓农业和农村工作，确保农业增产，农民增收，促进农村经济全面发展。要认真贯彻中央扶贫工作会议精神，加大扶贫攻坚力度，确保“八七”扶贫攻坚任务的全面完成。要坚持开发性移民方针，妥善解决好库区移民安置问题。要按照两个根本性转变的要求，搞好国有企业。各级党委、政府要解放思想，振奋精神，抓住机遇，突出重点，扎扎实实为群众办实事、办好事，调动广大干部群众的积极性，加快发展。共产党员、领导干部要讲政治、讲党性、守纪律、做表率，以党的事业为重，无私奉献，尽心尽力，尽职尽责地做好工作。领导干部要自觉维护和搞好班子团结，心往一处想，劲往一处使，上下齐心，团结战斗，开创新局面，夺取新胜利。

市委副书记、代理市长蒲海清在会上作了总结讲话。

蒲海清指出，这次会议开得很好，是统一思想、加强团结的大会，是振奋精神、加快发展的大会。会议对于加快重庆发展，努力开创各项工作新局面，具有十分重要的意义。会议的收获主要体现在两个方面：一是进一步统一了思想，坚定了信心。二是明确了任务和工作重点。大家认为，要完成市委确定的总揽全局的三大任务，解决四大难题，要靠我们紧紧抓住面临的三大机遇，要靠党中央、国务院和省委、省政府的正确领导和大力支持，要靠我们各级干部团结奋斗、苦干实干，带领全市人民艰苦创业、开拓进取。

蒲海清指出，树立整体意识，增强全局观念，保持社会稳定，是促进经济发展的重要保证。各级党委、政府，各级领导干部不仅要从思想上提高认识，而且要落实到实际工作中去。要顾全工作大局，维护整体利益，保持社会稳定。全体干部必须牢牢把握工作大局，一切工作都要服从于服务于工作大局，自觉做到凡是不利于工作大局的话不说，不利于工作大局的事不做，不允许任何人损害这个大局，影响社会稳定和团结。这是一条政治纪律。要坚决维护市委、市政府的领导权威，确保政令畅通。要主动适应新形势、新任务的要求，转变思想观念和工作方式。要加强团结，确保各项工作协调运转。

蒲海清说，我们的方向和任务已经明确，大政方针已定，要认真研究新形势，吃透新任务，积极进取，狠抓落实。一是要认真传达好会议精神，统一思想，统一步伐。传达中要抓住重点，把广大干部、群众的思想和行动统一到会议精神上来，树立起历史责任感，抓住机遇，坚定信心，奋力进取。二是要紧密结合本地区、本部门实际，制定好工作措施。各地区、各部门要在这次会议确定的发展方向和任务的指导下，及时调整、完善自己的工作思路和工作措施。坚决反对脱离本地区、本部门实际，生搬硬套的不负责任的“懒人”作风，提倡吃透实情，创造性开展工作的精神，在发展中找准自己的位置。三是进一步转变作风，落实责任制。目前，重庆经济、社会发展同先进地区相比，差距还很大，加快发展，圆满实现我们预定的目标、任务的确相当艰巨，必须付出更多的心血和更艰苦的努力。这是对每一个干部的严峻考验。在困难和问题面前，是畏缩不前、不思进取还是艰苦奋斗、迎难而上、拼搏进取；在人民群众面前，是高高在上、指手画脚、冷面相对还是深入基层、体察民情、关心其疾苦；在工作面前，是软、懒、散、惰性十足还是克己奉公、求真务实、无私奉献，都是检验每一个干部，特别是各级领导干部思想作风、工作作风优与劣的试金石。我市多数干部作风是过得硬的，忠实地履行着全心全意为人民服务的宗旨，但种种不良作风、坏习气在少数干部中，包括一些领导干部中时有表现。这种状况，与我们担负的重大历史使命格格不入，与全市人民群众，特别是处于贫困状态的群众的意愿格格不入，必须坚决扭转。今年初以来，市委在全市范围内开展了“弘扬红岩精神，塑造当代重庆人”的活动，各级领导干部要在这场活动中发挥表率作用，按照做一个为人民服务、向人民负责的合格公仆的要求，做“爱国、奋斗、团结、奉献”的楷模，组织、领导全市人民群众为实现宏伟目标而努力奋斗。

蒲海清在讲话中还对当前要重点抓好的农村工作、工业生产、库区移民、扶贫工作和城市建设等作了部署。

蒲海清最后强调，加快重庆发展，关键在党，关键在人，关键在干部特别是各级领导干部。各级干部一定要认清自己肩上的历史使命，找准自己的位置，处理好个人利益与党的事业的关系，讲政治、讲党性、顾大局、守纪律，狠抓落实，拼搏进取，奋发图强，苦干实干，带领全市人民向着美好的未来一往无前地大踏步迈进。

（《重庆日报》记者　张德泽）

张德邻在市政府第七次全体会议上强调 加强班子建设　带好干部队伍[①]

加快政府职能转变，提高工作效能；加强领导班子建设，带好干部队伍，这是在昨日结束的重庆市政府第七次全体会议上，市委书记张德邻所强调的重要问题。他号召各级政府工作人员，要深刻领会邓小平“南方谈话”精神，适应新形势，加强学习，解放思想，转变观念，弘扬红岩精神，进一步转变作风，开创政府工作新局面。

昨天的会议由市委副书记、代市长蒲海清同志主持。

张德邻说，当前，政府工作千头万绪，任务艰巨繁重。在新形势、新任务面前，加快政府职能转变，改进政府工作方法，对经济社会进行适时的调控，显得十分重要和迫切。江总书记在党的十四大报告中指出：“政府的职能，主要是统筹规划，掌握政策，信息引导，组织协调，提供服务和检查监督。”因此，我市各级政府工作应在“规划”“政策”“引导”“协调”“服务”和“监督”12 个字上狠下功夫。从本质意义上讲，领导和管理就是服务。全市各级政府必须强化服务意识，努力提高政府机关的服务水平。就当前的实际来看，我市各级政府机关不同程度地存在着门难进、脸难看、办事效率不高、不愿深入基层等问题。

因此，各级政府机关领导班子和机关党组织，一定要把转变机关作风，强化服务意识，提高办事效率，为基层排忧解难，作为大事来抓。要扫除“衙门”作风，认真负责地、高效率地为基层办实事、办好事，以自己的实

①本文原载于《重庆日报》，1996 年 10 月 12 日。

际行动，在广大基层和人民群众中树立起政府机关的良好形象。

在谈到加强领导班子建设，带好干部队伍时，张德邻强调，领导干部要讲学习，讲政治，讲正气。他说，讲学习，是领导干部的立身之本、成功之道。只有重视学习、善于学习，才能不断提高领导能力。讲学习，当前最重要的是学习马列主义、毛泽东思想，特别是邓小平建设有中国特色的社会主义理论。在发展社会主义市场经济中，我们不懂、不熟悉的东西很多，需要重新学习、重新认识的问题不少。各级干部，特别是领导干部，决不能以其昏昏，使人昭昭。

讲政治，是领导干部必须坚持的根本原则。尽管政府的大量工作是经济管理工作，但政府行政要体现党的主张和意志，这本身就是政治。讲政治，还必须牢记全心全意为人民服务的宗旨，切实解决好同人民群众的关系问题和对人民群众的态度问题。不坚持为人民服务，不坚持群众路线，就是不讲政治。我们要把群众的呼声和反应作为我们作决策、抓工作的第一信号，以人民的意愿作为我们工作的出发点和落脚点，克服官僚习气，诚心诚意地为人民办实事、办好事。

讲正气，是领导干部党性立场的具体体现。各级领导干部要在“弘扬红岩精神，塑造当代重庆人”活动中当好表率，自觉以红岩英烈为榜样，大力倡导襟怀坦荡，光明磊落；吃苦在前，享受在后；大公无私，清正廉洁；顾全大局，严于律己；实事求是，追求真理等高尚品格，以自身良好的形象、高尚的情操去影响周围群众，在全社会弘扬正气，带动社会风气根本好转。

张德邻说，强调领导干部要坚持“三讲”。从根本上说是为了解决好领导干部如何从政、怎样为人的问题。我们的政府成员手中都握有一定权力，市委要求政府全体成员坚持讲学习、讲政治、讲正气，自重、自省、自警、自励，正确对待权力、使用权力，做全心全意为人民服务的模范，做廉洁奉公的模范，永葆共产党人和人民公仆的本色。

张德邻还要求各级干部切实转变工作作风，深入基层，联系群众，大搞调查研究。他说，只有深入实际，才能心中有数，增强总揽全局的能力。要提倡求真务实，反对形式主义；提倡雷厉风行，反对办事拖拉；提倡真抓实干，反对敷衍塞责；提倡身体力行，反对坐而论道，振奋精神，集中精力把重庆的事情办好，不负党和人民重托。

在昨天的会上，常务副市长肖祖修对会议作了小结。

万县市、沙坪坝区、市计委、市经委、市农委和市政府办公厅在昨天的会上，就贯彻市政府第七次全体会议精神作了发言。

（《重庆日报》记者　李富伦）

蒲海清在市政府第七次全体会议上提出，深入学习，解放思想，抓住机遇，加快发展[①]

昨日，市政府召开第七次全体会议。这次会议的主题是，认真贯彻落实重庆市工作会议精神，深入学习中央领导同志一系列重要讲话，解放思想，加强干部队伍建设，全面完成今年的各项目标任务，确保党中央重大战略决策顺利实施。

市领导张德邻、蒲海清、于汉卿、张文彬、刘志忠、李学举、肖祖修、赵海渔、辜文兴、李兵、周建中、许忠民出席了会议，市政府全体会议组成人员参加了会议。会议由副市长肖祖修主持。

代理市长蒲海清在会上作了重要讲话。蒲海清说，进入世纪之交的重庆，正处于一个重要的历史转折时期，我们要重温邓小平同志“南方谈话”和江泽民同志“七一讲话”精神，深入学习，解放思想，抓住机调，加快发展。

蒲海清指出，学习邓小平同志“南方谈话”，要结合重庆实际，着重把握好以下几点：一是紧紧抓住解放思想，实事求是这个精髓。没有思想上的大解放，就不可能有经济的大发展；不冲破传统计划经济观念的束缚，就不可能发展社会主义市场经济。正如同志们讲到的重庆与沿海地区的差距，主要是差在思想不够解放。因此，全市上下必须再来一次思想大解放，观念大更新，重塑重庆改革的新形象，创造改革的新面貌。二是牢固树立“发展才是硬道理”和经济发展隔几年上一个新台阶的思想。三是充分认识把握机遇

①本文原载于《重庆日报》，1996 年 10 月 11 日。

的极端重要性。我们要把抓机遇落实在用足用活中央政策上、抢占市场份额上、招商引资争取大项目上，最终落脚在加快重庆发展上。四是坚持发展不争论。当前，我们在发展非公有制经济上，不搞“姓资姓社”的争论；在产权制度改革上，不搞是流动还是流失的争论；在分配关系上，不搞是按资还是按劳的争论；在两个文明建设上，不搞“软”和“硬”的争论。实践是检验真理的标准，只要生产发展起来了，企业机制活了，人民生活水平提高了，广大群众的积极性调动起来了，任何改革的措施和发展的路子都是正确的。

在讲到提高干部素质和弘扬“红岩精神”，塑造政府的新形象新作风时，蒲海清说，提高干部队伍素质是刻不容缓的重大任务，通过抓干部素质提高带动全市人民素质的提高，把全体干部、市民素质提高后，将变成推动改革开放和社会主义现代化建设胜利前进的巨大物质力量。要在干部中弘扬“红岩精神”，狠抓表率、狠抓落实，要做到“五项要求”，树立“四个形象”。“五项要求”就是要求讲大局、讲奉献、讲实干、讲团结、讲纪律；“四个形象”就是要塑造政府机关一心为民、开拓进取、勤政高效、廉洁奉公的新形象。当前，要大力整顿政府机关作风，从抓机关劳动纪律入手，严格8小时工作制，严格会议制度、值班制度和领导干部外出请假报告制度。各级政府及其工作人员要牢固树立公仆意识，做到“心中有人民”，“心中有群众”，进一步增强群众观念和服务观念。大力加强廉政建设，从每个领导干部做起，严于律己，一级抓一级，一级带一级，带出为政清廉的好政风。

在谈到千方百计完成今年的各项任务时，蒲海清说，一要认真贯彻深化改革的方针，进一步扩大对外开放；二要抓紧抓好农业生产，全面发展农村经济；三要大力开拓市场，强化扭亏增盈，切实提高工业经济效益；四要加快基础设施建设，确保重点建设任务全面完成；五要高度重视维护社会稳定，切实搞好社会治安综合治理；六要搞好有关工作，为重庆新的发展奠定坚实的基础。

市政府顾问、市长助理，万县、涪陵市市长，黔江地区行署专员，各区市县长和市政府其他部门及有关单位的主要负责人列席了昨天的会议。市纪委、市法院、市检察院、重庆警备区、工商联和各群众团体组织的领导同志应邀出席了昨天的会议。

广纳八方良策 加快重庆发展
市府公开征集三峡库区发展战略建议[①]

重庆市人民政府近日决定，从即日起到1996年11月30日止，向社会公开征集对三峡库区发展战略的建议。

市政府有关负责人说，这次征集“建议”，是为了更好地研究制定重庆市未来的发展战略规划，充分发挥重庆市作为长江上游经济中心的作用，加快三峡库区开发开放，振兴长江上游经济。欢迎广大干部和人民群众主要围绕以下九个方面的内容提出建议：

1. 对三峡库区跨世纪经济社会发展的战略设想和建议。
2. 对本地区未来发展面临的最关键、最紧迫问题的看法和建议。
3. 本地区能源、交通、通信等基础设施建设应优先考虑的重大项目。
4. 对库区生产力布局和城镇体系建设的看法和建议。
5. 发展库区经济应抓住哪些重大问题。
6. 搞好企业特别是搞好国有大中型企业的工作重点。
7. 加快农村经济发展、脱贫致富要解决的突出矛盾和问题。
8. 重庆作为中心城市怎样带动三峡库区的全面发展。
9. 有关未来发展战略其他问题的看法和建议。

凡所提建议被采纳的，将给予适当奖励。建议最好以书面形式寄重庆市渝中区人民路232号重庆市人民政府人民建议征集办公室，邮政编码：630015。

（《重庆日报》记者 白德胜）

①本文原载于《重庆日报》，1996年10月16日。

市委召开常委扩大会议传达贯彻十四届六中全会精神 努力开创精神文明建设新局面①

中共重庆市委昨日举行常委扩大会议，传达学习、贯彻落实党的十四届六中全会精神。

市领导张德邻、蒲海清、王云龙、于汉卿、张文彬、刘志忠、金烈、黄立沛、滕久明参加会议。

市委书记张德邻主持会议并作了讲话。市委副书记王云龙传达了十四届六中全会精神和江泽民总书记在全会上的重要讲话。

与会同志就十四届六中全会的重要意义及如何传达学习、贯彻落实六中全会精神进行了认真讨论。

会议认为党的十四届六中全会是在我国改革开放进一步发展，经济建设和精神文明建设取得重大成就和显著进展的时候召开的一次十分重要的会议。全会通过的《中共中央关于加强社会主义精神文明建设若干重要问题的决议》，以马列主义、毛泽东思想和邓小平建设有中国特色社会主义理论为指导，正确地分析了国际国内形势，科学地总结了精神文明建设的历史经验，阐明了新时期加强精神文明建设的重要性、紧迫性，明确提出了精神文明建设的指导思想、目标任务、工作方针和重大措施，对社会主义精神文明建设，特别是思想道德和文化建设作出了全面部署，既有很强的战略性、思想性、指导性，又有很强的现实针对性和可操作性，是今后一个时期指导我国社会主义精神文明建设的纲领性文件。江泽民同志在会上的重要讲话，精

①本文原载于《重庆日报》，1996年10月17日。

辟地论述了《决议》的基本精神和精神文明建设的若干重大问题，对进一步推进新时期的精神文明建设具有重要的指导作用。这次会议，对于全面促进我国经济建设，推进社会主义现代化事业，开创社会主义精神文明建设的新局面，提高全民族的思想素质，实现国家富强和长治久安，具有重大的现实意义和深远的历史意义。

会议要求各级党组织要把学习和贯彻十四届六中全会精神当作当前和今后一个时期的重要任务来抓，迅速组织广大党员和干部认真学习《决议》和江泽民同志的重要讲话。领导干部要带头学习，做出表率。在学习贯彻中，要注意把握重点，全面准确地领会文件精神，要发扬理论联系实际的学风，力戒形式主义，把学习与联系思想实际和工作实际结合起来，与解决当前精神文明建设中干部和群众普遍关心的重要问题结合起来，与制定我市和各地今后五年社会主义精神文明建设规划结合起来，与我市正在开展的“弘扬红岩精神，塑造当代重庆人”、学理论学党章、讲学习讲政治讲正气的活动结合起来，真正使全会精神落到实处，见到成效。各级党委要切实加强领导，始终坚持“两手抓，两手都要硬”的方针，在把物质文明建设搞得更好的同时，把精神文明建设提到更加突出的地位，努力开创我市新形势下社会主义精神文明建设的新局面。

会议强调，全市广大党员、干部和群众要高举建设有中国特色社会主义的伟大旗帜，团结一心，开拓进取，以优异的工作成绩，迎接党的第十五次全国代表大会的胜利召开。

市委常委、市人大党组副书记、市政府党员副市长、市政协党组副书记，市级有关部门的主要负责同志参加了会议。

（《重庆日报》记者　张德泽）

我市出台《加快国有企业改革的意见》[①]

日前在我市加快国有企业改革工作会议上获悉，为了加快国有企业改革步伐，推动我市经济向前发展，市委、市政府出台了《加快国有企业改革的意见》。

《意见》提出国有企业改革的任务是：准确领会从整体上搞活国有经济的深刻内涵，把改革同改组、改造和加强管理紧密结合起来，按照“抓大放小”，转机建制，着力盘活国有资产存量，推动产业结构和企业组织结构同步优化的总体思路，以建立现代企业制度为目标，务必在明晰产权，构建法人治理结构，转换企业经营机制，实现存量资产流动重组等几个关键环节取得实质性突破，并相应推进国有资产管理体制、社会保障制度、政府职能转变等配套改革，开创国有企业改革和发展的新局面。

（一）认清形势，明确任务坚定不移地加快国有企业改革。

（二）抓住关键，重点突破，从整体上搞活国有经济。

对国有企业实施战略性改组，调整所有制结构，坚持公有制为主体，多种经济成分共同发展的方针。国有资本要通过控股、参股等方式，扩大实际支配的社会资本规模，增强其宏观调控国民经济的能力。一般加工工业和竞争性行业的国有企业，要实现投资主体多元化。要大力扶持集体经济，鼓励个体、私营、外资经济发展，在各种所有制经济平等竞争、共同发展中实现所有制结构的优化。要调整产业结构，当前尤应注意提高第三产业在三个产业中的比重。要调整企业组织结构。

①本文原载于《重庆日报》，1996年10月17日。

加快现代企业制度试点工作。一是进行多元投资主体的公司制改组；二是严格按照《公司法》规范和完善法人治理结构；三是多渠道探索企业增资减债的途径；四是分离分流企业办社会职能和富余人员负担，促进企业经济增长方式的转变。减轻企业负担，促进企业经济增长方式的转变。

全面推进国有资产管理体制改革。一是充实、完善国资委；二是要稳定加快国有资产营运体系的建立；三是以实行资产经营责任制为重点，建立和完善国资委对资产营运主体、资产营运主体对企业的监督考核体系。

健全和完善社会保障制度。一是理顺管理关系，建立统一的社会保险管理机构；二是健全和完善各项社会保险；三是积极做好相关的配套改革；四是建立和完善三条保障线（职工最低工资收入线、城镇居民最低生活费保障线和下岗待业人员最低收入线）。

（三）精心组织，认真实施，抓出实效。

全面推进国有小企业改革。各区市县要加快国有小企业改革的进度，今年完成2/3以上，明年全部完成。市属国有小企业要由市有关部门立即着手制定改革规划，明年内完成1/2以上，1998年底全部完成。城乡集体企业也要加快改革步伐，力争改革和改组工作。

重点抓好国有大中型企业的改革试点。各试点企业的公司制改组和原股份制企业的重新登记务必在年底前完成。市重点扶持的100家大中型骨干企业要开始着手制订总体改革方案，争取在2000年前使大多数骨干企业初步建立起现代企业制度。

加快各项配套改革的进度。今年内完成市国有资产管理委员会的调整充实，明年6月底前撤销市国有资产管理局，组建市国有资产管理委员会办公室。从明年开始，市国资委向各资产营运主体和授权经营的集团公司派财务总监；各资产营运主体和授权经营集团公司向授权范围内的大中型企业派财务总监，实行严格的财务监督制度。年底前要完成新的养老保险方案的论证审批，明年开始实施。同时，着手研究制订医疗保险制度改革方案，明年上半年完成方案的论证审批工作，下半年开始实施。

（四）加强领导，明确责任，狠抓落实。

各级领导要亲自抓改革。各级政府要把国有企业改革作为当前工作的重点，党委和政府的主要领导要亲自抓。

切实转变政府职能。政府的各个部门要按照政企分开、政资分开的原则，由对国有企业的直接管理转变为间接管理。要克服目前改革中步调不一和办事拖拉的状况，提高工作效率，为企业改革热情服务。政令必须畅通，今后，凡市委和市政府正式出台的改革政策和经市政府正式批准的企业改革方案，各部门必须无条件地不折不扣地执行。凡违抗政令，阻碍国有企业改革的，要严肃处理。

（《重庆日报》记者　李富伦）

邹家华副总理在重庆考察工作[①]

中共中央政治局委员、国务院副总理邹家华12日至17日在我市考察工作。

在渝期间，邹家华听取了我市有关工作情况汇报，主持召开了三峡工程移民资金管理工作会，出席了国务院三峡工程移民暨对口支援工作会议并作了重要讲话。

在考察中，邹家华指出，三峡工程建成后，不仅给长江中下游地区带来巨大的效益，三峡库区也将得到前所未有的发展。库区的干部群众，既要看到三峡工程支援了全国，也要看到全国支援了三峡工程；既要看到受损失的一面，也要看到更大的受益的一面。重庆在三峡工程建设和整个库区经济发展中有着重要的地位和作用，党中央、国务院对重庆的发展寄予厚望。重庆要充分认识三峡工程建设所带来的历史性机遇，勇负重任，增强发展的紧迫感和责任感，抓住机遇，扎实工作，使经济建设和各项社会事业尽快上一个新台阶。

14日下午，邹家华在市领导张德邻、蒲海清、刘文等的陪同下，考察了西南铝加工厂。邹家华详细考察了压延分厂、铸压分厂、薄板分厂和铝箔分厂，了解了工厂技术改造、扩建和生产经营情况。他一再嘱咐厂领导，要想办法把现有的生产能力发挥出来，尽快生产出更多的产品，抢占国际国内市场。要加强管理，降低成本，改变现有的高度集中的管理体制的运行机制，给基层单位更多的生产经营自主权，调动基层单位的积极性。他说，工厂设

①本文原载于《重庆日报》，1996年10月18日。

备先进，生产能力很大，很有发展潜力，国家、省、市和工厂共同努力，把工厂办好。

在涪陵市、万县市考察时，邹家华着重了解了两市移民工作情况。他考察了两市的几家重点骨干企业和对口支援项目，察看了重点工程建设项目和移民新区。在考察中，邹家华强调，要加强移民规划和计划的管理，移民工程建设一定要量力而行，正确处理搬迁和发展的关系，不能盲目地超规模、超标准。搬迁企业要结合搬迁认真做好技改工作，使企业的组织结构、产品结构，甚至产业结构得到调整。

（《重庆日报》记者　张德泽）

国务院三峡工程移民暨对口支援工作会议在渝开幕[①]

国务院三峡工程移民暨对口支援工作会议10月14日在我市隆重开幕。

会议的主要任务是：总结几年来移民工作和对口支援工作所取得的成绩；全面贯彻江泽民总书记和李鹏总理最近对三峡移民工作的重要批示；研究如何围绕大江截流，打好库区移民搬迁安置第一战役；进一步统一思想认识，推动全国各省市和中央各部门深入开展对口支援工作。同时，号召库区各级干部和移民群众努力发扬自力更生、艰苦奋斗的精神，齐心协力搞好三峡移民工作。

会议由国务院三峡工程建设委员会副主任郭树言主持。

国务院副总理、国务院三峡工程建设委员会副主任邹家华在会上作了重要讲话。

邹家华指出，三峡工程移民工作，自1993年进入有计划实施以来，在中央的统一领导下，川、鄂两省和库区各级干部，认真贯彻执行中央制定的开发性移民方针，本着全心全意为移民服务的精神，尽心尽责，勤奋工作，战斗在移民搬迁安置的第一线，在农村移民安置、城镇搬迁、工厂迁建和专业设施复建等方面进行了可贵的探索，在实际移民工作中也已经取得了很大的成绩。库区移民工作总的形势是好的。实践证明，党中央、国务院对三峡工程移民的政策是完全正确的，只要我们充分发挥社会主义的优越性，认真贯彻中央的决策，紧紧依靠人民群众，扎实抓好两个文明建设，严格加强各项管理，我们一定能够胜利完成移民任务。

---

①本文原载于《重庆日报》，1996年10月15日。

邹家华强调，当前，移民工作的首要任务是要在大江截流前按期完成一线水位以下直接淹没地区以及受其影响的部分移民的搬迁安置任务。大江截流后，移民任务将一年比一年繁重。面对这样繁重的移民任务，每个移民干部都要有强烈的紧迫感和高度的责任心，尽心尽责、兢兢业业地做好移民工作。为此，首先必须不断深化对三峡移民工作的艰巨性和复杂性的认识。李鹏总理强调，“三峡工程的成败关键在于移民”，就是因为它不仅直接关系到三峡工程的顺利兴建，关系到三峡地区的社会安定和经济发展，甚至影响到整个社会的稳定和我国在国际上的威望。因此，移民工作不是一个简单的移民搬迁安置问题，它是一项经济意义、政治意义很强的工作，也是一项群众工作。要加强领导，充分发动群众，做好政治思想工作，发扬艰苦奋斗精神，顾大局，讲政治，全心全意为群众服务，办实事，做好移民工作。

邹家华指出，党中央、国务院对三峡移民工作一直十分重视，制定了开发性移民的方针，明确了“中央统一领导，分省负责，县为基础”的管理体制。要切实加强移民工作的领导和管理。库区各级政府，要把移民工作作为中心任务抓紧抓好，党政一把手要亲自抓，分管领导要全力抓，把主要精力投入到移民工作中去。今后，移民工作的政绩，要作为考察库区干部的重要标准之一。要切实加强移民规划和计划的管理，加强对移民资金的管理，加强移民工程的项目管理。经中纪委批准，已决定在国务院三峡工程建设委员会设立监察局，以进一步加强对三峡工程和移民工程的监督。对移民资金的管理、使用，国务院三建委提出了“三不准”“四个监督”，即不准将移民资金用于规划无关的非移民项目，移民经费必须按照批准的项目拨付，各地银行要控制；不准不经审批随意调整移民项目，对不经批准擅自调项的，要停止资金拨付，造成损失的，要追究责任；不准挪用移民工程项目经费作为行政开支、兴建楼堂馆所或购买小汽车。除接受上级有关单位的监督外，要在当地党委、政府领导下，主动接受人大、政协监督；主动接受纪检、监察部门监督和财政、审计部门检查；主动接受移民群众的监督；主动接受新闻舆论的监督。

邹家华在讲话中对农村移民安置坚持以大农业为基础，实行就地后靠、就近安置为主的原则，对认真做好搬迁企业的技改工作及加强移民搬迁安置中的生态与环境保护和文物保护工作作了部署。

邹家华指出，1992 年国务院发出对口支援三峡库区移民工作的号召以来，全国共有 20 个省（市）、10 个大中城市、中央 50 多个部门本着“优势互补、互惠互利、长期合作、共同发展”的原则，积极开展对口支援三峡库区移民工作。目前，一个省（市）、一个大中城市重点对口支援三峡库区一个县（市、区），中央各有关部门发挥行业、部门优势，对三峡库区移民进行倾斜支援的格局已基本形成。对口支援工作已由初期的组织发动、相互考察，转入以合作项目为基础，以支援库区移民搬迁安置为重点，多层次、多形式的对口支援新阶段。合作的内容包括资金投入、资源开发、技术服务、人才培训、信息交流、劳务输出等方面。据不完全统计，4 年来，各有关省（市）、中央有关部门对三峡库区实施的支援项目共 820 个，支援方已到位资金 15.91 亿元。

如何做好今后对口支援工作，邹家华强调，要提高认识，统一思想，增强做好对口支援工作的积极性、主动性和自觉性。要加强对口支援工作的领导，健全工作机构，使这项工作不断规范化、制度化。要明确对口支援目标和任务。要规范对口支援行为，使对口支援工作走上规范化、制度化管理。三峡库区各级党委、政府，要按照江泽民总书记提出的讲政治、顾大局、讲奉献的要求，教育库区广大干部和移民群众树立自力更生、艰苦奋斗的精神。同时，三峡库区要强化对受援工作的领导、协调和服务，做好对口支援项目的规划工作，避免重复建设的现象。

邹家华最后强调，三峡工程移民工作任重而道远，这是党和人民赋予我们的历史使命。我们要在党中央、国务院的正确领导下，认真贯彻十四届六中全会精神，大力加强社会主义精神文明建设，树立三峡工程移民在国际上的良好形象，鼓舞全国人民的士气，适当加大三峡工程移民的宣传力度，让全国人民都来了解三峡、认识三峡、支援三峡，同心协力，为共同完成这一光荣而艰巨的任务努力奋斗。

国务院三峡建设委员会移民开发局、湖北省、四川省、重庆市有关负责同志在会上发了言。

在主席台就座的还有国务院三峡工程建设委员会、国务院有关部门，各有关省、市和单位的领导同志。

参加会议的有国务院三峡工程建设委员会 26 个成员单位、国务院有关单位分管领导及对口支援工作机构负责同志，对口支援三峡库区的 20 个省（区、市）、10 个大城市和新疆生产建设兵团的主管领导及对口支援工作机构负责同志，三峡库区有关省及市、地、州的负责同志，共计 220 人。

（《重庆日报》记者　张德泽）

抓住机遇，搞好移民工作[①]

（1996年10月18日、19日）

李 鹏

县里四大班子集中盖综合办公大楼是个好经验，既节约土地又节约资金，可以减少官僚主义，进一步提高工作效率。现在地方的同志到北京办事，一个衙门一个衙门地跑，很不容易。

封建社会，一个县里有一个县太爷，加上行政、司法、公安也就十几个人。可现在有的县平均6个农民养1个吃“皇粮”的。

盖综合办公大楼，省委、省政府要作出决定，不能由四大班子投票决定。蒲海清同志，重庆市变成直辖市以后，你们要起模范作用，你也要搞综合办公楼。重庆市、湖北省也要搞综合办公大楼。兴山县搞综合大楼是个好经验。

首先是库区群众相信我们政府，看到政策好，有了积极性，再是看到搬迁是大势已定，早搬迁、早安定、早受益。农民有了吃穿以后，手里有了点钱，第一件事就是盖房子。搬迁，有移民补偿资金，农民自己又有点钱，是可以搞好的。这条路子还是可以走的。我到湖北宜昌的朱家湾去看了，搞得不错。要看到群众的积极性、创造性，要与他们的切身利益结合起来。库区要发扬自力更生、艰苦奋斗的精神，抓住机遇，搞好移民。

对口支援，四川省提供市场和廉价劳力，来办厂的企业开拓大西南市场。农村生活水平提高后，光洗衣机要多少？浙江省“娃哈哈”集团很有眼

①这篇文章是根据李鹏同志在“神州”号客轮上召开的有关移民工作暨对口支援问题的几次会议讲话综合整理的。本文原载于李鹏：《李鹏论三峡工程》，中国三峡出版社、中央文献出版社2011年版，第169—171页。

光。河南“春都”肉联厂、广东“万家乐”、浙江东宝电器都可以到库区来。广东省支援巫山县，山东省支援忠县。受援方没有自力更生精神，永远改变不了落后贫困的面貌。对口支援，江苏、上海可以考虑接受库区劳务输出。这个任务你们考虑一下，上海、江苏、浙江、山东、福建、广东，每个省市每年到库区招收一部分劳工。浙江省长万学远说浙江每年有计划、有组织地到库区对口支援县招工，形成有序流动。这条经验很好，要有计划、有组织、有选择地到库区招工，要挑选那些有培养前途的。

对口支援合办的企业不要一开始就全免税，实行仿照外资企业一定金额下的进口半税制就不错了，还是有吸引力的。比如进口 1 亿美元的东西，按 20% 计算免税额，视同技改项目。半税制，必须是能列入国家经贸委单子的项目。半税制就不容易了，要保护民族工业。

库区也要形成一个污水处理产业，重庆市很多机械厂任务不饱满，完全可以转向生产环保设备。水处理设备并不复杂。当地的小造纸厂对水体污染太大，也要关掉。

工厂搬迁有几种资金可以结合：一是移民补偿资金，可作为自有资本金；二是对口支援投入的资金；三是如果进口设备时可以利用进出口信贷；四是银行贷款。移民补偿资金与技改贷款的比例现在是 1∶1，项目好的不一定 1∶1，1∶1贷款不到 100 亿元，这么长时间 1∶2能做得到。我看 1∶2也可以，国家开发银行不出，其他银行也可以，就是 1∶2来配，大体是 1/3 资本金，要把这笔钱花好，工厂结合搬迁要搞好技术改造。

库区还有个重点，就是要把路修好。318、319 国道要修好，交通部要出点力，省市也要出点力。库区建设还要充分利用天然气资源，研究上一些项目。

对口支援来的企业扩大再生产要增加些流动资金，我们要设法给以解决，专门划一块指标来扶助他们。

外资企业一定金额下的进口半税政策，可用于对口支援与库区合办的企业，视同技改项目。只限于国内不能生产的要引进的，半税时的总额度可先控制在每年 2 亿美元。合办的企业要上技改的单子，项目要经过一个一个地审批。

全国都来支援三峡库区建设[①]

（1996年10月20日）

李 鹏

这次会议期间，我和家华[②]同志分别带领有关部委和几个省市的领导同志察看了三峡库区，感到变化很大，一年一变样，三年大变样，很受鼓舞，增强了对移民工作的信心。因此我认为这次会议是对三峡工程移民工作和对口支援工作的一次总结，一次新的动员。

大家知道，三峡工程是跨世纪的工程，具有防洪、发电、航运等巨大的综合效益。在我国这样一个发展中国家能够建设这样一个世界级的工程，这充分体现了具有中国特色的社会主义制度能够集中力量办成几件大事的优越性。三峡工程移民百万，党中央、国务院对此十分关心。对于三峡工程的技术问题，通过我们自己的努力，并借鉴国际先进经验，是可以解决的。难度最大的是移民。现在大家对三峡工程成败的关键在于移民有了更深刻的认识。中央制定的关于开发性移民、移民经费切块包干、对口支援、劳务输出和移民相结合等一系列方针政策，以及库区广大群众创造的经验，实践证明是正确的，而且已经初见成效。因此我认为，我们实行开发性移民的方针，并且能够动员全国20个省市、中央有关部委对三峡库区移民进行对口支援，这是具有中国特色社会主义制度优越性的又一个体现。

---

①这是李鹏同志在国务院三峡工程移民暨对口支援工作会议上的讲话。本文原载于李鹏：《李鹏论三峡工程》，中国三峡出版社、中央文献出版社2011年版，第172—181页。

②家华，即邹家华，时任中共中央政治局委员、国务院副总理、国务院三峡工程建设委员会副主任。

一、关于对口支援工作

现在，对口支援的各省市在尽义务，全国一盘棋，可以说是先富的帮后富的，达到共同富裕的目的，也体现了中央关于缩小东西部差距、向西部倾斜的政策。有支援任务的对口支援单位应当感到光荣，这是对三峡工程作贡献。同时我要在这里指出，我们现在实行的是社会主义市场经济体制，对口支援不能搞过去的那种“一平二调”或者无偿援助，受援的库区市、县一定要树立市场经济的观念，把对口支援建立在优势互补、互惠互利的基础上。现在看来，由对口支援的省市出技术、出管理，带来名优产品，而库区有丰富的劳动力资源，有农副产品资源，有地下矿产资源，更重要的是有广阔的市场，这个市场不仅是三峡库区本身，应该看到是整个四川、整个大西南。这两个方面相结合，所搞的项目就能够获得良好的效益，这对于支援一方和受援一方都是有利的。

这次我和贵鲜①同志、锦华②同志到了涪陵、万县，看了几个对口支援企业，比如浙江省杭州娃哈哈集团在涪陵市办的娃哈哈系列饮料厂，上海市在万县市办的白猫牌系列洗涤剂厂，江苏省常州市在万县市办的常柴万县柴油机厂，其产品都是全国的名牌，办得都很成功。通过对这几个厂的参观，我认为它们有以下几个特点：第一，进来的都是名优产品，这些产品在市场上适销对路，受到广大用户的欢迎。第二，采取了一种从后道工序开始的生产方式，有的是从组装开始，零部件先由母厂供应，一开始就生产最终产品，投入市场，所以企业能够很快取得效益。第三，建厂速度比较快，例如柴油机厂不到一年的时间就建成了。各级地方政府真正把它当作一件大事抓，投入了人力物力，创造了良好的投资环境，并且及时帮助他们解决困难，因此才有这样的高速度。来办厂的几个负责人感到投资环境很好，这个速度可以赶上深圳速度，如果缺了地方政府的领导和支持，是不可能有这样的速度的。

当然，有的对口支援企业也出现了一些困难，主要是目前扩大生产的流动资金不足。我在路上曾经和国家计委等有关部门的领导同志商量，为了鼓

①贵鲜，即李贵鲜，时任国务委员兼国家行政学院院长。

②锦华，即陈锦华，时任国家计划委员会主任、党组书记。

励对口支援工作，国家要帮助解决流动资金困难。凡是对口支援企业产品有销路的生产所需要的流动资金，如果当地银行解决不了，由国家银行给予解决。

企业的搬迁应该同技术改造相结合，同名优产品相结合，不少企业在建设中遇到资金困难，我们也想了一些办法解决投资和资金。可以采取“三个一点”的办法：第一，从移民搬迁费用中拿出一点。整个三峡工程投资是900亿元，其中枢纽工程是500亿元，移民经费400亿元。这是静态的，随着物价的上涨，还要增加动态投资。我们算了算，到建成的时候，整个移民经费大概在700亿元。这么一大笔资金投进去，应该把这个钱花好。这里面有四分之一是现有企业的搬迁费。因此可以把搬迁费作为企业的资本金。第二，对口支援的企业也带一点钱来。第三，其余的部分，由国家开发银行和其他银行按照项目的优劣来给予支持。

为了鼓励对口支援，我们还要实行一些优惠政策。比如进口关税问题，准备在一定的额度范围内，大体上按照国家目前对重点改建工程实行的政策。现在我们对于国家经贸委本子上列举的重点改建工程实行半税政策，当然有一些条件，比如，是国内不能生产的产品，是高新技术，是引进新技术等等。对三峡库区一样要有这些条件。另外，专门给三峡库区一定的金额，应该说还是很优惠的。这样，对口支援工作就有更大的吸引力。

至于对口支援的方式，我看可以因厂制宜，多种多样，不强求一律。比如，有的可以实行外来企业与库区企业合资的办法，有的可以兼并原有的企业，有的可以组成企业集团，有的可以租赁，采取灵活多样的方式。

我们现在实行的是改革开放的方针，我认为库区搬迁企业也应该用改革开放的精神来发展企业。开放，不仅是对国外开放，对东部、中部好的企业来库区也是一种开放。我们希望来了一个新企业，就要带来经营思想和管理观念上的变化，要按照现代企业管理制度进行管理。这里有一个问题是需要注意的，就是尽可能地与移民相结合。因为搞得自动化程度很高虽然好，但是吸收移民的数量就比较少。由于库区劳动力资源丰富，在开始阶段如搞手工操作，这样可以吸收更多的移民，白猫牌洗涤剂本来可以自动化包装，现在就搞人工包装，目的是为了吸收更多的移民。所以，我建议无论是对口支援的单位还是库区的其他单位，都要用改革开放的精神和社会主义市场经济的方式来进行搬迁企业建设。一个省负责库区一个县，有的省分解到若干地、市、县来支援一个乡，虽然是有一些负担，但任务是可以完成的。

我希望在这次会议以后，有关的省市把你们的拳头产品和名优产品拿到三峡库区来。在路上我想了几个项目。比如三峡库区和整个川东地区有丰富的天然气资源，天然气将来是要开发的，这就给热水器带来了市场。我对张高丽[①]同志讲，广东的“万家乐”牌热水器能不能引进来？还有河南省对口支援的资金、项目不多，如果把“春都”集团的项目引进来，不是很好吗？这里有很丰富的猪肉资源，而“春都”本身就依靠四川给它提供猪肉。还有个项目是空调器，将来川东和四川地区随着经济的发展，空调器需求量一定会增大，我们看哪一家空调器厂愿意到库区来搞。将来三峡地区制革工业要发展，“雪豹”牌皮革服装项目能不能进来？这实际上是东部比较发达地区支援西部地区的一种方式，是对特定的三峡库区的一种支援，也是为东部企业开拓市场。过去几年所走的道路，所采取的方法，就是当年引进外资的做法。因此我看对口支援大有可为。

二、要把移民工作作为库区经济工作的首要任务

三峡库区各级政府一定要把移民工作作为经济工作的首要任务。这是因为：一是移民工作搞得好不好，不仅关系到库区广大群众的生活与生产，而且关系到库区的经济发展，关系到库区改革、发展、稳定的大局。二是库区需要重新规划，重新建设，实质上是区域生产力的重新布局。三是当前和今后一个时期，要靠移民工作来带动库区的经济发展。库区各级政府要善于抓住机遇，通过移民搬迁，使库区逐步成为经济繁荣、人民安居乐业的新型经济区。湖北省和重庆市要以高度的责任感和使命感，把移民工作做好。

三、关于移民搬迁规划工作

三峡库区移民安置规划，是搞好开发性移民的一项基础工作，库区移民

---

①张高丽，时任广东省委常委、广东省副省长。

搬迁和建设必须按规划进行。现在湖北库区的四个县已经完成了规划。重庆市的县市规划要抓紧进行，要求在今年年底以前完成。党中央、国务院为了加强对三峡库区移民工作的领导，现在重庆市已受四川省委托，行使代管两市一地党政工作的职责。因此要求重庆市加强对三峡移民工作的领导。四川省移民局要继续把规划工作搞好，负责到底。搞了规划不是束之高阁，不是摆样子的，而是指导搬迁和库区建设的蓝图，不能搞规划是一套，做起来又是另外一套。如果规划只是走走形式，是不行的。库区各级政府的领导同志一定要保持清醒的头脑，在作规划时要坚持从实际出发、量力而行、注意效益的原则。今后对于严重超标的项目、违反规划很出格的行为，三峡建委和湖北省、重庆市应该采取措施予以制止，必要时通报批评，或者停拨移民资金。

四、关于移民资金“切块包干”问题

移民经费切块包干，是党中央、国务院决定的，实践证明这个方法是对的。经费切块到县以后，好处很多，县里可以统筹安排，精打细算，一个钱当几个钱花。库区各级领导干部要认真树立起移民经费切块包干的思想，必须充分认识这个问题的严肃性。库区各级党政领导都要对包干实行负责制。各级审计、纪检、监察部门要对移民经费的使用进行严格的监督。对于贪污腐化或者严重渎职的行为，一定要绳之以法，决不姑息迁就。对个别县及县以下政府的主要负责人，无视切块包干这一重大决策，使一些项目超规模、超标准而造成超概算的，在查清事实后要予以严肃处理。这类问题在1993年、1994年以前是比较严重的，1994年以后两省抓了一下，现在好了一些，但是并没有根本解决，随着移民经费的到位，这种腐败现象仍然会产生。所以中央决定，在国务院三峡建委下成立监察局，专门对移民资金和枢纽工程进行监督。我们也希望湖北省、重庆市加大对移民经费监察的力度，并且形成一套规章制度，进行经常性的检查。因为这笔钱是全国人民支持的，加强监督检查，既是对库区人民负责，也是对全国人民负责，也是对子孙后代负责。

三峡库区移民补偿资金是搞好库区开发性移民的专项资金，要专款专用，集中管理，不得挤占挪用。要像三峡枢纽工程一样实行“静态控制、动态管理”，不得突破概算。要推广资金管理工作做得好的经验，进一步加强规章制度建设，尽快使资金管理工作走上制度化、规范化的轨道。

五、关于三峡库区移民进度安排的原则

今天再重申一下，移民进度安排的原则就是三句话：一是移民进度要与工程进度相衔接；二是突出重点，远近结合；三是在资金到位的前提下宜早不宜晚。每一个阶段都要有明确的目标，所需的移民资金要按概算严加控制。湖北省、重庆市不仅要实行总量控制，而且要实行阶段控制。

六、要转变政府职能，提高办事效率

三峡库区大都是相对比较贫困的经济不发达地区，移民任务十分艰巨。库区各级政府的领导同志一定要保持清醒的头脑，认识到移民工作仅仅依靠外部有利条件是远远不够的，必须要有艰苦奋斗、勤俭节约的精神。通过搬迁，精简各级政府机构，切实转变职能，克服官僚主义，提高办事效率。新建党政机关的办公地点，要改变过去独门独院的建设方式，提倡建设综合楼。我今天去看了秭归县城新址，就是建的综合楼。新搬迁的规划小区，土地资源都很紧张，寸土寸金，所以在建设时必须爱惜使用，不能热衷于楼堂馆所，不能盲目追求城市、城镇的现代化。应该有这样的顺序：首先是企业搬迁，把企业迁建好，就有了一个造血的机制；其次是建基础设施，其中道路要放在基础设施之首，没有道路就无法搬迁进去，必要的基础设施比如路、电、水、煤气要先搞好；然后是盖居民楼。居民楼的建设，现在有些搬迁小区采取了民办公助的办法，老百姓先出钱把楼盖起来，资金到位以后再补钱，这样可以早盖新楼，早住进去。我看这种办法值得提倡。其他如办公楼、文化娱乐设施不是不可以建，也是需要的，但是应该放在比较靠后的位置。切不可工厂还没盖起来，老百姓的住所还没有着落，就大搞楼堂馆所，这不好。参观都没法带人去，参观以后别人就不愿帮助你了，因为你这儿比人家那儿还好嘛。希望湖北省、重庆市认真考虑一下，在建设的方针上要发扬艰苦奋斗、勤俭节约的精神，要有先后次序，要分轻重缓急，规划可以先搞，但是建设要分步实施。

七、关于三峡枢纽工程建设问题

今年三峡工程进展十分顺利，现在已经累计完成土石方开挖量将近 1.2 亿立方米，混凝土浇筑量 280 万立方米，顺利地实现了通桥、通路、通航、通信，为今后的施工创造了更好的条件。明年的中心任务是实现大江截流。经过初步分析，三峡工程长江截流与当年葛洲坝截流相比，有它有利的条件，也有不利的条件。所以，中国三峡总公司以及一切参加三峡工程建设的施工单位、设计单位、监理单位，无论是从事主体工程建设的，还是从事附属工程建设的，都要围绕着长江截流做好充分的准备，对可能出现的问题要预先采取相应的措施，做到明年截流成功，而且不能断航。要做好三峡一期工程和二期工程的衔接。中国三峡总公司要在保证质量的前提下，抓紧制订二期工程的大坝混凝土施工方案。要做好三峡水轮发电机组国际招标的评标工作。国家电网公司要做好三峡输变电系统直流输变电线路招标的准备工作和长寿至万县 50 万伏交流输变电线路的开工建设工作。

所有参加三峡工程的建设单位、库区各级政府和移民单位，要以高度的责任感和使命感要求自己，要发扬自力更生、艰苦奋斗的精神，谦虚谨慎，兢兢业业，廉洁奉公，一身正气，共同维护三峡工程的声誉。把三峡工程建成一流的工程，使移民工作成为一流的工作，培养出一批讲政治、守纪律、懂业务的优秀干部队伍。在全国人民的支援下，明年胜利实现长江截流，为党的十五大的召开、为香港政权顺利回归祖国作出应有的贡献，献上一份厚礼！

李鹏总理考察三峡工程建设及移民工作[①]

国务院总理李鹏近日在四川、湖北的三峡工程库区和建设工地考察时指出，三峡工程的兴建为三峡库区带来了前所未有的发展机遇。通过开发性移民和全国对口支援，实现在移民中发展，在发展中移民，三峡地区将会逐步成为经济繁荣、人民安居乐业的新区。他说，三峡水利枢纽工程进展顺利，全体建设者要齐心协力，全力以赴，为实现1997年大江截流而努力奋斗。

10月17日至10月20日，李鹏在川鄂两省和三峡建委有关负责人陪同下，先后在四川重庆、涪陵、万县，湖北秭归、宜昌和三峡工程工地进行了考察，实地了解了几年来三峡库区移民工作进展情况和三峡工程进展情况。他多次召开座谈会，就有关问题进行了认真研究。

10月20日，李鹏出席了在宜昌召开的国务院三峡工程移民暨对口支援工作会议，就三峡工程移民问题发表了重要讲话。他说，三峡工程是一项跨世纪的宏伟工程，不但有巨大的经济效益，而且有巨大的社会效益。在一个发展中国家里，我们能动员全国的力量建设这项工程，充分体现了具有中国特色社会主义可以集中力量办几件大事的优越性。三峡工程的建设，也体现了中央缩小东西部差距、支持中西部地区发展的方针。

李鹏指出，三峡工程成败的关键在于移民。党中央、国务院十分关心三峡工程的移民工作。我们不仅要看到移民工作的困难，更要看到有利的条件。从前一阶段坝区移民的实践看，因为移民工作已经形成了一整套正确的方针和政策，再加上库区和坝区的广大群众顾全大局，积极支持三峡工程并

---

①本文原载于《重庆日报》，1996年10月22日。

开始从移民实践中得到了实惠，尝到了甜头，可以肯定地说，经过大家的共同努力，按照工程进度完成移民任务是完全可以做到的。实践证明，党中央、国务院关于三峡工程实行“开发性移民”“对口支援”“中央统一领导、两省负责、县为基础”和“移民经费切块包干”“移民和劳务输出相结合”等决策是正确的，必须坚定不移地贯彻执行。

李鹏强调，移民工作是库区经济工作的重要任务。这是因为移民工作搞得好不好，不仅关系到库区广大群众的生活与生产，而且关系到库区的经济发展，关系到库区改革、发展、稳定的大局。他指出，各级政府的领导同志一定要保持清醒的头脑，认识到移民工作仅仅依靠外部有利条件是远远不够的，必须要有自力更生、艰苦奋斗的精神。同时还必须坚持从实际出发、量力而行、注重效益的原则。

李鹏说，库区移民安置规划，是搞好开发性移民的一项基础工作，是指导搬迁的蓝图。要统一规划，分清轻重缓急，分步实施。要优先安排必需的基础设施、企业搬迁和居民的住宅建设。要十分注意节约土地。

关于三峡库区移民进度安排的原则，李鹏说，就是三句话：一是移民进度要与工程进度相衔接；二是突出重点，远近结合；三是在资金到位的前提下，宜早不宜晚。每一个阶段都要有明确的目标，所需的移民资金要按概算严加控制。

李鹏指出，库区移民补偿资金是搞好库区开发性移民的专项资金，要专款专用，不得挤占挪用。要像三峡枢纽工程一样实行“静态控制、动态管理”，不得突破概算。要继续加强对移民资金的管理，加强监察、审计工作，加强移民系统干部队伍的廉政建设，使资金管理工作走上制度化、规范化的轨道。

他特别强调，我们不仅要把三峡水利枢纽工程建成一流的工程，而且要使三峡库区的移民工作成为一流的工作。三峡库区各级政府一定要顾全大局、克服困难，在全国人民的支援下，把移民工作做好。

李鹏说，三峡工程是全国人民的工程，做好对口支援三峡库区移民工作，是一项具有政治意义的任务，是有关省市、中央有关部门的光荣职责，也充分体现了社会主义制度的优越性。他说，浙江娃哈哈、上海白猫洗涤剂厂、江苏常州柴油机厂等企业集团发挥资金、技术、人才、产品优势，把名优产品引入库区，既有力地促进库区的移民安置、经济发展，也开辟了新的市场。他指出，三峡库区有资源和劳动力优势，有巨大的潜在市场，用名优产品进行对口支援大有发展希望。

他说，对口支援对库区来说也是一种改革开放。不仅对外开放，也对我国经济发达地区开放。同时，要树立社会主义市场经济观念，把对口支援建立在优势互补、互惠互利、长期合作的基础上。库区要善于抓住机遇，在开发性移民中，结合企业搬迁，进行产业结构的调整，加大技术改造力度，形成一批有市场需求、技术起点高的支柱产业。

李鹏指出，长江三峡水利枢纽工程目前进展比较顺利。工程的重要配套项目，西陵长江大桥已建成通车，从宜昌到坝址的准一级、全封闭专用公路和三峡机场最近也建成使用，提前实现了大江截流前通桥、通路、通航、通信的任务。

他强调，大江截流是明年三峡工程的中心任务，既有有利条件，也有不利条件。因此，不能有丝毫麻痹思想和松懈情绪，一定要高质量地如期完成大江截流。

李鹏最后强调，从事三峡工程的业主和所有设计、施工、监理单位，库区各级政府和移民单位，要以高度的责任感和使命感要求自己，要发扬自力更生、艰苦奋斗的精神，兢兢业业、廉洁奉公、一身正气，维护三峡工程的声誉。

国务院三峡工程移民暨对口支援工作会议由国务院副总理邹家华主持。

考察期间，李鹏还听取了四川省和重庆市的工作汇报。

陪同考察的有国务委员李贵鲜，国务院有关部门负责人，川鄂两省及承担对口支援任务的有关省市的负责人。

（新华社记者　张宿堂）

李鹏总理三峡库区行[①]

举世瞩目的三峡工程自1994年12月14日正式开工以来，已有近2年的时间，工程进展如何，能否如期实现明年大江截流的目标？三峡工程成败的关键在于移民，移民任务繁重、艰巨，移民工作开展得如何，移民群众生活、生产情况怎样？这些问题都深深地牵动着党和国家领导人的心。

带着党中央、国务院对三峡工程的重视，带着党和国家对库区人民的关怀和温暖，国务院总理李鹏带领国务委员李贵鲜、国务院有关部门及对口支援省市的负责同志10月17日至19日对三峡库区进行了考察。

17日上午11时30分，李鹏总理乘坐的中国民航波音737专机平稳地降落在重庆江北机场。李鹏总理健步走下舷梯，与前来迎接的省市领导谢世杰、肖秧、张德邻、蒲海清、王云龙等同志亲切握手。

一下飞机，李鹏总理一行驱车来到江北洋河新区考察洋河花园住宅小区工程。洋河花园住宅小区是我市第一个国家安居工程，占地131.2亩，总建筑面积21.79万平方米，一期工程目前已完成建筑面积7万多平方米。李鹏总理仔细地观看了小区规划模型，详细询问住房结构及销售价格，他特别关心有没有普通工资收入者住进来，有没有拆迁户住进来，学校、商场等配套设施建得如何，住户的用水、用电、用气解决得好不好。

随后，李鹏总理来到嘉陵江滨江路魁星楼工程入口处，考察滨江路的建设情况及三峡成库后滨江路水位上升情况。李鹏总理还乘车浏览了解放碑、朝天门地区的市容，参观了人民大礼堂。他说，我几次来重庆，重庆市容变

---

①本文原载于《重庆日报》，1996年10月23日。

化很大，成绩不小，很令人高兴。

李鹏总理对重庆的发展非常关心，17 日下午，在下榻的渝州宾馆听取了市委、市政府主要负责同志的工作汇报。

当晚，李鹏总理在省、市主要领导的陪同下，风尘仆仆，乘船赴库区考察。

一夜的航行，18 日清晨，船到涪陵。

涪陵是三峡工程的一个重点淹没市，淹没涉及该市的两区两县，淹没实物指标居库区第二位。

深秋的涪陵港码头，清晨薄雾蒙蒙，空气带有凉意。一大早，李鹏总理就离船上岸，开始了一天紧张的考察行程。

他考察公园路三峡工程水位淹没线，了解涪陵市的受淹情况，询问长江防护大堤的规划情况；他考察涪陵大华陶瓷有限公司、太极实业集团股份有限公司涪陵制药厂，对这两个企业结合搬迁进行技术改造，调整企业的产品结构和组织结构，不断提高产品的科技含量，不断开发新产品的做法给予了充分肯定；他实地察看正在修建中的涪陵长江大桥，了解工程进展情况。

考察中，李鹏总理对各省市、中央有关部门对口支援库区的情况极为关注。随同总理考察的有国务院有关部门及对口支援省市负责人周正庆、陈锦华、郭树言、刘仲藜、宋德福、韩杼滨、刘锷、姚振炎、魏礼群、姜云宝、李春亭、万学远、贾志杰、蒋以壬、王建双、张高丽等。

在公园路观景台考察三峡工程淹没水位线时，附近一幢正在修建的高楼引起了总理的注意，涪陵市委书记王鸿举介绍说，这是浙江宁波市对口支援的一个旧城改造项目，投资方将 10% 的股份让给当地政府。总理随即将浙江省长万学远叫到身边，询问有关情况。他说，通过政府的组织引导，外地企业到库区来，既是投资，也算是对库区的支援，双方都有利，这在外国是办不到的。万学远回答说："总理一发动，我们都来了。"李鹏总理高兴地笑了。他对万学远、王鸿举说，"你们握握手，加强合作"，于是两只手再次紧紧地握在一起。

上午 9 时 30 分，李鹏总理来到杭州娃哈哈集团公司涪陵有限责任公司关帝酒厂考察。杭州娃哈哈集团涪陵有限责任公司是浙江省对口支援涪陵最大的内资合资企业，公司采取移民经费与移民任务总承包的方式，对涪陵市三家淹没特困企业进行承包技改搬迁。投入正常运行后，公司除安置原企业1000多名职工外，还将安置1000余名农村移民。公司在成立的一年多时间里，已实现工业产值1.68亿元，创税利2750万元。李鹏总理详细考察了工厂的生产线，观看了公司的产品展。步出车间时，四川省委书记谢世杰和浙江省长万学远走在一起，边走边谈。谢世杰说，这是我们两省合作成功的典型，我俩在这里合个影。谢世杰还对一旁的杭州娃哈哈公司的负责人说，你们万省长知道今天要来，已特地为你们题了字。于是万学远拿出写好的题词"为造福子孙功在千秋的三峡工程作贡献无上光荣"交给了公司的负责人。临别时，总理欣然挥毫为公司签名，同时，总理还要求陪同考察的中央有关部门和对口支援省市的领导都来签名。他风趣地说，"大家都来支援三峡工程，签了名，也算是对搞好对口支援画了押了！"总理对全国对口支援三峡库区工作的重视和殷切的希望，溢于言表，深深地打动了在场的每一位同志。陪同的领导积极签名，全场响起热烈的掌声。

结束对涪陵的考察，18日中午，李鹏总理继续乘船东下。

在船上，李鹏总理召开座谈会，听取三峡工程建设情况及移民工作和各省市对口支援工作情况汇报。

三峡水利枢纽工程进展顺利，工程的重要配套项目，西陵长江大桥已建成通车，从宜昌到坝址的准一级、全封闭专用公路和三峡机场最近也建成使用，提前实现了大江截流前通桥、通路、通航、通信的任务。三峡库区移民工作，自1993年进入有计划实施以来，在坝区已完成了大部分移民的工作，在库区也有不少地方移民工作已经展开。目前已开发土地23万多亩，城镇基础设施建设已开工项目118个，工矿企业搬迁已有69家竣工，256家正在兴建，处在一线水位的专项设施复建工作按规划已完成了70%。各地认真贯彻执行中央制定的开发性移民方针，在移民搬迁安置方面进行可贵的探索，积累了宝贵的经验。全国对口支援三峡库区工作也取得显著成效，自1992年以来，全国有20个省市、10个大城市、国务院50个部门对口支援三峡库区21个县（市区），支援项目820个，到位资金近16亿元，仅今年上半年，实施支援项目就达197个，到位资金近4亿元。

总理一边听，一边认真作笔记，并不时插话，询问有关情况。他充分肯定了库区各地在开发性移民及全国对口支援三峡库区工作中所探索的经验和取得的成果。他指出，中央已明确了一整套移民工作的方针和政策，实践证明中央制定的方针、政策是正确的，必须坚定不移地贯彻执行。实行开发性移民，既移了民，保证了工程的建设，同时也形成新的经济增长点，促进了库区经济的发展。对口支援，体现了社会主义制度的优越性，体现了全国一盘棋的思想。既促进了移民，促进了库区经济发展，也使来支援的企业得到新的发展。

18 日晚，李鹏总理抵达万县市，开始对万县市进行考察。

万县市是三峡工程库区移民搬迁任务最重的地区，各类主要实物淹没综合指标占三峡库区 67%。

在万县市，李鹏总理考察了江苏省常州市对口支援项目“常州柴油机厂万县柴油机有限公司”，考察了上海市对口支援项目“四川白猫有限公司”，考察了万县市五桥区百安坝移民新区和正在修建的万县长江大桥。

在常柴万县柴油机有限公司总装车间，李鹏总理久久地停留在一排排新生产出来的柴油机旁，仔细听着工厂的情况介绍，不时询问一些问题。当他得知，工厂于今年元月动工修建，9 月生产出第一台柴油机，实现了“当年设计、当年施工、当年投产、当年见效”的目标，他不住地点头称赞。当他得知工厂首批柴油机还没生产出来，就已经有了批量订货时，他高兴地对身旁的重庆市委书记张德邻、代理市长蒲海清说，这就是名牌产品的优势。把名牌厂家、名牌产品引进库区，既引进了资金、技术、人才和先进的管理，帮着带出了队伍，也开拓新的市场，这个办法好！他一再叮嘱要用好、发挥好名牌厂家、名牌产品的优势。

在考察中，李鹏总理强调，库区移民安置规划要从实际出发，量力而行，要分清轻重缓急，分步实施，优先安排必需的基础设施、企业搬迁和居民的住宅建设。

库区的 10 月，秋高气爽，橘红橙黄，硕果飘香。李鹏总理到来的消息不胫而走，所到之处，闻讯赶来的群众夹道欢迎总理的到来，掌声经久不息。激动的人群，不时爆发出“总理好”“欢迎总理”的欢呼声，充分体现了广大库区群众对以江泽民同志为核心的党中央的衷心拥护和爱戴，面对欢迎的人群，总理总是激动地频频挥手致意，久久不愿放下。总理一路走，一路看，一路问，兴致勃勃，谈笑风生。沿途所见，库区经济发展，社会稳定，人民生活稳定，干部群众精神振奋，顾大局、讲奉献，自力更生、艰苦创业、重建家园的积极性高涨，总理感到由衷的高兴，他嘱咐陪同领导同志，库区人民对三峡工程作出了重大贡献，我们一定要把移民工作做好。不仅要把三峡水利枢纽工程建成一流的工程，而且要使三峡库区的移民工作成为一流的工作，使三峡地区成为经济繁荣、人民安居乐业的新区。

19 日中午，李鹏总理离开万县，赴三峡坝区考察。

目送着渐行渐远的轮船，码头上聚集的欢送总理的群众，久久不愿离去。

（《重庆日报》记者　张德泽）

在移民中发展　在发展中移民

——李鹏总理考察三峡工程移民工作①

一

1992年4月，当七届全国人大五次会议正式批准三峡工程建设时，千千万万的目光在三峡聚焦。与此同时，移民工作也引起了人们的广泛关注。根据调查，工程所需移民人口静态为80多万，动态为100多万。

三峡水利枢纽工程正式开工已近两年，移民工作在工程获得批准后已由试点转入有计划的搬迁实施阶段。

几年过去了，在工程顺利进展的同时，移民工作进行得如何？始终关注三峡工程建设的李鹏总理同样十分关心移民工作。

10月17日，李鹏前往三峡工程移民工作的重点地区——四川涪陵、万县，湖北宜昌等地进行了为期4天的实地考察。

二

“三峡工程的成败关键在于移民。”早在工程开工之初，李鹏总理就明确要求高度重视移民工作。随后，他又多次指出：“移民是否能妥善安置，既关系到三峡工程的成败，又关系社会安定大局，同时关系我国的国际形象。因此，必须让移民迁得出，稳得住，生活有保障，经济有发展。”

10月19日和20日，李鹏先后来到了万县市五桥区的百安坝和湖北秭归

①本文原载于《重庆日报》，1996年10月24日。

的新县址考察。

位于长江南岸的万县市五桥新城区规划面积 3 平方公里，主要用于万县市其他两个城区的单位和居民的搬迁。站在百安坝的制高点，放眼望去，这里的城市道路已初具规模，一片片新建的房屋在过去的不毛之地上拔地而起。不远处的长江上，是正在建设的万县长江大桥。万县市的负责同志告诉李鹏，这里已建成了万吨水厂，邮电通讯也实现了程控化，建成搬迁房屋面积 11 万平方米，迁进新区的机关、学校、工厂、商店有 160 多家。

在由上海市捐资兴建的希望小学前，少先队员们列队欢迎李鹏总理。望着崭新的校舍和活泼的孩子，李鹏十分高兴。他将自己新近收到的 3000 元稿费交给重庆市委、市政府负责人，请他们转赠给三峡地区的希望小学，帮助贫困地区的孩子入校读书。他叮嘱说，在移民中，要高度重视学校的搬迁工作，不但不能影响学生的正常学习，而且要通过搬迁，使学校的校舍得以改善。

秭归新县城的茅坪原来是一个小集镇，这里紧靠三峡大坝，西距老县城 37 公里。经过 3 年多的建设，这里的“四通一平”已基本完成，规划面积 3. 23 平方公里，已开工建房面积 28 万平方米。秭归县的负责同志汇报说，按照当前的搬迁进度，可满足 1997 年大江截流的要求。

看到这一切，听到这一切，李鹏表示满意。他对两地的负责人说：“城镇的搬迁是一件大事，要把规划做好，使生产、生活合理布置。城镇搬迁有一个轻重缓急的问题，首先要把基础设施建设好，把企业搬迁好，把移民安置好。这里面还有一个量力而行的问题，要考虑客观条件的可能，不要总想马路修得宽宽的，标准定得高高的，项目搞得大大的，热衷于铺新摊子。”

在两地，李鹏都详细询问了新区的占地情况、行政机关的办公用房情况。他说：“新建城区，要十分注意节约用地。行政机关的办公用房最好是搞综合楼，大家都在一起办公，这样既可以节约土地、节约资金，又能提高办事效率。”他说，我们的国家还不富裕，办每一件事情都要勤俭节约，提高实效。

考察中，李鹏了解到大江截流后需要搬迁的 2. 93 万移民中，目前已顺利安置 2. 1 万人。在这个过程中，库区人民以自力更生的创造精神开辟了多处数百亩连片的山地，改造了大批低产田，昔日的荒山变成了道路、水利配套的梯田。一些地区的农民看到试点安置得好，主动要求搬迁，用他们的话说：“早搬迁，早开地，早受益。”

尤其使李鹏高兴的是，云阳县普安乡姚坪村会计汪学才，带领全村村民不等、不靠，主动提前开展新村的建设。他们开山造田，使昔日的穷山沟变成了今日的富裕村。现在全村人均粮食增加到1200余斤，人均收入也从几百元增加到1000多元，为全县的移民安置创造了经验。

李鹏对广大群众自力更生、顾全大局的精神予以高度评价。他说，从实践看，群众是积极支持三峡工程建设的，是富于创造精神的。我们的各级政府一定要鼓励、保护好群众的积极性和创造精神，对于那些主动、自发搬迁的，一定要及时地把移民补偿金发到他们手中。他说：“要确保移民的生活水平达到或超过原有水平。各级政府和做三峡移民工作的同志应该把动员、引导群众搬迁、致富的工作做得更好。”

三

早在三峡工程尚处于酝酿阶段时，党中央、国务院针对三峡工程移民量大的特点，提出要改变过去单纯赔偿的做法，实行开发性移民。根据几年实践中积累的经验，又提出了一系列的移民安置方针和原则。其中就包括了广受库区群众欢迎的对口支援。

1992年，国务院作出决定，号召各省市、中央各部门开展全国性对口支援，为三峡工程作贡献。经过几年的推动，全国20个省市和10个大中城市对口支援已实施的项目近800个，到位资金14亿多元。浙江、江苏、上海等东南沿海省市除支援一批物资和资金、开展人才交流、吸纳库区人员到沿海就业外，还着力组织起一批效益好的企业，发挥技术、资金、人才优势，同库区搬迁企业结合，取得了成功。

10月18日和19日，李鹏先后来到对口支援的成功范例杭州娃哈哈集团涪陵有限责任公司、常柴万县柴油机有限公司、四川白猫有限公司考察。

杭州娃哈哈集团涪陵公司是杭州娃哈哈集团与涪陵市枳城区政府共同出资组建的。它采取移民经费与移民任务总承包的方式，对涪陵市罐头厂、枳城区酒厂、糖果厂三家淹没特困企业进行承包技改搬迁，不仅安置了原企业职工1018名和209名离退休人员，还将安置部分农村移民。到今年9月，公司在一年零九个月时间内不但使原企业扭亏，而且创税利2750万元。

于今年1月动工兴建的常柴万县柴油机有限公司，到9月13日就生产出了第一台常柴牌单缸柴油机，创造了闻名四方的“三峡速度”。这个由江苏省常州市对口支援的项目，由常柴股份有限公司与四川三峡柴油机厂联合组建，到10月中旬，已生产柴油机2000多台。

四川白猫有限公司是上海市对口支援项目。由上海白猫集团与万县市淹没搬迁企业五一日化公司联合组建。公司于今年元月开始运行，1至9月生产“白猫”洗涤系列产品1.5万吨，实现销售收入7000万元，实现利税250万元。五一日化在万县市率先尝到了“引进嫁接，发挥名牌效益”的甜头。

在3家企业，李鹏详细了解了企业的生产、产品的销路、双方合作方式等情况。他对这种通过企业的“联姻”实现对口支援目标的方式十分赞赏。他说：“在这里办厂，你们开了个好头。不但支援了三峡工程的建设，为库区带来了先进的技术和管理经验，把名优产品送到库区人民手中，你们自己也取得了经济利益，可以说是一举多得。”他希望有更多的企业积极到库区去投资、合资办厂，开发资源，开拓市场。

对库区的各级领导，李鹏总理谆谆告诫说：“我们今天提倡的对口支援，不同于过去的‘一平二调’。对库区来说，要树立社会主义市场经济的观念，要为外来投资者创造良好的投资环境，实现优势互补，互惠互利，长期合作。一定要注意克服依赖思想。单方面索取，既让支援方难以承受，合作也难以持久。要主动为支援方排忧解难，珍惜来自各方的支援。”

考察途中，李鹏还与一同考察的承担对口支援任务的8省市主要负责人进行了座谈，与他们就进一步开展对口支援的问题进行了认真讨论。他感慨地说，对口支援是一种好的形式，从几家企业的成功实践，可以看到社会主义制度下互相支持、互相帮助的优越性。

李鹏对各省市负责人说：“三峡库区经济虽然现在还不发达，但这里的资源丰富，市场潜力也很大。四川的猪多，天然气资源丰富，夏天又热，我看河南春都、广东万家乐、浙江东宝也都可以到库区合作办肉联厂、热水器厂、空调器厂嘛。各地政府在这方面可以多做引导工作。”

四

百万移民，对于祖祖辈辈依伴长江生息的三峡库区人民来说，既是一件很不容易的事，但也是一个难得的发展机遇。考察中，李鹏多次提醒库区的各级干部：三峡库区由于种种原因，过去经济发展不快，目前尚未脱贫的人口也不少。三峡的建设对库区人民来说，是一个很好的发展机遇。要通过开发性移民，为广大的人民群众创造一条脱贫致富的路子来，也可以为我们今后的移民工作积累宝贵的成功经验。

李鹏语重心长地说：“党中央、国务院和全国人民是十分支持三峡工程的，对三峡地区的人民脱贫致富也是给予了很大帮助的。但仅仅依靠这些外部条件是远远不够的，关键还在于你们自己一定要有自力更生、艰苦奋斗的精神，有了这种精神，才能够逐步改变库区贫穷落后的面貌。”

他最后说，通过实践，移民工作已探索出不少成功的路子，取得了明显的成果，只要我们上下共同努力，庞大的移民工作一定能顺利完成，也一定能保障三峡水利枢纽这个跨世纪宏伟工程的顺利建成。

走长江，看移民。李鹏总理的三峡库区之行使库区人民了解了党和政府及全国人民的关心和支持，更从这关心和支持中坚定了通过移民走上脱贫致富之路的信心。在移民中发展，在发展中移民，这曾是库区人民不断思索的问题，今天已成为他们充满信心的前进目标。

（新华社记者　张宿堂）

以更高标准规划实施文化事业发展战略[①]

全市文化工作会于22—23日召开，市委副书记滕久明在会上强调，全市文化工作必须以党的十四届六中全会精神为指导，以更高的标准去规划和实施文化事业发展战略。

为贯彻党的十四届六中全会精神和全市工作会议精神，部署全市文化工作而召开的这次会议，对市文化局提出的进一步明确本市文化工作指导思想、基本工作思路、大力加强农村文化工作和历史文化名城建设等10个方面的工作进行了研究讨论。

滕久明在讲话时指出，当前，学习和贯彻党的十四届六中全会文件是各条战线的首要任务。尤其是文化战线全体干部和广大文艺工作者，必须认真学好文件，用全会精神指导文化工作。滕久明说，在新的时期、新的要求、新的历史性机遇面前，文化事业将发挥更重要的作用。在牢固树立建设有中国特色社会主义的共同理想，牢固树立坚持党的基本路线不动摇和坚定信念，实现以思想道德修养、科学教育水平、民主法制观念为主要内容的公民素质的显著提高，实现以积极健康、丰富多彩、服务人民为主要要求的文化生活质量的显著提高，实现以社会风气、公共秩序、生活环境为主要标志的城乡文明协调发展的良好局面等方面，文化部门都承担着十分重要的责任。因此，要在新的起点上，以更高的标准去规划和实施全市文化事业的发展战略。

滕久明还就坚持党对文化工作的领导，坚持“二为”方向和“双百”

①本文原载于《重庆日报》，1996年10月24日。

方针，高唱精神文明建设主题曲以保证各项工作任务的顺利完成提出了具体要求。

副市长窦瑞华、省文化厅副厅长梁旭伸出席会议并讲话。市委办公厅、市委宣传部、市文化局领导，涪陵市、万县市、黔江地区和各区市县文化局长等200余人参加了会议。

（《重庆日报》记者　高启祥　戴　勇）

认真贯彻党的十四届六中全会精神 努力开创重庆社会主义精神文明建设新局面 中共重庆市七届七次全委扩大会议开幕 蒲海清主持会议 王云龙传达六中全会精神 张德邻作工作报告[①]

以深入学习贯彻六中全会精神，研究部署新形势下加强精神文明建设的任务和措施，努力开创重庆社会主义精神文明建设新局面为主题的中共重庆市七届七次全委扩大会议，昨日在市委礼堂开幕。

张德邻、蒲海清、于汉卿、张文彬、王云龙、刘志忠、滕久明、赵海渔、邢元敏、辜文兴、陈邦国、刘文、李兵、王鸿举、陈光国、税正宽出席会议并在主席台就座。

市委副书记蒲海清主持会议。

市委副书记王云龙在会上传达了中共十四届六中全会精神和江泽民总书记在全会上的重要讲话。

市委书记张德邻在会上作了题为《认真贯彻党的十四届六中全会精神，努力开创重庆社会主义精神文明建设的新局面》的工作报告。

张德邻在报告中概述了六中全会的重大意义和《决议》的基本精神。他说，《决议》明确地把社会主义精神文明界定为社会主义社会的重要特征，现代化建设的重要目标和重要保证，更加深刻地揭示了社会主义精神文明在

---

①本文原载于《重庆日报》，1996年10月26日。

社会主义现代化建设中的重要战略地位；《决议》系统地概括了邓小平同志关于社会主义精神文明建设的一贯思想，确立了邓小平建设有中国特色社会主义理论在我国精神文明建设中的指导地位；《决议》充分阐明了在发展社会主义市场经济和对外开放条件下建设社会主义精神文明，是中国共产党人和中国人民一项艰巨的历史使命；《决议》以鲜明的群众观点提出了当前精神文明建设中干部和群众普遍关心的五大重要问题，作为现阶段精神文明建设的重点任务；《决议》科学地概括了社会主义思想道德的评价标准和内涵，强调道德的形成既要靠教育又要靠法制；《决议》进一步明确了文化事业的发展既要坚持正确的方向，又要大力促进繁荣，力求社会效益和经济效益的最佳结合；《决议》突出强调了精神文明建设的群众性，高度评价全国广泛开展的群众性精神文明创建活动，要求动员群众广泛参与，持之以恒，务求实效；《决议》系统地提出了加强精神文明建设的配套保障措施；《决议》明确要求，加强精神文明建设首先要从严治党，搞好党风，充分发挥共产党员在精神文明建设中的表率作用。

张德邻在分析了改革开放以来，特别是党的十四大以来我市精神文明建设取得的巨大成绩和存在的问题后指出，重庆未来的发展具有许多有利条件，同时也面临诸多困难，这就要求全市上下必须有高昂的精神状态，良好的思想道德素质，团结一致、顾全大局、奋斗拼搏、求真务实、开拓创新，通过五年、十年的扎实推进，在全市牢固树立建设有中国特色社会主义的共同理想，牢固树立坚持党的基本路线不动摇的坚定信念，牢固树立爱国、奋斗、团结、奉献的“红岩精神”，形成建设重庆、振兴重庆的精神支柱和精神动力；实现公民素质、文化生活质量、城乡文明程度的显著提高；建立和完善与重庆地位相匹配、同长江上游经济中心相协调的人才培养、科技信息、文化传播和医疗服务体系，使重庆成为我国中西部精神文明的首善之区。这应当是我市精神文明建设奋斗的方向和目标。为实现上述目标，我市精神文明建设必须坚持以经济建设为中心的方针，必须坚持重在建设的方针，必须坚持以人为本的方针。

张德邻指出，结合我市精神文明建设的实际，全面落实六中全会提出的各项任务，一是要继续深入学习邓小平同志建设有中国特色社会主义理论，用这一理论教育和武装干部群众，使建设有中国特色社会主义成为全市人民的共同理想。二是要全面加强思想道德建设，努力提高公民的思想道德素质。当前，我市思想道德建设的任务，就是要坚持爱国主义、集体主义、社会主义教育，加强社会公德、职业道德、家庭美德教育，引导人们树立正确的世界观、人生观、价值观，不断提高全体公民的思想道德水平。加强思想道德建设，要继续深入广泛抓好“弘扬红岩精神，塑造当代重庆人”的教育，要大力学习宣传“宁愿苦干，不愿苦熬”的黔江精神。职业道德建设重点是党政机关的行政道德和窗口行业的职业道德。社会公德建设，要立足于“实”，从具体抓起，提出一件就下决心抓好一件，使人民群众真正体会到实际效果。三是要大力发展文化事业。不断满足城乡人民的文化需求。应当加快三峡库区文化建设，形成沿江城市以长江相连为主线，同周围具有丰富文化资源的区县连接成若干副线的库区文化走廊。群众文化是我市文化事业发展的基本方面，要区别城乡，分类指导。要加强文化单位的管理体制、运行机制的改革，采取鼓励政策和措施，促进文化经济的发展，加快文化事业的产业化进程。加强城市的文化标志性设施建设，完善城市功能，提高城市形象档次。四是要动员群众，依靠群众，广泛开展群众性精神文明创建活动。在继续抓好创建文明家庭、文明单位活动的同时，突出地抓好创建文明城市、文明村镇、文明行业活动。继续抓好多种形式的精神文明共建活动，丰富共建内容，提高共建水平。要善于发现并大力宣传先进典型，充分发挥先进典型的示范引路作用，努力使全社会形成崇尚先进、学习先进的良好风气。

张德邻强调，各级党组织必须切实担负起加强精神文明建设的领导责任，加强和改善党对精神文明建设的领导，始终坚持“两手抓，两手都要硬”，把两个文明作为统一的奋斗目标，一起部署，一起落实，一起检查，真正下大决心，花大力气抓好精神文明建设，切实做到软件硬抓，一级抓一级，层层抓落实。建立具体规范的目标责任制、分工负责制和监督、检查、考察制度。要把“两手抓，两手都要硬”作为衡量各级党政领导班子和领导干部工作水平和工作实绩的重要标准。要努力建设一支高素质的宣传思想文化教育干部队伍。要从严治党，搞好党风，切实发挥共产党员在两个文明建设中的表率作用。要建立起以财政投入为主，社会资助和自我发展相结合，直接投入和政策引导相结合，多层次、多渠道、多形式的精神文明建设的投入保障机制，切实解决我市目前精神文明建设投入总量偏少、比例偏低、结构不合理的问题。要健全有关的法律法规和制度，把精神文明建设纳入法制化、规范化的轨道。

参加会议的有：市委委员、候补委员；市纪委委员；市人大党员副主任；市政府党员副市长、顾问、市长助理；市政协党员副主席；万县、涪陵市和黔江地区党委、政府和行署领导；各区市县党委书记，部分区市县长；市级各部门党组或党委书记；大型企业、大专院校党委书记；市人大各工作委员会、市政协各专门委员会党员负责人，共300多人。

（《重庆日报》记者　张德泽）

中共重庆市七届七次全委扩大会议闭幕[①]

中共重庆市七届七次全委扩大会议昨日在庄严的《国际歌》声中胜利闭幕。

会议通过了《中共重庆市委关于认真学习贯彻党的十四届六中全会精神，努力开创重庆社会主义精神文明建设新局面的决议》。

会议号召全市各级党组织和广大党员干部高举建设有中国特色社会主义的伟大旗帜，坚持党的基本路线，团结一心，开拓进取，振奋精神，扎实工作，努力开创我市社会主义精神文明建设的新局面，夺取两个文明建设的新胜利。

张德邻、蒲海清、于汉卿、张文彬、王云龙、刘志忠、滕久明、李学举、赵海渔、邢元敏、辜文兴、陈邦国、刘文、李兵、王鸿举、陈光国、税正宽出席会议并在主席台就座。

市委副书记王云龙主持昨天的闭幕会。

市委副书记蒲海清在会上作了总结讲话。蒲海清在讲话中首先概括了这次会议的主要收获。他说，与会同志通过学习六中全会《决议》和江泽民同志的重要讲话，听取了市委书记张德邻的工作报告，进一步加深了对六中全会重大意义的认识，增强了搞好我市精神文明建设的紧迫感、责任感，明确了我市加强精神文明建设的目标任务和主要措施。与会同志表示，一定要紧密结合自身实际，从自身做起，一件事一件事地抓落实，把市委的部署和要求，认真贯彻落实好，真正收到实效，开创精神文明建设新局面。

---

①本文原载于《重庆日报》，1996 年 10 月 27 日。

蒲海清就如何狠抓落实，加强我市精神文明建设作了进一步的部署。他说，加强精神文明建设是一项长期艰巨的战略任务，要从全局上把握，把长远目标与阶段性任务结合起来，从群众关心、反映强烈的问题入手，从具体事情抓起，一件事一件事抓，一个问题一个问题地解决，持之以恒，积小成大，以看得见摸得着的效果，鼓舞人心，推动全局，扎扎实实把我市精神文明建设推向前进。

蒲海清强调，狠抓落实，一是要加强党的领导，狠抓责任落实。加强领导，关键在于领导到位。各级党政主要领导必须突出重点亲自抓，亲自研究部署，亲自抓落实、抓检查，特别是对一些难点、热点问题要集中力量一个一个去研究，去解决，一抓到底，不抓出成绩，决不松手。当前要突出解决个别领导精力不集中、工作不到位、责任不明确等问题，切实承担起精神文明建设的领导责任，形成“一把手两手抓、一班人抓两手”的新格局。二是要抓好领导机关、领导干部的表率作用，以优良的党风政风带民风。抓机关、抓干部的表率作用，首先要从市委、市政府抓起。要结合弘扬红岩精神，在市委、市政府机关中，强化党的理想、宗旨教育，加强学习，加强作风建设，强化纪律，反对腐败，牢固树立起全心全意为人民服务的公仆思想，增强群众观念和服务观念，切实摆正公仆和主人的位置，坚决反对和克服官僚主义、形式主义，坚决清除不良作风和不廉洁现象，提高广大干部的思想政治和业务素质，真正做到勤政为民，廉洁奉公，搞好服务，提高效率。市委、市政府决定率先在市委、市政府办公厅，认真开展“做合格公仆”的活动，并制定出“合格公仆”的行为规范，要求全体机关工作人员要严格遵守，严格监督，促进机关作风有一个大的转变。我们欢迎各级各部门和社会各方面对两个办公厅机关进行监督，欢迎大家对市委、市政府领导班子成员进行监督。各地领导机关和领导干部也要切实采取措施，在转变作风上做好表率。三是要认真抓好当前群众关心的热点、难点问题，实实在在办好几件实事。当前要抓好公共文化场所和革命教育基地的建设和管理，抓好窗口繁华地区的管理，巩固和发展创卫成果，继续抓好社会治安综合治理。四是要保证必要的投入。有重点地改善精神文明硬件环境。各级党委和政府要高度重视，坚决按照市委的要求逐步解决投入不足、硬件设施滞后的问题。一要尽力而为，二要量力而行。突出重点，力争每年建成一批精神文明重点设施和标志性建筑。五是要狠抓思想道德教育，提高市民整体素质。要结合“弘扬红岩精神，塑造当代重庆人”的活动，制定和完善《市民公约》，特别注意加强农村精神文明建设。要继续开展学孔繁森、学徐虎、学李素丽、学济南交警等先进人物和先进集体活动。还要树立我们自己的先进人物和先进集体，形成人人争当文明市民、个个学习先进人物的热潮。

蒲海清最后对传达贯彻这次会议精神提出了要求。他说，各级党委和政府、各部门、各单位要积极行动起来，认真传达好会议精神，做到家喻户晓，人人皆知。要抓好宣传，在全社会形成加强精神文明建设的良好氛围和舆论环境。要抓好贯彻落实，尽快研究提出贯彻意见，抓紧制定加强精神文明建设的规划，有针对性地拿出贯彻落实的具体办法和措施。要抓好督促检查，及时了解贯彻落实的情况，及时研究出现的问题，及时总结新鲜经验。

会上，张德邻、蒲海清分别就当前有关工作作了安排部署。

（《重庆日报》记者　张德泽）

为振兴区域经济而奋斗[①]

不久前召开的中共重庆市第七届七次全委（扩大）会议、全市工作会和市人民政府第七次全体会议，是标志我市经济社会发展将进入一个新时期的重要的历史性会议，这三次会议以邓小平建设有中国特色社会主义理论为指导，在全面分析了我市面临的新形势、新任务之后，向全市人民提出了光荣而艰巨的历史重任：统一思想、振奋精神、团结一心，为振兴区域经济而努力奋斗！

振兴区域经济，重庆面临新的发展机遇。这就是中央已作出加快中西部地区经济发展的战略决策，长江经济带开发，三峡工程建设和库区开发的三大历史机遇。这些机遇可谓千载难逢。重庆要发展，从一定程度上讲，就看能否抓住这些机遇。回顾近年来我市改革开放和经济建设的发展历程，我们有过抓住了机遇而获得加快发展的成功喜悦，也有过抓而不紧、丧失机遇而掉队的遗恨。机遇千载难逢，机遇也稍纵即逝。今天，我们必须以强烈的政治责任感去牢牢抓住机遇。抓机遇就要落实在用足用活中央政策上，落实在抢占市场份额上，落实在招商引资争取大项目上，最终落实在加快发展上。能否做到这一点，是对我们各级领导班子和每一位领导干部政治素质、工作能力的检验。

抓机遇，促发展，就要明确发展的思路和目标任务。我市作为长江上游的经济中心，根据中央的战略部署，在当前和今后一个时期，一定要做好开发性移民和发展库区经济的工作；增强中心城市的综合实力，完善城市功

---

①本文原载于《重庆日报》，1996年11月7日。

能，充分发挥长江上游经济中心的作用；努力探索城市带农村的新路子，加快农村经济发展，加快脱贫致富步伐，实现城乡共同繁荣。要实现上述发展思路和目标任务，全市各级党委、政府，就要把大量移民的妥善安置、贫困人口的脱贫、工业经济的振兴、保持生态平衡和治理环境污染纳入重要的议事日程，通过调整发展战略，制定战略规划，使全市经济协调、健康、持续地发展。

振兴区域经济，必须进一步解放思想。重庆与沿海经济发达地区的差距，从根子上说，就差在思想不够解放上。解放思想人人都会讲，但一联系到具体工作，就往往在“姓资姓社”问题上争论不休；一事当前，不是吃透精神，创造性地开展工作，而是查红头文件，唯书唯上；受计划经济体制影响较深，缺乏市场观念和竞争意识；思想狭隘、目光短浅，只看到眼前的部门利益或小团体利益，以致难以形成宽松的投资环境，影响了外商投资的积极性。为什么我们的一些领导机关和领导干部的思想还没有真正得到解放？关键在于思想理论水平老是落后于时代。因此，我们一定要紧紧抓住解放思想、实事求是这个精髓，重温邓小平同志的“南方谈话”，按照“三个有利于”的标准，“看准了的，就大胆地试，大胆地闯”，以敢为天下先的精神，提出新的思路，推出新的举措，取得新的突破。

振兴区域经济，关键是各级党委要按照党的十四届六中全会精神进一步加强社会主义精神文明建设。精神文明建设说到底，就是要提高人们的思想道德和科学文化素质，只有全市人民素质的提高，才会有治穷致富、发展经济的内在动力。因此，各级党委一定要认真贯彻落实六中全会《决议》精神，一定要按照市委七届七次全委（扩大）会议的部署，始终坚持“两手抓，两手都要硬”的方针，在全市范围内进一步弘扬“红岩精神”、进一步发扬“宁愿苦干，不愿苦熬”的“黔江精神”，采取行之有效的多种方式，加快提高全市人民思想道德文化素质的步伐。

加强思想道德文化建设，最重要和最关键的是加强党的建设。全市各级党组织一定要把加强班子建设、提高各级领导班子成员素质作为党的建设的重点。当前，要着力解决好团结协调、政令畅通和勤政廉政方面的问题。要从全市经济和社会发展的大局出发，“讲学习、讲政治、讲正气”。领导干部要正确对待升迁变动，经受住名、权、利的考验，以自己的高尚道德情操和表率作用，去影响和带领广大人民群众共同奋斗！

进入世纪之交的重庆，正处在一个重要的历史转折时期。我们坚信，具有光荣革命传统的全市人民，一定不会辜负党中央、国务院的殷切希望，为加快区域经济的发展，为重庆美好的未来作出新的贡献！

中共重庆市委关于认真学习贯彻党的十四届六中全会精神，努力开创重庆社会主义精神文明建设新局面的决议[①]

（中共重庆市第七届七次全委扩大会议审议通过）

中国共产党重庆市第七届七次全委（扩大）会议于1996年10月25日至26日召开。会议认真传达学习了党的十四届六中全会文件，研究部署了新形势下我市社会主义精神文明建设工作。张德邻同志代表市委作了题为《认真贯彻党的十四届六中全会精神，努力开创重庆社会主义精神文明建设的新局面》的报告。

会议认为，党的十四届六中全会是在我国改革开放和社会主义现代化建设事业承前启后、继往开来的重要时期召开的一次重要会议，全会作出的《中共中央关于加强社会主义精神文明建设若干重要问题的决议》，深刻阐述了新时期加强精神文明建设的重要性、紧迫性，提出了精神文明建设的指导思想、目标任务、工作方针和重大措施，既有很强的战略性、思想性、指导性，又有很强的现实针对性和可操作性，是指导我国社会主义精神文明建设的纲领性文件，对于全面促进我国经济建设、开创社会主义精神文明建设的新局面，具有重大的现实意义和深远的历史意义。

会议认为，贯彻六中全会精神，当前的首要任务是学好文件，领会精神。各级党组织必须把学习、贯彻六中全会精神作为重要的政治任务，组织党员干部认真学习六中全会《决议》和江泽民总书记的讲话，把握精神实质。全体党员、干部，特别是领导干部要认真联系思想实际和工作实际，深

---

①本文原载于《重庆日报》，1996年10月29日。

刻领会邓小平建设有中国特色社会主义理论，正确认识和处理社会主义精神文明建设中的一系列重大问题，把思想统一到六中全会精神上来。

会议认真分析了重庆市精神文明建设的现状，一致认为，近年来我市精神文明建设主流是好的，各级党组织坚持“两手抓”的方针，社会主义精神文明建设不断得到加强，特别是市委七届六次全委（扩大）会提出大力开展“弘扬红岩精神，塑造当代重庆人”的活动和党员干部学习孔繁森的活动后，“爱国、奋斗、团结、奉献”的“红岩精神”激励着全市人民，使我市精神文明建设取得了新的进展，有力地推动了改革开放和现代化建设。同时应当清醒看到，我市精神文明建设仍然存在一些不容忽视的问题：一些地方、一些单位、一些领导同志对精神文明建设重视不够，一手硬一手软的问题没有得到解决；市民的科学文化和思想道德素质亟待提高；树立社会公德、职业道德的任务繁重；扫除社会丑恶现象和反腐败斗争还需加大力度。对这些问题，必须高度重视并认真加以解决。

会议强调，当前我市正面临着前所未有的发展机遇，党中央、国务院对重庆的发展寄以厚望。完成好中央交给我们的光荣任务，加快重庆的发展，就必须坚持以邓小平同志建设有中国特色的社会主义理论为指导，坚决克服一手硬一手软的现象，坚持以经济建设为中心，在集中精力抓好经济建设的同时，大力加强社会主义精神文明建设，使物质文明和精神文明协调发展，推进重庆社会主义现代化建设事业的全面进步。

会议指出，精神文明建设必须坚持以人为本，按照江泽民同志提出的“以科学的理论武装人，以正确的舆论引导人，以高尚的精神塑造人，以优秀的作品鼓舞人”的要求，着眼于提高全体市民的思想道德素质和科学文化素质，着力于培育有理想、有道德、有文化、有纪律的社会主义公民，引导人们树立正确的世界观、人生观、价值观，更好地为改革开放和现代化建设提供思想保证、精神动力和智力支持。通过扎实的工作，在全体市民中树立起建设有中国特色社会主义的共同理想，形成建设重庆、振兴重庆的精神，实现公民素质、文化生活质量、城乡文明程度的显著提高。要坚持爱国主义、集体主义、社会主义教育，更加广泛深入地开展“弘扬红岩精神，塑造当代重庆人”的活动，大力加强思想道德建设。首先要把党的建设搞好，坚持从严治党，勤政廉政，切实加强领导班子建设，严格要求领导干部起好表率作用。党政机关干部要坚持为人民服务的宗旨，学习孔繁森，争做合格公仆。广大市民要爱祖国、爱重庆、讲公德，崇尚真善美，争做文明市民。要在各行各业特别是窗口行业加强行业道德建设，强化职业道德规范，纠正各种行业不正之风，在各行各业树立起服务群众、奉献社会、爱岗敬业的新风尚。要大力发展文化事业，不断满足城乡人民的文化需要。要一手抓繁荣，一手抓管理，加强文化市场建设，规范文化市场行为，坚决清除文化垃圾，培育繁荣、健康、有序的文化市场。要更加广泛、深入、富有成效地开展多种形式的群众性精神文明创建活动，创建文明城市、文明村镇、文明行业。

精神文明重在建设，贵在落实，要办实事，求实效，力戒形式主义。要根据重庆总体发展战略，制订切实可行的精神文明建设规划和近期工作实施意见，扎扎实实地组织实施。要把长远目标和当前任务结合起来，认真研究解决当前群众普遍关心的重要问题，以坚决的态度，采取有效措施，深入开展反腐败斗争，纠正行业不正之风，扫除社会丑恶现象，清除文化垃圾，搞好社会治安综合治理。要切实增加精神文明建设的投入，建立规范有效的筹资机制，逐步形成对精神文明建设多渠道投入的体制。

会议强调，建设物质文明关键在党，建设精神文明关键也在党。精神文明建设是一项长期的战略任务，各级党组织必须深刻认识精神文明建设的重要地位和作用，摆上重要议事日程，切实加强领导，把两个文明作为统一的目标，一起部署，一起落实，一起检查。特别是主要领导要切实担负起精神文明建设的领导责任，要建立具体规范的目标责任制，使精神文明建设真正得到组织上制度上的有力保证。

会议号召全市各级党组织和广大党员干部高举建设有中国特色社会主义的伟大旗帜，坚持党的基本路线，团结一心，开拓进取，振奋精神，扎实工作，努力开创我市社会主义精神文明建设的新局面，夺取两个文明建设的新胜利！

落实扶贫攻坚措施　加快扶贫攻坚步伐
我市召开扶贫开发工作会[1]

重庆市扶贫开发工作会议于昨日举行。会议的主要任务是传达贯彻中央扶贫工作会议精神，总结交流近两年我市扶贫开发工作经验，研究部署下一阶段扶贫开发工作，进一步加大扶贫攻坚力度，坚决如期完成扶贫攻坚任务。

张德邻、蒲海清、于汉卿、张文彬、王云龙、刘志忠、辜文兴、税正宽、康纲有、周建中、邓中文、戴家福、曾通明出席会议。

会议由市委副书记刘志忠主持。

市委副书记王云龙传达了中央关于扶贫工作的重要文件；副市长周建中传达了中央扶贫工作会议精神。

市委副书记、代市长蒲海清在会上作了《下定决心，奋力拼搏，加快我市扶贫攻坚步伐》的工作报告。蒲海清说，我市从1985年开展有组织、有计划的扶贫工作以来，逐步实现了由救济式扶贫向开发式扶贫转变，贫困地区的基础设施条件有所改善，生产力水平有所提高，社会发育程度有所进步，整体经济实力有所增强。农村的贫困人口由10年前的845万人减少到了1995年的366.42万人，减少了56.69%，整个扶贫工作取得了令人瞩目的历史性成就。但要在本世纪末实现基本解决全市贫困人口温饱问题的目标，任务极其艰巨。无论是贫困区县或贫困人口所占的比重，都相当高，贫困程度也相当严重。

---

[1]本文原载于《重庆日报》，1996年10月29日。

现在，我市的扶贫工作进入了十分艰难的攻坚阶段。蒲海清指出，结合重庆市情，我们要明确目标，理顺思路，因地制宜地找准脱贫致富的途径。

“九五”期间，全市扶贫攻坚的主要任务是，集中力量打好扶贫攻坚战，基本解决现有366万贫困人口的温饱问题。为了实现这一目标，全市的贫困区县，应在1999年底前基本实现成建制脱贫，特困乡镇和特困村，一般应随所在贫困区县一道成建制脱贫；极个别特困乡和极少数特困村，最迟必须在2000年底前实现成建制脱贫。

蒲海清强调，各级党委、政府必须把开展扶贫攻坚和尽快解决贫困群众的温饱问题作为一项紧迫任务，按照国家、集体、个人一齐上的方针，努力增加扶贫投入。所有扶贫资金，市政府责成市扶贫领导小组定方向、定原则、定重点，实行统一管理，统筹安排，配套使用，制定具体实施办法，重大项目由市扶贫开发办按权限管理，各贫困区县也应充分发挥自己的主观能动性，树立“宁可苦干，不愿苦熬”的自力更生精神，把黔江精神真正落到实处。

他指出，市里决定，凡中央规定的政策和四川省已经出台的政策及市里今后制定的政策，均应在全市范围内执行；过去制定的政策，仍在原辖区继续执行。今后要加大对口扶贫力度，做到“真扶贫，扶真贫”。

蒲海清要求，各地要切实加强领导，建立健全扶贫开发工作体系，努力开创扶贫工作的新局面，坚决如期完成我市扶贫攻坚任务。

万县市、涪陵市、黔江地区党委或政府主要领导；各贫困区市县党委或政府主要领导及分管扶贫工作的领导；参加对口扶贫的驻渝部队、市级部门、重庆近郊九区、大专院校、有关企业等单位主要负责人；国家有关部门对重庆、万县、涪陵和黔江地区对口扶贫工作团（组）负责人共250多人参加了会议。

（《重庆日报》记者　张国勇）

张德邻在扶贫开发工作会上提出 齐心协力夺取扶贫攻坚最后胜利[①]

历时两天的重庆市扶贫开发工作会议于昨日下午结束。会议要求各级党政领导同志进一步统一思想，动员全社会力量，加大扶贫攻坚力度，全面开创扶贫工作新局面。

会议由市委副书记、代市长蒲海清主持。

市委书记张德邻在会上作了《进一步动员起来，为实现我市扶贫攻坚任务而奋斗》的重要讲话。他说，全市有关单位和地区，一定要认真贯彻落实好这次扶贫开发工作会议精神。解决贫困人口的温饱问题，如期完成扶贫攻坚任务，是党中央、国务院一项既定的经济任务和政治任务。全市上上下下各级领导，尤其是贫困地区的各级党政领导、全体党员、干部和广大人民群众，在认识上不能有丝毫的动摇！在行动上不能有丝毫的松懈！我市贫困人口由1985年的845万人减少到1995年的366万人，下降了56%。应该说，这是一个了不起的成绩。但我们在肯定成绩的同时，更要十分清醒地看到我市扶贫工作的艰巨性。我市贫困面广、量大，贫困区市县占48.8%，这个比例高出全国22.9个百分点；366万贫困人口多数集中在地域偏僻、交通不便、信息闭塞、生产生活环境较差的山区、少数民族地区和高寒地带。那里的经济发展严重滞后，成为扶贫中最难啃的硬骨头。此外，我市还有140万人刚刚越过温饱线，目前还处于不稳定的状态，有的甚至出现了返贫现象，巩固这部分群众的温饱成果仍然需要艰苦的工作。

---

①本文原载于《重庆日报》，1996年10月30日。

面对我市艰巨、繁重、紧迫的扶贫开发任务，张德邻指出，要从我市实际出发，注意处理好“三大关系”，认真“抓好八个结合”。要切实转变思想、转变工作作风和工作方法，积极参与打好扶贫攻坚战。首先要正确处理好城乡关系，坚持以城带乡，城乡共发展，牢固树立起全市一盘棋的战略思想；其次要正确处理好稳定粮食生产与发展多种经营的关系，促进农村经济全面发展；再次要正确处理好社会扶持与自力更生的关系，增强贫困地区自我发展能力。

张德邻强调，搞好扶贫开发工作，说到底，是一个经济发展问题。要从根本上脱贫致富，关键在于增强贫困地区自我发展能力。结合重庆市情，他要求，我市的扶贫开发要搞好八个结合：扶贫开发要与改变生产条件、改善生态环境相结合；扶贫开发要与农村改革相结合；扶贫开发与农村经济发展相结合；扶贫开发与库区移民相结合；扶贫开发与农村基层组织建设相结合；开发式扶贫与扩大开放相结合；扶贫开发与科教兴农相结合；扶贫开发与计划生育相结合。

张德邻指出，扶贫攻坚，关键在领导，重在抓落实。扶贫攻坚是贫困县的一项重大的政治任务和中心工作，是第一位任务，党政一把手必须亲自抓。要层层落实党政一把手负责制，要从建设高素质干部队伍的高度，来加强贫困地区县和乡镇领导班子的建设，这两级班子的战斗力如何，直接关系到扶贫攻坚任务能否完成。要认真贯彻十四届六中全会精神，加强贫困地区农村精神文明建设。要充实加强扶贫开发机构，建设一支精干的扶贫开发队伍。他特别强调，扶贫任务不管多么艰巨，时间多么紧迫，我们都要下决心打赢这场攻坚战，啃下这块硬骨头。

张德邻最后要求各级领导、全体党员、干部和广大群众立即行动起来，认真贯彻中央和全市扶贫工作会议精神，齐心协力夺取扶贫攻坚的最后胜利。

于汉卿、张文彬、黄立沛、辜文兴、税正宽、康纲有、周建中、邓中文、戴家福、曾通明等出席了昨天的大会。

（《重庆日报》记者　张国勇）

重庆市人民政府关于办理万县市、涪陵市和黔江地区固定资产投资项目移交有关问题的通知（摘要）[①]

（1996 年 10 月 28 日）

根据四川省委、省政府贯彻中共中央、国务院批准四川省委托重庆市代管万县市、涪陵市和黔江地区的实施意见和四川省人民政府办公厅有关文件精神，结合国家固定资产投资管理的法规和程序，现将办理两市一地固定资产投资项目移交有关问题通知如下：

一、项目移交的范围

由国家和省有权部门批准，并下达年度投资计划的在建项目；由国家和省有权部门批准项目建议书或可行性研究报告的前期工作项目；以及近几年已建成项目，按国家计划还存在工程欠款和涉及政府债权、债务的项目均由省、市有关部门衔接和办理移交手续。

二、项目移交的基本原则

（一）在建项目的管理、投资渠道和资金计划同时移交；原定投资渠道落实有困难的项目，由省市有关部门和业主单位共同协商意见，报项目审批部门重新审批；凡采取股份投资方式的在建项目，要保持股东单位及股权的稳定。

（二）在建项目原则上维持已审批的投资和资金渠道，其中，属省计委、

①本文原载于《重庆政报》，1996 年第 12 期。

省财政和省主管部门安排的各类拨款，随省、市对口部门的基数划转一并交接；属各家金融机构的贷款随省、市对口金融单位的信贷计划划转一并交接。在建项目的各种拨款和贷款从 1997 年起，按照投资计划、财政预算、信贷计划以及有关部门资金安排计划相互衔接的原则进入重庆市计划单列盘子。

（三）前期工作项目，已经国家和省批准立项或可研（包括初步设计）的，将项目资料逐个清理移交，由重庆市继续办理；若需变动原批投资方案的，可经省、市有关方面协商后重新报批；凡未批立项的，由重庆市按规定的权限和程序办理。

（四）已建成项目，原批准的业主及其投资者依法继续享有管理权、收益权和债权、债务。其中属政府投资的权责部分，由省、市有关对口部门衔接和办理移交事项。

三、项目移交的组织形式

（一）固定资产投资项目的移交工作，由重庆市计委牵头协调，市级各主管部门对口制订移交方案，财政、金融部门配合衔接，重点是做好在建项目的移交工作。各主管部门制定项目移交方案时，若有重大问题，要及时向市政府报告；制订好移交方案后，要及时同省级对口部门衔接，并将衔接结果报市计委汇总；经市计委和省计委衔接后办理移交手续。

（二）各工程项目的具体交接方案由重庆市各主管部门和省相应的部门协商制订。其中，32 个重大投资项目（名单如后）的交接方案，市级各主管部门须通知市计委参与制订工作，以便与重庆市现行重点建设项目投资和资金平衡计划管理方式，以及重大项目前期工作组织方式相衔接。

（三）为了便于衔接移民资金、扶贫资金和少数民族发展资金渠道，凡使用了各项移民资金、扶贫资金和少数民族发展资金的项目，各行业主管部门制订的移交方案，须分别与重庆市移民局、扶贫办、民族宗教事务局和市计委、财政局共同研究确认移交方案。

（四）重庆市各个部门研究制订项目移交方案要充分听取两市一地相应部门和业主单位的意见，并依托他们做好项目衔接移交工作。

四、项目移交工作的时间安排

属于移交范围的项目，原则在1996年11月上旬完成移交方案的制订以及与省级对口部门的衔接工作。市计委在11月底之前会同各专业部门与四川省完成项目移交工作。在未办理完交接手续之前，项目1997年度的投资和资金计划的编制与申报按市计委关于编制重庆市1997年国民经济和社会发展计划（草案）的要求进行。

两市一地32个重大投资项目名单如下：

（一）在建项目（18个）

1. 重点项目

（1）万县长江大桥

（2）川东天然气氯碱工程

（3）涪陵长江大桥

（4）乌江岩崩整治

（5）涪陵石板水电站

（6）涪陵水泥厂

（7）黔江大河口水电站

2. 其他项目

（8）万县长防林工程

（9）万县市“长治”工程（水土保持）

（10）涪陵市“长治”工程（水土保持）

（11）黔江“长治”工程（水土保持）

（12）四川省奉节康乐火电厂

（13）轻工机械总厂球墨铸铁管项目

（14）万县市国道318线五桥至苏拉口

（15）鱼背山水电工程

（16）国道319线涪长高速公路

（17）涪陵苎麻纺织厂

（18）黔江国道319线改造

（二）前期项目（14个）

1. 预备新开工项目

（19）涪陵磷化工公司磷铵工程

（20）川东水泥厂

2. 其他项目

（21）川东北农业综合开发项目

（22）达万铁路万县市段

（23）万原造纸厂8万吨纸浆项目

（24）飞亚公司5000吨赖氨酸项目

（25）南川氧化铝厂

（26）涪陵市沿江防护大堤

（27）李渡王天宝水利工程

（28）南川鱼跳电站

（29）龙河鱼剑口电站

（30）涪陵内燃机配件总厂

（31）四川化油器磁电机厂

（32）涪陵柴油机厂

全市三峡工程移民工作会议要求搞好移民工作，发展区域经济[①]

为确保长江三峡水利枢纽工程建设的顺利进行，10月30日至31日，我市召开三峡工程移民工作会议，号召市级部门和有关区县齐心协力、艰苦奋斗、积极稳妥、突出重点，全力做好我市库区的百万移民工作。

市委书记张德邻，市委副书记、代理市长蒲海清，国务院三峡建设委员会办公室副主任、移民开发局局长漆林，四川省副省长甘宇平，水利部长江水利委员会副主任傅秀堂出席会议并作了重要讲话。市委常委辜文兴传达了国务院三峡工程移民暨对口支援工作会议和国务院三建委召开的移民资金管理工作会议精神。副市长唐情林部署了重庆市三峡移民工作。

市党政领导于汉卿、张文彬、金烈、黄立沛、李学举、李兵、陈之惠、周建中、邓中文，国务院三建委移民开发局副局长宋原生，国务院三峡建设委员会办公室计财司司长陶景良，四川省三峡办主任任全辉以及市级各部门领导，万县市、涪陵市、黔江地区的政府领导、移民办负责人，库区县（区）市政府领导和移民办负责人参加了会议。

张德邻在讲话中说，到2009年前，重庆及两市一地动态移民107万人，占三峡库区移民总量的85%以上。这样大规模的移民，在世界水利工程建设史上没有先例。而且，由于三峡工程采取“一级开发、一次建成、分期蓄水、连续移民”的建设方式，移民工作将持续相当长的时期。明年大江截流前，要搬迁安置农村移民2.24万人，其后任务一年比一年重，最高年份超

①本文原载于《重庆日报》，1996年11月1日。

过10万人，工作量大、时间紧迫，任务异常艰巨复杂。

张德邻指出，移民工作事关全局，不仅是一项经济社会工作，更是一项政治任务。移民工作只能成功，不能失败。百万移民对重庆来说既是严峻挑战，又是一次难得的发展机遇。大规模集中移民，是区域经济和社会功能的重组和再造。搞好百万移民，我们有诸多有利条件。一是有中央的高度重视与关怀，二是有国家制定的各项正确的方针政策，三是有全国22个省市和国家29个部门的支援，四是国家投入了相当数量的移民资金，五是库区有丰富的水能、矿产、动植物和旅游资源，六是有强烈希望改变贫穷落后面貌的库区群众。我们既要充分认识移民工作的艰巨性、复杂性、长期性和紧迫性，又要看到各种有利因素，坚定信心、加强领导、落实责任、严格管理，就一定能够完成党中央、国务院交给我们的百万移民任务。

张德邻要求，必须坚持“开发性移民”的方针，大力振兴库区经济。在移民工作中，要正确处理好全局与局部的关系，近期移民迁建安置与长远发展的关系，移民迁建安置与保护生态环境的关系，国家支持、对口支持与自力更生的关系。要大力加强对移民工作的领导，切实加强对移民工作的管理，加强移民工作干部队伍建设，各部门密切配合，打好移民总体战。

张德邻强调，移民资金是全国人民一分一厘积攒起来的“血汗钱”，是移民的“生命钱”，必须用好管好。要杜绝移民资金使用管理上的漏洞，提高移民资金使用效益。在移民资金上，一旦出了问题，要追究直接责任人和主要责任人的责任，严肃处理。触犯刑律的，要坚决绳之以法，决不姑息。要把对移民资金事后审计和事前预防、事中跟踪监察结合起来，对移民资金流转的全过程进行有效监督。要坚持内部监督与外部监督相结合的原则，在当地党委、政府领导下主动接受人大、政协、纪检、监察、财政、审计部门和上级主管部门的监督，接受移民群众的监督，接受新闻舆论的监督，有效地预防和减少移民资金的损失浪费。

蒲海清在讲话时要求，在移民工作中要倡导和发扬五种精神：

一是发扬实事求是的精神，在移民安置中，一切从实际出发，不搞一个模式，能就地后靠的尽量就地后靠，需迁建的按统一规划迁建；充分发挥本地资源优势，能农则农，能工则工，能商则商。不要盲目贪大求洋。

二是发扬艰苦奋斗精神。搞好移民工作，改变库区面貌，仅仅依靠外部有利条件是远远不够的，必须主要依靠自力更生、艰苦奋斗。各级党委、政府要带领广大干部和人民群众艰苦创业、苦干实干，一步一个脚印地扎实工作，用自己的智慧和双手去建设美好的新家园。

三是发扬开拓进取精神。百万移民是前无古人的崭新事业，没有现成的经验可供借鉴。要坚持把移民工作同深化改革、扩大开放结合起来，积极探索在社会主义市场经济条件下做好移民工作的新路子、新经验。

四是发扬团结互助精神。库区干部、群众要一家有困难，大家去帮助，把方便让给别人，把困难留给自己。上下一心，和衷共济，排除万难，千方百计搞好移民工作。

五是发扬自觉奉献精神。要教育干部群众正确处理好局部利益和全局利益的关系。正确处理好个人利益和整体利益的关系，正确处理好眼前利益和长远利益的关系，树立正确的得失观。

会议号召，全市干部群众要以党的十四届六中全会精神为动力，统一思想，振奋精神，全力以赴，扎扎实实搞好百万移民工作。

（《重庆日报》记者　叶兆超）

全市新闻出版工作会议提出
把重庆建设成为具有影响力的新闻出版基地[①]

全市新闻出版工作会议昨日在渝北区召开。会议为我市新闻出版工作在新的形势和新的条件下，明确了发展战略的思路，制定了所要实现的目标。

会议要求，我市新闻出版业要依据党的六中全会精神，以及党和国家对新闻出版业的方针、政策和要求，把重庆建成在全国有一定影响的出版印刷基地和发行中心，成为中西部地区图书、报刊、电子音像制品的集散地，使之在我市经济发展中成为有一定经济比重的产业，行政管理上基本实现规范化、制度化、法制化，形成繁荣、健康、有序的出版物市场。

根据上述目标，会议制订了我市新闻出版工作的“九五”规划。同时，要搞好一个专项工程，即根据移民和扶贫的要求，搞好“科学文化知识扶贫工程”。

市委宣传部，市新闻出版局的负责同志，以及全市新闻出版（文化）系统和万县、涪陵、黔江三个市地新闻出版（文化）系统的同志共100余人出席了会议。

（《重庆日报》记者 谢 钢）

①本文原载于《重庆日报》，1996年11月3日。

认真学习《决议》 弘扬红岩精神[①]

张德邻

社会主义精神文明是社会主义社会的重要特征，是现代化建设的重要目标和保证。我们党始终坚持在全面推进改革开放和经济建设的同时，大力推进社会主义精神文明建设的方针。党的十四届六中全会把精神文明建设主要是思想道德文化建设作为重要的议题，对“九五”和今后一个时期的精神文明建设作了全面的部署，表明了全党在围绕建立和完善社会主义市场经济体制、实现“两个根本性转变”、加快经济发展的进程中，大力推进精神文明建设的决心和信心。六中全会的召开对于进一步加强社会主义精神文明建设，提高全民族的思想道德文化素质，全面推进建设有中国特色社会主义的伟大事业，确保完成跨世纪宏伟目标，具有重大的现实意义和深远的历史意义。

六中全会明确指出：必须在牢牢把握经济建设这个中心，把物质文明建设搞得更好的同时，切实把精神文明建设提到更加突出的地位，进一步开创精神文明建设的新局面。为什么社会主义精神文明对于建设有中国特色的社会主义有如此重要的意义？这是因为，无论从人类社会发展的客观要求还是从建设有中国特色社会主义的本质要求看，精神文明都是不可缺少、事关全局的大事。经济和社会协调发展，物质文明和精神文明相互依存、相互促进，才能推动人类社会的全面进步；建设有中国特色的社会主义，物质文明

①本文原载于《光明日报》，1996年11月3日；《重庆日报》，1996年11月7日。

建设和精神文明建设是紧密结合的、统一的奋斗目标。这里有一个共通的内在规律，就是物质文明是精神文明的前提和基础，精神文明对物质文明有巨大的反作用。邓小平同志曾对此作过深刻的论述：只有把物质文明和精神文明都搞好，才是有中国特色的社会主义；不加强精神文明建设，物质文明建设也要受破坏，走弯路。因此，我们既要毫不动摇地坚持以经济建设为中心，又要始终保持清醒的头脑，认清经济发展并不能自然而然带来社会进步；物质文明上去了，并不等于精神文明自然而然就能上去。必须在坚持重视物质文明建设的同时，始终把精神文明建设放在重要的战略地位。

从重庆建设与发展的实际来看，十一届三中全会以来特别是党的十四大以来，在邓小平同志建设有中国特色社会主义理论和党的基本路线指导下，社会主义精神文明建设取得了明显的进展。全市广大党员、干部和群众进一步提高了马克思主义理论水平和贯彻党的基本路线的自觉性，更加激发起爱我中华、爱我重庆、建设重庆，先进集体不断涌现；“五个州工程”连年有新成绩，推动了文化繁荣；社区文化、企业文化、村镇文化和校园文化等基层文化生活日益丰富，科技教育事业得到进一步繁荣，新闻、出版、卫生、计划生育、体育事业得到长足的进步；群众性精神文明创建活动蓬勃发展，特别是“弘扬红岩精神，塑造当代重庆人”活动广泛、深入开展，广大市民的文明素质和城市的文明程度有了进一步提高。我市精神文明建设所取得的成功实践，为进一步加强精神文明建设积累了宝贵的经验。但我们也丝毫不可忽视：我市的精神文明建设尤其是思想道德文化建设状况还很不适应重庆建设与发展的需要，在一些地方和部门的领导工作中，忽视思想教育，忽视精神文明，“一手比较硬，一手比较软”的问题还没有解决好；在社会精神生活方面存在不少问题。精神文明建设任务还十分艰巨。我们必须保持清醒的头脑和旺盛的斗志，认认真真地贯彻落实六中全会精神，采取各种切实有效的措施，进一步加大精神文明建设的力度，有力地促进重庆两个文明建设的协调发展。

一、各级党委、政府要认真组织广大党员、干部深入学习、贯彻六中全会《决议》和江泽民同志重要讲话精神，进一步提高对精神文明建设重要性的认识

领导干部要带头学习，作出表率，进一步坚持和完善以各级党委中心学习组为“龙头”的学习制度，坚持和发扬理论联系实际的学风，把学习的成果落在推进本职工作的实处，体现在我市两个文明建设的硕果中。要加强对精神文明建设的领导；建立健全精神文明建设的领导责任制。坚持“两手抓，两手都要硬”，把两个文明作为统一的奋斗目标，一起部署，一起落实，一起检查，重在建设，务求实效。当前，我市加快经济建设的任务十分紧迫繁重。越是这样，越要高度重视精神文明建设，充分发挥精神文明建设对经济建设和改革开放的保证和促进作用。加强精神文明建设，要充分发挥党的政治优势；走好群众路线，发动全社会积极参与。

二、继续以加强思想道德文化建设为重点，在一些具有带动性的重要举措上下功夫，增强精神文明建设的针对性和实效性

一要继续把学习、宣传、研究邓小平同志建设有中国特色社会主义理论作为精神文明建设的首要任务，坚持不懈地用这一理论武装全党、教育干部和人民。以讲学习、讲政治、讲正气为主要内容进行党建理论和党性党风教育，进一步加强各级领导班子建设，提高领导干部素质，在思想道德建设中起好表率作用。二要加强社会公德、职业道德、家庭美德教育，引导人们树立崇高的理想和正确的世界观、人生观、价值观，在全社会形成团结互助、平等友爱、共同前进的人际关系和扶正祛邪、扬善惩恶的社会风气。三要把精神文明建设进一步落实到基层，着力在抓好基层、夯实基础、扩大群众参与面、增强影响力和实效上下功夫。要针对我市农村面积大、人口多，尤其是贫困地区和贫困人口比例大的特点，把抓好农村精神文明建设，提高广大农民思想道德文化素质，作为带领农民脱贫致富奔小康的重要组成部分。进一步加强企事业单位、街道、机关、大专院校的思想政治工作和群众性精神文明建设，进一步发展和完善包括文明小区建设和“友情工程”在内的各种具有重庆地方特色的创建活动，注重从实际出发，有针对性地解决实际问题。四要一手抓繁荣，一手抓管理。在深化改革，加快各项社会事业发展，为人们提供更加丰富的精神产品的同时，要运用政治、行政、法律、经济等手段加强管理。尤其要加大查禁取缔和打击卖淫嫖娼、制黄贩黄、封建迷信活动以及赌博、吸毒贩毒的力度，净化社会风气，倡导科学、文明、健康的生活方式，提高整个社会文明程度。

三、深入、持久地开展“弘扬红岩精神，塑造当代重庆人”的活动

以“爱国、奋斗、团结、奉献”精神为主要内涵的“红岩精神”，是在抗日战争和解放战争时期国民党统治区的特殊环境下，由以周恩来同志为首的中共中央南方局培育而成的革命精神，是中国共产党人的理想信念、价值观念、道德情操、行为风范的集中体现，也是中华民族优良传统的继承和拓展。“红岩精神”曾经引导、鼓舞和激励共产党人、革命志士和“国统区”人民同反动势力进行了不屈不挠的斗争，发挥了巨大的历史作用。在今天，“红岩精神”仍然是重庆特有的宝贵精神财富，“弘扬红岩精神，塑造当代重庆人”就是“用高尚的精神塑造人”，是我市精神文明建设的主题曲，是团结、激励广大干部、群众开拓进取、建设重庆、振兴重庆的强大精神动力。我们要按照中央要求，充分发挥我市革命传统教育的资源优势，更加广泛、深入地开展生动活泼、丰富多彩的宣传教育活动。把“弘扬红岩精神”落实到讲道德、树正气、立新风的实际中去，落实到干部争做人民公仆、群众争当文明市民的教育中去，努力提高全体市民的文明素质和全社会的文明程度，在“塑造人”上下功夫，在促进我市经济和社会发展上做文章。

四、重视和加强对精神文明建设的研究，努力探索新形势下加强精神文明建设的新途径

在社会主义市场经济条件下，精神文明建设面临许多新课题。党委及宣传理论部门要加强精神文明建设的理论研究，要深入实际调查研究，认真总结群众在实践中创造的新鲜经验，切实加强社会主义精神文明建设的理论研究。要以邓小平同志建设有中国特色社会主义理论和六中全会精神为指导，着力研究在发展社会主义市场经济和对外开放的条件下，精神文明建设的规律和特点；要密切联系我市实际，探讨加强我市精神文明建设的对策、措施，为市委市府的决策提供科学依据。要尽快研究制定颁发《重庆市1996—2000年社会主义精神文明建设规则》，加强对精神文明建设的宏观指导。要研究制定优惠扶持政策，切实增加投入，加快精神文明载体的建设，努力改变我市精神文明建设基础设施滞后的状况，以推动精神文明建设活动更好地开展。要注重发挥中心城市思想道德文化的辐射带动功能，推动整个重庆两个文明建设协调健康地向前发展，为重庆的振兴和腾飞作出更大的贡献！

四川省人民政府法制局关于重庆市代管两市一地期间政府法制工作有关问题请示的答复①

（1996 年 11 月 22 日）

重庆市人民政府法制局：

你局《关于代管期间政府法制工作衔接事项的请示》（重府法〔1996〕6 号）收悉。经研究，并经省政府同意，就有关问题答复如下：

一、关于法规、规章适用和清理

1. 重庆市政府代管两市一地（万县市、涪陵市和黔江地区）期间，省地方性法规和省政府规章在重庆市和两市一地继续适用；此期间，重庆市政府制定的有关规范性文件适用于两市一地。

2. 经省政府批准的两市一地的规范性文件，在其辖区内继续有效，内容涉及设定行政处罚的，应在 1997 年 12 月 31 日前修改完毕。两市一地执行省政府规章和规范性文件需要省政府解释的，由重庆市政府统一研究后向省政府请示。

3. 重庆市政府自行组织对其制定的规章、规范性文件的清理、修订工作，两市一地清理规范性文件工作按照省政府办公厅川办发〔1996〕111 号文件的部署实施。

二、关于规章、规范性文件备案

代管期间，重庆市政府制定的规章、规范性文件报省政府备案；两市一

---

①本文原载于《重庆政报》，1997 年第 2 期。

地政府、行署制定的规范性文件报重庆市政府备案。

三、关于自治县政府变通执行上级决定的审批

黔江地区所属自治县政府在贯彻上级国家机关的决议、决定、命令和指示需要变通或停止执行的，按照《中华人民共和国民族区域自治法》报该决议、决定、命令和指示发布机关审批。

四、关于行政复议

代管期间，行政复议的管辖不变。可以按以下办法执行：对两市一地政府、行署作出的具体行政行为不服，依法向省政府申请行政复议的，省政府受理后可以委托重庆市政府办理；对两市一地部门作出的具体行政行为不服，依法向省政府有关部门申请行政复议的，省政府有关部门受理后，经与重庆市对口的部门协商，可以委托其办理。

五、关于证件管理

行政执法证件和行政执法监督检查证件的发放和管理按省的现行有关规定执行。

六、关于日常工作

两市一地政府、行署法制局的工作总结、统计报表、情况信息等，在报重庆市政府法制局的同时，也报省政府法制局。

弘扬红岩精神 争做合格公仆
市府办公厅动员整顿机关作风①

市政府办公厅昨日召开机关职工大会，学习贯彻党的十四届六中全会精神，贯彻落实全市工作会议、市政府第七次全体会议和市委七届七次全委扩大会议精神，对机关作风整顿进行动员。会议强调要在市政府办公厅机关扎实开展“弘扬红岩精神，争做合格公仆”活动，振奋精神、严肃纪律、整顿作风、搞好服务，塑造政府机关一心为民、开拓进取、勤政高效、廉洁奉公的新形象，为全市党政机关作出表率。

市政府秘书长章麒在会上作了动员讲话，对整顿机关作风，加强机关队伍建设作了全面部署。

代理市长蒲海清、常务副市长肖祖修出席会议作了讲话。

蒲海清在讲话中指出，全市干部的素质和作风总的来说是好的，但工作的主观能动性和主人翁责任感有待进一步加强，经过近一段时期的整顿，机关作风有了很大的改善。机关作风建设和干部队伍建设是一项长期的工作，必须坚持不懈地抓。当前要突出强调解放思想，实事求是，真抓实干；转变作风，提高效率，全心全意为人民服务；讲学习、讲政治、讲正气，反对自由主义；自力更生，艰苦奋斗，努力开创改革开放的新局面，树立改革开放的新形象，取得改革开放的新成果。

（《重庆日报》记者 张德泽）

---

①本文原载于《重庆日报》，1996年11月7日。

为夺取明年农业丰收打下坚实基础
我市召开农田水利基本建设现场会[①]

历时4天于22日在重庆市巫山县结束的全市农田水利基本建设现场会提出：利用现在到明年春播前的时间，在全市农村开展一场“百日战役”、大搞农田水利基本建设，进一步改善农田水利基础设施条件，为夺取明年全市农业丰收打下坚实的基础。

代市长蒲海清因事未能到会，他专门给会议写来一封信。他在信中指出，我市市情发生了很大的变化，农村面积广，农业人口多，自然环境差，加快农业和农村经济的发展已刻不容缓。大搞农田水利基本建设，改善农业生产条件，对促进农业持续稳定发展，具有十分重要的战略意义。他在信中要求，各级政府要用抓能源、交通、通信等基础设施建设的劲头来抓农田水利建设，做到领导精力到位，计划安排到位，资金投入到位，落实责任，严格考核，发动和领导人民群众苦干几年，把我市农田水利基本建设提高到一个新水平，使全市的农业生产条件和生态环境有一个明显的改善。

会议就今冬明春的农田水利基本建设进行了部署。总的要求是：各级党委、政府要切实把农田水利基本建设摆在今冬明春农村工作的首位，全面动员和组织广大干部群众，迅速掀起农田水利基本建设高潮，今冬明春农田水利基本建设的总体规模，资金和劳动力的投入，工程质量和效益，都要在去年的基础上更上一层楼，达到新的水平。

会议强调，今冬明春农田水利基本建设要以水利为主，力争完成新增有

---

①本文原载于《重庆日报》，1996年11月26日。

效灌溉面积13.4万亩，新增节水灌溉面积4.3万亩，恢复和改善灌溉面积106.3万亩；治理水土流失面积679平方公里；解决45.4万人、41.2万头牲畜的饮水困难；全面完成列入基本建设管理的项目年度施工计划和小、微型水利工程建设任务，完成现有各类水利工程输水管、渠的年度修建计划。

市委副书记黄立沛在讲话时要求，农田水利基本建设要坚持群众性的建设活动与国家、省市下达的建设项目计划相结合，改善生产条件与生活条件相结合，开发与环境治理相结合，与移民、扶贫开发项目相结合。同时，牢固树立“两个转变”的思想，增大农田水利基本建设中的科技含量，把我市农田水利基本建设逐步转移到质量、效益型的轨道上来。

市委常委、万县市委书记陈光国参加了会议并介绍了万县市大兴农田水利建设的情况。

现场会由副市长周建中主持。会议期间，与会代表还参观了奉节、巫溪、巫山的农田水利基本建设的样板工程。

（《重庆日报》记者 郭 松）

重庆市电话号码升八位
各界人士热情参与 征徽活动圆满结束[①]

1997 年 3 月 8 日，重庆市电话号码将由七位升为八位，同时重庆长途电话区号将由“811”更改为“23”。

为了纪念、宣传好这次升位和更改长途区号，重庆市电话号码升八位、改区号办公室举办了徽志征集活动。该活动得到了省内外各界人士的热心参与和支持，共收到来函 868 封，有效稿件 1100 份。

①本文原载于《重庆日报》，1996 年 11 月 26 日。

就如何深入开展
“弘扬‘红岩精神’，塑造当代重庆人”活动
市委召开常委扩大会议进行专题研究[①]

昨日上午，全市各界人士纪念“11·27”烈士殉难47周年大会结束后，中共重庆市委在歌乐山烈士陵园召开常委扩大会，专题研究如何把“弘扬‘红岩精神’，塑造当代重庆人”活动引向深入和歌乐山烈士陵园整治、规划、发展问题。

张德邻、蒲海清、于汉卿、张文彬、王云龙、刘志忠、黄立沛、滕久明出席会议。

市委书记张德邻主持会议。

会上，市委宣传部负责同志汇报了“弘扬‘红岩精神’，塑造当代重庆人”活动开展情况和一步一步的打算；歌乐山烈士陵园负责同志汇报了烈士陵园环境整治和规划建设情况。与会同志认为，“弘扬‘红岩精神’，塑造当代重庆人”活动，自今年初开展以来，在全市产生了广泛的影响，整个活动有声势、有力度、有特色、有实效，发展势头良好，“红岩精神”深入人心，正在成为建设重庆、振兴重庆的强大精神支柱和精神动力。

大家指出，“弘扬‘红岩精神’，塑造当代重庆人”，必须常抓不懈，要在“深入、持久、扎实、有效”八个字上下功夫。要把这项活动的开展作为贯彻六中全会精神，加强精神文明建设的重要内容，作为我市精神文明建设的主题曲。活动的开展要紧紧围绕“育人兴市”的主题，紧紧围绕发展区域

---

①本文原载于《重庆日报》，1996年11月28日。

经济的大局，在“弘扬”上下功夫，在“塑造”上花力气，在促进发展上做文章，努力塑造高尚、进取、文明的当代重庆人，努力促进重庆区域经济的发展，为把我市建设成为我国中西部精神文明首善之区和长江上游经济中心贡献力量。

与会同志认为歌乐山烈士陵园经过前段时间的整治，取得了一定成绩，但还有一些问题没有从根本上解决，因此要下决心把这块宝贵的革命纪念地规划好、建设好、管理好，使之成为全国一流的爱国主义教育基地。

市委书记张德邻在会上特别强调，开展“弘扬‘红岩精神’，塑造当代重庆人”的活动要注重实效，解决一些实际问题，一定不能搞形式主义，切忌“热热闹闹一场空”。要注意树立、宣传我们身边实实在在的典型，目前，这方面宣传力度还不够。要注意突出重点，着力抓好我们的党政机关，抓好青少年，抓好一些关键性的行业和部门。烈士陵园的整治、规划和建设，是我们全党的事，全社会的事，决心要大，领导要得力，谁也不能挡道。规划建设标准要高，要有具体的实施步骤。

市委常委、市级有关部门及沙坪坝区的负责同志参加了会议。

（《重庆日报》记者　张德泽　戴　勇　实习记者　王　成）

全市教育工作会提出办好跨世纪的教育事业①

11 月 28 日至 29 日，我市举行了全市教育工作会。会议提出，要抓住机遇，振奋精神，努力实现教育事业跨世纪发展的宏伟目标，办好我市的教育事业。

会议在认真分析世纪之交重庆面临的新形势后指出，必须树立强烈的机遇意识，抓住有利时机，增强历史责任感和时代紧迫感，把良好机遇化为振兴教育的巨大物质力量和精神动力，满怀信心地把全市教育事业不断推向前进，为党和人民交出一份满意的答卷。

会议讨论了全市教育事业跨世纪发展的基本思路，拟定了今后的几大任务：加快教育发展步伐，把重庆建成长江上游的人才培养中心；大力加强农村教育、库区教育、民族教育，大幅度提高教育普及水平；全面提高教育质量，把学校建成社会主义精神文明的坚实基地；加强教育与科技、经济的结合，极大地提高教育为现代化建设服务的综合效益。为此，必须确保教育优先，深化教育改革，加快教育发展，提高教育质量，争取到 2010 年，重庆人均受教育年限高于全国平均水平；重庆各类教育质量在中西部居领先地位；重庆高层次人才培养能力进入全国前列。

市领导蒲海清、滕久明、肖祖修、赵海渔、罗淑芳以及市级有关部、委、办、局的负责同志出席了会议。蒲海清、滕久明、肖祖修分别在会上作了讲话，鼓励全市教育战线广大教职工抓住教育发展的大好时机，在重庆建设一批“设施一流、师资一流、管理一流、质量一流”的名牌学校，以发挥

①本文原载于《重庆日报》，1996 年 11 月 30 日。

教育现代化建设的试验、示范作用。代理市长蒲海清热情洋溢的讲话，受到与会者的热烈欢迎。他说，我们在座的每一个人都是教育的受益者，没有良好的教育，就没有今天的自己。因此，我们都应该重视教育，首先，要认真贯彻执行科教兴国这一富民兴邦的决策，经济要发展，离不开人才，更离不开培养人才的教育。要参与世界上激烈的市场竞争，关键也在人才。第二，各级政府要加强对教育事业的领导，各部门都要支持教育，为教育办实事，解决一些实际问题，给教育创造一个良好的大环境。第三，教育内部要加强学校领导班子建设、教师队伍建设、校风校纪建设，以高素质的人才回报社会。第四，各校际之间要加强联系和交流，共同提高。总之，我们重庆有很好的教育传统，有一批教育专家，有一支优秀的教师队伍。相信只要我们共同努力，一定能够把重庆的教育工作搞上去，推动全市经济工作的发展。

万县、涪陵、黔江市（地）教委主任，各区市县政府分管教育的区市县长、教委主任及渝大、市教委直属单位负责人参加了会议。

（《重庆日报》记者　李　燕）

市十二届人大常委会第二十三次会议结束 决定任命李德水为副市长[①]

昨日结束的市第十二届人大常委会第二十三次会议，决定任命李德水为重庆市人民政府副市长。

会议还决定免去辜文兴的重庆市农业委员会主任职务并通过了重庆市人民检察院、永川新胜地区人民检察院人事任免事项。

李德水到会与市人大常委见面时表示，愿尽最大努力与大家共同奋斗，把重庆工作推向前进。

此次市人大常委会审查通过了市政府的《关于我市 1995 年财政总决算变更和 1996 年 1　10 月财政预算执行情况的报告》，决定批准市政府提出的重庆市 1995 年市级财政决算。

会议审议通过了市人大常委会代表资格审查委员会《关于补选代表的代表资格的审查报告》。永川市王义昭、合川市陈启华、驻渝部队陈振球补选为重庆市第十二届人大代表。

市人大常委会主任于汉卿，副主任王文德、冯克熙、许香谷、王华生、黄梅、章必果、李克熙、陈之惠、康纲有，秘书长尹万邦出席了会议。

（《重庆日报》记者　谭红樱）

①本文原载于《重庆日报》，1996 年 11 月 30 日。

重庆市人民政府关于加快代管衔接工作进度，全面做好扩大计划单列实施准备的紧急通知

（1996 年 12 月 4 日）

重庆市人民政府

市政府各部门、各有关单位：

在市委、市政府的统一领导下，经过市政府各部门、各有关单位会同万县市、涪陵市、黔江地区两市一地共同努力，代管衔接工作取得了较大进展。但是，代管衔接的整体进度离 1997 年扩大计划单列和建立新体制的要求还有一定差距，一些部门尚未同省和国务院对口部门衔接，没有按程序要求拟定和上报代管实施方案，没有按职能分工协调解决代管衔接中的问题。1997 年将至，工作急迫，为进一步加快代管衔接进度，全面做好扩大计划单列实施准备，根据 1996 年 11 月 19 日市委常委会的部署，经 1996 年 12 月 2 日市长办公会议研究决定，现就有关问题紧急通知如下：

一、加强领导，加大力度，加快总体推进步伐

市政府各部门、各有关单位要提高认识，增强紧迫感，加强领导，加大力度，加快总体推进步伐，确保在今年 12 月中旬以前全面完成扩大计划单列实施的准备工作，建立代管的工作规范；在明年 3 月中旬以前完成重要行业体制调整方案的研究准备。具体要求：

（一）完成与两市一地的衔接，与市计委、市财政局、人行市分行的汇总衔接。

（二）完成与省对口部门的衔接，签署基数划转及工作交接协议。

（三）完成与国务院对口部委的衔接。

（四）拟定、论证并报审代管实施方案。

（五）对衔接中的问题提出解决的办法和建议。

二、明确责任，理顺程序，分工完成代管衔接

代管衔接继续实行“主管部门为主，归口部门牵头，分线分级负责”的工作方式，主管部门承担第一责任。因衔接不好影响1997年扩大计划单列实施的，要追究主管部门主要领导的责任。对责任不够明确或有交叉的衔接工作，按“体制不变，工作归口”的原则，由市级主管部门按现行职能分工主动牵头负责完成，相关部门要积极配合。

各部门、各有关单位要在完成同两市一地、同省和国务院对口部门衔接的基础上，结合本部门、本单位的实际，按程序要求拟定代管实施方案，上报归口委办协调论证；无归口委办的，送市政府办公厅论证。论证认可后，上报市政府审定。

今年12月底以前，各部门要向两市一地通报代管衔接情况，将审查认可的代管实施方案通知两市一地，明确代管的工作规范。

三、突出重点，分层分类，认真解决衔接中的问题

代管衔接中的具体问题，原则上应由主管部门负责衔接解决；主管部门解决不了的，提请归口委办协调解决；归口委办协调解决不了的，上报市委、市政府决定。对涉及全局、长远和未来新体制功能的重大问题，由市委、市政府统一决策。各部门、各有关单位要对本通知附件一系列问题，按照“大账算清楚、小账多协商、实事求是”的原则，认真处理。

抓紧年前二十多天时间，进一步加快代管衔接工作进度，全面做好1997年扩大计划单列实施准备，事关重大。市政府各部门、各有关单位务必由主要负责同志主持，落实经办人员，对照附件一、附件二，对工作进行一次清理，抓紧完成涉及1997年扩大计划单列运行的基数划转、工作交接和各项资金、物资准备，力求做到代管期间工作不断、工程不停、秩序不乱，确保1997年扩大计划单列的顺利运行，并为建立新体制做好准备。

各部门、各有关单位为扩大计划单列作准备的衔接情况，务必于今年 12 月 25 日前，以书面形式报送市政府。

特此通知。

附件一：代管衔接需解决的主要问题表（略）

附件二：部门单位代管衔接进展情况表（略）

我市传达贯彻中央经济工作会议精神
蒲海清代市长提出明年经济工作要突出八大重点[①]

重庆市传达贯彻中央经济工作精神大会，昨日下午在市委办公厅会议室举行。

市委副书记刘志忠主持会议。

市委副书记、代市长蒲海清传达了中央经济工作会议精神，并就我市当前经济形势和明年经济工作的基本任务作了重要讲话。

蒲海清说，从总体上看，今年我市的经济形势是好的，一是主要经济指标基本实现了预定的目标；二是农业生产获得丰收；三是工业生产逐月增长，效益下滑得到控制；四是市场繁荣，物价稳定；五是改革不断深入，开放进一步扩大；六是机关干部队伍建设进一步加强，机关作风有了一定改进，“严打”进一步深入，社会治安秩序稳定。但是，经济发展中存在的问题和矛盾仍很突出。主要是：结构调整的任务非常艰巨，调整的措施不够有力，步伐缓慢；新的经济增长点增长缓慢，实力不雄厚；国有企业亏损严重，效益不高；农业基础仍很薄弱，区县经济和农村经济发展步伐不快；城市基础设施建设滞后，欠账太多。

蒲海清指出，明年全市经济工作总的指导思想是：坚持邓小平建设有中国特色社会主义理论和党的基本路线、基本方针，认真贯彻十四届六中全会和中央经济工作会议精神，解放思想，把握大局，稳中求进，紧中求活，积极推进两个根本性转变，深化改革，扩大开放，继续强化农业基础地位，加

---

①本文原载于《重庆日报》，1996 年 12 月 10 日。

大工业结构调整力度，大力发展第三产业，促进经济进入持续、快速、健康发展轨道。

蒲海清说，明年经济工作突出八个方面的重点：一是进一步解放思想，深化改革，扩大开放。国有企业改革，始终是各项改革的中心环节，要再振重庆改革雄风，再创重庆改革形象。加强对改革的指导和服务，调动区市县发展经济和改革的积极性。进一步放活国有小企业，所有市属小企业要全部下放到区市县。二是强化农业基础，推进农业和农村经济全面发展。三是加大结构调整力度，提高工业增长的速度和效益，在继续保持重工业优势的前提下，加快轻工业的发展。轻工业的发展要突出重点，选准产品，明确责任。对优势产业和优势产品要重点扶持，制定鼓励政策。四是大力发展以商贸、金融为重点的第三产业。五是加快以交通为重点的基础设施建设，深入开展创建文明城市活动。市委、市政府确定明年为交通发展年，要确保万县长江大桥、涪陵长江大桥、袁家岗立交桥和国道319西秀段改造完工；确保重庆至綦江、万县至梁平高速公路、黄花园大桥和朝天门至江北至弹子石"金三角"空中客车线路和石板坡立交桥开工建设。六是搞好移民工作，加快库区经济发展。七是大力加强精神文明建设，推进社会事业全面发展。八是转变职能，转变作风，确保各项工作顺利实施。

蒲海清最后强调，明年既是中国历史上一个极其重要的年份，也是重庆历史发展的关键之年。我们面临的任务艰巨而繁重。我们要坚定信心，振奋精神，牢牢把握大局，再接再厉，同心同德，奋力开创两个文明建设的新局面。

市委、市人大、市政府、市政协的领导同志，老同志，市级部、委、办、局主要负责同志，万县市、涪陵市、黔江地区的领导同志，各区市县及部分大型企业的负责同志参加了会议。

（《重庆日报》记者　张德泽）

总理关心我市拆迁安置工作
特批专项贷款开始启动[①]

李鹏总理关心我市拆迁户安置工作，不久前特批给重庆的3亿元拆迁安置专项贷款贷放工作全面展开。魁星楼公司成为第一家启动这笔资金的开发企业。魁星楼片区的拆迁户们继两周前101户入住新居后，12日又有12户拆迁户领取了位于观音桥的新居钥匙。

4年多的大规模旧城改造使重庆城区的拆迁户达到8.7万户，32万人，至今为止有4.9万户已经安置，还有3.8万户应在近两年安置，仅渝中区就有3.43万户。而在待安置的拆迁户中只有1/3能按时或稍稍推迟回迁，2/3已不可能回迁。因此拆迁安置已成为重庆目前的最大难题之一。

为了使用好专项资金，化解拆迁安置矛盾，市政府成立了领导小组，负责组织实施专项贷款的贷放工作。根据已拟定的方案，这笔资金将投放给拆迁安置矛盾突出的开发企业，由他们在郊区购房安置不能按时回迁或不愿回迁的拆迁户，同时盘活部分存量房产。首批16家开发企业已经着手进行这项工作。

魁星楼公司作为我市最早进行旧城改造的开发公司之一，他们的第一批拆迁户的过渡期已经长达4年多。记者12日在江北区嘉陵三村看到，已迁进新居的拆迁户们喜气洋洋，正在领钥匙的拆迁户激动万分。拆迁户胡建秀流着泪说：我做了4年多的新房梦今天终于成了现实。该公司负责人介绍，公司正在以江北区和南岸区为重点，与多家开发商磋商，积极购房，推进异

①本文原载于《重庆日报》，1996年12月13日。

地安置工作。

市长助理陈乃文在现场表示，从现在起至明年，市委、市政府将本着为民办实事的原则，全力以赴抓好专项资金的贷放工作，逐步解决拆迁户的困难，为他们排忧解难。

（《重庆日报》记者　张进原）

市十二届人大常委会举行第二十四次会议
决定任命甘宇平为副市长
通过市人大常委会明年上半年工作要点[①]

昨日下午召开的市第十二届人大常委会第二十四次会议，决定任命甘宇平为重庆市副市长。

新上任的甘副市长到会与全体常委见面时称，作为市政府领导成员之一，深感责任重大。他表示，一定以《中国共产党党章》规范自己的言行，以人民答应不答应、满意不满意作为工作的出发点和落脚点，勤政为民，廉洁奉公，当好人民公仆，做好市政府主要领导的助手。此前，四川省第八届人大常委会第24次会议已接受甘宇平辞去副省长职务。

此次人大常委会还审议通过了市人大常委会1997年上半年工作重点。决定，明年上半年工作重点是：全国人代会召开前的有关代表视察和参加会议的组织服务工作；地方性法规的清理和修订准备工作；指导各区市县开好人代会；市人代会的各项筹备工作。在法律监督和工作监督方面，重点对《行政处罚法》和修改后的《刑事诉讼法》的执行情况及人民群众关注的拆迁安置、市场物价、企业改革等热点难点问题进行督促检查。

会议由市人大常委会主任于汉卿主持，副主任王文德、冯克熙、许香谷、王华生、黄梅、章必果、李克熙、陈之惠、康纲有，秘书长尹万邦出席了会议。列席会议的有：副市长肖祖修，市政协副主席邓中文，市法院、市检察院负责同志及市人大各专门委员会、市人大常委会各办事机构负责人。

（《重庆日报》记者　谭红樱）

---

①本文原载于《重庆日报》，1996年12月24日。

总结经验　明确任务　突出重点　狠抓落实
我市第八次环境保护会议召开[①]

重庆市第八次环境保护会议昨日召开。唐情林副市长在工作报告中提出了我市“九五”期间环境保护的主要任务：以保护饮用水源和防治大气污染为重点，优化产业结构、能源结构和布局结构，减少和防止结构性失调造成的环境污染。突出城市环境综合整治，狠抓工业污染防治，开展第三产业和生活污染防治，加强农村生态环境保护。

代市长蒲海清主持大会。市领导于汉卿、滕久明、陈之惠等出席了会议。国家环保局副局长叶汝求、四川省环保局局长郭兴邦在会议上讲了话。

唐情林在题为《总结经验、明确任务、突出重点，扎扎实实推进我市环境保护工作》的报告中，总结了我市“八五”以来环保工作的进展和经验，部署了“九五”环保工作，明确提出我市环境保护的主要目标：到2000年，力争全市环境污染和生态破坏的恶化趋势基本得到控制，主要污染物的排放总量控制在国家下达的计划内，城区的环境质量基本稳定。为此，在“九五”期间至2010年，我市将实施四大环境保护整治系统工程：一是以控制酸雨和对部分大气污染重点企业进行烟气治理为主的大气污染控制系统工程；二是以城市污水综合治理、工业废水治理和主要次级河流综合治理相结合的水污染治理系统工程；三是以城市生活垃圾、工业固体废弃物综合利用和无害化处理为主的固体废弃物处理系统工程；四是以丘陵瘠地及中低产田改造、绿色屏障工程建设、水土流失治理、山地灾害防止及三峡库区农业生

①本文原载于《重庆日报》，1996年12月24日。

态建设与监测为主的生态农业系统工程。

当前我市的环境形势十分严峻，但环保工作正面临着难得的历史发展机遇。唐情林在报告中强调，要切实加强政府对环保工作的领导，要把环境保护纳入国民经济和社会发展的中长期规划和年度计划，把环境保护目标和措施的完成情况作为评定政府工作成绩、考核领导干部政绩的主要内容，加强环保部门参与综合决策的职能。

在昨天的会上，市环保局局长吉光树传达了全国和省第四次环境保护会议精神。国家环保局叶汝求副局长向荣获 1995 年度“全国环境保护先进企业”的中国嘉陵工业股份有限公司颁发了奖状和证书。

万县市、渝中区、南川市、大足县、嘉陵集团和市化工局在会上作了环保工作经验交流发言。

（《重庆日报》记者 李富伦 胡 萌）

我市环保工作会议强调
加强环境法制建设　狠抓环保工作落实①

为期两天的重庆市第八次环境保护会议于昨日结束。会议强调，要坚决贯彻环境保护基本国策，狠抓环保工作的落实，加强环境法制建设，加大执法监管力度，实施可持续发展战略，坚定不移地走环境与经济协调发展的道路，推动我市的环境保护工作上新台阶。

副市长唐情林主持了昨天的会议。市领导张德邻、于汉卿、陈之惠、邓中文出席了会议。

市委书记张德邻在会上作了重要讲话。他着重阐述了我市实施生态经济发展战略的深远意义，提出了区域生态经济建设的构想，从可持续发展战略的高度强调了进一步加强我市环境保护工作的重要性。

市人大常委会主任于汉卿在会上强调了进一步加强我市环境法制建设和执法监督管理的问题。于汉卿说，从一定意义上讲，环境保护的成效如何，取决于环境法制的健全和完善。针对目前我市环境法制薄弱的状况，我们必须按照江泽民总书记提出的“依法治国，建设社会主义法制国家”的方针，要严肃查处和纠正违反环保法律的行为，坚决对污染严重的企业依法实行“禁止、不准、取缔、关闭、停产、限期治理”，对造成重大环境破坏和损害的要依法追究刑事责任。我们要加快法制建设，强化环境执法，加大执法力度。首先，必须强化各级领导和各有关部门的环境意识和法制观念。其次，各级政府要加强对环保执法工作的领导，依法负起改善本辖区环境质量的责

①本文原载于《重庆日报》，1996 年 12 月 25 日。

任，旗帜鲜明地支持执法者履行法律赋予的职责。第三，要加大环境法制的宣传力度。

于汉卿还强调，各级人大将继续积极支持、督促同级人民政府履行保护环境的职责。各级人大常委会和人民代表对环境执法和环保目标任务的实施情况，可以视察、听取汇报、开展工作评议，对于群众反映强烈的环境问题，人大代表要依法行使职权，积极向当地政府和有关部门反映，督促其尽快解决。

副市长唐情林对贯彻落实会议精神提出了具体要求。他说，首先要做到“五落实”：领导要落实，要有领导专门抓，要把环保工作提到重要的议事日程；机构要落实，要配备足够的专业人员；规划要落实，到2000年，“两江”水质基本达到Ⅲ类水域的水质标准，城区大气质量除二氧化硫外达到国家三级标准；环保投入要落实，现有排污费不够，各区市县政府必须安排一定的资金，此外，该收的环保费要收，不能任意免收；工作要落实，要认真贯彻国务院、四川省和重庆市关于加强环境保护工作若干问题的《决定》。

唐情林还强调了对15类污染严重企业的取缔、关停工作。我市第一批应取缔、关停的污染严重企业共247家（不含涪陵、万县、黔江），对这些企业要坚决实施取缔、关停政策，各级政府必须坚决执行。这项工作还将作深入的调查研究，然后再提出第二批应取缔、关停企业名单。

（《重庆日报》记者 李富伦 胡 萌）

实施可持续发展战略 为把我市建设成为山清水秀的生态经济区而奋斗[①]

张德邻

重庆市第八次环境保护会议，是近段时间内，市委、市政府陆续召开了国有企业改革工作会、扶贫工作会、移民工作会之后的又一次全市性的重要会议。这次会议是针对重庆面临的四大战略任务之一——保护生态环境而召开的。会议的主要任务是：根据全国第四次环境保护会议精神，研究如何在我市实施可持续发展战略，进一步落实环境保护基本国策，把重庆建设成为经济蓬勃发展、生态良性循环、人民安居乐业的山清水秀的生态经济区问题。通过与会全体代表的共同努力，会议开得非常顺利，完成了预定任务，取得了圆满成功。下面我就我市实施可持续发展战略的有关问题代表市委讲三点意见：

一、防治环境污染，保持生态平衡，是关系到重庆长远发展的重大战略问题

应当肯定，重庆的环境保护工作通过环保战线职工 20 年的辛勤劳动和全市人民的共同努力，取得了有目共睹的成绩。“八五”期间，全市在城市化进程加快、经济快速发展的情况下，由于加强了工业污染防治和城市环境综合整治，环境质量基本稳定，并且在一些局部地区和个别指标上还有所改善。但是我们不能不看到，重庆的环境形势并不乐观。二氧化硫和酸雨污染相当严重；水环境质量呈恶化趋势，城市功能区噪声、建筑施工噪声、社会

①本文原载于《重庆日报》，1996 年 12 月 26 日。

生活噪声扰民问题已成为市民投诉的热点；全市工业固体废物年排放量近千万吨，综合利用率不到50%。环境问题日益成为影响、制约重庆地区经济和社会发展，危及人民群众健康的重要社会因素。

重庆的环境现状有着深刻而复杂的社会、历史背景。从根本上讲，传统的发展观念长期在重庆的发展战略选择上起支配作用。由于这种观念是以高投入、高消耗为其发展的重要手段和基本途径，以高享受、高消费为其发展的追求目标，因而片面地强调发展经济的目标、速度和数量，而忽视保持生态系统的平衡，其结果带来了严重的环境与生态危机。同时，重庆的产业结构很不合理，第三产业在国民经济中的比重偏低；工业以机械、冶金、化工为主，重污染型居多；能源以使用高硫高灰粉煤为主，煤烟型污染尤其突出。此外，重庆的工业布局主要沿长江、嘉陵江两岸及铁路、公路线发展，造成部分严重污染企业位于城市上风向和饮用水源上游，增加了解决环境问题的难度；母城区内工业特别密集，其密度达4249.6万元每平方公里；乡镇工业企业小而分散，难以形成规模。由于结构性矛盾突出，经济效益低下，多数企业缺乏靠自身积累治理污染的能力。

重庆正处在一个历史性的重大转折时期。行政建制作重大调整之后，不仅经济发展任务繁重而紧迫，环境问题也突出地摆在我们面前。三峡库区的绝大部分在重庆的管辖区内，三峡工程成库后，长江库区江河将由流速快、流量大的河川变成流速慢、滞留时间长、回水面积大的人工水库，水体自净能力将减弱，泥沙淤积加剧，上游及库区沿线的污染一时难以避免。对于重庆地区环境问题的复杂性、严重性，我们必须以对人民利益高度负责的精神重视它，研究它，下决心解决它，决不能在这个事关全局的重大问题上有丝毫的懈怠。

二、建设生态经济区是解决重庆环境问题加快重庆经济发展的战略选择

在我国进入第九个“五年计划”和面临世纪之交的新时期，党中央明确提出可持续发展是我国未来发展的一个重大战略。按照这一战略的要求考虑重庆今后的发展，必须做到经济、社会发展与人口、环境和资源相协调。经过前段时间有关部门和专家的反复研究论证，现已提出了一个建设生态经济区的构想。市委认为，这一构想充分考虑了经济发展同人口、环境、资源等

多种因素的结合，兼顾了当代人的利益和子孙后代的利益，是可持续发展战略在重庆的具体化。这里着重强调三点：

（一）生态经济区建设必须立足于重庆的环境与发展现实，以发展为前提，并在发展的同时保护环境

首先，要确立发展是硬道理的思想。为满足迅速增长的人口和不断提高生活水平的要求，发展始终是我们追求的第一目标。我们所面临的各种困难，所遇到的各种问题，最终要靠加快发展来解决。因此，任何时候都要坚持以经济建设为中心，大力发展社会生产力，不断增强我市的经济实力。

第二，在发展中谋求速度与效益、数量与质量相统一。毋庸置疑，重庆在面临既要完成大规模移民任务，又要带动大面积农村，实现区域经济优势互补、共同发展的新形势的巨大压力，必然在加快发展的进程中体现出超常规和跨越式发展的要求。但是一定要注意提高质量和效益。要从外延式的发展逐步转向内涵式发展。经济的发展包括数量的增长和质量的提高两部分，数量的增长是有限的，而依靠科学技术的进步，努力提高经济的质量，才能使发展得以持续。

第三，发展中必须采取措施防治环境污染，做到资源能源的合理利用，保持生态平衡。在生态环境的保护上，实施主动预防，积极治理战略。2000年前，以控制现有污染发展为主要目标，实施污染物排放的总量控制；2010年以前，以大幅度削减污染物为主要目标，有效防治库区环境污染，维护和建立新的生态平衡。2010年以后，以生态环境质量明显改善为主要目标，逐步实现生态环境良性循环。环境保护作为发展进程中重要组成部分，同时也是衡量发展水平和发展质量的客观标准。不能单纯用GNP作为评价发展的标准，不能用局部的发展去损害全局的发展，不能用今天的发展去损害明天的发展。经济发展与环境保护的协调统一，实际上是眼前利益与长远利益、局部利益与全局利益的有机结合。

（二）从整体上优化生产力布局和产业结构

从我们整个地区的客观实际看，大城市与大农村并存的状况，在生产力上表现为先进与落后并存。即城市较发达的现代化经济与农村落后的小农经济并存；相对先进的科学技术、较高程度的自动化、系统化生产装备与传统

技术、传统生产工具并存；丰富的资源与开发滞后并存。上述状况从总体上则表现为区域经济发展不平衡。优化生产力布局，一定要充分考虑到是否有利于发挥优势，是否有利于改变区域经济发展的不平衡状况，是否有利于加大资源开发力度，是否有利于在三峡库区形成一个新的产业群。总之一句话，是否有利于增强发展的后劲，实现持续、快速协调发展。调整产业结构和发展方向时，要强化国民经济基础结构，稳定推进第一产业，调整提高第二产业，加快发展第三产业，促使产业升级。

在规划和加快支柱产业和优势行业发展的同时，要加大环保产业发展的速度和力度。要抑制发展能耗大、污染重、效益差的产品。现有高能耗、重污染企业，应通过技改向降耗、减污、创造增值深度方向发展。所有产业在选择建设项目时，要始终把环境保护放在优先位置，有些项目虽然有很好的经济效益，但如果会对环境造成危害，也宁可舍弃而在所不惜。在工业生产上，要积极推行清洁工艺和清洁生产，实行污染全过程控制，努力降低物耗能耗。在农业生产上，大力发展生态农业，建立开放性的农业生产体系，农、林、牧、渔各业互为补充，山、水、田、林、路全面规划，共同发展。在第三产业上，要避免那些高消耗、高消费的服务，积极倡导绿色消费和勤俭节约。发展乡镇企业是一条坚定不移的方针，但乡镇企业中的小造纸、小电镀、小炼硫、小化工等，很多是土法上马的，工艺装备落后，管理水平差，资源和用率低，重复浪费严重，成为造成农村污染的主要来源，要下决心予以取缔、关闭或停产。

（三）生态经济区建设应从自然生态因素和社会经济因素的特点出发，实施不同的发展战略

1. 中心城区实施大城市发展战略，采取以都市圈为核心的组团式布局，依托老工业城市基础，重点发展现代工业、高新技术产业及金融、商贸等第三产业，注重污染治理、生态保护和人口控制，使之成为我国中西部工业生态经济型的大都市。

2. 在三峡库区以长江干流为主线、实施生态经济发展战略，采取大、中、小城镇链及组团式布局，充分利用和保护长江（库区）水域以及两岸资源，重点发展农林、轻工、食品、机械、交通、旅游业，有效控制人口，开

发人力资源，把三峡重庆库区建设成为经济蓬勃发展生态良性循环的山清水秀的生态经济区。

3. 各支流、小流域实施小流域综合发展战略，立足本地资源与生态环境条件，以农林为本，宜农则农，宜工则工，宜矿则矿，合理布局小城镇，逐步转移农村剩余劳动力，努力发展经济，充分利用资源，切实保护环境，加快小康富裕步伐。

三、切实做好环保工作，树立党和政府全心全意为人民服务的优良形象

（一）教育各级领导干部从政治和战略高度认识环境问题

提到环境问题，有的人总是不以为然，认为当务之急是要把经济搞上去，环境保护可暂时放在一边；还有的人把环境保护置于经济建设的对立面，认为环境保护是发展经济的"绊脚石"；甚至有的人还没有摆脱"先污染，后治理"错误发展思想的影响，不惜牺牲环境为代价换取眼前利益。各级党委政府必须针对这种状况对干部加强宣传教育，认识环境和资源是人类生存和发展的基本条件，如果没有一个良好的生态环境和长期可利用的自然资源，人类将失去赖以生存和发展的基础，经济、社会也难以协调发展；环境保护关系到我国经济能否持续发展，关系到人民生活质量能否不断提高，关系到中华民族子孙后代的生存、繁衍，党和国家在整个国民经济和社会管理中，把控制人口增长和保护生态环境确定为全党和全国人民必须长期坚持的基本国策，充分说明保护环境在国民经济和社会发展中处于非常重要的地位；随着人们生活逐步步入小康水平，改善环境质量日益成为改善生活质量的一个重要组成部分。环境保护做好了，人民高兴，更加拥护党的领导。反过来，群众处于环境污染中无人过问，就会不满，就会怨声载道。无论是从我国现代化建设所面临的客观条件看，还是从现代化建设所追求的最终目标看，环境保护都是当前和今后我国经济、社会发展的客观需要和必然选择。各级党委、政府及其领导干部一定要不断强化环境保护基本国策，用政治家的敏锐力和跨世纪的眼光来看待环境问题，加大力度抓好环保工作。

（二）采取有力措施，加强党和政府对环保工作的领导

首先，要把环境保护摆上十分重要的议事日程，党委和政府领导定期研

究环保工作要形成制度，每年都要召开一两次会议，听取环保工作汇报，专题讨论和研究本地区的环境问题。各级政府每年还要向同级党委、人大和上级政府报告环保工作，接受监督指导，切实建立起环境决策指导和协调机制。二是实行环境保护行政领导负责制。按照“政府一把手对本地区环境质量负责，部门领导对本系统环保工作负责”的原则，各级政府和各部门“一把手”必须亲自抓环保，“一把手”管“一把手”，层层负责，“一个声音喊到底”。同时严格检查考核，其考核结果要作为干部晋职晋级的依据之一。三是加强政府的综合管理和统一指挥，协调各部门认真履行环保职责，形成齐抓共管的强大社会力量。四是切实保障环保部门对环境的统一监督管理职能，进一步健全环保机构，不断充实环境执法管理力量。为提高环境执法的权威性，各级党委、政府还要赋予环保部门参与国民经济和社会发展综合决策的职能，在建设项目环境管理上行使环保第一审批权，在评优创先中行使环保一票否决权。五是在环境保护的重大问题上加强督察，各级纪检、监察部门要积极介入，确保政令畅通。

（三）建设一支勤政为民、业务精良、秉公执法、清正廉洁的高素质环保执法队伍

环保队伍建设首先要抓思想素质。环境保护是一项为人民谋福利、为子孙后代造福的伟大事业，是人民群众根本利益之所在。做好环境保护是同实践党的宗旨、弘扬红岩精神、加强社会主义精神文明建设相联系的，环保工作者必须从维护人民群众利益的立场出发，急群众之所急，想群众之所想，兢兢业业地完成自己肩负的历史使命。其次，要具有过硬的业务本领。所有环保工作者，既要精通环境保护技术，又要懂得相关学科知识；既要掌握环保方针政策和法律法规，又要有在紧急情况下处理各种复杂问题的能力。第三，必须做到依法行政、秉公执法。遇到矛盾，决不能心慈手软，不管是谁，只要违反了环保法规，都要敢于查处，敢于碰硬。第四，必须做到清正廉洁，严格遵守党纪国法，决不容许以权谋私、徇私舞弊行为发生。环境保护是一项功在当代、利在千秋的大业。让我们以党的六中全会精神为指针，抓住机遇，振奋精神，努力开创环保工作的新局面，把一个经济持续发展、人民安居乐业、生态环境优美的新重庆带进 21 世纪。

吴邦国副总理在重庆考察工作①

中共中央政治局委员、国务院副总理吴邦国就重庆老工业基地改造与振兴、重庆经济发展问题专程来我市及三峡库区进行了为期9天的考察。他强调指出，党中央、国务院十分关心重庆的经济发展和老工业基地改造，并寄予很大期望。重庆老工业基地的改造与振兴根本出路在于实现两个根本性转变。要进一步解放思想，更新观念，理清思路，加大改革开放力度，加快改造与调整的步伐，着力培育新的经济增长点，使老工业基地继续发挥骨干作用，切实担负起三峡库区移民、发挥中心城市带动作用、走出大城市带大农村发展新路子的历史重任。

受李鹏总理委托，12月14日至22日，吴邦国在市委书记张德邻、代理市长蒲海清等市领导的陪同下，与国务院19个部门的负责同志一起考察了我市冶金、机械、化工、军工、轻纺、医药等行业的16个企业和一些基础设施项目，以及涪陵市、万县市工厂搬迁、移民安置情况，听取了重庆市委、市政府关于老工业基地改造和经济发展情况的汇报，并作了重要讲话。吴邦国在讲话中充分肯定了新中国成立40多年来，特别是改革开放以来重庆取得的成就，以及对国家作出的贡献。

吴邦国指出，重庆国有经济占的比重大，在由计划经济向市场经济转轨过程中，国有企业面临的困难和问题，在重庆反映得更集中、更突出。但在困难面前，重庆的干部职工精神状态是好的，没有被困难所压倒，对振兴重庆有信心，这是重庆发展的希望之所在。

---

①本文原载于《重庆日报》，1996年12月23日。

他说，重庆经济的发展虽面临许多困难，但也面临着千载难逢的发展机遇，前途是光明的。随着国家经济发展战略向中西部的转移，重庆作为中西部地区中心城市地位的加强，以及三峡工程的建设，都为重庆的发展带来难得机遇。只要在以江泽民同志为核心的党中央领导下，广大干部群众进一步解放思想，艰苦奋斗，重庆的振兴是大有希望的。

关于重庆的老工业基地改造和经济发展，吴邦国提出，首先，要进一步理清经济发展的思路，制订好发展的规划。一个科学的符合实际的发展规划，本身就是一笔财富。发展规划的制定应体现这样几个原则：一是要有所为，有所不为。发挥重庆的比较优势，扬长避短。只有有所不为才能有所为。二是要坚持择优扶强的原则，重点支持优势产业、优势企业、优势产品，发挥优势企业和优势产品在经济结构调整中的积极作用。三是要立足现有企业的改组改造，充分发挥现有企业的生产能力，尽可能少铺新摊子。四是要量力而行，有多少钱办多少事。

第二，要加大经济结构调整的力度。重庆的经济能不能振兴，关键在于调整结构。要适应市场的需求，调整一、二、三产业的关系，大力发展第三产业，更好地发挥中心城市的功能。要改善“重工偏重，轻工偏轻”的不合理结构。重庆的轻工业这几年发展势头也很好，已具备了一定基础，形成了一些在全国有一定知名度的名牌产品。要继续提高产品质量和档次，发展规模经济。重庆有着得天独厚的旅游资源，发展潜力巨大，要加快旅游事业的发展。在继续发展国有经济的同时，要大力发展乡镇企业和个体私营经济。要努力改变“大而全”“小而全”的状况，以市场为导向，以产品为龙头，立足资产合理流动和重组，积极创造条件，促进企业间的兼并联合，走集团化、规模化的发展道路，形成经济发展的明显支柱产业。

第三，进一步加大技术改造的力度。一是要把项目选好。过去这方面的教训很多，不能再背上新的包袱。在供求基本平衡的市场条件下，切实把技改的立足点放在调整产品结构、提高产品质量和加强产品技术含量上。二是要有足够的资本金，不能搞无本买卖。三是与改革、改组、加强管理结合起来，单纯的技术改造不能解决企业持续发展的动力，必须建立新的机制。新项目必须要有新机制，搞一项成一项，促进重庆经济结构的调整。

第四，切实加强企业管理。加强企业科学管理，不仅是深化企业改革、建立现代企业制度的基本要求，也是企业工作的当务之急。不同行业、不同企业的情况千差万别，但坚持以市场为导向，全面改善经营，加强管理，尤其是财务管理，遏制成本费用上升的任务是相同的。实践证明，加强企业管理的潜力大得很。要进一步推动“学邯钢、抓管理”活动的全面展开，努力提高企业管理水平，提高企业经济效益。强加管理，提高效益，还有一个很重要的方面，就是千方百计分流富余人员。国有企业特别是大中型企业，人员多，负担重，几千、上万人，就靠一二种产品吃饭，很难吃饱。多分流一些富余人员，就多一份效益。这方面的潜力很大。

第五，要坚持两个文明一起抓，努力保持社会稳定。稳定是一切工作的前提，必须高度重视。重庆结构调整的任务重，困难企业较多，要安排好困难企业的职工生活，妥善解决好下岗、待岗职工的安置工作。此外，随着三峡库区建设的推进，移民任务越来越重，要抓早抓细抓好。在一定意义上说，三峡工程建设顺利与否关键在于移民。

吴邦国强调指出，重庆有一个非常广阔的发展前景。当前关键是要抓住机遇，真抓实干，一是进一步解放思想，转变观念。重庆的振兴要立足于自己的努力，不等、不靠，面向市场，鼓励实践，大胆试、大胆闯，以“三个有利于”作为判断各项工作是非得失的最终标准。只有坚持“三个有利于”标准，改革才能有正确的方向，才能不断深化。二是发扬艰苦奋斗的作风，准备过几年紧日子。要自力更生，艰苦奋斗，把有限的资金用好，集中力量办几件大事。三是进一步加大开放力度，做到万商云集重庆。要对国外开放，对全国各省市开放，对中央企业开放，引进资金，引进技术，引进管理，引进人才，加快重庆的调整和振兴。四是调动市和区县两级政府的积极性。只有市里的积极性，没有区县的积极性，不行。调动区县积极性，一个很重要的方面就是下放权力：下放权力，不是不管，而是集中精力管大事。职能部门要想得通，开明一点，这对整个经济的发展很有好处。

吴邦国最后希望领导班子加强团结。团结出生产力，团结出凝聚力，团结出战斗力。一定要搞五湖四海，多琢磨事，少琢磨人，几套班子同唱一台戏，上下一条心，集中精力抓发展。领导干部心中要装着老百姓，关心群众疾苦，想群众所想，急群众所急，为人民办实事，办好事，振奋精神，增强信心，带领群众艰苦奋斗，扎实工作，勤政廉政，做人民公仆，不辜负党中央、国务院的重托。

国务院19个部门的负责同志来渝前作了充分的准备，考察期间与我市有关部门进行了对口座谈和交流，对重庆经济发展和老工业基地改造、振兴提出了指导性的意见，并帮助解决了重庆的一些实际问题。随同吴邦国考察的有国务院副秘书长石秀诗和国家计委、国家经贸委、体改委、财政部、机械部、冶金部、化工部、交通部、邮电部、人民银行、国务院研究室、轻工总会、纺织总会、证监会、建材局、医药管理局、兵器总公司、有色总公司、石油天然气总公司等国务院19个部门的负责同志郭树言、刘淇、顾秀莲、黄镇东、吴基传、戴相龙、张俊九等。四川省委书记谢世杰、省长宋宝瑞也参加了有关会议。

（新华社记者 蒋 鹏 杨 力 《重庆日报》记者 张德泽）

市委召开七届八次全委（扩大）会议传达贯彻吴邦国副总理讲话精神[①]

中共重庆市委昨日召开七届八次全委（扩大）会议，传达、学习国务院副总理吴邦国在重庆考察时的重要讲话，传达国务院有关部委领导同志对加快重庆工业发展的意见，统一思想认识，提出全市贯彻落实的初步打算。

市领导张德邻、蒲海清、于汉卿、张文彬、王云龙、刘志忠、金烈、黄立沛、滕久明和段大明等副省级离休老同志参加了会议。

会议由市委副书记王云龙主持。

市委副书记、代市长蒲海清传达了国务院副总理吴邦国最近来我市考察工作时的重要讲话。市委书记张德邻在会上作了题为《振奋精神，转变观念，理清思路，加快发展，努力把重庆工业经济搞上去》的重要讲话。

张德邻说，在年末岁尾，中央和国务院各方面工作都十分繁忙的情况下，吴邦国同志受李鹏总理的委托，率领国务院 19 个部门的领导同志来重庆，就老工业基地的改造发展问题进行了为期 9 天的考察。考察中，吴邦国同志对重庆今后的发展特别是工业发展发表了重要讲话，中央各部门的领导也提出了许多好的富有建设性的意见，具体帮助我们解决了发展中的不少实际问题。这体现了党中央、国务院对重庆工作的关心和支持，必将对重庆的发展产生重大的积极影响。

张德邻指出，认真贯彻落实吴邦国同志讲话精神，当前应当抓紧做好三件事：一是层层传达学习好讲话精神，进行广泛动员，在全市形成人人关心

①本文原载于《重庆日报》，1996 年 12 月 31 日。

工业，支持工业发展，集中精力抓工业的浓厚氛围。二是把吴邦国同志和国务院部委领导讲的意见，初步定的若干政策，分门别类地梳成辫子，逐条落实到具体部门和责任人头上，限期抓出结果。三是根据吴邦国同志讲话精神，认真总结经验教训，理清工业发展思路。

张德邻强调，理清发展思路，一是要有正确的指导思想。一定要坚持“有所为、有所不为，扶优扶强，立足现有企业、现有能力，量力而行”的指导思想，找准着眼点，端正立足点，注意把握：始终以改革开放的精神来抓工业经济；立足于两个根本性转变，着力提高经济增长的质量和效益，走内含扩大再生产为主的路子；坚持改革、改组、改造和加强管理相结合，促进产业结构、产品结构、企业组织结构的调整和优化；实行以存量带动增量的投资原则，盘活存量国有资产；抓大放小，扶优扶强，不断培植新的经济增长点；扬长避短，发挥优势。二是要找准我们的优势。现在看来，我们的最大优势还是存量资产这一块，如何把这一块盘活，使其成为真正的优势，需要花大功夫。当前急需办的是把我们的优势产业、优势行业、优势企业和优势产品重新排一排队，搞清楚哪些是现实的优势，哪些是潜在的优势，哪些不是优势。按照“扶优扶强、抓大放小”的原则，加强分类指导，坚决把政策、资金、领导力量等倾斜在优势上，使其不断发展壮大，真正成为我市工业发展的“排头兵”“火车头”。三是按照效益至上的原则，确定建设项目。根据符合调整优化结构，有利于壮大支柱产业、培植经济增长点、盘活存量资产，有市场前景和好的效益等条件，确定要上的项目，就要集中资金和力量，坚决上；不符合这些条件的项目，要痛下决心，坚决让其停下来。同时，还要对一批已建好因缺乏资金的项目，抓紧排出名单，制定对策，择优重点扶持，使其早日投产见效。四是尽快建立项目库。近年来我市技术改造投资呈下降趋势，很大程度上是缺乏对好的项目的论证和储备造成的。项目的好坏不仅是企业技术改造成败的关键，也是能否争取资金和银行贷款的重要条件。五是主动面向市场，走多渠道筹集资金的路子。我们不能满足于“等、靠、要”，要坚持用改革开放的办法，努力增加投入。六是要着眼于21 世纪，努力培养造就一大批优秀科技和经济管理人才。七是积极用好库区政策特别是对口支援这个大政策，大力改善投资环境，吸引更多的外地企业来库区落户。

张德邻最后强调，要进一步解放思想，转变作风，保持良好的精神状态。必须把解放思想当作思想建设一项经常性的重要任务，常抓不懈；必须在务实上下功夫，说了算，定了干；必须始终保持一种旺盛的精神状态。要振奋精神，增强信心，增强历史责任感，坚决克服怨天尤人，“等、靠、要”的消极思想情绪，牢固树立艰苦奋斗、迎难而上、锲而不舍的精神和作风，牢固树立负重自强，坚决把重庆经济搞上去的雄心壮志。要大力发扬自力更生、艰苦奋斗精神，勒紧裤带苦干几年，力争工业经济实现一年起步，三年走出困境，五年振兴，十年大发展的目标。

出席会议的有市委常委，市委委员、候补委员。列席会议的有市人大、市政府、市政协党员领导同志；市纪委常委；万县市、涪陵市和黔江地区的市委常委、地委委员，人大、政府、政协的党员负责同志，市（地）纪委副书记等党员负责同志；市级各部、委、办、局主要负责同志，部分大专院校、大型企事业单位的负责同志；各区市县委书记。

（《重庆日报》记者　张德泽）

市委市府紧急通知要求切实加强安全生产管理工作[①]

日前，重庆市委办公厅、市府办公厅发出了《关于切实加强安全生产管理工作的紧急通知》，要求各级领导要高度重视安全生产工作，严防重大事故发生。

近来，江津、涪陵等地相继发生重大沉船和特大车祸事故，造成了较大的人员伤亡和重大的经济损失，全市安全生产形势非常严峻。这些事故发生的主要原因在于部分单位安全生产工作责任不落实，部分领导干部安全生产责任制不到位，放松了安全管理工作。为有效遏制我市重大事故上升势头，《通知》要求各级党委和政府要认真加强对安全生产工作的领导，全面检查安全生产责任制的组织落实情况和对事故防范措施的落实到位情况，加大管理力度，加快整改步伐；各经济主管部门、各行业主管部门，要加强对全行业安全生产的指导和管理，制定有针对性的控制措施，督促和帮助所属企业抓好落实工作。当前安全生产工作的重点是：水陆交通运输、建筑工地施工、煤矿开采、火工、化工生产及大型集贸市场和繁华商贸场所等重大伤亡事故和重大火灾的多发行业和区域。各级安全生产综合管理部门、各级劳动安全部门和公安交警、消防等部门，要加大监管力度，从严处理事故责任人员，特别是事故的领导责任人员。各新闻单位要强化全民安全法制教育，以增强全民安全意识。

（《重庆日报》记者 张启华）

---

①本文原载于《重庆日报》，1996 年 12 月 25 日。

重庆市人民政府
关于实施扩大计划单列有关问题的通知（摘要）

（1996 年 12 月 26 日）

为确保 1997 年起我市扩大计划单列工作的顺利实施，根据中共中央、国务院批准四川省委托重庆市代管万县市、涪陵市和黔江地区的有关文件和省委、省政府的实施意见，现就代管期间实施扩大计划单列工作涉及的有关问题通知如下：

一、从 1997 年起，两市一地的经济与社会发展计划和财政预算纳入重庆市计划单列盘子，由重庆市统一管理。

二、重庆市政府及两市一地政府、行署各部门的现行管理体制维持不变。对责任不够明确或分工有交叉的管理工作，按“体制不变、业务归口”的原则，由重庆市市级主管部门按现行职责分工牵头衔接，相关部门应主动配合，协同管理。两市一地政府、行署应根据重庆市政府各部门的职责范围，指定部门或专人负责有关衔接工作。重庆市政府各部门不得要求两市一地在机构设置上与其对口。

三、省政府及其有关部门原对重庆及两市一地的计划指标、项目投资、物资分配、财政资金、税收征管、金融信贷、生产调度、商业贸易等各项管理权限，转由重庆市政府及其有关部门行使。

四、在扩大计划单列的管理程序上，重庆市只对两市一地。两市一地与其所属区市县现行管理程序不变。

五、原由省分配的各类资金、物资、指令性计划指标等，划转重庆后，由重庆市有关部门负责执行和分配。重庆市有关部门在分配资源时，按照省原确定的管理模式和分配原则，参照两市一地的划转基数进行分配，不得随意调减，若需调整的，应报重庆市政府批准。

六、原省对两市一地的财政管理体制维持不变，工作上按“统一领导，分级管理”的原则由重庆市制定对两市一地实施管理的办法。

七、从1997年1月1日起，两市一地原上缴省的各项预算内外收入缴给重庆市财政或有关主管部门，由重庆市按原省确定的办法进行安排和管理。

八、根据中国人民银行总行的通知和重庆市分行向人行总行汇报衔接的意见，两市一地信贷计划、金融统计从1997年1月1日起纳入重庆市扩大计划单列盘子，两市一地的银行二级分行机构保持不变，并继续按原省各分行对两市一地的管理模式由重庆市各分行进行管理。

九、从1997年1月份起，重庆及两市一地的统计定期报表，由重庆市统计局负责搜集，汇总并上报国家统计局。代管期间，重庆市统计报表在报国家统计局的同时抄送四川省统计局；两市一地所属区市县的一般定期统计报表，原则上仍按原渠道报送，由两市一地统计局汇总上报重庆市统计局。

十、重庆市政府各部门和两市一地政府、行署的政务代管衔接工作，按《重庆市人民政府办公厅关于政务代管衔接工作有关问题的通知》（重办发〔1996〕111号）精神执行；有关政府法制工作，按《四川省人民政府法制局关于重庆市代管两市一地期间政府法制工作有关问题请示的答复》（川府法函〔1996〕52号）精神执行。

十一、各级政府、重庆市政府各部门要按照中央“思想领先、平稳过渡”和市委、市政府关于一手抓代管衔接、一手抓经济发展的要求，全面做好1997年开年后各项资金、物资的准备，衔接好电力、天然气、交通运输等项工作，确保1997年扩大计划单列的顺利实施。

十二、本通知自1997年1月1日起施行。重庆市政府各部门应根据本通知所定原则在本部门的代管实施方案中明确扩大计划单列实施工作的管理规范和操作程序。

重庆市人民政府
关于万县市、涪陵市、黔江地区
实行分税制财政管理体制的通知（摘要）①

（1996年12月27日）

按照中共中央、国务院批准四川省委托重庆市代管万县市、涪陵市、黔江地区的有关文件，四川省委、省政府的实施意见和分税制财政管理体制的要求，为了保持政策的连续性，实现平稳过渡，现就两市一地的财政管理体制通知如下：

一、地方事权和支出的划分范围

根据四川省川府发〔1995〕69号通知确定的事权和支出范围，两市一地主要承担本地区国家机关运转及经济、社会事业发展所需支出。具体包括：地方统筹的基本建设投资，地方企业的技术改造和新产品试制经费，支农支出，城市维护和建设经费，地方文化、教育、卫生等各项事业费，地方行政管理费，公检法支出，部分武警经费，民兵事业费，价格补贴及其他支出。

二、财政收入的划分

为了促进两市一地的经济发展，保持现有的利益分配格局。财政收入的划分维持四川省对两市一地的现行办法。具体划分如下：

①本文原载于《重庆政报》，1997年第2期。

（一）中央固定收入

按照国务院国发〔1993〕85号文件和有关规定执行。

（二）重庆市级固定收入

按照四川省川府发〔1995〕69号通知和有关文件确定的省级收入，在代管期间暂作为重庆市市级固定收入。

（三）两市一地固定收入

营业税，地、县级企业所得税，上缴利润，计划亏损补贴，资源税，个人所得税，城市维护建设税，房产税，车船使用税，印花税，固定资产投资方向调节税，屠宰税，农牧业税，农业特产税，契税，遗产和赠与税，只有地县级单位参与投资的外商投资企业和外国企业缴纳的所得税，地县级城市建设综合开发企业缴纳的所得税，排污费收入，城市水资源费收入，教育费附加收入，煤炭城市建设附加费。

（四）共享收入

增值税，中央分享75%，两市一地分享25%；城镇土地使用税，重庆市分享60%，两市一地分享40%；土地增值税，重庆市与两市一地各分享50%；耕地占用税，重庆市分享40%，两市一地分享60%；国有土地使用权有偿使用收入，重庆市分享15%，两市一地分享85%；证券交易税，待该税种在我市开征后另行规定。

（五）除上述收入项目外的其他各项预算收入（包括收入退库），原属各级的预算固定收入以及按固定比例分成的收入，均维持原有规定不变。

三、税收返还数额的确定

税收返还数以1995年为基期年，确定重庆市对两市一地的税收返还基数，中央按1∶0.3系数返还地方的增量，重庆市与两市一地的税收返还基数和增长幅度挂钩，1996年后达不到基数，相应扣减税收返还数额。

四、原体制补助、专项上解的确定

原体制补助、专项上解等的确定仍按四川省财政厅已定政策办理。

五、几个具体问题的处理

（一）从1997年1月1日起，两市一地的资金调度，结算事项，各种专项追加由重庆市办理。

（二）资金留解比例仍维持四川省财政厅原定办法，即增值税、消费税上划中央收入部分两市一地留成50%的资金。

（三）两市一地农业四税的征管仍由地方税务局负责。有关税政、税票、报表统计等工作的具体管理办法由重庆市财政局与地方税务局共同制定。

为实现平衡过渡，两市一地对所属区县（市）财政体制维持不变。要强化预算管理，努力增收节支。注意调查研究，认真总结经验，及时解决出现的问题，为进一步改进和完善财政管理体制创造条件。

本规定从1997年1月1日起执行。

重塑改革新形象 再创发展新优势
我市召开深化改革加快区市县经济发展工作会议
市党政领导张德邻、蒲海清、于汉卿、张文彬、王云龙、刘志忠、金烈、黄立沛等出席会议[①]

“同心协力，深化改革，加快发展，奋力开创区市县经济工作新局面，重塑重庆改革新形象，再创重庆发展新优势!”昨天，市委、市政府召开重庆市深化改革加快区市县经济发展工作会议，标志着我市区市县经济发展将揭开崭新的篇章。

这次会议旨在进一步解放思想，转变观念，向区市县下放权力，调动市与区市县两个积极性，采取更加有效和有力的措施，加快推进区市县综合改革，促进区市县经济社会发展。

市党政领导张德邻、蒲海清、于汉卿、张文彬、王云龙、刘志忠、金烈、黄立沛、肖祖修、赵海渔、辜文兴、章必果、唐情林、周建中、许忠民、李德水、邓中文等出席了会议。

昨天上午和下午的大会由市委常务副书记王云龙主持。参加会议的有市级有关部门负责人，万县市、涪陵市、黔江地区党政领导及全市各区市县负责同志。会议还邀请了安徽省宁国县县长吴瑞荣介绍该县面向市场求发展，经济三年翻两番的经验；邀请了宜宾县县长肖健康介绍该县从产权制度入手，改组国有企业，实现三个延伸，推动县级经济加速发展的经验。本市渝中区委书记余远牧、大足县委书记郑洪也分别介绍了这两个区县改革的经验

①本文原载于《重庆日报》，1996年12月26日。

和情况。

市委副书记、代市长蒲海清在会上就加快区市县改革和发展作了重要报告。他指出，党的十一届三中全会以来，我市区市县改革和发展取得了一定成绩，全市改革从农村起步，推动城市经济体制改革逐步深入，区市县经济发展步伐加快，已成为全市经济增长的重要一翼。但要清醒地看到，区市县经济发展总体水平不高，财力和经济实力不强，在全国县域经济发展中还处于落后地位。区市县的改革，是全市改革的重要组成部分，区市县的经济发展，关系到全市发展大局，尽快改变区市县的落后面貌，振兴县域经济，已成为我们面临的一项十分紧迫的任务，一定要提高认识，增强使命感和责任感，把大力推动区市县经济发展摆上突出的战略地位。

蒲海清说，重庆面临的新形势、新任务适应区市县经济发展的新要求，市委、市政府经过调查研究，制定出台了《关于进一步下放权力，加快区市县经济和社会发展的意见（试行）》。制定这个文件的指导思想是：按照建立社会主义市场经济体制的要求，以三个有利于为标准，进一步解放思想，转变观念，立足下放权力，立足完善区市县政府的管理职能，立足增强区市县统揽经济社会发展的能力，建立完善统一领导、分级管理的行政管理体制，解放生产力，发展生产力，促进区市县经济的大发展。按照这个指导思想，文件坚持了三条原则，一是坚持统一领导，分级管理的原则；二是坚持大权集中，小权分散的原则；三是坚持有利于政府职能转变，建立新体制的原则。试行意见从六个方面大幅度下放了权力：扩大了区市县管理权限；增强了区市县的财政实力；扩大了对外开放的权限；抓大放小，全面下放市属小企业；扩大了区市县社会事业方面的管理权，增强了区市县社区管理服务的功能；积极探索新体制的管理模式。

蒲海清强调，明年区市县经济工作一定要认真贯彻中央经济工作会议精神，做好改革和发展两篇文章，在深化改革，调整结构，培育新的经济增长点，推进两个转变上迈出实实在在的步伐。在工作思路上要注意做到三个结合：一是要把解放思想、大胆探索，同实事求是、因地制宜紧密结合；二是要把改革和发展紧密结合；三是要把扩大总量与优化结构紧密结合。当前区市县综合改革和经济工作，要抓好四个重点：一是要采取多种形式深化企业改革；二是要积极推进农业产业化迈出较大步伐；三是要搞好小城镇综合配套改革，推进城乡一体化进程；四是要深化农村金融体制改革和流通体制改革。蒲海清说，区市县综合改革的内容广泛，内涵深刻，要认真去思考，去探索，拓宽经济增长的领域和途径。要充分发挥主观能动性，选择和培育好具有自身特色的产业，不断壮大区市县的财力和经济实力，争取在三五年内所有贫困区县摘除贫困帽子，再经过三五年的努力，使一批区市县进入全国经济强县、财政富县行列，为提高重庆在全国经济发展格局中的地位作出贡献。会议要求各级各部门务必把思想统一到市委、市政府的决策上来，明确责任，狠抓落实，认真贯彻执行好市委市政府《关于进一步下放权力，加快区市县经济社会发展的意见（试行）》，服从大局，确保各项政策措施落到实处，收到实效，为重庆经济腾飞作出更大贡献。

（《重庆日报》记者　蒋蓓蓓）

张德邻在区市县经济工作会议上提出
立足两个转变　全面提高区市县经济发展水平[1]

“在振兴重庆经济过程中，加快区市县经济发展大有可为。市级各部门、各区市县都是一辆车上的同行者，同志们一定要肝胆相照，以全市发展的大局为重，全面落实市委、市政府政策措施。”

昨天下午，市委书记张德邻在重庆市深化改革加快区市县经济发展工作会议总结中，要求全市干部群众紧紧抓住难得的机遇，弘扬红岩精神，共同努力开创重庆经济腾飞的全新局面。昨天，与会同志围绕蒲海清同志的报告和《进一步下放权力，加快区市县经济和社会发展的意见（试行）》，结合本单位、本地区实际，进行了认真、深入的讨论。大家普遍认为，会议主题鲜明，进一步下放权力，切中了加快区市县经济社会发展的要害，会议提出的当前和今后一个时期区市县深化改革，加快经济社会发展的指导思想和出台的政策有广度，有深度，力度大，可操作性强，充分表明市委、市政府振兴区市县经济的决心大，措施实，对于统一思想，加快改革步伐，从整体上搞活搞好区市县经济，推动全市经济大发展，具有十分重要的意义。有干头，有奔头，有希望，这是与会同志的共同体会。

市委书记张德邻在会上作了总结讲话。他希望同志们清醒地看到重庆面临的三大任务，一是搞好开发性移民，发展库区经济；二是增强中心城市的综合实力，完善城市功能，充分发挥长江上游经济中心的作用；三是探索城市带农村的新路子，加快农村经济发展，实现城乡共发展、共繁荣。三大任

①本文原载于《重庆日报》，1996年12月27日。

务能否完成，首先要看区市县经济发展得如何。重庆经济发展就是要一手抓国有大中型企业，一手抓区市县经济，二者缺一不可。在发展区市县经济中，一个十分突出的矛盾就是条条和块块的矛盾，区市县经济发展的权力不够，因此，下放权力是发展区市县经济的一把钥匙，只要有利于生产力发展，有利于增强区市县综合实力，就要放手让区市县自己去干。立足两个转变，大力培育新的经济增长点，全面提高区市县经济发展水平，这是区市县经济发展的核心所在，这篇大文章必须尽快破题。

张德邻严肃地强调：这次会议出台的政策，只能不断完善，决不能后退！市委、市政府出台的政策就是要按照建立社会主义市场经济体制的要求，进一步解放思想，更新观念，以三个有利于为标准，立足于分级管理，下放权力，转变职能，服务区市县；立足于增强区市县统揽区域经济社会发展的权力和能力，坚决改变长期以来我市普遍存在的“区市县发展潜力大，束缚多”的状况，放开区市县的手脚，在新的机遇和环境中，“八仙过海，各显神通”，千方百计推动全市经济社会大发展。市级部门要为区市县经济社会发展创造宽松环境，提供良好服务，区市县要及时调整自己的思维和工作方式，在用好用活权力上下功夫，在整体搞活、搞好区市县经济上下功夫。

这次出台的政策，是对转变政府职能，建立适应社会主义市场经济体制要求的政府管理体制和行政运行机制的积极探索，是对市级部门尤其是经济职能和经济主管部门的管理格局、权力格局和利益格局的大调整。张德邻要求各部门讲学习、讲政治、守纪律、顾大局，把全部工作融合于改革发展大局之中，摒弃传统计划经济的陋习，全市一盘棋，城乡共发展，营造“无功就是过，发展缓慢也是错”和“以政绩论英雄，以功过论是非”的氛围，大胆地试，大胆地闯，尊重区市县的自主权和首创精神，服务区市县，方便区市县，让利区市县，发展区市县。张德邻指出，加快区市县经济发展，区市县是主角。目前改革和发展已进入城乡改革联动、城乡经济交汇的新阶段，区市县范围内的城镇和农村经济之间、农业和非农产业之间的联系也日益紧密。一定要处理好城乡发展的关系、长远和当前的关系、全局与局部的关系，要把县域经济作为一个整体，牢固树立市场经济观念，加快生产要素合理流动和优化配置。要尽快调整和完善本地区经济发展战略规划，以改革统揽全局，加大改革开放力度，强化农业基础，培植支柱产业，处理好加快发展与人口、资源、环境的关系，要下功夫提高劳动者的科学文化素质。

张德邻强调，各部门各区市县一定要真抓实干，把加快区市县经济发展的任务落到实处。要围绕发展拧成一股绳，劲往一处使，拼命往前赶。要努力提高干部队伍素质，进一步转变作风，艰苦奋斗，脚踏实地，勇敢地肩负起历史重任，实行严格的工作责任制，明确阶段性任务的进度，纳入年终考核内容。

会议结束时，张德邻书记激动地代表市委、市政府向战斗在第一线的干部群众致以深切问候！他充满信心地号召全市干部群众，勤勉务实，不达目的决不罢休。经过努力，一定要在全国百强大县中看到重庆区市县的名字，重庆的经济发展一定要达到全国先进水平！

（《重庆日报》记者　蒋蓓蓓）

市维护社会稳定工作会议强调
明年仍把维护社会稳定放在首位
切实解决部分企业职工生活困难①

昨天召开的全市维护社会稳定工作会议强调指出：明年要把维护社会稳定工作放在首位，把解决部分企业职工生活困难问题作为全市社会稳定的一件大事来抓，提高认识，加强领导，从讲政治的高度，增强责任感和紧迫感。

会议传达了全省维护社会稳定工作会议精神，研究、部署了我市维护社会稳定的工作。市党政领导张德邻、金烈、刘文、王文德、李德水、蒋先齐等出席了会议。

金烈在会上作了重要讲话，他首先肯定了今年以来我市维护稳定工作的成绩。一年来，全市各级、各部门认真贯彻党中央和省、市委维护社会稳定工作的一系列指示精神。狠抓社会治安综合治理的落实，进一步深入开展了“严打”斗争，千方百计扶持困难企业，认真解决困难企业职工生活问题，重视解决贫困人口生活问题。认真做好拆迁安置工作，为全市的经济发展创造了良好的社会环境。

金烈在讲话中指出，当前维护社会稳定工作任务仍然十分艰巨，各级政府和有关部门要满腔热忱地帮助困难企业和职工解决生产、生活问题，层层建立和落实解困工作责任制。明年要建立市和区市县两级帮困资金，主要用于破产、关停企业的职工生活费和解决困难企业职工生活费贷款的贴息；要

①本文原载于《重庆日报》，1996 年 12 月 28 日。

保证困难企业职工生活费的发放；完善养老保险制度，解决困难企业离退休人员生活问题；全面实施“再就业工程”；加强企业领导班子建设，积极开展生产自救。

金烈最后强调指出，维护社会稳定，是全党全国，也是全市工作大局的要求。维护稳定要严格实行领导、部门和岗位责任制，层层落实，把工作做深、做细、做扎实。他特别强调元旦、春节期间维护社会稳定工作的重要性。政法部门要进一步发挥好在维护稳定中的职能作用。各级机关和干部要到困难企业去，到贫困山区去，到生活最困难的职工群众中去，体察民情，妥善解决好他们的困难问题；同时要组织好“送温暖”活动，让广大群众特别是困难职工感受到党和政府的关怀和温暖，把明年的稳定工作做得更好！

（《重庆日报》记者　崔　健）

我市经济运行平稳速度逐步加快
去年实现国内生产总值1175亿元，比上年增长10.7%[①]

2日，记者从市统计局发布的新闻获悉，我市在去年“九五”开局第一年中，经济运行呈现轨迹平稳，速度逐步加快的基本态势。初步统计，全年实现国内生产总值1175亿元，按可比价计算，比上年增长10.7%，其中第一产业增加值280亿元，增长4.0%；第二产业增加值493亿元，增长11.6%；第三产业增加值402亿元，增长14.7%。

1996年，全市经济从总体上看是好的，预定的主要经济指标基本可以实现，经济运行最明显的特征体现在四个方面。

投资需求从抑制中复苏，出现回升趋势。由于1996年国家财政、信贷等宏观经济政策继续趋紧，全市固定资产投资完成额在上半年一直基本维持上年水平，或略有降低，下半年开始明显回升。初步统计，全年全社会固定资产投资可完成307亿元，比上年增长14.1%。

消费需求平稳，无明显热点，但农村市场比城市活跃。1996年以来，城乡居民在经济稳步发展的同时，个人收入也有所增长。初步统计，全年职工平均工资水平可达5000元左右，增幅10.9%。相比而言，农民收入提高幅度更大，初步统计，全市1996年农民人均纯收入可达到1430元，增加263元，增幅为22.5%。与此相适应，全市社会消费品零售总额全年可达447亿元，增幅20.4%，扣除物价上涨因素后，实际增长13.1%。在农民收入增长较快的基础上，农村市场比城市活跃，县以下的零售额增幅高达25.2%，

---

①本文原载于《重庆日报》，1997年1月3日。

比市的零售额增幅高出近 7 个百分点。

工业生产起步较低，形势逐月好转。全市工业结构偏重的特征十分突出，近年来大力发展汽车、摩托车，已形成支撑国民经济稳定增长最重要的支柱产业。由于市场格局的变化，从 1995 年起，全市的汽车、摩托车出现产销衔接困难，生产萎缩，影响了全市工业生产，1996 年上半年出现滑坡现象。下半年工业生产形势有所好转，速度逐月回升，稳定在 7% 至 8% 之间，全年全市乡及乡以上工业企业完成不变价工业总产值 729 亿元，比上年增长 8.8%。其中轻工业增长 12.0%，重工业增长 6.8%，轻重工业的结构比例为 35.8∶64.2。

农村经济看好，对稳定整个经济局势起了重要作用。1996 年，农村经济出现了粮食增产、全面发展的好势头。初步统计，全市粮食总产量达 1172 万吨，比上年增长 1.6%。农业总产值实现 231 亿元，比上年增长 4.0%。乡镇企业稳步前进，全年总产值可达 1075 亿元，比上年增长 32%。农业和农村经济的全面发展，为全市国民经济稳定发展奠定了良好的基础，为丰富城市市场供应，抑制物价上涨作出了积极的贡献。1996 年全市市场价格中，涨幅长期居高的粮食、油脂、肉禽蛋和鲜菜价格较上年涨幅分别下降 12.9，24.4，14.9 和 12.5 个百分点，全年商品零售价格指数为 106.5%。

去年我市的经济运行虽然基本保持了稳定发展的态势，但从总体上来分析，特别是与全国的经济形势比较，仍然处于低效运行状态。当前，我市经济生活中突出的问题是：工业经济运行质量不高，效益大幅度下降；对外贸易形势严峻，去年出口总值比上年减少 35%；农业基础薄弱，水利设施建设滞后。

针对上述问题，今年经济工作的重点仍应继续推进“两个转变”，加大结构调整力度，以保持国民经济持续、快速、健康发展。

（《重庆日报》记者　黄晓蕾）

张德邻、张文彬考察汇利达电子集团时提出加快产业结构调整支持个体私营经济发展[①]

市委书记张德邻、市政协主席张文彬，4 日考察私营企业汇利达电子集团时，提出加快产业结构调整步伐，支持个体、私营经济发展，以推进重庆经济稳步健康发展。3 年前成立的汇利达电子集团，是生产 486/586 计算机主机、彩色显示器、光盘驱动器和多媒体卡等 4 大类 10 多种产品的电子企业，在全国 500 家最大私营企业中排名第 111 位，去年已实现产值 4 亿多元。市委书记张德邻、市政协主席张文彬一行，听取了汇利达电子集团董事长胥文义关于企业现状、产品销售和科工贸同步发展的情况汇报，并进入生产现场，考察了生产流水线，看望了生产第一线的工人。

张德邻指出，重庆是个老工业城市，产业结构、产品结构很不合理，市委、市政府正在采取措施，加大调整的力度，促进多种经济成分的发展，使重庆的经济结构逐步达到合理的比例。他说，汽车、摩托车、化工、冶金等行业需要发展，但同时必须抓住电子信息产业，否则其他产业就会失去生命力。张德邻认为，汇利达电子集团走出了一条成功的路子，指导思想明确，面向市场，加强管理，现在已经有了相当的规模，它的带动作用功不可没。

谈到支持个体、私营经济发展时，张德邻说，对汇利达电子集团的支持，要在实字上下功夫，要给予实实在在的支持。不要怕汇利达搞大，就怕它搞不大；不要怕汇利达产品的档次高，就怕它档次上不去；不要怕汇利达赚钱，就怕它赚不到钱。全市的私营经济发展越快，国家的税收也就越多，

---

①本文原载于《重庆日报》，1997 年 1 月 5 日。

重庆的经济也就越活跃。张德邻提出，汇利达可以与国有电子企业联合，建立大型电子集团，以此搞活全市的电子行业。他要求汇利达电子集团坚持正确的经营方向，坚持依法经营，把企业搞得更好。

市政协主席张文彬认为，搞好国有企业的同时，加快非公有制经济的发展，是全市产业结构调整的一个大课题。汇利达电子集团的成功，一是企业的起点高，二是有政府的支持。该集团与重庆大学的联合是有远见的，可以从中走出一条科研、生产相结合的新路子。他说，重庆国有电子工业的技术力量、设施设备是有基础的，完全可以组织一批企业与汇利达配套，不分所有制，成立一个大型的电子信息产业集团。张文彬建议市委、市政府，按照扶优扶强的原则，把汇利达电子集团纳入扶持的范畴，从政策上、资金上给予倾斜，支持汇利达，带动全市电子信息产业的发展。

（《重庆日报》记者　王俭丰）

市委中心组学习会提出
工业经济一年起步五年振兴[①]

市委中心组学习会昨日结束。会议强调，要进一步认清我市工业经济发展的形势，确立工业在全市经济的主导地位，解放思想，转变观念，理顺思路，明确措施，落实责任，实现工业经济“一年起步、五年振兴”的目标。

市领导张德邻、蒲海清、于汉卿、张文彬、王云龙、刘志忠、金烈、黄立沛、滕久明参加会议。张德邻、蒲海清在会上作了重要讲话。会议认为，重庆作为老工业基地，结构性矛盾十分突出，经济发展的关键是要调整结构。要以调结构求生存，以调结构促发展。要在发展国有经济的同时，放手发展非国有经济，支持非国有经济在一些主导产业、行业里占有一席之地；要调整一、二、三产业的比例，加快发展第三产业，在第三产业中，旅游是重中之重。要整体规划，大力发展，使旅游业成为一个支柱产业；要大力发展轻工业的优势行业、优势产品，振兴重庆轻工；要实施名牌产品战略，突出抓好一批代表重庆形象的标志性产品；要实施大公司、大集团战略，打破所有制和行业的界限，通过联合、兼并、控股等，组建大公司、大集团。

会议认为，结构调整必须以市场为导向，必须在解放思想、转变观念上下苦功夫，要牢固树立市场观念、竞争观念，面向市场、研究市场、占领市场；要进一步扩大开放，引进产品、引进技术、引进资金、引进人才、引进管理；要加强以交通为重点的基础设施建设；要调动社会各方面的积极性，特别是高等院校、科研院所参与经济发展的积极性；要扩大筹资、融资的渠

①本文原载于《重庆日报》，1997年1月10日。

道，提高资金利用效率；要推进配套改革，为工业发展创造条件、营造良好环境；要加强企业领导班子建设，提高职工素质；要切实加强对工业工作的领导，转变作风，狠抓落实。

（《重庆日报》记者 张德泽）

反面教材发人深省

重庆市反腐倡廉教育展览引起强烈反响①

1996年12月13日，重庆市反腐倡廉教育展览隆重开展了。新闻媒体及时将开展消息传向四面八方，社会各界对展览内容极为关注，开展至今一个月内，参观人数超过5万人次，远远超过预定的数，其中有许多是自发来的，令工作人员应接不暇。

展览规模之大、展示典型案例之多均创下重庆历史之最。近3年来，全市纪检监察和检察机关共立案6942件，结案6345件，查处4027人，其中局以上干部19人，县处级377人，为国家挽回直接经济损失38880.43万元。

一段时期来，一些群众对正在进行的反腐斗争显得信心不足，看了展览后，很多人重新唤起了对反腐斗争的信心。西南政法大学95级职务犯罪侦查班17名同学自发相邀观展，王清科同学说：看了展览对我这个未来的反贪工作人员来说，有着巨大的震撼力，加大反腐力度刻不容缓，我感到了肩上担子的分量。驻渝某部600余名官兵参观展览后，都觉得深受教育，一名党员战士说："作为一名军人，决不能把金钱作为当兵尽义务的筹码，任何时候都要甘于清贫，甘于吃苦，少看大款享受，多看人民奋斗。"许多群众观展后，立即找到工作人员举报掌握的情况。一位举报者说：举报有可能查不出结果，但不举报良心过不去。一位党员反映了本单位领导的经济问题，并说公开自己的姓名也不怕。据市纪委有关人员介绍，观展期间，市纪检机关接到的举报量倍增，现场也收到100余件举报。

---

①本文原载于《重庆日报》，1997年1月11日。

很多单位把观展作为一项大事来抓，党政领导亲自带队。市政协第十七次常委（扩大）会刚结束，就组织了200余人观展；渝北区组织了区级机关和部分镇干部1600余人，由区委书记、区长、人大主任带队参观，并要求结合实际认真讨论。1月10日参观人数达到高峰，仅驻渝各部队就有数千名官兵观展。据市纪委有关人士透露，展览原定于1月10日结束，应观众要求，延至12日结束，然后赴市内部分区市县和涪、万、黔三地展览。展期是有限的，但留给社会的影响是无限的。观展后群众对新一届市领导，对重庆的经济发展，对深入持久地开展反腐斗争寄予殷切的希望。

（《重庆日报》记者　陈　伟）

双喜临山城 桥路齐开通
长江李家沱大桥和滨江路昨举行通车典礼[1]

历经数年的艰苦奋战，重庆人在1997年开年之际，迎来了新桥、新路——12日，长江李家沱大桥、两江滨江路及附属朝天门隧道全线通车。由此，重庆在相隔16年之后，于万里长江之上耸立起了第二座大桥，并实现了环线干道“零”的突破。

这是山城人民大喜的日子。一大早，李家沱大桥两岸的群众便自发地涌向北桥头广场观看大桥通车。9时许，广场及附近的山坡上已满是兴奋的人群。市党政军领导张德邻、蒲海清、于汉卿、张文彬、桂全智和远道而来的国家建设部副部长李振东、日本国驻华使馆经济参赞贞冈义幸、美国国家工程院院士邓文中及国家经贸部、日本海外协力基金北京办事处、四川省建委、上海市政设计院的有关负责人等齐聚广场中央，喜悦之情溢于言表。

上午9时30分，市建委副主任、大桥建设指挥部指挥长顾庭勇宣布李家沱大桥通车典礼开始。副市长唐情林首先介绍了大桥、滨江路及隧道工程的建设和施工情况。李振东副部长在热情洋溢的讲话中称赞长江李家沱大桥的建成是重庆建桥史上的一座丰碑。

张德邻书记在通车典礼上，代表四大班子，向为工程建设付出艰辛努力的参战职工和工程技术人员表示亲切慰问和崇高敬意。他要求建设者们在今年的交通建设年里再接再厉，搞好以城市交通为中心的各项基础设施建设，以出精品、创优质、争一流的精神，以团结一心、艰苦奋斗的精神，以不计

①本文原载于《重庆日报》，1997年1月13日。

得失、讲求奉献的精神苦干实干，创造重庆更加辉煌的明天。

在张德邻、李振东为李鹏总理题写的“重庆长江李家沱大桥”桥名牌揭幕之后，市人大常委会主任于汉卿、市政协主席张文彬和设计单位代表上海市政设计院高级工程师何灏基、施工单位代表市桥梁工程总公司副经理曾宪中，共同为大桥通车剪彩。10时正，蒲海清代市长宣布大桥正式通车。广场上顿时响起一片欢呼声，彩色气球腾空而起，由数百辆汽车组成的车队缓缓通过大桥，经花溪河引桥和岔路口立交，由长江大桥驶上长江滨江路。

上午10时40分，两江滨江路及朝天门隧道的通车剪彩仪式在东水门举行。嘉滨路副指挥长周中生、长滨路副指挥长朱益能、大桥建设总公司副总经理黄传华、省航一处处长左茂良、航务二公司经理罗定侯、成铁一公司经理李世田等建设及施工单位负责人为工程剪彩。有关领导和来宾随后乘车通过朝天门隧道浏览了嘉滨路全貌。

长江李家沱大桥是我市部分利用日元贷款建设的重要城市基础设施项目，总投资7.3亿元。大桥北接成渝高速公路，南连川黔公路，全长10.24公里。其中正桥为双塔双索面预应力斜拉桥，桥长1350米，主跨444米，居国内同类型桥梁首位。大桥引道由5座大中型桥梁、2座城市隧道、4座城市立交组成，使整个大桥在成为一座特大型现代化城市桥梁的同时，又是一条高标准的城市快速干道。它的建成对形成我市城市外环线、改善西部地区交通、合理调整城市布局及疏解市中心交通都有重要作用。

圆了重庆人半个世纪之梦的两江滨江路全长10公里，总投资约10亿元，是一项集交通、危岩滑坡治理、污水截流、沿江码头设施改造及建设绿地广场于一体的综合整治工程，并已于1996年春节简易通车。由滨江路构成的环形干道，将形成我市市区新的道路交通网络，缓解市区交通堵塞状况，改变渝中区沿江地区长期存在的脏乱差面貌。

昨日，数十万市民涌上大桥和滨江路观光留影，共享胜利的喜悦。

（《重庆日报》记者　张进原）

打好移民攻坚战 确保大江按时截流①

1997 年三峡大江截流在即，如何围绕大江截流这个总目标，全面完成一期水位移民搬迁安置任务，是当前三峡库区移民工作的重中之重，要打好移民攻坚战，确保大江按时截流。这是副市长甘宇平，市委常委、市长助理辜文兴一行到三峡库区移民任务最重的万县市检查移民工作时提出的要求。

1 月 10 日至 15 日，甘宇平一行在重庆市委常委、万县市委书记陈光国，万县市市长魏益章的陪同下，对云阳、巫山、奉节、忠县等地的移民新城区、农村移民新村、移民搬迁交通基础设施、移民搬迁企业和对口支援项目等进行了实地考察，并就今年库区移民工作的思路与当地党委、政府领导交换了意见。

甘宇平说，近几年来，万县市库区各级党委、政府切实加强对移民工作的领导，上下同心协力，在农村移民安置、搬迁城镇建设、淹没工矿企业结合搬迁进行结构调整、对口支援、移民资金管理等方面，做了大量卓有成效的工作。特别是处于一期水位线下的云阳、奉节的移民迁建工作正按计划、有步骤地顺利开展。

甘宇平强调，今年三峡工程要实现大江截流，移民工作时间紧、任务重、困难多，库区各级党委和政府要高度重视移民工作，认真贯彻开发性移民方针，突出一期水位搬迁，集中全力打好移民搬迁第一战役。在当前要正确处理好移民与发展的关系，要把移民工作放在全局工作的首位，坚持在移民中发展，在发展中移民，以移民为先，才能真正做到搬得出、稳得住、能

①本文原载于《重庆日报》，1997 年 1 月 18 日。

致富。在开发性移民工作中，要结合实施可持续发展战略，注意节约每一寸土地，绝不能搞“诸侯割据”。同时要管好移民资金，确保移民资金专款专用，把每一分钱都用到移民项目的刀刃上。在谈到库区移民搬迁企业时，甘宇平指出，目前库区企业普遍存在小、散、弱的“毛病”，要结合搬迁选好、选准项目，通过扩大对外开放和开展对口支援，引进技术、资金和管理经验，促进库区产业结构、产品结构调整改造，争取更多更好的名牌产品到三峡库区落户，形成库区名牌产品群体和新的经济增长点，促进库区经济发展，在经济发展中扩大移民安置容量。

（《重庆日报》记者　刘长发）

从严治党 从严治干 为重庆发展提供坚实组织保证
全市组织部（处）长会议召开①

全市组织部（处）长会议18日结束。会议强调，今年是组织工作面临新课题最多、任务最重的一年，做好今年的组织工作，具有非常重要和特殊的意义。要从讲政治的高度，从严治党，从严治干，把各级党组织建设成为特别能战斗的坚强堡垒，把干部队伍特别是各级领导干部建设成为适应新形势需要的坚强骨干，为重庆经济的持续、快速、健康发展和社会的全面进步提供坚实的组织保证。

为期一天半的会议，传达学习了全国省区市党委组织部长会议、全国全省农村基层组织建设工作会议、全国国有企业党的建设工作会议精神，总结了全市1996年的组织工作，部署安排了1997年的组织工作。

会议提出，1997年全市组织工作的总体要求是：坚持以邓小平同志建设有中国特色社会主义理论和党的基本路线为指导，深入贯彻党的十四届四中、五中、六中全会精神和江泽民同志“七·一”重要讲话精神，依据重庆实际，按照适应形势、服务大局、统筹安排、突出重点、实事求是、狠抓落实的要求，围绕重庆市面临的新形势、新任务，抓好组织、干部配套工作；围绕建设高素质干部队伍问题，抓好班子建设；围绕为经济建设服务问题，抓好农村、国有企业基层党组织建设；围绕新形势下的新课题，抓好调查研究，深化改革，努力在现有基础上稳中求进，推进党的建设这个新的伟大工程，以优异成绩迎接党的十五大召开。

---

①本文原载于《重庆日报》，1997年1月20日。

市委书记张德邻、市委副书记王云龙出席会议并作了重要讲话，市委常委、组织部长李学举在会上作了工作部署。

张德邻强调指出，重庆面临着千载难逢的大好机遇，繁重而艰巨的任务，能不能抓住机遇，加快发展，最根本的是要靠全市各级党组织，广大干部尤其是各级领导干部坚决贯彻党的路线、方针、政策，团结带领群众奋力拼搏。因此，要下大决心，花大力气，坚决把我市各级领导班子建设好，把党的基层组织建设好。在干部队伍建设上，要认真解决失之于宽的问题，严格要求，严格管理，严格监督，既要选好人，育好人，更要管理好人，监督好人，真正使“讲学习，讲政治，讲正气”以及“自重、自省、自警、自励”的要求，在各级领导干部的脑子里扎根。在班子建设上，要着力选好一把手，着力优化结构，形成整体优势，一些关键岗位的干部，德才标准不能有丝毫降低。要着力抓好干部的年轻化，抓好后备干部队伍建设。要着力抓好领导班子的制度建设，特别是民主集中制建设。要旗帜鲜明地坚持党管干部的原则。要切实加强组织部门自身建设，着力提高组工干部的思想政治素质，把组织部门建设成为政治坚强、作风正派、业务精通、工作出色的部门。

来自万县的报道之一·振兴工业篇
告别“草鞋”穿“皮鞋”[①]

这是一片富饶的土地。它有着丰富的农业资源：桐油、生漆、山羊皮全国数一数二，开县锦橙、奉节脐橙、梁平柚子远近闻名；它的矿产资源令人眼红：岩盐、页岩石膏、石灰石、铁矿、镁矿、锰矿、硫铁矿储量充足，天然气更有着这样的盛誉：“中国的天然气40%在四川、四川的天然气40%在万县”；它的旅游资源更是得天独厚：大三峡、小三峡、小小三峡、石宝寨、张飞庙、白帝城……

这又是一片亟待发展的土地。一段时期以来，三峡工程的“不上不下”，造成了国家投资上的“吝啬”——从新中国成立至1989年，对万县市的预算内投资仅6.1亿元，人平仅有70多元！也造成了当地工业发展的滞后——底子薄、设备旧、技术含量低，至80年代中期它尚无一个大中型企业，直到现在全市国有小型企业仍占整个国有企业的95%左右。1993年，工业产值才第一次超过农业产值。万县市市长魏益章坦诚地告诉记者：“万县是资源大市、农业大市，但同时也是工业小市。”万县百姓也不无夸张地形容：“我们的企业都是‘穿草鞋’的（喻实力弱）。”

置之死地而后生，万县市淹没企业占三峡库区淹没企业总数的60%，且大部分亏损，盖茅草房还是建商楼？他们选择了后者

时代的发展呼唤工业的崛起。万县市委、市政府看到了工业振兴对一个

①本文原载于《重庆日报》，1997年1月20日。

城市经济发展的巨大带动作用，在《万县市国民经济和社会发展第9个五年计划和2010年远景目标纲要》中明确提出："要发挥资源优势，培育盐气化工、建材建筑、以农副产品加工为主的轻纺食品工业、旅游这四大支柱产业。"用魏市长的话来说，就是要"逐步调整第一、二、三产业比重，由农业大市变为工业强市"。

冰冻三尺非一日之寒，转变亦非朝夕之功。一个大的转变的实现，往往需要一定的机遇配合。三峡移民为万县工业的崛起和振兴提供了空前的机遇。

从一个角度上看，万县工业是三峡企业搬迁中最大的受损户。三峡库区搬迁企业共1599家，其中万县市便占了955家，其财政收入是全市工业财政收入的80%，涉及账面固定资产原值18亿元。这意味着，万县市的整个经济体系都需要重建。故不难理解负责企业搬迁工作的市经委副主任熊远友的感受："企业搬迁任务相当艰巨，责任重大，有如履薄冰之感觉。"但从另一个角度看，这对万县市工业经济的振兴也许是一件好事。据了解，由于多年不迁不建，目前万县的工业亏损面高达60%左右，在900多家被淹没企业中，经营状况较好的仅占20%左右，半数以上都是亏损，一部分已濒临倒闭破产。移民搬迁使企业通过脱胎换骨、输氧造血进而起死回生成为可能。

按照国家规定，移民补偿资金仅可供恢复原规模、原标准、原功能，即按淹没的不动产的全新安置价格补偿。用这笔钱依样画葫芦，搞"仿古建筑"是足了。但万县市委、市府却不打算这样干。他们的想法是，"穿草鞋"的万县企业如果不抓住机遇变成"穿皮鞋"的，那么搬迁前效益好的企业很有可能搬成微利企业，有效益的企业很有可能搬成没效益的企业，亏损企业则很有可能搬成破产企业，万县的工业就无法振兴了。

由此，也决定了万县市企业搬迁的总体思路：不是搞一一对应的还原式搬迁，而是利用移民搬迁的契机，调整产业结构，优化经济结构，按市场经济要求以及现代企业制度"改制、改组、改造"，形成一批起点高、有规模、上档次的大中型企业和有带动力的骨干企业。即通过搬迁，要让"穿草鞋"的不再"穿草鞋"，而是"穿皮鞋"。

以企业产权制度改革为突破口，优化产业结构，结合技改迁建，嫁接名牌联合，产生了一批实力强大的集团

围绕怎样做好“草鞋”变“皮鞋”这篇文章，万县市走出了独具特色的两条路。

第一条路：迁建结合技改。万县紧紧抓住国家给予库区三峡技改专贷的机遇，已有33个迁建技改项目争取到了贷款，开始实施。这33个项目总投资11亿元，其中贷款5亿元，目前大部分项目进展顺利，其中万州水泥厂、康乐火电厂一期工程、云阳红旗水泥厂、三峡轴承厂、市蓄电池厂及万州锅炉厂等6个项目，去年已竣工投入试生产。

第二条路：嫁接迁建。万县市充分利用移民搬迁和全国对口支援三峡库区的大好时机，大胆采用兼并、联合、产权划转、资产授权经营、股份制等多种形式，借助名牌效应，紧紧依托全国知名企业的产品，内引外联，组建一批在全市乃至全国有影响、有实力的企业集团。

山东华盛集团总公司是第一个“吃螃蟹”的，它与对其心仪已久的忠县第一建筑工程公司合资4000万元，于1994年底组建了鲁川陶瓷公司，该项目从去年8月点火试生产到目前为止，已生产日用陶瓷8万多件，开始发挥嫁接迁建的效益。

上海白猫集团公司不甘示弱。他们相中了五一日化公司，通过嫁接，联合组建了四川白猫有限公司，使原洗涤用品产量由1万吨达到去年的2.95万吨，今年可实现各类洗涤用品产量5万吨，明年达到8万吨，“三年迈出三大步”，使企业形成经济规模。

常州柴油机股份有限公司，也踌躇满志地来到万县，他们物色的合作伙伴是三峡柴油机厂。双方共同组建的常万公司，实现了当年设计、当年开工、当年建设、当年投产的预定目标，被李鹏总理誉为“在万县创造了深圳速度”，去年产量突破1.2万台，比上年翻一番。

此外，广东万家乐公司、珠海格力集团、河南春都集团也纷纷来到万县，寻求“意中人”。其他一些企业集团也表示了合作意向。三峡移民企业迁建这个机遇，如同一根红线，将这些在全国各行业叱咤风云的“巨人们”引到万县安家落户，喜结良缘。他们的到来，不仅带来了万县企业发展所急需的大量资金，而且带来了新的企业经营机制和新的产业、产品结构，也促进了人们的思想观念的转变，为万县的工业经济注入了新的活力。

“穷哥们”抱成团，资产重组，盘活存量资产，壮大规模上台阶，形成了万县市的工业脊梁

盘活资产搬迁。困难企业搬迁一直是困扰市委、市政府的难题，因企业不景气，企业难于贷款，自身又无钱投入技改，怎么办？四川飞亚企业公司和江海食品饮料公司树立了榜样。飞亚公司在充分论证地质条件的基础上，改异地搬迁方案为就地后靠，既充分利用不淹没厂区，充分利用不可搬迁设备、设施，又节约投资60%，在很短的时间里形成2万吨味精生产能力，保证了产品对市场的供给和占有。江海公司在四下河南进行产品技术方案、市场调研的基础上，提出了“分步实施樱桃谷鸭项目解困搬迁”的思路，得到了市委、市政府的认可，在移民办的大力支持下，已开始启动。

组合搬迁。万县市在搬迁过程中，选定重点项目，淘汰可行性差的项目，对于重复建设的项目进行重组，组建企业集团，实现规模效益。全市955户受淹工矿企业通过规划，重组为422个。白帝水泥厂、忠县火电厂等企业便通过组合，既扩大了自有资本，有效地争取了银行支持，又实现了产品规模上档升级。通过组合，在不久的将来，一座座投资数千万元、上亿元甚至十几亿元的大水泥厂、大纸浆厂、大纯碱厂、大化工厂将矗立在万县，成为万县市工业的脊梁。

万县市的企业在搬迁路上艰难跋涉。路的尽头，是这样的一幅景象：淹没迁建企业将形成104户大中型企业（其中，大型企业45户），年工业总产值将达235.5亿元，实现利税45亿元，形成盐气化工、建筑建材、轻纺、食品等支柱产业和一批有市场竞争能力的拳头产品。这也意味着，那时的万县市企业将告别“草鞋”，穿上“皮鞋”。

人们期待着：那一天并不遥远！

（《重庆日报》记者　张红梅　蔡贵俊）

为开创重庆现代化建设新局面迈出坚实的第一步
中共重庆市七届九次全委（扩大）会暨全市经济工作会议召开[①]

中共重庆市第七届九次全委（扩大）会暨全市经济工作会议昨日召开。会议的主要任务是，贯彻党的十四届五中、六中全会和中央经济工作会议精神，总结回顾1996年工作，部署1997年工作。

市领导张德邻、蒲海清、于汉卿、张文彬、王云龙、刘志忠、金烈、黄立沛、滕久明、李学举、肖祖修、牟大明、赵海渔、邢元敏、辜文兴、陈邦国、刘文、李兵、王鸿举、陈光国、税正宽出席了会议。

市委常务副书记王云龙主持会议。

市委书记张德邻在会上作了题为《认清形势，抓住机遇，艰苦奋斗，开拓前进，为全面振兴重庆迈出坚实的一步》的讲话。

张德邻指出，去年市委、市政府坚持把握大局，团结和带领全市各级干部着力于开创新局面，各项工作取得了显著成效。具体体现在：认真按照江泽民总书记和李鹏总理对重庆题词的要求，及时总结经验教训，把全市上下统一到了团结一致向前看、集中精力抓发展上来；从市委常委“一班人”抓起，大力加强班子建设，充分发挥好带动作用；广泛开展“弘扬红岩精神，塑造当代重庆人”活动，努力培植加快重庆发展的精神动力；切实转变作风，狠抓工作落实；按照中央的要求，抓好区域经济发展。

张德邻强调，在成绩面前，必须保持清醒的头脑，对当前我市经济和社

①本文原载于《重庆日报》，1997年1月21日。

会生活中存在的问题和困难不能低估，尤其是对我们的工作同新形势、新任务的要求还存在一定差距不能低估。经济和社会生活中存在的问题和困难主要是：经济结构调整缓慢，农业基础仍很脆弱，第三产业发展和基础设施滞后，特别是部分国有企业生产经营面临困难，亏损继续增大；移民和扶贫任务繁重，难度很大；党的建设、精神文明建设和民主法制建设方面还有一些薄弱环节。

张德邻指出，今年，是我市发展进入新时期重要转折的一年，我们肩负着重大、艰巨而光荣的任务。完成肩负的重任，我们有很好的机遇和条件。1997 年全市工作的总体要求是：坚持邓小平建设有中国特色社会主义理论和党的基本路线、基本方针，认真贯彻党的十四届五中、六中全会和中央经济工作会议精神，抓住机遇，解放思想，把握大局，稳中求进，发扬自力更生艰苦奋斗的精神，积极推进两个根本性转变，保持物价稳定，强化农业基础地位。

提高对内对外开放水平，加快以国有企业为重点的改革步伐，依靠科技进步，加大结构调整力度，大力发展第三产业，加强基础设施建设和城市管理，切实搞好党的建设、精神文明建设和民主法制建设，促进经济持续快速健康发展和社会全面进步，为开创重庆现代化建设新局面迈出坚实的第一步。

张德邻强调，根据我市面临的新形势、新任务，今年乃至今后一个时期的经济工作，要紧紧抓住全面调整结构，依靠技术进步，进一步加快改革开放三个重点环节。

一是强化农业基础地位，加快区市县经济发展。要把稳定粮食生产与调整农村产业结构、工农一体化经营结合起来；把推进农业产业化、实现流通体制改革和科教兴农结合起来；加大扶贫攻坚力度，坚决如期完成扶贫任务；整体推进，加快区市县经济发展。

二是积极调整结构，提高经济增长的质量和效益。要立足现有工业基础，着力调整优化工业内部的行业结构、企业组织结构和产品结构。在结构调整中，要牢固树立市场经济观念，立足于现有基础，立足于现有企业的改组改造，立足于存量资产的合理流动和重组，促进资源优化配置，走以内涵扩大再生产为主的路子。按照“壮大支柱产业，加强优势行业，培育新兴产业，发展拳头产品，支持骨干企业”的思路，加大工业内部的结构调整力度。主要是集中力量壮大汽车摩托车、化工、冶金三大支柱产业，加强具有现实优势或潜在优势的机电设备、电子信息、食品、建筑材料、玻璃和日用化工六个行业。要加快发展第三产业，进一步完善中心城市功能。尤其是要尽快将旅游业发展成为我市新的支柱产业，努力把重庆建设成为长江上游的金融中心，培育形成布局合理、相互配套的市场体系。要放手发展非公有制经济，发挥其在经济社会发展中的积极作用。要进一步强化基础设施建设，提高城市管理水平。市委、市政府决定将今年定为“交通建设年”，把改善交通放在非常重要的位置来抓。

三是认真搞好开发性移民，把移民迁建与结构调整结合起来。百万移民位居重庆面临的三大任务之首，事关全市工作大局。要牢固树立以移民促发展，以发展促移民的基本思想，以大农业为基础，三次产业并举，积极拓宽移民安置渠道。做到移民搬得出、安得稳、能致富。今年，必须确保年底大江截流前移民任务的完成。

张德邻强调，要进一步加大改革开放力度，为经济发展再添活力。要坚持推进以国有企业改革为中心环节的各项改革。深化国有企业改革要同结构调整紧密结合起来，要在深化改革中切实加强企业领导班子建设，积极推进各项配套改革，为深化国有企业改革创造良好的外部条件；要抓住机遇，大力提高整个区域的开放度和对内对外开放的水平，形成全方位、多层次开放的大气候和新格局。

在谈到以深入贯彻十四届六中全会精神为主线，全面加强精神文明建设时，张德邻指出，要深化“弘扬红岩精神，塑造当代重庆人”活动，进一步加强思想道德建设。坚持以提高市民素质和城乡文明程度为中心，突出“育人兴市”这个主题，把重点放在“塑造人”上。在全市大力营造认识重庆、热爱重庆、建设重庆的浓厚氛围，不断增强全市人民建设重庆的主人翁责任感、使命感，焕发出建设重庆的巨大热情。要狠抓落实，务求精神文明建设取得实效。在精神文明建设中，要进一步端正为人民服务的指导思想，把群众最急迫希望解决的问题作为我们的工作重点，加快发展与之相关联的社会事业。要抓住人民群众普遍关心、反映强烈的消极腐败现象、行业不正之风、社会丑恶现象、文化垃圾、社会治安和环境脏乱差等问题，采取切实措施，加大工作力度。努力为人民群众创造安定的生活和工作环境。要强化政策引导，加快社会事业发展。要切实加强对精神文明建设的领导和协调。

在谈到以干部队伍建设为重点，不断加强党的建设时，张德邻指出，要在党员干部中深入开展学习建设有中国特色社会主义理论，学习《中国共产党章程》，“讲学习、讲政治、讲正气”的活动，通过“双学”“三讲”使全心全意为人民服务的根本宗旨在各级干部头脑中扎根，通过“双学”“三讲”进一步解放思想，振奋精神；要进一步提高各级干部的综合素质，首要的是提高思想政治素质，根本的要求是解决好政治方向、政治立场、政治观点、政治纪律、政治鉴别力、政治敏锐性的问题，同时，必须在提高业务能力和工作水平上下功夫，强化依法治市的观念；要努力塑造我市党政机关的新形象，抓好全心全意为人民服务的宗旨教育，在机关干部中大兴求实务实之风，发扬勤奋好学、刻苦钻研的敬业精神，把雷厉风行、锲而不舍、知难而进、一抓到底的工作作风作为机关干部的基本要求，大力加强机关纪律建设；要切实抓好干部的廉洁自律，各级干部特别是领导干部要严格执行中央对领导干部廉洁自律的规定，既要管好自己，又要管好家属子女，管好身边工作人员，不准利用职权和工作之便为家属子女经商办企业提供方便；要采取措施，杜绝用公款吃喝玩乐，解决领导干部在住房、建房、购房、装修住房等方面存在的以权谋私问题，同时要继续加大查处违法违纪案件的力度。

市委副书记、代市长蒲海清在会上作了题为《抓住机遇，深化改革，扩大开放，调整结构，开拓市场，促进全市经济持续快速健康发展》的讲话。

蒲海清指出，1997 年是实现“一年起步，五年振兴”战略目标的第一年，搞好各项工作，意义十分重大，各级党委政府在实际工作中要注意把握好以下几点：一是要解放思想，转变观念；二是要坚持稳中求进，加快发展；三是要把调整结构作为经济工作的主线；四是把降低成本，开拓市场，提高产品的竞争力，贯穿到经济工作的始终；五是要坚持“科教兴渝”的战略方针。

蒲海清说，农业问题始终是重庆经济发展中的一个事关全局的根本性问题。我们必须以高度的政治责任感对待农业和农村问题，切实把农业放在经济发展的首位，完成好大城市带动大农村的历史任务。今年要认真贯彻落实中央农村工作会议精神，坚持“稳粮增收调结构”的工作方针，继续强化农业基础，做好科技兴农、农田水利建设、农业产业化、深化农村改革、扶贫攻坚五篇文章，实现农村经济的大发展。区市县经济是全市经济的重要组成部分，是全市经济发展中极具潜力的新的增长点。

市委、市政府决定下放权力，加快区市县经济发展，其核心是决策权力下放、管理重心下移。市级各部门下放的权力在四月份以前要全部落实到位。各区市县要解放思想，大胆探索，力争发展速度快于、高于全市平均水平。

蒲海清说，振兴工业是重庆立市之本、兴市之举。没有强大的工业就没有重庆在全国的地位，没有工业的振兴就没有全市经济的繁荣，我们要加快以国有企业为重点的改革步伐，打好结构调整攻坚战，振兴发展工业经济，力争实现“一年起步，五年振兴”，再用十年左右的时间，把重庆建设成为西南地区重要的现代化工业基地。按照这一目标要求，今年要突出重点，狠抓关键，集中力量打好结构调整、深化改革、加强管理、开拓市场、技术进步五大攻坚战。

蒲海清指出，我市第三产业发展滞后，在国民经济中的比重偏低，与中心城市的地位和功能很不相称。我们要把第三产业作为新的经济增长点，更好地发挥中心城市的集聚功能，以金融、商贸和旅游为重点，推动交通、通讯、服务业全面发展。

在谈到着力改善投资环境，全面推进对外开放时，蒲海清强调，要下大决心，把改善软硬环境作为全市扩大开放的首要任务来抓，今年要着重抓好五个方面的工作，一是制定出台进一步扩大开放的优惠政策；二是着力提高办事效率，对市外、境外来渝投资的企业和项目实行“一站式”审批；三是健全和完善对外招商引资的项目库；四是建立有关部门对外资企业的联合年检制度，设立外资企业“收费卡”和投诉中心，制止乱检查、乱收费、乱摊派；五是努力创造条件，大力吸引国内外优秀人才。蒲海清在讲话中还对如何搞好移民工作，加快以交通为重点的基础设施建设，全面确保大江顺利截流，提高城市管理水平作了部署。

蒲海清强调，我们在安排部署全年经济工作的时候，必须坚持物质文明和精神文明两手抓，经济与社会协调发展。

蒲海清最后强调，当前经济社会发展任务十分繁重，是否抓住机遇，乘势而上，奋力开创重庆改革开放和现代化建设的新局面，关键在于要有一支高素质的干部队伍，要有真抓实干、艰苦奋斗的精神。各级干部都要自觉适应新形势、新任务的要求，讲学习、讲政治、讲正气、讲纪律、讲实干、重实效、看实绩。要不断提高运用党的基本理论解决实际问题的水平和能力，切实转变政府职能，转变工作作风，狠抓各项工作的落实。

参加会议的有：市委委员、候补委员；市纪委委员；万县市、涪陵市、黔江地区的省委委员、省纪委委员；市人大党员副主任，市政府副市长、顾问、市长助理，市政协党员副主席；万县市、涪陵市、黔江地区党委、政府（行政公署）的领导；各区市县委书记和区市县长；市级有关部委办局党员主要负责同志；部分大型企业和高等院校党委主要负责同志；市人大各工作委员会、市政协各专门委员会党员主要负责同志，共370多人。

（《重庆日报》记者　张德泽　实习记者　王　成）

市委七届九次全委（扩大）会暨全市经济工作会结束 王云龙作总结讲话 刘志忠主持会议[①]

中共重庆市七届九次全委（扩大）会暨全市经济工作会昨日结束。会议号召全市党员干部一定要时刻牢记党的宗旨，明确自己担负的责任和使命，在政治上、思想上、行动上同以江泽民同志为核心的党中央保持高度一致，牢牢把握全党、全国工作大局，进一步解放思想，振奋精神，励精图治，扎实工作，团结带领全市人民为实现今年我市经济社会发展的各项任务而努力奋斗，以实际行动迎接党的十五大胜利召开！

昨天的会议由市委副书记刘志忠主持。

会上，市计委主任吴家农、市经委主任吴连帆、市体改委副主任赵公卿、市财政局长陈万里分别作了发言。

市委常务副书记王云龙作总结讲话。

王云龙说，这次会议是在重庆发展的关键时期召开的一次重要会议，是深入贯彻党的十四届五中、六中全会精神和中央经济工作会议精神，大力推进两个转变，加大经济结构调整力度，扩大对外开放，推进两个文明建设的动员会；是认清形势，统一思想，振奋精神，乘势而上，加快重庆经济社会发展的誓师会。与会同志一致认为，通过这次会议，进一步认清了形势，振奋了精神，坚定了信心，增强了加快重庆发展的紧迫感和责任感，决心团结一致，搞好工作，为振兴重庆迈出坚定的步伐。

王云龙指出，这次会议明确了全市今年工作的指导思想，目标任务，提

①本文原载于《重庆日报》，1997年1月22日。

出了切实可行的工作措施和方法，我们要全面领会、准确把握这一指导思想，并一以贯之地体现在具体的工作之中。市委、市政府提出全市经济“一年起步，五年振兴”的目标，非常鼓舞人心。重庆有多年来广大干部群众艰苦奋斗积累下来的坚实的物质基础，有中央对重庆的关心、支持，有市级领导班子的团结，有一支好的干部队伍，有广大人民群众盼望重庆加快发展的强烈愿望和高昂的热情，可以说是天时、地利、人和都具备了，我们完全能够发展得更快、更好，早日实现振兴。

王云龙指出，重庆面临前所未有的机遇，形势喜人又逼人。在机遇面前，我们思想上、工作上不能有任何懈怠，否则就会贻误时机，就会挫伤人民群众的积极性，就会犯历史性的错误，给党和人民的事业造成无法挽回的损失。抓住机遇，必须求实务实，重在行动。各地区、各部门、各单位都要认真分析机遇，把机遇具体化，找准抓住机遇的切入点，三峡库区开发为我市产业结构调整和产品的市场开拓提供了更大的发展空间，市内的大企业、名牌产品更要强化机遇意识、市场意识，利用库区资源、市场、政策等优势，主动到库区投资办厂，合资合作，既壮大自己的实力，又带动库区发展，促进移民和扶贫工作。

王云龙在讲话中还就解放思想，深化改革，扩大开放的问题；结构调整的问题；加强管理，提高效益和效率的问题；搞好市属企业问题；加强精神文明建设问题；促进社会发展，维护社会稳定等问题作了进一步的阐述。

王云龙强调，完成今年的任务，一个至关重要的问题是要切实转变工作作风，狠抓各项工作的落实，真正把市委的决策和工作部署变为广大干部群众的具体行动。各地区、各部门、各单位要认真传达、学习这次会议精神，层层抓落实，做到思想到位，任务到位，措施到位，责任到位，监督到位，把会议的精神贯彻落实好。

（《重庆日报》记者　张德泽）

抢抓机遇 大力推进对外开放 全市对外开放工作会议召开 张德邻蒲海清作重要讲话①

昨天下午，全市对外开放工作会议在渝州宾馆召开。

市委副书记刘志忠主持会议。

市委书记张德邻，市委副书记、代市长蒲海清在会上作了重要讲话。

会议认为，实行对外开放，是邓小平同志建设有中国特色社会主义理论的重要组成部分。对外开放是一个战略性、根本性、长期性、全面性的问题。我们应进一步解放思想，提高对对外开放重要性的认识。解放思想、转变观念要体现在抢抓机遇的态度和劲头上，体现在对外开放的决策和政策上，体现在对外开放的新思路和创造性工作上。在招商引资工作中，要排除与外商打交道畏前怕后的思想，既要维护外商投资的合法权益，又要坚持互惠互利的原则；要摒弃职能部门只讲管理，不讲服务的思想，寓管理于服务之中，积极主动地为发展经济服务、为招商引资服务；要下决心转变计划经济体制下形成的陈旧工作方式，加快办事程序、办事规则与国际惯例接轨的步伐；要破除长期形成的封闭半封闭的小农经济思想，树立市场经济新观念，大家赚钱，共同发展；要克服无所作为的思想和消极畏难情绪，主动出击，勇于创新；要按照邓小平同志提出的“三个有利于”标准，特事特办，在办事程序上有所突破；要大胆引进外资，在招商项目的产业导向上有所突破；要提高项目水平，在大项目、好项目政策优惠上有所突破；要改善投资

①本文原载于《重庆日报》，1997 年 1 月 22 日。

环境，在一站式办公，减少检查、集中收费上有所突破，全面提高对外开放的水平。

会议指出，当前，我市扩大对外开放面临极好的机遇，全市上下要形成抢抓机遇的共识，大力推进扩大对外开放的各项工作，把我市开放工作推上一个新台阶，使重庆经济在更高水平的开放中得到更大的发展。

会议强调，对外开放要抓住重点，全面推进。必须切实抓住引进外资和先进技术这个“牛鼻子”；必须高起点利用外资，引进先进适用技术，改造国有工业企业；必须强化对外贸易，扩大出口创汇；必须坚持外引内联并举，扩大对外开放；必须掌握信息，切实做好对外开放的基础工作，改进工作方法，努力营造良好的投资环境；必须加快培养一批高素质的人才队伍，以适应大开放、大发展的需要。

会议强调，各级党委、政府要切实加强对外开放工作的领导，党政一把手要亲自抓，分管领导具体抓，要切实用好开放的优惠政策，要实行目标责任制，加强督促检查，狠抓各项工作的落实。

参加市委七届九次全委（扩大）会暨全市经济工作会的全体同志参加了会议。

（《重庆日报》记者　张德泽）

齐心协力 开拓进取 善谋实干
迈出重庆农村经济发展新步伐
全市农村工作会议举行①

市委副书记、代理市长蒲海清在昨天召开的全市农村工作会上，号召全市上下齐心协力，开拓进取，善谋实干，从今年开始迈出重庆农村经济发展新步伐。

昨日的会议由副市长周建中主持。蒲海清作了题为《抓住机遇，解放思想，加快发展，开创重庆农村工作新局面》的工作报告，市委副书记黄立沛传达了近日召开的中央农村工作会议精神，周建中传达了全国乡镇企业工作会议精神并布置了我市今后的农村工作，部分区市县领导进行了大会发言。

市党政领导于汉卿、陈光国、康纲有、甘宇平、邓中文，万县市、涪陵市、黔江地区的党委政府领导，农口委、办、局、行负责人，各区市县委、政府领导和重庆市市级有关部门负责人参加了会议。

蒲海清在工作报告中说，去年，我市广大农村干部群众积极克服不利因素，战胜低温阴雨寡照和风雹、洪涝等多种自然灾害，农业和农村工作取得了令人鼓舞的成绩。这些成绩的取得，主要是市委、市政府重视农业，深化农村改革，稳定党在农村的基本政策的结果，是各地坚持依靠科技兴农，努力改善生产条件，坚持把乡镇企业作为区县经济主体和农村奔小康的关键来抓，广泛动员社会各方力量参与扶贫攻坚的结果。

蒲海清指出，最近，市委、市政府在认真学习贯彻吴邦国副总理来渝视

---

①本文原载于《重庆日报》，1997年1月23日。

察讲话精神的基础上，提出了“一年起步，五年振兴”的发展战略目标。实现农村经济一年起步的目标是：粮食总产量达到1186万吨，增长1.2%；农业增加值达到310亿元，增长3.5%；乡镇企业总产值增长25%；农民人均纯收入增长230元以上；稳定解决150万人口的温饱问题；人口自然增长率控制在8‰以内；农村经济发展依靠科技进步的意识明显增长。

蒲海清强调，今年，我市农村工作要认真贯彻落实中央农村工作会议精神，坚持“稳粮、增收、调结构”的工作方针，继续强化农业基础，作好科技兴农、农田水利建设、农业产业化、农村改革、扶贫攻坚等五篇文章。据此精神，要着力七个方面的工作。

一是决不放松粮食生产。要认真实施基本农田保护制度，改革传统耕作制度，提高复种指数，推广使用农业科学拉术，统防统治病虫害，躲、抗、补、防自然灾害，确保粮食播种面积稳中有增，产量稳定增长。

二是加快农业产业化步伐。各地要从实际出发，突出市场优势、资源优势、区位优势，大力发展商品价值高、附加值大、经济效益好的骨干品种、支柱产业。市里从今年开始，集中人力、物力、财力，重点抓好瘦肉型猪、蛋鸡、山羊、水产、兔子、优质柑橘、优质烤烟、中药材、蔬菜、茧丝绸等十大产业工程。

三是大力发展乡镇企业和个体私营经济。乡镇企业要大力推行股份合作制，要改组退化了的乡镇企业，要请外出打工仔回乡办企业，要使科学技术成为乡镇企业发展的第一推动力。对个体私营经济，要放胆、放手发展。

四是加大扶贫攻坚力度。今年，要增加扶贫资金的投入，加强扶贫资金的管理。要优先向贫困地区安排水利、交通、矿产等大中型项目和有关税费。对尚未解决温饱的贫困户，按规定减免粮食订购。要选派优秀年青干部到贫困地区挂职锻炼。

五是加强农村基础设施建设。要坚持“治水、改土、兴林、修路、建园、办电”的十二字方针，大搞农田水利基本建设，改善农业发展环境，提高开放度和吸引力。

六是积极推行农村科技进步。要全面提高劳动者素质，建立良种繁育基地，普及先进实用技术。

七是深化农村改革，稳定优化农村政策。要积极租赁、拍卖转让土地和小型塘堰的使用权，促使资源的合理流动和优化配置，发展适度规模经营。要逐步形成统一开放、竞争有序的粮食市场体系。要稳定和完善家庭联产承包责任制和双层经营体制，多渠道增加农业投入，切实减轻农民负担，调动和保护农民积极性。

（《重庆日报》记者 叶兆超）

张德邻在警备区党委全体（扩大）会议上强调
坚持党管武装优良传统　加强国防后备力量建设[①]

市委书记、重庆警备区党委第一书记张德邻昨日下午在重庆警备区党委全体（扩大）会议上强调，各级党委必须强化武装工作是党的工作的观念，强化国防后备力量建设与经济建设协调发展的观念，强化武装工作只能加强不能削弱的观念，坚持党管武装的优良传统，认真履行党管武装的职责，进一步加强部队民兵预备役工作的领导，努力开创国防后备力量建设新局面。

这次会议于21日召开，会议的主要内容是传达学习军委扩大会议和两级军区党委扩大会议精神，总结去年工作，部署今年任务。市委常委、警备区司令牟大明受警备区党委的委托，在会上作了工作报告。

张德邻在会上作了重要讲话。张德邻在讲话中强调，要立足国际国内形势的发展变化，把维护稳定摆在部队民兵预备役工作的重要位置；要抓住党委班子建设这个关键，不断提高部队民兵预备役工作水平；要搞好军地结合，大力支持军队和民兵预备役建设，为加快重庆发展多作贡献。

张德邻说，警备区、人武部要以发展重庆为已任，充分发挥民兵预备役人员的职能作用。要按照江泽民主席提出的军队要在精神文明建设中走在社会前列的要求，广泛开展军民共建、共育、共创文明单位、文明社区、文明城市活动，带头爱岗敬业作贡献，带头遵纪守法树新风，做精神文明的传播者和排头兵。要在深化改革、扶贫攻坚、参建参治、抢险救灾、维护社会稳定等方面，发挥优势，勇挑重担，为我市改革、发展、稳定作出新的贡献。

（《重庆日报》记者　张德泽　通讯员　帅　逊）

---

①本文原载于《重庆日报》，1997年1月23日。

认真贯彻“四个结合” 积极推进“两个转变”
我市举行计划工作会安排落实国民经济和社会发展计划[①]

我市计划工作会议昨日在渝州宾馆召开。这次会议主要传达贯彻中央和全市有关会议精神，安排和落实1997年国民经济和社会发展计划，研究加快结构调整，培养新的经济增长点，推进投融资体制改革，集中资金保重点建设，加快区市县经济发展等重大政策措施。

市委副书记刘志忠到会作了讲话。他说，计划工作要把握全局，推进“两个转变”和结构调整，这是我们整个工作的主线。我们要认真贯彻江总书记在中央经济工作会议提出的“四个结合”，即把总量控制与结构调整更好地结合起来，把宏观调控与微观搞活更好地结合起来，把深化改革与促进发展更好地结合起来，把经济发展与社会发展更好地结合起来，更好地推进社会经济的发展，提高效益。

市计委主任吴家农在会上作了1997年计划安排的报告。他说，1996年我市的经济建设持续发展，改革开放继续推进，城乡人民生活进一步改善。在去年取得一定成绩的基础上，今年经济社会发展的主要调控目标是：国内生产总值1350亿元，增长9%；农业总产值238亿元，增长3%；工业总产值1421亿元，增长18%；地方预算内财政收入60亿元，增长10%；全社会固定资产投资362亿元，增长18%。

吴家农着重讲了今年经济社会发展的主要任务：

（一）强化农业基础，加大扶贫力度，进一步增强区市县经济实力。

---

①本文原载于《重庆日报》，1997年1月23日。

（二）加快工业改造和结构调整，培养新的经济增长点。要继续发挥支柱产业的支撑带动作用，今年安排汽车产量 13.85 万辆，比去年实际增加 1.46 万辆；摩托车产量 205 万辆，比去年实际增加 24.3 万辆；钢产量 130 万吨，比去年实际增加 4.4 万吨。同时要抓好当年即可见效的现实增长点，按照效益优先、扶优扶强的原则分解下达指令性计划指标。

（三）优化投资结构，集中资金保重点建设。

（四）继续控制物价，精心组织市场。

（五）以提高效益和质量为重点，扩大对外开放。

（六）主动做好移民工作，确保大江顺利截流，等等。

市计委副主任马述林还传达了全国计划会议精神。

（《重庆日报》记者　李富伦）

强化六个意识 抓好七项工作
市经贸工作会议要求做好结构调整这篇文章①

作为我市最大优势所在的工业，今年应当如何围绕市委、市政府提出的“一年起步，五年振兴”的发展目标，打好攻坚战？本月22日召开的重庆市经贸工作会议，明确今年我市经贸战线应在结构调整上做文章，在优势上明确重点，在运行中找难点，在管理上找差距，在技改中发展，争取在效益上有所改善，促进国民经济持续、稳定、健康发展。

市经委主任吴连帆在会上强调，今年影响重庆工业更好更快发展的因素有两条：一是结构性矛盾很突出，生产的集约化程度低；二是国有企业面临的问题和困难更集中。但同时，重庆又面临着一个千载难逢的发展机遇。为抓住机遇，迎接挑战，全市经贸战线的职工，首先要实现观念转变，强化六个意识，即机遇意识、苦干意识、调整意识、改革开放意识、管理意识、稳定意识，以增强加快工业经济发展的紧迫感和责任感。

吴连帆对1997年的经贸工作进行了总体部署，要求着重抓好七项工作。其一，加大结构调整力度，要把推进重庆工业改造和调整作为重中之重抓紧抓好，按照壮大支柱产业、加强优势行业、培育新兴行业、发展拳头产品和重点支持骨干企业的思路，加大技改力度，实施名牌战略和集团化战略。其二，深化企业改革，全面启动和实施企业职工再就业工程；规范破产，鼓励兼并，优化国有企业组织结构；继续推进现代企业制度试点工作；继续推进企业增资减债和“双分”工作，用好国家给予的政策。其三，全面加强企业

①本文原载于《重庆日报》，1997年1月23日。

管理，加强企业领导班子建设，实施人才战略；深入开展“学邯钢”活动，企业领导要坚持敢于碰硬，严字当头，细字当先，组织全员参与，促进企业降成本增效益；大力加强质量管理工作，强化现场管理。其四，打好扭亏解困攻坚战，要把开展扭亏解困工作，与结构调整、兼并破产、实施再就业工程等项工作结合起来，形成扭亏增盈的机制，并强化扭亏解困工作目标责任制。其五，切实加强经济运行综合协调，在做好对经济运行监测、监控的同时，积极开拓市场，加强资金、能源、运力等方面的协调工作。其六，实施技术创新工作，建立技术创新体制，抓好技术开发机构的建立和完善，大力实施“产学研”工程，加快新产品开发、新技术推广步伐。其七，加大工交企业对内对外开放的力度，制定工交企业引资战略和重点，今年着重抓 10 个 300 万美元以上的大项目，同时要积极开拓新的融资渠道。

市委常委、重庆市委工交工作委员会书记刘文就 1997 年工交各级党组织工作，提出总体要求，即坚持以邓小平建设有中国特色社会主义理论为指导，认真贯彻党的十四届六中全会、中央经济工作会议和全国国有企业党建工作会议精神，积极落实市委、市政府今年经济工作的具体要求，突出抓好国有企业领导班子整顿和建设，实施党建工作的“凝聚力工程”和精神文明建设的“塑造企业形象工程”，推动企业在两个文明建设上迈出新的步伐。

市领导黄梅和李德水与市长助理张复主持了会议。

（《重庆日报》记者　鲍俊佩）

张德邻在农村工作会议上作总结讲话时强调
农业和农村工作只能加强不能削弱[①]

市委书记张德邻昨日在重庆市农村工作会议总结讲话时强调："在新的历史发展时期，我市农业、农村工作只能加强，不能削弱，任何时候都不能有丝毫的动摇。"

市领导于汉卿、黄立沛、甘宇平、陈光国、康纲有、周建中、邓中文出席了昨天的大会，大会由市委副书记黄立沛主持。

张德邻书记在总结讲话时说，今年是我市发展至关重要的一年，是为全面振兴重庆迈出坚实第一步的一年，我们要从新形势、新任务出发，进一步深刻认识重庆农业、农村工作的特殊地位和作用。应该看到，我市在新形势下面临的"三大任务""四大难题"都与农业、农村经济发展紧密相关，其中移民和扶贫两个重头戏在农村。我们除了要完成党中央、国务院提出的确保农业增产、农民增收、农村稳定三大任务外，还要着力抓好移民和扶贫工作。同时，没有农业和农村经济大发展，我市工业振兴也将受到极大制约。

张德邻强调，要从我市实际出发，抓住抓好几个重点，保持农村良好的发展形势。首先，要在稳定粮食生产的基础上，调整优化农村产业结构。虽然我市粮食连续4年夺得丰收，但任何时候都不能放松粮食生产，要牢固树立抗灾夺丰收的思想，增加对农业的投入。农业内部结构和农村产业结构都要向优化结构要效益。要从实际出发大力发展多种经营、乡镇企业、非公有制经济和小城镇，增加农民收入，加快奔小康步伐。要坚持科教兴农战略，对农业科技人员不能随便放掉，他们是人才，要很好发挥他们的积极性，促

---

①本文原载于《重庆日报》，1997年1月24日。

进农业和农村经济增长方式的转变。其次是进一步深化农村改革，提高农村市场化程度的问题，张德邻着重突出了两点：一是稳定完善以家庭联产承包为主的责任制和统分结合的双层经营体制，激活农村经济细胞。二是加快农产品流通体制改革步伐，大力培育农村市场，引导农民进入市场，农产品流通体制改革是农村改革的关键环节，是今年农村改革的重点。

张德邻指出，要把搞好农业、农村工作同搞好移民、扶贫工作结合起来。今年移民工作必须确保年底大江截流前移民区任务的完成。解决农村贫困人口温饱问题要狠下功夫，坚持开发式扶贫，把扶贫攻坚任务和措施落实到贫困村和贫困户。与此同时，要发挥中心城市功能，探索城市带农村，城乡结合共同发展的新路子，带动农村经济发展。特别需要强调的是，要高度重视处理好加快经济发展和人口、资源、环境的关系，这是事关经济和社会进步的重大问题，要始终坚持可持续发展战略。

张德邻指出，搞好农业开放，具有十分重要的战略意义。当前我市农业扩大对外开放的有利条件良多，我们要充分发挥资源和市场两大优势，加强农业与国外资本、技术市场的融合，发展高附加值、高商品率、高创汇率的产业和产品，提高农业市场竞争能力，让农业开放热起来。

张德邻书记要求各级党委政府和有关部门加强领导，狠抓落实，确保完成今年农业农村工作任务。搞好农村工作，关键在党，关键在人，要从打好、打胜我市新的历史发展时期的农业、农村工作第一仗，保持和推进农业农村经济发展好势头，全市经济发展和社会稳定的高度，充分认识搞好农村工作的极端重要性，把农业放在经济工作的首位。各级干部要切实转变工作作风，深入基层，深入群众，深入到矛盾和问题较多的地方去，采取有效措施解决农村发展的重大问题，把群众冷暖挂在心上。要加强农村基层组织建设，努力提高基层干部整体素质。把农村基层组织建设成坚强的战斗堡垒。要坚持“两手抓，两手都要硬”，确保农村两个文明双丰收，切实减轻农民负担。

张德邻书记最后号召全市党政干部：1997 年是党和国家发展史上非常重要的一年，也是重庆发展史上的重要一年，全市上下要进一步振奋精神，抓住机遇，推动农业和农村工作上新台阶，为重庆的发展和振兴作出贡献！

（《重庆日报》记者　蒋蓓蓓）

把温暖带给职工 让群众过好春节
市领导慰问困难企业职工[①]

困难企业职工生活的冷暖与甘苦一直是市领导悬心的大事。昨日，张德邻、蒲海清、于汉卿、张文彬等市领导同志兵分九路，深入到17户困难企业，慰问职工，送去了新年的祝福。

几句温暖的话，一包汤圆面，一壶色拉油，一笔慰问金，如一缕春风，把市委、市人大、市政府、市政协的关怀“吹”进了千家万户，让职工们在寒冬中感受到了丝丝暖意。

与此同时，市领导们的殷殷话语还为困难企业职工灌输了这样一个信念：只有企业领导和职工团结一心，艰苦奋斗，生产自救，企业才能渡过难关。

据悉，各部门、单位近期将陆续开展“送温暖”活动。

①本文原载于《重庆日报》，1997年1月24日。

市建设工作会提出开创我市建设新局面①

以环境美、质量高、形象新为目标，加快以交通、供水和环境建设为重点的基础设施建设步伐，强化以规划、建设和市容管理为重点的城市管理，发展以安居工程为重点的住宅建设，努力开创我市城乡建设工作的新局面。这是25日结束的市建设工作会确定的我市今年城乡建设指导思想。

在为期三天的会议中，市委书记张德邻发出了致与会同志的一封信，蒲海清代市长作了书面讲话，分别就真抓实干搞好建设提出了具体要求。滕久明、陈之惠、甘宇平、唐情林等出席了会议。

围绕今年的主要工作目标，市建委主任刘成义在会上提出全系统要抓好以下工作：以重要规划的编制为重点，大力加强城市发展战略规划；以交通、供水和环境建设为重点，切实加快城乡建设步伐，坚持集中资金保重点的原则，加快县城和小城镇建设，搞好环境建设，提高环境质量；以住宅建设为重点，积极培育支柱产业和新的经济增长点，坚持以住房商品化为主线，加快安居工程建设；以规划管理、建设管理和市容管理为重点，全面提高城市管理水平，提高工程质量，继续开展创建卫生城市活动，彻底根治脏乱差。

市委副书记滕久明在会上强调，城乡建设必须坚持“两手抓，两手都要硬”的方针，加强精神文明建设，认真开展创建“文明城市”“文明村镇”“文明行业”“文明工地”等活动，培养一批“四有”干部和职工，勇挑重担，敢打硬仗，全面完成建设任务。

---

①本文原载于《重庆日报》，1997年1月26日。

甘宇平副市长就总体规划修编、深化投资体制改革、加快住宅建设及加快市政基础设施建设等问题在会上作了长篇讲话。副市长唐情林也在会上讲了话。

会议还对市建设系统“十佳文明职工”“八五”时期重庆村镇建设先进集体、个人等进行了表彰。国家建设部及涪陵、万县、黔江两市一地的有关负责人参加了会议。

（《重庆日报》记者　张进原）

我市确定九项城市建设目标[①]

记者从23日召开的我市建设工作会议上获悉，今年我市城乡建设将以交通、供水和环境建设为重点，加快基础设施建设步伐。全年将完成9项主要工作目标。它们是：

编制新的重庆城镇体系规划，完成各区市县政府所在地城市总体规划修编，完善北部新城及其路网衔接规划和鱼嘴化工城规划，调整修编110个乡镇规划；

建成袁家岗立交和大坪九坑子排水工程，抓紧建设黄花园大桥，开工建设雷家坡立交、龙泉路和盘溪流域排水工程；

抓紧鹅公岩长江大桥、轨道交通2号线、朝天门空中客车工程、忠恕沱污水处理厂和大化路的前期准备工作，争取早日开工建设；

抓紧和尚山水厂、梁沱水厂的续建和配套完善，开工建设大渡口供水工程，建成建制镇小水厂8个；

菜园坝公共广场建成投入使用，五里店电车站场和陈家坪公交枢纽站简易投入使用，开工建设人民广场；

改造和完善一批市政、公用、环卫设施；

全年竣工城市住房面积350万平方米，危房改造完成25万平方米，安居工程竣工50万平方米，解决4平方米以下住房5万户，新建农民住宅1800万平方米；

全民义务植树100万株以上，创建园林式单位7个、园林式村段（小

①本文原载于《重庆日报》，1997年1月24日。

区）1 个，达标绿化市街 2 条，达标公园风景区 2 个，新增一批公共绿地；

城区大气中总悬浮微粒年日平均值小于每立方米 0.3 毫克，城区大气中二氧化硫年日平均值小于每立方米 0.35 毫克，全市城镇烟尘控制区覆盖率达到 100%，汽车尾气达标率大于 80%，饮用水源水质达标率大于 90%，工业废水处理率大于 70%，工业固体废物综合利用率大于 55%。

（《重庆日报》记者 张进原）

加快我市城镇规划编制工作
市城市规划工作会议举行①

重庆市第三次城市规划工作会议于24日举行。此次会议确定了我市城市规划的主要任务：抓好总体规划修编的完善和实施，尽快完成重庆市域城镇体系规划的编制；加强规划法制建设，强化规划法制监督；进一步探索两级政府两级管理的规划管理模式，完善规划管理体制。

我市正面临着重大历史发展机遇，编制重庆城镇体系规划，调整城市总规是事关重庆发展大局的重要任务。此次会议对开展重庆市城镇体系规划编制工作作出具体安排，要求在今年10月底前完成。

市委副书记滕久明、市人大常委会副主任陈之惠、市政协副主席韦思琪等参加会议并讲话。

会上，市规划局、市人事局对贯彻“5·25”通告的先进集体予以了通报表彰。

（《重庆日报》记者　胡　萌）

①本文原载于《重庆日报》，1997年1月26日。

张德邻、蒲海清寄语广大城建工作者 把重庆建设好管理好[①]

在23日召开的1997年重庆市建设工作会上，市委书记张德邻、代市长蒲海清以书面发言的形式，寄语我市城建工作者，为开创重庆现代化建设新局面作出新的贡献。

张德邻在书面发言中说，重庆市正面临重大历史发展机遇，为适应新形势，城乡建设的工作思路、工作布局、管理体制要作相应的调整，实现三个转移：一是由过去计划经济体制管理模式逐步转移到适应社会主义市场经济体制的管理模式，把原来依靠行政手段、靠经验管理转变到依法管理的轨道上来。二是从管理一个中心城市的城市建设转移到管理一个城市体系的城市建设上来。三是从侧重微观管理和项目管理转移到宏观管理和系统管理上来。

张德邻说，建设和管理好城市，是城市政府的基本职责。全市上下要形成共识，形成合力，各方协调配合，共同努力把重庆建设得更美好，管理得更科学，使城市更好地发挥其服务经济建设、服务人民生活的作用。

蒲海清代市长在书面讲话中部署了1997年我市建设工作的主要任务：一、加快以交通为重点的基础设施建设，集中资金保重点，扎扎实实干几件让老百姓满意的事情。二、加快城市建设体制和投融资体制改革步伐，优化投资结构，提高投资效益。要进一步深化城市建设、体制和投资体制改革，千方百计扩大筹资融资渠道，逐年增加财政投入，充分发挥土地效益，积极

①本文原载于《重庆日报》，1997年1月27日。

争取国内外贷款，在境内外发行股票、债券，采用合资合作等方式筹集资金。今年要组建重庆路桥有限责任公司，上市发行股票，向社会募集资金，增加城市建设的投入。三、加快住宅建设，积极培育新的消费热点和新的经济增长点。目前住宅建设的重点在于积极培育住宅市场，加快消化空置住宅，盘活存量，搞活流通。四、把创建“文明城市”和“文明村镇”活动纳入城乡规划、建设和管理的全过程。五、抓好建设队伍的整顿和培训，塑造一批高素质的建设队伍。

（《重庆日报》记者　胡　萌）

我市第五次社科优秀成果颁奖
100 多项社会科学优秀成果作者受到表彰
市社科联三届三次理事会举行[①]

以表彰奖励四川省第七次、重庆市第五次评定的哲学社会科学优秀成果，总结布置市社科联工作为主要内容的重庆市第五次社科优秀成果颁奖暨市社科联三届三次理事会，23 日下午在市委小礼堂举行。

这次会议对于贯彻落实党的十四届六中全会精神，对于动员和鼓舞我市社科界专家、学者，更好地为市委、市政府决策服务，为两个文明建设服务，有着重要的作用。

市委副书记滕久明出席会议并讲话，副市长窦瑞华代表市政府宣读了表彰决定。会议对《高等学校教育心理学》等 100 多项社会科学优秀成果的作者进行了表彰。

会议认为，社科联在优选我市支柱产业、为弘扬红岩精神活动提供理论支持、为未来重庆的发展出谋划策以及促进我市两个文明建设方面做了不少工作。今年，要认真贯彻十四届六中全会《决议》精神，更好地为市委、市政府的决策服务，为我市经济和社会发展服务。

市委副书记滕久明在讲话中指出，要充分认识哲学社会科学的战略地位，在充分肯定我市近几年来理论建设取得的显著成绩的同时，也要清醒地看到，一些领导对理论建设认识不高，理论界主攻方向把握不力，为市委、市政府决策服务力度不够。各级党委和政府，一定要充分认识哲学社会科学

①本文原载于《重庆日报》，1997 年 1 月 27 日。

的重要地位和作用，加强对社会科学的领导，以推动我市社会科学的繁荣和发展。

滕久明要求全市社会科学工作者一定要以邓小平建设有中国特色社会主义理论为指导，以重庆改革开放和现代化建设的重大理论、实践问题作为研究的主攻方向，探索有重庆特色的经济、政治、文化发展的规律。他希望我市社会科学研究多出精品。市社科联要发挥桥梁和纽带作用、组织协调作用、成果转化服务作用等，努力造就一支高素质的哲学社会科学队伍。

出席会议的还有老同志张文澄及市委、市政府有关方面负责人和我市社科界的专家学者共300人。

（《重庆日报》记者　杨　勇）

蒲海清在全市金融工作会议上强调 金融部门要为经济建设服好务[1]

全市金融工作会议28日在市委礼堂召开，会议传达了全国金融会议精神，总结了我市金融系统去年为经济建设所做的大量工作，提出今年金融工作目标：认真实行适度从紧的货币政策，促使今年物价涨幅低于去年，切实整顿金融秩序，防范和化解金融风险，明显提高金融业经营管理水平。

我市金融系统去年取得良好成绩。年末各金融机构存款余额达644亿元，比年初增加123亿元，年末的贷款余额671亿元，比年初增加110亿元，各项外汇贷款余额15亿美元，信贷增幅大大高于我市同期经济增长速度，有力地支持了经济的发展。

代理市长蒲海清在会上讲话时强调，金融系统一定要树立为企业、为用户服务的思想，正确认识当前的金融形势，抓住重庆极好的发展机遇，为经济建设服好务。他指出，今年金融系统工作的关键在于盘活存量，优化增量，扩大总量，提高质量。盘活存量要放在突出地位上来抓，要从转变机制的角度采取兼并、破产、资产重组等措施，盘活老企业。要加强金融监管，保障正常的金融秩序，加强领导班子和职工队伍的建设，提高干部的政治和业务素质。

（《重庆日报》记者 周 芹 王 伟）

---

①本文原载于《重庆日报》，1997年1月29日。

市十二届人大常委会二十五次会议结束[1]

为期两天的市第十二届人大常委会第二十五次会议昨日结束。

会议听取并审议了关于我市国民经济和社会发展新思路的情况汇报；关于我市口岸工作的情况汇报；关于办理市十二届人大四次会议代表建议的报告。听取了市法院、市检察院、市人大办理市十二届人大四次会议代表建议的报告，传达了市委七届九次全委会暨全市经济工作会议精神。

据悉，去年6月召开的市人代会上，市人大代表向政府提出的857件建议，已于去年底以前全部办理完毕。其中，代表建议被采纳或提出的问题已经解决、基本解决的有291件，如吕锡佩、王正清等20位代表提出的《关于长江二桥南桥头开口子建公路的议案》（转建议），在改动设计方案和施工都较困难的情况下，终于解决了在长江李家沱大桥南桥头预留上、下桥道口的问题，代表对此感到十分满意。代表建议中提出的问题正在解决或已列入规划逐步加以解决的占55%，这类问题属于经济体制改革中的重大问题或涉及重要政策调整，牵扯因素较多，协调难度较大。对目前不能解决的建议，承办单位都向代表作出了解释。

常委会由市人大常委会主任于汉卿主持，副主任王文德、冯克熙、许香谷、王华生、黄梅、章必果、陈之惠、康纲有出席了会议。

（《重庆日报》记者　谭红樱）

---

①本文原载于《重庆日报》，1997年1月29日。

朱镕基副总理在重庆考察工作[①]

中共中央政治局常委、国务院副总理朱镕基在重庆考察时强调指出，国有企业当前的困难，主要是长期的计划经济体制和多年来重复建设造成的。因此，必须加大经济结构调整的力度，加快企业转变机制的步伐，积极推进国有企业兼并、破产和职工再就业工程。

朱镕基说，国务院在1月上旬召开的国有企业职工再就业工作会议上提出，解决国有企业的困难，要认真贯彻江泽民总书记关于搞好国有企业改革的讲话精神，在坚持“三改一加强”（改组、改造、改制，加强企业管理）的同时，坚决走“减员增效、下岗分流、规范破产、鼓励兼并”的路子。为此，国家已出台了一系列新的政策，这是党中央、国务院为解决国有企业困难所采取的重大举措，各地要认真组织传达学习，做好宣传舆论工作，贯彻落实好会议精神。各地区从省到市（110个试点城市）都要成立国有企业兼并、破产和职工再就业协调小组，尽快制订本地区的实施计划。

1月24日至27日，朱镕基在重庆市委书记张德邻、代市长蒲海清等同志的陪同下，重点考察了重庆市国有企业解困工作和粮食收储情况。考察期间，朱镕基走访了重庆第三棉纺厂和大足县，并就国有企业兼并、破产和职工再就业、纺织企业解困等问题，与重庆市领导和有关部门、部分国有企业负责人进行了座谈。

朱镕基指出，重庆作为老工业基地，在我国经济发展中具有重要的地位，重庆要把搞好国有企业放在更加突出的位置上。目前国有企业的困难是

---

①本文原载于《四川日报》，1997年1月31日。

经济结构调整过程中必然要发生的，是有办法解决的，要坚定信心，转变观念，理清思路，统一认识，统一行动。国有企业的困难不能再靠外延扩大投入来解决。在市场前景不明的情况下，越是扩大投入只能是包袱越重，困难越大。唯一可行的办法，就是实现“两个根本性转变”，实行经济结构调整，走企业兼并、破产和职工再就业的路子。全国的亏损企业都要走这条路子。要规范破产，鼓励兼并，该破产的要破产，能兼并的要尽量多兼并。兼并、破产所冲销的银行资产要有额度限制，今年冲销呆账、坏账准备金总数在300亿元以内，限定在110个试点城市范围内进行。因此，有关城市要作出兼并、破产的计划并按程序报批。职工再就业工程是百年大计，要坚持搞下去。为此，各地要从上到下成立职工再就业服务中心，积极开拓就业门路，热情关心职工生活，维护社会安定团结。不具备兼并、破产条件的企业也都要实行再就业工程。基本的做法是以产定人，富余人员下岗后进入本企业再就业服务中心，领取基本生活费，通过再就业服务中心逐步重新安置就业。亏损企业对下岗职工发基本生活费都有困难的，可以采取“三家抬”的办法，即地方政府补贴利息，银行发放特种贷款，社会提供保险、救济。再就业主要是转入第三产业，特别是服务行业，决不能再走扩大加工工业生产能力的老路。

朱镕基强调，规范破产，很重要的一条就是要防止“假破产、真逃债”，标准是“资产变现、关门走人”。把资产（包括土地）变现的钱先用来安置工人再就业，不能搞什么“整体接收”或“整体收购”。为了鼓励兼并，国家已制定了相应的优惠政策，优势企业兼并劣势企业，要承担全部债务，五年还清，但贷款利息经银行核准可以免除，5年的还本期限根据企业情况还可以宽限一至两年。被兼并企业的富余人员也要下岗分流，否则还可能把优势企业拖垮。富余人员下岗进入再就业服务中心，要暂时过低水平的生活，这件事办起来难度较大。要向职工们讲清楚，现在这样做，是为了他们的长远利益，而且政府会努力照顾他们的眼前利益，千方百计安排下岗职工的再就业。因此，实施再就业工程，一定要做好宣传解释工作，做好思想政治工作。

在谈到纺织工业解困问题时，朱镕基说，纺织工业当前的困难，主要是重复建设、供过于求造成的。国务院在90年代初就提出压锭改造，现在看，整体规模没有压下来，生产能力仍大大超过市场需求，困难越来越大。当前要下决心压缩规模，调整结构，推动兼并、破产和职工再就业。这条路子要坚决走下去，没有壮士断腕的决心和艰苦细致的工作，就克服不了眼前的困难，其他什么轻巧的解困路子是没有的。重庆和全国都要把纺织行业列为实施兼并、破产和职工再就业的重点行业。

在产粮大县大足县，朱镕基深入到邮亭、双塔粮站和化龙乡农户家中，考察粮食收储情况，还特别关心地询问了农民的税费负担情况。他指出，当农业丰收、市场粮价低于国家定购价时，一定要按保护价（相当于定购价）收购议价粮和专储粮，这是国家保护农民利益、稳定市场粮价的重要措施。一定要敞开收购，把粮食收购工作搞好，决不允许打白条。同时也要鼓励农民储粮备荒。要保证农民增产增收，进一步调动他们发展农业生产的积极性。国有粮站、粮店的亏损，主要是因为单一经营和费用太高造成的。因此，要进一步改革粮食购销体制，积极推进粮站、粮店开展多种经营，发展便民连锁店，走出一条用改善经营管理、发展多种经营弥补粮食经营亏损的新路子。朱镕基还强调，在农业丰收的形势下，粮食生产千万不能放松，同时要特别注意认真保护现有耕地，严禁以任何方式乱占耕地。保护耕地是加强农业的基础地位、关系国家长远发展的重大问题。

（新华社记者 蒋 鹏 《重庆日报》记者 张德泽）

为我市改革开放和现代化建设提供有力思想保证
全市宣传思想工作会议召开[①]

全市宣传思想工作会议30日召开。会议的主要任务是：贯彻党的十四届五中、六中全会精神和市委七届九次全委（扩大）会议精神，学习江泽民总书记在全国宣传部长会议上的重要讲话，传达全国宣传部长会议精神，讨论《中共重庆市委贯彻党的十四届六中全会精神实施意见》，总结去年的工作，部署今年的工作。

市领导滕久明、肖祖修、冯克熙、罗淑芳出席会议。

会议由市委常委、常务副市长肖祖修主持。

市委副书记滕久明在会上传达了江总书记在全国宣传部长会议上的重要讲话和全国宣传部长会议精神。

滕久明说，全国宣传部长会议提出了今年宣传思想工作的指导思想、总体目标、主要任务，提出了做好当前和今后一个时期宣传工作必须遵循的基本要求。会议强调，今年的宣传思想工作从始至终要体现这样一条主线：高高举起邓小平理论的伟大旗帜，紧紧围绕经济建设这个中心，大大加强精神文明建设的力度，牢牢把握正确舆论导向，为改革、发展、稳定提供有力的思想保证，为香港回归和党的十五大召开创造良好的舆论氛围。

滕久明说，全国宣传部长会议的召开，对于深入贯彻党的十四届五中、六中全会精神，迎接党的十五大召开和香港的回归，促进宣传思想工作上新台阶，都具有十分重要的意义。江总书记在会上的重要讲话，使我们明确了

---

①本文原载于《重庆日报》，1997年1月31日。

方向，拓宽了思路，增强了信心，受益匪浅。我们一定要结合重庆实际，认真贯彻落实会议精神，再接再厉，开拓前进，扎扎实实地做好我市宣传思想工作，真正为深化改革开放，加快经济建设，推进全面发展提供强大的精神动力、智力支持和思想保证。

如何贯彻落实全国宣传部长会议精神，滕久明强调指出，要继续深入贯彻党的十四届五中、六中全会精神，进一步修订好重庆市精神文明建设五年规划，深入开展精神文明创建活动，着力在“建设”二字上狠下功夫，认真落实“两手抓”的工作方针，使六中全会精神真正落到实处；采取切实措施，进一步落实“以科学的理论武装人”的战略任务；进一步加强思想道德建设，继续深入开展“弘扬红岩精神，塑造当代重庆人”的宣传教育活动；精心组织，着力抓好几个有声势、有力度的宣传教育活动；按照市委、市政府的总体要求和工作部署，进一步做好以经济建设为中心，推进“两个根本转变”、加强农业基础地位、推动区市县经济发展、深化国有企业改革、加大经济结构调整力度、认真搞好开发性移民、保持良好宏观经济环境、提高对外开放水平等方面的宣传，促进我市国民经济持续、快速、健康发展和社会全面进步；进一步做好对外宣传工作，树立重庆新形象，以良好的投资环境，欢迎八方来客，共同建设美好的新山城；进一步贯彻“一手抓繁荣，一手抓管理”的宣传文化工作方针；认真落实国务院《关于进一步完善文化经济政策的若干规定》，增大对宣传文化的投入；进一步加强宣传思想工作队伍建设，切实抓紧抓好干部的考核、选拔、培养工作，重点抓好宣传战线领导班子建设。

会上，市委宣传部副部长黄兴林、王大用、黄绍辉分别就各自分管的工作发了言；市级有关部门和区市县负责同志讲了话。

参加会议的有：市宣传思想工作领导小组成员，万县市、涪陵市、黔江地区党委分管书记、宣传部长，各区市县党委分管书记、宣传部长，市级各部、委、办、局分管领导、宣传处长，市级宣传文化系统各单位主要领导、宣传处长，部分大型企业党委宣传部长，中央、省驻渝新闻单位和市级新闻单位负责人，共220余人。

（《重庆日报》记者　张德泽）

把握正确导向为振兴重庆创造良好氛围
全市宣传思想工作会议结束
市委书记张德邻作重要讲话①

全市宣传思想工作会议昨日结束，市委书记张德邻在会上强调指出，在新的一年里，全市宣传思想战线要高举邓小平建设有中国特色社会主义理论的伟大旗帜，坚持以经济建设为中心，紧紧围绕恢复对香港行使主权和党的十五大召开，以及我市面临的新形势，牢牢把握正确导向，扎实有效地开展工作，为香港回归和党的十五大的召开，为全面振兴重庆创造良好的氛围。昨天的会议由市委常委、市委秘书长、市委宣传部长李兵主持。

张德邻在会上作了重要讲话。

张德邻说，党的十四大以来，我市宣传思想工作总的形势是好的。去年我市宣传思想战线在前三年登上新台阶的基础上，围绕两个文明建设，团结奋斗，各项工作取得了新的进展。过去的一年，是我市宣传思想战线取得较好成绩的一年，是再接再厉、奋发进取的一年，是社会主义精神文明建设全面动员、总体推进的一年。市委对同志们的工作是满意的。在新春佳节到来之际，我代表市委向全市宣传思想战线上的同志们表示衷心的感谢，并致以节日的祝贺。张德邻指出，今年，市委对全市宣传思想工作的总要求是：以邓小平建设有中国特色社会主义理论为指导，牢牢坚持经济建设这个中心，认真贯彻十四届五中、六中全会精神，努力宣传贯彻中央经济工作会议和市委七届九次全委（扩大）会议精神，促进“两个根本性转变”，为改革开放

①本文原载于《重庆日报》，1997 年 2 月 1 日。

和现代化建设提供有力的思想保证，牢牢抓住全党全社会加强精神文明建设的极好时机，认真落实六中全会确定的各项任务，力求精神文明建设取得新成就、出现新气象；牢牢把握正确导向，促进我市政治、经济、社会的全面发展，为两件大事创造良好的舆论环境。

张德邻强调，宣传思想工作要高举邓小平建设有中国特色社会主义理论的伟大旗帜，迎接理论武装工作的新高潮；要牢牢把握舆论宣传的正确导向和基调，为迎接香港胜利回归和为党的十五大胜利召开创造良好的思想舆论环境。新闻宣传一定要讲党性，讲政治，把政治家办报的要求落到实处；深化“弘扬红岩精神，塑造当代重庆人”的活动，进一步加强思想道德建设；坚持“二为”方向和“双百”方针，繁荣文化艺术，多出精品，为人民贡献最好的精神食粮；加强对外宣传，努力扩大重庆在国内外的知名度，塑造重庆对外开放的良好形象，加强宏观调控，提高管理水平。

张德邻强调，做好今年的宣传思想工作要在三个方面保持清醒的头脑，一是以经济建设为中心的问题，头脑要十分清醒；二是对抓住机遇的问题，头脑要十分清醒；三是维护稳定问题，头脑要十分清醒。总之，我们的宣传思想工作，一定要坚定不移地贯彻以江泽民同志为核心的党中央的战略部署和市委的工作部署；一定要政治坚定，思想敏锐，纪律严明，讲学习、讲政治、讲正气；一定要面向群众，依靠群众，把得人心的事办实办好；一定要坚持精神文明重在建设的方针，宣传科学理论，坚持正确舆论，弘扬高尚精神，多出优秀作品，更好地武装人、引导人、塑造人、鼓舞人；一定要有锲而不舍的精神，对确定的任务，扭住不放，不变题目，不换镜头，坚持不懈地做下去，任尔东西南北风，咬定青山不放松。

张德邻最后要求，各级党委和政府要加强对宣传思想文化工作部门和单位的领导，充分发挥宣传部门的作用；要形成和完善落实六中全会精神的机制；要做到党政群团齐抓共管，形成合力；要把已规划的加强精神文明建设的具体项目一个一个地抓落实；要进一步落实和完善文化经济政策，增加投入，加快精神文明建设载体和基础设施的建设；要严格要求，提高素质，加强宣传思想工作队伍建设。

李兵在作会议总结时说，回顾近年来，全市宣传思想战线的各项工作取得的成绩，深深地体会到，做好宣传思想工作要积极争取党委的领导和支持，要紧紧围绕党和政府的中心工作做文章，要有一个符合实际的明确的工作思路，要打好坚实的基础，狠抓落实。

李兵指出，市委对全市宣传思想工作高度重视，市委书记张德邻在这次会上的重要讲话对于我们认清形势，理清思路，明确任务，搞好今年的工作具有重要指导意义。我们一定要认真领会和贯彻落实这次会议精神，努力把今年的宣传思想工作搞得更好。

会议对 1996 年度先进宣传集体和个人，对 1995 年度精神文明建设“五个一工程”获奖集体、获奖作品进行了表彰、奖励，为全市第一批爱国主义教育基地授了牌。

（《重庆日报》记者　张德泽　陈显涪）

我市采取重大措施全面推进对外开放[①]

为加快重庆经济社会发展，把重庆建设成为长江上游的经济中心，目前市委、市政府采取一系列重大措施，全面推进重庆对外开放。

记者从昨日召开的市对外开放新闻发布会上获悉，为加快对外开放步伐，今年市委、市政府制定并颁布了《关于全面推进对外开放的意见》。

《意见》确定重庆对外开放的主要目标是：本世纪末，对外开放走在中西部省区的前列，基本建立起适应社会主义市场经济发展需要、符合国际通行规则的对外开放新体制。“九五”期间，全市争取实际利用外资累计达到40亿美元；进出口总额年均增长10%，其中出口年均增长10%以上。国际旅游创汇争取年均增长15%。

《意见》把积极、合理、有效地利用外资作为重点。鼓励和争取境外金融、外贸、商业零售、旅游等行业的合资、合作；鼓励和争取境外金融机构来渝设立分支机构；鼓励和争取国外大公司、大财团来渝兴办投资公司，开展投资、融资业务。优化外资结构，把外资重点引向支柱产业、优势产业和基础设施建设，引向旅游、三峡库区开发、移民和扶贫项目，使外资投向同我市经济社会发展规划、结构调整与产业布局相一致；加快老工业企业利用外资“嫁接”改造的步伐。采取股份合作、拍卖、承包、租赁、股权融资、海外发行股票等形式，进行产权转让和资产重组。

为此，市政府又制定了《重庆市鼓励外商投资若干优惠政策》，其特点：一是沿海地区有的基本都有；二是沿海地区没有的政策，如库区开发性移民

①本文原载于《重庆日报》，1997年1月31日。

建设项目自用物资进口关税和进口环节税全额返还；三是外省市来渝投资符合产业导向的企业或项目，原则上享受优惠政策。

为方便外商办理投资手续，简化办事程序，提高办事效率，市政府决定在市级机关对来渝的海外投资者推行“一站式服务”，由市有关领导担任值班长，现场办公。

市政府还决定对外商投资企业收费实行登记监督制度，凡向外资投资企业收费、罚款、集资、摊派和检查，一律实行登记，以维护外商合法权益。设立外商投资企业负担监督电话：3851374。

以上措施，表明了重庆市委、市政府扩大开放的诚意和决心，标志着重庆对外开放进入了一个新的发展时期。

（《重庆日报》记者　崔　健）

全市科技工作会召开[①]

1月29日，重庆市科技工作会在雾都宾馆召开，代市长蒲海清要求进一步提高“科技兴渝”战略地位，切实加强对科技工作的领导，在实现我市“一年起步，五年振兴”的宏伟目标中，把“宝”押在依靠科技进步上。

市科委主任秦亮霭传达了全国科技工作会议精神。副市长窦瑞华总结回顾了去年科技工作的基本情况：通过实施各类科技计划，为经济增长和社会发展作出了贡献。“科技兴渝百亿工程”去年新增销售收入81亿元，新增税利7.9亿元，并培育出26个技术含量较高、销售收入超亿元的项目。窦瑞华说今年科技工作的目标是：完成“百亿工程”新增销售收入100亿元的预定目标；确定“九五”期间10至15项重中之重项目；建设5至10个国家级、市级研究中心；科研院所推行“一所两制”；全市取得200项重要科技成果，使科技进步的贡献率达到40%左右。

蒲海清代市长在会上强调，我市要实现“一年起步，五年振兴”的战略目标，靠的是科技。国民生产总值要翻番，“三大”支柱要上去，人民生活水平要显著提高，这些都要依靠科技。近年来，科技在经济中不断演变，位置逐渐提高。社会主义市场经济给我们的启示之一是社会的发展和进步必须依靠科技。经济体制改革和经济形势的转变，使得对科技进步的需求已经到了渴望、渴求的地步。各级领导要坚定不移地落实科技是第一生产力的思想，提高科技对经济增长的贡献率。

蒲海清指出，要对科技工作切实加强领导，要有具体的政策、措施配

---

①本文原载于《重庆日报》，1997年1月31日。

套。第一把手抓第一生产力，要狠抓这项制度的落实。各地各级的一把手要每年抽时间真正研究科技，帮助解决科技工作的具体问题，并以此作为考核干部的一项内容。

蒲海清要求组织科技人员进入经济建设主战场，抓科技体制改革，建立新的机制。科技人员要有序合理流动，要有择业的自由，科技人员的贡献要与待遇相一致。要加强科技人员的思想教育，树立无私奉献的精神。要在全社会形成群众性的爱科学、学科学、用科学的热潮。

对科技投入问题，蒲代市长强调，各地、市必须确保每年有所增长。科技贷款要有偿使用，避免没有效益的投入。

市委副书记滕久明为大会作了总结。

滕久明、窦瑞华、市长助理程贻举等向 1996 年度获“科技进步奖”的单位和个人颁了奖。冯克熙、徐宗俊出席了大会，黎鳌等 5 名院士在主席台就座。本市科研单位、大专院校有关人员约 300 人出席了会议。

（《重庆日报》记者　卫新华）

全市对外经贸工作会提出
振奋精神　抓住机遇　着力调整　加快发展[①]

振奋精神，抓住机遇，着力调整，30日召开的全市对外经贸工作会，针对重庆地处内陆的实际，提出了以扩大利用外资为重点，推动对外贸易和国际经济技术合作健康发展，形成与国际市场接轨的开放型经济的总体思路。

去年，我市外贸系统调整结构，纠正了单纯追求出口数量的倾向，注重效益、质量和信誉，强化以资金为核心的管理，控制出口成本，取得了实效。全年完成外贸进出口总额14.1亿美元，利用外资金额4.1亿美元，利用外国政府贷款4153万美元，新批“三资”企业164家，新签工程承包、劳务合作合同31项，合同金额6698万美元。

会议认为，重庆经济发展前景可观，全面对外开放的形势正在形成，为对外经贸发展提供了更为广阔的空间。会议强调实施大经贸战略，调动多方发展对外经贸的积极性，实现经营主体多元化。在项目确定、产品定位、市场选择、引资战略等方面，衡量对外经贸发展的质量和规模，推进全市全方位、多层次对外开放新格局的形成。

会议提出以加快重庆经济发展为出发点，调整利用外资的重点和战略。引资重点是基础产业和城市基础设施建设、企业的“嫁接”以市场换项目改造、支柱产业和优势产品的技术进步等。会议确定了资源换技术、产权换资金、存量换增量的引资策略，推进工业结构调整。坚持以项目为基础开展多形式的招商引资，拓宽融资渠道。

①本文原载于《重庆日报》，1997年1月31日。

在改善投资软环境上，会议提出以推行“一站式服务”为起点，调整为外商的服务和管理，树立对外开放的新形象。简化办事程序，提高办事效率，综合整治对外商投资企业乱摊派、乱罚款、乱检查等现象，保护外资企业合法权益。

会议要求全市外贸企业深化改革，调整外贸经营方式，使外贸体制从高度集中的计划体制中脱胎出来，由追求数量增长为主的粗放型经营向集约化经营转变。培育和组建外贸大公司、大集团，推进贸、工、技、农结合，实现外贸经营方式的转变。

会议提出了以质取胜和市场多元化战略，优化外贸结构，培育新的出口增长点。要以扩大机电产品和成套设备出口为重点，实施科技兴贸和名牌商品战略，提高出口商品的附加值和技术含量。同时，全方位开拓国际市场，重点开拓韩国、东南亚、南亚和海湾国家等新兴市场，保持和巩固日本、欧美等传统市场，促进对台贸易的发展。

会议认为，我市工程技术力量雄厚，劳动力资源丰富，要抓住国家对中西部地区政策倾斜的机遇，带动我市工程承包和劳务合作的发展，广泛开展对外经济技术合作。

副市长许忠民出席会议并讲话。涪陵市、万县市、黔江地区分管对外经贸的领导，我市专业外贸公司、工贸公司、出口生产企业负责同志和市有关部门负责同志 200 多人参加了会议。

（《重庆日报》记者　王俭丰）

发挥高校优势 促进重庆振兴
市委、市政府召开在渝高校负责人座谈会[①]

1月31日，市委、市政府召开了在渝高校党委书记、校（院）长座谈会。市委书记张德邻在会上就发挥高校优势，促进重庆振兴作了重要讲话。

参加座谈会的有张德邻、蒲海清、于汉卿、张文彬、肖祖修、李兵、冯克熙、罗淑芳等市领导，市有关部门负责人，在渝各普通高校、军事院校的党委书记、校（院）长。

常务副市长肖祖修主持了座谈会。

座谈会上，市委常委、市委秘书长李兵传达了中共中央办公厅、国务院办公厅《关于加强“211工程”建设领导工作的通知》精神。接着在渝高校党委书记、校（院）长们纷纷发言，介绍了各自学校在教学、科研、服务地方经济建设、精神文明建设等方面取得的成绩，表示在新的一年里，要进一步发挥高校优势，为振兴重庆作出更大的贡献。他们还就重庆两个文明建设提出了一些建议。

市委书记张德邻在座谈会上作了重要讲话。他代表市委、市政府向在渝高校师生员工致以新春问候，对在渝高校为重庆经济建设和社会发展作的努力表示衷心感谢。张德邻说，在渝高校是一个巨大的知识宝库和人才宝库，在重庆两个文明建设中起着十分重要的作用。不管是部委属高校，还是地方院校，重庆市都把它们作为自己的高校，继续关心、支持在渝高校的工作，推动在渝高校的改革与发展。同时，希望在渝高校抓住机遇，继续为重庆振

---

①本文原载于《重庆日报》，1997年2月1日。

兴献计出力。

张德邻强调，在渝高校党委书记、校（院）长要多研究如何加强管理体制改革，以达到优化结构和资源配置，提高办学水平和效益的目的。振兴重庆最根本的一条是实施科教兴渝战略。希望在渝高校大力为重庆培养和造就一大批青年科技专家；结合我市经济结构和产业结构布局，积极组织基础研究和高科技研究，推进科技开发和科技成果转化；加强与企业和研究机构，特别是大中型骨干企业的合作，建立起产学研合作关系，为经济建设注入新的活力，进一步加强和改进学校德育、思想政治工作，努力把高校建设成为社会主义精神文明建设的坚实基地。

（《重庆日报》记者　邓步来）

市领导与乡镇企业家座谈发展大计[①]

元月 29 日下午，来自重庆市部分区市县的 30 余名乡镇企业厂长（经理）和市领导张文彬、黄立沛、周建中、邓中文等举行座谈，共商发展“老乡”大计。

市领导向乡镇企业家们拜年。出席座谈会的厂长（经理）就加快乡镇企业的发展发表了自己的意见和建议。

市领导在发言中强调，乡镇企业是农村经济的重要支柱，是国民经济的重要组成部分。当前，乡镇企业面临不少困难，厂长经理们对此应有清醒认识，努力克服发展中的困难。在发展速度上，实事求是，能快则快。要通过股份制路子筹集发展资金，吸纳农民手中的余款。他们希望厂长经理们和乡镇企业职工们认清乡镇企业的光明前途，坚持大力发展乡镇企业的方针不动摇，并向大规模、高标准、高水平、高效益方向发展。

（《重庆日报》记者　叶兆超）

①本文原载于《重庆日报》，1997 年 2 月 3 日。

城市建设：难得的辉煌[1]

1996年，重庆城市建设呈现一派少见的喜气和难得的辉煌：城建投资首次突破10亿元，达到15亿元。对于完善城市功能有举足轻重作用的长江李家沱大桥、两江滨江路、唐家桥污水处理厂等一批大型项目同时竣工。艰难跋涉了多年，重庆城市建设终于在1996年真正上了一个台阶，展现了前所未有的好局面。

这一年，重庆的城建投资较上一年增加了50%，仅几个大型重点项目完成的投资就高达9.5亿元。在体现集中资金保重点原则的同时，这的的确确显示出市委、市政府对于城市建设正在给予越来越高的重视。历年来，重庆的城建资金都在5亿元左右徘徊，无论投入总量、增长幅度还是在全社会固定资产投入中所占的比例，都居单列城市的后位。而今，城建资金一举达到15亿元，让人看到了重庆加大投入改变城市面貌的决心。虽然这一数字与有人测算的重庆一年要投入60亿元才能使城市建设与经济和社会发展相适应的目标相距还远，但城市建设“重中之重”的地位已经确立无疑。

巨大的投资背后体现的，是市委、市政府对城市建设的空前关心。这一年，无论酷暑严冬，重点工程的工地上，都可以见到几大班子一把手和分管书记、市长的身影频频出现。人们由此看到了一种扎扎实实为民办实事的作风。

巨大的投资背后凝结的，是建设者们的无私奉献和顽强拼搏。几乎所有的城建项目都有工期紧、任务重、资金缺、技术艰等特点，通过建设者的艰

---

①本文原载于《重庆日报》，1997年2月3日。

苦奋战，终于攻克了道道难关。长江李家沱大桥在一年的时间里完成了53%的工作量，主桥合龙后仅用了50天就完成了桥面系施工，创下了桥梁建设史上的奇迹。

在投入巨资的同时，重庆城市建设，尤其是基础设施建设的改革迈出了大步。去年岁末开工的袁家岗立交，作为重庆的形象工程全面按国际惯例实施建设，推行业主负责制、招投标制、建设监理制、奖惩制等，这标志着重庆的城市建设正在走向成熟和规范化。

张德邻书记曾经形容道：城市建设是一项永不衰竭、永葆青春的宏伟事业。可以预见，在开局的辉煌之后，重中之重的城市建设必将有一个充满希望的来年。

（《重庆日报》记者 张进原）

抓住机遇　开拓进取
我市商业银行出台工作新思路[①]

我市金融业正面临着历史性的发展机遇，记者从人民银行市分行了解到，今年商业银行信贷增长幅度力争略高于全国增幅，工作思路是适度从紧，紧中求活，防范风险，稳中求进，抓住机遇，开拓进取，改进服务，促进转变。

按稳定提高第一产业，优化提高第二产业，加快发展第三产业的指导思想发放贷款。

大力筹措资金，力争今年我市商业银行信贷增长幅度略高于全国增幅，做好“增加总量，优化增量，盘活存量，提高质量”的工作，努力做到不良贷款下降 3 至 5 个百分点。充分利用商业票据，逐步增大贴现、再贴现的比重。

构筑区域性金融中心的框架。

围绕重庆经济建设这个主题，依托三峡库区开发，规划重庆金融业未来发展的蓝图，大力培育多元化、多层次的金融机构，争取今年有 2 至 3 家区域性商业银行和外资金融机构来渝设立分支机构，争取政策性银行在我市设立办事机构，增加非银行金融机构，发展壮大现有的金融机构，发展投资基金等。

改进金融服务，塑造新型银企关系：

一是适当集中资金，支持有市场、有信誉、有效益、不挪用的企业的流

①本文原载于《重庆日报》，1997 年 2 月 3 日。

动资金需要。二是积极参与企业改革，协调国家对企业兼并、破产等方面政策的落实。三是改进结算服务，推进金融电子化进程，加快资金周转速度，减少资金在途时间。四是加强银行内部管理，努力推进金融业“两个转变”。

（《重庆日报》记者 周 芹）

我市举行春节团拜会
张德邻作重要讲话　蒲海清主持①

昨日上午，重庆市彩电中心，候播厅张灯结彩，笑语欢声，洋溢着祥和喜庆的气氛。市委、市人大、市政府、市政协在这里举行1997年春节团拜会。张德邻、蒲海清、于汉卿、张文彬等领导同志和各界人士600余人，欢聚一堂，喜迎新春，共度佳节。

市委副书记、代市长蒲海清主持团拜会。

市委书记张德邻在会上讲了话。他代表市委、市人大、市政府、市政协向参加团拜会的各位同志、各位朋友，向全市广大干部、工人、农民和知识分子，向在各条战线上做出显著成绩的劳动模范、战斗英雄和有突出贡献的专家、学者，向人民解放军驻渝部队和武警部队的全体指战员，向各民主党派和无党派爱国人士，向全市离退休老同志，向全市人民，恭贺新禧，祝大家春节愉快，阖家欢乐！

驻渝部队代表、后勤工程学院院长杨耿光，各界人士代表、市人大常委会副主任、市民盟主席冯克熙在团拜会上讲了话。

我市文艺工作者在会上表演了精彩的文艺节目。

参加团拜会的领导同志还有刘志忠、金烈、黄立沛、滕久明、肖祖修、牟大明、赵海渔、邢元敏、辜文兴、陈邦国、刘文、李兵、王文德、许香谷、王华生、黄梅、章必果、陈之惠、康纲有、甘宇平、窦瑞华、唐情林、周建中、许忠民、李德水、邓中文、韦思琪、蒋书楠、蒋先齐、徐宗俊、刘

---

①本文原载于《重庆日报》，1997年2月6日。

惠君、张国忠、易治安；有驻渝部队领导桂全智、邱健、马振邦、戴家福；有老同志段大明、张文澄、马力和原市顾委主任王效才、原市政协主席黄治等副市级以上离退休干部。

参加团拜会的有市委、市人大、市政府、市政协各工作部门和万县市、涪陵市、黔江地区及近郊区党委、人大、政府、政协的负责同志；有各民主党派、工商联、人民团体的负责同志；有各大专院校的负责同志；有我市的全国人大代表、全国政协委员，省人大、省政协常委，市人大、市政协常委；有劳动模范、战斗英雄、专家、学者、企业家以及各界人士代表和各新闻单位的负责同志。

（《重庆日报》记者 张德泽）

为振兴重庆而努力奋斗

——在春节团拜会上的讲话[①]

张德邻

同志们、朋友们：

今天，我们在这里欢聚一堂，共贺新春佳节。首先，我代表中共重庆市委、市人大、市政府、市政协，向参加团拜会的各位同志、各位朋友，向全市广大干部、工人、农民和知识分子，向在各条战线上做出显著成绩的劳动模范、战斗英雄和有突出贡献的专家、学者，向人民解放军驻渝部队和武警部队的全体指战员，向各民主党派和无党派爱国人士，向全市离退休老同志，向全市人民，恭贺新禧，祝大家春节愉快，阖家欢乐！给大家拜年！

同志们、朋友们！刚刚过去的1996年，是我市行政体制发生重大变化，即将进入新的发展时期十分重要的一年。我们在面临代管、工作任务重、头绪多的新情况新形势下，以邓小平同志建设有中国特色社会主义理论为指导，紧紧把握“抓住机遇、深化改革、扩大开放、促进发展、保持稳定”的全国全党工作大局，坚持“两手抓，两手都要硬”的方针，以加快发展为主题，以推进“两个根本性转变”为主线，上下一心，努力做好各方面工作。在顺利实现代管两市一地的同时，改革开放和现代化建设取得了新的成绩。国民经济总体上运行平稳，速度逐步加快，多数领域取得新的成效。农业在大灾之年获得丰收，区市县经济持续稳定发展；移民、扶贫工作进展顺利；国有企业改革展开了攻坚战，某些方面收到了显著效果；工业经济在艰难条

①本文原载于《重庆日报》，1997年2月6日。

件下保持了发展势头，部分骨干行业和骨干企业增长速度和效益进一步提高；市场活跃，物价稳定，社会安定；精神文明建设、党的建设和民主法制建设取得新的进展。全市国内生产总值完成1175亿元，比上年增长10.7%，零售物价指数为106.1%，增幅同比减少10.2个百分点，实现了预期目标，为全面完成“九五”计划开了一个好头。

一年来，我们认真按照江总书记和李鹏总理对重庆题词的要求，及时总结经验教训，把全市上下统一到团结一心向前看、集中精力抓发展上来；从市委常委“一班人”抓起，大力加强班子建设，充分发挥好带动作用；广泛开展“弘扬红岩精神，塑造当代重庆人”的活动，努力培育加快重庆发展的精神动力；切实转变作风，狠抓工作落实；坚决贯彻“思想领先，平稳过渡”的方针，坚持一手抓代管，一手抓经济发展和社会稳定，代管工作按照中央要求顺利进行。目前，全市上下精神振奋，团结进取，顾大局，图发展，各方面工作出现了新气象。在此，我代表中共重庆市委、市人大、市政府、市政协，向一年来为重庆的改革开放和现代化建设付出辛勤劳动的全市人民、各级干部，向所有关心、支持和帮助重庆工作的海内外朋友们，致以衷心的感谢和崇高的敬礼！

1997年，是重庆发展史上具有重大意义的一年，重庆面临着前所未有的加快发展的大好机遇，中央关于加快中西部经济发展的战略决策、长江经济带开发战略的实施、三峡工程建设和库区经济开发，为我们实现重庆振兴展现了美好的前景。根据新形势的需要，刚刚结束的市委七届九次全委扩大会议提出的我市今年工作的指导思想和总体要求是：坚持邓小平同志建设有中国特色社会主义理论和党的基本路线、基本方针，认真落实党的十四届五中、六中全会和中央经济工作会议精神，抓住机遇，解放思想，把握大局，稳中求进，发扬自力更生、艰苦奋斗的精神，积极推进两个根本性转变，保持物价稳定，强化农业基础地位，加快以国有企业为重点的改革步伐，提高对内对外开放水平，依靠科技进步，加大结构调整力度，大力发展第三产业，加强基础设施建设和城市管理，切实搞好党的建设、精神文明建设和民主法制建设，促进经济持续快速健康发展和社会全面进步，为开创重庆现代化建设新局面迈出坚实的第一步。

在新的一年里，我们要突出抓好八个方面的工作：一是继续强化农业基础，加快区市县经济发展。计划全年粮食总产量达到1186万吨，增长1.2%，农业增加值达到310亿元，增长3.5%，农民人均纯收入增长230元以上。确保153万贫困人口越温脱贫。二是深化国有企业改革，加快转换国有企业经营机制，加大结构调整力度，搞好企业兼并、破产和减人增效，强化企业管理，重振国有企业雄风；实施“再就业工程”，关心群众生活。全年乡及乡以上工业总产值增长9.5%，产销率达到96%以上，国有工业利税增长10%、亏损额下降10%。三是大力发展以商贸、金融、旅游和社会服务业为重点的第三产业。充分利用三峡库区丰富的旅游资源，提高旅游服务的质量和水平。结合再就业工程，努力发展社会服务业，拓宽就业渠道。四是抓紧搞好库区移民，完成一期水位线以下2.24万农村人口移民，166个工厂、31个集镇的搬迁安置，确保年底大江顺利截流。五是继续加强市场物价调控，大力抓好“米袋子”和“菜篮子”，保障市场有效供给，保持物价稳定。六是加快以交通为重点的基础设施建设，重点保证江津、涪陵、万县长江大桥建设，抓紧续建渝长、长涪高速公路，抓好安居工程建设。七是以“弘扬红岩精神，塑造当代重庆人”为主题，大力加强精神文明建设。八是抓好领导班子建设。要从市委、市政府领导班子抓起，在全市人民中树立良好的形象。经过全市人民的共同努力，实现进入新时期的重庆经济“一年起步，五年振兴”的奋斗目标。

振兴重庆，关键在党，关键在人。全市各级党组织要把适应重庆发展的新形势作为当前干部队伍建设的出发点，把从思想上建党放在首位，全面加强党的建设。坚持用邓小平建设有中国特色社会主义理论武装全体党员，从根本上提高贯彻执行党的基本路线和各项方针政策的自觉性和坚定性。组织党员、干部坚持不懈地学习社会主义市场经济知识、现代科学技术知识、历史知识、法律知识和其他各方面的知识，努力提高党员、干部的业务素质和工作水平。各级领导班子要继续坚持和完善民主集中制的各项制度，加强对领导干部的监督管理。各级党政要进一步解放思想，实事求是，用新的思想、新的观念认识重庆，思考工作，不断提高决策的民主化和科学化水平，以开拓进取的精神推进重庆的改革开放和发展，维护社会稳定，更好地肩负起团结带领全市人民振兴重庆的重任。

全体党员、干部要牢记党的全心全意为人民服务的宗旨，发扬密切联系群众的优良作风。

要深入实际调查研究，老老实实向群众学习，总结群众的经验，尊重群众的创造，始终把群众的冷暖安危挂在心上，想群众之所想，急群众之所急，办群众之所需，以为群众办好事、办实事的实际行动团结群众，鼓舞群众，调动广大群众投身现代化建设的热情，共同办好重庆的事情。要保持和发扬艰苦奋斗的精神，吃苦在前，廉洁奉公，为加快重庆发展作出应有的贡献。

振兴重庆，是重庆人民的共同事业。我们要进一步拓宽民主渠道，团结一切可以团结的力量，调动一切积极因素，在深化改革、扩大开放、加快发展、维护稳定中充分发挥各民主党派、群众团体、广大爱国知识分子、工商界及社会各族各界人士的积极作用，努力形成群策群力、万众一心、共同创造重庆美好未来的生动局面。

同志们、朋友们！1997 年，是我们党和国家发展史上不寻常的一年。我们党将召开第十五次全国代表大会，我国政府将恢复对香港行使主权。同时，也是重庆跨入新的发展时期的第一年。让我们在以江泽民同志为核心的党中央领导下，进一步解放思想，振奋精神，把握大局，再接再厉，同心同德，开拓前进，为实现今年我市经济社会发展的各项任务目标而努力奋斗。我们坚信，在党中央、国务院的亲切关怀下，通过全市干部、群众艰苦创业，振兴重庆大有希望，重庆的明天一定会更加美好。

再次祝大家过一个安定祥和、健康愉快的春节！

实事实办 实话实说

——1996年市政府办15件实事综述①

一、在抓好“米袋子”“菜篮子”、控制物价方面。市政府高度重视农业的基础地位，始终把农业放在全市经济工作的首位，增加了对农业的投入，使全市农业获得了第四个丰收年，粮食增产，肉、禽、蛋、鱼、菜等主要农副产品都有增加。加强了市场监管，使广大群众吃上了“放心肉”。为确保粮油质量，全年共抽检粮油1178批次、28914吨，农资产品685批次、21626吨。200个骨干粮店已挂牌经营，80个便民粮油连锁店已建成并营业。80个国有蔬菜专供点投入使用，农民直销蔬菜取得进展，初步形成了蔬菜供销调控网络。城乡市场繁荣，人民生活必需品供给数量足、品种多、价格稳，全年社会商品零售物价涨幅为6.1%，比控制目标低6.9个百分点。

二、在增加群众收入方面。在全市范围内广泛开展了“科技兴农”活动，开展了渝北区黄羊养殖技术和邱国彬池塘高产养鱼技术的培训和推广，涌现出一批懂经营、会管理的专业大户，收入有了较大提高。通过养羊、养鱼技术的推广，1996年新增产值3000多万元，新增收入800余万元。市里还建立国家职业技能鉴定站42个，指导安置5.1万人就业，全市失业率为2.36%，在3%的控制目标以内。

三、在保证低收入群众的基本生活方面。出台了《重庆市城市居民最低生活保障暂行办法》和《城镇低收入家庭扶困办法》，全市有7.2万户城市居民享受最低生活保障，有12.3万户城镇居民享受扶困补贴。全市4.6万

①本文原载于《重庆日报》，1997年2月7日。

名抚恤补助对象的补助标准得到提高，4 个贫困乡镇成建制脱贫，2 万多户贫困户摘掉了贫困帽子。

四、在加强城市管理、实现市容市貌进一步改观方面。在 84 条主干道实施了“分、包、巡”工作责任制，开展全市性综合整治 5 次，大规模执法活动 25 次，取缔摊点 5 万个。完成了红旗河沟至石门大桥路段中李家花园至大庆村一线的城管综合整治任务。完成城区内高、中层建筑三灯灯饰 230 栋，灯饰片区 6 处，新建华灯 13 条路段，配套补齐了城区干道、桥梁、隧道的路灯光源，月平均亮灯率 97%。为美化城市环境，方便人民群众生活，在市区主要交通路口增设地名标志指向牌 106 块。

五、在改善城乡道路交通条件方面。长江二桥、朝天门隧道、两江滨江路全面建成通车。合川涪江二桥建成通车。新增改造公路 100 公里。两路口自动电扶梯投入营运。更新公共汽车 170 辆，新建公交站台 80 座，开通首条公交无人售票线路。

六、在增加市政环卫设施方面。唐家桥污水处理厂基本建成。更新环卫车辆 38 台，推广垃圾粪便无害化处理装置 23 套，新建改建下水道 19 公里。

七、在改善市民居住条件方面。大力推进安居工程的实施，安居工程竣工面积达 41 万平方米。积极开展职工个人集资合作建房，建房面积达 106 万平方米。在抓紧商品住宅开发建设的同时，进行了危房改造，商品住宅竣工面积 228 万平方米，危房改造竣工面积 35 万平方米。通过以上措施，解决了 1.2 万户人均居住面积 4 平方米以下的住房困难户，使城市人均居住面积增加到 7.2 平方米。

八、在改善城乡群众用水用气用电条件方面。磁器口地区群众吃水问题得到解决。8 个城镇小水厂已完成了立项、设计工作，进入施工阶段。珞璜电厂二期 2×36 万千瓦工程进入实施阶段。城市中低压电网完成 14 项 10 千伏干线建设，一批变电站的增容改造工程竣工，长寿、高新技术开发区、双桥等地区的用电条件得到改善。新增城镇居民用气 2 万户。

九、在改善城乡通信条件方面。在桂花园、菜园坝、石桥铺高新技术开发区、火车南站等地开设邮政代办点 60 处。在上清寺、北碚、大坪、杨家坪、九宫庙、五里店、沙坪坝、南坪等地建成 8 处电子邮政营业厅并投入营运。新增程控电话交换机21.4万门，发展公用电话4508部。火车站、码头、机场的32部磁卡电话已投入运营，发展有人值守电话300部。

十、在加强城乡环境保护方面。划定了近郊9区饮用水源的保护范围，对保护区内的22个排污单位的27个项目下达了限期治理任务。水源水质达标率已达92%，城市交通噪声低于国家规定的标准，机动车排气合格率超过80%，城市环境综合整治定量考核名次比1995年上升了3位。

十一、在民办教师转公办教师，推进广厦工程方面。去年又有2500名民办教师转为公办教师。新建教师住宅4000套，进一步缓解了教师住房困难的矛盾。

十二、在广播电视、新闻出版方面。建成市彩电中心。有线电视台向城区和近郊传送节目达7套。建成了30个公共汽电车站台书报刊零售点。

十三、在全市消灭脊髓灰质炎病方面。完成了国家规定的强化免疫和接种、服苗，经国家卫生部组织评审，全市未发现脊髓灰质炎病例。

十四、在开展创建无假冒伪劣商店活动方面。在全市零售商业企业开展了“山城百店无假货活动”。在江北观音桥农贸批发市场开展了“创建质量示范市场活动”，督促进场经营的客商建章建制，实行质量承诺，“四好”经营户达126户。

十五、在改善社会治安环境方面。开通了“110”报警服务电话，在火车站、港口、机场设立了人口信息便民查询点。在区市县建立了200个报警点，创建了20个无重大火灾事故、无重大刑事案件安全小区。有23个区、市、县局设立吸毒贩毒举报电话28门。在市区10个交通要道设立了人行横道红绿灯。

制订科学正确发展战略 建设长江上游经济中心 国内知名专家学者来渝出谋划策[①]

抓住机遇，认清形势，制订科学正确的经济社会发展战略，发展支柱产业，培育新的经济增长点，为振兴重庆、建设长江上游经济中心而努力。由市政府主办的重庆市经济社会发展战略专家研讨会15日起在渝州宾馆举行。来自北京的有关国家机关、研究机构和高等院校的30多位专家学者济济一堂，为重庆发展出谋划策。

市领导张德邻、蒲海清、张文彬、刘志忠、陈之惠、韦思琪和部分委办局负责人、我市部分专家学者出席了会议。

蒲海清代市长致欢迎词。他代表市委、市政府对专家们为重庆发展出谋划策表示欢迎和感谢。他说，无论从历史还是从现实看，重庆都是一个有着重要地位和特点的城市。当前，重庆面临加快中西部发展和三峡工程等几大机遇，正是振兴的好时候。重庆肩负的经济发展、库区移民和中心城市带动辐射农村的三大任务繁重而艰巨，制订一个科学的、切合重庆实际的经济社会发展战略显得尤为迫切而重要。重庆市委、市政府已经提出要发展三大支柱产业和六大优势产业，但对于一个农业人口比重较大、工业中重工业比重较大的城市来说，要以此带动全市的发展仍显单薄。为了振兴重庆，完成三大任务，市委、市政府将认真听取专家们的意见和建议，并将之吸收进重庆发展规划中，搞好重庆的各项建设，让重庆在今后中国的现代化建设中发挥历史性作用。

---

①本文原载于《重庆日报》，1997年2月16日。

世纪之交，西南重镇重庆面临的空前发展机遇引起了与会专家、学者们的强烈关注。在15日的会上，大家纷纷就重庆在全国总体发展战略中的地位、作用及重庆支柱产业的选择，重庆如何走城乡结合发展的道路，重庆经济结构调整和工业发展思路，重庆农业发展战略，重庆经济体制改革和经济发展对策，以及三峡开发思路等发表了自己的看法和意见。一些专家在发言中指出，根据重庆的实际，近期应确立以农业为基础、工业为支柱的发展方针，稳定第一产业，优化第二产业，大力发展第三产业，并着力培育新的经济增长点，如信息产业、旅游业等，拓展自身的经济实力。专家们认为，重庆当前面临的机遇和任务是中国城市中独有的，因此重庆应对原有经济社会结构大胆改组，进行高起点的建设，将发展第三产业作为战略重点，同时挖掘三线工业潜力，结合三峡工程开拓各种生产要素市场，在新的时期、新的机遇下求得新的发展。

白和金、高铁生、张宜生、王春荣、来光贤、谢又乔、孔德涌、钟海生、陈栋生、黄青禾、陆涌华、裴英武、郑家亨、李泊溪、张志华、邓寿鹏、戴定一、魏杰、王大用、赵杰、许善达、袁守启、李重生、宁望鲁、唐元、吕鹏等国内知名专家学者参加了这次研讨会。会议将于17日结束。

（《重庆日报》记者　李育伦　张进原）

我市经济社会发展战略专家研讨会闭幕
张德邻致闭幕词，蒲海清、于汉卿、张文彬等出席[①]

重庆市经济社会发展战略专家研讨会，昨日在渝州宾馆闭幕。部分专家、学者在会上发了言。市委书记张德邻致闭幕词。

出席昨天会议的市领导有蒲海清、于汉卿、张文彬、邢元敏、陈之惠、韦思琪。中国信息协会副秘书长、国家经贸委信息中心顾问、新华财经专家委员会顾问来光贤，国家计划委员会市场司司长高铁生，国家计委副秘书长白和金在闭幕式上发了言。他们说，重庆在发展中要遵循有所为有所不为，量力而行和扶优扶强，立足现有企业改组改造，少铺新摊子的原则，积极推进两个根本性转变，贯彻科教兴国、走可持续发展的方针，坚韧不拔、披荆斩棘地走改革开放之路。重庆要有高度的历史责任感，要负重自强，要把发展的基点建立在自强上。进一步搞好"抓大放小"，在"放小"方面，重庆应把步子迈大一点；在"抓大"方面，应进一步加大强强联合的力度。

市委书记张德邻在会上作了讲话。他首先对远道来渝的各位专家表示感谢。他说，各位专家学者本着高度负责的精神，为我们今后的发展发表了有价值和创意的意见，很多新思路对我们有启发意义，这是一次集中讲学，不但使我们深化了对自身优势的认识，而且对发展的前景看得更明朗了，因此这个研讨会达到了预期目的。

张德邻说，我们一些专家、学者谈到怎么认识机遇和抓住机遇问题，这对我们有启发，同时也增强了我们的紧迫感。我们正面临着前所未有的机

①本文原载于《重庆日报》，1997年2月18日。

遇。机遇有两类，一类是“一次性”的机遇，转瞬即逝，我们只要抓住它，就可获得很大的发展。一类是“时期性”机遇，如国家对中西部地区的经济发展实行政策倾斜、长江经济带的开发开放、三峡水利工程的兴建和库区移民等等，对这些机遇，我们一定要抓好，要振奋精神，团结一心，脚踏实地，抓出成效，才能把重庆的工作搞上去。

（《重庆日报》记者　李富伦）

老同志对重庆的发展寄予厚望
市委书记张德邻春节期间看望老同志①

春节期间，市委书记张德邻和市委常委、秘书长李兵代表市委先后看望了老同志段大明、张文澄、马力和原市顾委会主任王效才、原市政协主席黄冶、原市顾委会副主任刘隆华，给他们拜年，听取他们对重庆工作的意见、建议。老同志对市委、市政府的工作非常关心、支持，给予了很大的鼓励。他们对重庆的发展寄予厚望，希望市委、市政府按照中央的要求，团结和带领全市人民，艰苦奋斗，抓住机遇，加快发展，振兴重庆。

87 岁高龄的段大明同志，身体硬朗，满面红光，精神焕发。宽敞明亮的客厅，陈设素雅，春意融融。段老和张书记亲切交谈，互致新春的问候和祝愿，气氛热烈。段老对重庆的发展表现出高度的乐观，他一再鼓励大家对前景充满信心，尽力把工作做好。张德邻说，我们有信心，经过全市人民五年、十年的奋斗，重庆一定会有很大的变化。临别时，张书记拉着段老的手，衷心祝愿段老健康长寿。

张文澄同志非常关心和支持市委加强对新闻工作的领导。张书记登门拜年，一番深情的问候和祝福之后，张老语重心长地和张书记谈开了。他说，市委高度重视新闻战线的工作，加强对新闻工作的领导，是非常正确的，鼓舞人心，这是重庆体制变化和经济社会发展的需要。老同志们对市委的决策表示真心拥护和支持。

马力同志就企业改革和精神文明建设等问题与张书记进行了认真的讨

①本文原载于《重庆日报》，1997 年 2 月 17 日。

论。马老的新居简朴大方，洋溢着节日的喜气。马老谈笑风生，他认为企业改革要坚定不移，积极稳妥地推进。不改革就没有出路。要做好职工的思想政治工作，更多地关心职工生活。他建议把建设出租汽车精神文明风景线的工作扩展到城乡公共交通，不断提高公交系统的服务质量和服务水平，建立起激励机制，提高公交职工的待遇。

王效才同志对市委加强对新闻工作的领导也很关心，他向张书记建议，市委领导同志多接触新闻单位的负责人，直接听取新闻单位负责人包括编辑、记者的意见，以便于更有效地加强对新闻工作的领导。

黄冶同志作为工业战线的老同志，非常关心重庆工业的发展。他对于企业改革、技术改造、企业管理向张书记提出了很重要的意见和建议。他还建议在扩大开放的同时，加强对干部涉外经济及经济合同等方面的知识培训，并成立相应的咨询、指导机构。

刘隆华同志对外贸、纺织、丝绸行业的发展和调整情况十分关心，作了很多调查研究。她侃侃而谈，就如何抓好这几个行业的工作向张书记提出了许多宝贵的意见和建议。

带着市委对老同志的深情厚谊和节日的问候，张德邻、李兵逐一登门看望，并同他们认真讨论工作。老同志十分高兴，感谢市委的关心。张书记每到一家，气氛亲切感人，讨论热烈。讨论中，张书记认真听取老同志的宝贵意见和建议，并记录在自己的本子上。张书记代表市委衷心感谢老同志对重庆工作的关心、支持，衷心祝愿老同志阖家欢乐，健康长寿，希望他们对市委的工作多指教、多监督。

春节期间，张德邻、李兵代表市委还看望了市人大常委会主任于汉卿同志、市政协主席张文彬同志。

（《重庆日报》记者　张德泽）

全市政法工作会议提出
保持社会政治持续稳定 促进两个文明建设协调发展①

全市政法工作会议15、16日在雾都宾馆召开。

市领导张德邻、蒲海清、于汉卿、张文彬、金烈、肖祖修、陈邦国、王文德、蒋先齐出席了会议。市委书记张德邻、代理市长蒲海清在会上作了重要讲话。市委副书记金烈传达了全国政法工作会议精神，市委常委、政法委书记陈邦国总结和部署了全市的政法工作。对如何搞好今后的政法工作，张德邻指出，要认清形势，始终保持清醒的政治头脑，切实抓好维护稳定工作。他说，政法工作是全党工作的重要组成部分，各级党政领导一定要增强新形势下驾驭全局的能力，切实抓好政法工作。政法战线的同志要正确认识面临的形势，增强政治敏锐性和鉴别力，保持坚定的政治信念、清醒的政治头脑。当前，重庆面临的发展机遇和存在的影响稳定的因素，都对维护社会稳定工作提出了更高的要求。

张德邻说，维护稳定是一项长期的战略任务，要把维护政治和社会稳定作为政法工作的首要任务来抓，继续坚持和完善抓稳定工作的责任制。政法部门要发挥好在维护稳定中的职能作用，当好党委、政府的参谋助手。

张德邻强调，要严厉打击各种犯罪，解决好突出的社会治安问题。当前，治安形势仍然严峻，一定要充分认识“严打”斗争的重要性和必要性，树立长期作战的思想，持之以恒地开展“严打”斗争，为两个文明建设创造良好的社会环境。在严厉打击各种刑事犯罪的同时，要坚决打击经济犯罪，

①本文原载于《重庆日报》，1997年2月17日。

加大查处大案要案的力度，维护正常的经济秩序。张德邻要求加强政法队伍的自身建设，努力造就一支高素质的政法队伍。首先要大力加强思想政治建设，其次是加强政法部门领导班子的建设，第三要狠抓政法队伍的纪律作风整顿。他强调，要抓好政法干部的廉政建设，不断提高业务素质，努力把政法队伍建设成为忠诚可靠、训练有素、精通业务、纪律严明、作风过硬、秉公执法的队伍。

张德邻说，要毫不动摇地坚持党对政法工作的统一领导，保证各项任务的顺利完成。支持政法部门贯彻党的路线、方针、政策，排除阻力和干扰，严格执行法律，监督纠正违法违纪行为；领导政法部门抓好队伍建设，关心和帮助解决工作中的困难和问题。

蒲海清首先肯定了政法工作取得的成绩，并就我市当前工作的大局和面临的形势任务指出，要牢固树立政法工作为经济建设服务、为维护社会稳定服务、为保护人民生命财产安全服务的思想。他要求政法干部要恪尽职守、秉公执法，要突出“严打”重点，确保一方平安，要加强社会治安综合治理的基层组织建设，大力加强政法队伍建设。他希望各部门积极支持政法工作，帮助解决工作中的实际困难。据此，会议提出，全市今年政法工作重点要抓好八个方面：(1) 以维护社会政治稳定为首要任务，坚决及时排除一切可能导致不稳定的因素，确保不出大事。(2) 继续深入开展“严打”整治斗争，严厉打击严重刑事犯罪活动，保持社会治安状况基本正常。(3) 坚决扫除黄、赌、毒等社会丑恶现象，禁止制造和传播文化垃圾的行为，推进社会主义精神文明建设。(4) 加大打击各种经济犯罪的力度，依法查办贪污、贿赂、徇私舞弊等大案要案，推动反腐败斗争。(5) 广泛开展创建安全文明小区（村镇）活动，巩固和发展创模活动，推动社会治安综合治理基础建设。(6) 严肃执法，坚决清除地方和部门保护主义，切实维护国家法制尊严和统一。(7) 抓好政法部门自身的精神文明建设，努力造就一支高素质的政法干部队伍。(8) 坚持党对政法工作的统一领导，为加强政法工作，实现各项工作目标，提供坚强的政治保证。

会议通报了去年“保稳定、保平安”责任书的执行情况，市领导为北碚、南岸、沙坪坝等9个优秀单位和其余12个达标单位发了奖。市委副书记金烈、副市长肖祖修分别代表市委、市政府与“两市一地”和区市县有关负责人签订1997年度“双保”责任书。

各区市县有关领导及市政法委成员、综治委成员单位负责人、市人大政法委、市政协法制委负责人参加了会议。

（《重庆日报》记者　明昭平）

张德邻在接受香港《文汇报》总编辑采访时说
重庆要担负起三峡库区移民扶贫光荣任务①

市委书记张德邻2月15日晚在会见和接受香港《文汇报》总编辑刘再明先生采访时说，重庆要担负起三峡库区移民和扶贫光荣任务，就要充分发挥重庆中心城市的辐射带动作用，坚持在发展中移民，在移民中发展的方针，通过开发性移民促进库区经济发展、富强起来。

他说，这项任务非常浩繁、艰巨，意义非常重大、深远。三峡工程举世瞩目，它是新中国成立以来最大的水利建设项目。它的开工为整个库区经济的发展带来了极大机遇。中央领导同志讲，三峡工程的成败关键在移民。张德邻书记指出，移民工作来不得半点的疏忽。由于库区地区经济不很发达，贫困人口多，高出全国贫困人口比例。按中央要求，不能把贫困带到下个世纪，因此，我们必须加快脱贫步伐，打好扶贫攻坚战。尽管压力大、担子重，相信在党中央、国务院的领导、支持下，通过我们努力地工作，能够把移民安置工作、扶贫攻坚任务做好、完成好。在谈到国家加快中西部发展和实施长江沿江经济发展战略时，张德邻书记指出，当今重庆是“三大机遇”齐聚，这千载难逢的机遇把重庆的发展推向一个新的历史时期。重庆地理位置独特，资源丰富，市场广阔，有着重要的产业基础，丰富的自然、人文景观，我们正抓住机遇，深化改革，扩大开放，把库区经济的发展与中西部发展、长江经济带的开发结合起来，探索走以城市带动农村，城乡结合一体化，促进城乡经济共发展、共繁荣之路，努力把重庆建设成为长江上游的经

①本文原载于《重庆日报》，1997年2月17日。

济中心而奋斗。

谈到对外开放时张书记强调，经济要发展，除国家投资外，利用外资、扩大开放是一条重要途径。他说，重庆对外开放潜力还很大，当前我们利用外资数量还远远不够，一些干部、群众的思想观念有待进一步转变，工作作风有待进一步改进。我们力求加大对外开放力度，让更多的人了解重庆，吸引大量的资金、管理、技术参与到重庆经济建设中。他高兴地说，现国内已有十几家名牌产品来三峡库区合作，我们希望把三峡库区变成“名牌”库，不仅要对国内开放也要对国外开放。

市委副书记滕久明，市委常委、秘书长李兵会见时在座。

（《重庆日报》记者 崔 健）

张德邻在全市交通工作会上强调 交通建设要按照市场机制来运作[①]

市委书记张德邻在昨日召开的全市交通工作会议上强调，交通基础设施建设要向市场化转变，逐步形成建设、管理、融资、工程监督等都按市场机制的要求来运作，从而广开筹资渠道，加大引资力度，加快建设步伐，尽快形成贯彻全市的公路交通网络。

谈到交通建设的重要性，张德邻说，重庆将迎来历史上最大的机遇和挑战，如果交通基础设施不能快上，全市经济和社会的发展就没有强有力的依托和高速通道，想快也是快不了的。因此，交通先行在当前具有十分重要的战略意义。他希望交通战线的同志按照市委常委会最近审定的我市骨架公路网规划，狠抓落实，精心筹划，突出重点，稳中求进，不断深化改革现行的建设和养护体制，按市场机制的要求，组建建设经营实体，使建设与经营管理紧密结合起来，走上面向市场、吸筹资金并融入交通建设的路子。

张德邻书记对近年我市公路交通建设所取得的成绩给予了充分肯定。他说，继成渝高速公路之后，渝长高速公路等一批项目又上马，嘉陵江高家花园大桥仅一年多施工就已具雏形，这说明交通系统的同志是在实实在在干事的。他特别强调，筹集建设资金来之不易，要采取切实有效的措施及监督机制，抓好在建项目的工程质量和管理。

今年是市委、市政府定下的“交通建设年”，张书记说，公路交通是我们当前要抓好的重点，但同时也要发挥好长江“黄金水道”的作用，长江运

①本文原载于《重庆日报》，1997 年 2 月 18 日。

输要在管理体制上进行创新。如何突破现行体制的约束，使之更好地为经济建设服务，希望交通部门认真地加以研究。

市人大常委会主任于汉卿、副市长李德水出席了昨天的会议。涪陵市、万县市、黔江地区及我市各区、市、县交通系统的负责同志参加了会议。

（《重庆日报》记者 峻 峡）

应市委、市政府邀请
二十八位工程院士将来渝开展学术活动[①]

昨日，记者从市政府召开的中国工程院院士在渝学术活动新闻发布会上获悉：市委、市政府将于本月20日至27日，邀请28名中国工程院院士来本市进行系列学术交流、技术咨询及联谊活动。

这次活动是科学家和工程技术专家关心、支持重庆经济和社会发展的重要行动，是一次高层次的咨询、顾问、指导活动，对进一步营造本市重视科技、重视教育，尊重人才的氛围，推动“科教兴渝”战略的实施和落实，促进本市社会、经济和科技的发展具有重要的作用。

参加这次活动的，有中国工程院副院长师昌绪、原子核物理专家胡思得、电子工程专家俞大光、光电技术专家黄尚廉、烧伤与创伤专家黎鳌、野战外科专家王正国、军事医学专家程天民、遗传育种专家向仲怀、核材料与核燃料元件专家周邦新、流体力学与爆炸力学专家朱建士、油田应用化学工程与石油工程专家罗平亚、轧管工艺与轧钢工艺及设备专家殷国茂、光学与计量学专家李同保、纯碱工程技术专家周光耀、车辆专家沈志云、光学技术专家姜文汉、微波天线专家叶尚福、金属材料与热处理专家涂铭旌、电机专家饶芳权、空气动力学专家乐嘉陵、航空发动机专家刘大响、飞机设计专家屠基达、地理学家李吉均等院士。

院士们在渝期间将作题为“21世纪初关键技术”“现代冶金主业发展趋势”“世界光电产业发展动态及对重庆市发展光电产业的建议”“现代军事

①本文原载于《重庆日报》，1997年2月18日。

生物医学的发展”“国际测量体系与国际基本单位”“汽车材料技术发展趋势”“核工程技术与科学”“现代通讯的发展趋势与前景”等学术报告，介绍世界科技发展新趋势，国内部分科技领域发展动态和最新成果。院士们还将对本市汽车、冶金、能源、信息等产业的发展提供咨询服务，献计献策。

第三军医大学将义务为院士们作全面体检。

（《重庆日报》记者　卫新华）

重庆市人民政府关于在城区开展城管综合治理，以崭新市容面貌迎接新重庆诞生的通知[①]

（1997 年 2 月 18 日）

为创建一个良好的城市市容环境，塑造新的城市形象，迎接新重庆的诞生，市政府决定，从现在起到今年五月底，在全市城区开展城市管理综合治理活动。现将有关问题通知如下：

一、总体要求

在巩固创建卫生城市成果，加快城市基础设施建设的同时，着力解决城区交通堵塞、违法建筑、非交通占道、环境卫生、户外广告、施工扰民、流动人口管理等方面的问题，使城区市容市貌焕然一新，使城市管理步入规范有序的轨道。

二、任务和责任

按照“条块结合，以块为主，条条保证”和“辖区政府全面负责，谁主管谁负责”的城市管理原则，对各项治理工作任务，实行严格的分级分工责任制。

（一）所有临街的建（构）筑物按以下要求分别进行装修、粉饰和清洗。近期内要拆除的作粉饰或清洗；临街门面和近期不拆除的建（构）筑物，要装修或清洗；近期新建成或将要建成的建（构）筑物必须装修。

①本文原载于《重庆政报》，1997 年第 5 期。

（二）所有临街房屋的阳台，按规划部门的统一要求，需要封闭的，以幢为单位实施统一封闭；所有不封闭的阳台上必须摆设花草，一律不准在阳台上乱堆、乱挂。以上（一）（二）项任务由各产权单位及其主管部门负责，辖区政府检查监督。

（三）临街房屋房顶的所有违法建设以及临街两侧所有乱占道违法建设必须在三月中旬前无条件全部拆除。由辖区政府和规划部门负责。

（四）市政府明令禁止不准摆摊设点的84条城区干道和窗口地区，以及大、中、小学校和国家机关周边区域一律不准占道经营。非禁令路段的摊点必须经区政府批准规范设置，并持照遵章经营。所有不在指定位置，或无照经营的，一律予以取缔。由辖区政府和工商部门负责。

（五）城区所有建筑工地（含道路开挖工程）全部实行封闭式施工，工地进出口必须作硬化处理，并设置冲洗车辆设施，所有出渣车，包括环卫垃圾车必须确保不撒漏。由各建设单位、施工单位及其主管部门负责，建管部门检查监督。建设施工噪声扰民问题必须按环保部门的要求限期解决。由环保部门负责。

（六）提高清扫保洁质量，保持良好的环境卫生。城区道路、公共场所、窗口区域必须无垃圾、无杂物、无污水、无泥土，城区干道必须坚持冲洗制度。由城建、环卫部门负责。

（七）搞好车容车貌整洁卫生。所有陈旧破损的车辆必须进行维修、保养、烤漆，达到车辆有关的技术要求标准；车身广告必须整洁、规范、健康，达不到上述要求的，不准上路行驶。由公用部门、交通部门、社会有车单位及其主管部门负责。尾气达标不合格车辆不准上路行驶。由环保部门负责。以上均由公安交管部门检查监督和依法严管。

（八）车站、站台设施完好、清洁，广告设计新颖，用材讲究，无损坏，照明设施完好。由公用部门负责。

（九）铁路沿线（重庆站分别至大渡口站和重庆北站）消灭白色垃圾。由铁路部门负责。

（十）所有乱设置、乱张贴、乱悬挂的各类广告（含宣传品）必须拆除或清除。由工商部门负责。

（十一）对所有乱停车、乱洗车、乱修车、乱行驶、乱鸣号的违章者实施严管重罚。由公安交管部门负责。

（十二）所有城区交通护栏进行一次维修、油漆、清洗，有条件的地区可以拆掉。由主管部门负责。

（十三）交通标志必须醒目，交通标牌必须整洁规范，交通隔离墩（栏）必须整洁，有条件的路段可以拆掉交通隔离墩。由公安交管部门负责。

（十四）加强流动人口管理。城区无一名滞留的“三无”人员。由公安、民政部门负责。

（十五）对城区所有标牌、指示（指向）牌、地名牌等进行清理整治，有条件的要搞中英文对照。由民政、工商部门负责。

（十六）城区所有绿带、花坛、行道树要定期冲洗，保持清洁卫生。由园林绿化部门负责。

（十七）封闭土路或硬化土坎、护坡。由城建部门负责。

（十八）加强户外灯饰的管理。由城管部门负责。

三、保证措施

（一）加强领导、落实责任，实行各级政府、各部门、各单位行政首长负责制，要把任务和责任层层落实到部门、单位，落实到人。各级政府和各部门要切实加强对此项工作的领导，哪个地区、哪个方面没有搞好，要追究责任人的责任。

（二）采取切实有效的措施，开展各种形式的活动，发动和组织群众监督和参与。

（三）严格执行“门前三包”责任制。

（四）加大执法力度。规划、城管监察、城建监察、公安、环保、工商等执法部门要依据有关法规，严格做到管理到位，执法到位，切实加大执法力度。

（五）广泛宣传，发挥新闻舆论的导向和监督作用，对城市管理综合治理工作不力的地区和部门、单位给予及时曝光。对管理执法中存在的问题，新闻单位要经过核实，确需公开披露的，应征得市委、市政府分管城管工作的领导同意，确保新闻真实性且有利于整个城市管理综合整治工作的开展。

（六）加强检查督办。各级城管部门要搞好指导、协调、检查、督办。对工作不力，效果不好，甚至拒绝履行职责的部门、单位，城管部门有权作出限期整改的决定；如再不作为，有权对其责任人作出处理建议，按干部管理权限报送其主管机关批准后执行。

对综合整治中职责不清、不协调甚至扯皮的，城管部门可以协调裁决，有关部门必须执行。

（七）保障工作经费。市、区财政要拨出专门经费，保证城市管理综合整治工作的顺利实施。

重庆历史上的三次“直辖”[1]

周　勇[2]

重庆是一座具有悠久历史、灿烂文化和光荣革命传统的名城。在漫长的历史发展进程中，特别是经过1891年重庆开埠以来的发展，重庆已经实现了“三个转变”，即实现了从一座封闭的城堡发展成为开放的，连接我国中西部的战略枢纽的转变，实现了从古代区域性军政中心发展成为区域性经济中心的转变，实现了从偏居四川东部一隅的中等城市发展成为立足中国内陆，面向五洲四海的特大城市的转变。

研究3000年来的重庆城市发展史，我们可以发现：中央政府曾三次对重庆实行一级行政机构管理，也可以说重庆曾经经历过三次“直辖”。这种状况往往出现在历史发展的关键时期，“直辖”是重庆发展的历史机遇和强大动力，揭示了重庆城市发展的规律性。

第一次“直辖”：在统一中国的大业中，秦置“巴郡”。

战国时期，秦在统一中国的过程中灭巴国。公元前314年，秦置“巴郡”，以江州城（今重庆市城区）为首府。当时的“郡”相当于今省或直辖市一级行政机构。这既是统一的中国中央政府对重庆实行一级行政机构管理之始，也是重庆代表中央政府管辖巴渝地区之始。迄今已2310年。秦完成统一中国的大业后，设天下36郡，仍以江州为巴郡。可以说，秦所设之

---

①本文原载于中共重庆市委党史研究室编：《史鉴》，1997年第1期。

②作者时任重庆市委党校副校长、教授。

"巴郡"是秦统一中国的结果之一。从中可见"巴郡"在统一的中国全局中的重要地位和作用。

第二次"直辖"：在抗日战争时期，国民政府升重庆市为"特别市——陪都"。

重庆建市于1929年，初为省辖"普通市"。抗战爆发后，国民政府迁都重庆，重庆遂以普通市担负起战时首都的重任。1938年9月，国民政府行政院决定重庆在作为四川省辖市的同时，照特别市（直辖市）组织，其行政地位开始超过省会城市和其他大城市。1939年5月5日，国民政府发布命令，正式将重庆升格为直隶行政院之"特别市"（直辖市）。1940年9月6日，国民政府发布训令："明定重庆为陪都。"当"中华民族到了最危险的时候"，重庆以"特别市——陪都"成为中国大后方的政治中心，为中华民族取得反对日本帝国主义的侵略，作出了历史性的贡献。

第三次"直辖"：重庆"直辖市"伴随着新中国的成立而诞生。

解放以后，党中央设立重庆"直辖市"。当时的重庆是我国西南的政治、经济、文化的中心，是西南地区党、政、军最高领导机关"中共中央西南局"（书记邓小平）、"西南军政委员会"（主席刘伯承）、"西南军区"（司令员贺龙）所在地。当"一唱雄鸡天下白"，"中国人民从此站立起来了"的时候，在邓小平、刘伯承、贺龙等老一辈无产阶级革命家的直接领导下，重庆"直辖市"诞生了。重庆为我国彻底完成新民主革命的任务，巩固和发展社会主义政权，发挥了独特的作用，也为重庆的社会主义革命和建设奠定了重要的基础。

今天，当新的世纪就要到来的时候，党中央、国务院再次决定设立重庆直辖市。重温重庆三次"直辖"的历史规律，重庆人应该意识到这历史机遇的珍贵和历史责任的重大。

国务院向全国人大常委会第二十四次会议提交议案 提请审议设立重庆直辖市[①]

国务院向19日召开的八届全国人大常委会第二十四次会议提交议案，提请审议设立重庆直辖市。

国务院总理李鹏在议案中说，重庆市是我国西南地区和长江上游流域最大的经济中心城市，1983年国务院决定将重庆市列入全国首批经济体制改革试点城市和计划单列城市，赋予省级经济管理权限。为了充分发挥重庆市作为特大经济中心城市的作用，进一步推动川东地区以至西南地区和长江上游地区的经济和社会发展，并且有利于三峡工程建设和库区移民的统一规划、安排、管理，同时解决四川省由于人口过多和所辖行政区域过大、不便管理的问题，国务院经过认真研究、反复论证，拟将四川省的万县市、涪陵市和黔江地区所辖行政区域划入重庆市，设立重庆直辖市。经过这样调整，重庆直辖市总面积为8.2万平方公里，总人口为3002万人。重庆直辖市设立后，由国务院依据宪法和有关法律的规定，对其管辖的行政区域的建置和划分作相应的调整。

李鹏还在议案中说，设立重庆直辖市是为加快中西部地区经济和社会发展所采取的一项重要举措。建议全国人民代表大会常务委员会审议并决定提请第八届全国人民代表大会第五次会议审议批准。

受国务院委托，民政部部长多吉才让今天就这一议案向全国人大常委会作了说明。他说，目前，设立重庆直辖市的条件已经具备：第一，重庆市作

---

①本文原载于《人民日报》，1997年2月20日。

为长江上游最大的经济中心城市和与海外经济往来的重要内河口岸，经济基础好。第二，重庆市是西南地区重要的水陆交通枢纽和科技、文化、教育事业的中心。第三，重庆市是计划单列市，各项经济、财务指标容易与四川省划开，不存在难以解决的矛盾。1996年9月，经国务院批准，四川省已将万县市、涪陵市、黔江地区委托重庆市代管；为了解决其管理农村人口多、面积大、移民任务重的问题，经国务院批准，重庆市已增设了移民、扶贫、农业和农村工作机构，从实践看，运行情况良好。

（新华社记者 汪金福 张宿堂）

八届全国人大常委会第二十四次会议分组审议设立重庆直辖市的议案①

八届全国人大常委会第二十四次会议今天分组审议了设立重庆直辖市的议案、公路法草案和动物防疫法草案。

针对国务院关于提请设立重庆直辖市的议案，常委会组成人员认为，重庆是我国西南地区和长江上游流域最大的经济中心城市，设立重庆直辖市，有利于三峡工程的建设和库区移民的统一规划、安排、管理，充分发挥重庆市作为特大经济中心的作用，进一步推动川东地区以至西南地区和长江上游地区经济、社会发展，也有利于解决四川省人口过多和所辖行政区域过大、不便管理的问题。一些常委会组成人员认为，根据国务院的调整，重庆直辖市总面积为8.2万平方公里，总人口3000余万人。这样大的直辖市不仅在国内绝无仅有，在国外也很少见。大家建议，设立重庆直辖市后要认真解决移民问题、扶贫问题，要从政策上扶持重庆所辖的贫困地区发展。

（新华社记者　张宿堂　汪金福）

①本文原载于《人民日报》，1997年2月23日。

八届全国人大常委会第二十四次会议决定
将设立重庆直辖市的议案
提请八届全国人大五次会议审议[①]

八届全国人大常委会第二十四次会议在完成各项议程后，今天下午在人民大会堂闭会。

会议由乔石委员长主持。

会议经过表决，决定将国务院关于提请审议设立重庆直辖市的议案，提请八届全国人大第五次会议审议。

（新华社记者 汪金福 贾奋勇）

①本文原载于《四川日报》，1997 年 2 月 24 日。

坚持不懈加强党风廉政建设　深入持久开展反腐败斗争
市纪委第八次全会暨市政府反腐败工作会召开[①]

中共重庆市纪委第八次全体会议暨市政府反腐败工作会议昨日召开。

市领导张德邻、蒲海清、于汉卿、张文彬、王云龙、刘志忠、金烈、黄立沛出席会议。

会议开始时，与会同志肃立默哀，沉痛悼念敬爱的邓小平同志。

市委书记张德邻在会上作了重要讲话。

张德邻指出，党风廉政建设和反腐败工作，是关系重庆发展全局的大事，在实现重庆发展的战略目标和战略任务中肩负着光荣而特殊的使命。我们必须始终不渝地坚持“两手抓，两手都要硬”的方针，一刻也不放松党风廉政建设，一刻也不放松反腐败斗争，努力把我市党员队伍建设好，把各级干部队伍建设好。

张德邻强调，各级党委和政府要从战略上和全局上深化对党风廉政建设和反腐败斗争重要性、紧迫性的认识，决不能掉以轻心，也不能畏难止步，更不能松懈斗志，必须下更大的决心，以更大的力度和更扎实的工作，把我市党风廉政建设和反腐败斗争推向前进。要紧紧围绕党的中心任务，牢牢把握党的工作大局，着力抓好领导干部廉洁自律工作，塑造党政机关的良好形象；严肃查处违法违纪案件，坚决惩治腐败分子；抓住人民群众反映强烈的问题，加大整治行业不正之风的力度。要大力发扬艰苦奋斗、勤俭建国的光荣传统，坚决反对讲排场、比阔气、挥霍公款的奢侈之风。

①本文原载于《重庆日报》，1997 年 2 月 21 日。

张德邻强调，各级党委、政府，各级领导干部要进一步提高认识，不断增强党风廉政建设和反腐败斗争的责任感和自觉性，继续健全反腐败工作的领导体制，全面落实党风廉政建设责任制，要加强纪检监察干部队伍建设，积极支持纪检监察机关的工作，努力为他们履行职责创造良好的条件。

市委副书记、代市长蒲海清就政府系统的反腐败工作作了重要讲话。

蒲海清强调，惩治腐败是政权建设的重要组成部分，也是政府工作的重要职责。各级政府部门，特别是主管经济的一些领导同志，在集中精力抓经济建设的同时，一定要同时考虑反腐败斗争和廉政建设的要求，克服把反腐倡廉看作是额外工作、软任务的错误认识，切实提高开展反腐败斗争的自觉性。

蒲海清强调，今年政府系统的反腐败工作，要按照党中央、国务院的统一部署和要求，突出重点，加大力度，狠抓落实，把反腐败工作做得更扎实，更深入，更富有成效。要认真贯彻《廉政准则》，重点抓好领导干部的廉洁自律，切实抓好执法执纪部门的廉政工作，切实抓好国有企业的反腐倡廉工作，进一步纠正部门和行业不正之风，强化约束机制，加强廉政制度建设。

市委常委、市纪委书记赵海渔代表市纪委常委会向全会作了工作报告。

参加会议的有：市委常委、市人大副主任、市政府副市长、市政协副主席，市纪委委员，万县市、涪陵市、黔江地区的领导同志，近郊区市县负责同志，市人大各工作委员会、市政协各专门委员会负责同志，市级各部、委、办、局的负责同志，大专院校、大型企业的负责同志等。

（《重庆日报》记者　张德泽）

市委召开领导干部大会　深切悼念邓小平同志①

邓小平同志逝世的噩耗传来，渝州大地沉浸在巨大的悲痛之中，全市干部群众以不同的方式深切悼念敬爱的邓小平同志。19日深夜，市委紧急研究、通报有关情况。20日上午，市委召开常委会，学习中国共产党中央委员会、中华人民共和国全国人民代表大会常务委员会、中华人民共和国国务院、中国人民政治协商会议全国委员会、中国共产党和中华人民共和国中央军事委员会《告全党全军全国各族人民书》，按照中央的要求，对我市的悼念活动进行了研究讨论。随即，市委召开了全市领导干部大会。

市领导张德邻、蒲海清、于汉卿、张文彬、王云龙出席大会。

在低沉的哀乐声中，全体同志沉痛哀悼邓小平同志。

市委书记张德邻主持大会。

张德邻和市委副书记、代市长蒲海清传达了中央有关文件。

张德邻在会上作了讲话。

张德邻说，邓小平同志是我党我军我国各族人民公认的享有崇高威望的卓越领导人，伟大的马克思主义者，伟大的无产阶级革命家、政治家、军事家、外交家，久经考验的共产主义战士，我国社会主义改革开放和现代化建设的总设计师，建设有中国特色社会主义理论的创立者。邓小平同志的逝世，对我党我军我国各族人民是不可估量的损失，全国人民极其悲痛。张德邻说，邓小平同志是四川人，曾经在重庆生活、工作过一段时间，重庆人民对邓小平同志有着特殊的感情，对邓小平同志无比崇敬和热爱，对邓小平同

①本文原载于《重庆日报》，1997年2月21日。

志的逝世无比悲痛。重庆人民深深怀念邓小平同志，深切悼念邓小平同志。我们要坚决按照中央的要求，化悲痛为力量，继承邓小平同志的遗志，以更加努力地做好各方面工作的实际行动，来表达我们对邓小平同志无比崇敬的悼念之情。

张德邻说，我们要组织全市干部、群众认真学习《告全党全军全国各族人民书》，组织全市干部群众认真收听、收看邓小平同志追悼大会实况转播，使广大干部群众更加深刻地理解小平同志建设有中国特色的社会主义理论，坚定建设有中国特色社会主义事业的信念，更加紧密地团结在以江泽民同志为核心的党中央周围，高举邓小平建设有中国特色社会主义理论的伟大旗帜，做好工作，把邓小平同志开创的社会主义改革开放和现代化建设的伟大事业扎扎实实地推向前进。

张德邻说，悼念邓小平同志，各级党委、政府，各级领导干部一定要讲政治，顾大局，深刻领会中央有关文件精神，以高度的政治责任感，兢兢业业做好当前的各项工作。各级领导干部要坚守岗位，加强领导，保证生产、工作、教学和生活的正常秩序，维护社会稳定。

参加会议的有：市委、市人大、市政府、市政协的领导同志，各部委办局主要负责人，中央、省驻渝新闻单位和本市主要新闻单位负责人，近郊区市县委书记，部分大专院校、大型企业负责人。

全市领导干部大会后，昨日，市委还召开了老同志座谈会，各民主党派、工商联负责人座谈会，在渝大专院校负责人会议，学习《告全党全军全国各族人民书》，缅怀邓小平同志的丰功伟绩。与会同志决心化悲痛为力量，搞好工作，以实际行动悼念邓小平同志。

（《重庆日报》记者 张德泽）

市党政军负责同志和老同志举行座谈会
继承小平遗志　抓住历史机遇　加快重庆发展[①]

21日下午，市委、市人大常委会、市政府、市政协、重庆警备区的领导同志和部分老同志，怀着无比悲痛的心情，在市委办公厅举行座谈会，缅怀和悼念敬爱的邓小平同志。

市委办公厅第一会议室哀乐低回，气氛庄重肃穆，主席台悬挂着白底黑字的横幅“敬爱的邓小平同志永垂不朽”，青松翠柏、鲜花丛中，挂着小平同志的彩色画像。

座谈会开始，在哀乐声中市党政军领导张德邻、蒲海清、于汉卿、张文彬、王云龙、牟大明、李兵，老同志段大明、张文澄、马力和王效才、黄冶、刘隆华、刘文泉、李仲直、陈登昆、匡根山等全体与会同志肃立默哀，沉痛悼念邓小平同志。

市委书记张德邻主持座谈。

张德邻说，邓小平同志的逝世，是我党我军我国各族人民不可估量的损失，举国上下无比悲痛。重庆是邓小平同志战斗、工作和生活过的地方。新中国成立初期，邓小平同志在重庆亲自领导和组织了西南地区的政权建设、社会改造和经济恢复，使千疮百孔的旧重庆迅速恢复了生机，为重庆的发展和各方面工作奠定了很好的基础。小平同志离开重庆后，依然十分关心重庆的建设和发展，惦念着重庆人民。重庆的每一个重要发展阶段，都得到了小平同志的关心和支持。特别使我们感动的是，小平同志对三峡工程建设、三

---

①本文原载于《重庆日报》，1997年2月23日。

峡库区开发和重庆的体制调整给予了极大的关心。重庆的广大干部群众对邓小平同志始终怀着特殊的感情，对小平同志无比热爱，对小平同志逝世无比悲痛。

张德邻说，当前重庆面临着千载难逢的历史机遇，我们缅怀、悼念邓小平同志，最重要的是要继承小平同志遗志，化悲痛为力量，紧紧抓住历史机遇，更加努力地做好重庆各方面的工作。我们一定要高举邓小平同志建设有中国特色社会主义理论的伟大旗帜，坚持党的基本路线，坚决维护党的团结和统一，在以江泽民同志为核心的党中央的坚强领导下，把握大局，再接再厉，同心同德，开拓前进，团结和带领全市共产党员和广大人民群众，努力完成党中央、国务院赋予重庆的光荣而艰巨的任务，以我市经济社会发展的优异成绩来表达我们对小平同志的深切悼念！

市委副书记、代市长蒲海清在发言中说，邓小平同志在中国革命和建设的各个历史时期都作出了特殊的重要贡献。他把自己的一切献给了党和人民。我们缅怀、悼念小平同志，就要像小平同志那样，做人民的好儿子，心中装着群众，想群众之所想，急群众之所急，廉政、勤政，把自己的一生奉献给党和人民的事业；就要化悲痛为力量，团结带领全市人民，艰苦奋斗，扎实工作，努力把重庆建设好，不辜负他老人家对重庆的殷切期望。

参加座谈会的老同志在发言中，深情缅怀小平同志的丰功伟绩，表达对小平同志的无限崇敬和热爱之情，诉说对小平同志的无尽哀思。回忆起当年在小平同志领导下或在小平同志身边工作时的情形，回忆起小平同志对他们的培养教育，老同志抑制不住内心的激动，泣不成声，对小平同志逝世深感悲痛。他们决心化悲痛为力量，牢记小平同志教导，为党和人民事业奉献一生。

87 岁高龄的段大明同志当年曾随二野挺进大别山、进军大西南，重庆解放后，任西南公安部政保处处长。他说，小平同志在西南局工作时期，对公安工作非常重视，亲自抓公安工作。小平同志一再强调，公安工作要坚持党的领导，要走群众路线，要实事求是，注重调查研究，要注意分清是非，区别两类不同性质的矛盾，告诫我们“对敌人要狠，对人民要爱”。小平同志的这些教诲，令人终生难忘。小平同志虽然离开了我们，但他永远活在我们心中，他亲手创立的建设有中国特色社会主义理论，将永远指引我们前进。

（《重庆日报》记者　张德泽）

重庆直辖时刻

CHONGQING ZHIXIA SHIKE

——设立重庆直辖市文献选编

1996.7—1997.6（下）

重庆市地方史研究会　编

周勇　主编

重庆出版集团　重庆出版社

第四篇

设 立

（1997 年 3 月—1997 年 5 月）

纪　事

1997 年 3 月 6 日，国务委员李贵鲜在八届全国人大五次会议就国务院《关于提请审议设立重庆直辖市的议案》作出说明。

1997 年 3 月 14 日下午，八届全国人大五次会议，到会 2720 人，通过了国务院提出的设立重庆直辖市的议案，得票 2403 票，得票率 88%。

1997 年 3 月 18 日，重庆市隆重举行庆祝设立重庆直辖市大会。

重庆市委下发《当前重庆市形势与任务宣传教育提纲》，组织市委宣讲团，在全市开展了广泛深入的宣讲活动。

1997 年 4 月 2 日—25 日，重庆市民盟、民进、致公党、民革、农工党、九三学社、工商业联合会（商会）第一次代表大会先后召开。

1997 年 4 月 3 日，中央政治局常委开会，通过重庆市机构方案，并听取四川省及重庆市人事考察情况。决定按“小政府、大社会”设置重庆市机构，5 月份召开党代会，6 月份召开人大会、政协会。直辖市的人大代表以 43 个区县为单位选出，“两市一地”在调整前仍照常行使职权。

1997 年 4 月 5 日，四川省、重庆市领导同志会议在成都召开。

1997 年 4 月 8 日，中共重庆市委召开七届十次全委（扩大）会议，决定 5 月下旬召开中国共产党重庆市第一次代表大会。

1997 年 4 月 16 日，重庆市委、市政府召开重庆市经济社会发展战略研讨会，来自国家有关部委、国务院发展研究中心、中国科学院和中国工程院的著名专家学者云集重庆，为新设立的重庆直辖市发展战略出谋划策。

1997 年 5 月 9 日，全国人民代表大会常务委员会作出关于成立重庆市第一届人民代表大会筹备组的决定。

设立重庆直辖市议案列入八届全国人大五次会议议程[①]

1997 年 2 月 28 日第八届全国人民代表大会第五次会议预备会议通过了第八届全国人民代表大会第五次会议议程。会议议程第八项为：审议国务院关于提请审议设立重庆直辖市的议案。

①本文见于《第八届全国人民代表大会第五次会议议程》，1997 年 2 月 28 日。

国务院关于提请审议设立重庆直辖市的议案[①]

全国人民代表大会：

重庆市是我国西南地区和长江上游最大的经济中心城市。1983 年国务院决定将重庆市列入全国首批经济体制改革试点城市和计划单列城市，赋予省级经济管理权限。为了充分发挥重庆市作为特大经济中心城市的作用，进一步推动川东地区以至西南地区和长江上游地区的经济和社会发展，并且有利于三峡工程建设和库区移民的统一规划、安排、管理，同时解决四川省由于人口过多和所辖行政区域过大、不便管理的问题，国务院经过认真研究、反复论证，拟将四川省的万县市、涪陵市和黔江地区所辖行政区域划入重庆市，设立重庆直辖市，总面积 8.2 万平方公里，总人口 3002 万人。重庆直辖市设立后，由国务院依据宪法和有关法律的规定，对其管辖的行政区域的建置和划分作相应的调整。

设立重庆直辖市是为加快中西部地区经济和社会发展所采取的一项重要举措。国务院于 1996 年 12 月 20 日提请全国人大常委会审议。八届全国人大常委会第二十四次会议审议后，决定提请第八届全国人民代表大会第五次会议审议。现将设立重庆直辖市的议案送上，请予审议。

国务院总理　李　鹏

1997 年 2 月 27 日

---

①本文见于《第八届全国人民代表大会第五次会议文件》。

胡锦涛同志参加四川代表团讨论[①]

中共中央政治局常委、书记处书记胡锦涛3月5日上午参加了八届全国人大五次会议四川代表团全体会议的讨论并发了言。他强调，要抓住机遇，团结奋斗，促进两个文明建设协调发展，把四川的事情办得更好。

四川代表团全体会议在人民大会堂四川厅举行。围绕李鹏总理的政府工作报告，结合四川的实际情况，谢世杰、黄寅逵、泽巴足、董德明、陈光国、冯崇泰等代表先后就丰收之后加强农业、中西部地区经济发展、国有企业改革、如何提高对外开放水平等问题发了言。在认真听取代表们的意见后，胡锦涛作了发言。

胡锦涛说，过去的一年，四川省同全国一样，改革开放和现代化建设取得了新的成就，实现“九五”计划开了一个好头，迈出了坚实的步伐。加强农业基础、发展农村经济取得了可喜的成绩，国有企业改革和发展有了明显进展，基础设施建设成效显著，委托重庆代管两市一地的工作顺利进行，各项事业都有了明显的进步。全省继续保持了经济发展、政治稳定、民族团结、社会进步的好势头。

胡锦涛指出，当前四川正面临着难得的发展机遇。全国改革开放的深化和经济持续快速健康发展，为四川提供了良好的大环境；党中央、国务院为支持中西部地区发展出台了一系列重大政策措施，为四川的振兴创造了更加有利的条件；三峡工程建设加紧进行，以及本次全国人代会将审议设立重庆直辖市，也都使四川有了千载难逢的发展良机。他希望四川的同志们把握大局，抓住机

①本文原载于《四川日报》，1997年3月6日。

遇，促进发展，使四川在西南地区改革开放和现代化建设中发挥更大的作用。

胡锦涛强调，抓住机遇，发展自己，关键是发展经济。这个指导思想要坚定不移。要始终不渝地坚持以经济建设为中心，又快又好地把经济建设搞上去。他指出，继续强化农业基础，加快国有企业改革步伐，是我国改革与发展中的两大任务，也是振兴四川经济必须始终高度重视并切实抓好的两个重点。他说，要促进经济持续、快速、健康发展，必须进一步推进“两个根本性转变”，当前特别要加大经济结构调整的力度，这既是搞好宏观经济的必然要求，也是搞活微观经济的必然条件，应当引起足够重视。胡锦涛还指出，要坚持“两手抓，两手都要硬”的战略方针，在把物质文明建设搞得更好的同时，把精神文明建设提到更加突出的地位，做到领导重视，突出重点，扎实工作，把党的十四届六中全会提出的各项任务落到实处。

胡锦涛指出，正确处理改革、发展、稳定的关系，切实维护社会稳定，是实现我们奋斗目标的重要保证。他说，邓小平建设有中国特色社会主义理论深得民心，改革开放和现代化建设的伟大成就深入人心，以江泽民同志为核心的党中央成熟坚强、领导有力。所有这些都是保持党和国家稳定的必要条件，是我国大局安定的重要体现和坚强基础。但我们也要清醒地看到，当前影响我们国家安全和社会稳定的因素还不少。对此切不可掉以轻心，要居安思危，防患于未然。他说，及时妥善地处理好人民内部矛盾，既关系到群众切身利益，也关系到社会稳定。各级领导干部要牢固树立马克思主义群众观点，努力掌握党的群众路线的工作方法，切实端正领导作风和工作作风，认真研究在新形势下处理人民内部矛盾的新办法，探索新途径，总结新经验，在推进改革与发展中，把群众的积极性引导好，保护好，发挥好。

胡锦涛说，四川是邓小平同志的故乡。四川的各族干部群众对敬爱的邓小平同志有着特别深厚的感情。邓小平同志生前十分关心四川的改革开放和经济建设，关心四川的各族人民群众，对四川的发展寄予厚望。胡锦涛希望四川的广大干部群众继承邓小平同志的遗志，更加努力地做好各方面的工作，努力把邓小平同志的故乡建设得更加美好。

国务委员李贵鲜也参加了四川代表团的全体会议。

（《人民日报》记者 李维平 新华社记者 李 佩 孙 杰）

八届全国人大五次会议举行第三次全体会议 听取两个法律草案、香港选举九届全国人大代表办法草案、设立重庆直辖市议案的说明 审议九届全国人大代表名额和选举问题的决定草案①

八届全国人大五次会议3月6日上午在人民大会堂举行第三次全体会议，听取刑法修订草案、国防法草案、香港特别行政区选举九届全国人大代表办法草案、设立重庆直辖市议案的说明，审议九届全国人大代表名额和选举问题的决定草案。

根据全国人大常委会的决定，《中华人民共和国刑法（修订草案)》被提请八届全国人大五次会议审议。全国人大常委会副委员长王汉斌今天就这部法律草案向大会作了说明。他说，1979年制定的刑法，经过17年的实践，总的看来刑法规定的任务和基本原则是正确的，许多具体规定是可行的，对于打击犯罪，保护人民，维护国家的统一和安全，维护社会秩序，维护人民民主专政的政权和社会主义制度，保障社会主义建设事业的顺利进行，发挥了重要的作用。同时，也反映出一些问题。为了适应与犯罪斗争的实际需要，有必要对刑法进行修订、补充、完善。

王汉斌在介绍了刑法修订经过后说，八届全国人大常委会第二十三次会议对刑法修订草案进行了审议。他说，这次修订刑法，主要考虑：第一，要制定一部统一的、比较完备的刑法典。第二，注意保持法律的连续性和稳定性。第三，对一些原来比较笼统、原则的规定，尽量把犯罪行为研究清楚，

①本文原载于《重庆日报》，1997年3月7日。

作出具体规定。王汉斌说，制定一部统一的、比较完备的刑法典，是继去年3月全国人大通过修改刑事诉讼法的决定以后，进一步完善我国刑事法律制度和司法制度的重大步骤，对于进一步实行依法治国，建设社会主义法制国家，具有重要意义。

王汉斌还就进一步明确规定刑法的基本原则，减刑和假释，在法定刑以下判处刑罚，正当防卫，自首和立功，反革命罪，投机倒把罪，流氓罪，贪污贿赂罪，渎职罪，完备刑事法律条文问题，死刑问题，危害国防利益罪，军人违反职责罪等作了说明。

国务院、中央军委向八届全国人大五次会议提交议案，提请审议《中华人民共和国国防法（草案）》。受国务院和中央军委委托，中央军委副主席、国务委员兼国防部长迟浩田向今天的大会作了这部法律草案的说明。

迟浩田首先介绍了这部法律的起草经过。关于制定国防法的必要性，迟浩田说，新中国成立后，我们在极其困难的条件下，依靠自己的力量建设和巩固了国防，维护了民族独立、国家主权、领土完整和社会稳定，我国的国际地位和威望日益提高。为了适应社会主义民主与法制建设迅速发展的新形势，加快国防现代化建设步伐，保障改革开放和经济建设顺利进行，保证国家长治久安，尽快制定国防法具有重要的现实意义和深远的历史意义。

迟浩田介绍了经国务院、中央军委批准的国防法起草工作的指导思想，这就是：以毛泽东军事思想、邓小平同志建设有中国特色社会主义理论和新时期军队建设的思想为指针，以宪法为依据，贯彻党中央、国务院、中央军委关于国防和军队建设的一系列指示精神，落实江泽民同志对新时期军队建设提出的政治合格、军事过硬、作风优良、纪律严明、保障有力的总要求，科学地总结我国国防建设的经验，认真研究社会主义市场经济条件下国防和军队建设的特点和规律，有选择地借鉴外国国防立法的经验和成果，立足现实，着眼发展，起草一部具有中国特色的、能够指导和规范国防和军队建设的国防法。

迟浩田还就国防法的适用范围、党对武装力量的领导、国家机构的国防职权、国防经费、国防资产、国防教育、国防动员、军人权益保护、特别行政区的防务等问题作了说明。

今天的会议还印发了八届全国人大五次会议关于九届全国人大代表名额

和选举问题的决定草案，提请各位代表审议。根据这个草案的规定，九届全国人大代表的名额将不超过3000名，各民族在全国人大中都将有代表，九届全国人大代表应在1998年1月底以前选出。

根据全国人大常委会的决定，《中华人民共和国香港特别行政区选举第九届全国人民代表大会代表的办法（草案）》被提请八届全国人大五次会议审议。全国人大常委会秘书长曹志就这一草案向大会作了说明。他说，现在香港地区的全国人大代表是由广东省人民代表大会选出的。香港回归祖国后，按照香港特别行政区基本法的规定，将根据全国人民代表大会确定的名额和代表产生办法，由香港特别行政区居民中的中国公民在香港特别行政区选出香港的全国人大代表，参加最高国家权力机关的工作。

曹志在介绍了草案起草情况后，还就应选代表的名额、选举方式、选举程序作了说明。

国务院向八届全国人大五次会议提交议案，提请审议设立重庆直辖市。受国务院委托，国务委员李贵鲜就这一议案向今天的大会作了说明。李贵鲜说，设立重庆直辖市是国家为加快中西部地区经济和社会发展所采取的一项重要举措。这样做的考虑是：第一，有利于充分发挥重庆市作为特大经济中心城市的作用，带动川东地区以至西南地区和长江上游地区的经济、社会发展；第二，有利于加快四川省经济和社会发展的步伐；第三，有利于三峡工程的建设和库区移民的统一规划。

李贵鲜说，设立重庆直辖市的条件已经具备：第一，重庆市作为长江上游最大的经济中心城市和与海外经济往来的重要内河口岸，经济基础比较好。第二，重庆市是西南地区重要的水陆交通枢纽和科技、文化、教育事业的中心。第三，重庆市是计划单列市，各项经济、财务指标容易与四川省划开，不存在难以解决的矛盾。

根据国务院的议案，四川省的万县市、涪陵市、黔江地区所辖行政区将划入重庆市，拟议中的重庆直辖市总面积8.2万平方公里，总人口3002万人。

会议由大会执行主席陈慕华主持。大会执行主席卢嘉锡、曹志、马思忠、王群、朱良、刘华清、孙维本、李长春、阿木冬·尼牙孜、陈焕友、孟连崑、贾志杰在主席台前排就座。

国务委员李贵鲜关于提请审议设立重庆直辖市的议案的说明

——1997年3月6日在第八届全国人民代表大会第五次会议上[①]

各位代表：

今年2月，八届全国人大常委会第二十四次会议审议了国务院提出的设立重庆直辖市的议案，决定提请第八届全国人民代表大会第五次会议审议。现在，我受国务院的委托，就《国务院关于提请审议设立重庆直辖市的议案》作如下说明：

重庆市是我国特大城市之一，具有3000多年的悠久历史，是西南地区和长江上游最大的经济中心城市和重要的交通枢纽。1891年辟为通商口岸，1929年正式设市。新中国成立初期，曾是中共中央西南局和西南军政委员会所在地，为中央直辖市，1954年改为省辖市。1983年国务院决定将重庆市列入首批经济体制改革试点城市和计划单列城市，赋予省级经济管理权限并辟为外贸口岸。重庆市对西南地区和长江上游地区的经济建设和对外开放发挥着越来越重要的作用。国务院经过认真研究，反复论证，拟将四川省的万县市、涪陵市、黔江地区所辖行政区域划入重庆市，设立重庆直辖市，总面积8.2万平方公里，总人口3002万人。

设立重庆直辖市是国家为加快中西部地区经济和社会发展所采取的一项重要举措。这样做的考虑是：第一，有利于充分发挥重庆市作为特大经济中心城市的作用，带动川东地区以至西南地区和长江上游地区的经济、社会发展。重庆市与西南各省和长江上游地区有着密切的联系。以重庆市为中心，

①本文见于《第八届全国人民代表大会第五次会议文件》。

川、黔、滇三省部分地、市参加的重庆经济协作区多年来的工作，促进了这个地区的经济发展和商品流通。设立重庆直辖市，有利于进一步发挥它的区位优势、“龙头”作用、“窗口”作用和辐射作用。第二，有利于加快四川省经济和社会发展的步伐。四川省由于所辖人口过多和行政区域过大，给行政管理和经济、社会发展带来一定的困难。设立重庆直辖市，有利于四川省集中精力抓好其他地区，特别是西部少数民族地区的经济和社会发展工作。第三，有利于三峡工程的建设和库区移民的统一规划、安排、管理。现在的重庆市和万县市、涪陵市的移民任务，占三峡库区的2/3以上。设立重庆直辖市，将移民工作统一管起来，有利于国家对三峡库区开发性移民政策的落实；资金的统筹安排和管理，有利于把移民工作做得更好，促进三峡工程建设。

设立重庆直辖市的条件已经具备：第一，重庆市作为长江上游最大的经济中心城市和与海外经济往来的重要内河口岸，经济基础比较好。第二，重庆市是西南地区重要的水陆交通枢纽和科技、文化、教育事业的中心。第三，重庆市是计划单列市，各项经济、财务指标容易与四川省划开，不存在难以解决的矛盾。1996年9月，经国务院批准，四川省已将万县市、涪陵市和黔江地区委托重庆市代管。为了解决其管理农村人口多、面积大、移民任务重的问题，经国务院批准，重庆市已增设了移民、扶贫、农业和农村工作机构。从实践看，运行情况良好。

在方案酝酿过程中也提出过设省的方案。经过反复调查、论证、比较，从稳定全国行政区划的大局出发，认为四川省的格局不宜作大的变动。同时考虑到，如果设省，难免要建立一整套省级机构，增加编制，增加非生产性建设和行政、事业经费，势必耗费财力，设省后重庆作为省会城市，不但与省机构重叠，也不利于发挥它在长江上游和我国西南地区中心城市的作用。所以，在认真权衡各方面因素之后，选择了设重庆直辖市的方案。

为了减少管理层次，提高工作效率，设立重庆直辖市的议案经全国人民代表大会批准后，国务院将依据宪法和有关法律的规定，按照精简、统一、效能的原则，结合重庆直辖市农村人口较多的实际情况，对其管辖的行政区域的建置和划分作必要的调整。由于重庆直辖市所辖区域移民任务重，贫困人口较多，国务院将在经济、社会发展以及扶贫工作方面给予适当的支持。

出席全国人大会议的重庆万县涪陵黔江代表衷心拥护设立重庆直辖市[①]

连日来，四川代表团重庆、万县、涪陵、黔江代表小组对国务委员李贵鲜作的《关于提请审议设立重庆直辖市的议案的说明》进行了认真的审议。代表们在审议中认为，设立重庆直辖市是党中央、国务院为加快中西部地区经济和社会发展所采取的一项重要举措，具有重大的现实意义和深远的历史意义。代表们表示衷心拥护和坚决支持设立重庆直辖市，首先是赋予重庆巨大的历史责任，同时，重庆也获得了千载难逢的发展机遇。机遇与挑战并存，困难与希望同在，重庆任重道远，前景光明。

雷亨顺代表认为，设立重庆直辖市，是国家的发展战略需要，可以从四个层次看：一是三峡工程，特别是库区移民，设立重庆直辖市，把移民的重担交给重庆，移民工作做好了，就为国家分了很大的忧。二是国家90年代的发展战略。根据小平同志的设计，80年代开发沿海特区，90年代实施长江发展战略。为了实施长江开发战略，浦东开发、长江三峡是重点。浦东开发，依托上海，形成长江三角洲产业带；三峡库区依托重庆，建立长江上游第二个产业带。长江“龙头”“龙尾”相呼应，联动中游发展，以此形成长江经济带。长江经济带在振兴中华民族经济中至关重要，设立重庆直辖市的意义也就不言而喻了。三是中西部发展。重庆地处我国经济发达的东部地区和资源富集的西部地区的接合部，兼得长江沿江地区与西南地区开发之利，区位优势得天独厚，可以起到承东启西、左右传递的枢纽作用。四是按照小

①本文原载于《重庆日报》，1997年3月10日。

平同志提出的分三步走的战略目标，中国在下个世纪中叶要建成世界中等发达国家的水平。要达到这一目标，光靠沿海肯定不行。沿海与内地要全方位地优势互补，使中国对世界的贡献大大提高。

王文德代表说，国务院向全国人代会提出这个议案，是经过认真研究、反复论证、深思熟虑的。小平同志提出三步走的战略目标，提出让一部分人、一部分地区先富起来最后走上共同富裕的道路，这是根据我国地域辽阔、发展差异大的实情提出的。在实际的发展过程中，首先发展沿海地区，后来又发展长江流域。小平同志当初决定开发深圳，不是由于深圳已经具有较大的经济实力，而是主要从其所处的地域，从其在全国发展中的战略位置来决定的。但是不到十年的时间，深圳就发展成一个现代化城市，这体现出小平同志的高瞻远瞩。深圳发展起来后，紧接着把广东一分为二，决定建立海南省。通过几年的实践，现在海南已大大发展起来了，又一次证明了小平同志战略决策的正确。然后，又开发浦东。上海近几年的发展，有赖于这个战略决策。现在，中央为了实施中西部发展的战略，加快中西部发展，拟将处于长江上游的重庆设立为直辖市，这是符合小平同志的战略思想的。可以相信，随着重庆直辖市的设立，重庆一定会掀起一个发展的高潮，实践将会证明这个决策是正确的。作为重庆代表，我们一定加倍努力工作，不辜负党中央、国务院和全国人民的期望，我们有信心担负起这个历史责任。

干鸿举、陈光国、杨通兰等代表说，作为来自三峡库区的代表，我们举双手赞成设立重庆直辖市。设立重庆直辖市是川东地区多年来的愿望，是我们盼望的大喜事。设立重庆直辖市是中央作出加快中西部发展战略决策以来最实在、最重大的一个举措。川东“两市一地”古往今来与重庆有着密切的联系，设立重庆直辖市，更可以使相互间的优势互补，形成新的生产力，进一步推动川东地区经济和社会的发展。

徐宗俊、陈子陞、何碌为、王兴浦、周德钦、陈承志、黄济人、彭复生等代表说，作为全国人大代表，我们一定认真履行代表的职责，以高度的历史责任感和使命感审议好这个议案。作为来自重庆地区的代表，我们对此更为关注。我们相信党中央、国务院的这一重大决策，一定会得到全国人民的理解和支持，希望设立重庆直辖市的议案顺利通过。

张德邻、于汉卿、张文彬代表认为，设立重庆直辖市，首先是历史责任。搞好三峡工程的百万移民，帮助近300万贫困人口脱贫，发挥中心城市的带动作用，这是中央交给重庆的三大任务，担子很重，责任很大。但设立重庆直辖市也给重庆带来了新的发展机遇。我们既要看到挑战，又要看到机遇。尽管在发展中还面临不少困难和问题，但我们有勇气、有条件、有能力去克服困难，抓住机遇，加快发展。我们相信，如果本次人代会通过设立重庆直辖市的议案，渴望奋进的3000多万重庆人民一定能凭着勤劳智慧，凭着百折不回的毅力，在以江泽民同志为核心的党中央领导下，在全国人民的支持下，继承小平遗志，圆满完成重庆承担的历史重任，为中华民族的繁荣昌盛作出更大的贡献。

（《重庆日报》记者 张德泽 通讯员 陶 勇）

谢世杰在驻地举行的记者招待会上说 设立重庆直辖市意义重大[①]

3 月 10 日，中共四川省委书记谢世杰在驻地举行记者招待会。他说，设立重庆直辖市意义重大，不仅对四川和重庆的发展将产生巨大的推动作用和积极的促进作用，而且将对西南地区和全国经济的发展起到积极的促进作用。

①本文原载于《重庆日报》，1997 年 3 月 11 日。

全国人大代表赞成设立重庆直辖市[①]

正在出席此间八届全国人大五次会议的代表，审议了设立重庆直辖市的议案，并对这项决定表示了赞赏。

民建贵州省副主委王录生代表说，行政区域的划定，要与市场相适应，才能更好地发挥其经济优势。

据介绍，贵州是中国较贫困的省份之一。

中国第一个经济特区、经济高度发达的深圳市的代表也对设立重庆直辖市表示支持。深圳市委书记厉有为对这项议案“完全赞成”。他说，中央这项决策是英明的，深圳将考虑与重庆扩大经济合作。

厉有为说，新兴的发展经济学有一个“成长极”理论，希望重庆能够成为对西部地区有强大推动作用的“成长极”。

云南省省长和志强也表示：“对设立重庆直辖市，我完全赞同。”

中国三大直辖市的代表对增加一个新伙伴表示欢迎。

北京代表团普遍表示支持这项议案。代表阎承宗说：“我们赞成设立重庆直辖市。它对建设三峡工程，对于发展整个西南地区和长江流域，有很大好处。”

他认为，四川省这么大，分出去一块，有利于减少管理层次，集中精力搞好开发。他说：“重庆是大西南地区的政治、经济和文化中心，辐射半壁江山，有能力设立直辖市。”

上海市社会科学院的张仲礼说，上海和重庆，一个是“龙头”，一个是

---

①本文原载于《重庆日报》，1997年3月11日。

“龙尾”，它们对发展长江流域经济都非常重要。

这位近代经济史学家解释说，很长时间以来，中国西南地区的贸易产品，都是在重庆汇集，然后从上海出口。设立重庆直辖市，对上海是一大好事。上海对此非常重视，愿意加强这种东西部合作。

他说：“上海团代表在讨论中，基本上对设立重庆直辖市持同意态度。”

天津代表王贵明说，中央决定设立重庆直辖市，对于四川的管理，对于移民，对于三峡工程建设，对于发展大西南，都有重要意义。这也是天津团代表的普遍意见。

浙江代表团在讨论时，也对设立重庆直辖市予以首肯。杭州市市长王永明等代表认为，重庆市规模大，人口多，承担的任务重，应该成为直辖市。中央的英明还在于只设直辖市而不另辟省，节约了大量行政花费。

据记者了解，其他省市自治区的代表团也都对设立重庆直辖市表示了赞成。

代表们将在本月 14 日对设立重庆直辖市的议案进行表决。

（《重庆日报》记者 任美荣 特约记者 韩 松）

全国政协委员认为重庆设立直辖市可行①

正在出席此间全国政协八届五次会议的委员们，普遍认为重庆设立直辖市是一项可行的方案。

政协虽然对八届全国人大五次会议的这项议案没有表决权，但对这一件关系到中西部开发乃至影响到整个国民经济发展的大事，政协中的专家学者纷纷发表了意见。

中科院院士潘家铮认为，从兴建三峡工程的角度看，从库区移民的角度看，设立重庆直辖市，应该是有利的。这位三峡大坝的设计师说："四川这么大，有一亿多人口，把东部分一部分出去，我看不是什么坏事。"

一些委员认为，开发长江流域，上海是"龙头"，但"龙尾"不动，也活不起来。还有人指出，设立重庆直辖市，对于振奋中西部地区人民的精神，有很大意义。

上海社会科学院的瞿世镜研究员说，西南、西北地区应有一个中心重镇，才能从整体上摆脱落后。中央这个思路是正确的，是"全国一盘棋"的思想。

邮电部高级工程师周复榆说，重庆是西南很大的城市，把它作为直辖市，利用长江上游地理位置，对于开发大西南和大西北，把三峡工程系统管理起来，是有利的。

据记者了解，委员们普遍对重庆作为经济和工业中心的地位没有异议。问题是重庆是否具备与其他三个直辖市相匹比的文化和科技条件。

瞿世镜认为这个问题也要历史地来看。其他三个直辖市的人文社会科学

①本文原载于《重庆日报》，1997 年 3 月 11 日。

是发达一些，但四川的力量也是很强的。重庆在抗战时期有大批文化名人滞留于此，影响至今仍存。

据了解，去年全国政协曾组织考察团去重庆，访问了不少单位和企业，重庆的科研力量给委员们留下了较深的印象。

周复榆说："重庆的军工科研力量和军转民工业的实力，相当雄厚。"

还有一些委员认为，设立重庆直辖市既然成为了一项战略举措，今后完全可以采取相应优惠措施吸引人才。人才是一个流动的概念，有本事的人并不是说就一定要固定在北京和上海。

在"两会"上，不止一次有人向记者透露，近年来，往往有北京名牌大学毕业的研究生被四川"挖"走。在北京只能做一般的助理研究员，到了四川常常被破格提为副教授，才干得到了充分的发挥。可见，地方有地方的优势。

深圳市科协副主席古可认为，是不是科技文化中心，不要绝对化。中西部要发展，应有一个中心转移的问题。内地落后了，也会牵制沿海发展。不是中心，可以变为中心。深圳不就是从小渔村发展起来的？

他说："科技不是天生下来的，是搞起来的。我看重庆的条件还是可以的。重庆设立直辖市是一个历史的使命。关键是转变观念的问题。要使经济发展更快一些，改革开放更快一些，就不能三个直辖市一成不变永远是三个。"

他认为，重庆作为直辖市，可以赋予这座历史名城以动力与压力，使之发展得更快。

但仍有一些委员对目前重庆的文化地位表示了谨慎质疑。作家张贤亮在这次政协会议上曾以大西北扶贫问题向李瑞环主席大声疾呼，但他说对重庆设立直辖市问题没有调查研究。他说："我只知道，全国政协文艺界委员中，没有来自重庆的。"

这可以看作是对重庆的警示和鞭策。虽然，重庆近年文化建设发展很快，重庆人在各种国家级文艺比赛上也屡屡获奖，但在综合文化实力以及精神文明建设上，仍然需要加快脚步向北京、上海等地追赶。

（《重庆日报》记者　任美荣　特约记者　韩　松）

文化界名人说，设重庆直辖市是英明之举①

于洋（著名演员）：中央设重庆直辖市的决策非常英明。重庆在全国乃至世界上影响都很大。如今长江的开发，发展经济重点向西部转移等，都离不开重庆的重要作用。设立直辖市，更能发挥它的优势和作用，是一件大好事，也给它增加了更重的责任。

李准（著名作家）：四川太大了，无论哪方面的建设，要照顾全局都挺难。能建一个直辖市，得到政策性扶持，对带动整个四川经济文化的发展都有好处。我希望随着设立重庆直辖市，四川的经济包括整个西部的经济都能被带动起来。

刘敏（著名舞蹈家）：去年12月我曾去三峡库区慰问演出，对重庆包括万县等地印象都非常好，设立重庆直辖市对重庆、对四川都挺有意义，既可以减少四川的一些负担，又可以加快重庆的建设。

章宗义（六龄童）：重庆是个很美的山城，又有很精彩的历史，如果能设立直辖市，对企业各个方面的进一步发展都有极大的推动作用。我是非常赞成这个议案的，我也相信重庆的发展和腾飞对四川省和中国西部都会有促进作用。

①本文摘自《华西都市报》，1997年3月12日。

李鹏总理参加四川代表团讨论①

国务院总理李鹏12日下午参加了八届全国人大五次会议四川代表团的讨论，就代表们关注的议题与大家一起进行了探讨。

四川代表团的全团讨论在人民大会堂西大厅举行。在四川省委书记谢世杰代表的主持下，曹庆泽、康振黄、种明钊、宋宝瑞、张德邻、黄寅逵等代表先后发言。他们围绕继续开展反腐败斗争，依法治国、建设社会主义法制国家，不放松农业生产，振兴国有大中型企业等问题提出了自己的意见和建议。

李鹏总理认真听取大家的发言，并不时插话，坦诚地与大家就一些问题交换意见。代表们发言后，李鹏总理也发了言。他对四川近几年来农业获得丰收，人民生活不断改善，各项工作取得较大进步予以充分肯定。他说，四川是农业大省、人口大省，要始终把农业放在各项经济工作的首位，大力发展粮食生产。他说，四川人多地少，提高粮食产量，要靠推广先进的实用技术，靠科技进步。同时，要发展以农副产品加工为主的乡镇企业，实现贸工农一体化，增加农民的收入。他指出，四川省做到粮食产量与人口的同步增长，不仅是对四川而且也是对全国作出的重大贡献。

李鹏说，搞好国有企业，中央已经提出了六条措施，下一步的关键是要抓好落实。要继续坚持抓大放小的方针。他说，长虹集团的发展证明，引进、消化、吸收国外先进技术，不断创新，加强企业管理，形成规模生产，就能够提高产品的市场竞争力和企业的效益。他强调，要关心停产半停产企

①本文原载于《四川日报》，1997年3月13日。

业的职工，帮助他们解决生活困难，当务之急是要建立和完善最低生活保障制度，保障他们的基本生活需求。

李鹏说，国务院关于提请审议设立重庆直辖市的议案，经过了中央和地方的反复酝酿。重庆直辖市的设立一旦得到人大会议的批准，重庆将机遇与困难并存。重庆是我国老工业基地，无论过去还是现在，都为国家作出了重要贡献。虽然现在还存在不少困难和问题，但要看到目前也面临着难得的发展机遇和自身的优势，不要妄自菲薄。他说，重庆今后的发展一靠重庆人民自力更生、艰苦奋斗，二靠兄弟省市的支援，三靠中央政策的支持。四川省和重庆市要加强团结，互相支持，共同发展。

李鹏最后说，邓小平同志逝世后，四川家乡的人民同全国人民一样十分悲痛。相信在以江泽民同志为核心的党中央的领导下，我们一定能够继承邓小平同志的遗志，把祖国建设得更加繁荣昌盛，把小平同志的家乡建设得更加美好。

（中央人民广播电台记者　魏赤娅　新华社记者　张宿堂）

是机遇更是责任

——重庆地区全国人大代表谈设立重庆直辖市（上）[1]

《国务院关于提请审议设立重庆直辖市的议案》及国务委员李贵鲜对议案的《说明》，在八届全国人大五次会议上引起强烈反响，重庆地区的代表在审议中认为，设立重庆直辖市，重庆面临难得的发展机遇，但也肩负着巨大的历史责任，对重庆来说，是机遇，更是责任。

徐宗俊代表说，重庆是全国人民的重庆，设立重庆直辖市，是整个国家发展战略的需要，是加快中西部发展的需要，是三峡工程建设的需要，三峡工程成败的关键在于移民，重庆肩负着库区85%以上的移民任务，担子非常重，任务非常艰难。我们应更多地讲担子重，责任大，时刻不忘肩负的重任，要更加严格地要求自己。党中央、国务院让重庆挑重担，给任务，本身也就是发展的机遇。担子重了，责任大了，机遇多了，更应注意决策。决策失误会铸成大错，机遇来了，就看能不能抓住，会不会利用，在一段时期，可能有一股子冲劲，但有没有后劲，最终上不上得去，还要看努力的程度。对干部要求奉公守法，清正廉洁，是最基本的，但远远不够，“猫不偷食，只能算是乖猫，算不上好猫，既不偷食，又能抓耗子的猫，才是真正的好猫”。希望重庆的干部既清正廉洁，又大胆开拓，兢兢业业，努力把重庆的事办得更好。

向仲怀代表说，设立重庆直辖市，对重庆来讲义务和责任是第一位的。重庆既要完成扶贫攻坚任务，又要承担起保护三峡库区的生态环境，发展库

---

①本文原载于《重庆日报》，1997年3月11日。

区经济的重任，担子非常重。要实现经济和社会的持续发展，建设一个经济繁荣、环境优美的库区，生态环境保护是基础，也是库区发展的生命。库区的开发建设任务非常艰巨，不是十年二十年就能完成的，重庆要在这方面作很大的努力，作很大的奉献。

王兴浦代表说，设立重庆直辖市，重庆面临很大的挑战，300 万贫困人口，12 个国家级贫困县，100 万移民的搬迁、安置，库区的生态环境保护，发挥中心城市的带动作用，大城市带大农村的试点，这些任务都相当艰巨，加之重庆自身经济实力还不雄厚，担子就显得更重。但我们要看到许多有利条件和优势，要勇挑重担。设立重庆直辖市，也是重庆千载难逢的发展机遇。中央会对重庆予以更多的关心、支持，重庆与兄弟省市之间的联系更直接、更密切，对外开放、吸引外资的声誉和影响力提高等等，都是机遇。从总体看，从长远看，设立重庆直辖市对重庆是机遇大得多，但从近期看，是责任与挑战大得多。从一开始就把责任看得大一些，把责任讲透、看重，对重庆的发展有好处。设立重庆直辖市，对重庆来说可能是吃了个大蛋糕，但自身的责任、任务也加重了，原来是七八十斤，现在是二三百斤，应该说是挑起重担吃蛋糕。

朱裕民代表说，设立重庆直辖市，中央对重庆寄予厚望，也交给了重庆艰巨的任务。希望重庆在带动三峡库区经济的腾飞，促进周边地区和大西南经济发展方面起到“龙头”作用、“窗口”作用和辐射作用，责任重大。虽然重庆也面临大好的发展机遇，但目前来讲，责任还是重一点。要完成好中央交给重庆的光荣而艰巨的任务，关键是 3000 万山城人民万众一心，艰苦奋斗，团结拼搏。

（《重庆日报》记者　张德泽）

团结奋进勇挑重担

——重庆地区全国人大代表谈设立重庆直辖市（下）[①]

设立重庆直辖市对重庆既是巨大的发展机遇，也是巨大的挑战，重庆有条件、有能力、有信心肩负起历史赋予的重任，不负党中央、国务院对重庆的厚望，不负全国人民对重庆的厚望。这是来自重庆地区的全国人大代表的共同心声。

袁昌玉代表说，重庆是西南地区最大的工业城市和水陆交通枢纽，区位优势明显，工业基础雄厚，科研力量强，自然资源丰富，完全有条件完成中央赋予的历史使命。重庆人吃苦耐劳，敢想敢干，也完全有信心、有决心把重庆的事办好。历史赋大任于重庆，全市人民应该抓住机遇，齐心协力，艰苦奋斗，当前尤其要适应新形势新任务的需要，不断提高自身素质。

董德明代表说，重庆人民有渴望奋进、加快发展的强烈愿望和满腔热情。如这次会议批准设立重庆直辖市，我们应借这一东风，把全市人民的积极性引导好、调动好、保护好，把群众中蕴藏的饱满热情化为发愤图强的实际行动。各级领导干部应该进一步转变工作作风，求真务实，真抓实干，少说空话，多办实事。

彭复生代表说，如果批准设立重庆直辖市，重庆就应勇敢地接受挑战。空谈误国，实干兴邦。我们就应当抓住机遇，扎扎实实干三年五年，干出成效。办好重庆的事情，各级领导班子要更加团结，只有团结，才有力量。班子团结、坚强、坚定，才更能带领全市人民开拓前进。

李丁一代表说，面对困难和挑战，全市人民要有过几年紧日子，过几年

①本文原载于《重庆日报》，1997年3月14日。

苦日子的思想准备，大力弘扬“爱国、奋斗、团结、奉献”的“红岩精神”，立足于做好自己的本职工作，从自己做起，从点滴做起，扎扎实实地干。要进一步转变观念，冲破盆地意识和山区意识，放眼全国，放眼世界，利用自身的优势，进一步扩大开放。全市人民要精诚团结，形成强大的凝聚力。各种力量形成合力，重庆振兴大有希望。

种明钊代表说，在机遇与挑战面前，全市人民、各级干部一定要同心同德，团结一致，艰苦奋斗。要解放思想，用好国家给的政策，不断推进改革开放，重庆作为内陆城市，更要做好开放这篇文章。要坚持科教兴渝的方针，进一步发挥科技人员在经济建设中的作用，要进一步强化依法治市，学会用法律手段管理经济，对三峡工程经费的管理和使用，三峡工程移民及财产保护、赔偿，环境保护等问题都应制定相应的地方性法规。

张万全代表说，加快重庆的发展，“关键在党”“关键在人”，全市各级领导班子要坚持“三个有利于”标准，改革开放的胆子要更大一些，步子要更快一些。要抓住三峡工程建设和库区开发的机遇，加大产业结构调整步伐，科学合理地规划、调整生产力布局。坚持“两手抓，两手都要硬”的方针，大力提高市民素质，大力加强社会主义精神文明建设。

陈荣生代表说，一旦批准设立重庆直辖市，重庆就成为我国第一个内陆地区的直辖市。在内陆地区设直辖市，国际上也少有，没有现成的经验可借鉴，需要我们在实践中探索。要结合新形势新任务，组织高层次的专家进行发展战略研究，要注意调整轻重工业的比例，大力发展轻工业，对一些优势产品要大力扶持，要抓住全国对口支援三峡库区的机遇，嫁接引进一批优势名牌产品到库区。要注意研究人才流动的动向，在稳定现有人才的同时，采取有效措施，大量引进人才。

黄济人代表说，如这次会议批准设立重庆直辖市，对重庆既是历史性的机遇，也是历史性的责任。重庆人应该更冷静，克服夜郎自大、浮躁自满心理。“哀兵必胜”，还是少说多做好，保持一种脚踏实地，不问收获、只求耕耘的工作作风和工作状态。机遇青睐那些时刻准备着的人。我们深信，重庆人一定能团结奋进，勇挑重担，重庆一定会有光明而美好的前途。

（《重庆日报》记者　张德泽）

出席全国人大会议的四川代表团审议设立重庆直辖市议案[①]

连日来，四川代表团就国务院关于提请审议设立重庆直辖市的议案进行认真讨论，表示坚决拥护设立重庆直辖市。

代表们认为这既是机遇又是责任，不仅会对四川和重庆今后的发展产生巨大的推动作用，而且将对西南地区和全国经济社会的发展产生巨大的促进作用。

“四川面积过大、人口过多、经济发展极不平衡”，赵文欣、苏克明等代表由此判断：“设立重庆直辖市后，四川可以更好地集中精力，加快盆地中心发达地区经济的快速发展；重庆市可以发挥辐射、带动作用，促进万县、涪陵、黔江三市地的协调发展。”

雷亨顺、卢道猜、邬贺铨等代表认为，设立重庆直辖市是长江流域发展战略的需要，并将有利于三峡库区百万移民的统筹安排、精心管理，以确保三峡水利工程顺利建成。

来自重庆的王文德代表说，设立重庆直辖市，加重了重庆的历史责任，我们一定要加倍努力工作，不辜负党中央、国务院和全国人民的期望。

宋宝瑞代表表示，完全赞成设立重庆直辖市。他说，这是党中央、国务院的一个重要的、正确的决策，它对重庆的发展、对四川的发展、对三峡工程建设都有重大的意义。

（《四川日报》记者 林 卫 潘 黎）

---

①本文原载于《四川日报》，1997 年 3 月 12 日。

八届全国人大五次会议关于批准设立重庆直辖市的决定

(1997年3月14日第八届全国人民代表大会第五次会议通过)①

第八届全国人民代表大会第五次会议审议了国务院关于提请审议设立重庆直辖市的议案，决定：

一、批准设立重庆直辖市，撤销原重庆市。

二、重庆直辖市管辖原重庆市、万县市、涪陵市和黔江地区所辖行政区域。

三、重庆直辖市设立后，由国务院依据宪法和有关法律的规定，对其管辖的行政区域的建置和划分作相应的调整。

①本文见于《第八届全国人民代表大会第五次会议文件》。

重大的决策 历史的使命

——热烈庆祝八届全国人大五次会议批准设立重庆直辖市①

《重庆日报》社论

在党中央、国务院的亲切关怀和全国各族人民的热情支持下，3 月 14 日，八届全国人大五次会议批准设立重庆直辖市。这是3000 万重庆人民政治生活中的大事，是重庆发展史上具有划时代意义的里程碑。喜讯传来，从工厂到农村到军营，从机关到学校到商店，在 8.2 万平方公里的巴渝大地上，群情振奋，万众欢腾。广大干部群众纷纷表示：坚决拥护设立重庆直辖市的重大决策，牢记肩负的历史使命，决心以更加旺盛的热情和高昂的斗志，为建设重庆直辖市贡献力量。

设立重庆直辖市，是党中央、国务院的重大战略决策。根据邓小平建设有中国特色社会主义的伟大理论，根据邓小平关于我国经济发展分三步走，到下世纪中叶基本实现现代化，达到中等发达国家水平的宏伟目标，根据邓小平关于让一部分地区先富起来，实现东西部共同富裕的战略构想，以江泽民同志为核心的党中央，分析了东部沿海地区继续保持强劲发展势头，并已领先一步的新形势，制定了“坚持区域经济协调发展，逐步缩小地区发展差距”的重要方针。国务院及时地提出设立重庆直辖市的议案，现在已经八届全国人大五次会议审议并通过。设立重庆直辖市，充分体现了党中央、国务院高瞻远瞩，决策英明。

重庆市是我国特大城市之一，是西南地区和长江上游最大的经济中心城

①本文原载于《重庆日报》，1997 年 3 月 15 日。

市和重要的交通枢纽。新中国成立初期，曾是中共中央西南局和西南军政委员会所在地，为中央直辖市，1954 年改为省辖市。1983 年国务院决定将重庆市列入首批经济体制改革试点城市和计划单列城市，赋予省级经济管理权限并辟为外贸口岸。重庆市对西南地区和长江上游地区的经济建设和对外开放发挥着越来越重要的作用。设立重庆直辖市，对于我国经济的发展有着重要的意义，正如中央所指出的，这有利于进一步发挥重庆的区位优势、“龙头”作用、“窗口”作用和辐射作用；有利于四川省集中精力抓好其他地区，特别是西部少数民族地区的经济和社会发展工作；有利于国家对三峡库区开发性移民政策的落实、资金的统筹安排和管理，把移民工作做得更好，促进三峡工程建设。1994 年，江泽民同志、李鹏同志先后到重庆考察，作了重要指示并分别题词，江泽民同志要求我们“努力把重庆建设成为长江上游的经济中心”；李鹏同志也提出了“开发三峡，振兴重庆”的殷切希望。

历史赋予我们的使命是光荣的，我们肩负的任务是艰巨的，责任是重大的。重庆设立直辖市后，我们面临着三大任务：一是搞好开发性移民，发展库区经济；二是充分发挥中心城市的作用，推动三峡库区以至西南地区和长江上游地区的经济社会发展；三是探索出一条大城市带动大农村发展的新路子，实现城乡共发展、共繁荣。要完成这三大历史任务，我们首先要充分认识完成任务的有利条件，增强我们前进的信心。从有利条件看，我们面临千载难逢的四大历史机遇：一是中央关于加快中西部发展的战略决策，重庆在实施这一战略决策中，可以起到承东启西、左右传递的枢纽作用；二是长江经济带开发战略的实施，重庆地处长江“龙尾”，以重庆为依托建设长江上游新型的产业群，与上海浦东相呼应，将会使长江“巨龙”腾飞；三是三峡工程建设和库区开发有利于长江上游三峡库区形成一个新型的产业群，加快库区经济发展；四是设立重庆直辖市，更是给我们加快发展创造了有利条件。重庆处于东部和中西部接合部，有明显的区位优势以及丰富的自然资源、劳动力资源和广阔的市场。改革开放以来，重庆的综合实力和中心城市的带动辐射功能有了进一步的增强，在交通、通讯、工业、科技以及对外开放等许多方面都具备了相当的实力，为完成上述任务打下了良好的基础。但是，也必须清醒地看到面临的种种困难。我们要认真解决好 100 万移民、

300 万人口脱贫、振兴工业经济、治理环境污染保持生态平衡这四大课题。这就是人们常说的机遇与挑战并存，希望与困难同在。正如中央领导同志在这次人代会上所指出的那样：只要我们工作做得好，机遇会大于困难。虽然现在还存在不少困难和问题，但要看到目前也面临着难得的发展机遇和自身的优势，不要妄自菲薄。重庆今后的发展一靠重庆人民自力更生、艰苦奋斗，二靠兄弟省市的支援，三靠中央政策的支持。只要我们坚决贯彻中央的指示精神，就一定能抓住机遇发展自己，逐步把我市建设成为城乡联系畅通，有中国特色的城乡共发展、共繁荣的现代大都市，把整个重庆市特别是三峡库区建设成为经济蓬勃发展、人民富裕幸福、生态环境优美的山清水秀的生态经济区和社会文明区。

建设现代化的重庆，关键在党，关键在人。全市广大党员、干部特别是各级领导干部一定要深刻领会、认真贯彻中央的战略决策，在以江泽民同志为核心的党中央领导下，立足全局，提高认识，在思想上政治上与党中央保持高度一致；一定要把建设好重庆直辖市当作自己的神圣职责，增强党性，服从大局，加强团结，搞五湖四海；一定要解放思想，勇于探索，用“三个有利于”作为衡量工作是非得失的标准，实事求是地分析新情况，总结新经验，解决新问题，把重庆的事情办好。

巴渝大地，物华天宝，人杰地灵。3000 多年来，生息在这块土地上的人民，为了中华民族的繁荣和昌盛，写下了辉煌的篇章。特别是半个多世纪以来，许许多多优秀的共产党人、革命志士、人民群众，为了新中国的诞生和人民的幸福，在这块土地上洒下了辛勤的汗水，献出了他们宝贵的生命。今天，我们又面临着新的更大的历史机遇。我们一定要坚持“两手抓，两手都要硬”的方针，在加强物质文明建设的同时，大力加强社会主义精神文明建设，把“弘扬红岩精神，塑造当代重庆人”的宣传教育活动更加扎实有效地开展下去，切实加强党的建设，深入开展反腐倡廉，进一步提高全市人民的思想道德修养、科学教育水平，增强民主法制观念，树立良好的社会风尚，维护社会稳定，以适应并推动新形势的发展。

巴渝大地展宏图，万众一心创新业。奋战在全市各条战线上的广大党员、干部和群众，我们已经迈开建设重庆直辖市的脚步，巴渝大地的美好未来正等待着我们去开创。让我们高举邓小平建设有中国特色社会主义理论的伟大旗帜，坚持党的基本路线，更加紧密地团结在以江泽民同志为核心的党中央周围，在中共重庆市委的领导下，统一思想，振奋精神，大胆开拓，奋发进取，不辜负历史的重托，不辜负党中央、国务院和全国人民的殷切希望，努力创造重庆明天的辉煌！

历史性的瞬间

——写在八届全国人大五次会议通过批准设立重庆直辖市的决定之时[①]

重庆人民翘首期盼的这一天到来了。

时间是 1997 年 3 月 14 日。

这一天下午，第八届全国人民代表大会第五次会议为批准设立重庆直辖市的决定进行大会表决。

北京上午还下着小雨，下午天空放晴，阳光灿烂，万里无云。在阳光的辉映下，人民大会堂显得更加庄严。

在这里，来自全国各地的人民代表将履行他们神圣的职责，代表全国各族人民投下神圣而庄严的一票。

下午 2 点 30 分，代表们已陆续抵达人民大会堂。

在步入人民大会堂的人流中，重庆地区的代表，引起了中外记者的关注。

面对记者连珠炮似的提问，代表们充满自信，从容回答："我们希望并相信设立重庆直辖市的决定能顺利通过!"

下午 3 点，本次大会主席团常务主席乔石委员长宣布："各位代表，第八届全国人民代表大会第五次会议应到代表 2962 人，今天的会议因病因事缺席的代表 242 人，出席的代表 2720 人，符合法定人数，现在开会。"

今天的大会共有 13 项议程。

---

①本文原载于《重庆日报》，1997 年 3 月 15 日。

随着阵阵掌声，议程在一项一项地进行。

时间在一分一秒地飞逝，时针指向3点50分。

乔石委员长宣布："现在进行第八项议程，通过《第八届全国人民代表大会第五次会议关于批准设立重庆直辖市的决定（草案)》。"

3点52分，大会工作人员宣读完《决定（草案)》，乔石委员长高声宣布："现在付表决，请按表决器。"

全场顿时寂静无声，2000多只手齐刷刷地按向表决器。

按照大会的规定，每进行一项表决，大会主持人都要先后3次提醒代表"按表决器"。

时间在一秒一秒地跳动。

代表们神情紧张专注，屏声静气，静候着表决结果。

这是动人心魄的一刻。空气仿佛凝固，仿佛能听到时间的跳动声，能听到人们的心跳声。

此时此刻，重庆地区的代表心情更难以平静。多年来的企盼，将决定于这历史性的一瞬间。

平时喜欢搞摄影的李丁一代表此时举起相机想拍摄下这一珍贵的镜头，可手止不住发抖。已是连续三届全国人大代表，在人民大会堂参加过多次表决的高素芳代表此时也不禁对坐在身旁的郭代仪代表说："我真的感到紧张。"

53分40秒，乔石委员长高声说："请工作人员宣读表决结果。"

表决结果出来了。2403人赞成，148人反对，133人弃权，36人未按表决器，赞成的人数大大超过半数。

3点54分，乔石委员长高声宣布："通过。"

霎时，全场爆发出雷鸣般的掌声。

代表们紧张的神经松弛了，长长地舒了一口气。重庆地区代表有的激动得热泪盈眶。

坐在市人大常委会主任于汉卿一旁的四川省委书记谢世杰紧紧握住于汉卿的手表示祝贺。

下午4点30分，大会圆满完成各项议程，在雄壮的国歌声中胜利闭幕。

市委书记张德邻、市人大常委会主任于汉卿、市政协主席张文彬步出会场，接受记者采访时动情地说，设立重庆直辖市凝聚着党中央、国务院的殷切期望，凝聚着全国人民的殷切期望。历史赋重庆以重任，历史赋重庆以机遇，重庆人民一定会抓住机遇，勇挑重担，同心同德，艰苦奋斗，奋力开创重庆美好的未来。

（《重庆日报》记者　张德泽）

重庆直辖市[①]

八届全国人大五次会议3月14日审议通过了国务院关于设立重庆直辖市的议案。这标志着继北京、上海、天津之后，我国有了第四个中央直辖市。

重庆直辖市由原四川省东部的重庆市、万县市、涪陵市和黔江地区组成，辖43个区市县，东西长470公里，南北宽450公里，四周与湖北、湖南、贵州、四川、陕西五省接壤，总面积8.2万平方公里，总人口3002万人，其中农村人口2440多万人，占总人口的81.37%；少数民族人口170多万人，占总人口的5.72%。直辖市设立后，国务院将依据宪法和有关法律规定，对其管辖的行政区域的建置和划分作相应的调整。

重庆具有3000多年的悠久历史。早在商至战国时期就是巴国国都，秦至东汉设巴郡，隋唐置渝州，宋设重庆府。古代的重庆，一方面是区域军政中心；另一方面凭借两江交汇、舟楫便利的水运优势和广阔的资源腹地而兴起，成为水路交通中心和商业繁荣的区域经济中心。明清时代，重庆成为“商货出入输汇”“四方商贾辐凑”之地，为西南地区最大的商品物资集散地。1891年重庆辟为通商口岸，设立海关，航运、商贸、金融及加工业等日趋兴盛，沟通了西南地区、长江上游与世界的联系。1929年重庆正式设市。抗日战争爆发后，国民政府于1937年西迁重庆，沿海工业也纷纷内迁。1939年重庆升为院辖市，1940年为国民政府“陪都”，是当时中国政治、经济、商贸、金融、交通、文化及外交活动的中心。1946年国民政府还都南京

---

①本文原载于《重庆日报》，1997年3月19日。

以后，重庆一直为院辖市。新中国成立初期，重庆是中共中央西南局和西南军政委员会所在地，西南地区的政治、经济、文化中心，为中央直辖市。1945 年改为地级市，由四川省管辖。1954 年至 1958 年，国家对重庆实行计划单列体制。60 年代中期，重庆是我国三线建设的重点投资区，成为全国重要的工业基地。1983 年 2 月，中共中央、国务院决定将重庆作为首批经济体制改革的试点城市和计划单列城市，赋予省级经济管理权限，并辟为外贸口岸。90 年代国家实施长江开放开发战略，重庆和万县市、涪陵市相继被列为沿江开放城市，享受沿海开放城市的优惠政策。1996 年 9 月，经国务院批准，四川省将万县市、涪陵市和黔江地区委托重庆市代管。

经过几十年的建设特别是改革开放以来的快速发展，重庆已成为我国西南地区和长江上游最大的经济中心城市、重要的交通通信枢纽和外贸口岸，科技、文化、教育也有较强的实力。1996 年，原重庆市和万县市、涪陵市、黔江地区总计实现国内生产总值 1175 亿元，其中第一产业增加值 280 亿元，第二产业增加值 493 亿元，第三产业增加值 402 亿元，实现社会消费品零售总额 449 亿元，外贸进出口总额达 14.1 亿美元，地方财政预算内收入达 54.8 亿元。作为我国六大老工业基地之一，重庆市工业资产存量达 700 多亿元，工业门类比较齐全，已形成汽车摩托车、冶金、化工三大支柱产业，以及机电设备、电子信息、食品、建材、玻璃陶瓷和日用化工等优势行业。全市现有各类科研机构近 1000 个，各类专业技术人员近 50 万人；有大专院校 25 所，在校生 8 万人。

重庆直辖市的设立，使整个三峡库区上游连为一体。三峡重庆库区淹没损失涉及 18 个区市县，各项主要实物淹没综合指标占全库的 80% 以上；到 2009 年三峡工程建成时，动态移民人数将达 107 万人，占全库区移民总数的 85%。

（新华社记者　蒋　鹏）

拟定中的重庆直辖市区域图①

①原载于《重庆日报》，1997年3月15日。

设立重庆直辖市是件大好事

——访四川省委书记谢世杰[①]

3月14日，八届全国人大第五次会议通过了设立重庆直辖市的议案，对此，记者专访了四川省委书记谢世杰。

谢世杰连声告诉记者：“这是一件好事，一件利国利民的大好事。这既有利于重庆的发展，又有利于四川的发展。”

这次行政区划调整前的四川省是中国第一大省，人口1.119亿，是英国、法国的总和，面积57万平方公里，大于法国。

谢世杰介绍，行政区划调整后，四川人口为8357万，排在河南、山东之后，位居第三位，全省面积为48万平方公里。

他说，国务院提出设立重庆直辖市，既有重大的现实意义，又有深远的历史意义，重庆设立直辖市不仅对四川省和重庆市的社会经济发展将产生巨大推动作用，也必将对整个西南地区以至全国经济的平衡发展产生积极的促进作用。对此，四川省委、省政府坚决拥护设立重庆直辖市的议案。

谢世杰归纳了重庆设立直辖市的三个有利方面。

首先是有利于加强四川的行政管理，加速四川社会经济的发展。四川可以进一步集中精力，发挥优势，加快盆地中心发达地区经济的快速发展，发挥其在西部的作用，也将更有力地支持西部高原藏、羌、彝等多民族聚居地区少数民族经济的发展，抓好革命老区和贫困山区的扶贫开发，使全省各地能够协调发展，早日实现奔小康的目标。

---

①本文原载于《重庆日报》，1997年3月16日。

二是有利于万县、涪陵、黔江的发展。这三个地方划入重庆，便于统一管理，突出重点，发挥优势，统筹规划，促进地区经济的发展。

三是有利于三峡工程建设。三峡工程是中国造福子孙的伟大工程，而三峡工程的成败关键在移民，移民任务85%在四川万县、涪陵、黔江、重庆，单独建一个市，可结合当地实际，调整产业结构，作出新的生产力布局，推动生产的发展，妥善解决移民搬迁和移民任务的完成。这既有利于当代，也有利于子孙。

谢世杰说，在重庆划出四川版图的过程中，四川将按照国务院的指示，多为重庆着想，把方便让给重庆，把困难留给自己，为重庆设立直辖市创造好条件。他风趣地说："过去是一家，分开后要做好邻居。四川省和重庆市行政上分开了，但在今后的发展中双方将扬长避短，经济上往来是割不断的，商品没有界限，成都、重庆物流联系将更为紧密，双方互相协助，共同发展。"

谢世杰说，行政区划调整后，四川的发展战略也将作适当调整。为此，四川提出夯实四大基础，即农业基础、交通基础、能源基础、教育科技基础；壮大电子信息产业、机械工业、建筑建材业、饮料食品业、旅游业等五大支柱；培育三个新的经济增长点，即以特大城市成都为中心，把德阳、绵阳、内江、乐山等城市连为一体，建设一个高速发展的经济圈；加快攀西资源开发；加快中小城市的发展。

对重庆未来的发展，谢世杰说，重庆的优势和作用能很快发挥出来，相信三年内就能以独特的优势展现在全国人民面前。他引用一句古语"人心齐、泰山移"来表明重庆人没有克服不了的困难，没有解决不了的问题。

（新华社记者　李　佩　刘　亢）

抓住机遇，开创美好明天[①]

张德邻

第八届全国人大五次会议审议通过了设立重庆直辖市的议案，标志着重庆经济社会发展进入了一个新的历史时期。

根据党中央、国务院的重大决策，重庆必须全力完成三大任务。一是增强中心城市的综合实力，完善城市功能，充分发挥长江上游经济中心的作用；二是从大城市、大农村的实际出发，探索城市带农村的新路子，加快农村经济的发展，实现城乡共发展、共繁荣；三是搞好开发性移民，发展库区经济，使移民搬得出，安得稳，能致富。

首先，我们面临四大机遇，整个区域经济社会发展具有十分优越的大环境。

——中央加快中西部地区经济发展的战略决策已在全国，乃至全世界引起了强烈反响。重庆地处东部经济发达地区与西部资源富集地区的接合部，在实施中西部发展战略中，具有十分重要的战略地位。

——长江经济带实施开发战略。目前，建设长江经济带已经启动，作为“龙头”的上海浦东已初具规模。重庆地处长江“龙尾”，是“龙尾”地区最大的工商业城市，以重庆为依托建设三峡库区新的产业群，与上海浦东相呼应，对全国经济发展产生巨大的带动作用。

——三峡工程建设和库区经济开发，已成为长江经济带建设的重要组成

①本文原载于《经济日报》，1997年3月15日。

部分。其中，库区经济开发是影响全局的关键。我们坚决地、正确地执行中央所确定的开发性移民的工作方针，利用好国家支持三峡库区开发的政策，不仅很好地完成移民任务，而且在三峡库区建设一个新的产业群。

——设立重庆直辖市本身就把重庆推上了一个崭新的起点，党中央、国务院对重庆的关怀和支持，是我们加快发展的强大动力。

第二，重庆经过几十年的建设，具备了一定的物质技术基础。铁路、水路、公路、航空立体交通运输网络和邮电通信网络正在形成，拥有各种类型的工业企业1.4万多个，科研机构近1000个，高等院校25所，科技人员50余万人，对外开放基础较好，已同海外120多个国家和地区建立了经济贸易合作关系。

第三，重庆区域内资源丰富，市场广阔。目前已探明以天然气为代表的有开采价值的矿产资源40余种，水能理论蕴藏量1400多万千瓦，拥有可开发的水能资源达750万千瓦，植物资源2000种以上，动物资源800多种，旅游资源更是得天独厚。同时，背靠大西南和沿长江一线广阔的城乡市场具有很大的开发潜力。

第四，重庆3000多万各族人民有着不甘落伍、加快发展的强烈愿望和决心。尤其是近年来，通过广泛开展“弘扬红岩精神，塑造当代重庆人”的活动，红岩精神所蕴涵的“爱国、奋斗、团结、奉献”精神，已成为激励重庆人民奋发向上的强大精神力量，为重庆的振兴奠定了良好的思想基础。

为了把党中央、国务院的重大决策贯彻落实好，我们初步设想的总体发展思路是：以邓小平建设有中国特色的社会主义理论和党的基本路线为指针，遵照江总书记“努力把重庆建设成为长江上游的经济中心”的要求，大力加强中心城市建设，把重庆主城区建设成为长江上游名副其实的商贸中心、金融中心、科教信息中心，交通枢纽、通信枢纽和高新技术产业基地，不断增强综合实力和区域辐射能力，抓住机遇，坚定不移地实施两个根本性转变，深化改革，扩大开放，转换机制，调整结构，全面落实“科学技术是第一生产力”的思想，实施“科教兴渝”战略，推进科技与经济相结合，大力提高劳动者素质，把经济增长的质量和效益提高到一个新水平。统筹规划，合理布局，城乡一体，优势互补，经过若干年的努力，争取实现这样一个目标：在三峡库区建成一个新的产业群，与上海浦东产业群相呼应；形成充分体现市内各区域优势的、合理的生产力布局和产业结构；以中心城市为依托，形成大、中、小城市有机结合的、组团式、网络化的现代化城市群，建成一个城乡联系畅通，有中国特色的城乡共发展、共繁荣的现代化大都市。

展望重庆未来发展的光明前景，全市3000万各族人民团结一心，拼搏进取，奋力开创重庆美好的明天！

奋力前进，建设西南经济中心[①]

蒲海清

重庆是一座历史悠久、依山傍水、美丽繁华的大城市，是长江上游和西南地区特大中心城市，是全国重要的老工业基地。在党中央的亲切关怀下，八届全国人大五次会议审议通过了设立重庆直辖市的议案，这是党和国家为加快中西部地区经济社会发展的一项战略措施，我们决不辜负党中央、国务院和全国人民的殷切希望。

重庆经济科技力量较强，工业基础雄厚，商贸流通发达，自然资源丰富，是长江上游、西南地区重要的交通通信枢纽和内河对外通商口岸。改革开放以来，国民经济持续快速发展，城乡面貌发生了巨大变化，综合经济实力明显增强，设立重庆直辖市，为加快重庆经济社会发展创造了更为有利的条件，掀开了重庆发展的新篇章。重庆在发展的大好机遇中，肩负着历史的重任：要完成三峡库区百万移民，确保三峡工程顺利建设；要解决好 360 多万贫困人口的温饱问题，确保本世纪末完成扶贫攻坚的历史性任务；要探索大城市带大农村的发展路子，加快农村经济振兴，实现城乡共发展、共繁荣。

按照江总书记“努力把重庆建设成为长江上游的经济中心”的要求，重庆未来发展的目标是：到 2010 年，把重庆建设成为长江上游和西南地区的经济、金融、贸易、科教和信息中心，交通、通信枢纽和现代化工业基地，

①本文原载于《经济日报》，1997 年 3 月 15 日。

形成以三峡库区为核心的长江上游产业群，成为经济发达、社会文明、生活富裕、环境优美的生态经济区和具有沿江开发开放特色的现代化城市。

实现这一目标，必须解放思想，更新观念，积极推进两个转变。坚持全方位、多层次的对外开放，以大开放促大发展，花大力气改善投资环境，以更加开放的政策，积极引进国内外资金、技术和人才，形成沿三峡库区和成渝高速公路的对外开放走廊。

依靠科技进步，加快产业结构战略性调整、加大技术改造力度，发展汽车、摩托车、化工医药、冶金等支柱产业和机电设备、电子通讯、食品、建筑建材、玻陶、日用化工等六大优势行业，培植一大批拳头产品和企业集团，逐步形成布局合理、具有库区特色的产业群，再振重庆工业雄风。

强化农业基础地位，全面发展农村经济。坚持以奔小康统率农村经济，以优势农产品加工为主导，大力推进农业产业化，加快乡镇企业、民营经济发展和小城镇建设。加大扶贫攻坚力度，切实解决农村贫困人口的温饱问题。

全面贯彻开发性移民的方针，切实把移民迁建安置与库区开发开放结合起来，加快库区的基础设施建设，改善库区生产生活条件，充分发挥库区资源优势，积极争取对口支援，引进国内名牌到库区落户，全面完成移民任务，使移民迁得出、安得稳、能致富，把三峡库区建设成为经济与环境协调发展的生态经济区。

积极发挥在区域经济中的带动和辐射作用，增强中心城市的综合功能。着眼于开发三峡、服务西南、面向全国、走向世界，为西南和长江上游地区的开发建设服务。

加强精神文明建设，促进经济和社会协调发展，创建以人的全面发展为中心的社会发展体系和人与自然较为和谐的生态环境。实施“科教兴渝”战略，坚持科技教育优先发展，提高人的素质和城市的文明程度。

展望未来，重庆充满希望。

市领导热烈座谈拥护设立重庆直辖市[①]

全国人大批准设立重庆直辖市的喜讯传来，在家的市委常委、市人大、市政府、市政协的负责同志及老同志代表，3月14日晚在市委常委会议室热烈座谈，表示要同心同德，艰苦奋斗，建设好我们的新重庆，努力完成党中央和全国人民赋予我们的历史重任。

市委副书记、代市长蒲海清主持会议并发言。他说，设立重庆直辖市是中央的重大战略决策，也是我们重庆难得的历史机遇，建设好新重庆任重道远，我们一定要高举邓小平建设有中国特色社会主义理论的伟大旗帜，坚持党的基本路线，在以江泽民同志为核心的党中央的坚强领导下，动员和团结全市3000万各族人民努力奋斗、奋勇拼搏，以实际行动完成党和人民赋予我们的历史重任。

市委副书记王云龙强调，为了不辜负党中央的厚望，设立重庆直辖市后，我们特别要抓好干部队伍的思想、组织和作风建设，真正树立全心全意为人民服务的思想，以身作则，带领全市人民苦干实干。

参加会议的其他市委领导同志，市人大、市政府和市政协的负责同志及老同志，纷纷踊跃发言，大家一致表示，要在中共重庆市委的领导下，为振兴重庆努力工作，多作贡献。

（《重庆日报》记者　代　伟）

①本文原载于《重庆日报》，1997年3月15日。

深刻认识设立重庆直辖市的重大意义和肩负的历史责任
市委举行常委（扩大）会议
学习讨论八届全国人大五次会议有关文件精神，
表示不辜负党中央、国务院和全国人民的厚望，
为建设新重庆努力奋斗[①]

昨日市委召开常委（扩大）会议，学习讨论《第八届全国人民代表大会第五次会议关于批准设立重庆直辖市的决定》、《国务院关于提请审议设立重庆直辖市的议案》和国务委员李贵鲜作的《说明》。

市领导张德邻、蒲海清、于汉卿、张文彬、王云龙、刘志忠、金烈、黄立沛、滕久明出席会议。

市委书记张德邻主持会议并作了讲话。

市委副书记、代市长蒲海清宣读了《国务院关于提请审议设立重庆直辖市的议案》和李贵鲜的《说明》并作了讲话。

与会同志围绕设立重庆直辖市的重大意义、重庆所肩负的历史责任以及如何抓住机遇圆满完成历史赋予的重任等问题展开了认真的讨论，大家谈认识、谈体会，发言踊跃、气氛热烈。

大家认为，设立重庆直辖市是国家为加快中西部地区经济和社会发展所采取的一项重要举措，是具有深远意义的战略步骤，有利于充分发挥重庆市作为特大经济中心城市的作用，带动川东地区以至西南地区和长江上游地区

①本文原载于《重庆日报》，1997年3月18日。

的经济、社会发展；有利于加快四川省经济和社会发展的步伐；有利于三峡工程的建设和库区移民的统一规划、安排、管理。党中央、国务院对重庆寄予很大的希望，设立重庆直辖市，把重庆推到了全局的战略地位，赋予重庆历史性的责任和任务，希望重庆发展快一些、发展得好一些，在长江上游地区、西南地区甚至全国的发展中发挥更大的作用，作出更大的贡献。设立重庆直辖市不是重庆自身的问题，是全局性、战略性的问题。我们应从全局的高度、战略的高度来深刻认识这一重大意义。

与会同志认为，随着八届全国人大五次会议批准设立重庆直辖市，发挥中心城市的带动作用，推动川东地区以至西南地区和长江上游地区的经济和社会发展；搞好三峡库区百万移民，保证三峡工程的顺利进行，保证三峡库区长治久安、繁荣稳定；探索大城市带动大农村的路子，带领近300万贫困人口脱贫这三大任务就历史地落在了重庆的肩上。这三大任务完成得好不好，不仅关系到重庆自身的发展，而且关系到全国的发展大局。任务重，责任大。就目前重庆自身的现状来说，要承担起这一历史重任，各方面工作达到直辖市的水平，尚有很大的差距，很多方面还不适应，困难很多，压力很大。但是，在困难面前，我们要充分认识自身的巨大优势和巨大的潜力，充分认识我们所面临的机遇。机遇与困难并存，工作做得好，机遇大于困难。我们一定不能妄自菲薄，要变压力为动力，坚定信心，勇挑重担。

与会同志指出，设立重庆直辖市，是重庆人民盼望已久的大喜事，全市人民无不为之欢欣鼓舞，群情振奋。在兴奋、激动的同时，我们务必保持清醒的头脑，不要盲目乐观。当前，要在全市干部群众中大力学习宣传八届全国人大五次会议精神，学习宣传国务院的《议案》和《说明》，使全市干部群众充分认识设立重庆直辖市的重大意义，认清我们所面临的新的形势、新的任务，明确我们的目标，以此把全市干部群众的思想认识统一起来，精神振奋起来，力量凝聚起来，增强全市人民的历史使命感、责任感和紧迫感，动员、号召全市人民为建设新重庆努力奋斗，真正在全市形成振兴重庆，建设重庆人人有责的强大社会舆论氛围。要根据新形势、新任务，进一步理清我们的发展思路，制定好我们的发展规划。在工作上一开始就要有新的精神状态，新的气象，标准要高，要求要严。要大力提倡实干苦干的工作作风，大力提倡自力更生、艰苦奋斗的精神。

与会同志强调，要圆满完成党中央、国务院交给重庆的历史重任，“关键在党”，“关键在人”。要进一步加强干部队伍建设，特别是要加强各级领导班子建设，建设一支高素质的干部队伍。领导干部尤其要顾大局，讲团结，讲党性，重党的事业，轻个人得失。

与会同志强调，有3000万重庆人民的同心同德，艰苦奋斗，有全国各兄弟省市的支援，有中央政策的支持，我们一定会圆满完成肩负的重任，不辜负党中央、国务院的厚望，不辜负全国人民的厚望。重庆一定会有光明而美好的未来。

市委常委，市人大、市政府、市政协党员领导同志，市级有关部门负责同志参加了会议。

（《重庆日报》记者　张德泽）

肩负重任　团结实干①

《重庆日报》社论

设立重庆直辖市，是党中央、国务院加快中西部地区经济和社会发展的一项重大举措。新的重庆担负着充分发挥中心城市的作用，推动三峡库区以至西南地区和长江上游地区的经济和社会发展；搞好开发性移民，发展库区经济；探索出一条大城市带动大农村发展的新路子三项重大的历史任务。新的重庆市的建设与发展，不仅仅是自身的任务，而且关系到中西部地区、三峡库区和长江流域的建设和发展，关系到全国经济和社会发展布局的调整和推进。重庆直辖了，现在怎么办？当务之急是什么？在连日的喜庆之中，各级党委、政府、广大干部群众都在思考着这些重要的问题。3 月 17 日召开的市委常委扩大会，围绕这些问题进行了热烈、深入的讨论，作出了回答：

一要讲学习。要抓好学习，提高认识，统一思想。要组织干部群众认真学习邓小平同志建设有中国特色社会主义理论，学习以江泽民同志为核心的党中央对重庆经济和社会发展的重要指示，学习李鹏同志代表国务院向八届全国人大五次会议提请审议的设立重庆直辖市的议案以及李贵鲜同志关于这一议案的说明，全面、准确地理解党中央、国务院关于设立重庆直辖市这一决策的战略意义，重庆面临的历史机遇与历史责任，把思想统一到党中央、国务院的战略决策上来，把积极性引导到实现战略决策的具体行动上来。

二要重实干。直辖以后，我们不再是盼，而是要干，要少讲空话，多办实

---

①本文原载于《重庆日报》，1997 年 3 月 18 日。

事；定下心来，研究问题；抓紧时间，埋头苦干。党中央、国务院的战略决策已经明确了任务，指明了方向，经过较长时间的调查研究，重庆经济和社会发展战略已经有了眉目，“一年起步，五年振兴，十年大变”的目标已逐渐深入人心。中央领导同志谆谆告诫我们，不要妄自菲薄。机遇和困难同时存在，只要工作做得好，机遇会大于困难。人心思上，人心思变，已经成为今天重庆的一道风景线。机遇在前，重任在肩，此时不干，更待何时？干，要有新的起点，这个起点就是党中央、国务院确定的新的重庆在全国经济和社会发展中的战略地位及战略任务。干，要有高标准，要有奋发向上，不甘人后的志气，要主动更换“参照系”，哪个地方先进就向哪个地方看齐，哪项工作先进就向哪项工作看齐。自加压力，高质量、快节奏地做好各项工作。干，要严要求。要大兴艰苦奋斗、求真务实的作风，对待每一个问题都有鲜明的态度，对待每一件工作都要一丝不苟地完成，对重庆发展的每一步都要负起历史的责任。

三要讲团结。我们要在邓小平建设有中国特色社会主义理论的旗帜下，在以江泽民同志为核心的党中央的领导下，为实施党中央、国务院加快中西部地区经济和社会发展战略的共同目标团结起来。团结苦干，团结实干，团结大干。讲团结，关键是各级领导班子的团结，同时要加强各部门、各系统、社会各界的团结，新的重庆辖区内各个地区之间的团结。重庆市与四川省未分是一家，分开是弟兄，在中西部经济和社会发展的大舞台上，还要同台唱戏，共显风采；巴山蜀水，亲情永固。

四要抓班子。在党中央、国务院的关怀下，重庆直辖市的航船已经启动，能否乘风破浪，沿着既定航线达到胜利的彼岸，关键在于掌舵人，关键在于各级领导班子。抓好领导班子的建设已经成为事业的现实需要和3000万重庆人民的共同期望。要认真贯彻邓小平同志关于加强党的建设和领导班子建设的论述，按照党的干部路线，按党章和地方组织法的要求，选好配好班子。每一个共产党员，特别是党的领导干部都要相信群众相信党，重事业发展，轻个人去留，无论在什么岗位上都要始终牢记为人民服务的宗旨，努力抓好改革、开放、发展、稳定各方面的工作，不仅为重庆直辖市的设立，而且要为重庆直辖市的进步和发展作出自己的贡献。我们面临的任务是繁重的，事业是宏伟的，前景是光明的，重庆大有希望，重庆一定能够建设成与上海两相呼应的长江上游的经济中心。

我市各界喜庆直辖[①]

3月14日下午，八届全国人大五次会议表决通过设立重庆直辖市的喜讯传到我市后，人们奔走相告，万众欢腾，群情振奋。我市党政军机关、人民团体和社会各界人士纷纷表示，决不辜负党中央、国务院和全国人民的殷切期望，抓住机遇，奋力拼搏，开拓进取，加速新重庆的社会经济发展。

八届全国人大五次会议批准设立重庆直辖市的喜讯传来，市委、市人大常委会、市政府、市政协机关顿时沸腾起来。广大机关干部坚决拥护中央的英明决策，决心以崭新的精神风貌，为建设现代化的新重庆献计出力，努力奋斗。

消息传到新划入重庆直辖市的万县、涪陵和黔江两市一地的1500万干部群众中，他们纷纷表示坚决拥护全国人大通过设立重庆直辖市的决议。万县市市长魏益章说，我们一定要抓住三峡工程建设和设立重庆直辖市的机遇，发扬自力更生、艰苦创业的精神，建设好三峡库区。涪陵市市长聂卫国说，设立重庆直辖市，将使600公里长的三峡库区迎来一个高速发展的新时期。黔江地委书记税正宽表示，黔江地区是一个边远贫困地区，我们决心发扬“宁愿苦干、不愿苦熬”的黔江精神，用三年时间解决全地区剩下的贫困人口温饱问题，决不把贫困带到下一世纪。

消息传到酉阳土家族苗族自治县后，各族群众奔走相告，欢欣鼓舞，燃放鞭炮庆祝。

巴南区、铜梁县、璧山县、潼南县组织机关干部收看中央电视台新闻节

---

①本文原载于《重庆日报》，1997年3月15日。

目后进行了热烈的座谈讨论。市移民局、市扶贫办、市农办等部门负责人向本报发来传真，热烈祝贺重庆直辖市设立，纷纷表示要为重庆直辖市的发展繁荣作出应有的贡献。

驻渝某部队副政委周光荣少将说，设立重庆直辖市，我们部队坚决拥护，并将一如既往地做到“住重庆、爱重庆、保卫重庆、建设重庆”，为重庆发展再作贡献。

重庆警备区司令员牟大明、政委戴家福说，直辖市的设立使我们更进一步增强了使命感、责任感。我们一定以崭新的精神面貌，抓好双拥、扶贫，搞好精神文明建设和各项工作。

消息传到我市各高校后，校园里一片欢腾。渝州大学一些学生打出了“迎接新重庆，认识新重庆，热爱新重庆”“发奋学习，努力成才，为建设新重庆贡献青春和学识”的标语。表示要以搞好工作和学习的实际行动为新重庆增添光彩。

重庆师范学院的全体学生一致表示：重庆直辖，面临着快速发展的绝好契机。我们要为创建新重庆而努力学习，以实际行动带动青年一代和广大市民认真学习，在重庆掀起勇攀科技高峰的热潮，为推动重庆直辖市社会经济快速发展而努力奋斗。

设立重庆直辖市，使上万家工商企业倍受鼓舞。重庆奥妮化妆品有限公司董事长兼总经理黄家齐说，设立重庆直辖市，既是机遇又是挑战。一个成熟的重庆人，不能认为直辖了，产品就好销了，企业就变好了。要发展，还得靠我们脚踏实地地干。重庆商社集团董事长严德云认为，新重庆应当有新面貌，要抓住设立重庆直辖市的机遇，三步并作两步走，借鉴国际跨国公司经验，贸易、实业、投资并举，力争三年内营业收入翻一番，八年内营业收入突破100亿元。

市文化、体育界的广大干部群众表示，决心以发展文化体育事业的实际行动，努力建设我们的新重庆。记者电话采访了正在北京参加《红岩精神永放光芒》首发式的歌乐山革命纪念馆馆长厉华，他激动地说：“我们将更努力地办好《红岩魂》展览，扬烈士之英名，完成他们未竟的事业。”

全国人代会重庆代表在京举行座谈会[①]

圆满完成了八届全国人大五次会议各项议程的40多位重庆代表，3月15日下午汇聚北京重庆饭店举行座谈会，他们发自肺腑喊出了3000万重庆人民的心声：认清历史使命，艰苦奋斗，真抓实干，克服困难，完成党和国家、全国人民交给重庆的历史任务。

在主持人、市委书记张德邻简短的开场白后，会议立即出现了代表们争先恐后发言的热烈场景。

在两个多小时的座谈会上，先后发言的29位代表紧紧围绕“重庆如何承担起历史任务”这个主题，谈感想、提建议、说想法，整个会议始终充满着庄重、热烈的气氛。

代表们发言结束后，市委书记张德邻作了总结讲话。

他说，设立重庆直辖市后，重庆面临的任务是艰巨的，但这是一项伟大的事业，我们为能亲身从事这项伟大的事业而感到无上光荣。要完成这项事业，靠的是党的领导，靠的是邓小平同志建设有中国特色社会主义理论和党的基本路线的指引。同时，我们要紧紧依靠全市人民自力更生，艰苦奋斗，用大家的话来说，就是要团结奋斗，团结苦干，团结大干。只有这样，才能完成我们的历史使命。

他说，现在重庆发展的航向已经明确，党和国家已给重庆这条航船加满了油，下一步就得靠我们去劈波斩浪，去战胜困难，勇往直前，达到胜利的彼岸。

---

①本文原载于《重庆日报》，1997年3月16日。

他说，当务之急是要把全市各级干部、各级党政组织和全市人民的认识统一到党中央关于设立重庆直辖市的决策和国务院的议案上来，要加强宣传和学习，使之家喻户晓，人人皆知，让全市人民正确认识我们的前途、任务和肩负的责任。

张德邻强调指出，对重庆的未来我们充满了信心，我们有3000万人民的艰苦奋斗的优良传统，有党领导这个地区的人民创造出来的革命精神，即“红岩精神”，重庆人民决不会自甘落后，一定能发愤图强，像深圳、浦东那样，创造出自己的模式，创造出重庆的质量、重庆的效率、重庆的速度。

市领导于汉卿、张文彬、陈光国、王鸿举、王文德、徐宗俊等出席了座谈会。

（《重庆日报》记者 任美荣）

万涪黔欢庆直辖共建新重庆[①]

万县市

设立重庆直辖市的消息使万县市842万人民倍感欢欣。全市人民将齐心协力，加快发展步伐，以实际行动庆祝重庆直辖市的设立。

万县市委副书记、市长魏益章告诉记者，重庆直辖后，有利于三峡工程百万移民的如期完成，更能促进库区经济的发展，使经济发展与移民搬迁更能有机结合起来，这是一件大好事，大喜事。为此，万县人民一定会抓住这一前所未有的机遇，发扬“艰苦创业、实干兴万”的精神，加大开放和招商引资力度，加快万县的经济发展，进一步促进直辖市的辐射功能，使大、中、小城市协调发展，进而推动重庆直辖市的快速发展。

万县市龙宝区委副书记梁先玉说，重庆直辖市的设立，为龙宝区的经济社会发展带来了千载难逢的机遇，我们一定要艰苦奋斗，负重拼搏，勇创一流，早日实现全区经济的腾飞。

地处大巴山深处的城口县县委书记刘才华、县长江绍中激动地说，重庆直辖市的设立，更加有利于实施城市带动农村的发展战略，像城口这样的贫困边远山区县，无疑会加快脱贫致富进程。

万县市移民办公室副主任夏远忠兴奋之情溢于言表，他告诉记者，设立直辖市，充分体现了党中央、国务院对三峡移民工作的高度重视。我们将变压力为动力，切实搞好移民工作，让党中央、国务院放心，让全国人民放心。

---

①本文原载于《重庆日报》，1997年3月16日。

设立重庆直辖市的消息鼓舞着万县市企业界的干部职工。四川索特集团公司党委书记、副董事长廖正学说，作为库区的国有大中型企业，无疑会被纳入重庆城市经济发展的总体布局，从而使企业有一个更加良好的外部发展环境。万县市塑料一厂厂长林新河告诉记者，他们厂已享受到设立直辖市筹备期间带来的实惠，扩大了企业知名度，增加了产品的竞争力。他对企业的未来充满信心。

（《重庆日报》记者 何 旭 郭 松）

涪陵市

涪陵各界人士衷心拥护党中央、国务院关于设立重庆直辖市的英明决策，决心以优异成绩向新的直辖市献礼。

3月14日16时30分，当八届全国人大五次会议表决通过重庆设立直辖市议案的喜讯传到涪陵，全市人民欢欣鼓舞。涪陵市委、市人大、市政府、市政协和军分区领导欢聚一堂，畅谈设立重庆直辖市的意义和感受。

涪陵市委副书记、市长聂卫国说，重庆直辖市的设立有利于发挥重庆市作为特大经济中心城市的作用，有利于川东经济的发展，有利于三峡工程的建设和库区移民，同时也为涪陵市的社会经济发展提供了难得的机遇。他说，在当前涪陵市要统一思想，保持干部、政策和人心的稳定，进一步加大各项工作的力度，通过扎实的工作和优异的成绩来庆贺重庆直辖市的设立。魏长述、唐闻一、宋令理、姚建全、周宪志等领导在谈话中也表示衷心拥护党中央、国务院的英明决策，认为重庆直辖市的设立既是机遇又是挑战。当前库区建设面临的任务十分艰巨，只有通过加倍努力的工作和矢志不渝的追求，以确保重庆直辖市发展的步伐更快、发展的质量更高，才不会辜负党中央、国务院和全国人民的期望。

涪陵市移民办副主任肖寿甫在获悉重庆直辖市议案通过表决后，欣喜地对记者说，我举双手赞成党中央和国务院的英明决策，直辖市设立后，进一步增强了我们搞好移民工作的信心，我们将加倍努力，搞好移民工作，让党中央、国务院和新的直辖市的领导放心。谈起重庆直辖市设立后，对农业的发展机遇，涪陵市农办主任伍国福更是喜不自禁，他说，新的直辖市设立后，有助于库区农业资源的开发，有助于库区农业基础条件的改善和推进开发性农业的纵深发展。

重庆设立直辖市的消息传到涪陵市农村、工厂、机关、商店、学校后，广大市民欢欣鼓舞，表示衷心拥护全国人大决定，为新重庆的建设发展再立新功。

（《重庆日报》记者　《涪陵日报》记者）

黔江地区

3 月 14 日晚，黔江地区所辖 5 个少数民族自治县一片欢腾，各族干部群众纷纷以自己的方式欢庆重庆直辖市的设立。

在距重庆最远的秀山土家族苗族自治县，人们将早已制作好的 1000 多幅标语张挂到楼顶及大街小巷。南下老干部许昌看完电视新闻后激动地说："重庆直辖市的设立，十分有利于边区民族经济的发展。"

酉阳土家族苗族自治县 70 万群众像过节一样高兴。县城钟多镇，古镇龚滩、龙潭等地，土家、苗、汉各族群众敲起锣鼓，吹起唢呐，跳起摆手舞，举行联欢会。县委常委在集中收看《新闻联播》后，赓即讨论抓住新的机遇，加快酉阳民族经济的发展。

乌江边的彭水苗族土家族自治县与兄弟县一样，对重庆直辖市的设立充满信心和希望。一些居民自发地燃放焰火，把这座摩围山下的小城装点得分外美丽。

石柱土家族自治县各族群众兴高采烈，纷纷投入到庆祝活动的筹备中。

在地区所在的黔江土家族苗族自治县，反映各族干部群众愿望和心声的标语，在霓虹灯下交相辉映，十分耀眼。

人们在欢庆的同时，更加清醒地认识到党中央、国务院这一决策对于全区、全市乃至全国的意义和作用。地区检察分院检察长帅秀芝说："设立重庆直辖市和黔江地区进入重庆直辖市，给黔江地区社会经济的发展，带来了难得的机遇。"地区公安处处长冉光珍说，要发展，离不开稳定，我们一定要抓好工作，以确保社会稳定，促进发展。

“树立重庆形象，增强黔江经济发展后劲!”行署副专员王永树希望全区干部群众树立机遇意识，增强紧迫感；树立发展意识，增强责任感，努力办好黔江事。黔江的事办好了，就是对重庆直辖市最大的支持。行署专员叶欣说：“我们要抓住重庆直辖市设立的大好机遇，争取并用好民族区域自治等大政策，上好一些大项目，加大改革和开放的力度，谋求大发展。当前，要顾全大局，加强民族团结，保持民族地区稳定，发展民族经济。”他说，全区将在广大党员干部中开展“认识机遇、明确责任、奋发工作、建设黔江、发展重庆”的大讨论，更进一步统一全区各级干部、各族群众的思想认识，弘扬红岩精神，发扬黔江精神，开创黔江地区两个文明建设的新局面。

（《重庆日报》通讯员　何　耘）

成都各界人士畅谈重庆“直辖”[1]

重庆成为中央直辖市的消息传到成都，蓉城各界人士怀着喜悦又依依不舍的心情，纷纷畅谈重庆“直辖”。

四川省五交化公司总经理王慎常：重庆从四川走了，心里确实感到难受，但一想到重庆灿烂的明天，心里又非常地高兴。虽然现在兄弟分家了，但在今后长江流域的大商业流通中，成渝之间一定会成为更好的兄弟。

成都人民商场一位刘姓经理：我们人民商场，重庆的商品占有一定的份额，而且蓉城消费者非常喜欢重庆的摩托车、长安汽车，它们质量好、价格廉。重庆成为直辖市后，重庆的商品将更上一层楼，将与重庆更好地合作。

成都日用电器厂负责产品销售的副厂长何万勋：巴蜀自古不分家、巴蜀自古是兄弟，巴蜀商业自古是互补的，现在虽然兄弟分家，但情义更深了。重庆消费者一直喜欢我们成都生产的新绿牌产品。这次他们从四川走了，我们从感情上确实舍不得他们，但这种感情将来会给我们带来更广阔、更灿烂、更美好的合作关系。

老家在重庆市的成都市民李勇：我明天要到重庆去，并没有出川的感觉。

四川联大经济学教授、博士生导师周春：重庆从四川分开后，与四川各方面的竞争是会有的，但这种竞争是良性的，对四川乃至西部地区都将起促进作用。重庆与成都两大城市之间的相互促进、相互交流是分不开的，新四川和重庆直辖市现在都面临一个发展的大好机遇。

---

①本文原载于《华西都市报》，1997年3月16日。

希望集团总裁刘永好：重庆成立直辖市预示着长江流域经济圈已成为新的经济增长热点，中央必定会加大对该区域的投资力度，这对促进重庆经济发展，推动四川经济再上新台阶都是大好契机。希望集团将投入大量资金开发三峡库区。

四川万贯集团总裁陈清华：成渝高速公路带动了成渝经济的发展，直辖市的建立更利于中西部市场的拓展，因此万贯集团将把酒店连锁业推向重庆，还打算与重庆军工企业寻求合作。

成都百货大楼副总经理赵祥臣：成渝两地的商家向来保持着极为密切的联系，重庆成为直辖市之后，成都要发展成西部商贸中心，也可能有新的举措，两地在商贸上有竞争，而更多的是协作，作为商家，我们对重庆的产品一如既往地持欢迎态度。

协和集团西部总监牟国相：重庆的商业目前还比不上成都，但重庆商业的发展潜质很好，这对成都来说是一个挑战，同时也为成都商业更上层楼提供了一个机遇，发达的成都商业将从中受益。

华联商厦董事李能发：成渝两地有铁路、高速公路相通，交通十分便利，这既有利于成渝两地商家交流经验，也有利于两地居民来往购物。

（《华西都市报》记者）

市政协主席办公会提出为建设好重庆直辖市献计出力①

重庆直辖了，政协该怎么办？3 月 17 日，市政协主席办公会提出当前政协工作五点要求。

市政协主席张文彬说，设立重庆直辖市是党中央、国务院的战略举措，是重庆市难得的发展机遇。机遇面前，决不能等，要争分夺秒，只争朝夕，认准了就干。

市政协常务副主席邓中文，副主席韦思琪、蒋先齐、罗淑芳、张忠惠先后发言。他们表示一定要按照直辖市的要求，扎实工作，认真履行政协职能，发挥政协优势，积极为建设好重庆直辖市献计出力。

张文彬主席在听取大家发言后，对当前政协工作提出了五点要求：

一是认真组织学习。要学习八届五次全国人代会精神，重点学好国务院关于设立重庆直辖市议案及国务委员李贵鲜所作的说明，学好八届五次全国人代会关于设立重庆直辖市的决定；要结合学习全国政协八届五次全会精神，重点学习李瑞环同志在闭幕会上的重要讲话。通过学习，统一认识，深刻领会中央设立重庆直辖市的战略意义，了解重庆人民面临的历史机遇和重大责任，鼓舞士气，增强信心。

二是围绕建设好重庆直辖市献计出力。要在学习和提高认识的基础上，紧紧围绕设立重庆直辖市的中心工作，重点就班子组建和发展战略的制定建言献策，充分发挥人民政协参政议政作用。

三是做好各界人士的团结工作。要运用好党的统一战线法宝，团结一切

---

①本文原载于《重庆日报》，1997 年 3 月 19 日。

可以团结的力量，调动一切积极因素，形成共识和活力，促进稳定和发展。

四是反映社情民意。要及时收集各界人士对建设好重庆直辖市的意见和建议，认真做好下情上传，促进决策科学化、民主化。

五是加强自身建设。按照市委书记张德邻提出的新起点、高标准、严要求，努力搞好领导班子和机关的思想建设、组织建设和作风建设，尽快适应直辖市要求，为组建重庆直辖市政协多作贡献。

创一流业绩 为建设新重庆作贡献

——重庆大学采访记①

设立重庆直辖市议案在全国人大会议通过的消息在重庆大学引起强烈反响。议案一通过，有先知道者，奔走相告。一时间，喜讯传遍校园，15000多名师生员工欢欣鼓舞。3月14日晚，该校参加军训的2000多名96级学生在团结广场举行联欢活动，热烈庆祝重庆直辖。

记者在重大采访，与该校师生分享了喜悦，但更多地感受到，他们在高兴之余，思考着同样的问题。重庆直辖了，重大怎么办？开拓创新，真抓实干，承担起更大的责任，把各方面工作做得更好，成了重大师生员工的共识。

重大党委书记顾乐观教授兴奋地说，重庆直辖市的设立，使我们每一个重大人备受鼓舞。激动之余，我们感到压力很大。重大是重庆历史最为悠久、规模最大的高校。重庆直辖了，必然对重大办学提出新的要求，责任和任务更加重了。面对新的形势，我们唯有加倍工作，切实提高办学水平，把重大建成国内一流大学，才能不辜负党和政府的希望，不愧对重庆3000万父老乡亲。

该校校长刘飞教授在接受记者采访时，谈得很实在。他说，重大是国家教委直属大学，但首先是重庆人民的大学。我们要积极为重庆经济建设和社会发展服务。一是要加大专业结构调整力度，适应新重庆对各类人才的需求，特别是对高层次高素质人才的需求；二是进一步发挥重大多学科和重点

①本文原载于《重庆日报》，1997年3月18日。

学科的优势，围绕重庆支柱产业发展、国有大中型企业振兴、三峡库区开发等，有针对性地开展科研和科技开发工作；三是组织相关力量，积极参与和深入做好重庆发展战略及决策的研究工作，使重大成为重庆重要的思想库和智囊团。

据了解，重大党委、行政近日先后召开了有关部门负责人和师生代表参加的座谈会。与会者纷纷发言，表达他们“认识新重庆、热爱新重庆、建设新重庆”的心情，并为重大如何适应新重庆发展需要提出了意见和建议。

作为重大1200多名离退休干部、职工的代表，原校党委书记程地全说，设立重庆直辖市，我们盼了多年，今天总算有了结果，令人高兴。这是重庆大发展的历史性机遇，也是重庆大学大发展的历史性机遇。市委书记张德邻在接受新华社记者采访时谈到，要把重庆建设成长江上游的科教中心。我们重大应在这方面起到龙头作用。这位在重大生活、工作了50多年的老同志深信：重庆一定会建设成为一流的直辖市，重大也一定会办成国内一流的大学。重大工商管理学院院长、博士生导师杨秀苔教授说，过去，我们爱从纵向比，看学校的发展。如今，我们要更多地从横向比，与其他直辖市的大学比，按直辖市的大学来定位。重大要在工程、管理、人文学科等方面办出特色、办出水平来，在多项指标上进入全国一流大学前列。家在河南的重大研究生会主席、博士生王志杰十分激动地说，我虽然不是重庆人，但在重庆生活、学习了7年，重庆是我的第二故乡。我一定要更加勤奋学习，努力成才，为第二故乡的发展奉献青春和智慧。

（《重庆日报》记者　邓步来）

机遇呼唤作家[①]

老　谭[②]

半个多月前，重庆作协在蓝箭宾馆举行年会，主席要我即席讲话。适宜的话题可谓多矣，我只择取了一个：抓住机遇。

选中这个话题，并非猝发性心血来潮，而是萦系脑际将近一年了。尤其自去年下半年以来，结合自己跻身文场的多年感受，作过反复的思考。终于看得见它的身影了，听得到它的声息了，不禁情热中肠，自然冲口而出。

记得当时我讲的是，我们重庆正面临着四大机遇。其中，加快中西部地区经济发展，实施长江经济带开发战略，机遇为相关省市所共有；三峡工程建设和库区经济开发，重庆即将设立直辖市，对重庆来说则是得天独厚。而我们重庆文艺界又还有第五大机遇，那就是继中共中央十四届六中全会作出关于加强精神文明建设的重要决议之后，去年底全国第六次文代会和第五次作代会开得圆满成功，今年初中共中央又发出了关于进一步做好文艺工作的重要文件，与之同步，重庆市党政主要领导人对文艺的关注和扶持也是切实有力的，全国大环境和重庆小环境都显示向好。如此机遇非常难得，就看我们能不能切实抓住了。

余音犹在，八届人大五次会议业已通过重庆设立直辖市，重庆专有的发展机遇业已正式展现开来。五大机遇中，这是关键之所在，把握住它就能更

---

①本文原载于《重庆日报》，1997年3月18日。

②老谭为蓝锡麟的笔名，时任重庆市文联党组书记、副主席。

好地去抓其他机遇，进一步奋发有为，开拓前进。各行各业都在新的起跑线上，作家一业岂能例外？

毫无疑问，重庆成为直辖市以后，现在这支作家队伍必定会愈趋壮大。人多了，地广了，经济基础和人文条件都有可能更适合文学艺术生存发展。我乐观地估计，前三大机遇将为文艺创作提供前所未有的群众根基、生活思想导向、哲理启示和灵感触觉，后两大机遇则将从组织建设、经费投入和生态优化诸方面给予重要保证。作家的触觉通常更敏锐，自当对此欢欣鼓舞。那一天，当我讲到我市党政主要领导人如何重视文艺的时候，会场立即响起热烈的掌声，便是这心境灵动的反映。

但是，一切机遇总是可遇而不可求，它们只选择作好准备的人亲近和拥抱。唯有思想解放、锐意进取、务实求真、百折不挠的人才可能作好准备，空谈和想象全都于事无补。以此来作些自我审视，似乎还难以肯定，我们所有作家都作好了准备，依据就在我们还有不少的人安于现状。

我们的现状到底怎样呢？从主流看，我们现在这支作家队伍的基本素质的确不错，无论文学怎样在低谷徘徊都能坚持本业，也奉献出了一些好作品。但放之全国，毕竟是作家不少，名家不多，作品不少，精品不多，还有一些人当行功夫在文学之外。这样的现状若无根本改变，文学这一块，就不能够与京、津、沪颉颃。所以，真正想抓住机遇，除了依托客观条件的逐步改善，从主观角度讲，非得下大力气突破现状不可。

突破口何在？在于增强历史使命感。事实上，历史机遇的嫡亲兄弟，恰好正是历史使命。而在历史长河中，作家的立功之本历来都是作品。操哪种形式并无高下之分，数量的多少亦非优劣之界，头衔资格之类更如过眼烟云，要紧的是出精品，出力作。如今，五大机遇都在召唤重庆作家；振奋精神，调整心态，告别浮躁，拒斥平庸，更倾心贴近群众，更致力开掘生活，更善于发现真美，更勇于探取骊珠，努力创作出一批又一批与重庆的经济建设和社会发展相匹配，思想性和艺术性相统一，群众和专家都喜欢，经得住社会和时间的检验的优秀作品来，以重振重庆文学的雄风，再造重庆文学的辉煌。循之以行，即堪称增强历史使命感。

盛矣吾衰矣，我自知气虚力薄，难建其功。然而，身在文场，总要聊尽绵薄，虽为驽马，亦期十驾。尤其寄望于气壮力足的老中青文友们，共启新猷，大展宏图。我深信，难得的机遇必然造就乘风的俊彦，重庆作家凭借群体的坚韧劳作，终将不辱使命。

庆祝设立重庆直辖市大会隆重举行①

3月18日，市委礼堂花团锦簇，彩旗飘扬，管弦和鸣，笑语欢声，洋溢着春天的喜气和节日的气氛。我市各族各界人士1400人满怀喜悦和豪情，在这里集会，隆重庆祝设立重庆直辖市。

会场主席台上空悬挂着巨幅红色会标“隆重庆祝设立重庆直辖市大会”，正中的帷幕上十面鲜艳的红旗辉映着庄严的国徽，台上摆满鲜花。会场四周悬挂着“努力把重庆建设成为长江上游的经济中心”“把握大局，再接再厉，同心同德，开拓前进”“抓住历史新机遇，促进重庆大发展”“解放思想，更新观念，负重自强，加快发展”“弘扬红岩精神，塑造当代重庆人”五幅红色横（条）幅。

上午9时，大会在雄壮的国歌声中开始。

市领导同志张德邻、蒲海清、于汉卿、张文彬、王云龙、刘志忠、金烈、黄立沛、滕久明、李学举、肖祖修、牟大明、邢元敏、辜文兴、陈邦国、刘文、李兵、王鸿举、陈光国、税正宽、王文德、冯克熙、许香谷、黄梅、章必果、李克熙、陈之惠、康纲有、甘宇平、窦瑞华、唐情林、周建中、许忠民、李德水、邓中文、韦思琪、蒋书楠、蒋先齐、徐宗俊、罗淑芳、张忠惠、刘惠君、张国忠、易治安，驻渝部队领导邱健、邹云华、王谦、魏守钜、杨耿光、田立延、戴家福，老同志段大明、张文澄、马力，原市顾委主任王效才、原市政协主席黄冶出席会议并在主席台就座。

市委副书记王云龙主持会议。王云龙说，今天我们在这里隆重集会，庆

①本文原载于《重庆日报》，1997年3月19日。

祝设立重庆直辖市，这既是一个庆祝大会，又是一个动员大会。就是要动员全市各级党组织、各级各部门、广大干部群众紧密团结在以江泽民同志为核心的党中央周围，按照市委、市政府的统一部署，万众一心，齐心协力，自力更生，艰苦创业，把重庆的事情办好，把重庆的经济搞上去，发挥好中心城市的辐射带动作用，探索大城市带大农村的路子，完成党中央、国务院和全国人民交给我们的神圣使命。

市委书记张德邻在会上传达了八届全国人大五次会议精神并作了重要讲话。

张德邻说，八届全国人大五次会议，审议通过了国务院关于设立重庆直辖市的议案，决定将万县市、涪陵市和黔江地区所辖行政区域划入重庆，设立重庆直辖市。这是重庆各族人民政治、经济、社会生活中的一件大喜事，也是事关我国发展全局的一件大事。我们要结合学习贯彻八届全国人大五次会议精神，更深入地认识设立重庆直辖市的重大意义。设立重庆直辖市既是重庆面临的一个难得的发展机遇，标志着重庆改革开放和现代化建设进入了一个崭新的发展阶段。同时，设立重庆直辖市，是全国总体发展战略的一个重要组成部分，是党中央、国务院赋予我们的重大历史责任。我们必须振奋精神，同心同德，苦干实干，勇敢地担负起这个光荣而神圣的使命。

张德邻指出，设立重庆直辖市，是实施中央“三步走”战略部署和梯度转移战略的需要，是实施中央沿江经济发展战略的需要，设立重庆直辖市，最直接的因素是有利于完成三峡工程建设和库区100万移民的任务。我们既要充分认识并紧紧抓住设立直辖市这一重大发展机遇，又不能把设立重庆直辖市仅仅理解为一次机遇，而应更多地看到我们担负的历史责任，以及承担历史责任所负载的沉重压力。

张德邻指出，设立重庆直辖市，把重庆推上了新的更高的起点，重庆正处在历史发展的新的起跑线上，重任在肩，希望在前。完成直辖市建设的各项任务，关键在建设一支能肩负起历史责任，思想解放，求真务实，自觉奉献，廉政勤政的高素质的干部队伍。当前，尤其要努力做到：集中精力，认真做好本职工作；苦干实干，艰苦奋斗；开拓创新，大胆探索加快发展的新路子；牢记全心全意为人民服务的宗旨，转变作风，加强服务。

张德邻强调，建设重庆直辖市，开创重庆美好的未来，是重庆3000万各族人民的共同事业。重庆人民是勤劳勇敢、热情聪慧、质朴善良的人民，富有坚韧不拔、自强不息、敢为人先的优秀品格。在重庆发展的新时期，我们必须举全市之力，上下拧成一股绳，更紧密地团结起来，才能克服各种困难，完成艰巨的任务。可以说，我们今天强调团结，比以往任何时候都具有更为特殊、更为重要的意义。我们要进一步加强全市各族人民的大团结，加强整个区域内的大团结，加强各级领导班子的团结，加强社会各界的大团结，团结一切可以团结的力量，调动一切积极因素，努力形成群策群力，万众一心，共同创造重庆美好未来的生动局面。

张德邻最后说，建设重庆，发展重庆，实现重庆新的腾飞，是党中央、国务院对我们的殷切期望，是全国人民的重托，是3000万人民的共同心愿。我们要更加紧密地团结在以江泽民同志为核心的党中央周围，在思想上、政治上、行动上同中央的决策保持高度一致，以高昂的斗志和开拓进取的精神，同心同德，励精图治，奋力拼搏，不负众望，把重庆直辖市建设好，为加快中西部地区经济社会发展作出更大的贡献，为实现我国现代化建设的宏伟目标作出更大的贡献！

市委副书记、代市长蒲海清在会上作了题为《抓住机遇，乘势前进》的重要讲话。

蒲海清说，今天重庆各界代表在这里隆重集会，表达3000万人民衷心拥护党和国家的英明决策，建设好重庆直辖市的决心，深切感谢党中央、国务院和全国人民的厚爱。我们决心珍惜设立直辖市带来的历史性机遇，加快改革开放和现代化建设的步伐，更加努力地搞好各项工作，信心百倍地完成党和人民交付的历史使命，决不辜负党中央、国务院和全国人民的殷切希望。

蒲海清指出，设立重庆直辖市，中央要求我们进一步发挥重庆在长江上游和西南地区经济发展中的“龙头”作用、“窗口”作用和辐射作用。同时，把库区移民和扶贫的重担交给了我们，我们要十分冷静地掂出这一历史责任的分量，清醒地看到前进中面临的许多困难和矛盾，增强紧迫感和责任感，解放思想，更新观念，拼搏创新，精诚团结，负重自强，只有这样才能完成这一光荣而艰巨的历史使命。

蒲海清强调，实现重庆发展的目标，我们要始终坚持以邓小平同志建设有中国特色社会主义理论和党的基本路线为指导；要认真贯彻执行“抓住机遇、深化改革、扩大开放、促进发展、保持稳定”的二十字基本方针；要加快改革开放步伐；要紧紧依靠全市人民，自力更生，艰苦奋斗，克服困难，开拓前进；要加强干部队伍建设，努力建设一支思想解放、作风过硬、求真务实、廉洁高效的高素质干部队伍。

蒲海清强调，实干兴邦，空谈误国。现在，重庆的行政体制已是中国四大直辖市之一了，但我们的经济水平、城市功能、社会风貌、领导管理能力和人的素质等离直辖市的要求相差尚远。机遇和困难并存，我们既要看到困难，又不能妄自菲薄，既要看到机遇，又不能盲目乐观。千里之行，始于足下。党的方针政策已经明确，中央和全国人民的支持已尽了很大努力，我们的当务之急是要实干、实干、再实干！始于实干，兴于实干！我们只有靠实干、苦干，才能做到一年起步，五年振兴！只有用我们的双手去实干、苦干，才能不断改变我们的面貌，我们只有实干、苦干、扎扎实实地干，才能通过几十年的艰苦奋斗，把重庆建设成为一流的直辖市。

工人代表、全国劳动模范、长安汽车有限责任公司工人刘志荣，农民代表、全国劳动模范、沙坪坝区覃家岗镇新桥村党总支书记董德明，解放军代表、成都军区金质奖章获得者、一等功臣、驻渝某团副政委傅铭，民主党派代表、全国政协常委、市人大常委会副主任、民盟市委主委冯克熙，知识分子代表、中国工程院院士、全国先进工作者、重庆大学教授黄尚廉，妇女代表、全国“三八”红旗手、全国优秀女企业家、市人大民宗侨台外专委会副主任委员王志芳，青年代表、“全国青年文明号”、市邮政局解放碑邮电营业室“青年优质服务明星”王川宝先后作了大会发言。

市人大秘书长、专委会领导，市政府市长助理、顾问、秘书长，市政协秘书长、专委会领导，在渝全国人大代表、全国政协委员，驻渝部队师以上领导同志，离退休老同志代表，万县市、涪陵市和黔江地区政府（行署）市长（专员）、人大常委会主任、政协主席，近郊21个区市县党委书记和区市县长、人大常委会主任、政协主席，市级各部门主要负责同志，部分大型企业和大专院校主要领导，各民主党派、工商联、人民团体负责人，劳动模范、专家学者、战斗英雄、老红军代表，机关干部、工人、农民、知识分子、青年、妇女代表等参加了会议。

大会在雄壮的《国际歌》歌声中结束。

（《重庆日报》记者　张德泽）

在隆重庆祝设立重庆直辖市大会上的讲话[①]

（1997年3月18日）

张德邻

同志们：

这次大会，既是传达八届全国人大五次会议精神，隆重庆祝设立重庆直辖市的大会，又是为完成振兴重庆的光荣使命的动员大会。下面，我先传达八届全国人大五次会议主要精神，再就贯彻落实讲几点意见。

一、关于八届全国人大五次会议的主要精神

八届全国人大五次会议于1997年3月1日至14日在北京举行。

这次会议共有13项议程：听取和审议通过了政府工作报告、1996年国民经济和社会发展计划执行情况与1997年国民经济和社会发展计划报告、1996年中央和地方预算执行情况及1997年中央和地方预算；审议通过了《中华人民共和国刑法》、《中华人民共和国国防法》、八届全国人大五次会议关于第九届全国人民代表大会代表名额和选举问题的决定、中华人民共和国香港特别行政区选举第九届全国人民代表大会代表的办法、国务院关于设立重庆直辖市的议案；听取和审议通过了全国人大常委会工作报告、最高人民法院工作报告、最高人民检察院工作报告、全国人大常委会检查《农业法》实施情况的报告和全国人大香港特别行政区筹备委员会工作报告。

这次大会是一次民主、团结、求实、奋进的大会。出席会议的代表以对

①本文原载于《重庆日报》，1997年3月20日。

国家和人民高度负责的精神，充分行使宪法和法律赋予的权利，畅所欲言，共商大计，圆满完成了大会规定的各项任务。

会议期间，李鹏、胡锦涛、邹家华等党和国家领导人参加了四川代表团的讨论，并作了重要讲话，对四川和重庆的工作提出了殷切的希望。

（一）关于李鹏总理政府工作报告的主要精神和审议情况

李鹏总理在政府工作报告中，首先回顾了1996年的工作。他说，1996年是实施“九五”计划和2010年远景目标纲要的第一年，国民经济持续快速发展，通货膨胀得到了有效控制，物价涨幅从1995年的14.8%降到6.1%，明显低于预定的调控目标；经济体制改革稳步前进，对外开放继续扩大；科技教育和各项社会事业取得新成就；城乡人民生活进一步改善，为实现跨世纪宏伟目标开了一个好头。同时，在经济发展和社会生活中，还存在不少矛盾和问题，对这些问题要高度重视，下大力气解决。

关于1997年的工作任务，政府工作报告提出的总体要求是以邓小平建设有中国特色社会主义理论为指导，坚持党的基本路线和基本方针，牢牢把握大局，再接再厉，同心同德，开拓前进，正确处理改革、发展和稳定的关系，坚持稳中求进的原则，切实推进经济体制和经济增长方式的转变，保持国民经济持续、快速、健康发展，促进社会全面进步。具体要抓好六个方面的工作：

一是要保持国民经济发展的良好势头。经济增长速度的调控目标为8%，物价上涨幅度低于去年。工作重点是，继续把加强农业放在首位；保持合理的投资规模，加大结构调整力度；实行适度从紧的财政货币政策；努力提高对外开放水平；改善城乡人民生活。二是要加快国有企业改革步伐。要按照建立社会主义市场经济体制的要求，认真总结发展试点经验推进现代企业制度试点。强调要在抓好国有大型企业和放活小企业、破产兼并和推进再就业、多渠道增资减债三方面狠下功夫，同时要积极推进宏观经济改革，保持改革的连续性、稳定性和必要的灵活性。三是要积极发展科技、教育、文化等各项社会事业，走改革之路，切实保证必要的投入，促进经济与社会协调发展。四是要巩固和发展团结稳定的社会政治局面，认真抓好社会治安综合治理，持久深入地开展“严打”斗争，为经济社会发展和人民安居乐业创造良好的环境。五是要做好香港政权交接与平稳过渡，坚持“和平统一，一国两制”的基本方针，推进祖国统一大业。六是坚定不移地奉行睦邻友好政策和对外开放政策，进一步密切同周边国家的友好关系，加强同发展中国家的团结与合作，改善同西方国家的关系，发展同世界各国的经贸关系。

代表们对李鹏总理的报告进行了热烈讨论和认真审议，一致认为，政府工作报告充分体现了党的十四届五中、六中全会精神，实事求是地总结了1996年工作所取得的成绩，分析了存在的问题与不足，对今年的工作安排目标明确、重点突出、措施得力。在审议过程中，代表们围绕政府工作报告中的六个热点问题，进行了深入的讨论。

热点之一：经济形势问题。代表们认为，我国经济成功实现了“软着陆”，国民经济运行经过一段过度扩张后，平稳地回落到了适度增长区间；近三年的宏观调控，为我国今后的经济运行开辟了一条适度快速和相对平衡发展的新轨道。

热点之二：农业问题。代表们认为，连续两年粮食增产，去年创下4800多亿公斤粮食产量的新纪录，使大家看到了农业发展的广阔前景。但历史的经验教训值得重视，越是农业丰收的时候越要抓紧农业不放松，要注意保护农民的利益，调动农民的生产积极性。特别是中西部地区，要加快乡镇企业发展，加大扶贫攻坚力度。

热点之三：国有企业问题。今年政府工作报告用了1/6的篇幅专门讲国有企业问题，李鹏总理还在参加四川代表团讨论时提出了六条具体措施，这在代表中引起了强烈共鸣。代表们一致认为，国有企业当前虽然存在的困难突出，但面临的机遇也很好，只要全国上下同心协力，国有企业一定能搞好。

要认真贯彻执行“抓住机遇、深化改革、扩大开放、促进发展、保持稳定”的二十字基本方针。这是以江泽民同志为核心的党中央根据新时期现代化建设的特点制定的社会主义现代化建设的指导方针，认真贯彻执行好这一方针，对重庆的振兴和发展有着特殊的意义。当前，我们面临的机遇是难得的，肩负的责任是重大的，唯有加快改革开放步伐，加速经济建设发展，保持社会稳定，才能确保完成党中央和国务院交付的历史使命。只有加快经济发展，才能从根本上解决经济社会生活中的突出矛盾和困难，保持社会长期的稳定。我们一定要全面、准确把握二十字方针的深刻含义，用这一方针指导全市的各项工作。全市广大干部群众，一定要从整体利益出发，维护团结稳定，致力经济发展，着眼大局、把握大局，服从大局、服务大局，同心同德，齐心协力，把重庆各方面的工作搞得更好。

热点之四：加快中西部地区发展问题。这是代表们非常关心的一个问题。代表们认为，中西部各省市有各自的资源优势和发展条件，但在产业结构上存在着与东部地区趋同的问题，必须着眼全局，扬长避短，才能发挥比较优势，为中西部发展注入新的动力。

热点之五：两个文明同步发展的问题。代表们认为，近些年来，我国精神文明建设取得了蓬勃发展的喜人局面，但社会生活中也还存在一些不容忽视的问题，必须高度重视精神文明建设，坚持“两手抓，两手都要硬”。当前特别要抓好树立先进典型和社会新风尚的工作，切实加强思想道德建设，使之与物质文明建设同步。

热点之六：香港回归问题。当李鹏总理讲到香港回归问题时，以及钱其琛副总理在作全国人大香港特别行政区筹委会工作报告时，大厅里多次掌声雷动。这表明邓小平“一国两制”构想和“港人治港，高度自治”方针是非常正确的，贯彻落实的效果也是明显的，香港回归后将使民族凝聚力进一步增强，对推动祖国统一大业产生重大的影响。

（二）关于全国人大常委会、最高人民法院、最高人民检察院工作报告的主要精神

全国人大常委会工作报告在总结四次会议以来工作取得重要进展的基础上，对1997年的工作提出了具体意见，主要是：进一步加强立法工作，完成立法规划，加快制定国有资产法、证券法、期货交易法等，在本届内大体形成社会主义市场经济法律体系框架；加强执法监督，切实保证宪法和法律的实施。还要加强对地方人大换届选举工作的指导，保证今冬明春各省市县顺利换届选举。

法院工作报告提出要着重抓好以下工作：坚持不懈开展“严打”斗争，继续依法严惩贪污贿赂等犯罪分子，依法调节经济关系，依法保护公民、法人的合法权益，进一步提高司法水平，努力建设一支高素质的法官队伍。

检察院工作报告提出的今年工作任务是：扎实有效地开展查办贪污贿赂徇私舞弊等国家工作人员职务犯罪大案要案的工作，推动反腐败斗争向纵深发展；持之以恒地开展“严打”斗争，维护社会稳定；全面开展执法监督工作；严格执行新的刑事诉讼法，依法办案；继续加强检察队伍建设。

（三）关于修订《中华人民共和国刑法》和制定《中华人民共和国国防法》的简况

修订刑法是健全社会主义法制的一件大事，是完善我国刑事法律的重要步骤。刑法原为192条，草案修改为449条，增加了257条。主要是进一步明确规定了刑法的三个基本原则，即罪刑法定原则、法律面前人人平等原则、罪刑相当原则，并取消了类推，对一些具体条款作了修订，使法律条文更加完备。同时，制定了《国防法》，共有13章76条，进一步确立了国防和军队的法律地位。

八届全国人大五次会议还有一个显著特点，就是首次将全国人大常委会关于检查《农业法》实施情况的报告列入了大会议程，体现了全国人大对行政执法的监督作用，对今后地方人大的执法检查工作有积极的指导意义。

大会期间，与会代表在审议整个报告的同时，提出了大量建设性意见，重庆代表认真履行了自己的职责。据统计，大会秘书处共收到代表议案700件，其中重庆代表提出33件，占四川团124件的26.6%，被大会主席团立案11件；共收到代表建议1289件，其中重庆代表提出78件，占四川团172件的45.4%。

（四）关于审议设立重庆直辖市议案的简况

八届全国人大常委会第二十四次会议审议了国务院提出设立重庆直辖市的议案，决定提请八届全国人大五次会议审议。李鹏总理向全国人民代表大会提出了《国务院关于提请审议设立重庆直辖市的议案》；国务委员李贵鲜受国务院委托，向代表大会作了《关于提请审议设立重庆直辖市的议案的说明》。《议案》和《说明》提出，设立重庆直辖市，是国家为加快中西部地区经济和社会发展所采取的一项重要举措，有利于进一步发挥重庆的区域优势、“龙头”作用、“窗口”作用和辐射作用，加快中西部地区经济和社会发展；有利于加快四川省经济和社会发展的步伐；有利于三峡工程的建设和库区移民的规划、安排和管理。3 月 12 日，李鹏同志在四川团讨论时讲，国务院关于提请审议设立重庆直辖市的议案，是经过中央和地方反复酝酿的；重庆直辖市的设立一旦得到人大会议的批准，重庆将机遇与困难并存，要看到发展机遇和自身优势，不要妄自菲薄；重庆今后的发展一靠重庆人民自力更生，艰苦奋斗，二靠兄弟省市的支援，三靠中央政策的支持；四川省和重庆市要加强团结，互相支持，共同发展。

各代表团普遍赞成设立重庆直辖市，认为这是加快中西部地区经济和社会发展所采取的一项重要举措，意义重大。一些代表团不仅赞成设立重庆直辖市，而且积极向国务院提出建议，希望国务院充分考虑重庆直辖市地域广、人口多、任务重、家底薄的实际情况，加大政策扶持力度，加强对重庆科技教育的投入，特别是大力支持搞好开发性移民。有的代表团希望国家有关部门加强对重庆的支持。充分发挥重庆直辖市的区位优势，使重庆尽快发展起来，促进中西部地区和全国经济的发展。

四川、云南、贵州等省区，非常关注重庆直辖。云南省代表团充分肯定了重庆的经济成就和辐射功能，赞成建立重庆直辖市。贵州省代表团希望重庆直辖后，对贵州及西南的经济社会发展起到带动作用，充分表达了在能源开发、交通运输、农副产品加工、旅游等方面加强合作的愿望。四川省代表团认为，设立重庆直辖市，有利于解决四川所辖人口过多、行政区域过大、不便管理的问题，有利于四川和重庆的共同发展。

审议过程中，一些代表也提出了意见和建议。有的代表认为，重庆直辖市管辖区域规模太大，贫困地区太多，扶贫和移民任务太重，作为老工业基地，搞活国有企业的任务也非常艰巨，如果不首先完成好这几大任务，重庆难以充分发挥大城市的作用。

重庆和两市一地的 47 名代表对设立重庆直辖市的议案给予了特殊的关注，对议案进行了认真的审议，完全赞成和支持这个议案。同时认为，中央决定设立重庆直辖市，是党中央、国务院和全国人民对重庆的信任和支持。今后我们的责任更大了，担子更重了，机遇更好了，振兴重庆的信心更足了。大家表示，我们身为重庆人，一定要肩负起历史责任，把握机遇，迎接挑战，变压力为动力，同心同德，努力把重庆建成一个名副其实的直辖市，充分发挥重庆的辐射带动作用，不辜负党中央、国务院和全国人民对我们的期望。

3月14日上午，参加八届全国人大五次会议的代表对设立重庆直辖市的议案进行了表决，结果以2403票赞成的绝对多数通过了这一议案。这标志设立重庆直辖市的法律程序，终于圆满完成了。

二、认清重庆直辖后的形势和任务，为胜利完成党中央、国务院赋予我们的历史任务而努力奋斗

八届全国人大五次会议，审议通过了国务院关于设立重庆直辖市的议案，决定将万县市、涪陵市和黔江地区所辖行政区域划入重庆，设立重庆直辖市。这是重庆各族人民政治、经济、社会生活中的一件大喜事，也是事关我国发展全局的一件大事。我们要结合学习贯彻八届全国人大五次会议精神，更深入地认识设立重庆直辖市的重大意义。应当看到，设立重庆直辖市既是重庆面临的一个难得的发展机遇，标志着重庆改革开放和现代化建设进入了一个崭新的发展阶段。同时，更应当看到，设立重庆直辖市，是全国总体发展战略的一个重要组成部分，是党中央、国务院赋予我们的重大历史责任。我们必须振奋精神，同心同德，苦干实干，勇敢地担负起这个光荣而神圣的使命。

（一）深刻认识设立重庆直辖市的重大意义和我们担负的历史责任

党的十一届三中全会以后，我国进入了社会主义现代化建设新时期。改革开放17年来，在邓小平同志建设有中国特色社会主义理论的指导下，我们党和人民锐意改革，努力奋斗，整个国家焕发出了勃勃生机，取得了举世瞩目的巨大成就。特别是90年代以后，中国改革开放和现代化建设进入了一个新的发展阶段，中央相继作出了加快中西部地区发展、加快以上海浦东为“龙头”的长江经济带开发开放、加快三峡工程建设和库区经济开发的三大战略决策。重庆作为西南地区和长江上游最大的经济中心城市和与海外经济往来的重要内河口岸，作为西南地区重要的水陆交通枢纽和科技、文化、教育中心，在全国发展总格局中的地位和作用更加突出，在实现全国发展战略中担负着特殊使命，这就使设立重庆直辖市具有了充分的必要性。

首先，设立重庆直辖市，是实施中央“三步走”战略部署和梯度转移战略的需要。按照“三步走”的战略部署，中国要在2000年前进入小康，为下世纪的腾飞作好准备，要在下个世纪中叶达到中等发达国家水平。实现这一宏伟目标，仅靠东部沿海地区的大发展是远不够的，必须振兴内陆经济，特别是尽快缩小比较落后的中西部地区与东部发达地区的差距，使东中西部协调发展。为此，中央在东部沿海地区改革开放和经济建设取得先发效应的基础上，提出了政策引导和投资重心由东部向中西部转移，并在党的十四届五中全会上正式作出加快中西部地区经济发展的战略决策。江总书记在五中全会上指出：“解决地区发展差距，坚持区域经济协调发展，是今后改革和发展的一项战略任务。”五中全会特别强调从“九五”开始，要更加重视中西部地区经济发展，相应提出了中央财政转移支付和重大基础设施项目布局向中西部倾斜，积极鼓励国内外投资者到中西部地区投资；强调按市场经济规律和经济内在联系及地区自然特点，突破行政区划界限，以中心城市和交通要道为重点，进一步形成若干跨省区的经济区域。实施振兴中西部经济的战略，加快中西部地区的发展，缩小地区发展差异，必须确定好辐射源和支撑点，起好辐射和带动作用。重庆经过19世纪末期开埠通商、抗战时期长江中下游企业西迁等重大历史变迁，经过解放后40多年的建设，特别是80年代初以来改革开放的推动，逐步发展成为长江上游乃至中西部地区特大型工商业城市。目前就区位优势、综合经济实力和整体辐射带动作用而言，重庆无疑在中西部地区具有举足轻重的地位。也正是由于重庆有很重要的战略地位，中央在确定和实施中西部发展战略时十分重视重庆的发展。早在五中全会召开的前一年，江总书记、李鹏总理先后亲临重庆视察并题词勉励。江总书记题词“努力把重庆建设成为长江上游的经济中心”，李鹏总理题词“开发三峡，振兴重庆”。五中全会召开后仅一年多时间，国务院便提请八届全国人大五次会议审议通过了设立重庆直辖市的议案。因此，设立重庆直辖市，是中央实施中西部地区发展战略的重要组成部分，其实质和意义在于：进一步强化重庆在中西部地区的地位，以重庆为辐射源和支撑点，有力地辐射和带动中西部地区的发展。凭借重庆处于东部经济发达地区与西部资源富集地区接合部的区位优势，通过设立重庆直辖市，使重庆更好地起到承东启西、左右传递的枢纽作用。

其次，设立重庆直辖市，是实施中央沿江经济发展战略的需要。80年代初以后，中央以创办沿海经济特区为试验区和辐射点，推动珠江三角洲及东部沿海地区得到率先发展。进入90年代，中央提出实施长江经济带开发战略；同时实施举世瞩目的两大工程：浦东开发开放和三峡工程。可以说，实施长江经济带开发战略，是我国在第二个战略发展阶段和第三个战略发展阶段中，整个经济布局的一个重大调整。长江是横贯我国东西的“黄金水道”，自然地理条件优越，交通发达，中下游经济基础雄厚，上游地区资源富集，整个长江流域科学、教育、文化基础较好，人口素质总体上较高，具备经济快速、高效发展的基本条件。现在，长江经济带的开发建设已经启动，作为“龙头”的上海浦东已初具规模。重庆地处长江“龙尾”，是长江上游最大的工商业城市，设立重庆直辖市，就进一步强化了“龙尾”的作用。这样，以重庆为依托建立长江上游新型产业群，与“龙头”上海以浦东为依托建立现代化的产业群相呼应，将会使长江巨龙腾空而起，对全国经济发展产生巨大的带动作用。

第三，设立重庆直辖市，最直接的因素是有利于完成三峡工程建设和库区100万移民的任务。三峡水利工程是实施长江经济带开发战略的重点工程，利在当代，功在千秋。而库区100万移民又是三峡工程成败得失的关键。这是世界级的大课题，也是一个大难题，时间紧迫，任务繁重，如何保证库区移民与工程建设同步，由谁来承担这副重担，中央必须考虑。重庆是三峡库区唯一的特大城市，设立重庆直辖市，就是要重庆担起这副重担，以便搞好统筹规划，合理布局，做好移民、库区开发和生态环境保护等工作，推动三峡工程顺利进行和长江经济带的开发。

以上三个方面表明，设立重庆直辖市，确实是中央一个带全局性的重大部署，具有重要的现实和历史意义。如果说，80年代初以后出现的深圳、珠海、汕头、厦门、海南经济特区是改革开放的产物，由此推动了沿海地区的经济起飞，那么90年代后期设立重庆直辖市，就是实施中西部发展战略和长江经济带开发战略的产物，它一定会同经济特区一样，产生全局性的积极效应。因此，作为重庆自身来讲，既要紧紧抓住设立直辖市这一重大发展机遇，又不能把设立重庆直辖市仅仅理解为一次机遇，而应当站在全局看问题，更多地看到我们担负的历史责任，以及承担历史责任所负载的沉重压力。因为重庆与同是中央直辖市的京、津、沪相比，无论在经济总量、综合实力，还是在城市发展水平、社会文明程度等方面，差距都非常明显。而且，重庆农村人口多，农业比重大，尤其是有100万移民需妥善安置，有300多万贫困人口要越温脱贫。这种特殊的市情和明显的差距，使重庆面临着与京、津、沪不同的任务。这就是市委在去年的代管工作会上提出的三大任务：一是搞好开发性移民，发展库区经济；二是增强中心城市的综合实力，完善城市功能，充分发挥长江上游经济中心的作用；三是探索城市带动农村的新路子，加快农村经济发展，实现城乡共发展、共繁荣。这三大任务艰巨而光荣，对我们来说，完成三大任务确实难度很大、压力很大，需要付出极其艰辛的努力。

怎样变压力为动力，完成历史的重托？自去年以来，市委、市政府就在认真研究、谋划这个问题，想法逐渐成熟，目前正在进一步论证。这就是：以邓小平同志建设有中国特色社会主义理论和党的基本路线为指导，遵照江总书记“努力把重庆建设成为长江上游的经济中心”的要求，大力加强中心城市建设，把重庆主城区建设成为长江上游名副其实的商贸中心、金融中心、科教信息中心，交通枢纽、通信枢纽和高新技术产业基地，不断增强综合实力和区域辐射能力。肩负历史责任，抓住机遇，坚定不移地实施两个根本性转变，深化改革，扩大开放，转换机制，调整结构，全面落实“科学技术是第一生产力”的思想，实施“科教兴渝”战略，推进科技与经济相结合，大力提高劳动者素质，把经济增长的质量和效益提高到一个新水平。统筹规划，合理布局，城乡一体，优势互补，经过若干年努力，争取实现这样一个目标：在三峡库区建成一个新型的产业群，与上海浦东产业群相呼应；形成充分体现市内各区域优势的、合理的生产力布局和产业结构；以中心城市为依托，形成大、中、小城市有机结合、组团式、网络化的现代化城市群，沟通城乡联系，建成一个城乡联系畅通，有中国特色的城乡共发展、共繁荣的现代化大城市。全面实施提高人的素质、完善社会保障体系、优化生态环境、加强民主法制建设四大战略，把整个区域特别是三峡库区建设成为经济蓬勃发展、人民富裕幸福、生态环境优美的山清水秀的生态经济区和社会文明地区。全面实现李鹏总理对我们提出的“开发三峡，振兴重庆”的殷切期望。

重任在肩，希望在前。现在，设立重庆直辖市已通过法律程序确定下来，大局已定，我们要勇敢地承担起历史责任，紧紧依靠全市3000万人民，团结一心，负重自强，奋力拼搏，努力开创各项工作新局面。

（二）苦干实干，胜利完成光荣而艰巨的历史任务

设立重庆直辖市，把重庆推上了新的更高的起点，重庆正处在历史发展的新的起跑线上。重庆在设立直辖市的起点上迈步，已经有了一定的发展基础。特别是去年以来，在党中央、国务院的领导下，经过全市人民的共同努力，顺利实现了对万县市、涪陵市和黔江地区的代管，同时胜利完成了全市国民经济和社会发展的主要任务，迎来了“九五”的良好开局。今年前两个月，全市经济保持了稳定增长的好势头，各项主要经济指标高于去年同期水平，各项社会事业继续发展，社会保持稳定，广大干部群众精神振奋。在工作部署上，市委、市政府着眼于直辖市建立后的发展目标，突出重点，自去年下半年以来，围绕事关重庆发展全局的经济工作、代管工作、改革开放工作、移民和扶贫工作、精神文明建设工作等，召开了一系列重要会议，明确了工作的思路和重点，制定了政策措施，为设立直辖市后各项工作的开展创造了必要的条件。目前重要的是，各级党委、政府和政府各部门，要按照市委、市政府已经作出的部署，狠抓各方面的工作落实，使全市的工作更加生机勃勃，更加富有成效。

必须强调指出，完成直辖市建设的各项任务，关键在建设一支能肩负起历史责任、思想解放、求真务实、自觉奉献、廉政勤政的高素质的干部队伍。从总体上看，我市各级领导班子和干部队伍的主流和基础是好的，但是，在新形势下，各级干部必须进一步提高思想政治素质和业务素质，增强对工作的适应能力，充分发挥积极性、主动性和创造性，从而更好地团结和带领广大人民群众实现重庆发展的宏伟目标。当前，尤其要努力做到以下几点：

第一，集中精力，认真做好本职工作。直辖市建立后，我们面临着加快

发展的紧迫任务，特别需要在经济结构调整、改革开放、基础设施建设、精神文明建设、党的建设等各个方面，加大工作力度，提高工作效率。因此，全市各级干部必须聚精会神地做好本地区、本部门、本单位的工作。现在，八届全国人大五次会议已经通过了设立重庆直辖市的议案，我们要迅速地把精力集中到一手抓成立直辖市的筹备工作，一手抓经济发展和社会稳定上来，以只争朝夕的精神勤奋工作，全力以赴解决前进中的各种矛盾和问题，决不能有丝毫的松懈。要按照年初市委七届九次全委扩大会确定的指导思想和总体要求，进一步把我市今年改革、发展、稳定的各项任务落到实处。在成立直辖市的各项筹备工作中，要继续遵循“思想领先、平稳过渡”的方针，保证各级干部在思想上、政治上、行动上同党中央的决策保持高度一致，为开好重庆直辖市第一届党代会、人代会、政协会作好充分准备。随着直辖市筹建工作的推进，目前大家对干部任用问题表示关心是可以理解的，但不能因此而分散精力，贻误工作。各级干部特别是领导干部，一定要坚持党性原则，在重庆发展大局面前，保持思想稳定，精力集中，全身心地投入工作。这也是对每一个干部的考验。我们希望所有的干部都能经受住这一考验，真正做到不计名利，兢兢业业，勤勤恳恳，自觉奉献。

第二，苦干实干，艰苦奋斗。建设好直辖市，关键在人，关键在“干”。没有苦干实干劲头，没有自力更生、艰苦奋斗的精神，难以完成光荣而艰巨的历史重任。对此，全市各级干部一定要保持清醒的头脑，做好过几年紧日子的准备，决不能讲规格、讲地位、讲排场、讲享受。各级干部要清醒地看到，设立直辖市并不等于重庆的发展已经加快，也不等于经济实力自然增强，重庆的美好未来，只能建立在全市广大干部群众苦干拼搏、艰苦创业的基础上。面对重任和困难，各级干部都要讲苦干、讲实干，狠抓各项工作的落实，务必使我们的工作取得实实在在的效果。要坚决反对形式主义，坚决反对虚报浮夸，好逸恶劳，只说不做，说得多干得少等不良作风。党政机关要进一步转变职能、转变作风，加强为基层服务。各级党委和政府、各部门、各单位，都要把讲实干、求实效作为考察干部的重要标准，在干部队伍中树立起真抓实干、埋头苦干的好风气，促进我们的工作真正上一个新台阶。

第三，开拓创新，大胆探索加快发展的新路子。直辖市的建设和发展，要求我们走一条开拓创新的道路。完成三大任务，必须依靠广大干部和全市人的创新精神。重庆直辖市具有自己的特殊市情，这就决定了加快重庆发展，没有现成的模式和成熟的经验可以借鉴，只有在研究新情况、提出新思路、解决新问题上狠下功夫，直辖市各方面才能不断取得新的进展。坚持开拓创新，最根本的就是要坚持按照邓小平同志“三个有利于”的标准，进一步解放思想，转变观念，在改革开放和经济发展中，要大胆地闯、大胆地试，冲破传统的计划经济观念束缚，冲破国有资产比重越高越好的误区，不搞姓“社”姓“资”的争论。要按照推进两个根本性转变的要求，大力推进产业结构战略性调整。力争在企业制度创新、管理创新、技术创新等主要方面取得突破性进展；在兼并、破产、减员增效、实施再就业工程等方面千方百计地探索出行之有效的途径和办法。同时要努力扩大对外开放，特别是在改善投资环境、提高开放实效上有所突破。各地区、各部门都要根据自身的实际，因地制宜，不断探索加快发展的新路子。

第四，牢记全心全意为人民服务的宗旨，转变作风，加强服务。重庆人口众多，地域广阔，管理面宽，各项任务工作量和难度都很大。因此，要搞好各方面的工作，必须要牢固树立全心全意为人民服务的思想，必须坚持群众路线，把全部工作的根基深深地扎在人民群众之中，最广泛地动员群众，真心实意地依靠群众，尊重群众的首创精神，最大限度地调动人民群众的积极性。这是衡量我们每一个干部是否讲政治的根本标准。我们办任何事情，都要把“人民拥护不拥护”“人民赞成不赞成”“人民高兴不高兴”“人民答应不答应”作为我们一切工作的出发点和归宿，进一步加强同人民群众的血肉联系。各级党政机关和党员干部必须时刻把群众的冷暖、群众的疾苦、群众的要求放在心头，实实在在为人民、为基层多办实事，多办好事，真正把为人民服务、为基层服务落实到行动上，切实履行人民公仆的职责。在改革开放和发展市场经济的形势下，各种新情况、新问题不少，我们的干部要深入基层、深入实际，到改革和建设的第一线去，了解新情况，研究新问题，总结新经验，探索新办法。只有这样，才能把重庆的事情越办越好。

（三）团结起来，同心同德，共创重庆美好未来

建设重庆直辖市，开创重庆美好的未来，是重庆3000万各族人民的共

同事业。重庆人民是勤劳勇敢、热情聪慧、质朴善良的人民，富有坚韧不拔、自强不息、敢为人先的优秀品格，是加快重庆发展的主体力量，是我们搞好重庆工作的力量源泉。在重庆发展的新时期，必须举全市之力，上下拧成一股绳，更紧密地团结起来，才能克服各种困难，完成艰巨的任务。可以说，我们今天强调团结，比以往任何时候都具有更为特殊、更为重要的意义。我们要进一步加强全市各族人民的大团结，团结一切可以团结的力量，调动一切积极因素，努力形成群策群力、万众一心、共同创造重庆美好未来的生动局面。

我们要加强整个区域内的大团结。重庆直辖市建立后，43 个区市县一个整体，3000 万各族同胞都是一家人，大家都是重庆直辖市的主人翁。我们的愿望是相同的，目标是一致的，任务是共同的。离开了重庆市整个区域内 3000 万各族人民的大团结，离开了各个区市县的积极性，就不可能实现重庆的振兴。“人心齐，泰山移”，只要我们团结一致，就没有克服不了的困难，没有解决不了的问题。自去年下半年筹备并实施代管两市一地以来，全市各级干部、广大人民群众的整体观念日益增强，团结一致、共同奋斗的新局面在形成，我们要十分珍视和继续保持这种安定团结的政治局面。当然，我市各区市县目前的发展还不平衡，各地也有自己的特殊情况。针对这种情况，我们应当强调：重庆的发展和振兴是大局，各地想问题、办事情，都要从大局出发，都要服从于、服务于这个大局，决不能以个别的、局部的利益来影响和伤害这个大局。同时又要充分考虑各地的特殊情况和具体利益，以极大的热情支持和鼓励各区市县大力发展地方经济。

我们要加强各级领导班子的团结。我市各级领导班子担负着把党的路线方针政策、中央的工作部署和国家的大政方针贯彻落实到改革和发展中去的重要责任。领导班子的团结是搞好重庆工作的关键。去年以来，市委针对重庆的发展实际和各级班子的状况，把“团结一心向前看，集中精力抓发展”作为市委工作总方针，加强了党的建设特别是领导班子建设，促进了各级班子的团结，促进了重庆的工作。重庆直辖市成立后，我们要继续坚定不移地坚持“团结一心向前看，集中精力抓发展”的工作方针，进一步加强各级领导班子的团结。党的团结是党的战斗力之所在。自觉维护团结是每个领导干部必须具备的政治品格。各级领导班子和领导干部要增强党性，严格树立民主集中制，在政治上、思想上、组织上同以江泽民同志为核心的党中央保持高度的一致，把思想和行动统一到市委的各项决策上来，严格遵守政治纪律，自觉增强全局观念，决不能搞自由主义、小团体主义、本位主义和分散主义。今后，凡是市委、市政府一经决策的事，各级各部门必须坚决执行，不争论，不扯皮，集中精力为实施决策认真履行各自的职责，确保政令统一和政令畅通。

我们要加强社会各界的大团结。重庆直辖市的建设和发展，是全市3000万各族人民共同的宏伟事业，必须紧密团结社会各界，充分发挥社会各界的热情和智慧，依靠全社会的力量，齐心协力办好重庆的事情。我市各民主党派、工商联、各群众团体和无党派爱国人士中，集中了大批各方面的优秀人才，是推动两个文明建设的一支重要力量，在重庆的经济建设和社会进步中发挥着越来越重要的作用。因此，在重庆发展的新时期，我们要进一步拓宽民主渠道，团结一切可以团结的力量，调动一切积极因素，为重庆的建设和发展共同奋斗。各级党组织和广大党员干部要善于同党外人士交朋友，把各民主党派、爱国知识分子、工商界及社会其他各族各界人士紧紧团结在党的周围，在深化改革、扩大开放、加快发展、维护稳定上，充分发挥他们的积极作用。社会各界要把自身的利益同重庆建设和发展大局紧密地连在一起，增强主人翁责任感，发扬主动精神，创造热情，全力投身到建设新重庆的伟大事业中去。

设立重庆直辖市揭开了重庆历史发展的崭新一页。此时此刻，我们倍加怀念敬爱的邓小平同志。重庆是邓小平同志战斗过、工作过、生活过的地方。邓小平同志生前十分关心重庆的建设和发展，为重庆的建设和发展倾注了大量的心血。新中国成立初期，邓小平同志和刘伯承同志、贺龙同志在重庆发出了“建设人民的生产的新重庆”的号召。加快重庆发展，实现重庆振兴，是邓小平同志等老一辈无产阶级革命家的生前愿望，我们要继承邓小平同志的遗志，以建设重庆、发展重庆、振兴重庆的优异成绩，告慰我们的一代伟人邓小平同志在天之灵。

同志们，建设重庆，发展重庆，实现重庆新的腾飞，是党中央、国务院对我们的殷切期望，是全国人民的重托，是全市 3000 万人民的共同心愿。我们要更加紧密地团结在以江泽民同志为核心的党中央周围，以高昂的斗志和开拓进取的精神，同心同德，励精图治，奋力拼搏，不负众望，把重庆直辖市建设好，为加快中西部地区经济社会发展作出更大的贡献，为实现我国现代化建设的宏伟目标作出更大的贡献！

抓住机遇　乘势前进

——在隆重庆祝设立重庆直辖市大会上的讲话①

（1997 年 3 月 18 日）

蒲海清

同志们：

正当全市人民努力实现跨世纪战略目标的关键时期，在党中央、国务院的亲切关怀下，八届全国人大五次会议批准了设立重庆直辖市的议案。这是党和国家支持中西部地区发展，加快三峡工程建设和库区开发的一项重大决策，是重庆人民政治生活史中光辉的一页。今天，重庆各界代表在这里隆重集会，表达全市 3000 万人民衷心拥护党和国家的英明决策，建设好重庆直辖市的决心，深切感谢党中央、国务院和全国人民的厚爱。我们决心珍惜设立直辖市带来的历史性机遇，加快改革开放和现代化建设步伐，更加努力地搞好各项工作，信心百倍地完成党和人民交付的历史使命，决不辜负党中央、国务院和全国人民的殷切希望。

重庆是一座具有 3000 多年悠久历史和光荣革命传统的历史文化名城。重庆得名已有 800 多年，随着历史的发展，时代的变迁，世世代代重庆人民的艰苦创业和执着追求，使重庆成为长江上游的经济中心城市和水陆交通枢纽。党的十一届三中全会以来，在邓小平同志建设有中国特色社会主义理论和党的基本路线指引下，重庆的现代化建设取得了巨大成就，综合经济实力和城市综合功能明显增强，城乡面貌和人民生活发生了深刻变化。在世纪之

①本文原载于《重庆日报》，1997 年 3 月 20 日。

交的新时期，重庆又迎来了难得的历史性机遇，面临着加快发展的良好环境。我们要乘重庆成为第四个中央直辖市的东风，抓住国家加快中西部地区经济社会发展、加快以浦东为“龙头”重庆为“龙尾”的长江经济带开发开放、建设举世瞩目的三峡工程和开展库区开发性移民的有利时机，发挥重庆地处长江经济带、东西部地区接合部、三峡库区核心地带的区位优势，充分利用经过多年发展形成的经济基础和科技力量较强、商贸流通发达、自然资源丰富的有利条件；发扬重庆人民勤劳、勇敢、智慧，敢于向穷山恶水挑战的坚强斗志和革命烈士培育出的“爱国、奋斗、团结、奉献”的红岩精神，为重庆跨世纪的建设发展谱写新的篇章。

设立重庆直辖市，中央要求我们进一步发挥重庆在长江上游和西南地区经济发展中的“龙头”作用、“窗口”作用和辐射作用。同时，把库区移民和扶贫的重担交给了我们，使我们肩负着光荣而艰巨的历史任务。我们要十分冷静地掂出这一历史责任的分量，清醒地看到前进中面临的许多困难和矛盾。要在12年左右时间完成三峡库区史无前例的百万移民任务；要解决好300多万农村贫困人口的温饱问题；要优化产业结构，从整体上搞好国有经济；要保护和治理好环境，保持生态平衡；要探索大城市带大农村的新型管理体制，走出一条城乡共发展、共繁荣的新路子等等，项项任务都是相当艰巨的。而目前重庆的经济实力和发展水平与许多兄弟省区比较还存在不小的差距，与京、津、沪三个直辖市相比差距就更大。历史的纵向挤压，现实的横向挑战，迫使我们必须增强紧迫感和责任感，必须解放思想，更新观念，拼搏创新，精诚团结，负重自强，才能完成这一光荣而艰巨的历史使命。

重庆未来发展具有美好的前景。张德邻同志在八届全国人大五次会议的小组会上对重庆今后一个时期的发展目标作了全面的阐述，就是要遵照江泽民同志关于“努力把重庆建设成为长江上游的经济中心”的要求，大力加强中心城市建设，把主城区建成经贸、金融、科教信息三个中心，交通、通信两个枢纽和高新技术产业基地；在三峡库区建设新型的产业群；把全市建成具有沿江开发开放特色的现代化大都市，成为经济蓬勃发展、人民富裕幸福、生态环境优美的生态经济区和社会文明地区。

实现这一目标，我们要始终坚持以邓小平同志建设有中国特色社会主义理论和党的基本路线为指导。邓小平同志是我党我军我国各族人民公认的享有崇高威望的卓越领导人，是我国社会主义改革开放和现代化建设的总设计师。他留给我们的建设有中国特色社会主义理论和主持制定的“一个中心，两个基本点”的基本路线，是中国改革开放、现代化建设基本实践和基本经验的科学总结，是富民强国的科学指南，是历史发展和社会进步的集中反映，代表了广大群众的根本利益。我们要更高地举起邓小平同志建设有中国特色社会主义理论的伟大旗帜，紧密联系重庆建设和发展实际，牢牢把握好邓小平同志关于解放思想、开动脑筋、实事求是，团结一致向前看的思想；关于以“三个有利于为标准”，不争论、大胆试、大胆闯的思想；关于“发展才是硬道理”，抓住时机，发展自己，关键是发展经济的思想；关于两个文明建设一起抓，两手都要硬的思想；关于中国的问题，压倒一切的是稳定，没有稳定的环境，什么都搞不成的思想。用这些闪光的思想指导我们实践，把重庆的改革开放和现代化建设提高到一个新水平。

要加快改革开放步伐。改革开放是现代化建设的必由之路，是新时期最鲜明的特征。重庆经济振兴和发展的关键，就在于加快改革开放步伐。要在拥有3000万人口、幅员8.2万平方公里的土地上建设具有中国内陆特点的城市，是一项伟大的探索试验，唯有以敢为天下先的气魄和胆略推进改革开放，才能担当起这一重任。我们要用全新的理念去认识新时期改革开放的新特点，用全新的思路去探索搞活城市和农村经济的新途径，用全新的管理体制和管理方式去推动生产力的大解放和大发展。重庆必须成为一个全面开放性的国际大都市。我们要坚持以开放促开发，以开发促发展，全方位、多层次推进对外开放。要充分发挥重庆内陆口岸和沿江开放城市的作用，利用两种资源，开拓两个市场，营造良好的投资环境。以更加开明的思想、更加开放的政策、更加完善的服务，积极引进国内外资金、技术和人才，把三峡库区到成渝高速公路一线建成长江上游对内对外开发开放的走廊。深化改革、扩大开放是兴市之举。全市上下都要积极投身改革开放潮流，不断开创重庆改革开放的新局面。

要紧紧依靠全市人民，自力更生，艰苦奋斗，克服困难，开拓前进。重庆是3000万巴渝儿女的重庆，重庆光明美好的前程要靠全市人民的辛勤劳动来创造。振兴和建设好新重庆，我们既要积极争取中央的支持，争取兄弟省市的大力支援，更要靠自己勤劳的双手和聪明的智慧。重庆人素有百折不挠、自强不息的坚强斗志和革命锐气。重庆人民曾经涉改革开放之先河，勇于探索，锐意进取，为全国改革开放和现代化建设事业作出过贡献。在向致富奔小康的目标奋进中，黔江人民创造了“宁愿苦干、不愿苦熬”的黔江精神，为脱贫致富树立了榜样。我们要承前启后，继往开来，继续发扬光大重庆人民的光荣传统和革命精神，把重庆建成名副其实的中央直辖市。尽管我们目前存在较大的差距，前进中还面临不少的困难，但我们要有志气、有决心、有勇气，牢固树立自力更生，艰苦奋斗，过几年紧日子的思想。要勤俭节约，反对铺张浪费，负重自强，不甘落后，迎头赶上，奋力争先。要加强各级领导班子的团结，加强干部群众的团结，加强地区之间的团结。团结出凝聚力、出战斗力、出新的生产力。全市人民要在中共重庆市委的领导下，振奋精神，团结拼搏，心往一处想，劲往一处使，拧成一股劲，苦干实干，知难而进，迎难而上，加快重庆振兴和发展步伐。

要加强干部队伍建设，努力建设一支思想解放、作风过硬、求真务实、廉洁高效的高素质干部队伍。毛泽东同志曾经指出：“政治路线确定之后，干部就是决定的因素。”办好中国的事情，关键在党、关键在人。搞好重庆各方面的工作同样如此。建设高素质的干部队伍，要求干部必须坚持四项基本原则，讲政治、讲正气、讲党性、顾大局、守纪律，始终同以江泽民同志为核心的党中央保持高度一致，认真贯彻执行党在新时期的路线、方针和政策。要坚持党和人民的利益高于一切，时刻牢记党的根本立场和唯一宗旨，树立全心全意为人民服务的思想。要有高度的政治责任感和工作责任心，在推进改革开放中当先锋，在搞社会主义现代化建设上做骨干。所有干部都要努力学习掌握现代科学文化知识和管理知识，不断充实新的知识，努力使自己具有真才实学，成为精通业务技能、适应本职岗位需要的专门人才。各级干部要树立良好的工作作风，深入实际、深入基层、深入群众，大兴调查研究之风，坚持一切从实际出发，说真话，办实事，实事求是；要坚持群众路线，密切联系群众，虚心向群众学习，自觉接受群众监督，做人民的公仆。要立党为公，清正廉洁，忘我勤奋地工作，雷厉风行地办事，堂堂正正地做人，高效率、高质量完成各项任务。唯有如此，才能担当起党和国家交予重庆市的历史重任。

实干兴邦，空谈误国。现在，重庆的行政体制已是中国四大直辖市之一了，但我们的经济水平、城市功能、社会风貌、领导管理能力和人的素质等离直辖市的要求相差尚远。机遇和困难并存，我们既要看到困难，又不能妄自菲薄，既要看到机遇，又不能盲目乐观。千里之行，始于足下。党的方针政策已经明确，中央和全国人民的支持已尽了很大努力，我们的当务之急是要实干、实干、再实干，始于实干，兴于实干！我们只能靠实干、苦干，才能做到一年起步，五年振兴！只有用我们的双手去实干、苦干，才能不断改变我们的面貌。我们只有实干、苦干、扎扎实实地干，才能通过几十年的艰苦奋斗，把重庆建设成为一流的直辖市。

滚滚长江东流水，洗净古城满眼春。同志们，在我们迈向21世纪的道路上，在建设现代化事业的伟大进程中，在我们获得历史性机遇的喜悦中，我们不能忘记肩上的责任。任重而道远。我们要紧紧团结在以江泽民同志为核心的党中央周围，在全国人民的大力支持下，以坚韧不拔的毅力、锲而不舍的精神、披荆斩棘的勇气、埋头苦干的作风去克服前进中的各种困难，如奔腾的长江，乘风破浪，乘势前进，把新重庆建设得更加繁荣昌盛，真正成为名副其实的长江上游和西南地区的经济中心，为我国现代化建设事业的发展作出新的更大的贡献！

我们的目标一定要实现！

我们的目标一定能实现！

抓住机遇 负重奋发 同心同德 建设新重庆

——各界代表在庆祝设立重庆直辖市大会上的发言摘登①

“全国劳动模范”、长安汽车有限责任公司工人技师 刘志荣

设立重庆直辖市，是党中央、国务院为加快中西部地区经济和社会发展所作出的重大战略决策，是重庆3000万人民政治生活中的一件大事。我们重庆工人阶级坚决拥护中央的决定，热烈庆祝重庆直辖市的诞生！

设立重庆直辖市，赋予重庆千载难逢的发展机遇，也赋予重庆新的历史重任。我们全市工人阶级决心勇敢地肩负起建设新重庆的历史重任。

建设新重庆要发挥工人阶级在经济建设中的主力军作用。我们要自觉地站在改革前列，进一步解放思想，转变观念，真正把我们的思想从计划经济的束缚中解放出来，适应两个根本转变，扛起工人阶级的历史使命，把重庆经济搞上去。我们要发挥工人阶级在改革开放中的支撑保障作用，继续发扬主人翁精神，不断提高自身的思想道德素质和科学文化素质，努力学习科学技术，掌握劳动技能，提高自身素质，立足本职，敬业爱岗，勤奋工作，争做一名符合经济发展新要求的劳动者。我们工人阶级要继续发扬艰苦奋斗的精神，顾大局、识大体，正确认识和处理国家、集体、个人三者利益关系，以及长远利益和当前利益的关系，大力弘扬“爱国、奋斗、团结、奉献”的红岩精神，用工人阶级先进思想和良好的精神风貌影响和带动全社会，在建设新重庆的伟大实践中，充分发挥工人阶级推动两个文明建设的主力军作用

①本文原载于《重庆日报》，1997年3月21日。

和维护社会政治稳定的中流砥柱作用。

立足现实，信心百倍，展望未来，前程似锦。迎接21世纪的挑战，重庆工人阶级肩负着历史赋予的重任。让我们万众一心，艰苦创业，为努力把新重庆建设成为西南地区和长江上游的经济中心而建功立业！

“全国劳动模范”、沙坪坝区覃家岗镇新桥村党总支书记　董德明

在这春光明媚、万物复苏的日子里，全国人大通过了设立重庆直辖市的议案。我代表重庆市2440万农民群众，对党中央、国务院的英明决策和全国人大的庄严决定表示衷心拥护！

设立重庆直辖市，为加快重庆农村经济发展提供了极好的机遇，同时也是中央赋予我们的历史重任。

重庆农村地域辽阔，资源非常丰富，开发潜力很大，以城带乡、城乡互补的优势十分明显。3000多年的文明历史，孕育了一代又一代勤劳智慧、朴实苦干的劳动人民。在设立重庆直辖市的今天，在国家实施沿江经济发展和中西部开发战略的新时期，我们2400万重庆农民决不辜负党中央、国务院的殷切期望，切实按照市委、市政府的战略部署，抓住机遇，负重拼搏，在8万平方公里的广阔天地大显身手，朝着建设文明、富裕、现代化新农村的方向努力奋进。

我们一定要弘扬“红岩精神”，学习“黔江精神”，不怕吃苦，不怕流汗，适应社会主义市场经济的需要，推进农村经济体制和经济增长方式的转变，广泛应用科学技术，努力改善生产条件，积极搞好种养业，大力发展二、三产业，不断提高农民的生活水平，加快实现小康目标。我们有信心、有决心与全市人民一道，迈向光辉灿烂的新世纪，迎接重庆美好的明天！

成都军区金质奖章获得者、一等功臣、驻渝某团副政委　傅　铭

今天，重庆市各界代表汇集在这里，隆重庆祝设立重庆直辖市。我代表驻渝部队官兵对重庆直辖市的设立表示最热烈的祝贺！向全市3000多万第二故乡人民表示最崇高的敬意！

重庆是一个有着光荣革命历史和优良传统的英雄城市。早在革命战争年代和解放初期，毛泽东、周恩来、邓小平等老一辈无产阶级革命家曾在重庆留下了光辉的战斗足迹；革命先辈在党的领导下，不屈不挠，英勇奋战，铸就了伟大的“红岩精神”。近年来，以江泽民同志为核心的党中央无时无刻不关注着重庆的发展，中央领导多次视察重庆，并勉励要“努力把重庆建设成为长江上游的经济中心”，重庆的建设和发展凝聚着党和国家几代领导人的心血。在世纪之交的历史时期，直辖市的设立，赋予重庆千载难逢的发展机遇和重大的历史责任。我们驻渝部队广大官兵坚信，有邓小平同志建设有中国特色的社会主义理论，有党在社会主义初级阶段的基本路线，有以江泽民同志为核心的党中央的正确领导，有伟大的“红岩精神”的感召和鼓舞，渴望奋进的3000多万重庆人民一定能凭着勤劳的智慧和百折不回的毅力，在市委、市政府的领导下，抓住机遇，负重奋发，同心同德，再创辉煌。

设立重庆直辖市，对我们驻渝部队提出了更高的要求。我们广大驻渝部队官兵一定发扬拥政爱民的优良传统，坚决按照江总书记提出的“同呼吸、共命运、心连心”的指示要求，一如既往地支持和积极参加第二故乡的经济建设和精神文明建设，军民携手，共同为建设一个新重庆而努力奋斗！

全国政协常委、市人大常委会副主任、民盟市委主委　冯克熙

重庆各民主党派、工商联热诚拥护八届全国人大五次大会通过设立重庆直辖市的重要决定。

设立重庆直辖市，有助于进一步发挥它的区位优势、辐射作用，有利于推动西南地区和长江上游地区的经济社会发展，有利于三峡工程建设和库区移民的统一规划、安排和管理。

我们欢呼中央为加快中西部经济社会发展所采取的这一英明举措。这是重庆发展的重大历史机遇，重庆也因此承担了重大的历史使命。我们要有机遇意识，更要有使命意识。设立直辖市，不仅是地位的提高、范围的扩大，更是职责、任务的加重。这就要求工作层次、水平应有提高。我们要团结一心、求真务实，努力塑造好重庆直辖市的良好形象，不负中央和全国人民的希望，不负敬爱的小平同志的遗愿。

新重庆是个拥有3000万人口、8万多平方公里的大重庆。建设大重庆需要大气魄、大努力、大团结、大协作。重庆有多方面的优势，统一战线是一个重要优势。统一战线开创于抗日战争时期的重庆，民盟、民建、九三、民革等几个民主党派都是在重庆诞生的。重庆的统战和党派传统至今在海内外仍有一定影响。新形势下，重庆各民主党派、工商联要担当起历史赋予的重任，在中共重庆市委的领导下，团结、组织党派成员和所联系的群众奋发开拓，为建设新重庆、大重庆作出积极的贡献，为谱写重庆新的一页历史篇章尽到应尽之责。

我们满怀信心，立足现实，展望明天，有中共中央和中共重庆市委的正确领导，有全国的支持和全市人民的努力，新重庆一定会开创辉煌、名垂青史！

中国工程院院士、全国先进工作者、重庆大学教授　黄尚廉

设立重庆直辖市是重庆跨世纪的里程碑，使重庆又站在创造辉煌的崭新起点上。重庆直辖市的设立，是重庆人民极为难得的一次历史性机遇，但更是3000万重庆人民肩负的重大的历史使命。

作为我国继北京、上海、天津之后的第四个直辖市，重庆市较为落后，但只要我们思路明确，认识统一，措施得力，行动迅速，团结奋斗，开拓创新，重庆振兴就大有希望。

振兴重庆，应当把依靠科技，依靠教育，实施“科教兴渝”战略放在十分突出的位置。

重庆市有各类科研机构340个，大专院校25所，各类科技人才35万。这是一笔巨大的财富，是第一生产力。作为重庆市的科技与教育工作者，科教兴渝，责无旁贷。我们要协助政府制定一个好的发展战略，要为重庆市产业结构的调整与优化，老工业基地的改造，国有大中型企业的搞活，民营、股份、中外合资企业的发展，现代化管理，三峡库区生态经济区的开发，以及加大改革开放的步伐等方面，献计献策；我们要在重庆市高新技术产业的发展，国际科技经济合作的扩大、引进、消化、吸收与自主创新，基础科学研究的提高，各类人才特别是高级科技人才的培养等方面发挥优势，建功立业。

世纪之交，正大步迈上世界舞台的社会主义中国，经济发展已经驶上快车道。中国经济发展的更高目标就是要实现经济的集约型增长。在这个根本性转变中，对于重庆——一个新的直辖市，一个老工业基地，显然既是千载难逢的机遇，也是不可等闲视之的挑战。我们广大知识分子一定要抓住机遇，解放思想，开拓创新，凝聚智慧，团结奋斗，科教兴渝，创造辉煌，不辜负党中央、国务院的厚望，不辜负全国人民的厚望。

全国“三八”红旗手、全国优秀女企业家、市人大民宗侨台专委会副主任委员 王志芳

在这充满阳光、播种希望的阳春三月，八届全国人大五次会议通过了设立重庆直辖市的议案。山城1000万妇女为之欢欣鼓舞，衷心拥护党中央、国务院和全国人大关于设立重庆直辖市的英明决定。

设立重庆直辖市，是党中央、国务院和全国人民交给重庆的重任，给重庆带来了千载难逢的发展机遇，为山城妇女更好地发挥聪明才智提供了更加广阔的舞台。

机遇与挑战并存，希望与困难同在，责任与义务相连。山城妇女的发展与重庆的发展紧紧地连在一起，只有重庆发展了、强盛了，山城妇女才能进一步解放和发展。妇女占人口的半数，振兴重庆经济，妇女同样肩负着历史的重任。我们一定要抓住设立重庆直辖市的机遇，坚持以邓小平同志建设有中国特色社会主义理论为指导，发扬“爱国、奋斗、团结、奉献”的“红岩精神”，“自尊、自信、自立、自强”的“四自”精神，不怕苦和累的“黔江精神”，进一步解放思想，积极投身我市的两个文明建设，参加市妇联组织开展的“三学三比”“巾帼建功”“三八扶贫”“巾帼文明”“巾帼成才”等一系列活动，团结奋进，加倍努力工作，以更加辉煌的业绩回报党中央和全国人民的期望，用事实证明，我们妇女是建设重庆、发展重庆、富强重庆的半边天。我们重庆妇女决心在市委的领导下，抓住历史机遇，勇敢地承担起历史的责任，同心同德、艰苦奋斗，争取重庆改革和现代化建设的更大胜利。

“全国青年文明号”、市邮政局解放碑邮电营业室“青年优质服务明星”王川宝

喜闻八届全国人大五次会议审议通过了设立重庆直辖市的议案，全市各族各界青少年无不欢欣鼓舞，纷纷表示衷心拥护党中央、国务院的英明决策，衷心感谢全国人民的积极支持，决心不辜负党中央、国务院和全国人民的厚望。

重庆的青少年是重庆的未来和希望，是重庆改革开放和现代化建设的生力军和突击队。新重庆的建设和发展需要全市人民艰苦创业，更需要广大青少年的无私奉献。振兴和建设重庆的任务十分繁重，在前进的道路上还存在不少的困难和问题。但是有党中央、国务院的英明领导，有市委、市政府的正确领导，有全国人民的大力支持，还有我们青少年的自力更生、艰苦奋斗，我们就没有完不成的任务，没有克服不了的困难，没有解决不了的问题。希望与挑战同在，机遇与困难并存。希望和机遇将会增添我们的信心和力量，困难和挑战将会锤炼我们的品格和斗志。我们要热爱重庆、热爱家乡，树立崇高的职业道德，立足本职岗位奋发成才，为重庆的两个文明建设建功立业，用我们聪明的智慧和勤劳的双手创造出震古烁今的伟大业绩，谱写出辉煌的时代壮丽诗篇。

抓住机遇 负重自强 奋力拼搏

——我市各界人士表示努力建设新重庆[①]

教育界

8日，来自我市各级各类学校的教育界人士100多人汇聚在市教委礼堂，畅谈重庆的美好前景，思考教育如何适应新重庆建设与发展的需要。

与会者认为，设立重庆直辖市，对于教育来说，机遇与责任并存。随着中央一系列重大战略决策的实施，我市教育的宏观环境将会得到进一步改善；新重庆跨世纪发展战略目标的确立和经济建设战略布局的调整，将形成优先发展教育事业的强大社会动力；把重庆建设成为长江上游经济中心的历史责任，要求新重庆的建设必然选择“科教兴渝”的发展战略，使教育始终处于优先发展的战略地位，这些都是我市教育发展面临的历史机遇。

座谈会上，大家还谈到了我市全民受教育整体水平低、“普儿”覆盖率较低、贫困地区和少数民族地区教育发展与薄弱学校改造的任务艰巨、教师素质不高、教育结构不够合理、教育经费不足等现状，这些都需要广大教育工作者解放思想，负重自强，提倡知实情、想实招、使实劲、求实效的工作作风，做到会办新事，敢办难事，能办大事，多办实事，使重庆的教育在重庆先变样，先腾飞。

（《重庆日报》记者 李 燕）

①本文原载于《重庆日报》，1997年3月19日。

新闻界

3 月 18 日，中共重庆市委宣传部召集我市新闻单位负责人和部分老新闻工作者座谈重庆直辖市设立后，重庆新闻界面临的责任和任务。与会人士表示，要鼓足干劲，开拓创新，真抓实干，推动我市新闻工作上新台阶，更好地为重庆改革开放和现代化建设服务。

市委宣传部副部长王大用主持座谈会，市委宣传部常务副部长刘庆渝传达了市委常委（扩大）会议精神，要求我市新闻界明确责任，真抓实干，为团结、动员、鼓舞全市党员、干部和人民群众在市委、市政府领导下，努力完成党中央、国务院赋予重庆直辖市光荣而艰巨的历史任务提供坚实、有力的舆论支持。

座谈会上，原市委宣传部部长刘文权，市广播电视局局长张小川，重庆日报社社长李华年，老新闻工作者杨钟岫，市新闻出版局局长赖炳福等先后发言，谈认识，提建议。他们说，重庆直辖市设立后，重庆新闻界面临的责任更加重大，任务更加繁重。首先要抓好形势和任务，机遇和责任，团结和实干等方面的宣传教育，积极引导全市人民把党中央、国务院的英明决策，市委、市政府的要求变成实际行动，推动新重庆改革开放和现代化建设的发展。第二是要以开拓创新的精神，加大新闻改革力度，加强新闻队伍建设，努力使我市报纸、广播、电视上档次，上水平，以崭新的面貌面向广大读者、听众和观众；以较高的品位和丰富多彩的内容满足社会各界的需求。

（《重庆日报》记者　邓步来）

农科所

八届全国人大五次会议批准设立重庆直辖市的喜讯传来，市农业科学研究所全体科技人员深受鼓舞。他们决心发挥农业科技的优势，把“科教兴渝”和科技扶贫工作落到实处，为库区建设和移民工作作出贡献。

科技人员在学习和座谈中纷纷谈道：我们在面临着千载难逢的历史机遇的同时，面临着更大的挑战，我们要以主动为市委、市政府分忧的思想，承担起属于自己的那一份责任。为此，该所制定出“抓机遇、创新路、重扶贫、求发展”的工作方针。

该研究所原来的研究方向主要是为城市的“菜篮子”工程服务，设立直辖市后，重庆成为有广阔农田面积、众多农业人口的城市，该所集中科研力量，除从经费、设备上保证原菜用玉米的研究外，向大田玉米、口粮型玉米的研究方向转移。并提出根据不同地理、气候条件，研究出最适宜的番茄、辣椒、茄子等新品种，为此，研究所制定出十大重点研究项目。

该所围绕“科教兴渝”和科技扶贫还扎扎实实开展了一系列工作。首先他们将全所在“八五”期间完成的69项科研项目，选育和引进的39个新品种进行筛选、组合，重点向库区扩散技术。选派出几十名科技人员，组成小分队，定期和不定期到两市一地，传授技术，蹲点指导，选良种、送技术上门。对一些良种免费或只收成本费，技术资料全部赠阅，开辟一些示范样板田。举办各种实用技术培训班，为当地培养专业人才。该所还拟在两市一地建无污染蔬菜基地和淡季蔬菜基地。该所在全国有38个蔬菜制种基地，他们将转移部分基地到两市一地，既带动当地的繁种、制种技术，又可发展和推动一方经济。

（《重庆日报》记者　卫新华）

渝中区

渝中区委书记余远牧说，看了全国人大五次会议通过设立重庆直辖市决定的新闻，心情特别激动，深感责任重大。我区广大干部群众决不辜负党中央、国务院的厚望，决心在以江泽民同志为核心的党中央领导下，高举邓小平建设有中国特色社会主义理论的伟大旗帜，团结奋进，加倍努力，把渝中区的各项工作做好，开创两个文明建设的新局面。

（《重庆日报》记者　陈让德）

江北区

江北区委书记胡超、区长郭宝云得知重庆直辖市议案获通过后，抑制不住内心的激动和喜悦：重庆设立直辖市，令人振奋。但我们在振奋之余，更要思改革，思发展，要抓住机遇，奋力建设好重庆北部新城，为新重庆增光，不辜负党中央和全国人民的厚望。首先，要进一步提高江北区各级干部的思想素质，要加强学习，严于律己，不断提高，才能担当历史重任；其次，要进一步解放思想，深化改革，扩大开放，坚持发展才是硬道理的思想，使本地区经济持续快速健康发展；第三，始终坚持“两手抓，两手都要硬”，做到两个文明协调同步发展，尤其是坚持以人为本的方针，大力提高市民的思想、道德素质，以适应新形势的发展需要。只有这样，才能把重庆北部新城建设好，管理好，才能为新重庆的发展，作出江北区应有的贡献。

（《重庆日报》记者　邵　强）

行政学院

重庆行政学院的教职工纷纷表示，要用自己的实际行动，为重庆的发展作出贡献。学院副院长颜虹说，重庆成为直辖市后，行政管理体制有了质的变革，管理工作出现了许多新情况、新问题、新任务，给行政管理工作提出了更高的要求。行政学院要集中力量尽快研究出适应重庆实际的行政管理模式；要充分发挥学院雄厚的师资力量，组织专家、学者深入基层了解情况，广泛开展政务、法律、领导科学等方面的咨询服务活动；认真搞好行政管理、经济管理等方面的教学培训工作，为新重庆的建设培养更多高水平、高素质的人才。

（《重庆日报》记者　陈立华）

我市部分“全国劳动模范”、“五一”劳动奖章获得者话“直辖”[①]

设立重庆直辖市的消息传来，我市各条战线的劳动模范、先进工作者心情无不感到振奋和鼓舞。同时，他们深感肩负责任的重大。18日，记者采访了我市部分全国劳动模范、“五一”劳动奖章获得者，他们表示要立足岗位，艰苦奋斗，发愤图强，发挥模范带头作用，为重庆大发展再立新功。

“五一”劳动奖章获得者、人民小学教导主任张晓春激动地说，面对新的历史机遇和挑战，重庆教育工作要上台阶，要继续坚持“科教兴渝”方针，我首先要把本职工作搞好，为人师表，深化教育改革，为培养合格的接班人担负起新的历史责任。

“全国劳动模范”、长安汽车有限责任公司工人技师刘志荣说，我们要自觉地站在改革的前列，发扬主人翁精神，担负起工人阶级的历史责任，用自己的模范行动去带动和影响大家，努力工作，多作贡献！

“全国劳动模范”、“全国十大杰出职工”、市政设施管理所下水道疏浚工孙春明说，作为疏浚工，应该把市政设施维护管理得更好，“宁愿一人脏，换来万人洁”，为重庆环境卫生的改观作出新贡献。

“五一”劳动奖章获得者、重百针织部营业员艾新深有感触地说，重庆成为直辖市后，来自国内外的客人会越来越多，商业部门是社会开放的“窗口”，我们一定要按直辖市商业水平的要求，不断提高营业员素质，以崭新的形象迎接各方来客，满足社会需要。

---

①本文原载于《重庆日报》，1997年3月19日。

“全国劳动模范”、重钢焦化厂大班长胡方智说，作为一线钢铁工人，我们要用多炼焦、炼好焦的实际行动，来回报党中央、全国人民对重庆寄予的期望。

“全国劳动模范”、永荣矿务局曾家山煤矿职工郑鸿炳，“全国纺织行业劳动模范”、重棉二厂职工张向萍，“省先进工作者”、重庆公路工程监理处负责人孙庭伟等纷纷表示，相信在中央和全国人民的大力支持下，在重庆市委、市政府的正确领导下，经过全市上下团结一致，共同努力，重庆的明天一定会更加美好。

（《重庆日报》记者　崔　健）

军中英模说直辖[①]

设立重庆直辖市，山城儿女感自豪。

欢欣、鼓舞之余，怎样建设新重庆，怎样才能抓住机遇，发展重庆，让本市与京、津、沪之间的差距缩小，成为山城市民共同关心的问题。

18日，在本市隆重庆祝设立重庆直辖市大会上，记者现场采访了10位军中一等功荣立者，且听他们说直辖。

傅铭（驻渝某团副政委）：我们的第二故乡成为直辖市，令人自豪。但任重道远，需要3000万重庆人民共同努力，振兴重庆。自己身为军人，将一如既往，尽心尽职搞好本职工作，为新重庆建设奉献青春。

白跃寿（驻渝某集团军训练大队大队长）：重庆成为直辖市，深得民心。只要全市人民团结一心，搞好经济建设，就能为中西部地区经济发展起到推动作用。作为军人，我们要搞好本职工作，军民团结心连心，把重庆建设好。

肖光夏（第三军医大学教授）：重庆是一个特殊的直辖市，责任重大，有信心和重庆人民一起把重庆建设好，为国家作出应有的贡献。

樊丽琳（第三军医大学学员）：重庆成了直辖市，市民们很受鼓舞，精神振奋，相信在市委、市政府的领导下，重庆会有一个翻天覆地的变化，自己会尽最大的努力去工作。

罗永平（第三军医大学干休所工作人员）：重庆是工业大城市，对西南建设能起推动作用，自己当效全力。

---

①本文原载于《重庆日报》，1997年3月19日。

李建云（驻渝某集团军指挥部参谋）：重庆现在关键是经济要搞上去，而经济要搞上去，首先就要吸引人才。原来自己设想过转业时的去向，现在认为留在重庆能够施展才华，实现自己的价值。

吴付贵（驻渝某集团军连长）：心情激动之余，要做好本职工作，无论在部队，还是在地方，都要好好为自己的故乡出力。

陈正汉（后勤工程学院教授）：人心振奋，重庆大有希望。自己要踏踏实实为重庆振兴多培养人才，多出成果。

高建栋（后勤工程学院学员）：千载难逢的机遇来到了，决心与重庆人民一起把重庆建设得更美好。要把“学雷锋服务队”活动一直坚持下去，做一个合格的重庆人。

杨勇（后勤工程学院学员）：自己的家乡成了直辖市，心里有说不出的骄傲。我要多同地方科技工作者、大学生交流，为发展重庆尽一份青年人的力量。

（《重庆日报》记者　代　伟）

重庆市近郊区市县集会庆祝重庆直辖[1]

3月19日，我市21个近郊区市县分别集会，传达学习全国八届人大五次会议精神，庆祝设立重庆直辖市。各区市县决心抓住机遇，加快新重庆区市县经济发展步伐。

渝中区邀请八届全国人大代表彭复生、黄济人作了传达报告。参加会议的同志表示，要进一步发挥中心城区的优势和示范作用，进一步抓好解放碑中心零售商业区建设，强化解放碑中心零售商业区的功能，搞活大流通；培育和繁荣大市场，把渝中区建成重庆直辖市商务区。区委书记余远牧号召全区人民积极行动，真抓实干，把中心城区的各项工作做好。

南岸区区委书记曹均绵在庆祝会上要求大家进一步解放思想，把重庆的机遇和南岸区自身特点结合起来，依托经济技术开发区加大招商引资力度，加大开发建设力度，加大旅游开发力度，以西南皮革市场和西南机动车辆交易市场为龙头，带动一批专业化市场的建设和发展。

沙坪坝区组织干部群众进行传达后发出了在全区《开展“认识新重庆，争做合格直辖市公民”大讨论活动》的通知，号召全区干部群众为振兴重庆作出新贡献。

渝北区区级各部门负责同志在讨论中感到责任重大，表示要在市委、市政府的领导下，大力培植新的经济增长点，加快农业产业化、农民奔小康、工业化、城市化步伐，把北部新城建成重庆的一流城区。

九龙坡区区委书记何国清在庆祝会上说，设立重庆直辖市，我们既感到

---

①本文原载于《重庆日报》，1997年3月20日。

高兴，又深感肩上的担子沉重。九龙坡在新重庆的发展中占有很重要的地位，我们一定不辱使命，加快全区经济发展速度。

江津市领导在庆祝设立重庆直辖市的座谈会上纷纷表示，要抓住千载难逢的历史机遇，进一步明确目标和责任，把各项工作提高到一个新的水平。市委书记唐昌放希望大家努力创造气顺、心齐、劲实的工作环境，加快江津两个文明建设步伐。

荣昌县县委书记马正其在庆祝座谈会上说，荣昌县拥有良好的区位、交通、资源等优势，我们将发挥自己的优势，深化改革，扩大开放，苦干实干，以一流的工作成绩为重庆的腾飞作出贡献。

巴南区区委书记戚万林在全区各界庆祝设立重庆直辖市的集会上强调，区里将继续坚持“发展城区、辐射农村、城乡一体、共同繁荣”的总体思路，全面提高全区经济发展水平。

铜梁县四大班子领导进行了热烈的座谈讨论。县委书记温永高表示，一定要抓住机遇，以实际行动感谢党中央的信任、全国人民的支持。

潼南县全体县级干部在讨论中一致表示，要进一步加快经济发展步伐，加大扶贫攻坚力度，力争今年全县脱贫。

大足县副县级以上领导干部在讨论中表示，一定抓住机遇，加快调整经济结构的步伐，尽快把大足经济推向一个新阶段。该县领导还分别到各单位、各乡镇组织群众学习讨论，强调把庆祝直辖落实在行动上。

綦江县县委常委听了县委副书记胡邦义的传达后，精神振奋，感到责任重大，一致表示要把握机遇，坚持以经济建设为中心，大胆试、大胆闯，加快实施高速公路发展战略、乡镇企业持续发展战略、个体私营经济发展战略，推动全县经济发展。

长寿、北碚、合川、永川、江北、万盛、璧山、双桥、大渡口等区市县也分别召开了集会，庆祝重庆直辖市的设立。

重庆直辖市成为旅游资源富集区[①]

刚刚在全国人民代表大会通过设立的重庆直辖市，随着领辖行政区域的扩展，成为一个旅游资源富集区，旅游业在新的重庆市内占据了十分重要的地位。

现在，重庆市领辖了原四川省的万县、涪陵、黔江两市一地，在这一地区，巴山绵延，江河纵横，历史源远流长，文化沉积深厚，举世闻名的长江三峡有两个峡在这一地区。据旅游部门统计，新的重庆市有各类旅游景区20个，景点达300余处。自然资源有长江三峡、金佛山、缙云山、四面山四个全国重点风景名胜区；有红池坝、仙女山等南方高山草原；有长江、乌江、嘉陵江、大宁河、官渡河等众多峡谷风光，有长寿湖、龙水湖、盛天湖、小南海青龙瀑布的水景风光，有芙蓉洞、夏冰洞、小寨天坑地缝、云阳龙缸等奇观；人文旅游景观有大足石刻、红岩村、抗战遗址、丰都鬼城、钓鱼城、白鹤梁等全国重点文物保护单位，还有白帝城、石宝寨、张飞庙、双桂堂等1100多个文物保护单位、1.2万多个文物点。多姿多彩的旅游景点，赋予了重庆市旅游资源鲜明的个性特征和极高的知名度。

经过近20年的发展，新重庆所辖区域旅游业已具备一定的产业基础。截至1996年底，这一地区共有涉外旅游饭店48座，其中星级饭店14座，客房总数1.1万多间；拥有旅行社134家；共有各类游船110艘；旅游业职工3万余人，导游670多人。“八五”期间，这一地区国内外旅游人数以年均14.33%的速度增长，创汇以年均22.86%的比率递增。1996年，重庆、涪

---

①本文原载于《重庆日报》，1997年3月20日。

陵、万县共接待海外游客37.1万人次，旅游外汇收入9190万美元；接待国内旅游者1679.41万人次，回笼货币55.54亿元人民币，旅游总收入占国民生产总值的5.4%，旅游业成为这一地区的新兴产业。

据悉，重庆市目前已把旅游业作为重点发展的第三产业。市旅游局局长王友伟介绍，今后，重庆将紧紧抓住本地区特殊而丰富的旅游资源优势，以长江三峡为主线，进一步开发周边配套线；将单一的观光型旅游向观光度假型旅游发展。

（《重庆日报》记者　刘　刚）

我市群团组织和社会团体举行座谈会
发挥纽带作用，不负历史使命①

21日上午，市科协、市总工会、市妇联和共青团重庆市委的主要领导举行座谈会，畅谈重庆直辖市设立后群团组织肩负的历史任务。

市委常委邢元敏在会上勉励大家要发挥纽带作用，千方百计调动各方面的积极性和创造性，投身于新重庆的经济建设之中。

市科协党组书记王子源兴奋地说，我们要通过开展广泛的学术活动，提高全体市民的科学文化素质、思想道德素质，动员和组织广大科技人员投身于经济建设的主战场，并通过农村的专业技术协会，实现农业产业化。

市妇联副主席杨柱华指出，设立重庆直辖市，我们获得的不仅仅是机遇和希望，同时也是一份义务和责任。我们妇联要采取多种形式，组织妇女加强学习，明确目标、任务。通过“巾帼建功”“巾帼创业”“三八扶贫”等一系列活动，充分发挥“半边天”的作用。

市总工会主席张宣辕动情地说，全国人大批准设立重庆直辖市，使我们从思想上明确了形势和任务。我们将通过各级工会组织，团结全市职工，为新重庆的经济建设添砖加瓦。

共青团重庆市委副书记周旬谈到，设立重庆直辖市后，全市有1500多万青少年，他们是重庆建设发展的生力军，我们要引导青少年认识新重庆，了解新重庆，增强做新时期重庆人的责任感和使命感。

（《重庆日报》记者　卫新华）

---

①本文原载于《重庆日报》，1997年3月23日。

市人大常委会中心学习组座谈直辖[①]

3月21日下午，市人大常委会中心学习组围绕重庆直辖后面临的千载难逢的历史机遇和肩负的重大责任进行了座谈。

座谈中，与会者先后发言谈看法。市人大常委会副主任陈之惠在发言中说，重庆直辖后任务更艰巨，在规划安排、优惠政策和移民的投入尺度上要跟上直辖市的步伐。市人大要经常了解情况，多提好建议，做好地方立法的衔接，支持并协助政府搞好工作，把群众对直辖的热情引导到努力生产、提高效益上来。

市人大常委会副主任黄梅说，我们要变压力为动力，大力提倡顾全大局、团结奋战的精神，提倡埋头苦干、艰苦奋斗的精神，心中装着人民，把重庆人特有的这股劲用在刀刃上。

有的与会者说，在机遇与挑战面前，我们既不要妄自菲薄，也不要妄自尊大。要奋发图强，埋头苦干，加快重庆发展的步伐。市人大在直辖市建立和运转中，要在立法水平、监督力度和队伍素质上下功夫，建立一个高水准的市人大常委会领导班子。

市人大常委会副主任王文德说，我们在喜迎直辖的同时，要保持清醒的头脑，谦虚谨慎，明确自己的历史使命，齐心协力、扎扎实实地工作，不辜负党中央、国务院和全国人民的期望。要认真研究、切实抓好百万移民、300多万人脱贫和经济辐射三大任务，充分发挥重庆作为长江上游经济中心城市的作用。

（《重庆日报》记者　易雪琴）

①本文原载于《重庆日报》，1997年3月25日。

万县市集会庆祝设立重庆直辖市[①]

3月22日，万县市委、市政府隆重召开庆祝设立重庆直辖市大会，各族各界人士近千人怀着喜悦的心情出席了庆祝大会。

万县市委副书记、市人大常委会主任张洪国主持大会。

中共重庆市委常委、万县市委书记陈光国在传达了八届全国人大五次会议精神后说，八届全国人大五次会议审议通过国务院关于设立重庆直辖市的议案，并决定将万县市、涪陵市、黔江地区所辖行政区域划归重庆市，这是我们万县市840万人民政治、经济、社会生活中的一件大喜事。我们要结合学习贯彻八届全国人大五次会议精神，深刻认识设立重庆直辖市的重大意义，统一思想，振奋精神，把设立重庆直辖市作为我们各级各部门各行业工作的新起点，巩固和发展万县市两个文明建设的大好形势，努力开创各项工作的新局面，为完成建设和发展重庆直辖市这个光荣而艰巨的历史任务作出积极的贡献。

陈光国指出，设立重庆直辖市，是实施中央“三步走”战略部署和梯度转移战略的需要，是实施中央沿江经济发展战略的需要，最直接的因素是有利于完成三峡工程建设和库区百万移民的任务。重任在肩，希望在前，我们要深刻地理解中央决策的重大意义，把思想统一到党中央、国务院的战略决策上来，把积极性指引到实现战略决策的具体行动上来，进一步增强信心，振奋精神，以更加旺盛的热情和高昂的斗志，开拓奋进，扎实工作，胜利完成“移民、发展、脱贫”三大任务。

---

①本文原载于《重庆日报》，1997年3月24日。

陈光国强调，当前要做好六项工作：一是统一认识，保持稳定；二是适应新形势的要求，抓好万县市经济社会发展战略的调整；三是抢抓机遇，深化改革，加快发展；四是突出抓好开发移民和扶贫攻坚；五是集中精力，认真抓好经济结构调整、基础设施建设、精神文明建设等项工作；六是埋头苦干，转变作风。

陈光国强调，建设新重庆，发展库区经济，实现新重庆新的腾飞，是党中央、国务院对重庆市的殷切期望，是全国人民的重托，也是万县市人民的共同心愿，我们要更加紧密地团结在以江泽民同志为核心的党中央周围，在重庆市委、市政府的领导下，以高昂的斗志和开拓进取的精神，找准位置，抓住机遇，同心同德，励精图治，齐心协力把万县市的事情办好，为建设好重庆直辖市作出我们的贡献。

万县市委副书记、市长魏益章在题为《抢抓机遇，加快发展》的讲话中说，市委、市政府决心率领全市人民抓住设立重庆直辖市带来的又一新的机遇，加快改革开放和现代化建设步伐，更加努力地搞好各项工作，信心百倍地完成党和人民交给的历史使命。他强调，抓住机遇，加快发展，必须进一步解放思想，改革开放；必须突出"在移民中发展，在发展中移民，以移民为先"的指导思想；必须集中力量打好扶贫开发攻坚战；必须苦干实干，狠抓落实。

工人代表、农民代表、解放军代表、民主党派代表、知识分子代表、青年代表、妇女代表和机关干部代表，在大会上发了言。

与此同时，万县市所辖11个区县，也先后召开大会，传达贯彻八届全国人大五次会议精神，庆祝重庆直辖。

（《重庆日报》通讯员　李百万）

涪陵市召开干部大会　贯彻全国人大会议精神[①]

3月21日，涪陵市委、市政府召开全市县级以上干部大会，传达贯彻八届全国人大五次会议精神，庆祝设立重庆直辖市，决心以良好形象进入重庆直辖市。

中共重庆市委常委、涪陵市委书记王鸿举在传达八届全国人大五次会议精神后说，重庆直辖市的设立是中央为解决中西部问题所采取的含金量最高的一项重要举措，是一项具有重大现实意义和深远历史意义的战略决策，必然会起到繁荣经济的作用。从直辖市设立前后来看，重庆正在形成吸引国内外资金、信息、人才、技术和政策倾斜的“场”，可谓春潮涌动，令人振奋。两市一地与重庆的联系，也因直辖市的设立而得到有组织、有计划的推进。设立重庆直辖市既是机遇，也是挑战，它加重了重庆及作为重庆一部分的涪陵的责任。关于中间层次的问题，王鸿举强调要以“三个有利于”的尺度来认识，他要求各级干部考虑这个问题要出于公心，要遵守纪律，不传谣，不信谣，努力做好群众工作。在关键时候，每一个干部都要经得起考验和群众的监督。要保持和发扬我们涪陵和衷共济、政令畅通的好传统。王鸿举引用一位中央领导的话，语重心长地勉励大家：“不问个人前程，但求无愧于心。”他还要求干部们始终坚持以经济建设为中心，“两手抓”，以此来稳定局势，促进“两个文明”建设，把全市干部和群众的注意力吸引到当前工作上来。在干部人事纪律上，各级党组织，每个干部都要按党的原则和政治纪律办事。

---

①本文原载于《重庆日报》，1997年3月24日。

王鸿举说，今后怎么干，关键是抓好机遇，有充分准备，有计划地工作。馅饼不会自然而然从天上掉下来，而要靠自己去争取，去干。一是要与重庆各部门搞好工作衔接，自觉接受其领导。要有同舟共济的精神，以工作实绩争取到有利于我们的政策倾斜。二是要进一步推进开放，这个主题不能变，工作力度要加大，各区、市、县要认真研究，进一步抓好，并与改革、企业开拓市场结合起来。三是市级各部门要根据重庆市的新情况，调整、安排工作。四是要好好研究设立重庆直辖市后，涪陵该怎么办这个软课题。五是积极参与重庆直辖市首届党代会、人代会、政协会的筹备。

涪陵市委副书记、市长聂卫国就当前工作讲了三个问题。第一，抓紧时间，埋头苦干。当前涪陵面临经济社会发展的极好机遇，看得见，摸得着，就看我们能不能抓住，将机遇变为现实。涪陵近几年各方面取得的成绩，只能说明过去，不能说明现在，更不能说明将来。我们以什么样的姿态进入新重庆，在其新一轮的竞争中能否抢占制高点，关键是看我们的工作，能否抓住机遇。第二，保持稳定，促进发展。一是政策的稳定，二是干部的稳定，主要是思想稳定，三是社会的稳定。发展才是目的，一定要抓紧把自己的事情办好，不能等待观望。第三，把握机遇，狠抓当前，以实际行动，以各行各业实现“双过半”的优异成绩，迎接重庆直辖市的挂牌。

涪陵市委副书记魏长述主持大会。一些老干部也参加了会议。

涪陵市干部大会后，涪陵市所辖枳城、李渡、南川、武隆、垫江、丰都等区市县，也相继召开干部和各方面代表参加的大会，贯彻八届全国人大五次会议精神，庆祝重庆直辖。

（《重庆日报》通讯员　贾　玲　陈青豹）

黔江召开地委扩大会 学习贯彻全国人大会议精神[①]

锲而不舍，团结苦干，抓住机遇，谋求更大的发展，以新的姿态支持设立重庆直辖市。这是3月21日召开的黔江地委扩大会和各自治县相继举行的庆祝重庆直辖活动达成的共识。

3月21日召开的有地委、地区人大工委、行署、地区政协工委、黔江军分区、五个自治县领导同志和地级副县级以上部门负责人参加的大会，传达贯彻了八届全国人大五次会议精神。重庆市委常委、黔江地委书记税正宽作了题为《统一认识，抓住机遇，谋求发展，保持稳定》的讲话。与会人员围绕这个讲话进行了讨论。一致认为，设立重庆直辖市是黔江历史上具有划时代意义的里程碑。具体体现在“三个更加有利于”，一是更加有利于如期完成全区扶贫攻坚任务；二是更加有利于党的民族政策在全区的进一步落实；三是更加有利于全区的三峡移民工作。

认识新重庆，热爱新重庆，建设新重庆，对黔江来说就是把黔江自己的事情办好，而这关键在于能否抓住机遇。黔江过去就提出了靠大城市、大中型企业、大专院校的“三靠”发展战略，如今机遇来了，各县表示，一定要振奋精神，锲而不舍，团结苦干，坚持“发展才是硬道理”这个原则不动摇。坚持两个文明一起抓的方针不动摇，坚持既定的目标任务不变，加大扶贫攻坚、工业企业改革、基础设施及基础产业建设、对外开放的力度。勇敢地担负起新的历史使命，努力开创各项工作的新局面。

---

①本文原载于《重庆日报》，1997年3月25日。

自去年9月实施代管以来，黔江地区五个少数民族自治县即以新的姿态支持重庆直辖。八届全国人大五次会议决定设立重庆直辖市，使全区280万土家族、苗族和汉族人民备受鼓舞。连日来，各县纷纷举行各种庆祝活动，大家表示，这既是机遇，更是责任，若抓不好这个历史性机遇，有愧父老乡亲。

秀山土家族苗族自治县县委书记洪道元谈到，为了以实际行动支持重庆直辖，今年以来，秀山的各项工作都加大了力度，效果较好。为突出扶贫攻坚，县上组成10个帮扶团帮助10个特困乡脱贫；派出12个帮扶组启动12个企业，使这些困难企业经济效益比去年同期大幅度提高。与此同时，市场建设、基础设施建设、城市建设等各项工作，也都呈现出可喜的局面。在新的一年，我们将更扎实地工作，为建设重庆直辖市作出贡献。

酉阳土家族苗族自治县委、县政府把今年的工作目标定位于“四增长一减少”，即实现农业增产增收、企业减亏增效、财政收入增长、贫困人口大幅度减少。县委、县政府领导说，重庆直辖，为我们实现“四增长一减少”的目标增加了信心，我们一定要抓住机遇，使酉阳有一个大发展。

黔江土家族苗族自治县县委副书记杨廷寿说，设立重庆直辖市为全县经济发展注入了新的活力。按照国家和市委、市政府的安排部署，全县人民正一如既往，团结苦干，以今年实现成建制脱贫的成绩向新重庆报喜。

彭水土家族苗族自治县县委副书记郭忠亮说，彭水和重庆一衣带水，过去多有经济交往，如今组成一家，彭水将努力创造被重庆辐射和带动的条件，借力发展。

石柱土家族自治县各族人民18日以盛大的游行活动庆祝重庆直辖。县委书记洪天云表示，县委、县政府不辜负全县各族人民的期望，一定会团结全县各族人民，同心同德，苦干实干，加快石柱经济发展，加速社会进步。

近日来，各县又分别召开县委常委扩大会或干部大会，就以新的姿态支持重庆直辖作了更深入的动员和部署。

（《重庆日报》通讯员　何　耘）

巴渝春光无限好

——论建设现代化的重庆直辖市[①]

八届全国人大五次会议批准设立重庆直辖市的喜讯传来，恰似三月的春风，吹遍巴渝大地，全市人民为之欢欣鼓舞，笑逐颜开。

重庆直辖市究竟是个什么状况？直辖市的设立对我们重庆人民来说究竟意味着什么？

让我们打开中国地图，看一看我们重庆人的新家园吧！

重庆直辖市位于东经105度11分至110度11分，北纬28度10分至32度13分之间，它东西最长达470公里，南北最宽处450公里，总面积8.2万平方公里，现辖43个区市县，人口总数3002万，其中农村人口2440多万，占总人口的81.37%，少数民族人口170多万，占总人口的5.72%。其面积之大，人口之多，是我国城市之最。重庆已成为西南地区和长江上游最大的经济中心城市、重要的交通通信枢纽和外贸口岸，科技、文化、教育也有较强的实力。

这片土地真可谓物华天宝，人杰地灵。地下，已探明的有开采价值的矿产资源达40余种，其中天然气蕴藏量达2700多亿立方米；地上，有植物资源2000种以上，动物资源800余种。这里的水资源异常丰富，平均水资源总量每年超过5000亿立方米，水力发电的理论蕴藏量是1438万千瓦，其中可开发的有750万千瓦。

重庆有得天独厚的旅游资源，全市目前共有60多个旅游景区。有举世

①本文原载于《重庆日报》，1997年3月24日。

闻名的长江三峡，有风光旖旎的大宁河小三峡，有位于“巴渝十景”之首的北碚缙云山，有保留着世界上同一纬度仅存的原始森林的江津四面山等等。在人文景观方面，有正在向联合国申报世界文化遗产的大足石刻，有被称为“上帝折鞭之处”的合川钓鱼城，有光照千秋的红岩革命纪念馆、歌乐山烈士陵园……还有即将出现的面积上千平方公里的人工湖泊“三峡平湖”。“高峡出平湖，当惊世界殊。”毛泽东同志伟大的预言即将变成伟大的现实。

经济学家告诉人们，能源、交通、通信是一个地区经济发展的物质基础。重庆直辖市有丰富的煤、天然气、水电等能源；在通信方面，长途区号改2位，电话号码升8位为重庆这个重要通信枢纽提供了进一步发展的条件；交通运输方面，几十条空中航线连接着重庆与全国各大城市及世界一些城市，“黄金水道”长江及其支流嘉陵江、乌江，联系着我国西南与东部各地，襄渝、成渝、川黔铁路，成渝高速公路以及兴建中的贵（阳）渝、渝长（寿）等5条高速公路在重庆交会，形成四通八达的交通网络。

由此可见，重庆直辖市的设立，绝不仅仅是地盘的扩大、人口的增多，而且还增强了我们的资源优势，增加了发展的后劲，为重庆经济大发展奠定了良好的基础。

让我们再把目光投向全国，站在全国的位置上来看看重庆直辖市独特的“区位优势”。

从祖国的版图看，我们重庆直辖市处于这样的特殊结合部：它位居祖国中西部接合部，要开发中西部，它处于关键位置；它位居长江经济带与三峡经济区的接合部，推进长江经济发展战略和三峡库区经济发展战略，不可或缺；它还是长江经济带与西南经济带的接合部，处于三峡经济区、乌江水电及有色金属开发区、攀西六盘水开发区等三大国家重点国土开发区的中心，对于进一步开发西南具有重要的战略地位。而重庆又是这些区域内最具经济潜力、实力雄厚的城市。所以重庆具有承东启西、开发三峡、辐射西南的优势，作为长江上游经济中心，可以而且能够充分发挥其带头作用、“窗口”作用和辐射作用。

随着我国加快中西部发展、开发长江经济带、三峡工程和库区开发战略的实施，重庆的这些独特区位优势更加突出地显现出来。从这里我们可以领悟到设立直辖市有着十分丰富的内涵和深远的意义，使我们强烈地感知到一种历史性的机遇。

当前，重庆正面临四大机遇：

第一大机遇是中央关于加快中西部地区发展战略的实施。我国中西部有广袤的土地，极丰富的资源，有着巨大的发展潜力。改革开放十多年来，东部沿海地区经济快速发展，而中西部却相对落后了。为实现共同富裕的发展目标，从“九五”开始，中央对中西部采取一系列倾斜政策，其中包括：实行规范的中央财政转移支付制度；优先在中西部地区安排资源开发和基础设施的建设项目；鼓励国内外投资者到中西部地区投资；理顺资源性产品价格体系，使能源和上游产品生产较多的中西部从中受益；用各种扶持性办法，将投资和开发的重点，逐步由东部转向中西部。不过，幅员辽阔的中西部要发展绝不可能是喊一二三就齐步走，只能是从一些关键性区域、中心城市的突破性发展来影响和带动其余地区发展。而重庆就正是这样一个中心城市，又处于这样一个关键性的地位。要开发中西部就要加重重庆的分量，让它发展更好更快，而重庆发展了，又将以区域经济中心的地位带动中西部起飞。所以，中国中西部的大发展必然呼唤着重庆的大发展。

第二大机遇是长江经济带开发战略的实施。长江，中华民族的母亲河，千百年来以其甘甜的乳汁哺育着我们民族灿烂的文明，也滋养着生息在身旁的一座座城市。而今天，当中华民族走向富强之时，改革开放又赋予她新的历史使命。1992 年国家决定以上海浦东开发区为“龙头”，以重庆三峡经济开发区为“龙尾”，建设横贯我国东西部的长江经济带。长江经济带被经济学家称为一根“战略扁担”，一头挑着发达的东部地区，一头挑着资源丰富、潜力巨大的中西部地区。它将成为推动全国经济发展的战略地带。而重庆作为这条经济带的“龙尾”其重要性是不言而喻的。它既是国际资金、技术、人才、项目流入中西部的“桥头堡”，又是内陆腹地连接沿海发达地区乃至于走向世界的“窗口”，必将形成浦东那样辉煌的新型产业群，和“龙头”一起，带动整个长江巨龙的腾飞。

第三大机遇是三峡工程建设和库区开发。三峡工程建设和库区开发带给新重庆的机遇是多方面的：从资金看，国家对三峡工程和库区移民将投入巨额资金，而移民绝大部分在重庆，意味着这些资金的大部分将用在重庆，以这些资金作资本还可引来更多的配套资金，必将为重庆的大发展提供重要的资金来源。再看市场，三峡地区正在形成举世瞩目的八大市场——资金市场、原材料市场、运输市场、机械市场、建筑市场、发电与输变电设备市场、劳动力市场和消费市场，这些市场的形成将极大地促进重庆经济大发展。此外，中央的一系列优惠政策和全国对三峡库区的对口支援，为资金、技术、人才流向库区，促进重庆经济振兴，提供了极为有利的条件。

第四大机遇便是重庆直辖市的设立。设立重庆直辖市是党中央、国务院根据邓小平建设有中国特色社会主义理论，从全国发展的大局和中华民族整体利益出发而采取的一项重大举措，也是对重庆 3000 万人民的期望和重托。设立直辖市，扩大了重庆的管理权限，提高了重庆的知名度，从而对国内外投资者将产生巨大吸引力，更重要的是重庆可以得到党中央、国务院更直接的领导和支持。上述三大机遇是第四大机遇的决定性因素，而第四大机遇则是重庆抓住抓好前三大机遇的重要前提。

机遇是经济社会发展中一种极为稀缺的财富，机不可失，时不再来。正因为这样，邓小平同志特别强调抓住机遇的极端重要性。他提醒我们："我就担心丧失机会。不抓呀，看到的机会就丢掉了，时间一晃就过去了。"面对千载难逢的历史机遇，我们要以高度的历史责任感和紧迫感，抓住机遇，珍惜机遇，用好机遇，促进重庆的大发展。

当然我们也必须清醒地意识到，机遇难得，责任更加重大。

巴渝春光无限好，正是大展宏图时。重庆直辖市：一个发展的新热点、一片充满机遇和希望的热土、一条通往辉煌的新的起跑线——我们 3000 万巴渝人民正从这里迈向光辉灿烂的 21 世纪！

天降大任铁肩担

——二论建设现代化的重庆直辖市[①]

一首歌中唱道："一九七九年，那是一个春天，有一位老人，在中国的南海边，画了一个圈……一九九二年，又是一个春天，有一位老人，在中国的南海边，写下诗篇……"

这两个春天都是决定中国经济发展的重要时刻。第一个春天之后，中国走上了改革开放、富民强国之路，深圳等一批经济特区和沿海开放城市崛起；第二个春天之后，中国的改革开放迈上了一个新的台阶，中国的经济有了更强劲的发展，上海重新崛起，成为举足轻重的国际大都市。

1997 年，又是在春天，八届全国人大五次会议决定设立重庆直辖市。这预示着重庆在加快中西部发展、长江经济带开发、三峡工程及库区开发中将承担更加光荣而神圣的使命，发挥更加重要的作用，8.2 万平方公里的重庆正成为全国关注的发展大热点。

直辖市的设立，使重庆处在了新的起跑线上，3000 万重庆人承担起党中央、国务院赋予的三大历史任务，这就是：搞好开发性移民，发展三峡库区经济；增强城市综合实力，完善城市功能，充分发挥长江上游经济中心的作用；探索大城市带动大农村发展的新路子。这三大任务是重庆的历史责任，又是重庆面临的难题。

任务及难题之一：开发性移民。举世瞩目的三峡工程将于今年截流。举世无双的百万大移民任务，80% 落在重庆人肩上。库区内将有 18 个区县、

①本文原载于《重庆日报》，1997 年 3 月 25 日。

55 万亩土地被淹没，其中涪陵市和万县市所在地要淹没一半以上，丰都、巫山、奉节三个县城所在地将全部被淹。移民搬迁任务之重，时间之紧是史无前例的。中央领导同志多次讲，三峡工程能否成功，关键在移民，移民的难度相当大，直接涉及三峡工程的成败。把移民安置与库区经济发展、产业结构调整结合起来，搞好开发性移民，使移民真正搬得出、安得稳、能致富，这不仅是重庆人民对三峡工程的顺利进行提供的有力保障，更是重庆人民对国家、对民族、对未来的巨大贡献。

任务及难题之二：发挥中心城市作用。先富带后富，逐步缩小地区发展差距，最终实现共同富裕是邓小平建设有中国特色社会主义伟大理论的重要组成部分。我们如今正感受到的先富地区由东向西逐步拓展、资源配置西移，正是这一理论的光辉实践。传统的中心城市地位和处于中西接合部的地理位置，使重庆市义不容辞地担负起承东启西、左右传递的任务，带动长江上游和西南地区加快发展。这一任务的完成，要求重庆一要具有很强的综合实力和创新能力，技术上有吸收、消化、开发、转化的能力，观念上要有突破，要为改革开放创造新鲜经验；二要具有中心城市的聚散功能，既能完成大规模的商品流通和物资聚散，又要成为资本、技术、人才、信息流动的中心；三要具有发达的第三产业和服务功能，为国内外各种市场要素的自由流动和优化配置，提供必要的交通运输、中介咨询、会务展示等多种服务。重庆目前的综合实力和城市功能离完成这一任务还有相当差距。

任务及难题之三：大城市带大农村。这是重庆的市情所决定的。重庆共有人口 3000 万，是名副其实的特大城市。重庆又辖有 43 个县级行政单位，农村人口 2400 多万，人口之多，农村之广举世无双。农村人口中贫困人口 300 多万，占全市人口的 10% 以上，是全国贫困人口与总人口之比的 2 倍还要强。城市带农村，就是要加快农村的交通、通讯和信息网络的建设，改变其封闭状况，让农村的资源优势尽快转变为经济优势。就是要使贫困人口在本世纪内脱贫，使相当多数的农民达到小康水平。完成这种大城市带大农村的探索性任务，不仅能使重庆的城乡经济一起发展，共同富裕，而且为我国农村的城市化、工业化、现代化进程提供经验，为缩小地区差距，走共同富裕的道路提供经验。

此外，重庆还面临另一个难题：保持生态平衡和治理环境污染。重庆是位于库区的老工业基地，防治污染的设施和能力不足。三峡成库后，水流减缓，自净能力下降，水质污染问题将十分突出。随着经济的快速发展，“三废”排放必然增加，治理环境污染的任务更重。要把全市特别是库区建设成为山清水秀、环境优美的生态经济区和社会文明区，加快全市和库区城乡工业污染和生活污染的治理刻不容缓。只有坚持可持续发展战略，才能使经济、社会得到健康、持续、快速发展。

完成上述任务既是党中央、国务院按照“三步走”战略部署和梯度转移战略的需要，赋予重庆的重任，也是重庆自身发展的需要。重庆正根据区域中心的定位，重新设计自己。我们将着力构筑长江上游经济高地，走一条可持续发展的新路子。我们将利用行政体制向上位移的机遇吸引外部资金，扩大增量资产，尽快形成长江上游新兴产业群。我们用行政这只有形的手，规划整个区域的产业布局，形成区域分工明确的多圈式经济结构。我们将重新规划城市布局，建设“金字塔”形城镇体系，为城市带农村挂上联动链条，扩大和完善主城区的各项功能，建设星罗棋布的中小城镇，加强它们与高一层城市的联系，直接带动农村城市化进程。

千载难逢的发展机遇来了，但机遇不等于发展，机遇与困难并存。仅仅沉浸于成为直辖市的激情或者仅有抓住机遇的愿望是远远不够的，还必须保持应有的冷静，对我们的实力、差距和历史责任要有一个清醒的认识。

首先，作为大城市大农村的重庆，经济实力并不算很强。1996 年全市国内生产总值 1175 亿元，人均国内生产总值和收入水平均低于全国平均水平。作为老工业基地的重庆，拥有工业企业 7600 多家，独立核算工业企业固定资产 600 余亿元，有相当的资产存量。但老工业基地所面临的困难，在我们重庆尤其是在一些国有企业反映得非常突出。去年 1 至 10 月份，全市独立核算工业企业亏损面 42%。比如，纺织行业 27 家企业，就有 26 家亏损；再如化工行业，70 年代以前的老产品占 70%，只有 20% 的产品质量和消耗指标可达到国内先进水平。

其次，产业结构不合理。重庆的第一产业、第二产业和第三产业之比是 25:42:33。作为中心城市，应该是商品的集散地，生产要素的集散地，33%

的第三产业显然不能适应需要，不能很好发挥辐射作用。在80年代，中等收入国家第三产业就达到48%。加快发展第三产业迫在眉睫。重工业是重庆的优势，轻工产品也曾经在西南地区很有市场。如今重庆的轻重工业的比例为36:64。轻工业尽管有奥妮化妆品、重庆啤酒、兆峰陶瓷、北碚玻璃、冷酸灵牙膏等“五朵金花”，但还是显得过轻，适销对路的低档产品没搞好，高档产品没开发出来，80%的市场被外地轻工产品占领。加快轻工业的发展，支持乡镇企业，包括鼓励私营企业和引进外地企业来投资、来联合，也是重庆面临的任务。

其三，加快中西部发展和长江经济带开发是重庆的机遇，但这机遇并非重庆独占。相关的内陆城市同样面临这种机遇，甚至可能捷足先登。重庆的周边城市也可能抓住机遇，迅速崛起，使重庆作为长江上游经济中心的地位和作用受到挑战。发展才是硬道理。只有加快发展，才能使重庆经济中心的地位和作用更加明显、更加突出，才不辜负党和人民的厚望。

我们还必须清醒地认识到，设立重庆直辖市，并不是因为我们已经做出了十分突出的成绩，而是为了实践邓小平同志关于东西部共同发展、共同富裕的伟大战略构想，党中央、国务院根据国家经济发展大格局的需要作出的重大决策。重庆并无老本可吃，相对于原有的京、津、沪三个直辖市来说，无论是综合实力，还是城市功能，我们都有相当明显的差距，面临的问题更复杂，发展的任务更艰巨。即使与有的计划单列市相比，重庆也没有什么突出优势，正如有人所指出的那样：论城市建设比不上大连，论经济实力比不上广州，论发展速度比不上深圳，我们唯有奋起直追才能后来居上。

机遇伴随着挑战，发展中必然会有难题。明确了肩上的任务和面临的难题，认识到重庆的家底和差距不是要在机遇面前退却，在困难面前妄自菲薄，而是要有负重自强、励精图治的思想准备，要有开拓奋进、苦干实干的实际行动。勇敢地承担起党中央、国务院赋予的重大历史责任，开创重庆的美好未来，是重庆3000万各族人民共同的事业。举全市之力，上下拧成一股绳，万众一心，群策群力，我们的明天无比辉煌。

大胆弄潮加快发展

——三论建设现代化的重庆直辖市[①]

改革的浪潮把重庆推向了潮头。要完成重庆肩负的历史重任，真正发挥其区位优势、“龙头”作用、“窗口”作用和辐射作用，只有加快发展。邓小平同志说“发展才是硬道理”，要“抓住时机，发展自己，关键是发展经济”。直辖市的设立给重庆带来了崭新的发展机遇，重庆经济快速发展的外部环境从总体上讲已经具备。党中央、国务院赋予了重庆艰巨的历史任务，加快中西部发展步伐、长江经济带建设、三峡工程和库区开发为重庆提供了发展的条件。

在这种新的形势和重大任务面前，重庆不能坐失良机，不能等待，要勇立潮头，大胆弄潮。我们必须振奋起来，必须大胆地解放思想、转变观念，以改革为动力，坚持“实践是检验真理的唯一标准”和“三个有利于”的原则，大胆地试，大胆地闯。以思想的大解放，观念的大更新和大胆的改革开放来推动经济的大发展。

1979 年，中国走上改革开放之路以来，重庆经济取得了一定的发展，从 1984 年至 1995 年，年均增长率达到 10.6%，军转民取得了令人信服的成就，这无疑是得益于改革开放。我们有了在全国摆得上位置的汽车、摩托车支柱产业，有了全国化工行业的排头兵油漆和钛白粉，还冒出了轻工行业的“五朵金花”。这些行业和产品的崛起都是改革开放取得巨大成果的标志。

但是，我们在发展，全国都在发展。尽管有年均 10.6% 的增长率，相对

---

①本文原载于《重庆日报》，1997 年 3 月 26 日。

于其他城市，重庆的发展速度在一段时间内仍显得慢了。比较一下就能看出差距。1984年，重庆在计划单列市和省会城市中，经济水平排名第二，1995年降到第六位；1996年，重庆国内生产总值增长10.7%，仅比全国平均增幅高一个百分点。发展慢了的原因是多方面的，但一个最重要的原因是我们改革开放的力度不够。

我们应该有强烈的紧迫感。加快中西部发展的战略决策使广大中西部地区都面临难得的发展机遇，中西部地区正在迎头赶上。去年中部乡镇企业增长18.7%，西部乡镇企业增长30.1%，分别超过东部乡企增长速度5.1个百分点和16.5个百分点。安徽省到去年已连续5年经济增长超过全国平均增长水平，成为有名的轻工大省。湖北省1994年以前连续8年低于全国平均增幅2个左右百分点，1995年超过全国平均增幅，1996年增长13.2%，超过全国平均增幅3.5个百分点。内蒙古的经济增长幅度，1996年也首次超过全国平均水平。

我们别无选择，重庆要成为长江上游的经济中心，要发挥区域经济中心的作用，必须加快发展速度，千方百计走在中西部地区发展的前列。

“弄潮儿向潮头立。”只有把我们的思想观念和行为方式从不符合社会主义市场经济发展规律，不符合重庆实际情况的条条框框中解放出来，才有加大改革开放的决心，才有大胆试、大胆闯的勇气。只有清楚地认识重庆在加快中西部发展中的战略地位，认识重庆在长江经济带和三峡库区经济发展中的战略作用，认识时代赋予重庆的历史重任，才能激发起我们大胆改革，敢试、敢闯、敢干的豪情，走出一条持续、快速、健康发展经济的路子。

1992年，邓小平告诫我们“没有一点闯的精神，没有一点冒的精神，没有一股气呀、劲呀，就走不出一条好路，走不出一条新路，就干不出新的事业”。一些城市抓住邓小平南方谈话后的机遇，发展起来了。比如张家港就创造了经济奇迹。1992年到1994年，张家港的国民生产总值翻了两番，年均增长68.3%，张家港建立保税区，一个月拿出方案，一个半月拆迁1300户农民住房，20个昼夜完成8公里的铁丝网隔离带，90天建成8000平方米的港务局大楼，160天建成长江流域最大的万吨级码头。这样的发展速度和建设速度，没有敢闯敢试的改革精神，没有真抓实干的吃苦精神是难以想象的。

改革就是要做前人没有做过的事。重庆农村人口2400多万，贫困人口300多万。设立重庆直辖市就是要探索大城市带大农村，加快移民开发和脱贫致富步伐的新路子，找不到现成的模式可以套用，也找不到现成经验可以借鉴。这本身就反映了党中央、国务院锐意改革的决心。作为重庆人，如果没有以改革求发展的意识，没有以大开放促大开发的胸怀，没有敢为天下先的气魄，怎么能完成这史无前例的事业？

发展农业和农村经济任务十分艰巨。要完成这一艰巨的任务，单靠家庭联产承包制是不够的，我们必须抓住大好时机，深化改革，加速传统农业向现代化农业转变。

重庆人均耕地仅有0.8亩，只有走适度规模经营和集约化的道路，把推进农业产业化，实行贸工农一体化经营与农产品流通体制改革和科教兴农结合起来才能有农村经济的大发展。农村的经济发展了，才能加快区市县经济的发展。重庆现有43个区市县，区市县经济在全市的地位非常重要，其经济总量和所占的比重将越来越大。有了区市县经济的壮大，才有城乡共发展、共繁荣、共同富裕的美好前景。

大规模移民是一道难题，用改革的眼光来看，又是区域经济及社会功能重组和再造的机会。在区位优势和政策优势带动下，结合库区企业的搬迁、调整、改造，引进全国明星企业和名牌产品加以嫁接，把库区建成名牌产品经济带是完全可能的。

作为老工业基地的重庆，要壮大和发展城市经济，必须加大改革力度。改革过程中，一些深层次的矛盾和各种困难已经逐渐呈现在我们面前。对这些矛盾和困难不能回避，不能等待，只能用深化改革来解决。重庆的最大优势是工业，有庞大的资产存量。在盘活存量资产，调整产业结构，探索国有经济重新配置等方面我们应当大有作为。我们要有当试验田的勇气，冲破传统的计划经济观念的束缚，冲破国有资产比重越高越好的误区，不搞姓“资”姓“社”的争论，大胆地闯、大胆地试。在兼并、联合、收购、产权划转、嫁接改造、破产以及减人增效，职工再就业等多种改革实验中闯出新路子。我们有7600多家工业企业，在推进两个根本性转变过程中，要力争在企业制度创新、管理创新、技术创新等主要方面取得突破性进展。我们有汽车摩托车、化工、冶金三大支柱产业，有机电设备、电子信息、食品、建材、玻陶和日用化工等具有潜在优势的行业，遵循市场经济规律，以符合市场经济要求的办法来调整结构、扶优扶强，实施大公司、大集团战略，大有用武之地，大有作为。

“给我一个支点，我能撬起地球。”三峡工程和加快中西部发展战略使库区和中西部成为国际国内资本关注的热点，给重庆的发展带来更多的合作机会和合作伙伴，给我们提供了更多、更大的用武之地。只要我们有改革的胆识，有开放的胸怀，学会在更大范围内配置经济资源，重组生产要素，积极参与国际国内的经济合作和竞争，鼓实劲、出实招、干实事，重庆的经济大发展指日可待，重庆将以经济发达、社会文明、生活富裕、环境优美的现代化特大城市的形象，无比自豪地屹立于祖国的长江上游。

关键在党关键在人

——四论建设现代化的重庆直辖市[①]

重庆直辖市的设立，既给全市人民带来了发展的机遇，又是对全市干部党员和广大人民群众的严峻考验。

要抓住机遇，把重庆这样一个困难企业多、农村人口多、贫困人口多、移民多的特大城市建成长江上游现代化的经济中心，从而带动西南地区乃至中西部的开放发展，任务是非常艰巨的。

要完成这艰巨的任务，要建设重庆，振兴重庆，关键在党，关键在人！

关键在党，关键在人，对于我们建设现代化的重庆直辖市来说，关键在全市各级党组织和广大党员，在各级干部；在于各级党组织的核心作用和战斗堡垒作用，广大党员干部的先锋模范作用；在于各级党组织和广大党员、干部能否团结群众动员群众投身于建设社会主义现代化的新重庆这一伟大事业中来，依靠群众并最大限度地调动广大群众的积极性创造性，充分发挥他们的聪明才智。只有群众都积极行动起来，我们的发展才有力量的源泉，速度才能上去，事业才能成功。

这里，最典型的事例便是“黔江奇迹”：黔江地区1987年还有100多万人闹饥荒、吃野菜，4万多人住岩洞窝棚，农民年人均纯收入不足150元，人均占有粮食不到200公斤，均低于当时国家划定的贫困标准。然而到1995年，全地区农民人均纯收入已达823元，人均占有粮食508公斤，已基本解决温饱，被国务院负责同志称赞为奇迹。创造奇迹靠什么？关键在党，关键

①本文原载于《重庆日报》，1997年3月27日。

在人！在于党员干部带头苦干！在干的过程中有3名地级领导10名县级领导负伤，3名县级领导献出生命。试问，党的领导干部都这么干，群众还不跟着干么？党群齐心苦干，还有什么奇迹不能创造？

关键在党，关键在人，还意味着发展的速度和质量取决于人的素质的提高。换句话说，就是建设现代化的城市首先要有现代化的人，在城市现代化的进程中，人是决定性因素。邓小平同志早就指出："我们国家国力的强弱，经济发展后劲的大小，越来越取决于劳动者的素质。"一个国家是这样，一个城市也是这样。之所以说重庆同上海比"发展有阶段性的差距，干部思考问题有层次上的区别"，也表明一个城市只有它的市民尤其是干部具备了较高的素质，才能担当起建设现代化城市的重任。

关键在党，关键在人，就要求全市党员干部尤其是领导干部，认真学习好邓小平同志建设有中国特色社会主义理论，并用来指导我们改革开放发展的实践。我们要认识到：重庆成为直辖市，是实施邓小平同志经济发展战略的需要，直辖后的重庆要快速、持续、健康发展，也只有在邓小平同志建设有中国特色社会主义理论指引下，坚持党的基本路线不动摇才能实现。

关键在党，关键在人，还要求我们认真搞好各级领导班子建设。俗话说，"火车跑得快，全靠车头带"，班子的状况如何，直接影响所在地区和部门的改革开放及两个文明建设。所以，各级领导班子要讲政治、讲正气、讲学习、讲党性、讲原则，要顾大局、守纪律。尤其要讲团结，要搞五湖四海，不能在工作上互相推诿，互相扯皮。大家要围绕一个目标团结协作，遇事多沟通、多商量，相互体谅，共同把工作搞好。

当前，广大党员干部，尤其是领导干部应该做到：

一要有好的精神状态，集中精力认真做好本职工作。面对艰巨的任务和种种困难，首先精神上不能被压倒，要振奋精神，增强信心，增强历史责任感和使命感，坚决克服"等靠要"的消极思想情绪，牢固树立知难而上、锲而不舍的精神和作风，树立负重自强、坚决把重庆经济搞上去的雄心壮志，并落实在本地区本部门本单位的工作中，勤奋工作，加大力度，提高效率。

二要有吃苦的思想准备和艰苦奋斗的精神，苦干实干振兴重庆。目前重庆正处于一个新的创业时期，矛盾很多，要办的事也很多，资金短缺怎么办？只有靠过紧日子，开源节流，把有限的资金用在刀刃上，并不断培植新的财源，不断增强实力，把“蛋糕”做大。这就要进一步发扬光大自力更生、艰苦奋斗、奋发图强、勤俭建国的革命精神，带领群众艰苦创业。干部要带头苦干实干，使工作务必取得实实在在的效果。工作中要防止形式主义，防止做表面文章，克服懒动脑筋怕接触矛盾，不思进取无所作为，只想当“太平官”守旧摊子的作风；坚决反对虚报浮夸，好逸恶劳，只说不做，说得多干得少等不良作风；要保持一种信心十足、一干到底、干就干出成效来的精神状态和工作责任心。

三要开拓创新大胆探索加快发展的新路。重庆要加快发展，必须解放思想、转变观念，严格按邓小平同志“三个有利于”的标准来推进各方面工作。冲破传统计划经济观念束缚，冲破国有资产比重越高越好的误区，大胆闯大胆试，走出一条加快重庆发展的新路子。

四要牢记为人民服务的宗旨，关心群众疾苦，多为群众办实事、办好事。共产党的宗旨就是为人民服务。这不是口号，而是衡量广大党员、各级干部是否真正讲政治、讲学习、讲正气的实践标准，是一切行动的指针。所以，各级党政机关和党员干部办任何事情都要把“人民拥护不拥护”“人民赞成不赞成”“人民高兴不高兴”“人民答应不答应”作为一切工作的出发点和归宿。必须时刻把群众的冷暖、疾苦、要求挂在心上，实实在在为群众办实事、办好事。对于困难群众的生活、拆迁安置、改善居住条件、交通拥挤、环境脏乱差等问题，要摆上重要议事日程认真解决，真正把为人民服务落到行动上，才能把重庆的事办好。

同时，广大党员干部，尤其是领导干部工作中要身先士卒，率先垂范，不光要一级讲给一级听，更要一级做给一级看，做出样子，群众才会跟着干。在学习政治理论和政策法规的同时还要学好社会主义市场经济、科技、管理等知识，提高自己业务能力、工作水平和综合素质，在建设新重庆的过程中争当一名合格公仆。

关键在党，关键在人，还意味着对全体市民的更高要求。新重庆是全体人民的重庆，它兴旺发达，我们都受惠，它停滞不前，大家都受影响。所以，大家都要关心它、爱护它。要想到，设重庆直辖市的决定是党和国家作出的，但重庆直辖市的发展却要靠我们大家一把泥一把汗地去苦干，重庆直辖市的形象要靠我们每一位市民一言一行去塑造，重庆的未来更要靠大家一手一脚来创造。要建设一个现代化的新重庆，就得从自己做起，从身边做起，从现在做起，在工作中爱岗敬业讲职业道德，在社会上讲文明礼貌，遵守社会公德，培养现代意识，提高自己素质和文明程度，做一名高尚、进取、文明、健康的重庆市民。

干部要当合格公仆，群众要做文明市民，就要进一步弘扬红岩精神。重庆是一座有悠久历史的光荣城市，从古到今涌现出许多杰出人物，写下了许多英雄事迹；古代，巴蔓子将军在国土与国家信义难以两全的困境中，抛头颅洒热血，以维护国土的完整与国家信义；近代，“革命军中马前卒”邹容，为宣传革命，推翻清王朝而英勇献身；共产党人杨闇公面对凶残的军阀，大义凛然，被割舌挖眼剁手也毫不动摇，英勇就义；而周恩来等一大批共产党人，在重庆艰苦奋斗创造出的“红岩精神”正是这种浩然正气、大智大勇的民族精神和马克思主义的革命精神有机结合的集中体现。它是我们重庆人的宝贵精神财富，是建设现代化新重庆的精神支柱——“爱国、奋斗、团结、奉献”应该成为重庆每一位党员干部、每一位市民的座右铭！

让我们高举邓小平同志建设有中国特色社会主义理论的伟大旗帜，紧密团结在以江泽民同志为核心的党中央周围，在市委的领导下，更好地把“弘扬红岩精神，塑造当代重庆人”的活动，深入持久、扎实有效地开展下去，抓好党的建设和民主法制建设，在人的培养塑造上花大力气，以高素质的党员干部队伍带领高素质的市民群众，大干、苦干、实干，促进重庆的全面发展，向党中央和全国人民交一份合格的答卷！

如坐春风一席谈

——在京访重庆老领导钱敏同志①

钱敏同志1972年至1978年任中共重庆市委第二书记、第一书记。1978年8月起任第四机械工业部部长，1993年离休。

在钱敏老人简朴的家里采访，我们始终被老人心系重庆的炽热之情深深地感动着。

提到设立重庆直辖市的话题，老人显得尤其兴奋。他说，我虽然离休了，但每年都要外出走一走，作些调查研究。去年10月，我就到了重庆，到了万县，看到重庆这些年的变化，感慨良多，看到发展速度还不够快、部分国有大中型企业处境困难之类的问题，心里也很着急。

与老人82岁高龄和满脸的老人斑不相一致的是他思维敏捷、说话极有条理。

他认为，设立重庆直辖市，肯定是历史给重庆的极好机遇，是重庆加快发展并带动周围地区发展的好时机，但是，也是挑战，机遇和挑战从来就是一对孪生兄弟，相伴相随。

直辖后的重庆任务更重，首当其冲的是动态超过100万的移民如何安置，如何让他们脱贫、致富、奔小康。钱老说，过去一些大型水利设施建设，不少都遗留下移民安置不当的历史问题。他寄语重庆的干部群众，要多研究国内外移民搬迁的经验教训，在社会主义市场经济条件下，搞好这项举世无双、重而又重的工作。

---

①本文原载于《重庆日报》，1997年3月25日。

钱老对移民问题似乎早有考虑，他建议开发性移民同调整经济结构、产业结构结合起来进行，尽量靠发展第二产业、第三产业来使移民得到安置并致富。

钱老的客厅虽然陈设简朴，但客厅内和阳台上都摆满了花草和绿色植物，让我们如坐春风。我们问他，怎么会有这么多的外界信息，他笑着把茶几的报纸指给我们看，并遗憾地说，好久没看到重庆的报纸了。

交谈中，钱老对他工作过 6 年的重庆的殷殷关切，使气氛越来越融洽。当我们问起他在重庆工作最满意的是什么时，他几乎不假思索地说："重庆的老百姓好，我对重庆的未来充满信心。"

分别时，钱老坚持把我们送进电梯，一直等到电梯门关上。走出楼外，春风一阵紧似一阵，我们不约而同地想到，重庆也正乘着党中央加快开发建设中西部地区决策的春风，向着全市人民和钱老这样为那 8 万多平方公里土地出过力、流过汗的老一辈领导所期望的目标前进。

（《重庆日报》记者　杨　勇）

直挂云帆正当时

——在京访重庆老领导王谦同志[1]

王谦同志1974年至1980年10月任中共山西省委第一书记，1981年10月至1985年4月任中共四川省委副书记、重庆市委第一书记，1985年5月任中顾委委员。

3月的一个晴朗的上午，记者来到北京市北太平庄的一幢住宅楼时，80岁高龄的王谦老人把我们热情地迎进了他的家。

初春的阳光把暖气融融的客厅照得分外明亮。当记者提起有关设立重庆直辖市的话题时，这位曾任中共重庆市委第一书记的老人那张饱经沧桑的脸上，现出了生动和愉悦的表情。

虽然离开重庆12年了，但他对曾工作过4年的重庆仍倾注着一腔热情。他操着浓重的山西口音说，设立重庆直辖市是重庆人议论多年，盼望多年的一件大事。今天这一愿望终于成为了现实，不但重庆人民高兴，我们这些曾在重庆工作过的老同志也十分欣慰。

这位历经炮火硝烟洗礼的老同志，仍保持着当年爽直的性格。他谈话声音洪亮，铿锵有力。

对于重庆今后该怎样发展，他直截了当地道出了自己的想法。

重庆直辖市设立是千载难逢的历史机遇，同时也面临着艰巨的任务和巨大的困难。三峡库区的百万移民、广大贫困地区的扶贫工作、城市建设和经济发展都是重庆面临的艰巨任务。

---

①本文原载于《重庆日报》，1997年3月25日。

重庆要抓住机遇，加快发展，必须要正确认识自己的历史责任，要有长远的眼光，要有长远的发展规划。

首先，要把三峡移民和库区开发结合起来，要充分利用国家对库区的投入兴办一批有发展前途的新兴产业，同时要对库区进行多方面的深度开发。就说库区几百公里长的水域吧，如果规划得好，利用得好，仅水产养殖就会成为一个了不得的聚宝盆。总之，库区开发大有所为，但要有科学的规划，要一项一项地去抓。这样经过数年的努力，现在贫困落后的库区将成为先进和发达的地区，我看那时的库区将富过川西坝子。

同时，重庆要加快城市经济的发展，特别要搞好国有大中型企业。重庆有较好的工业基础，但现在面临的困难不少，问题不少。现在唯一的出路在于经济结构和产业结构的调整。对这个问题仍要有长远的眼光，长远的规划，不能再走今天救这个企业，明天救那个企业的老路子，而是要从整体上作好部署，找准目标，坚定不移地、一步一步地去实现目标。

采访在热烈的谈论中结束，老人送我们出了楼口，远远地还在向我们招手，仿佛在叮嘱着什么……

（《重庆日报》记者　任美荣）

文化中心：重庆跨世纪发展目标[1]

周 勇

直辖市必然是综合性中心城市。北京是首都，是全国的政治和文化中心；上海和天津，既是经济中心，又是文化中心。这三个直辖市都处在东部经济发达地区。而重庆直辖市则是中西部唯一的直辖市，它的历史使命是推进西部经济起飞，成为带领西部前进的火车头。这个战略格局客观上要求重庆在成为经济中心城市的同时，进而成为一个具有经济、文化等中心作用的综合性城市。这是重庆的历史使命使然，是西部发展格局使然。

作为“文化中心”所指的“文化”，是包括教育、卫生、体育、广播、电视、新闻、出版、社会科学研究、文学、艺术等在内的“大文化”，即党的十四届六中全会《决议》使用的“文化”概念。

重庆是一个具有悠久历史、灿烂文化和光荣革命传统的名城。巴渝文化和近代内陆文化是重庆作为文化中心丰厚的文化底蕴，“红岩精神”是重庆特有的城市精神。以上述文化底蕴为基础，城市精神为支柱，重庆便在长江上游和中国西部地区诸城市中（与西安、成都、兰州、昆明相比较）具有了成为文化中心的综合优势条件。

这些年来，重庆的文化事业取得了重大的进展，但是与京津沪相比，也存在一定的差距。我们不能不看到，重庆的文化设施，尤其是标志性的文化建筑，几十年来进展不明显；社会科学研究比较薄弱，学科发展很不平衡，

①本文原载于《重庆日报》，1997年3月27日。

缺乏规划，投入严重不足；教育与科技基础广大，但是资源配置不合理，科技成果的转化率、科技教育对经济增长的贡献率低；人才缺乏，一方面高级人才数量少，流失严重，另一方面，人均文化程度低；文学艺术有影响的重要作品不多，尖子不多，精品太少，演出场所奇缺；城市设施文化品位低下；部分市民素质不高。这些已经严重地影响了重庆经济与社会的发展，影响了城市形象的树立。造成这种状况的原因，既有原来行政体制的束缚，也有地理环境的影响，更多的还是这些年来城市发展指导思想上的偏差。因此，实现经济与社会的可持续发展，把文化建设作为现代化事业发展的重要目标之一，是中国特色社会主义对城市发展的必然要求。

学习邓小平同志关于精神文明的重要指示，总结十多年改革和建设的实践经验，一条重要的启示就是：建设高度的社会主义精神文明是社会主义现代化建设的重要目标。对此，党的十四届六中全会《决议》强调："社会主义精神文明是社会主义社会的重要特征，是现代化建设的重要目标和重要保证。"江泽民同志在全会上深刻指出："社会文明既包括物质文明也包括精神文明，缺少任何一个方面，社会就是畸形的，不可能健康地向前发展。""我们必须始终重视社会主义精神文明的发展，重视思想道德、教育科学文化的建设。这是促进经济和社会全面发展进步的重要保证，也是任何时候都不能动摇的。"这就从根本上明确了作为精神文明建设重要组成部分的文化事业在社会主义现代化建设中的重要地位。对于我们把"文化中心"确定为重庆城市跨世纪发展目标，具有十分重要的现实指导作用。为此，市委七届七次全委扩大会议明确提出，把重庆建设成为我国中西部精神文明的首善之区。

在党中央、国务院作出重大决策，八届全国人大五次会议批准设立重庆直辖市的时候，我们深感机遇珍贵，任重道远。3000 万巴渝人民期盼着，一个经济发达、文化昌明的新重庆昂首迈向 21 世纪！

坚持依法治城 把重庆建设成为现代化的直辖市[1]

张德邻

目前，全市人民正以无比喜悦的心情，热烈庆祝设立重庆直辖市。在这喜庆的日子里，我们来纪念《中华人民共和国城市规划法》颁布七周年，有着特殊的意义。

设立重庆直辖市，是党中央、国务院的重大战略部署，这对加快中西部地区的开放开发，催动长江巨龙的腾飞，圆满完成三峡工程建设和库区开发性移民任务，都有着十分重要的意义。重庆直辖市的设立，对我们来讲，既要看到这是加快发展的极好机遇，更要看到所肩负的历史责任。我们要坚持依法治城的方针，努力把重庆规划好、建设好、管理好，经过我们不懈的努力，使重庆成为经济繁荣发达、社会文明进步、人民富裕幸福、生态环境优美的现代化直辖市。根据中央赋予重庆的历史任务，从重庆的实际出发，市委、市政府提出重庆城市建设的总体思路。这就是：大力加强中心城市建设，把重庆主城区建设成为长江上游名副其实的商贸中心、金融中心、科教信息中心，交通枢纽、通信枢纽和高新技术产业基地。经过若干年的努力，在三峡库区建成新型的产业群，形成充分体现市内各区域优势的、合理的生产力布局和产业结构，以中心城市为依托，形成大中小城市有机结合的、组团式、网络化的现代化城市群，把重庆建设成城乡联系畅通，有中国特色的城乡共发展、共繁荣的现代化大都市。

---

①本文原载于《重庆日报》，1997 年 4 月 1 日。

城市规划是保证城市发展目标实现的重要条件，是指导城市合理发展，建设和管理好城市的重要依据和手段。我们要根据市委、市政府提出的重庆城市建设的总体思路，以《城市规划法》为法律依据，切实做好城市总体规划的修编工作，根据重庆城市发展的实际，切实做好城镇群的发展规划，使新的城市总体规划真正体现现代化直辖市的风貌和水平，体现重庆的特点，描绘好城市发展的美好前景和宏伟蓝图。

建设现代化的重庆直辖市，是重庆3000万人民光荣而艰巨的共同事业。全市各级党政领导，广大党员干部，各族人民群众都要为实现这一宏伟目标作出自己的一份贡献，苦干实干，用我们勤劳的双手，集体的智慧，创造辉煌灿烂的明天，把宏伟的蓝图变为美好的现实。要用“爱国、奉献、团结、奋斗”的红岩精神，塑造当代重庆人，提倡遵纪守法，讲文明、讲道德，争做文明市民，在创造高度物质文明的同时，创造高度的精神文明。在城市建设和管理上，要增强法制意识，自觉遵守《城市规划法》，严格执行《重庆市城市总体规划》，与违背《城市规划法》和《重庆市城市总体规划》的行为作坚决的斗争，形成一个知法、守法并坚决维护《城市规划法》尊严的良好氛围。

加强城市规划管理，严格执行《城市规划法》和《重庆市城市总体规划》，是坚持依法治市，提高城市规划和城市建设管理水平的重要环节。在这个问题上，当前要着重抓好以下几方面的工作：一是严格执法，切实搞好《城市规划法》的执法大检查，要把这项工作作为筹建直辖市的一项基础性工作来抓，加强领导，落实责任制，使直辖市成立后城市面貌能够不断改观。二是积极探索在统一规划、分级管理和大的管住、小的放开，重点监控、一般放开的原则下，建立适合重庆市情的城市规划管理体制。既要保持规划的严肃性、统一性，又能调动区市县的积极性，推动城市规划管理水平的提高。三是把提高规划管理人员的思想业务素质作为提高规划管理水平和执法水平的关键环节来抓，努力建设一支高素质的规划管理队伍；同时，要采用科学的管理方法和管理手段进行管理，坚持做到廉洁执法、科学管理，树立良好的执法和管理形象，使《城市规划法》和《重庆市城市总体规划》在建设现代化的直辖市中发挥出应有的积极作用。

深入贯彻落实《城市规划法》 规划建设好重庆直辖市[①]

蒲海清

俗话说，人无远虑必有近忧。我们的一切工作务必要有一个长远的总体设想，统筹安排，然后分步实施。这个总体设想就是中长期规划。城市是经济发展、现代化建设的依托，任何城市的合理布局、功能的充分发挥和市民生活质量的提高，都在于首先要有一个科学的规划，所以我国在7年前就制定了《城市规划法》，用法律形式来保障城市科学、合理的发展。

《中华人民共和国城市规划法》颁布实施7周年来，我市认真贯彻落实，城市规划工作有了很大的发展：各级领导和广大市民对城市规划的法制意识不断增强，在完成《重庆市城市总体规划修编》的基础上，正在抓紧编制新重庆的城镇体系规划；不断加大规划执法力度，依法拆除了大量违法建筑，初步遏制了违法建设蔓延的势头，使城市建设进一步按照城市总体规划的要求，更加健康、有序地向前发展。同时也要看到存在的主要问题是城市规划工作还不适应新形势的要求，城市规划的先导性、科学性、合理性和权威性都有待提高；违法建设、乱修乱建的问题尚未根本解决；有法不依、执法不严的现象仍然存在。我们要乘设立重庆直辖市的东风，认真解决存在的问题，把城市规划工作提到一个更高的水平。

八届全国人大五次会议批准设立重庆直辖市，对新重庆的城市规划、建设和管理提出了更高的要求。我们一定要抓住机遇，乘势前进，在邓小平建

①本文原载于《重庆日报》，1997年4月2日。

设有中国特色社会主义理论和党的基本路线指引下，按照建设一流直辖市的要求，深入贯彻《城市规划法》，把城市规划的各项工作搞得更好。首先，要进一步认识贯彻落实《城市规划法》和搞好城市规划的重要意义。城市规划是城市建设和管理的重要依据和手段，是城市建设与城市管理的“龙头”。中央要求城市人民政府应当集中精力抓好城市的规划、建设和管理。《城市规划法》是我国城市规划、城市建设和城市管理的第一部法律，它为我们科学合理地规划建设和发展城市提供了法律保障，各个地区、部门、单位和个人在城市规划区内进行各项建设活动都必须严格遵守《城市规划法》，服从城市总体规划，一切违反《城市规划法》、违背城市总体规划的行为都必须坚决纠正；对造成严重后果的，要依法追究责任。

其次，要根据重庆行政体制重大变革的新情况，认真抓好城市总体规划的完善和新重庆城镇体系规划的编制工作。要按照国务院要求，抓紧调整、补充和修改《重庆市城市总体规划》；要从新重庆的实际出发，按照发挥重庆在长江上游和西南地区经济发展中的“龙头”作用、“窗口”作用、辐射作用，搞好三峡工程建设、开发性移民和城镇工矿搬迁、经济综合开发，形成以中心城市为依托，大中小城市有机结合的、组团式、网络化的现代化城市群的要求，认真编制好重庆直辖市的城镇体系规划。编制城市规划要坚持高起点、高标准和高水平，突出山城、江城和三峡库区特点，塑造新重庆特有的城市形象，建设跨世纪的一流城市。要广泛宣传我市城市规划、建设、管理的成就，宣传新重庆的远景规划和宏伟蓝图，让广大市民能够直观地展望新重庆光辉美好的未来，调动全体市民振奋精神、团结奋斗建设家园的积极性。

第三，要进一步加大规划执法力度，严格执法检查监督。各级人民政府要依据《城市规划法》和国家有关法律、法规，建立健全地方城市规划法规体系，逐步实现城市规划管理的科学化、法制化。各级城市规划主管部门要加大规划执法力度，按照国务院要求，搞好《城市规划法》执法大检查，严肃查处各种违法行为并形成制度，以保障《城市规划法》更好地贯彻落实。

我们坚信，在党中央、国务院的领导下，3000 万巴渝儿女一定会把重庆直辖市规划、建设成为经济蓬勃发展、社会高度文明、人民富裕幸福、生态环境优美、具有沿江开放特色的现代化大都市。

中共重庆市委关于
设立重庆直辖市宣传教育的通知

万县、涪陵市党委，黔江地区党委，各区市县党委，市委各部委、市级各部门党组（党委），大专院校和大中型企业党委，县级以上事业单位党委：

八届全国人大五次会议已经审议批准设立重庆直辖市，这是3000万重庆人民政治生活中的大事，是重庆发展史上具有划时代意义的里程碑。为了深刻领会、全面贯彻党中央、国务院这一重大战略决策，市委要求各级党委认真组织全市广大党员、干部和群众学习邓小平同志关于经济发展战略的论述，学习江泽民总书记“努力把重庆建设成为长江上游的经济中心”和李鹏总理“开发三峡，振兴重庆”的题词，学习李鹏总理在全国人大常委会第二十四次会议上《提请审议设立重庆直辖市》的议案、李贵鲜同志受国务院委托在八届全国人大五次会议上作的《关于提请审议设立重庆直辖市议案的说明》和八届全国人大五次会议《关于批准设立重庆直辖市的决定》三个重要文件。

一、通过学习，进一步深入理解邓小平同志关于经济发展战略的论述和江泽民总书记、李鹏总理1994年来渝考察时的题词精神，充分认识中央决定设立重庆直辖市，是邓小平经济发展战略思想的具体运用和实践，对于圆满实现我国“九五”计划和2010年远景目标，缩小东部和中西部地区差距，胜利跨入21世纪，具有十分重要的现实意义和深远的历史意义。李鹏总理在议案中说：为了充分发挥重庆市作为特大中心城市的作用，进一步推动川东地区以至西南地区和长江上游地区的经济和社会发展，并且有利于三峡工程建设和库区移民的规划、安排、管理，同时解决四川省由于人口过多和所辖行政区域过大，不便管理的问题，拟设重庆直辖市。设立重庆直辖市是在本世纪末和21世纪初为加快中西部地区经济和社会发展所采取的一项重要举措。在学习中一定要全面准确地理解设立重庆直辖市这一决策的战略依据和战略意义。

二、通过学习，要进一步认清形势，明确任务，统一思想，振奋精神，转变观念，团结实干。设立重庆直辖市后，我们面临着新的历史机遇，更肩负着新的历史责任。要牢牢地抓住党中央关于加快中西部发展战略决策的实施，长江经济带开发战略的实施，三峡工程建设和库区开发以及设立重庆直辖市等新的历史机遇，努力工作，一步一个脚印地完成历史赋予的使命：充分发挥中心城市的作用，推动三峡库区以至西南地区和长江上游地区的经济社会发展；搞好开发性移民，发展库区经济；探索出一条大城市带动大农村发展的新路子。

三、在学习中一定要联系实际。实现党中央、国务院设立重庆直辖市，加快中西部地区经济和社会发展战略构想，关键在党，关键在人。通过学习，各级党委，广大党员、干部和群众，要增强抓住机遇、发展重庆，特别是发展经济的紧迫感和责任感。在邓小平建设有中国特色社会主义理论的指引下，在以江泽民同志为核心的党中央领导下，按照市委、市政府提出的“一年起步，五年振兴”的部署，振奋精神，努力工作，加强团结，在新的起点上高标准，严要求，做好本地区、本部门和本职工作，为完成党中央、国务院交给重庆市的历史任务作出应有的贡献。

四、各级党组织要以高度的政治责任感，相对集中一段时间，认真组织好设立重庆直辖市的宣传教育活动。为配合这一宣传教育，市委宣传部编印了《历史的责任》宣教资料供学习。要区别不同对象认真组织好宣传教育。各级党委要通过中心组认真组织好领导干部的学习，为群众作出表率。各级党组织要利用学习日、党团组织生活、短训班、报告会、小测验等行之有效的形式，认真组织党员、干部和群众的学习。市委宣传部要组织宣讲团到各地进行巡回宣讲。有条件的地区、部门和单位，也应组织宣讲团到基层进行宣讲，要做到农村入村组，街道入段户，企业入班组，学校入班级。报纸、广播、电视台要开辟专栏，认真搞好宣传教育。努力做到人人皆知，家喻户晓。组织宣传教育活动的情况，应及时报市委宣传部。市委将在适当的时候对这项工作进行检查。

中共重庆市委

1997 年 3 月 20 日

当前重庆市形势与任务宣传教育提纲①

1997 年是我国历史发展的重要一年，我国将恢复对香港行使主权，召开党的第十五次全国代表大会。同时，也是设立重庆直辖市的第一年，标志着重庆的经济社会发展进入了一个新的历史时期。

重庆市是我国西南地区和长江上游流域最大的经济中心城市。为了充分发挥重庆市作为特大经济中心城市的作用，进一步推动川东地区以至西南地区和长江上游地区的经济和社会发展，有利于三峡工程建设和库区移民的统一规划、安排、管理，同时解决四川省由于人口过多和所辖行政区域过大，不便管理的问题，党中央、国务院作出了设立重庆直辖市的决策，由国务院提请八届人大五次会议审议。

1997 年 3 月 14 日，第八届全国人民代表大会第五次会议审议通过了国务院关于提请审议设立重庆直辖市的议案，决定：

1. 批准设立重庆直辖市，撤销原重庆市。

2. 重庆直辖市管辖原重庆市、万县市、涪陵市和黔江地区所辖行政区域。

3. 重庆直辖市设立以后，由国务院将依据宪法和有关法律的规定，对其

①本提纲是市委下达给重庆市委党校的研究课题，是集体研究的成果。由市委宣传部与市委党校共同拟定编写大纲，由市委党校副校长周勇教授、王钟副教授执笔。市委宣传部副部长黄绍辉、理论处处长吴绍阶，市委党校副校长王助尧教授、杨选成教授、黄树勋教授、周世勋教授、余凡副教授等参加了修改审定工作。在全国人大通过重庆直辖议案后的第二天（3 月 15 日）正式提交市委审定。根据市委的意见，课题主要内容以《当前重庆市形势与任务宣传教育提纲》为名，印制成 32 开的小册子，向全市发行，广为传播，成为重庆直辖宣传教育的基本材料。随后，市委组织了设立重庆直辖市宣讲团，以此宣传教育提纲为蓝本，在全市开展了广泛深入的宣讲活动。

管辖的行政区域的建置和划分作相应的调整。

设立重庆直辖市是在世纪之交的重要历史时期，努力实现邓小平同志提出的社会主义现代化建设“三步走”的战略目标第二阶段战略任务，贯彻执行“九五”计划和2010年远景目标的重要时刻，党中央、国务院从我国改革开放和社会主义现代化建设的全局出发，为加快中西部地区经济和社会发展作出的一项战略决策。

设立重庆直辖市是党中央、国务院为重庆市面向新世纪的崛起提供的最大的历史性发展机遇，是重庆历史上具有划时代意义的大事，它体现了巴渝地区3000万各族人民的共同愿望，展示了8万平方公里巴渝大地未来发展的辉煌前景。

面向未来，面向现代化，面向世界，重庆正处在机遇与挑战并存，希望与困难同在的关键时期。在新的形势和重大历史任务面前，我们要坚决按照党中央的部署和要求，认清我们面临的新形势和肩负的历史责任，紧紧地抓住这一历史性机遇，团结起来，振奋精神，艰苦奋斗，开拓前进，不负党中央、国务院和全国人民的重托，以实际行动继承邓小平同志的遗志，为全面振兴重庆迈出坚实的一步，为实现新的历史使命而努力奋斗！

一、设立重庆直辖市是重庆历史发展的必然结果

重庆是一座具有悠久历史、灿烂文化和光荣革命传统的名城。在漫长的历史发展进程中，特别是经过1891年重庆开埠以来的发展，重庆已经实现了“三个转变”，即实现了从一座封闭的城堡发展成为开放的，连接我国中西部的战略枢纽的转变，实现了从古代区域性军政中心发展成为区域性经济中心的转变，实现了从偏居四川东部一隅的中等城市发展成为立足中国内陆，面向五洲四海的特大城市的转变。重庆人民在创造自己辉煌历史的过程中，为中华民族的解放和振兴作出过重要的贡献。

（一）自古以来，由于地理、自然等方面的原因，重庆就是巴渝地区的军事和政治中心，与万县市、涪陵市和黔江地区有着密切的联系

以重庆为中心的巴渝地区是中华民族的发祥地之一。公元前11世纪，巴人以江州（今重庆）为首府，建立了巴国，逐渐控制了以长江、嘉陵江、乌江为腹心，“东起鱼腹（今奉节），西至僰道（今宜宾），北接汉中（今陕西南部），南极黔、涪（今彭水、黔江及贵州东北和湖南西北）”的巴渝地区。公元前314年，秦在统一中国的过程中，设36郡，在重庆置巴郡。这既是统一的中国中央政府对重庆实行一级行政机构管理之始，也是重庆代表中央政府管辖巴渝地区之始。迄今已2310年。其后，汉承秦制。南北朝时，国家动乱，巴郡改置为楚州，管辖地区大为缩小。隋、唐以后，国家中兴，重庆辖地有所扩大，逐渐发展到嘉陵江上游地区，改称“渝州”；北宋时，渝州改称“恭州”；南宋淳熙十六年（1189年），南宋赵孝宗三子赵惇驻重庆，称“恭王”。当年，孝宗禅位于赵惇。赵惇按照宋王朝潜藩升府之惯例，改“恭州”为重庆府，重庆得名，已808年。整个唐宋时代，重庆为山南西道、夔州路下的一个普通州府。到宋末，重庆因防御元军南侵，处于“国之西门”的重地，战略地位上升，宋朝设四川安抚制置使兼知重庆府，统一指挥四川的抗元斗争。元朝时，改称“重庆路”，一度还成为四川行省的所在地。明朝时，改为“重庆府”。清在明的基础上，设“川东道”，管辖整个四川东部地区，成为自巴国以来，重庆管辖范围最大的时期。1891年重庆开埠。辛亥革命时期，设蜀军政府，辖川东南57州县。民国时期，设重庆商埠督办、市政公所。1929年建重庆市，曾为四川省政府所在地。到抗日战争时期，重庆成为国民政府的特别市和陪都，中国大后方的政治、经济和文化中心。

1949年11月30日，重庆解放。新中国成立初期，重庆作为中央直辖市，是中共中央西南局、西南军政委员会和西南军区所在地。1954年后，大区撤销，重庆成为四川省辖市。

千百年来，重庆与万县、涪陵、黔江在保持着行政隶属关系的同时，人民之间也有着密切的交往，建立了深厚的情谊。不论是在城市化、近代化的过程中，乡村农民进入重庆城，还是20世纪六七十年代重庆知识青年到万县、涪陵、黔江上山下乡，插队落户；不论是汉族与少数民族之间的交往融合，还是民族文化之间的相互交流与影响；不论是城市经济的发展，还是城乡经济联系的不断扩大；不论是文化之间的相互渗透与交流，还是生活方式的改变与生活质量的逐步提高，一句话，不论是由于地理环境，还是历史沿革，不论是由于地域特色，还是文化背景方面的因素，历史都早已把重庆市与万县市、涪陵市和黔江地区连接成一个整体，已经形成谁也离不开谁的格局。

（二）在3000年重庆发展史上，重庆人民共同创造了灿烂的巴渝文化，形成了光荣的革命传统，涌现出一大批中华民族的优秀儿女

“江山养豪俊。”巴渝大地孕育了一代又一代的中华英杰和文坛巨匠。

爱国、重义、淳朴、刚烈的巴人是我们共同的先辈。巴国的蔓子将军以自己的头颅捍卫了国都的尊严；在南宋抗元斗争中，以民族英雄张珏为代表，在合川钓鱼城创造了击毙蒙哥大汗，改变世界历史的奇迹；元末农民起义领袖明玉珍西征重庆，建立了农民的政权“大夏国”。白居易在忠州、刘禹锡在夔州当过刺史，陆游在奉节当过通判，张飞在彭水当过县官，黄庭坚也在涪陵当过官吏。

在巴渝大地上，有“诗仙”李白“朝辞白帝彩云间，千里江陵一日还，两岸猿声啼不住，轻舟已过万重山”的千古绝唱；有“诗圣”杜甫“白帝城中云出门，白帝城下雨倾盆”的生动写照；有李商隐“何当共剪西窗烛，却话巴山夜雨时”的缠绵流连；有元稹“曾经沧海难为水，除却巫山不是云”的由衷赞叹；更有苏东坡“山川之秀美，风俗之朴陋，贤人君子之遗迹，与凡耳目之所接者，杂然有触于中，而发于咏叹”的深切感慨，以及白居易、刘禹锡、陈子昂、王维、范成大、文天祥等一代文豪留下的瑰丽诗篇。

近代以来，根据《中英烟台条约续增专条》的规定，1891年重庆开埠。随着西方势力的入侵，民族资本的产生，西方文化的传播，重庆逐渐发展成为长江上游的经济中心，也成为中国西部革命运动的中心。18岁的重庆青年邹容写下了千古名篇《革命军》，第一个提出了建立“中华共和国”的构想；孙中山曾制定了在重庆建立同盟会西方支部的设想，后来又实施过在重庆重建“中华民国”的计划。辛亥革命爆发以后，重庆同盟会发动武装起义成功，成立了蜀军政府，辖川东南57州县，成为四川第一个省级革命政权。

“五四”以后，马克思主义传入四川，1926年1月，中共重庆地方执行委员会成立（相当于四川省委），标志着四川革命运动领导核心的最终形成。1926年10月，中共重庆地委领导了顺泸起义，以配合北伐战争。顺泸起义是中共重庆地委直接领导的第一次武装起义，也是中国共产党人独立创建革命武装，举行武装起义的一次重要尝试。其后，中共四川省委、川东特委曾长期设在重庆。

抗战时期，重庆是中国的战时首都和陪都，是第二次国共合作的所在地，也是世界反法西斯同盟国中国战区指挥中心。重庆的历史贡献既在于政治上的国共合作，军事上的对日抗战，在于重庆人民为支援抗战而贡献的人力、物力、财力，乃至热血与生命，还在于抗日战争造就了重庆城市经济的基础——大后方经济中心——重庆经济中心的完全形成。它从经济上支撑了大后方的抗战大业，促成了中国生产力的重新布局，推动了长江流域的经济开发，加快了重庆城市化和近代化的进程，奠定了50年来重庆作为长江上游经济中心的基础。

特别需要指出的是，抗战时期，以周恩来同志为首的中共中央南方局设在重庆，领导中国南部的抗日民族统一战线的斗争。南方局团结、领导广大革命志士在同反动势力展开不屈不挠的英勇斗争中，培育、形成了伟大的“红岩精神”。“红岩精神”深刻地蕴涵了中华民族在两种命运决战的历史关头所表现的“救亡图存的爱国精神、不畏艰险的奋斗精神、和衷共济的团结精神、勇于牺牲的奉献精神”。“红岩精神”是共产主义的世界观、价值观和人生观的重要体现。它充分展示了老一辈无产阶级革命家、共产党人和革命志士崇高的思想境界、巨大的人格力量、光彩的道德风范和浩然的革命正气。“红岩精神”是“延安精神”在南方敌后斗争中的具体生动的体现，同“井冈山精神”“长征精神”“延安精神”一样，是中国共产党优良传统与作风的结晶，是中华民族的精神瑰宝。同时，它又植根于中华民族不屈不挠的民族精神的沃土，植根于几千年来重庆人民身上所凝聚的传统美德，所以“红岩精神”既是我们中华民族宝贵的精神财富，又具有鲜明的重庆特色，是我们重庆人民的骄傲。

1985年10月15日，年届八旬的邓颖超同志重访红岩村，满怀激情地写下了“红岩精神，永放光芒”八个大字。这是老一辈无产阶级革命家对“红岩精神”的高度评价，对革命后辈的期望和嘱托。1991年4月16日，江泽民总书记来到重庆，走进红岩村，在周恩来等老一辈无产阶级革命家创立的历史丰碑下驻足凝思，挥毫题词："发扬红岩精神，沿着老一辈革命家开创的道路奋勇前进。"这是以江泽民同志为核心的党中央在新的历史条件下，向全党全国人民发出的号召。

重庆是老一辈无产阶级革命家杨闇公、刘伯承、聂荣臻、赵世炎的家乡；重庆是毛泽东、周恩来、邓小平、朱德、董必武、吴玉章、陈毅、贺龙、叶剑英、邓颖超等工作和战斗过，并且建立了丰功伟绩的地方。在这片壮丽的土地上，著名的民族英雄杨虎城，杰出的无产阶级革命家叶挺、廖承志、车耀先、罗世文，优秀的共产主义战士许晓轩、江竹筠、陈然、王朴等歌乐英烈在狱中与敌人进行过殊死的斗争，有的还流尽了最后一滴血。他们将永远受到3000万巴渝人民的爱戴，他们是巴渝大地上最为灿烂的群星。

今天，党中央、国务院决定设立重庆直辖市，既充分考虑到重庆的建置沿革，又考虑到重庆所应担负的历史使命；既考虑到重庆发展的现状，又着重于重庆乃至西部地区的未来；既考虑到自然的地域条件，又适应了文化背景与历史传统。在重庆发展的新的历史时期里，3000万巴渝各族人民是情同手足的兄弟姐妹，8.2万平方公里的巴渝大地是我们生于斯，长于斯，魂牵梦绕的家园，实现"开发大三峡，建设新重庆"是我们共同的历史责任。

二、设立重庆市直辖市体现了党中央、国务院对重庆市的亲切关怀

党中央、国务院历来十分重视和关注重庆的建设和发展。四川省委和省政府也对重庆的发展给予了关心和支持。

解放以后，我们党的三代领导集体都对重庆的发展与建设倾注了巨大的心血。

新中国成立初期，党中央设立重庆直辖市。当时的重庆是我国西南的政治、经济、文化中心，是西南地区党、政、军最高领导机关"中共中央西南局"（书记邓小平）、"西南军政委员会"（主席刘伯承）、"西南军区"（司令员贺龙）所在地。在邓小平、刘伯承、贺龙等老一辈无产阶级革命家的直接领导下诞生的重庆"直辖市"，为在重庆和西南地区彻底完成新民主主义革命的任务，建立、巩固和发展新生的人民政权，恢复千疮百孔、破败凋敝的国民经济，发展建设人民的生产的新重庆，实施新中国的经济建设计划，和平解放西藏，呕心沥血，殚精竭虑，发挥了巨大的作用，也为重庆解放40多年来的社会主义革命和建设，改革开放和现代化建设，奠定了重要的基础。

1954年6月19日，中央人民政府作出《关于撤销大区一级行政机构和合并若干省、市建制的决定》，重庆于7月1日并入四川省建制，改为省辖市。自大区撤销以后，毛泽东、刘少奇、周恩来、朱德、邓小平、陈云等党和国家领导人先后来重庆视察工作。

1954—1958年，考虑到重庆的历史地位和它在西南的特殊区位优势以及经济上的巨大影响力，中央决定对重庆实行经济计划单列，将重庆的各项经济计划管理纳入全国的综合平衡。重庆市计划管理接受中央和省的双重领导，重庆作为省级计划单位参加全国计划会议和全国性的各种业务会议。国家下达计划采取“先一后二”的办法，即把四川省作为一个计划单位列出后，再把重庆市的计划从四川省中单独列出来，直接下达给重庆。这一时期，重庆取得了令人瞩目的经济建设成就。据1957年底的统计，在四川省内，重庆全市工业总产值占1/3以上，钢及钢材只有重庆才能生产，发电量、水泥、机床、硫酸等主要工业产品的份额分别占全省的73%、87%、95%和66%，奠定了重庆作为新中国内陆工业基地的基础。

1964—1967年，为加强对经济的统筹管理，中央将全国七个大工业城市纳入全国的计划综合平衡，对重庆再次实行了经济计划单列。此时，正值国家大力着手“三线”建设的有利时机。1964年编制了以重庆为中心进行工业布局的《重庆地区三线建设规划》，随后进行了大规模的实施，共迁建、新建项目约200个，总投资达42亿元以上，从而使重庆的工业门类更加齐全，整体经济实力与科技水平跃上了一个新的台阶，同时也大大推动了重庆地区的小城镇建设和基础设施建设。

党的十一届三中全会以来，以邓小平同志为核心的党的第二代领导集体对重庆改革、开放、发展都给予了很大支持，把重庆作为中国改革的试验场，许多综合的、单项的改革试点都放在重庆进行。

1983年，党中央、国务院批准重庆作为全国第一个经济体制综合改革试点大城市；从1984年起，对重庆第三次实行经济计划单列。与新中国成立以后的前两次单列相比，第三次经济计划单列具有更加鲜明的改革开放的时代特征：对重庆市实行国家计划全面单列，而不像前两次单列那样只是部分经济指标；重庆市作为省级独立计划单位正式列入国家计划；赋予重庆省级经济管理权限并辟为外贸口岸；下放省属企事业单位；对财政、金融、物价、工资等宏观经济管理体制进行一系列改革。

在党中央、国务院的关怀下，重庆市在传统的计划经济的束缚中披荆斩棘，艰难前行。到 1996 年，重庆国内生产总值达到 1175 亿元，综合经济实力大为增强。重庆农村面积广阔，物产丰富，是我国猪肉、蚕茧、柑橘商品基地和重要粮食产地；重庆是我国重要的老工业基地，工业物质技术基础较好，工业是重庆国民经济的主体，固定资产存量达 713 亿元；工业企业 7612 户，其中国有企业及国家控股企业 725 户，国有大中型企业 216 户，有 12 家企业进入全国 500 家大型企业行列；重庆自古以来就是长江上游物资集散地，第三产业发展迅速，1995 年消费品零售总额 449 亿元；重庆科技实力雄厚，全市有高等院校 25 所、各类科研机构近 1000 所、科技人员 40 余万人，强大的科技优势，为经济的腾飞插上了翅膀；重庆是对外开放口岸，与世界 120 多个国家和地区建立了经济贸易合作关系，1996 年外贸进出口总值 14.1 亿美元，年末外商投资企业 1960 个。重庆的综合经济实力和区域中心城市的辐射功能不断增强，已经具有良好而广阔的发展潜力，进一步巩固和加强了重庆作为现代化的长江上游经济中心的地位。

随着改革的不断深入，各种深层次的矛盾不断显现，特别是如何建立与社会主义市场经济相适应的行政管理体制问题，日益成为重庆经济与社会发展诸种矛盾的焦点。进入 90 年代以来，以江泽民同志为核心的党的第三代领导集体对加快重庆的发展寄予厚望。江泽民、李鹏、乔石、李瑞环、朱镕基、胡锦涛等中央领导人多次来重庆考察指导工作。中央又批准重庆作为全国第二轮经济体制综合配套改革试点城市和沿江开放城市，给予许多优惠的政策。特别是 1994 年 10 月，江泽民总书记来渝视察时说：“重庆地位太重要了”，并题词勉励“努力把重庆建设成为长江上游的经济中心”。同年 12 月，李鹏总理又来渝考察，题词“开发三峡，振兴重庆”。这是党中央、国务院对重庆人民的极大鼓舞和鞭策。

1996年6月，党中央、国务院作出了设立重庆直辖市的重大决策。9月5日，国务院对四川省关于委托重庆市代管万县市、涪陵市和黔江地区的报告作出批复，从9月15日起，重庆市对上述“两市一地”进行代管。这充分体现了党中央、国务院对解决重庆管理体制方面存在的主要问题和推动重庆经济社会更快发展的远见卓识和雄才大略。这也是多少年来在重庆工作的同志和广大山城人民长期希望得到的机遇。

从1996年秋天以来，李鹏、朱镕基、胡锦涛、邹家华、吴邦国等中央领导同志来重庆视察、指导工作，给重庆人民以极大的鼓舞。中央政治局常委、国务院总理李鹏，副总理邹家华就新时期重庆面临的形势和机遇，就加强移民资金管理、监督、使用等作了重要指示。中央政治局常委、书记处书记胡锦涛同志就加强党的建设，特别是基层党的组织建设和理顺重庆整体发展思路，作了重要指示。吴邦国副总理按照李鹏总理的指示，率领19个部委的领导同志来到重庆和库区，听取汇报，调查研究，对重庆进一步理清经济发展思路，搞好经济结构调整，特别是振兴工业经济，作了深入分析和具体指导，系统地提出了支持重庆改革、发展的措施和意见。中央政治局常委、国务院副总理朱镕基就抓好农业生产及粮食的收购与存储，就推进企业的发展和结构调整，尤其是对企业实行规范破产、鼓励兼并、减员增效、下岗分流，实施“再就业工程”等工作，作了重要指示。

党中央、国务院的亲切关怀和大力支持，中央领导同志的具体指导和帮助，使我们进一步认清了形势，了解了发展的机遇和前景，找到了工作和思想上的差距，逐步理清了思路，改进了作风，增强了信心。3000万巴渝儿女正满怀信心地抓住机遇，迎接挑战，为完成党中央、国务院赋予重庆的历史使命而努力奋斗。

几十年来重庆在各方面取得的成绩，也是在四川省委、省政府领导下取得的，是四川省各兄弟地市和四川1亿多人民共同支持的结果。过去重庆和四川是一家人。设立重庆直辖市后，重庆和四川虽然在行政管理上分了家，但是，感情上不会分家，工作上不会分家，合作上不会分家，文化上更不会分家，我们巴蜀之间的亲情源远流长。在新的形势下，重庆市和四川省面临着共同的发展任务，需要共同开发市场，共同开发资源，因此，更需要加强团结，互相支持，共同发展。重庆市会以加快发展的实际行动和成绩来回报党中央、国务院的关怀和支持，回报全川父老乡亲的关心和支持。

三、设立重庆直辖市使重庆肩负着重大的历史使命，标志着重庆进入了一个新的历史发展时期

（一）面向新世纪，重庆肩负的历史使命

设立重庆直辖市是党中央实现中国跨世纪发展目标的战略选择，同时又赋予重庆新的、十分艰巨的历史使命，对重庆的建设和发展寄予殷切希望。

今后十五年重庆肩负着三大历史使命：

1. 统筹组织三峡工程开发性移民和城镇工矿搬迁，保障三峡工程顺利进行，加快库区经济发展

三峡工程是我国在建的，当今世界上最大的水利水电工程，它的突出效益是防洪、发电、航运，并将为南水北调创造条件，对我国未来的经济与社会发展具有十分重大的战略意义。三峡水库淹没区除少数在湖北省外，其主体部分都在重庆市，共涉及 19 个县市，直接受淹人口 84. 62 万人，其中非农业人口 48. 47 万，农业人口 36. 15 万，淹没土地 55 万亩，成库后将形成长达 600 公里，水面面积 1084 平方公里的巨大水库。据测算，到 2008 年，整个三峡工程动态移民总数将达到 120 万人，重庆直辖市要承担 107 万移民任务。同时，需迁建或部分迁建 13 座县（市）城和 140 个集镇，搬迁工矿企业 1300 多家。动迁规模之大，时间跨度之长，都是中外历史上前所未有的。政治、经济、科技、生态、社会、文化等各种因素相互交织，牵一发而动全身，这是三峡工程给我们出的一道世界级的难题。

移民是三峡工程最复杂、最艰难、事关全局的大事。在中外历史上，有关水利工程在移民方面不乏成功的经验和动人的事例，但也有不少惨痛而深刻的教训。就我国而言，修建的水库规模越大，移民的后遗症就越多，延续时间就越长。究其缘由，盖因实行补偿性移民的办法所致。因此，党中央、国务院最为关切的是百万移民的安置。李鹏总理在长江三峡工程开工典礼上指出：“库区移民是三峡工程成败的关键，任务十分艰巨”，我国“实行开发性移民的方针”。这一方针是我国政府对中外众多水库移民的成败得失进

行认真总结和深刻反思，在对新中国成立40多年来传统的补偿性移民方式进行扬弃的基础上，从三峡工程的特殊性和三峡库区贫穷落后的实际出发作出的慎重决定。这是在改革开放，建立社会主义市场经济体制新的历史条件下的伟大探索和创举，具有十分重要的现实意义和深远的历史意义。

三峡工程的成败关键在移民，而做好移民工作的关键又在于把开发性移民的方针落到实处，使三峡工程建设实实在在地成为库区人民走向现代化的一个契机。

设立重庆直辖市，建立强有力的领导和市郊直辖的管理体制，有利于统筹规划、统一领导三峡库区的移民工作，加强对移民资金的统筹安排和管理，也有利于吸引更多的国内外资金投入到三峡移民工程中来。通过合理运用移民资金及其他发展投入（如扶贫资金），充分运用中央给予的政策，并结合库区实际制定科学合理的政策，充分利用库区资源，广泛发动库区人民自力更生，艰苦奋斗，在全国人民的支援下，对库区沿江19个县市和农村进行改造和开发，扩大人口生息容量，改善生态环境，妥善安置移民，改变库区落后面貌，比较快地赶上全国平均发展水平，实现库区经济社会的协调发展，真正把国家开发性移民的政策落到实处。还有利于对三峡库区进行集中管理，并促使三峡经济区的完全形成；加大对三峡库区开发开放的力度，形成新的有竞争力的群体优势，从而有利于做好移民工作，加快三峡工程建设。

要实现移民搬得出、安得稳、能致富的目标，就要努力建设库区大社会，调整库区经济结构，重新布局库区生产力，使库区社会迅速发挥其功能，经济发展保持较高速度。这就意味着，在不到15年的时间内，新重庆要全面开放、开发，高速发展社会主义市场经济，努力追赶全国先进省市，完成历史赋予新重庆的经济发展和淹没迁建的双重任务。这是国内其他直辖市和省区所没有的特殊使命。

2. 加快重庆市经济发展，增强中心城市的综合实力，完善城市功能，建设长江上游产业群，从而充分发挥重庆作为特大经济中心城市的作用，进一步推动川东地区以至西南地区和长江上游的经济和社会发展

根据邓小平同志的设计，80年代我国经济发展的战略重点是沿海地区，

这一战略的实施已使我国沿海地区经济得到飞速发展，揭开了我国经济大发展的序幕。那么，90 年代开发的重点就是长江流域，以形成长江经济带。因此，党中央作出了开发上海浦东，并以浦东为“龙头”，实施长江开发战略的重大决策。

在实现跨世纪宏伟目标的伟大进军中，包括长江上游在内的整个长江经济带，是继沿海经济带之后正在兴起的支撑中国经济的又一条发展主轴。长江与沿海一起，构成了当今我国区域经济新格局的主框架。作为国家发展战略重点之一的长江流域，在未来二三十年内，必将成为中国经济发展的又一条黄金地带。

目前，重庆的城市综合实力与京津沪和其他老大哥省份相比，还有相当差距，新重庆的多数经济指标在全国各省市自治区中，均居于 20 位以后的中下水平。因此，重庆的任务首先就是要通过改革开放，发展社会主义市场经济，切实壮大自己的经济实力，铸造雄厚的经济基础，凭借独特的区位优势，建设起与上海浦东产业群相呼应的长江上游产业群，充分发挥中心城市的功能，最终带动长江上游及西南地区快速发展。

3. 在特大城市带大面积农村的行政管理体制和加速城乡经济一体化方面探索新的路子，加快农村经济的发展，实现城乡共发展、共繁荣

重庆直辖市总面积 8. 2 万平方公里，总人口为 3001. 78 万人，其中非农业人口 559. 43 万人，占总人口 18. 63%。现辖 43 个区市县、1504 个乡镇(街道办事处)。耕地面积 162. 91 万公顷，人均占有耕地面积 0. 81 亩。与其他三个直辖市相比，新重庆市行政辖区最大，人口最多，其面积是北京、上海、天津三个直辖市总面积的 2. 39 倍，人口是三个直辖市总人口的 83. 2%，所管辖的区县是三个直辖市所辖区县总数的 75. 4%。而且新重庆除有类似京、津、沪的特大都市外，同时还拥有更广阔的农村和众多的农村人口，农村人口占总人口的 81. 37%。还有 5 个少数民族自治县。城乡二元经济之间的矛盾与差距巨大；在行政管理体制上，也有明显的过渡性。

如何探索城乡结合，城乡一体化发展的新路子，既是中国改革面临的重大课题，也是一个世纪性的难题。从 1983 年重庆经济计划单列以来，重庆就肩负起了“市带县”的改革重任，进行了许多有益的探索，迈出了大城市

带动大农村的坚定步伐，积累了宝贵的经验，重庆市也因此具有了大城市与大农村并存的特点。今后，在重庆直辖市管辖的范围内，农村特别是较为贫困的农村的比例大幅度地提高，使重庆大城市、大农村的特点更加突出。以特大城市来带动广大农村的发展，这种状况是我国其他特大城市所没有的，在世界城市发展史上也没有先例可循。我们相信，只要按照党中央、国务院的统一部署，坚持解放思想，实事求是的思想路线，经过全市各族人民的艰苦努力，我们就一定能够充分发挥重庆城市经济的整体优势，在探索实现城乡一体化，城乡共发展、共繁荣的新路子方面提供新鲜经验，不负党中央、国务院的重托，为我国经济体制与政治体制的改革作出更大的贡献。

（二）新重庆发展所具备的有利条件

要完成光荣而艰巨的三大历史使命，新重庆具备了诸多有利条件：

1. 重庆在内陆城市中具有独特的区位优势

重庆在我国版图上占有极为重要的地理位置。它处在长江大动脉的上游，云、贵、川三省的交界点，是东部经济发达地区和西部资源富集地区的接合部。我国《国民经济和社会发展“九五”计划和2010年远景目标纲要》规划了七个跨省区市的经济区域，其中一个是长江三角洲和沿江地区，还有一个是西南和华南部分省区，重庆则横跨这两大经济区域。同时，重庆还处于我国三大国土开发区（三峡经济区、乌江水电及有色金属开发区、攀西六盘水开发区）的中心部位。独特的区位优势决定了重庆具有对长江经济带和西南经济区的双重聚散功能，兼得长江沿江地区和西南地区开发之利，在东西部的渗透和融合中发挥着承东启西、左右传递的枢纽作用。

2. 重庆市作为长江上游最大的经济中心城市和与海外经济往来的重要内河口岸，是西南地区重要的水陆交通枢纽和科技、文化教育事业的中心

现已形成汽车摩托车、冶金、化工三大支柱产业，以及一批优势行业支撑的工业体系，具有突出的资源优势、科技优势、配套优势和运输优势。铁路、水路、公路、航空立体交通运输网络和邮电通信网络正在形成，交通、邮电通信较发达，是西南地区的综合交通枢纽。邮电通信发展迅速，是西南地区的邮电网络中心。科技教育力量雄厚，拥有科研机构近1000个，普通高校25所，科技人员40多万；广播、电视、新闻、出版也多有长足发展，

电视人口覆盖率达85%。卫生机构和体育设施也较完备。已同海外120多个国家和地区建立了经济贸易合作关系。现有各类开发区近50个，其中国家级2个，省级10个。此外，还广泛开展地区间的横向经济联合协作和对口支援工作，如五省七方经济协作、三峡移民对口支援等，都取得良好效果。内外贸易、金融、旅游等第三产业发展较快。初步形成了以资金存贷、同业拆借、证券买卖、外汇调剂为主的金融市场。城市基础设施建设取得明显成就。市场建设、城市道路、园林绿化、城市住房等都有了明显改观。城市的多功能服务作用加强。投资环境大为改善。

3. 区内资源丰富多样，尤其是优势资源突出

重庆及三峡库区是我国西部资源富集区之一，自然资源丰富多样，光热水土配合良好，具有显著优势的国土资源，是重庆地区经济发展的良好物资基础。境内有价值的矿产资源40余种，尤以天然气、铝土矿、盐矿等矿产资源最为丰富。淡水及水能资源异常丰富。重庆有世界上最大的三峡水库，平均水资源总量超过每年5000亿立方米，水能理论蕴藏量1400多万千瓦，拥有可开发的水能资源达750万千瓦。农业的自然条件好，市场潜力大，全市的粮食、生猪、蚕茧、烟叶、柑橘、茶叶等产量在全国大城市中居首位。自古以来，“巴山蜀水”便以峡谷风光为主休的自然风景驰名天下。在重庆辖区内，有以三峡为代表的独具特色、得天独厚的旅游资源，发展前景良好，市场辽阔。长江三峡闻名世界，大宁河小三峡山清水秀，乌江峡谷号称天险，嘉陵江小三峡险峻幽深，金佛山闻名天下，缙云山号称“川东小峨眉”，四面山有地球同一纬度唯一幸存的原始森林。更有红岩村、歌乐山、大足石刻、合川钓鱼城等历史胜迹，从而展现了旅游业成为重庆新的支柱产业的美好前景。

4. 市场潜力巨大

重庆背靠大西南和沿长江一线，面对着广阔的、达1亿人口的内地城乡腹地市场，人民生活由温饱向小康过渡将产生巨大的消费需求，三峡工程巨额投资、库区移民和城镇工矿搬迁、大规模的基础设施建设、支柱产业发展、能源基地建设等，将产生巨大的投资需求，具有很大的开发潜力，更是重庆经济发展广阔的空间。

5. 重庆人民有着不甘落伍、加快发展的强烈愿望和决心

尤其是近年来，通过广泛开展“弘扬红岩精神，塑造当代重庆人”的活动，“爱国、奋斗、团结、奉献”的“红岩精神”和“宁愿苦干，不愿苦熬”的“黔江精神”，已成为激励重庆人民奋发向上的强大精神力量，为重庆的振兴奠定了良好的思想基础。

目前，重庆国民经济实现了持续稳定增长，工业结构调整取得新进展，农业和农村经济保持了稳定增长，市场繁荣，物价稳定，财政金融形势平稳，以国有企业为重点的经济体制改革不断深化，对外开放进一步扩大，基础设施和重点建设取得新成就，移民工作进展顺利，社会各项事业继续发展，精神文明进一步加强，代管工作圆满实现了“思想领先，平稳过渡”的要求。这些便构成了新重庆前进和进一步大发展的基础。

四、设立重庆直辖市使重庆在全国大格局、大战略中面临极好的发展机遇，是21世纪中国现代化发展前景对重庆的召唤

80年代，我国成功地实施了沿海发展战略，已经使沿海地区成为我国经济中最具活力，与世界经济融合度最高的地区。但是，在此期间，我国广大内陆地区与沿海地区在经济、社会、文化发展上的差距进一步拉大。有鉴于此，进入90年代，党中央从实现中国社会主义现代化第二步战略目标的高度，作出了实施中西部开发、长江经济带的发展、三峡工程建设这“三大跨世纪发展战略”的重大决策。

对重庆来说，从现在起到下世纪初，宏观环境机遇与挑战并存，是重庆发展的极为重要的时期。历史为重庆的发展提供了四个重大的机遇：

（一）中央关于加快中西部地区发展的战略决策的实施

中西部开发战略就是要把改革开放和投资的重点及政策导向，逐步由沿海向内地、由东部向西部、由经济发达地区向资源富集地区转移，以实现全国经济的平衡发展。在中央政策的引导下，国内外金融组织的贷款也将大幅度地向中西部倾斜，这就为广大内陆腹地的全面开发、开放，特别是中西部的崛起创造了极为有利的条件。

中国的中西部地区是资源富集地区，东部则是经济发达地区。由于重庆

所具有的中国东部经济发达地区和西部资源富集地区的接合部和传递手的战略地位，因此，要发展中国西部地区的经济就首先需要发展重庆，要拉开中国西部地区的经济发展的序幕，就需要首先选择重庆来启动。这一战略的实施和重庆独特的区位优势，既给重庆带来了新的发展机遇，也赋予了重庆进一步壮大自己，充分发挥特大经济中心城市的作用，进一步推动川东地区以至西南地区和长江上游地区的经济和社会发展，加强对中西部地区的吸引力和辐射力的历史责任。同时也预示着未来中国西部地区发挥优势，告别贫穷，实现面向21世纪经济腾飞的历史性跨越的美好前景。

（二）长江经济带开发战略的实施

长江是中华民族的摇篮，长江流域是中国经济的命脉，长江流域在中国改革开放和经济发展格局中发挥着越来越大的作用。历史赋予长江跨世纪的使命，也给予长江流域跨世纪的机遇。这是我们走向新世纪的基础。

在实现邓小平同志提出的中国社会主义现代化建设“三步走”发展战略的过程中，特别是在第二个战略发展阶段和第三个发展阶段中，中国经济发展的布局将有一个战略性的调整，即从20世纪末到21世纪上半叶的几十年时间里，中国经济优先发展的地区将是长江流域。

长江流域贯通中国东部、中部和西部，腹地辽阔，沿江七省一市人口4.085亿，占全国的34.9%；面积为145万平方公里，占全国的15.1%；国内生产总值8964亿元，工业总产值15473亿元，社会消费零售总额4030亿元，进出口贸易总额445亿美元，分别占全国的37.3%、41.7%、36.7%和27%。农业总产值、全社会固定资产投资总额、外商实际直接投资额分别占全国的38.5%、34.8%和24.8%。在整个长江流域经济带迅猛发展的同时，以上海为中心的长江三角洲已经成为全国最强大的经济区之一，以武汉为中心的长江中游经济圈也已初具规模。在上游，则有以重庆为中心的长江上游经济圈。重庆在长江上游经济圈的中心作用，是其他城市所难以替代的。

不论是作历史的研究，还是对现实的分析，不论是中国经济资产的数量还是质量，不论是人口的数量还是国民的素质，长江流域都高于中国的北部和南部地区。这一流域的发展将会带来最高的经济社会效益，得到最高的回报率。长江经济带的崛起，将更加强劲地带动我国北方和南方的发展。因此，中国改革开放的战略重点将不断向长江流域纵深推进，长江流域经济带将成为21世纪中国经济发展的增长极。

重庆地处长江“龙尾”，是“龙尾”地区最大的工商业城市，以重庆为依托建设长江上游新型的产业群，从而与上海浦东“龙头”相呼应。龙头耸峙，龙身涌起，龙尾摆动，方能促使面向世界，面向未来，具有中国特色社会主义现代化特征的长江流域经济带的完全形成，长江流域将成为中国经济在21世纪起飞的高速路。

（三）三峡工程建设和库区经济开发战略的实施

正在建设的长江三峡工程是当今中国最大的跨世纪工程。它与浦东分别位于长江经济带的东、西两端。这两个跨世纪工程的巨额投资，尤其是它对改革开放、经济发展产生的巨大的乘数效应和开发开放的能量积聚，将推动长江流域乃至全国经济的新飞跃。

重庆作为库区最大的城市，既承担着开发三峡、服务三峡的任务，又面临着抓住三峡开发的历史性机遇，发展重庆、振兴重庆的使命。重庆市承担的百万三峡移民工作是一项艰巨任务。但是，辩证地看问题，这又是重庆振兴和发展的巨大机遇：首先是中央对三峡实行开发性移民方针，将投入巨额移民资金，这对重庆市未来产业结构的调整是一个机遇；其次，中央确定由全国几十个省市和部委对口支援三峡库区各地市县的移民工作，这种对口支援的主要形式是把具有一定优势的产业和技术转移到三峡库区来；最后，三峡工程所形成的巨大市场已经引起国外财团的巨大投资热情，将会出现国外投资从沿海地区向中国西部，特别是三峡库区转移的局面。这就使重庆在三峡库区形成新的产业带成为可能，成为重庆进一步振兴和发展的历史性机遇。

只要我们坚决地、正确地执行中央所确定的开发性移民的工作方针，利用好国家支持三峡库区开发的政策，就不仅能够成功地完成移民任务，而且完全可以在长江上游三峡库区建设形成一个新型的产业群，库区经济发展大有希望。

（四）重庆直辖市的设立

重庆直辖市的设立，将大大地提高重庆在国家行政管理体系中的地位，增大重庆在行政、立法、司法方面的管理权限；提高重庆在国家经济调控体系中的层次；中央对重庆的支持将有利于解决重庆的困难，奠定未来大发展的基础；将更加有利于发挥重庆的中西部桥梁和纽带作用，长江开发的“龙尾”作用和三峡库区开发的牵头作用，从而推动重庆城市超常规跳跃发展，以发挥其长江上游最大的经济中心城市的作用。

重庆直辖市的设立，将实现重庆与万县市、涪陵市和黔江地区的优势互补。重庆具有优越的区位优势、内陆城市对外开放的独特优势和强大的城市综合实力。而万县市、涪陵市和黔江地区在自然资源、生态环境、水路交通、旅游资源等方面则有着明显的优势。设立重庆直辖市就可以在8万平方公里的巴渝大地上，实现资源、经济、科技、人才和政策优势的互补，各地可以互为市场、互为基地、相互支援、共谋发展，并形成新的综合优势，从而在更大的区域内实现资源的合理配置，更加有效地联合开发与利用，更加科学地进行生产力的合理布局与发展，促进地区产业结构的合理化。重庆市将会在党中央、国务院的支持下，经过艰苦奋斗，更加有力地带动这些贫困地区和少数民族地区的发展，加快全市人民共同致富奔小康的步伐，从而形成优势互补、携手并进的新局面，实现经济与社会的可持续发展。

设立重庆直辖市将极大地推进新重庆的工业化、城市化、现代化，加快重庆市城乡一体化的进程。十多年重庆改革的目标指向，实际上就是把一个在计划经济体制和行政地域束缚下的工业基地，改革成为一个符合社会主义市场经济要求的经济中心城市，充分发挥重庆在区域经济发展中的“龙头”作用、“窗口”作用和辐射作用。工业化和城市化是三峡库区迈向现代化必须经历的历史阶段，是三峡库区经济与社会发展的必然趋势和首要任务。当前，重庆的经济与社会发展状况还很不平衡。设立重庆直辖市后，重庆这个特大城市将在自身发展的基础上，极大地加速区域的工业化、城市化和现代化的水平。而三峡库区的发展又会促进重庆城市的发展。世界城市发展史表明，大城市的崛起光靠自身的发展是远远不够的，需要一个强大的城市群的依托。重庆城市经济在三峡库区一枝独秀的状况已经成为重庆在新世纪再度崛起的制约因素。重庆直辖市的设立将会造就出一批各具特色、充满生机与活力的中小城市，形成一个强大的城市群，大大推进整个新重庆的现代化步伐。

设立重庆直辖市将极大地推进重庆改革的步伐，是进行体制创新的最好条件。新设立的重庆直辖市是一个独具特色的“综合性中心城市”。它既有特大的城市，又有广袤的农村；既是“直辖市”，又具有“省”的某些特征。这种特殊的新体制、新格局，既是挑战，更是重庆进行体制创新的极好机遇。它不仅能使重庆更好地推进“两个转变”，进行老工业基地改造，搞好国有大中型企业，又有利于打破条块分割的体制，探索军民结合、部市结合、城乡结合，共同发展、共同繁荣的新路子。

设立重庆直辖市将极大地提高重庆在国内外的知名度，极大地增强重庆人民热爱重庆、建设重庆的光荣感和自豪感、责任感，极大地振奋重庆人民的精神，鼓舞重庆人民振兴重庆的信心和决心。

设立重庆直辖市，也使重庆面临着必须集中力量解决好关系全局的四大难题，即完成三峡工程百万移民和城镇工矿搬迁工作，这是三峡工程成败的关键；完成近400万贫困人口的脱贫任务，是造福人民，关系国家2000年实现扶贫攻坚总目标和重庆市经济社会发展总目标的大事；老工业基地改造任务很重，工业经济运行质量和效益不好，影响全市综合经济实力；库区生态环境形势严峻，必须处理好经济发展与环境保护的关系，建设一个山清水秀的生态经济区。同时，重庆经济社会发展的基础仍很脆弱，重庆市人口较多，地区发展不平衡，综合经济实力处于全国中偏下水平，二元经济结构十分突出，城乡差别较大，城市人文环境欠缺，市民素质亟待提高，因此，加快发展是重庆最为紧迫的历史任务。

机遇与挑战并存，希望与困难同在。机遇大于挑战，希望多于困难。总之，只要我们从世界、中国、中西部发展战略上去审视重庆直辖市的设立的重大意义，就会发现这是我国实行中西部开发、长江经济带的发展、三峡工程建设这“三大跨世纪发展战略”聚集的必然，是重庆经济与社会发展面临的历史性机遇，是21世纪中国现代化发展前景对重庆的召唤。

世界著名政治家、美国前国务卿基辛格博士对重庆发展前景的“预言”，或许能够给我们以启示。1996年9月8日，他第三次访问重庆。在渝期间，他参观了桂园、史迪威将军博物馆，再一次回顾了第二次世界大战期间中美合作抗击日本军国主义的历史，再一次亲眼目睹了重庆的可喜变化，访问给他留下了深刻印象。他说，1987 年他访问上海时曾“预言”浦东将得到巨大的发展。可是有人并不相信，说浦东开发是永远不可能的。然而两年前，当他再次访问上海的时候，浦东已经成为一座拥有 152 万人口的“新城”。基辛格预言：“重庆的发展将取得像浦东一样辉煌的成果”，“重庆将具有辉煌的未来”。[①] 历史钟情于重庆，全国人民寄希望于重庆直辖市。重庆应集全国改革开放之经验，抓住历史新机遇，以全新的机制、全新的面貌，促进重庆大发展，使重庆尽早真正成为带动中西部加快发展的“火车头”。

①《张德邻会见基辛格博士》，载《重庆日报》，1996 年 9 月 9 日第 1 版。

市委宣传部召开理论界座谈会 为建设新重庆献计出力[①]

为深刻领会、全面贯彻党中央、国务院设立重庆直辖市的重大战略决策，充分发挥理论界的优势，更好地为建设新重庆献计出力，4月3日上午，市委宣传部主持并召开“设立重庆直辖市理论界座谈会”。

来自我市社科理论界，部分大专院校的专家学者，以及市级有关部门的负责同志近50人参加座谈会。他们认为，设立重庆直辖市，是党中央、国务院从全国总体发展战略出发而作出的一项重大战略决策。它不仅对21世纪中国中西部地区的社会经济发展产生重大影响，也给重庆的经济发展和社会进步带来千载难逢的历史机遇。如何抓住机遇建设新重庆？不少同志认为，一定要用好政策，开创性地开展工作。当前，尤其要进一步强调以经济建设为中心，面对新重庆面临的挑战和困难，全市人民定要树立改革的形象、开放的形象、文明的形象。理论界特别要注意解放思想，更新观念，要用自己优秀的科研成果为市委、市政府的决策服务，为振兴重庆献计出力。

在座谈会上，大家还就新重庆如何寻求新的经济增长点，如何加强政府宏观调控，如何抓好干部队伍建设、人才培养、科技投入，以及精神文明建设等方面工作，发表了中肯的意见。

市委宣传部常务副部长刘庆渝作总结性讲话。他要求全市各级宣传部门，特别是理论工作者要大力宣传重庆直辖后肩负的历史重任。他勉励全市理论工作者要深入学习邓小平同志建设有中国特色社会主义理论，认真学习

①本文原载于《重庆日报》，1997年4月5日。

并领会江泽民同志、李鹏同志为重庆的题词精神，学习全国人大八届五次会议有关决议，进一步加强社科队伍的建设，紧紧围绕中央交给重庆直辖市的三大历史任务开展科研工作，以丰硕的科研成果，当好市委、市政府的参谋和助手，为新重庆的振兴贡献自己的力量。

（《重庆日报》记者　胡　嘉）

《重庆日报·我说直辖》[①] 专栏文章（共三篇）

建设新重庆　应从我做起

周　勇

1997年3月14日，这是重庆历史上一个值得大书特书的日子。机遇珍贵，必须倍加珍惜，我尤感“责任大于喜悦”。作为市民之一分子，能为建设“现代化的重庆直辖市”做点什么呢？我看，有必要重提“从我做起”，以“四要四不要”与大家共勉。

一要文明，不要粗野。文明的要旨是讲规矩，守纪律。“没有规矩，无以成方圆。”这是为人成事的基本准则。现代文明的基本特点之一是“法治”，现代都市市民的基本素质是知法守法。这个“法”，既有“法律法规之法”，更有“道德法庭之法”。但是，在我们的生活中，不乏“粗野者”：或有法不依，或知法犯法，或不守社会公德，或肆意侵害他人利益，更有甚者，为一己之私利而不惜在世界、在国人面前损害我们城市的形象。作为重庆市民，在走进直辖市门槛的时候，尤其需要提高道德素质，培养法制观念；需要按照“规矩”堂堂正正做人，老老实实做事；需要克服“水流沙坝”的粗野习气，做个文明的重庆人。

---

①1997年4月3日，《重庆日报》开设《我说直辖——话机遇，谈责任，找差距，作贡献》栏目。“开栏寄语”说，“直辖”究竟意味着什么？“直辖”后我们面临的机遇、承担的任务、肩负的责任、遇到的困难和挑战是什么？如何按照党中央、国务院的要求，结合我们的市情和实际工作，努力建设好我们重庆直辖市？建设现代化的重庆直辖市，与我们全体党员干部和每一位市民是什么关系，我们应该具有什么样的素质，应该有什么样的思想道德、业务能力、精神状态和实际行动？对于这些正如媒体的一篇报道中提出的“你准备好了吗？”为了让“直辖意识”融入我们每一个人的心扉，牵动我们每一个人来思考，本报决定开设《我说直辖》专栏。本书收入其中三篇。

二要开放，不要故步自封。100多年来，重庆以地利之便，得风气之先，长期领导内地思想的新潮流。这是我们常常引以为自豪的。但是，这些年来，在有的人身上，争强好胜成了妄自尊大，动辄以“第一”“之最”自居而拒绝学习。重庆人有的太小家子气，既不能心怀祖国，更不能放眼世界。以至于近几年，当川西率先抛弃“盆地意识”，奋起直追的时候，我们显得不那么自觉，甚至不那么以为然。痛定思痛，不能不说，解放思想乃是建设直辖市的第一要义。

三要自尊，不要妄自菲薄。是的，重庆还有很多不如人意的地方，还面临着不少困难。但是，重庆有悠久的历史，有灿烂的文化，有优良的传统，有勤劳的人民，有厚实的基础，特别是有党中央、国务院的关怀和全国人民的支持。我们要抛弃的只是妄自尊大，决不能妄自菲薄。“从来也没有什么救世主”，要实现重庆的振兴，必须依靠3000万人的不懈努力。

四要进取，不要坐享其成。纵观世界各国，建设现代化的全过程，就是创业的过程，是艰苦奋斗的过程。今天的重庆，正处在第二次创业的关键时期。历史已经决定了我们这一代重庆人，只能是创业的一代、奋斗的一代，而不是享受的一代，更与奢靡无缘。江泽民主席倡导的“艰苦奋斗、知难而进”的创业精神，应当成为我们的座右铭。

古人云：“海纳百川，有容乃大。”实现重庆的腾飞，我们要学习的实在太多太多，身为市民，在保持热情、豪放、耿直、泼辣、敢为天下先的秉性的同时，我们不妨学学北京人的大度与政治素养，学学上海人的精明与敬业精神，学学天津人的实干与幽默，学学成都人的文雅与细致。如此，则重庆振兴更快。

直辖直说

邓传宽①

重庆直辖，举市同庆。欣喜之余，又不免生出一些担忧：会不会由于直辖冲昏了某些人的头脑，从而“飘飘然”起来？每个重庆人是不是都真正把直辖当成了自己的责任？敢不敢于正视我们工作中的不足和弱点，从而为建成一个综合实力和干群素质与直辖市地位相称的新重庆而奋起直追？基于此，直言如下，与各级干部共勉。

多想想全市的发展，少考虑一些个人的得失。没有全市发展的最高利益，哪来个人和单位的局部利益，这个道理显而易见。因此，对待机构调整、级别确定、干部去留、福利待遇等诸多方面，我们都应有一个正确的态度。从某种意义上讲，能否摆正个人同全局的关系，这也是直辖对我们干部的一次检验和考验。

多务一些正事、急事，少做一些表面文章。“一大二穷”是我们的基本市情。现在百事待举，上百万移民要安置，300多万人口要脱贫，工业经济要振兴，这些都是火烧眉毛的大事，任务艰巨，唯有勒紧裤带，艰苦奋斗，方能完成任务。如果直辖伊始，就忙于为本单位装点“门面”，提升“形象”，大把花钱，这恐怕于情不合，于理有悖。事实上，一个好的形象主要不是看外表。哪一天重庆成了极具实力的长江上游经济中心，两个文明建设比翼齐飞，直辖市的形象自然会令人信服。

---

①作者时任重庆市政府研究室主任。

多几分谦虚谨慎，少一点盲目自大。老实说，同许多兄弟城市比，我们还没有资格称“大”。要讲“大”，就要用只争朝夕的精神，把重庆建成包括大城市、大农村、大工业、大农业、大交通、大流通在内的“大经济”，即现代经济。老“大”徒伤悲。这句话需要时时记取。为此，直辖后的重庆人，在对内对外宣传、交往、合作，乃至待人接物等各个方面，都应放下架子，善于取人之长，补己之短，切忌盛气凌人，尤其要防止用自己一时一事的成就，去同整体超过自己的城市作不适当的比较。

多一点抓工作的实干精神，少提一点虚劲。重庆人才济济，成果迭出，点子也多，改革前期曾在若干方面为全国改革提供过有益的经验。惜乎有些事始而轰轰烈烈，继而稀稀松松，最后无“疾”而终。或者强调今天的工作重点，就丢掉了昨天的工作重点。这恐怕同一些人“虚晃一枪”的工作作风不无关系。

建设新重庆　贵在一个新

朱丁中[①]

重庆直辖，的确是难得的发展契机。大城市带大农村，而且一部分农村尚处于贫困线上，困难的确不小。但我认为：只要思想不滑坡，办法总比困难多。现在重庆是机遇与挑战同在，困难与希望并存。要建设新重庆，我认为关键要突出一个“新”，做好“新”字这篇大文章。

一要观念新，不要因循守旧。制定重庆的“九五”计划和2010年远景目标，要站在直辖市角度去思考，具有新思维，具有“大家”气魄，深刻分析新重庆面临的形势，总结过去的经验教训，要敢于“破旧立新”，不要“一叶障目”；要看到“山外还有山”，“天外还有天”，要与世界接轨，增强开放意识，加大开放力度。

二要领导干部精神面貌新，不要以“我”为核心。建设新重庆，不仅需要将才，更需要帅才和各方面的人才。作为领导干部，在选拔下级领导干部时，要有海纳百川的容人之量，不搞“山头主义”，不只是盯住身边的人；不武断做主，应拓宽视野，不拘一格选人才。古语云：“有贤而用之者，国之福也。”要具有纳贤的胆识、气魄和容量，切不可小肚鸡肠，武大郎开店；要容得下超过自己的拔尖人才。为了加快重庆发展，有必要从沿海城市引进一批各类人才。

三要言行举止新，不要低级庸俗气。重庆直辖后，应在创建文明城市上

①作者时为重庆石油仪器厂干部。

下功夫，动真格。作为直辖市的市民，思想道德素质要进一步提高，言行举止要文明，切不可出口成“脏”，见利忘义。对外地人切不可粗野、欺诈，说话要和气，买卖要公平，问路要热情。人，是城市的核心，言行举止是社会文明的缩影。因此，要以创建文明城市为载体，以人为本，搞好做一个直辖市合格市民的养成教育，促进社会新风气和道德新风貌的形成。

四要规范管理新，不要放任自流。毋庸讳言，过去重庆交通混乱，大车、小车、摩托、中巴、自行车到处抢道、乱停乱放，给人一种不安全感。特别是一些中巴、出租车“宰客”，给重庆造成不良影响。重庆的厕所广告，更是“臭名天下”；街头乱摆摊点的小贩，挤占天桥过道的“小贩游击队”，的确大煞风景，给重庆烙下了“脏、乱、差”的印象。如今重庆直辖了，市有关部门应该毫不手软地对这些进行治理，规范化管理，不能容忍有损重庆形象的行为再发生。如果规范管理不力，我想首先就应该惩处管理者。

五要舆论导向正确、新鲜，不要搞“马后炮”。宣传重庆直辖市，要把握好政治导向。要结合建设新重庆的实际，以“塑造重庆新形象”为突破口，进行“直辖市与重庆人形象”大讨论，在全市掀起“学习京、津、沪，建设新重庆”的宣传教育活动，形成突出转变观念、突出经济建设、突出精神文明建设为重点的强大舆论态势；及时报道鲜活事物，为建设重庆鸣锣开道。

四川省重庆市领导同志座谈会在蓉举行①

巴山蜀水亲情永固，携手共创美好未来。4 月 5 日下午，四川省、重庆市领导同志座谈会在成都金牛宾馆举行。

四川省委书记谢世杰，省长宋宝瑞，省人大常委会主任杨析综，省政协主席聂荣贵，省委副书记秦玉琴、杨崇汇、张中伟；重庆市委书记张德邻，市委副书记、代市长蒲海清，市人大常委会主任于汉卿，市政协主席张文彬，市委副书记刘志忠等出席了座谈会。

省委书记谢世杰在座谈会上讲话时说，今年 3 月 14 日，八届全国人大五次会议审议通过了设立重庆直辖市的议案。这是党中央、国务院为加快四川、重庆发展和推动三峡工程建设所采取的一项重要措施，是四川、重庆政治生活和经济、社会发展史上的一件大事，意义重大，影响深远。

谢世杰说，重庆在四川发展史上一直发挥着重要作用。尤其是党的十一届三中全会以来，重庆率先迈开城市改革步子，锐意改革，开拓创新，经济发展快，城市变化大，在发挥中心城市的带动作用和城市改革的示范作用上成效显著，对促进全省经济社会发展作出了巨大贡献。万县、涪陵、黔江两市一地在农业发展、扶贫和三峡移民开发方面都取得了很大的成绩，创造了很多成功的经验。重庆、万县、涪陵、黔江等市地在四川发展史上作出的贡献，全川人民永远不会忘记。

谢世杰说，巴蜀人民共饮一江水，同处于中西部地区，不仅拥有共同的历史，而且面临相同的发展机遇。现在行政区划分开了，但巴蜀人民长期形

---

①本文原载于《四川日报》，1997 年 4 月 6 日。

成的经济、社会、文化联系和水乳交融的深厚感情是分不开、割不断的。我们一定要加强联系，相互支持，扩大经济、科技、文化、教育等方面的交流与合作，优势互补，相互促进，共谋振兴，共求繁荣。我们要在以江泽民同志为核心的党中央领导下，高举邓小平建设有中国特色社会主义的伟大旗帜，共同开创四川和重庆社会主义建设的新局面。

重庆市委书记张德邻在讲话中，回顾了重庆的建设和发展历史。他说，过去重庆建设与发展所取得的一切成就，都是在四川省委、省政府的正确领导下，重庆人民艰苦奋斗的结果。

他说，重庆和四川有着深厚的历史渊源和广泛的联系。巴蜀文化传统的同一性，地域联系的紧密性，经济发展的互补性，区域市场的统一性，是我们新时期携手并进，加强联合协作，共同完成振兴长江上游流域经济历史重任的基础。我们将一如既往地保持同四川的密切联系，加强各方面的合作与交流，学习四川建设与发展的先进经验，进一步沟通重庆市和四川省及周边地区的联系渠道，特别要加强与成都市的经济协作，共同建设好成渝经济走廊。

张德邻说，巴蜀前程似锦，未来无限美好。让我们携手并肩，把四川建设好，把重庆建设好，为加快中西部地区经济社会发展作出更大的贡献。

杨崇汇在会上就省市工作交接等有关问题作了发言。

宋宝瑞、杨析综、聂荣贵、蒲海清、于汉卿、张文彬等也在会上发了言。

出席座谈会的四川省领导还有席义方、史志义、黄寅逵、沈国俊、王景荣、陈文光、陶武先、罗通达、任凌云、孟俊修、欧泽高、李蒙、李达昌、敬正书、王金祥、杨岭多吉、刘昌杰，重庆市领导还有赵海渔、李兵、王鸿举、陈光国、税正宽等。

（《四川日报》记者　刘传建　陈朝阳）

中共重庆市七届十次全委（扩大）会议召开
开创两个文明建设新局面　以优异成绩迎接党代会召开
张德邻作重要讲话　蒲海清主持会议　全会通过
《关于召开中国共产党重庆市第一次代表大会的决议》
中国共产党重庆市第一次代表大会定于1997年5月底召开①

中共重庆市第七届十次全委（扩大）会议昨日在市委办公厅会议室召开。会议审议通过了《中国共产党重庆市第七届委员会第十次全体会议关于召开中国共产党重庆市第一次代表大会的决议》。全会号召全市各级党组织和全体共产党员，团结带领全市3000万各族人民，紧密团结在以江泽民同志为核心的党中央周围，高举邓小平建设有中国特色社会主义理论的伟大旗帜，坚持党的基本路线和基本方针，抓住设立重庆直辖市的重大历史机遇，把握大局，解放思想，振奋精神，团结奋斗，全面开创重庆改革开放和现代化建设的新局面，为圆满完成党中央、国务院赋予重庆市的各项历史任务，把重庆建设成为长江上游的经济中心而努力奋斗。以两个文明建设的优异成绩迎接重庆市第一次党代表大会的胜利召开，迎接党的第十五次全国代表大会的胜利召开。

张德邻、蒲海清、于汉卿、张文彬、王云龙、刘志忠、金烈、黄立沛、滕久明、李学举、肖祖修、赵海渔、邢元敏、辜文兴、陈邦国、刘文、李兵、王鸿举、陈光国、税正宽出席会议。

---

①本文原载于《重庆日报》，1997年4月9日。

市委副书记、代市长蒲海清主持会议。

市委副书记王云龙作了《关于召开中国共产党重庆市第一次代表大会决议草案的说明》。

会议以举手表决的方式一致通过了《中国共产党重庆市第七届委员会第十次全体会议关于召开中国共产党重庆市第一次代表大会的决议》。根据《决议》，设立重庆直辖市后，中国共产党重庆市第一次代表大会定于1997年5月下旬在重庆召开。

市委书记张德邻在会上作了重要讲话。

张德邻说，自去年9月党中央、国务院批准中共四川省委、四川省人民政府委托重庆市代管万县市、涪陵市和黔江地区以来，市委、市政府在党中央、国务院和四川省委、省政府的领导下，坚持一手抓代管，一手抓经济和社会发展，认真履行代管职能，进行了紧张而有序的工作。1996年全市国内生产总值完成1175亿元，比去年增长10.7%，零售物价指数为106.5%，增幅同比减少9.8个百分点，尤其是万县市、涪陵市和黔江地区发展很快，去年国内生产总值增长幅度在四川省位居前一、二、三名。进入1997年以来，我市各级各部门继续认真贯彻“团结一心向前看，集中精力抓发展”的工作总方针，各方面工作开局良好，国民经济运行平稳，各项事业继续进步，人心振奋，社会稳定，保持了发展的好势头，展现了重庆经济社会持续、快速、健康发展的可喜前景，全市上下形成了“以实际行动迎直辖，用优异成绩庆直辖”的生动局面。随着重庆直辖市成立的时间一天天临近，我们当前的任务，是要在继续落实市委七届九次全委（扩大）会议精神，毫不放松地抓好经济建设、改革开放、党的建设和精神文明建设各项工作的同时，把做好党代会的准备和组建重庆直辖市的各项筹备工作放在更加突出的位置。全市各级党委、各级领导必须集中精力，全力以赴，围绕党代会的召开，围绕重庆直辖市的组建来抓好各项工作。

张德邻在谈到当前需要认真做好的工作时指出，一是要统一思想，振奋精神，以优异成绩迎接党代会的召开。把干部、群众的思想统一到党中央、国务院设立重庆直辖市的战略决策上来，统一到八届全国人大五次会议精神上来，把统一思想的成效落实在解放思想，勇于探索，按照“三个有利于”

的标准大胆实践上，落实在自力更生，艰苦奋斗，主动战胜困难，苦干实干上，落实在同心同德，团结奋斗，共创重庆美好未来上，以更加旺盛的斗志，更加勤奋的工作，更加昂扬的姿态，开创我市各方面工作的新局面。二是要扎实抓好维护稳定的工作，确保社会稳定，为党代会的胜利召开创造安定和谐的社会环境。三是要坚持“团结、鼓劲、稳定”和正面宣传为主的方针，坚持正确的舆论导向，为党代会召开创造良好的舆论环境。宣传舆论工作要把是否有利于促进党代会顺利召开，是否有利于维护社会稳定，是否有利于保持重庆改革、发展、稳定的好势头，作为衡量工作成败得失的基本标准。四是精心做好党代会的各项筹备工作。五是坚持讲学习、讲政治、顾大局、守纪律，保持思想稳定，集中精力抓好各项工作。全体党员干部特别是各级领导干部务必保持清醒的头脑，真正做到思想不动摇，工作不松劲，以饱满的热情，高昂的斗志，扎实的作风，忘我的精神投入直辖市建设工作。

张德邻强调，建设重庆，振兴重庆，开创重庆美好的未来，是3000万重庆各族人民光荣而神圣的使命，在重庆发展的新时期，必须举全市之力，同心同德，精诚团结，才能克服困难，完成党中央、国务院赋予我们的任务。我们要进一步加强全市各族人民的大团结，团结一切可以团结的力量，调动一切积极因素，努力形成群策群力，万众一心，共同创造重庆美好未来的生动局面。实现重庆全市人民的大团结，最根本的是加强党内的坚强团结，加强各级领导班子的坚强团结，以牢不可破、坚不可摧的党内团结和各级领导班子的团结，引导和促进全社会的大团结。各级领导班子和领导干部必须增强党性，加强纪律，维护团结，做遵守纪律的模范，做勤奋工作的模范，做坚持团结的模范，集中精力认真履行职责，更好地团结和带领人民群众为发展和振兴重庆去奋斗、拼搏。

市委委员、候补委员出席会议，出席会议的还有：市纪委委员；党员副市级以上领导；党员市长助理；万县市、涪陵市、黔江地区党委、人大、政府、政协的党员主要领导；区市县的党政主要领导；部分市级部委办局党员主要领导；部分高等院校、科研单位、特大型企业和中央在渝单位的党员主要领导；部分离休老同志，共200余人。

（《重庆日报》记者　张德泽）

中国共产党重庆市第七届委员会第十次全体会议关于召开中国共产党重庆市第一次代表大会的决议

（中国共产党重庆市第七届委员会第十次全体会议1997年4月8日通过）①

今年3月14日，八届全国人大五次会议审议通过了设立重庆直辖市的议案。根据党章规定，经中央同意，重庆市委负责筹备召集设立重庆直辖市后的第一次党代表大会。

一、中国共产党重庆市第一次代表大会定于1997年5月下旬在重庆召开。

二、大会的主要议程

1. 听取和审查原重庆市代管万县市、涪陵市、黔江地区以来，重庆市委的工作报告；

2. 听取和审查原重庆市代管万县市、涪陵市、黔江地区以来，重庆市纪委的工作报告；

3. 审议《中共重庆市委关于制定重庆市国民经济和社会发展“九五”计划和2010年远景目标规划建议（草案）》；

4. 选举中国共产党重庆市第一届委员会；

5. 选举中国共产党重庆市纪律检查委员会；

6. 选举重庆市出席中国共产党第十五次全国代表大会的代表。

---

①本文原载于《重庆日报》，1997年4月9日。

三、代表名额、分配原则及产生办法

中国共产党重庆市第一次代表大会的代表名额为750名。

代表名额分配，由市委根据各选举单位所辖党组织的数量、党员人数和工作需要，以及经济、科学技术、文化教育等发展状况确定。并由这些选举单位按照市委提出的选举办法和差额比例，召开党代表大会（党员大会）或代表会议选举产生。

解放军、武警部队代表的选举工作，由解放军驻渝师以上单位、武警部队驻渝团以上单位党委拟定具体方案，经重庆市委批准后实施。

全会号召全市各级党组织和全体共产党员，团结带领全市3000万各族人民，紧密团结在以江泽民同志为核心的党中央周围，高举邓小平建设有中国特色社会主义理论的伟大旗帜，坚持党的基本路线和基本方针，抓住设立重庆直辖市的重大历史机遇，把握大局，解放思想，振奋精神，团结奋斗，切实加强党的建设，积极推进两个根本性转变，促进经济持续快速健康发展和社会全面进步，全面开创重庆改革开放和现代化建设的新局面，为圆满完成党中央、国务院赋予重庆市的各项历史任务，把重庆建设成为长江上游的经济中心而努力奋斗，以两个文明建设的优异成绩迎接重庆市第一次党代表大会的胜利召开，迎接党的第十五次全国代表大会的胜利召开。

市委召开领导干部会议 中组部部长张全景到会作重要讲话[①]

4月8日，市委召开全市领导干部会议，会议的中心议题是民主推荐重庆直辖市市级领导班子成员。

中组部部长张全景到会并作了重要讲话。市领导张德邻、蒲海清、于汉卿、张文彬、王云龙、刘志忠、金烈、黄立沛、滕久明等参加了会议。会议由市委副书记、代市长蒲海清主持。

张全景说，设立重庆直辖市，是党中央作出的重大决策，要完成建设新重庆这个光荣而艰巨的任务，必须有一支高素质的干部队伍。这次民主推荐市级领导干部，是为即将召开的重庆市党代会、人代会、政协会作准备，为实现设立直辖市的目标和任务提供坚实的组织保证。

张全景强调，要坚持标准，选配好市级领导班子；严肃认真，搞好民主推荐工作。一是要充分认识搞好民主推荐的重要意义；二是要全面正确地贯彻干部队伍“四化”方针和德才兼备原则，客观、辩证、全面地看待干部；三是要讲党性，顾大局，遵守组织人事纪律。

张全景指出，筹备建立直辖市的过程，是加强领导班子和干部队伍思想政治建设的好机会，要把思想政治工作贯穿在筹备工作全过程。要讲学习、讲政治、讲正气；要引导干部正确对待个人的进退留转；要坚决反对和抵制用人上的不正之风；要引导干部群众努力做好本职工作。

市委书记张德邻在会上讲了话。他说，这次中组部干部考察组专程来渝

①本文原载于《重庆日报》，1997年4月11日。

考察干部，表明了中央对重庆直辖市的筹备工作，尤其市级领导班子的组建工作非常关心、非常重视。我们一定要按照中组部干部考察组的要求，充分认识组建重庆直辖市第一届领导班子的重要性，以高度的政治责任感，认真负责地搞好这次民主推荐工作；要坚持“四化”方针和德才兼备原则，推荐好市级领导班子成员；严肃认真，高度负责，积极配合中组部干部考察组做好民主推荐和干部考察工作，为组建好重庆直辖市第一届领导班子打下良好的基础。

参加会议的有，市级领导、市长助理、市级部委办局领导，万县市、涪陵市、黔江地区的市地级领导，全市43个区市县党政领导，高等院校、科研院所、特大型企业、中央在渝单位的部分领导，以及部分离休老同志。

（《重庆日报》记者　明昭平）

重庆市经济社会发展战略研讨会举行[①]

增强责任感和紧迫感，肩负起历史赋予的重大使命，开创新时期重庆经济社会发展的新局面。重庆市经济社会发展战略研讨会，昨日举行。

国务院发展研究中心副主任鲁志强，市委书记张德邻、代理市长蒲海清、市人大常委会主任于汉卿、市政协主席张文彬等市党政领导出席了研讨会。

代理市长蒲海清代表市领导向应邀来渝的国务院发展研究中心、中国社会科学院等单位的30多位专家致欢迎辞。他说，设立重庆直辖市，是党中央、国务院的重大战略决策，是重庆千载难逢的发展机遇，党中央把三峡工程百万移民、建设长江上游和西南地区经济中心、大城市带动大农村的重任都放在了重庆，我们深感责任重大。重庆工业基础雄厚，在西南地区有着独特的优势，但同时也是东、西部现象的综合体现。为了抓住机遇，促进重庆的大发展，科学地制定重庆的发展战略，诚恳地希望专家们畅所欲言，献计献策。

国务院发展研究中心副主任鲁志强在会上讲了话。他说，设立重庆直辖市，建设好重庆直辖市，是我国振兴西部经济的支撑点和希望之所在。此次会议是一次大规模的研讨会。他要求出席会议的专家们协助重庆制定出切实可行的发展规划来。

在研讨中，专家们从宏观分析到具体选择突破口，纷纷献计献策。国务院发展研究中心原副主任、研究员吴明瑜认为：现已进入信息时代，科技的

①本文原载于《重庆日报》，1997年4月17日。

发展已成为生产力的第一因素，发展规划必须符合科学发展的潮流，并考虑到世界产业革命带来的重大影响，他建议重庆要加快非国有经济的发展，以大改革促大开放。中央财经领导小组司长、研究员陈锡文说，重庆有360万贫困人口，占全国贫困人口的6%，高出全国平均数的一倍半。因此，要抓住三峡大移民的时机和剩余劳动力多的状况，搞好农业基础设施建设，确保农村经济的稳定增长和农民收入的不断增加，做好稳定这篇大文章。国务院发展研究中心综合部部长、研究员程秀生认为，重庆目前的机遇与困难并存，但机遇大于困难，应处理好支柱产业和经济增长点的关系，抓好资金和市场两大问题，适当增加消费品的生产。在会上发言的还有：国务院发展研究中心发展部部长、研究员李善同，中国社科院财贸所研究员唐丰义，中国人民银行非银行金融管理司副司长谢平等。

在昨天的研讨会上，专家们发言十分踊跃，发言席和听众席上时而互相对话，针对一些观点共同探讨，真正体现了高层次智囊团的重大作用。

我市各部委办局负责人及部分专家、学者出席了会议。

（《重庆日报》记者　峻　峡）

尊重科学民主　绘制宏伟蓝图

——重庆市经济社会发展战略研讨综述[①]

世纪之交，中国西南重镇重庆举世瞩目。

1997 年 3 月 14 日，八届全国人大五次会议通过批准设立重庆直辖市的决定，中国第四个直辖市宣告诞生。

就在这次会议上，国务委员李贵鲜代表国务院在设立重庆直辖市议案说明中明确提出，设立重庆直辖市是为了“进一步发挥重庆的区位优势、‘龙头’作用、‘窗口’作用和辐射作用，带动川东地区以至西南地区和长江上游地区的经济、社会发展”。

历史又一次选择了重庆。

这个无论近代或现代在中国历史上都有着重要地位与突出特点的城市，这个同时融合中国东、西部经济现象且承东启西的城市，这个全国面积最大、人口最多的城市将如何面对历史的选择，完成历史的使命，在中国跨世纪发展的战略格局中发挥重要作用？亿万人深切地关注着。

一

早在 1996 年 7 月，中央筹备设立重庆直辖市之际，市委书记张德邻同志就强调指出，设立重庆直辖市不是在原重庆市基础上的升格，也不是重庆、万县、涪陵、黔江几地市简单的相加，而是党中央、国务院为加快中西部地区经济发展的重要举措。因此，对重庆今后的发展必须进行战略研究。

①本文原载于《重庆日报》，1997 年 5 月 20 日。

于是，重庆市委、市政府很快成立了新重庆的发展战略研究小组，勾画未来重庆的发展蓝图。三个月后，《重庆市经济和社会发展战略的基本思路》及其20个专题报告初步形成。

发展战略规划是地区发展的生命线。市委、市政府提出要让新重庆的第一个发展战略规划成为科学的、目标明确的、思路清晰的发展战略规划，成为动员人民、凝聚人心的行动纲领。于是，以民主而科学的态度，集思广益，博采众长，重庆规模最大、发动最充分、讨论最热烈的战略研究由此展开。

从今年2月至5月，三个月内，由市委、市政府举办的四次重庆市经济社会发展战略研讨会、座谈会相继举行。来自国家有关部委、国务院发展研究中心、中国科学院和中国工程院的著名专家、学者们，中国科技界的精英们纷纷云集重庆，站在中国乃至国际经济社会发展的高度来研究重庆的发展战略，为新重庆的未来出谋划策。

二

新世纪即将来临之际，没有哪个城市像重庆这样机遇交织、地位特殊。“今天的中国有两片热土，上海浦东和重庆。”专家们对于重庆发展机遇与战略意义的认识已经上升到了前所未有的高度。

著名经济学家吴敬琏教授为重庆列出了八大优势，而由国家有关部委人士组成的北京专家咨询组则从加快中西部发展、缩小东西部差距的高度，从长江沿江区域开发的高度，从三峡库区经济发展和重庆自身发展等角度纵论重庆的现实与未来。

在他们看来，今天的重庆，已经和正在由西南地区的经济增长点转变为中国经济新的增长点和三峡工程的支撑点。重庆的发展和这个“积劳成疾”的老工业基地的再生已经超越了它的自身而事关西南乃至整个中国经济整体发展格局。专家们因此对重庆在本世纪末下世纪初成为中国西部地区开发战略的重点、中国内陆腹地对外开放的热点、长江上游产业带发展的支点充满信心。

据此，在设计未来重庆的发展目标时，他们认为重庆有条件也有实力成为长江上游及西南地区的经济中心、金融中心、商贸中心、文化中心——一个“具有多功能的中心”，最终完善城市综合功能，增强综合实力和区域辐射能力，担负起它的历史使命。

三

不可否认的是，与空前的机遇并存的，是前所未有的挑战和困难——在综合实力上与其他三大直辖市的差距和经济发展的相对滞后，环境质量较差，基础设施落后等等。专家们在对此形成共识的同时，各抒己见，有针对性地提出了不少对策。

——工业是重庆的主体和优势，没有工业的振兴就没有重庆的地位。专家们在认真分析重庆的资源、技术优势后，对市委、市府将汽车（摩托车）、化工（医药）和冶金列为三大支柱产业表示赞同。但鉴于重庆机械工业的实力，专家们建议将“两车”延伸为“以汽车、摩托车”为主的机械工业，并同时认为，作为重庆今后15年内一项重要任务的产业结构战略性调整应以市场为导向进行，重点扶持优势行业、优势企业和优势产品。中国工程院副院长朱高峰还针对我国的产业结构与国际不接轨的状况，建议重庆在抓好支柱产业的同时，充分考虑资源、市场、技术等比较优势和国际发展的大趋势，着力培育电子信息、旅游、绿色农业和食品等新的经济增长点，为经济发展增添后劲，并与国际经济接轨。

——可持续发展是中国“九五”计划的三大特点之一。重庆本身面临较为严峻的环境形势，三峡成库后生态环境问题将更加突出。专家们因此对重庆如何处理好发展与环境保护的关系、实现可持续发展战略十分重视。不少专家都提出了建立“生态工业圈”的构想，希望把不同的行业有机地联系起来，通过技改，包括推广绿色技术、建立若干产品链、相互利用废弃物等，实现生态平衡，求得最大的经济、社会和生态效益。此外，对于推广生态农业、“三废”污染物处理，库区可能出现的水污染等专家们都一一点到，“绝不能以牺牲生态环境为代价来求得经济的快速发展”。

——8万多平方公里的面积使重庆的城市规划与建设成为一项极为庞大而复杂的系统工程。专家们特别强调以超前的意识进行这项系统工程，按照第一增长极、第二增长极、第三增长极的相互传递进行城市规划和建设，建成由中心城市到大城市再到县城和中小城镇的层次分明的城市体系，其中要特别规划好特大都市圈，并建立中心商务区。根据主城区“多中心、组团式”的布局结构，有的专家提出可借鉴武汉三镇的规划建设模式。北京专家咨询组还建议，重庆近期应以基础设施建设为切入点，尤其要加大高速公路的建设力度。

在各路精英倾其所有为重庆献计献策之时，身在其中的重庆人也在为关系自己城市长远发展的战略规划竭尽所能。重庆大学教授雷亨顺在病中研究并提出了库区应成为“生态经济区”的观点；渝州大学两位学生亲临库区考察后写出了长达万余字的“库区发展战略建议书”……

在采纳所有有价值的意见和建议之后，作为集体智慧和科学民主决策的结晶，充实和丰富了《重庆市经济和社会发展战略的基本思路》，在此基础上，《中共重庆市委关于制定经济社会发展“九五”计划和2010年远景目标的建议（草案)》拟定了。在5月16日上午举行的市委常委扩大会议上，常委们对之予以肯定，认为文稿思路清晰，再作适当的修改之后，可将其提交新重庆的第一次党代会审议。

这个凝结了市委、市政府和专家、学者大量辛劳的发展战略思路，及在此基础上拟定的《建议》，一经成为全市广大党员、干部和人民群众的共识，必将形成强大的合力，推动我们的事业大踏步地迈向新世纪。我们坚信，在不久的将来，重庆将成为“经济发达、社会文明、城乡繁荣、生活富裕、环境优美、具有内陆沿江开放特色的新型政区”。

重庆，机遇难得，任重道远。

（《重庆日报》记者　张进原　李富伦）

市领导听取社会各界人士对《政府工作报告（初稿）》意见和建议[①]

昨日，代市长蒲海清主持召开了社会各界人士对《政府工作报告（初稿）》征求意见的座谈会。

蒲海清首先向与会者阐述了《政府工作报告（初稿）》的主要内容。他指出，这是重庆成为直辖市后的第一个报告，又是一个跨越“九五”和“十五”两个五年计划的报告，既要带领全市人民集中精力，抓好今年工作，确保一年起好步，五年振兴的目标，又是跨世纪的战略发展目标。因而该报告应具有全局性、战略性、可行性，代表和符合全市人民的心声。他恳请与会的专家、学者和各界人士对报告提出意见、建议。

重庆大学教授雷亨顺指出：重庆不能走老路，应探索一条以人为本，富民为目的，实现城乡一体化，创建一流直辖市的新重庆模式。他建议我市在对外开放中，除了重视和加强国际间的联系和交流外，还应重视发展与周边城市的合作互助关系。

西南政法大学教授李昌麒、戴大奎提出，应把依法治市作为指导思想贯穿整个报告，立法、执法、司法和普及法律意识在本市都有十分艰巨的工作要做，要健全社会主义法制建设，营造良好的社会环境、法制环境。他们还强调，报告中要突出执法者的反腐倡廉，树立清正廉洁的好政风。

涪陵卷烟厂厂长吴应禄说，报告应突出全市上下齐心，认识统一，目标一致，精神振奋，全力去促进经济发展，营造经济发展的好氛围。他建议在

①本文原载于《重庆日报》，1997 年 4 月 29 日。

多种经济成分并存的时期，应加强对非国有经济的政策导向。

重庆交通学院教授温厚鸿指出：报告应进一步强调“科教兴渝”战略问题，科教具有高投入、高回报的效应，重庆依靠科教而振兴，振兴科教需要政策和投入。“科教兴渝”战略与可持续发展战略密切相关，今天的教育就是明天的科技，后天的经济发展。

土肥站研究员张学良、西南农大毛炳衡认为，设立重庆直辖市，是要实现大城市带大农村的战略。重庆3000多万人口，有2400万是农业人口，在产业结构的排序上，应是农、轻、重，把基础农业放在首要位置。

市政府参事室副主任孙启祥、重庆建筑大学教授雷春浓、西南师大教授邱道持等还就产业结构的战略性调整问题，城市规划、建设、管理和城市化发展等问题发表了意见和建议。

（《重庆日报》记者　卫新华）

维护大团结 发展大统战 建设新重庆

——热烈祝贺我市各民主党派、工商联代表大会圆满成功[①]

《重庆日报》社论

4 月的山城，满园春色。我市 7 个民主党派和工商联隆重召开重庆直辖后的第一次代表大会，按照“团结稳定、积极稳妥”的方针，圆满完成了组建重庆市民主党派、工商联第一届委员会（执委会）领导班子的任务，迈出了我市民主党派、工商联实现跨世纪新老交替和政治交接的重要一步，这是坚持和发展共产党领导的多党合作和政治协商制度，发展我市爱国统一战线的一件大事。我们热烈祝贺我市各民主党派、工商联代表大会的成功召开，热烈祝贺新重庆民主党派、工商联第一届领导班子的诞生。

重庆是毛泽东、周恩来、邓小平等老一辈无产阶级革命家曾经从事统一战线工作的城市，是“政治协商”得名的地方，也是包括民盟、民建、九三、民革在内的几个民主党派的发祥地，有着统一战线、多党合作的光荣历史和优良传统。中共十一届三中全会以来，在中共重庆市委和各民主党派、工商联上级组织的领导下，我市各民主党派、工商联紧紧围绕经济建设这个中心，积极为安定团结的政治局面服务，为推进社会主义现代化建设和改革开放服务，为健全社会主义民主和法制建设服务，为促进“一国两制”和平统一祖国服务，做出了显著成绩，发挥了独特作用。

中国共产党领导的多党合作和政治协商制度是我国的一项基本政治制度。这一制度同人民代表大会制度一起，构成了我国政治制度的基本框架，

①本文原载于《重庆日报》，1997 年 4 月 26 日。

为调动一切积极因素进行社会主义现代化建设提供了制度保证。

在新时期，爱国统一战线仍然是一个重要法宝。团结是统一战线的主题，最大限度地团结人，是统一战线的出发点和立足点。在建设新重庆中，认真贯彻统一战线的方针政策，做好大团结、大联合工作，具有特殊重要的意义。首先，统一战线内部要团结，各民主党派领导班子要团结，团结才有力量，团结才能担负起历史赋予我们的重任。第二，要发扬肝胆相照、荣辱与共的优良传统，加强参政党与执政党的团结合作，坚决维护以江泽民同志为核心的党中央的权威。第三，要十分重视全社会的团结，认真反映社情民意，多做化解矛盾、理顺情绪的工作，维护安定团结的政治局面。

抓住历史新机遇，建设振兴新重庆，这是包括各民主党派在内的全市人民共同的历史责任。各民主党派、工商联汇聚着众多的专家学者和代表人士，有较高的科学文化水平和广泛的海内外联系，在建设有中国特色社会主义事业中有着独特的优势。在中共重庆市委领导下，各民主党派、工商联要紧紧围绕全市工作的中心和大局，认真履行政治协商、民主监督、参政议政的职能。要帮助、支持广大成员，立足本职，建功立业。要围绕我市经济、社会发展中的重大问题，深入实际，调查研究，建言献策。要发挥优势，面向社会，以精神文明建设为主线，多办实事、好事。要运用广大成员与海外联系广泛的优势，积极开展联谊活动，协助引进资金、技术和人才。要继续重视做好非公有制经济代表人士工作，发挥非公有制经济在振兴重庆经济中的重要作用。要积极为社会主义民主政治建设、维护我市安定团结作出新贡献，为巩固和发展我市爱国统一战线、为建设新重庆再立新功！

附：重庆市各民主党派、工商联第一次代表大会日志①

4月2日至4日，民盟重庆市第一次代表大会召开。民盟中央主席丁石孙到会祝贺，中共重庆市委书记张德邻出席会议作重要讲话。大会选举产生了民盟重庆市第一届委员会，冯克熙当选为主委，郑泽根、何景华、王志忠、蒋育维、陈万志、刘玉华（女）、刘明华当选为副主委。

---

①此件由中国民主党派历史陈列馆提供。

4 月 5 日至 7 日，民进重庆市第一次代表大会召开。民进中央常务副主席陈舜礼出席大会，市领导王云龙、金烈、肖祖修、王华生、罗淑芳、张忠惠等到会祝贺。大会选举产生民进重庆市第一届委员会，窦瑞华当选为主委，陈景秋、许大福、易治安、程志璞（女）、曾庆宇（女）、秦树艺当选为副主委。

4 月 11 日至 13 日，致公党重庆市第一次代表大会召开。致公党中央常务副主席杨纪珂出席并讲话，中共重庆市委常务副书记王云龙到会祝贺。大会选举产生致公党重庆市第一届委员会，刘惠君（女）当选为主委，王孝询、章高炎、黄席樾为副主委。

4 月 13 日至 16 日，民革重庆市第一次代表大会召开。民革中央主席何鲁丽、副主席胡敏出席大会。大会选举产生民革重庆市委第一届委员会，李克熙当选为主委，李照民、汪林林、傅相锴、卢义慈（女）、夏培度、冯文二、刘太冲、刘建国、杜琪美（女）当选为副主委。

4 月 17 日至 19 日，农工党重庆市第一次代表大会召开。农工党中央副主席方荣欣、李蒙到会祝贺。大会选举产生农工党重庆市第一届委员会，韦思琪当选为主委，梁肇文、刘重来、喻登荣、彭邦兴、陈雅棠、刘启明当选为副主委。

4 月 20 日至 22 日，九三学社重庆市第一次代表大会召开。九三学社中央常务副主席徐采栋出席并讲话，中共重庆市委副书记王云龙到会祝贺。大会选举产生九三学社重庆市第一届委员会，徐宗俊当选为主委，侯雪岩、黄秉来、赖明、谢小军、蓝钧鳌、姚珍薇（女）当选为副主委。

4 月 22 日至 25 日，重庆市工商业联合会（商会）第一次代表大会召开。全国工商联副主席保育钧出席大会并讲话，重庆市领导张德邻、蒲海清、王云龙、张文彬、张忠惠出席。大会选举产生了重庆市工商联第一届执行委员会，陈鸿当选为会长，吴晓光、瞿开厚、周义正、刘忠友、丁祥龙、杨学忠、刘文辞、胥文义、吴代友、卢晓钟、杜邦夔当选为副会长，孙澍椿当选为秘书长。

4 月 23 日，中央统战部副部长刘延东专程来渝主持召开重庆市各民主党派负责人座谈会，祝贺换届工作取得圆满成功，并检查指导重庆市统战工作。

5月6日，中共重庆市委邀请新一届市级各民主党派、工商联负责人和部分名誉主副委举行茶话会，市领导张德邻、蒲海清、王云龙、张文彬、金烈、李兵、王华生、张忠惠出席。

同日，中共重庆市委统战部、市民族宗教局联合组织宗教界人士举办“历史的责任”专题报告会，70余人参会。

5月19日至21日，全国政协副主席、致公党中央主席董寅初来重庆考察，听取了重庆经济社会发展状况和重庆各民主党派、工商联第一次代表大会情况汇报。

5月31日，中央统战部副部长李德洙来渝检查指导民族宗教工作。

6月2日，全国政协副秘书长、中央统战部副部长郑万通一行9人来渝调研工商联工作。

市党政领导与民主党派和工商联负责人共商重庆建设发展大计[①]

中共重庆市委5月6日举行茶话会，邀请市级各民主党派、工商联新当选负责同志和刚从领导岗位上退下来的老同志座谈，共商重庆建设发展大计。

上月举行的重庆直辖后的市各民主党派、工商联第一次代表大会，圆满完成了组建重庆市民主党派、工商联第一届委员会（执委会）领导班子的任务，顺利实现了各民主党派、工商联领导成员的新老交替和政治交接。

茶话会由中共重庆市委副书记王云龙主持，市党政领导张德邻、蒲海清、张文彬、金烈、李兵、王华生、张忠惠到会与新当选的市级各民主党派、工商联负责人见面，听取他们对中共重庆市委、市政府工作及重庆建设发展的意见和建议。茶话会洋溢着团结、真诚、热烈的气氛。

会上，张德邻通报了中共重庆市委近期工作并作了重要讲话。他代表中共重庆市委、市人大常委会、市政府、市政协，向重庆市各民主党派、工商联第一届委员会（执委会）表示热烈祝贺。他说，本月下旬召开的设立重庆直辖市后的中共第一次代表大会，将确定重庆跨世纪发展的宏伟蓝图，全面部署今后五年的各项工作，选举产生中共重庆市第一届委员会和第一届纪律检查委员会。6月上旬召开的重庆市第一次人民代表大会，将审议通过重庆市国民经济和社会发展“九五”计划和2010年远景目标纲要，选举产生重庆市第一届人大常委会、第一届人民政府组成人员。6月召开的政协重庆市第一届委员会全体会议，也将协商讨论“九五”计划和2010年远景目标纲

①本文原载于《重庆日报》，1997年5月7日。

要，选举产生政协重庆市第一届领导机构。目前我市党代会、人代会、政协会的筹备工作和直辖市的筹建工作正有条不紊地进行。

张德邻指出，要实现发展重庆、振兴重庆的宏伟事业，必须团结一切可以团结的力量，调动一切积极因素，更充分地发挥各民主党派、工商联和社会各界的作用。重庆是毛泽东、周恩来、邓小平等老一辈无产阶级革命家开创和发展爱国统一战线的重要城市，有着统一战线、多党合作的光荣历史和优良传统，市级各民主党派、工商联过去为重庆的建设与发展作出了重要贡献。中共中央决定设立重庆直辖市后，我市各民主党派、工商联围绕重庆经济社会发展战略，组织专家学者对库区移民、开发式扶贫、环境保护等重要问题进行了大量调查研究、科学论证，提出了较高质量的建议方案，为重庆两个文明建设作出了新的贡献。这充分体现了我市各民主党派、工商联和各界人士强烈的政治责任感，对重庆无限热爱的赤诚之心。

张德邻表示，中共重庆市委将加强和改善党的领导，坚定不移地按照“长期共存、互相监督、肝胆相照、荣辱与共”的方针，进一步发扬重庆重视和支持统一战线的优良传统，一如既往地加强同我市各民主党派、工商联和无党派爱国人士的团结合作，一如既往地为各民主党派、工商联政治协商、民主监督、参政议政及其自身建设创造条件，充分发挥民主党派参政党作用和工商联民间商会的作用。他希望市各民主党派、工商联进一步加强自身建设，充分发挥职能作用，为加快重庆改革开放和经济建设继续出谋划策，为维护重庆的社会稳定继续贡献力量。

会上，民盟重庆市委主委冯克熙、民革重庆市委主委李克熙、民进重庆市委主委窦瑞华、民建重庆市委主委程贻举、九三学社重庆市委主委徐宗俊、农工党重庆市委主委韦思琪、致公党重庆市委主委刘惠君、市工商联会长陈鸿、台盟重庆市支部主委许由等先后发言，就中共重庆市委、市政府今后工作提出了许多意见、建议，寄予了殷切期望。他们畅所欲言，一致表示，要发扬民主党派与中国共产党亲密合作、风雨同舟的优良传统，发挥人才智力优势，以发展重庆、振兴重庆为己任，为重庆的两个文明建设积极建言献策，在支边扶贫方面多做工作。

（《重庆日报》记者　谭红樱）

部分劳模在座谈会上纷纷表示 增强使命感，发挥光和热[①]

28日，市工交工委以“增强历史使命感，起好带头作用”为主题，邀请部分劳模座谈。

全国“五一劳动奖章”获得者、重庆机床厂工人朱德荣表示，工作中要突出一个“实”字，爱岗敬业是最基本的要求。对劳模来说，还得不断加强业务技能和技术学习，奉献在岗位，不辜负党和人民的希望。

会上，重庆三峡油漆股份有限公司总经理陈光辉、重庆第二机床厂厂长孙木荆、西南合成制药厂高级工程师马德银、重钢高级工程师王方柏、重庆水泥厂厂长徐治良、重棉二厂工人张向平等全国“五一劳动奖章”获得者和省劳模也纷纷在会上表示尽力工作，增强历史使命感，起好带头模范作用，发挥劳模的光和热。

（《重庆日报》记者 黄晓蓄）

①本文原载于《重庆日报》，1997年4月29日。

对发展重庆文化事业的几点建议①

1997 年 5 月 11 日，重庆市计委、重庆市青年联合会约请我市部分中青年专家学者就在直辖市的新形势下如何发展重庆文化事业进行了专题座谈。

重庆市经济社会发展专家顾问组副组长、重庆市社会科学院院长鲁济典同志出席指导。重庆市文化局副局长王川平，重庆大学博士生导师李晓红教授，重庆市委宣传部理论处处长吴绍阶，重庆市委政策研究室政治文化处处长聂连文，重庆市计委综合处副处长胡际权，《人民日报》驻重庆首席记者李维平，《中国青年报》驻重庆记者站站长徐永恒，《重庆日报》理论评论部主任夏启荣、广告部主任刘诗平，四川美术学院副教授牟群，重庆市青年联合会秘书长罗静虹等出席了座谈会。会议由重庆市经济社会发展专家顾问组副组长、重庆市委党校副校长周勇教授主持。

与会同志根据蒲海清市长在 4 月 28 日《政府工作报告（初稿）》征求意见座谈会上提出的“如何发展重庆文化事业”的意见，进行了热烈的讨论。现将座谈讨论情况整理如下：

一、重庆文化事业的发展目标

与会同志认为，重庆直辖市文化事业的发展目标以提“长江上游文化中心”为宜。其实质是“与重庆直辖市地位相称的，与长江上游经济中心相适应的文化中心”。

---

①根据重庆市代理市长蒲海清同志的指示，部分中青年专家学者就在直辖市的新形势下如何发展重庆文化事业提出建议。这是 1997 年 5 月 13 日上报蒲海清市长的建议稿。

主要理由是：

（一）重庆具有作为“文化中心”的条件。在古代历史上重庆就是川东的文化中心，辛亥革命以后是四川的文化中心，到了抗日战争时期，是中国大后方的文化中心，解放以后是西南的文化中心。后来，重庆文化中心的地位与作用衰落了，以至于今天重提把重庆建设成为文化中心而底气不足。这正说明了建设重庆文化中心的紧迫性。提出“文化中心”的目标，可以给全国一个回答，给全市一个鼓舞，为重庆的文化事业指明一个方向。

（二）直辖市的新市情决定了重庆必须提出建设“文化中心”的问题。直辖市必然是“综合性中心城市”——既是经济中心，又是文化中心，而不像省辖市的重庆，只是一个单一功能的“经济中心”城市；同时，中国西部只有重庆一个直辖市，重庆必须在西部，首先是长江上游地区发挥“文化中心”的作用。

（三）当前，西部地区，特别是四川省、成都市对“长江上游文化中心”地位的争夺，促使重庆提出建设“文化中心”问题。据了解，设立重庆直辖市以后，成都正尽一切可能与重庆并驾齐驱地进行竞争，其中“文化中心”就是争夺的内容之一。目前，已经将“四川美术学院”名称进行了注册，其竞争态势，可见一斑。重庆不提建设“长江上游文化中心”就等于将此地位拱手相送，最终也不可能真正建成“一流直辖市”。

二、“重庆文化中心”的基本内涵

这里的“文化”是包括教育、卫生、体育、广播、电视、新闻、出版、社会科学研究、文学、艺术等内容的“大文化”。

重庆文化中心的基础是“巴渝文化”。它与“京派文化”“海派文化”一样，是现代化与历史积淀相结合的产物，具有鲜明的内陆走向开放，古老走向现代的特色。

“龙头”上海的发展，以“海派文化”为背景。“龙尾”重庆的发展，应以“巴渝文化”为背景。

三、发展重庆文化事业的指导思想

发展重庆文化事业的指导思想可以表述为：以邓小平建设有中国特色社

会主义理论与江泽民关于社会主义文化建设的论述为指针，坚持“二为方向”（为人民服务，为社会主义服务）和“双百方针”（百花齐放，百家争鸣），继承弘扬民族文化和革命文化，积极吸收世界优秀文化，立足新重庆，面向大西南，辐射中西部，为建设富裕、文明、美丽的新重庆服务。

发展重庆文化事业可坚持以下方针：

1. 两手抓，两手都要硬。在坚持以经济建设为中心的同时，文化应有自己的地位。否则，在一个文化贫乏的地区根本不可能实现现代化，大都市就只能是一个“棒棒军”的所在。可以说，没有雄厚的文化基础，就没有现代化的一流直辖市。三大使命本身就不仅仅是经济任务，而包含有文化建设的任务。

2. 发展重庆文化事业，仍然是关键在党，关键在人。关键在于领导干部的文化素养和文化意识。

3. 处理好特色与共性的关系。优秀的传统文化要继承，这是重庆文化的特色。但同时又要构建和发展与现代市场经济相适应的现代化的文化，这是重庆文化的时代特征。

4. 普及与提高并重，两手抓，抓两头。要从市情出发，既要抓标志性的文化设施建设、拔尖人才的培养，又要把着眼点放在3000万人的文化素质的提高上。二者不可偏废。

四、对发展重庆文化事业的具体建议

1. 确立精神支柱，就要挖掘古代文化，弘扬现代文化，找到二者的结合点。

要从根本上研究重庆文化发展的整体战略。

改革文化体制，建设有利于文化发展的新体制与新机制。

当前，一要抓文化服务体系、艺术表演、图书馆信息、文博、旅游、艺术培训、影视、文化娱乐、艺术品生产；二要抓优质、丰富的文化产品创作，力争三五年内拿出一批文化精品，树立重庆的文化形象。

2. 体现现代文化水平，就要抓文化拔尖人才工程和提高市民素质、文明程度的工程。

在主城区，主要抓文化拔尖人才，抓高、精、尖的文化产品，以占领文化发展的制高点，争取重庆在全国的地位；在区市县，主要抓普及，抓基础，着重解决广大农村在脱贫的同时完成“普九”任务，提高全市人均受教育年限（其中要处理好提高农民的文化程度与农村学校硬件达标的关系）。

3. 努力营造城市的文化氛围。

尽快创办一所综合性大学。可考虑以重庆大学为基础，巩固工科，增加理科，着力培植文科。

注意在城市规划的空间中留下高雅文化区域，重视文化对市民的潜移默化作用。现在的重庆，身在山城看不到山，身在江城看不到江，原因是密密麻麻的建筑阻隔了视线。要让人民真真实实地感觉到我们城市的美。“人民广场”就是引导人民向高雅的生活方式转变的一个典型，是一件大好事。

强化自我宣传的意识，对重庆城市形象进行整体的文化包装，树立城市的文化形象，以独特的形式出现在世界面前。但决不能搞妄自尊大。

在文化部门内部，要尊重文化发展的客观规律，全面解放思想。

4. 从世界旅游的角度来规范人文景观和文化设施。

在文化发展的软、硬两个方面，应当具有大视野、大思维、大规划、大动作。所谓“大”，就是要有突破性的进展。例如：

可考虑市委、市政府同时北移，把这个具有极高历史文化价值的大院用于城市文化建设使用，如可搞重庆市博物馆、图书馆、大后方抗战文化公园等，与人民广场配套使用，创造与直辖市相适应的，历史与现实相辉映的文化建筑群。

重庆的“雾季艺术节”具有悠久历史和巨大的影响，可赋予其新的时代特色，发展成为综合性的中国西部文化节。

重庆的袁家岗体育中心可按照承办区域性综合性国际运动会和世界性单项运动会来设计，争取举办相应的运动会。

五、拔尖人才的培养

重庆拔尖人才少，特别是在全国范围内堪称“著名”的，能够担当大任的人才，更为缺乏，这是不争的事实。

据市委研究室的调查：

断层、缺档、老化——这是重庆文化人才队伍的现实状况；

引进少，流出多——这是重庆文化人才队伍的症结。

出路是："安内"与"引外"并重，以人为本，创造文化名牌，这是重庆文化拔尖人才队伍建设的关键。

安内，即稳定现有队伍，让拔尖人才脱颖而出。当前要调整物质利益的分配方式，如在住房、职称方面应有特殊政策。同时，物质利益的鼓励也不能终身制，要动态化，如对具有正高级职称或享受国家政府津贴人员中特别优秀者，实行高额津贴，一两年评定一次，能上能下，连续五次保持获得者，可转为工资。其目的是让他们能够安心于文化事业的创造，造就大师级的人物。

引外，即文化名人的引进。

同时，要提高文化人自身的素质，要引导他们自省、自励。

拔尖人才的培养，关键是要真正贯彻双百方针，创造平等竞争的机制，以成果论英雄。要刻意营造宽容、宽松、民主、平等竞争的文化人才成长的环境，使拔尖人才在平等竞争中脱颖而出，而不是靠领导的钦定。

在经济与社会发展战略的决策咨询系统中，应有文化型专家。

与会中青年专家认为，重庆直辖市的文化发展问题远不是开一两次座谈会所能讨论清楚的。以上几点，也只是目前认识所及，远未达到应有的高度和深度。大家建议市政府把它纳入重庆市经济社会发展的总体战略中作为一个专题开展广泛、深入的研究，用以指导今后 15 年的工作。

与会同志愿意在市委、市政府的领导下，为此而努力工作，报效我们的新重庆。

全国人民代表大会常务委员会
关于成立重庆市第一届人民代表大会筹备组的决定

(1997年5月9日通过)[①]

第八届全国人民代表大会常务委员会第二十五次会议决定:

成立重庆市第一届人民代表大会筹备组，负责筹备重庆市第一届人民代表大会的有关事宜，主持重庆市第一届人民代表大会代表的选举，召集重庆市第一届人民代表大会第一次会议。

重庆市第一届人民代表大会的代表名额为870名，由原重庆市和万县市、涪陵市、黔江地区所辖的43个区、县（市）人民代表大会选举产生。

重庆市第一届人民代表大会筹备组下设代表资格审查委员会，审查重庆市第一届人民代表大会代表的选举是否符合法律规定，并报筹备组公布代表名单。

①本文原载于《人民日报》，1997年5月10日。

重庆市人民政府办公厅
关于我市的简称和在全国行政区划中排列顺序的通知

（1997年5月13日）[①]

接国家民政部民行函〔1997〕75号文通知，重庆市的简称和在全国行政区划中排列顺序，已经国务院批准，现将有关问题通知如下：

一、重庆市简称“渝”。

二、在全国行政区划排列中，重庆市列四川省之前。

---

①本文原载于《重庆政报》，1997年第10期。

市委七届十一次全会昨结束①

中共重庆市委七届十一次全体会议昨日上午结束。

市委副书记、代市长蒲海清主持会议。

市委书记张德邻在会上作了重要讲话。

张德邻在讲话中高度概括了七届市委四年来的工作成绩，并代表七届市委向为全市改革开放和现代化建设付出了辛勤劳动，作出了积极贡献的全体市委委员、候补委员、市纪委委员表示衷心的感谢。张德邻指出，直辖后的重庆市肩负着光荣而艰巨的历史使命，第一次党代会将揭开重庆发展史上崭新的一页。我们要增强责任心和使命感，集中精力把这次代表大会开好，完成好党中央交给七届市委的任务，把这次大会开成一个动员的大会、团结的大会、胜利的大会。(讲话全文另发。)

会议原则通过了中共重庆市第一次代表大会报告和市纪委工作报告；原则通过了重庆市第一届市委委员、候补委员和纪委委员候选人预备人选建议名单；原则通过了出席党的十五大代表候选人预备人选名单，并进行了圈选；原则通过了第一次党代会有关建议名单；原则通过了第一次党代会选举办法（草案)；原则通过了重庆市委关于制定《重庆市国民经济和社会发展“九五”计划和2010年远景目标纲要的建议（草案)》。

（《重庆日报》记者 张德泽)

①本文原载于《重庆日报》，1997年5月26日。

在中共重庆市委七届十一次全体会议上的讲话[①]

（1997 年 5 月 25 日）

张德邻

七届十一次全体会议是本届市委的最后一次全委会议，也是为召开直辖后的重庆市第一次党代会作准备的重要会议。这次会议原则通过了中共重庆市第一次代表大会报告和市纪委工作报告；原则通过了重庆市第一届市委委员、候补委员和纪委委员候选人预备人选建议名单；原则通过了出席党的十五大代表候选人预备人选名单并且进行了圈选；原则通过了第一次党代会有关建议名单；原则通过了第一次党代会选举办法（草案）；原则通过了中共重庆市委《关于制定重庆市国民经济和社会发展“九五”计划和 2010 年远景目标纲要的建议（草案）》。经过与会同志的共同努力，会议圆满完成了各项预定议程，为开好第一次党代会作了充分的准备，达到了这次会议的预期目的。

从第七届党代会召开以来的四年间，在党中央和中共四川省委的正确领导下，本届市委坚持以邓小平建设有中国特色社会主义理论为指针，坚定不移地贯彻执行党的基本路线，围绕“抓住机遇，深化改革，扩大开放，促进发展，保持稳定”的全党全国工作大局，以经济建设为中心，以加快发展为主题，以推进“两个转变”为主线，带领全市各级党组织和人民勤奋工作，苦干实干，全面完成了“八五”计划。全市综合实力显著增强，结构调整取得成效，工农业生产稳步发展，人民生活水平有较大提高，社会治安保持基

①本文原载于《重庆日报》，1997 年 5 月 26 日。

本稳定，党的建设、精神文明建设和民主法制建设取得了新的进展。尤其是去年9月代管万县市、涪陵市和黔江地区以来，全市上下团结一心，着力开创新局面，保持了经济社会持续、快速、健康发展的良好势头，圆满完成了代管工作，为设立重庆直辖市、促进全市经济社会进一步发展奠定了坚实的基础。

这些成绩的取得，是七届市委充分发挥领导核心作用，全面履行工作职责，团结带领广大党员和人民群众开拓进取，艰苦奋斗的结果，同志们为全市改革开放和现代化建设，付出了辛勤的劳动，作出了积极的贡献。在此，我代表七届市委向全体市委委员、市委候补委员表示衷心的感谢！

四年来，中共重庆市纪律检查委员会始终坚持为改革开放和经济建设服务，积极协助党委全面落实党风廉政建设和反腐败斗争的各项任务，在加强党员干部廉洁自律，纠正行业不正之风，查处党员干部违纪案件等方面做了大量卓有成效的工作，保障了改革和建设的顺利进行。为此，我代表七届市委向中共重庆市纪律检查委员会全体委员表示衷心的感谢！

今年3月14日，八届全国人大五次会议批准设立重庆直辖市，继后，中共中央决定由中共重庆市第七届委员会负责筹备重庆直辖市第一次党代会。市委将直辖市第一次党代会的筹备工作列为上半年工作的重点，做了大量认真细致的工作。经过市委和各级党组织的共同努力，会议的各项筹备工作进展顺利，目前已基本就绪。

重庆市第一次党的代表大会的主要任务是：总结重庆市代管万县市、涪陵市和黔江地区以来的各项工作，审议和通过中共重庆市委《关于制定重庆市国民经济和社会发展“九五”计划和2010年远景目标纲要的建议（草案)》，选举中国共产党重庆市第一届委员会和重庆市纪律检查委员会，选举重庆市出席中国共产党第十五次全国代表大会的代表；动员全市各级党组织和全体共产党员，团结和带领重庆3000万各族人民，更加紧密地团结在以江泽民同志为核心的党中央周围，高举邓小平建设有中国特色社会主义理论的伟大旗帜，坚持党的基本路线和基本方针，解放思想，抓住机遇，负重自强，苦干实干，加快发展，为建设繁荣、富裕、文明、进步的新重庆而努力奋斗。

直辖后的重庆市肩负着光荣而艰巨的历史使命，第一次党代会将揭开重庆发展史上崭新的一页。我们要增强责任心和使命感，集中精力把这次代表大会开好。为此，我对同志们提几点希望：

一、要站在历史的高度、全局的高度、发展的高度，准确把握当前的形势，明确我们肩负的历史责任，充分认识开好这次会议对今后重庆发展的重要意义，集中精力把会议开好。

二、要对党和人民的事业高度负责，以饱满的政治热情和坚定的党性，认真贯彻大会的指导思想，圆满完成大会的各项议程，特别是要审议好中国共产党重庆市第一次代表大会报告和《关于制定重庆市国民经济和社会发展“九五”计划和2010年远景目标纲要的建议（草案)》，使之成为动员人民，凝聚人心的行动纲领和宏伟蓝图。

三、要把“振兴重庆，关键在党，关键在人”的思想贯彻落实到党代会的各项选举工作中，坚持民主集中制，严格按照程序办事，加强引导，防止和纠正不正之风，确保选举工作顺利进行。

四、要坚持讲学习，讲政治，讲正气，加强团结，顾全大局。开好这次会议，是我们全体共产党员的责任，我们应该维护党的团结，遵守党的纪律和会议纪律，在会议中起好表率作用。

同志们，重庆市第一次党代会即将召开，对这次会议党中央非常关心，重庆人民寄予殷切期望。在座的同志不论是正式代表，还是列席代表，都同样肩负着确保开好大会的责任，我们一定要尽职尽责、共同努力，完成好党中央交给本届市委的任务，把这次大会开成一个动员的大会、团结的大会、胜利的大会。

第五篇

挂　牌

（1997年5月—1997年6月）

纪事

1997年5月21日，中央政治局会议决定任命张德邻为中共重庆市委书记，提名蒲海清为重庆市人民政府市长候选人。

1997年5月27日—6月1日，中国共产党重庆市第一次代表大会召开。

1997年6月7日—9日，中国人民政治协商会议重庆市第一届委员会第一次会议召开。

1997年6月8日—15日，重庆市第一届人民代表大会第一次会议召开。

1997年6月18日，重庆直辖市挂牌揭幕大会隆重举行。李鹏总理代表党中央、国务院和江泽民总书记向重庆市各族人民表示热烈祝贺，并发表了重要讲话。中国共产党重庆市委员会、重庆市人民政府、中国共产党重庆市纪律检查委员会、重庆市人民代表大会常务委员会、中国人民政治协商会议重庆市委员会正式挂牌成立。

1997年6月19日，重庆市高级人民法院、重庆市人民检察院正式挂牌成立。

中国共产党重庆市第一次代表大会

市第一次党代会举行预备会议与主席团会议 预备会议通过大会主席团、秘书长、代表资格审查委员会名单和大会议程 主席团会议通过主席团常务委员会及常务主席名单、代表资格审查报告、列席和来宾事项及大会日程[①]

中国共产党重庆市第一次代表大会昨日下午在市委礼堂举行预备会议。

张德邻同志主持了会议。

市第一次党代会应出席代表750名，特邀代表14名。出席预备会的实到代表和特邀代表共729名。

会议以鼓掌的方式通过了由59人组成的大会主席团名单；通过了大会秘书长名单；通过了由11人组成的代表资格审查委员会名单；通过了大会议程。

市第一次党代会的议程是：听取和审议原中共重庆市第七届委员会的工作报告；审议原中共重庆市纪律检查委员会的工作报告；审议《中共重庆市委关于制定重庆市国民经济和社会发展“九五”计划和2010年远景目标纲要的建议（草案）》；审议《重庆市1996—2000年社会主义精神文明建设规划纲要（草案）》；选举中国共产党重庆市第一届委员会；选举中国共产党重庆市纪律检查委员会；选举重庆市出席中国共产党第十五次全国代表大会

①本文原载于《重庆日报》，1997年5月27日。

的代表。

张德邻同志在会议结束时讲了话。他向与会同志报告了会议各项筹备工作情况后说："重庆市第一次党代会的隆重召开，标志着重庆市党的事业和经济社会发展进入了一个新的历史时期。我们要明确这次大会的主要任务，紧紧围绕大会的主要任务，认真统一认识，统一步调，保证大会取得圆满成功；要充分认识开好这次大会的重要意义，切实履行代表的光荣职责，不辱使命，不负众望，集中精力开好会议；从党的事业出发，坚持党性原则，严肃认真搞好选举，确保选出一个能担当新时期领导重任的市委班子，圆满完成大会的各项任务，让这次大会成为振兴重庆的新起点。"

中国共产党重庆市第一次代表大会主席团名单

（按姓氏笔画顺序排列）

于汉卿　马　力　王子源　王云龙　王长楷　王文德　王华生　王鸿举
王嘉玲（女）　邓中文　甘宇平　邢元敏（女）　刘　文　刘志忠
江平万　许忠民　牟大明　孙春明　李　兵　李学举　李德水　肖祖修
余远牧　余孝廉　张　轩（女）　张文彬　张文澄　张忠惠　张德邻
陈之惠　陈邦国　陈光国　罗茂材　罗淑芳（女）　金　烈　周建中
郑顺民　赵国华　赵俊如　赵海渔　胡新弟　段大明　洪天云（土家族）
秦信联　唐情林　黄　梅（女）　黄立沛　曹黎枫（女）　康纲有
章必果　蒋先齐　谭和平　滕久明（苗族）

中国共产党重庆市第一次代表大会主席团常务委员会及常务主席名单

主席团常务委员会

张德邻　蒲海清　王云龙　于汉卿　张文彬　刘志忠　金　烈　黄立沛
滕久明（苗族）　李学举　肖祖修　牟大明　赵海渔　邢元敏（女）
辜文兴　陈邦国　刘　文　李　兵　王鸿举　陈光国　税正宽

主席团常务主席

张德邻

中国共产党重庆市第一次代表大会秘书长名单

王云龙

中国共产党重庆市第一次代表大会代表资格审查委员会名单（共11名）

主　任：李学举

副主任：赵海渔　刘　文

委　员（按姓氏笔画顺序排列）：

马儒沛（回族）　史锦杰　何本明　宋子碧（女）　张向萍(女)

罗茂材　侯守渠（土家族）　洪天云（土家族）

贺 辞[①]

中国共产党重庆市第一次代表大会主席团：

中国共产党重庆市第一次代表大会的隆重召开，是3000万重庆人民众所关心和深感鼓舞的一件大事。这次大会，将规划新重庆的建设蓝图，选举产生率领重庆人民为实现这一宏伟蓝图而奋斗的中共重庆市第一届委员会。这次会议是一次具有深远历史意义的重要会议，重庆市各民主党派、工商联谨向大会致以最热烈的祝贺！

即将迈入21世纪的重庆，迎来直辖的喜庆和千载难逢的发展机遇。重庆将作为三峡工程这一世界性工程的支撑点，作为长江流域经济带和西南经济圈的结合部，成为西南战略的支撑和枢纽，成为西南对外开放的门户，将带动搞活整个西南经济。中国共产党重庆市第一次代表大会的召开，预示着将产生一个坚强有力的领导核心去承接重任，实现新的历史使命，这是重庆发展史上的一个里程碑，是全市人民政治生活中的一件大事，这次党代会将是团结、鼓舞全市人民的一次盛会。

重庆有125万中国共产党党员，有众多德才兼备的干部，是建设新重庆的带头人和中坚力量。我们深信，在中国共产党重庆市新一届委员会的坚强领导下，广大党员、干部率先垂范，重庆人民将高举邓小平建设有中国特色社会主义理论的伟大旗帜，同心同德，艰苦奋斗，不负党中央、国务院和全国人民的重托，把重庆建设成为名实相符的一流直辖市，为全国的总体发展，作出应有的贡献！

---

①本文原载于《重庆日报》，1997年5月27日。

统战传统和红岩精神，是重庆的优势，重庆的统战和党派传统至今在海内外仍有一定影响。我们深信，在中共重庆市委的领导下，重庆各民主党派、工商联有信心担当起历史赋予的重任，团结、组织党派成员和所联系的群众，尽职尽责，奋发开拓，为坚持完善党领导的多党合作，巩固发展爱国统一战线，为建设新重庆作出积极的贡献。

祝大会圆满成功！

民革重庆市委员会
民盟重庆市委员会
民建重庆市委员会
民进重庆市委员会
农工重庆市委员会
致公党重庆市委员会
九三学社重庆市委员会
台盟重庆市支部
重庆市工商业联合会
1997 年 5 月 27 日

负重自强　不辱使命

——热烈祝贺中国共产党重庆市第一次代表大会开幕[①]

《重庆日报》社论

全市共产党党员和各族人民热切期盼的中国共产党重庆市第一次代表大会，今天隆重开幕了。我们谨向大会表示热烈的祝贺！

重庆市第一次党的代表大会，是在八届全国人大五次会议批准设立重庆直辖市后召开的。这次大会，是肩负起重大历史使命的大会，是绘制新重庆跨世纪宏伟蓝图的大会。这次大会的胜利召开，将作为重庆发展史上的一个里程碑，揭开重庆发展历史崭新的一页。

这次大会的主要任务是：审议中共重庆市第七届委员会的工作报告，审议中共重庆市纪律检查委员会工作报告，审议和通过中共重庆市委《关于制定重庆市国民经济和社会发展“九五”计划和2010年远景目标纲要的建议(草案)》，选举产生中国共产党重庆市第一届委员会和重庆市纪律检查委员会，选举重庆市出席中国共产党第十五次全国代表大会的代表，动员全市各级党组织和全体共产党员，团结和带领重庆3000万各族人民，更加紧密地团结在以江泽民同志为核心的党中央周围，高举邓小平建设有中国特色社会主义理论的伟大旗帜，坚持党的基本路线和基本方针，解放思想，抓住机遇，负重自强，加快发展，为建设繁荣、富裕、文明、进步的新重庆而奋斗。

去年以来，市委坚决贯彻中央的部署，从新的市情出发，按照中央赋予

①本文原载于《重庆日报》，1997年5月27日。

新重庆的三大战略任务，带领广大党员和各族人民，着力开创各项工作的新局面。经过全市各级党组织和各族人民的共同努力，圆满地完成了代管任务，经济增长速度明显加快，各项社会事业取得新的进展，全市社会稳定，人心振奋，对重庆直辖市的美好前景更加充满信心。

重庆直辖市的设立，使重庆处于历史发展的新起点，肩负着重大的历史使命，这就是进一步发挥重庆的区位优势、“龙头”作用、“窗口”作用和辐射作用，带动西南地区和长江上游地区的经济、社会发展。这次党代会，将统揽全局，把重庆的发展置于整个中西部地区和全国总体发展战略格局之中，以新的思想观念、新的发展思路来认识重庆，思考未来，为落实江泽民同志“努力把重庆建设成为长江上游的经济中心”和李鹏同志“开发三峡，振兴重庆”的指示，为加快我市经济发展和社会全面进步，制定宏伟发展蓝图作出重大决策。

全心全意为人民服务是我们党的根本宗旨，也是我们完成三大任务的群众基础和可靠保证。这次党代会将突出“富民为本”的思想，并把这一思想始终贯穿于建设新重庆、发展新重庆的整个过程之中。全市 3000 万各族人民，对即将选举产生的新一届中共重庆市委寄予厚望。我们深信，出席这次大会的 750 名代表，一定不会辜负党中央及全市广大共产党员和各族人民的厚望和重托，一定会群策群力议大事，高瞻远瞩定大计，负重自强，不辱使命，把这次大会开成一个加快我市改革开放和现代化建设步伐的动员大会；开成一个激励全市各级党组织、共产党员和各族人民实现重大历史使命的誓师大会。

预祝大会圆满成功！

新重庆：从决策民主化科学化起步远征

——重庆市第一届党代会、人代会两个纲领性文件的产生过程[①]

1997年3月14日下午，重庆作为我国第四个直辖市在八届全国人大五次会议的表决中正式诞生，从此承担起“进一步发挥重庆的区位优势、‘龙头’作用、‘窗口’作用和辐射作用，带动西南地区和长江上游地区的经济发展”这一历史使命。在她稚嫩的肩膀上，任务是那么艰巨，困难是那么繁多：要把生产力水平尚不发达的老工业基地建成长江上游和西南地区的经济中心；要破解三峡库区百万移民的世界级难题；要完成300多万贫困人口的脱贫工程；要探索以500多万人口规模的城市群落带动2400多万人口的广大农村共同富裕的发展道路……

任重道远的新重庆，将如何认识肩负的历史使命？如何选择正确的发展道路？如何开好局，起好步？在全国人大批准直辖仅仅两个多月后召开的中共重庆市第一次代表大会和重庆市第一次人民代表大会，必须作出明确的回答和决策。对此，重庆3000万各族人民关注着，党中央、国务院和全国各地关注着，越来越重视中国市场的世界也在关注着。这一切关注的目光，都将凝视点聚焦在提交给党代会的报告和人代会的《重庆市国民经济和社会发展第九个五年计划和2010年远景目标纲要》（以下简称《报告》《纲要》）这两个纲领性文件上。

于是，集中体现重庆决策者决策思想的两个纲领性文件，分量显得格外沉重。重庆市委、市政府在这两个文件的起草过程中对决策民主化科学化所

①本文原载于《重庆日报》，1997年5月27日。

做的执着追求，为新重庆走向健康发展的道路迈出了坚实的第一步。

起草前市委领导主持十次座谈会。初稿形成后在全市范围征求意见。修改稿经常委会、全委会反复讨论，张德邻同志与起草小组彻夜推敲——集体智慧凝聚成党代会的报告

今年3月，根据中央指示，中共重庆市第七届委员会负责筹备重庆直辖市的第一次党代表大会。

重庆市委当即指示市委政研室牵头，主持起草党代会报告。在报告起草之初，中共重庆市委常委会就十分明确地提出，党代会报告要提出新重庆今后5至15年经济社会发展的大政方针，是建设重庆、振兴重庆的行动纲领，立足点要高，前瞻性和指导性要强。

重庆的广大党员和各界群众对第一次党代会寄予很高的期望，对党代会报告的起草表现出极大的关心。重庆市委的决策者们明确提出，《报告》起草工作一定要贯彻党的群众路线，认真听取基层意见，尊重群众的首创精神，最大限度地集中群众的智慧，使《报告》建立在坚实的民主基础之上，保证党代会报告的针对性和科学性。

为了能详细了解基层情况和民意，从3月30日至4月9日，市委书记张德邻召集了43个区市县、市级各主要部门主要负责人，分批召开了10次座谈会，以如何起草好党代会报告、开好第一次党代会为中心议题进行了广泛讨论。在会上，来自基层和市级各有关部门的同志就写好党代会报告，提出了许多很好的建议：不仅要充分认识新市情，分析新形势，更要明确建设新重庆的历史使命和重大责任，要有指导性、针对性；不仅要提出建设好直辖市的目标，而且要充分讲清楚我们面临的困难，以增强大家的危机感、责任感；要突出团结统一这个主题，树立整体意识，统一思想、统一认识、统一步调等等。4月7日晚，张德邻与黔江地区5个县的座谈会一直开到深夜12点，他感到基层反映的一些问题必须在党代会报告中明确体现，凌晨1点回到办公室后，又把起草组负责人找来，“趁热打铁”分析听到的情况，商量加强有关民族团结等方面的内容，一直讨论到近4点。

为了使党代会报告能充分涵盖直辖市的整体范围，起草小组还专门从万县、涪陵、黔江等新辖区抽调人力参与党代会报告写作。根据市委要求，起草小组认真学习研究了京、津、沪三市和四川省最近一次党代会报告，邀请市政府驻上海、海南、深圳等地办事处的同志回渝座谈，进行广泛的调查研究，在此基础上形成初稿。5 月 7 日，市委常委会专门开会讨论审议，对初稿的主题、结构、基本内容、观点进行了详尽分析。根据常委会意见，起草小组加紧修改报告草稿，印发全市 43 个区市县、市级各部委办局、各民主党派、重庆市驻各地办事处以及在渝高校，广泛征求意见。

各单位抱着对重庆市发展高度负责的态度，认真讨论报告草稿，提出了许多有价值的修改意见。重庆大学等高校校领导还集中各院系负责人开会专门对征求意见稿逐条分析，并提出应在《报告》中加入“建立领先于西部的高教体系”等内容。据统计，各类反馈意见上千条，起草小组逐条认真研究，将其中的真知灼见吸纳、充实进报告中去，在征求意见稿的基础上又作了数百处修改，其中对报告第一部分“认清形势，勇敢地肩负起光荣的历史使命”和第二部分“苦干实干，加速振兴重庆经济”作了较大改动，形成送审稿。

5 月 20 日，重庆市委常委会再次开会讨论。有的同志说党代会报告要充分展现市委解放思想、改革开放的新思考，要把重庆改革开放的大政方针说透，突出特色，同时把困难讲清楚，要在全市人民中形成共识：只有苦干实干才能完成重庆肩负的一系列历史重任。有的同志建议报告强调团结合作、和衷共济，突出反映艰苦奋斗，反对奢侈浪费；有的同志就老工业基地改造、流通问题和加强个体经济等方面谈了具体的修改意见。有的同志则提出《报告》是个历史性文件，结构必须严谨，用词造句要准确朴实生动。各位常委提出了百余处修改意见。这些修改意见大到报告的指导思想、结构，小到标点符号，充分体现了严肃、认真、负责的精神。

一次次地征求意见、集思广益，报告起草组又写出第五稿。5 月 22 日晚，张德邻同志和起草小组一起，从晚饭后一直奋战到第二天清晨 7 点半，根据大家的意见，字斟句酌，反复推敲，向 5 月 24 日召开的中共重庆市七届十一次全会提交了报告审议稿。根据全委会讨论的意见，25000 字的报告又作了修正。

5月27日，在直辖后的重庆市第一次党代会上，《负重自强，加快发展，为建设繁荣富裕文明进步的新重庆而奋斗》这份凝聚着无数人的汗水和智慧、对重庆市今后较长时期的发展具有重大指导意义的报告，郑重地提交给750位代表。

市政府历时三个多月调查研究，市政协和在渝高校专家学者全面参与，吸纳近300份人民建议，先后三次邀请国家级专家学者进行研讨——《重庆市国民经济和社会发展第九个五年计划和2010年远景目标纲要》，在进行目标设计、制定发展规划中努力超越局限，走向科学

一位到重庆考察的专家指出，上海近几年之所以实现了快速发展，与认真研究市情、汲取广大专家意见，制定出了一个切合上海实际的战略发展规划有很大关系。重庆要汲取国内外一些城市发展的经验教训，科学地分析和解剖重庆，搞好发展战略规划这个最大软件的开发，制定出一个目标定位准确、发展路子正确的经济社会发展战略。

早在去年7月，中央决定设立重庆直辖市时起，重庆即组织力量研究新的发展战略。历时3个月调查研究，起草形成了《重庆经济社会发展战略研究基本思路》，以及20个专题报告。这些战略研究在分析重庆市情的基础上，力图从战略指导思想和目标，经济建设及社会发展的重点和布局等方面，解决重庆在发展上一些带方向性、根本性的问题。重庆市研究机构、高等院校的专家、学者也在为关系自己城市长远发展的战略规划竭尽所能。重庆市政协充分发挥专家型委员多的优势，广泛发动，深入调查研究，召开政协常委会，专题协商重庆市战略发展，并向发展战略领导小组提交了10余个专题调查报告；与此同时，重庆市政府公开向市民发出号召，动员全市人民为重庆发展战略研究献计，年逾古稀的重庆大学教授雷亨顺带病熬夜研究，提出库区应成为“生态经济区”的观点；渝州大学两位学生赴库区考察后写出长达万余字的“库区发展战略建议书”。据发展战略研究小组统计，收到的人民建议达300份。

尽管如此，市委、市政府决策者们仍不满足于已做的努力，他们担心由于自身所处位置的局限，难以把研究置于国际、国内的大背景，置于社会主义市场经济大环境中去思考，对一些问题的研究还不透彻。因此，张德邻和蒲海清又亲赴北京，邀请中央有关部门和两院院士来渝座谈，借助外脑，帮助重庆理清发展思路。重庆规模最大、发动最充分、讨论最热烈的战略研究由此展开。

为增强针对性，重庆市向来渝的各位专家发送了问卷，就困惑自己的一些问题，如在市场经济规律的作用下产业结构如何优化，资源如何配置，生产力如何布局，已形成的支柱产业如何发展提高，潜在的支柱产业如何培育等，虚心向学者请教。张德邻、蒲海清等重庆市主要领导自始至终认真倾听专家发言，并做了数万字的笔记。国务院发展研究中心副主任鲁志强在研讨会上很感慨地说："参加全国各省市的战略论证会不少，但像重庆市主要领导和各委办局负责人这样认真听会并不多见。这体现了重庆市各级领导在决策时对科学、对知识的尊重。"中国科学院副院长严义埙说："重庆请来如此多的专家论证战略发展规划，是极有远见的举措。重庆的发展从开始就沿着严谨、理性的轨道前进，这为完成中央所赋予的历史使命打下了坚实的基础。"

来渝的专家学者站在全国乃至世界经济社会发展高度，紧紧把握当代科学技术与经济社会发展的密切关系来研究问题，他们的发言对重庆修正发展战略产生了重要的影响。

——深化了对面临形势的认识。专家们指出，重庆目前有很多的机遇，有很多优势，但所有优势背后都隐含着巨大的困难；优势很多但大多是潜在的，困难不少而大多是现实的；重庆面临着机遇和挑战并存、希望和困难并存的形势，可谓压力大于机遇，责任大于喜悦。这是制定重庆经济社会发展的出发点。

——理清了制定发展战略的基本思路。专家们指出，制定重庆发展战略要处理好长远发展与解决现实问题的关系，运用市场机制与发挥政府主导作用的关系，农业基础、现有支柱产业与新的经济增长点的关系，经济发展与改革开放的关系，经济建设与科技进步、提高劳动者素质的关系，国家及兄弟省市的支持与自力更生、艰苦奋斗、苦干实干的关系。

专家们的真知灼见不仅从宏观思维上启发了重庆市、开阔了重庆的眼界，而且对修改经济社会发展战略中的具体问题也颇有补益。

——基于重庆面临三峡成库后生态环境较为严峻的形势，不少院士提出要高度重视处理好城市发展与环境保护的关系，力求实现经济社会可持续发展。他们建议在全面推广清洁生产的前提下，建立“生态工业圈”，把不同行业有机地联系起来，通过技改，包括推广绿色技术、建立若干产品链、相互利用废弃物，实现生态平衡，以求得最大的经济、社会和生态效益。

——不少专家指出，工业是重庆的主体和优势，应当通过大力发展工业来促进一、三产业尤其是三产业的发展。在支柱产业的提法上，专家提出建议改提“以汽车、摩托车为主体的机械工业”而不仅仅提“两车”；充分认识信息产业的发展趋势及其对经济社会的影响，积极培育和发展信息产业。

应该说，今天摆在各位党代会代表面前的《中共重庆市委关于制定经济社会发展“九五”计划和2010年远景目标的建议》以及将在人代会上提交审议的《重庆市国民经济和社会发展第九个五年计划和2010年远景目标纲要》凝聚着领导、专家、群众三方的智慧，体现了重庆市3000万各民族人民的意愿。

振兴重庆，关键在党，关键在人。“富民为本”的指导思想，“从严治党”的保障措施，形成了两个纲领性文件的精髓和理解两个文件的主线。

出席中共重庆市七届十一次全委会的委员们在讨论提交给直辖后第一次党代会的报告和建议时，认为这两个重要文件反映了市委对设立重庆直辖市所肩负的历史使命的认识，闪耀着求真务实的光芒，报告和建议着眼现实，思考未来，为重庆规划了继续前进的正确航向。

报告的最大特点和精髓是鲜明地提出了“富民为本”的指导思想，并将这一思想作为贯穿这两个纲领性文件的主线。

“富民为本”思想是重庆市委常委会在对重庆市情的透彻认识的基础上，吸纳专家学者的建议，反复思考、讨论的结果。在讨论《报告》时，张德邻曾多次提醒起草组的同志仔细地分析重庆的现实困难，多想想重庆人口多、贫困面大、人均收入水平低这一突出特点。他说：“我们在确定经济社会发展的根本任务时首先应想到3000万人民。目前重庆库区移民任务重，城市困难企业多，农村贫困人口多，我们这届市委、市政府的任期目标就是要让

300多万贫困人口脱贫，让全市人民生活达到小康水平。所以我们一切工作的出发点和落脚点都要突出‘富民’，把加大扶贫力度，提高人民生活水平和生活质量作为报告和发展战略纲要的主要脉络。”

于是，《报告》和《纲要》对如何富民提出了指标：“九五”期间，国内生产总值年均增长达到11%，到本世纪末，全市综合经济实力显著增强，经济增长质量明显提高，基本消除贫困现象，人民生活达到小康。到2010年，把重庆建设成为西南地区和长江上游的经济中心，形成长江上游新的产业群，全市国内生产总值比1995年翻两番，综合经济实力力争达到全国省市中等偏上水平，人民生活富裕文明。

“富民为本”的提出实际上是我们党群众观点这一基本政治观点和全心全意为人民服务这一根本宗旨的具体化。张德邻在讨论《报告》时，着重强调：“‘富民为本’的提出还在于要纠正一些领导干部群众观点淡薄、同群众感情淡化的倾向，纠正一些领导干部只贪图自己享受不关心群众疾苦，不解决群众实际困难，严重脱离群众的现象；‘富民为本’的提出就是要让我们的干部树立思想上尊重群众、感情上贴近群众、行动上深入群众的观点，真正做人民的公仆。依靠和带领3000万人民完成建设重庆、振兴重庆的伟业。”

《报告》根据“振兴重庆，关键在党，关键在人”的思想，用相当的篇幅强调了“从严治党”，这是搞好下一步工作的根本保障。

在讨论修改《报告》时，张德邻和蒲海清一再强调：在各级领导班子的思想政治建设上要充分体现江泽民总书记提出的“讲学习、讲政治、讲正气”的要求；在领导班子作风上要突出真抓实干，强调在重任和困难面前不等不靠，自加压力，主动出击，不搞形式主义、不图虚名、不尚空谈；在领导班子团结上，强调每个领导干部都要视团结为党的生命，自觉养成维护团结、顾全大局的政治品格。班子成员间要互相尊重、互相信任、互相支持、互相谅解、互相补充。在领导班子的廉政建设上，强调以领导干部廉政自律为重点，大力加强党性党纪党风教育，把从严治党落实到各级领导干部的严格要求、严格管理、严格监督上。

于是报告明确提出，要以发展党内民主为基础，以维护中央权威为核心，以健全集体领导为重点，以加强党内监督为保证，建立和完善一整套规章制度，真正形成班子议事有规则、处理党内关系有原则、规范党内行为有准则的运作有序的生动活泼的政治局面。

纵观世界和我国经济社会发展的历史经验，任何伟大的成功无不建立在民主化科学化的决策之上，这已成为被无数事实证明了的颠扑不破的客观规律。依据这一规律，我们有充分的理由相信，从决策民主化科学化起步的新重庆，尽管困难重重，征途漫漫，只要全市共产党员和人民群众齐心协力，不懈奋斗，宏伟的蓝图一定会变成美好的现实！

（新华社记者 王 安 刘 亢）

风雨同舟　共创未来

——我市各民主党派、工商联祝贺中共重庆市第一次代表大会召开[①]

昨日下午4时30分，刚刚从蓉抵渝的农工民主党重庆市委主委韦思琪，面带喜色，把一幅“一帆风顺”的装饰画送到了中共重庆市委办公厅，祝贺中共重庆市第一次代表大会的召开。

韦主委告诉记者，此画寓意在中共重庆市委领导下，我市民主党派与中共风雨同舟，乘风破浪，共同把重庆各项事业推向前进。

接着，民革重庆市委、民盟重庆市委、民建重庆市委、民进重庆市委、致公党重庆市委、九三学社重庆市委、台盟重庆市支部、市工商联的负责人，也纷纷来到办公厅，献上贺匾、字画、花瓶，献上最真诚最美好的祝愿。

这些礼品均是精心挑选，寓意深远。台盟重庆市支部赠送的“雄鹰”装饰画，祝愿重庆像雄鹰展翅般振兴与腾飞；民革重庆市委、民建重庆市委、市工商联的松柏等图样花瓶，则象征中共领导的多党合作事业的万古长青。此外，民进重庆市委、致公党重庆市委送来了“一帆风顺”的贺匾；民盟重庆市委、九三学社重庆市委分别送来字幅。

民革重庆市委主委李克熙代表市各民主党派、工商联致贺辞。

王云龙同志代表中共重庆市第一次代表大会的全体代表和主席团，向市各民主党派、工商联表示衷心感谢。他激动地说，市各民主党派、工商联寓

①本文原载于《重庆日报》，1997年5月27日。

有深意的礼物和热情洋溢的贺辞，体现了本市各民主党派与中共重庆市委同舟共济、亲密合作的深情厚谊。只要我们团结一心，就一定能把重庆建设成为一流的直辖市。

李兵、张忠惠同志参加了祝贺仪式。

（《重庆日报》记者　谭红樱）

中共重庆市第一次代表大会开幕
蒲海清致开幕词　王云龙主持大会
张德邻作题为《负重自强　加快发展
为建设繁荣富裕文明进步的新重庆而奋斗》的报告[①]

中国共产党重庆市第一次代表大会昨日上午在市委礼堂隆重开幕。

张德邻同志代表中共重庆市第七届委员会在报告中指出，大会的中心任务是：动员全市各级党组织和全体党员，团结和带领重庆3000万各族人民，更加紧密地团结在以江泽民同志为核心的党中央周围，高举邓小平建设有中国特色社会主义理论的伟大旗帜，坚持党的基本路线和基本方针，解放思想，抓住机遇，负重自强，加快发展，为建设繁荣、富裕、文明、进步的新重庆而奋斗。

这次代表大会是在八届全国人大五次会议通过关于批准设立重庆直辖市的决定后，全市上下精神振奋，各项事业继往开来的重要时刻召开的，具有深远的历史意义。

张德邻、蒲海清、王云龙、于汉卿、张文彬、刘志忠、金烈、黄立沛、滕久明、李学举、肖祖修、牟大明、赵海渔、邢元敏、辜文兴、陈邦国、刘文、李兵、王鸿举、陈光国、税正宽在主席台就座。

中央组织部地方干部局副局长张常韧，中共四川省委副书记、常务副省长张中伟出席会议并在主席台就座。大会主席团成员在主席台就座。

王云龙同志主持大会。

---

①本文原载于《重庆日报》，1997年5月28日。

出席大会的应到代表750名，特邀代表14名，实到代表和特邀代表共748名，他们代表重庆125万共产党员，带着全市3000万各族人民的重托，会聚一堂，共商发展大计，共绘宏伟蓝图。

上午8时30分，王云龙同志宣布大会开幕。全体起立，奏《国际歌》。

蒲海清同志致开幕词。

蒲海清说，中国共产党重庆市第一次代表大会的召开，是重庆各族人民政治生活中的一件大事，全市关注，万众瞩目。我们一定要以对党和人民高度负责的态度和饱满的政治热情，庄严地履行我们神圣的职责，同心同德，群策群力，把这次代表大会开成一个动员的大会、团结的大会、胜利的大会！以这次大会为新的起点，团结和带领全市各族人民朝着重庆光明灿烂的未来胜利前进！张中伟同志在会上宣读了中共四川省委的贺信。

张德邻同志在会上作了题为《负重自强，加快发展，为建设繁荣富裕文明进步的新重庆而奋斗》的报告。报告分四个部分：一、认清形势，勇敢地肩负起光荣而艰巨的历史使命；二、苦干实干，加快振兴重庆经济；三、育人兴市，大力推进社会文明进步；四、从严治党，努力把党建设成为振兴重庆的坚强领导核心。

张德邻指出，直辖后的重庆肩负着中央赋予的光荣而艰巨的历史使命：进一步发挥重庆的区位优势、“龙头”作用、“窗口”作用和辐射作用，带动西南地区和长江上游地区的经济、社会发展。要肩负起这一使命，我们深感责任重大。唯有奋发图强，加快自身发展，否则，难当此任！

张德邻指出，从现在起到2010年，重庆发展主要面临三大战略任务：一是增强中心城市的综合实力，完善城市功能，把重庆建设成为名副其实的长江上游的经济中心；二是探索城市带农村的新路子，加快农村经济发展，实现城乡共发展、共繁荣；三是搞好开发性移民，发展库区经济，保证三峡工程建设的顺利进行。要完成三大战略任务，我们必须解决好妥善安置100万移民，“九五”期间的366万农村贫困人口越温脱贫，振兴老工业基地，防治环境污染和保持生态平衡这四大难题。完成三大战略任务，解决四大难题，既是加快重庆自身发展的需要，也是实施全国总体发展战略的需要，涵盖了加快重庆经济发展的基本途径、工作重点及目标，是今后五年重庆经济工作必须始终坚持的出发点和立足点。

张德邻强调，从现在起到2010年，是重庆发展极为关键的时期。总的指导思想是：以邓小平建设有中国特色社会主义理论和党的基本路线为指导，遵照江泽民总书记“努力把重庆建设成为长江上游的经济中心”的要求，紧紧把握解放思想，抓住机遇，“开发三峡，振兴重庆”，加快发展，富裕城乡的工作方针，实施“科教兴渝”和可持续发展战略，坚持以经济建设为中心，以改革开放统揽全局，积极推进经济体制和经济增长方式的根本转变；坚持富民为本，城乡一体共同繁荣；坚持物质文明建设和精神文明建设两手抓，依法治市，保持社会稳定，促进经济、社会协调发展。

张德邻说，增强城市综合实力，完善城市功能，其核心是振兴工业经济。要不断深化城市经济体制改革，大力推进对内对外开放；要实施战略性结构调整，加快建设长江上游新兴产业群；要全面实施“科教兴渝”战略，提高全市经济增长的整体素质。城市带农村、城乡一体化，关键是促进农村经济持续发展，确保366万贫困人口如期脱贫，要坚持富民为本，着眼于推动本地区经济发展，实施城镇带动战略，建立新型的城乡关系，提高城乡经济融合度。全面贯彻开发性移民方针，以移民促发展，以发展促移民。实施可持续发展战略，促进经济、社会相互协调和可持续发展。

张德邻指出，经济社会协调发展，两个文明共同进步，是建设繁荣、富裕、文明、进步的新重庆的根本要求。必须始终坚持“两手抓，两手都要硬”，在物质文明大发展的同时，实现精神文明的大发展。要加强思想道德建设，努力塑造高尚、进取、文明的当代重庆人；繁荣社会主义文化，不断满足人民群众的文化需求；深入开展群众性精神文明创建活动，努力提高社会文明程度；积极推进民主政治建设，进一步加大依法治市力度，努力把重庆建设成为中西部文明进步的先进地区。

张德邻强调，振兴重庆，关键在党，关键在人。坚持党的领导，加强党的建设，是完成我市改革开放和现代化建设各项任务的根本保证。我们要坚持以邓小平建设有中国特色社会主义理论和党的基本路线为指导，以“讲学习、讲政治、讲正气”为整个党的建设工作的主题，继承和发扬党的理论联系实际，密切联系群众和自我批评三大优良作风，从严治党，努力把党建设成为振兴重庆的坚强领导核心。

张德邻最后说，加快重庆发展，建设繁荣、富裕、文明、进步的新重庆，是3000万各族人民的根本利益所在，是党中央、国务院对我们的殷切期望，是重庆各级党组织和全体共产党员肩负的光荣历史重任。我们要抓紧每一年，走好每一步，胜利完成这次大会提出的各项任务，全面实现重庆发展的宏伟目标，为加快西南地区和长江上游地区的经济社会发展作出更大的贡献！

应邀出席大会在主席台就座的有：担任市人大、市政府、市政协领导职务的党外人士；市级各民主党派、工商联主要负责同志；解放军驻渝部队主要领导同志。

有关方面的负责同志列席了大会。

（《重庆日报》记者　张德泽）

中国共产党重庆市第一次代表大会开幕词[①]

（1997 年 5 月 27 日）

蒲海清

同志们：

中国共产党重庆市第一次代表大会现在隆重开幕了！

这次代表大会，是在全党、全国人民喜迎香港回归和党的十五大召开，全市上下欢庆设立重庆直辖市，各项事业继往开来的重要形势下召开的。出席大会的 764 名（包括 14 名特邀代表）同志，代表重庆 125 万共产党员，带着全市 3000 万各族人民的重托，汇聚一堂，共商发展大计，共绘宏伟蓝图。大会的主要议程是：审议中共重庆市第七届委员会的报告，审议和通过中共重庆市委《关于制定重庆市国民经济和社会发展“九五”计划和 2010 年远景目标纲要的建议（草案）》，选举产生中共重庆市第一届委员会和中共重庆市纪律检查委员会，选举重庆市出席中国共产党第十五次全国代表大会代表。这是一次具有奠基意义的重要会议。

今年 3 月 14 日，八届全国人大五次会议通过了批准设立重庆直辖市的决定。这是党中央、国务院为加快中西部地区经济社会发展的重大战略决策，是实施全国总体发展战略的重大步骤，体现了党中央、国务院对重庆的信任和全国人民对重庆的期望，揭开了重庆历史发展崭新的一页。根据中央的部署，重庆肩负着进一步发挥区位优势、“龙头”作用、“窗口”作用和辐射作用，带动西南地区和长江上游地区经济、社会发展的光荣而艰巨的历

①本文原载于《重庆日报》，1997 年 6 月 2 日。

史使命。这是全市共产党员和各族人民肩上的一副重担，同时也展示了重庆发展的光明前景。

为了顺利设立重庆直辖市，1996 年 9 月，党中央、国务院批准四川省委托重庆市代管万县市、涪陵市和黔江地区。中共重庆市委坚决贯彻中央的部署和“思想领先，平稳过渡”的方针，一手抓代管，一手抓经济发展和社会稳定，以加快发展为主题，以推进两个转变为主线，对代管后重庆的工作作了全面部署和安排。经过广大党员、各级干部和人民群众的共同努力，1996 年全市国民经济总体运行平稳，各项社会事业有了新的进步。进入 1997 年，重庆各方面工作开局良好，全市人心振奋，社会稳定，呈现出经济社会持续、快速、健康发展的可喜局面。重庆代管任务的圆满完成，为设立重庆直辖市创造了有利条件。

这次代表大会，将确定发展重庆、振兴重庆的指导思想、战略任务、奋斗目标和主要措施，使之成为凝聚人心，鼓舞斗志，动员全市人民共创重庆美好未来的行动纲领；大会将产生中共重庆市第一届委员会，形成推进重庆改革开放和现代化建设大业的坚强领导核心。这对于团结带领全市共产党员和各族人民，为建设繁荣、富裕、文明、进步的新重庆而奋斗，必将产生重大的具有深远历史意义的积极作用。

从现在起到 2010 年，是重庆发展极为关键的时期。我们要“努力把重庆建设成为长江上游的经济中心”，实现国内生产总值再翻两番；我们要“开发三峡，振兴重庆”，妥善安置百万移民；我们要坚持“富民为本”，实现城乡一体共同繁荣；我们要率先在中西部地区初步建立社会主义市场经济体制，形成大开放促大发展的新格局，促进经济社会协调发展和可持续发展。“发展才是硬道理”，“贫穷不是社会主义”。

加快重庆发展，实现共同富裕，一靠中央坚强领导，二靠自力更生，艰苦奋斗。重庆的美好未来绝不会从天而降，我们必须在以江泽民同志为核心的党中央领导下，进一步解放思想，深化改革，扩大开放，紧紧依靠全市各族人民，负重自强，奋力拼搏，苦干实干。这是我们建设重庆、振兴重庆，胜利完成历史使命的根本立足点。

重庆有着悠久的历史和光荣的革命传统，重庆人民素以勤劳勇敢、热情聪慧著称，具有坚韧不拔、自强不息、富于创造的优秀品格。毛泽东同志指出："人民，只有人民，才是创造世界历史的动力。"我们党的事业是人民的事业，我们提出的各项重大任务，没有一项不是依靠广大人民的艰苦奋斗来完成的。在此，我们向在我市各条战线付出辛勤劳动的工人、农民、知识分子、人民解放军驻渝部队、武警官兵和公安干警，向与我们党肝胆相照、荣辱与共的各民主党派和无党派爱国人士，表示衷心的感谢并致以崇高的敬意！

回顾新中国成立以来重庆发展的历史，我们每前进一步，都倾注了四川省委、省政府历届领导的心血。在此，我们表示深深的感谢！我们衷心希望，巴山蜀水亲情永固，携手并肩共创未来！

同志们！中国共产党重庆市第一次代表大会的召开，是重庆各族人民政治生活中的一件大事，全市关注，万众瞩目。我们一定要以对党和人民高度负责的态度和饱满的政治热情，庄严地履行我们神圣的职责，同心同德，群策群力，把这次代表大会开成一个动员的大会、团结的大会、胜利的大会！让我们在以江泽民同志为核心的党中央领导下，高举邓小平建设有中国特色社会主义理论的伟大旗帜，以这次大会为新的起点，团结和带领全市各族人民朝着重庆光明灿烂的未来胜利前进！

预祝大会圆满成功！

负重自强 加快发展
为建设繁荣富裕文明进步的新重庆而奋斗

——在中国共产党重庆市第一次代表大会上的报告①

（1997 年 5 月 27 日）

张德邻

同志们：

中国共产党重庆市第一次代表大会，是在八届全国人大五次会议通过关于批准设立重庆直辖市的决定后，全市上下精神振奋，各项事业继往开来的重要时刻召开的。大会的中心任务是：动员全市各级党组织和全体共产党员，团结和带领重庆 3000 万各族人民，更加紧密地团结在以江泽民同志为核心的党中央周围，高举邓小平建设有中国特色社会主义理论的伟大旗帜，坚持党的基本路线和基本方针，解放思想，抓住机遇，负重自强，加快发展，为建设繁荣、富裕、文明、进步的新重庆而奋斗。

根据中共中央授权中共重庆市第七届委员会负责筹备中国共产党重庆市第一次代表大会的通知，我受中共重庆市第七届委员会的委托，向大会作报告。

一、认清形势，勇敢地肩负起光荣而艰巨的历史使命

八届全国人大五次会议通过了批准设立重庆直辖市的决定，标志着重庆改革开放和现代化建设进入了一个崭新的发展阶段。正确认识和把握我们面

①本文原载于《重庆日报》，1997 年 6 月 5 日。

临的形势和肩负的历史使命，是我们做好各项工作，加快重庆发展必须解决的首要问题。

党的十四大以来，在邓小平建设有中国特色社会主义理论和党的基本路线的指引下，在以江泽民同志为核心的党中央正确领导下，我国国民经济持续、快速、健康发展，各项社会事业不断进步，出现了经济发展、政治稳定、民族团结、社会进步的大好局面。为了逐步改变地区发展的不平衡状况，更好更快地实施“三步走”发展战略，党中央、国务院相继作出了加快中西部地区发展、建设长江经济带、加快三峡工程建设和库区开发的战略决策。重庆位于我国东部经济发达地区和西部资源富集地区的接合部，是西南地区和长江上游最大的经济中心城市和重要的内河口岸，有着对长江经济带和西南地区的双重辐射功能，可以起到承东启西、左右传递的枢纽作用。重庆又是三峡库区唯一的特大城市，应当承担起搞好库区移民，发展库区经济，确保三峡工程顺利进行的重任。为此，党中央、国务院作出了设立重庆直辖市的重大决策。这一决策，既加重了我们肩上的担子，也给重庆创造了一个前所未有的发展机遇。我们深刻地认识到，重庆的未来任重而道远，前景无限光明。

为了确保设立重庆直辖市这一重大决策的顺利实施，1996 年 9 月，党中央、国务院批准了四川省委托重庆市代管万县市、涪陵市和黔江地区的请示。实施代管半年多来，在四川省委、省政府的领导下，市委坚决贯彻中央的部署和“思想领先，平稳过渡”的方针，紧紧围绕“抓住机遇、深化改革、扩大开放、促进发展、保持稳定”的全党全国工作大局，以加快发展为主题，以推进两个根本性转变为主线，从实施代管后新的市情出发，先后对全市经济工作、精神文明建设、党的建设、国有企业改革、农村工作、移民工作、扶贫工作作了全面部署。全市上下团结一心，着力于开创新局面，代管工作按照中央的要求顺利进行。一是认真组织全市党员、干部学习中央指示精神，不断深化了对党中央、国务院重大决策的认识；二是按照江泽民总书记和李鹏总理对重庆题词的要求，把全市各级干部的思想统一到“团结一心向前看，集中精力抓发展”上来；三是大力抓好各级领导班子建设，充分发挥好带头作用；四是广泛开展“弘扬红岩精神，塑造当代重庆人”的活动，努力培植加快重庆发展的精神动力；五是切实转变作风，狠抓工作落实。同时，及时做好重庆经济和社会发展计划、财政等方面同中央和四川省的衔接；组织力量对重庆经济社会发展战略作了认真研究，前后三次邀请数十位全国知名专家、学者进行论证，形成了中共重庆市委《关于制定重庆市国民经济和社会发展“九五”计划和2010年远景目标纲要的建议（草案)》。

经过全市共产党员、各级干部、广大人民群众的共同努力，我市实施代管后的各项事业都取得了较大发展。1996年，国民经济持续稳定增长。全市国内生产总值完成1175亿元，比上年增长10.7%。农业获得丰收，区县经济稳定发展；国有企业改革力度加大，取得了一定进展；工业经济在调整中前进，部分优势行业和骨干企业增长速度和效益进一步提高；市场活跃，物价稳定。各项社会事业取得新的进步。进入1997年以来，我市各方面工作开局良好，全市人心振奋。呈现出社会稳定和经济持续、快速、健康发展的可喜局面。尤其值得一提的是，在实施代管工作中，万县市、涪陵市、黔江地区各级党委、政府做了大量艰苦细致的工作，保持了地区经济的快速发展和社会稳定，经济增长速度超过全市平均水平。这些成绩的取得，是在党中央、国务院的正确领导下，全市各级党委、政府带领各族人民齐心协力、团结奋斗、苦干实干、顽强拼搏的结果，标志着重庆代管任务的圆满完成，为设立重庆直辖市奠定了坚实的基础。在此，我代表中共重庆市第七届委员会向全体共产党员、各级干部和全市各族人民表示衷心的感谢，并致以崇高的敬意！

重庆直辖市的设立，把重庆推上了历史发展的新起点，给重庆提出了新的更高的要求。直辖后的重庆肩负着中央赋予的光荣而艰巨的历史使命，这就是国务院在八届全国人大五次会议上所作的《关于提请审议设立重庆直辖市的议案的说明》中指出的：进一步发挥重庆的区位优势、“龙头”作用、“窗口”作用和辐射作用，带动西南地区和长江上游地区的经济、社会发展。要肩负起这一使命，我们深感责任重大。唯有奋发图强，加快自身发展，才能担当此任！当前和今后一个时期，重庆发展主要面临三大战略任务：一是增强中心城市的综合实力，完善城市功能，把重庆建设成为名副其实的长江上游的经济中心；二是探索城市带农村的新路子，加快农村经济发展，实现城乡一体共发展、共繁荣；三是搞好开发性移民，发展库区经济，保证三峡工程建设的顺利进行。要完成三大战略任务，我们必须解决好妥善安置100万移民，“九五”期间366万农村贫困人口越温脱贫，振兴老工业基地，防治环境污染和保持生态平衡这四大难题。应当看到，要完成三大战略任务，解决四大难题，是相当艰巨的。主要原因在于我市经济结构调整滞后，区域经济发展很不平衡，致使经济发展总体水平不高，不仅远低于同是直辖市的京、津、沪，而且低于全国平均水平。同时，更应当看到，我们有许多加快经济发展，完成三大战略任务的有利因素，有经过几十年奋斗奠定的物质技术基础，有丰富的资源和广阔的城乡市场，特别是有党中央、国务院的坚强领导和政策扶持，有兄弟省市的热情支援，有重庆3000万各族人民加快发展的强烈愿望和奋力争先的拼搏精神。这是我们发展重庆、振兴重庆的基本保证。

从现在起到2010年，是重庆发展极为关键的时期。在新的形势面前，我们要用新的思想观念、新的思维方式来认识重庆，思考未来，把重庆的发展置于整个中西部地区和全国总体发展战略之中，科学地描绘出未来发展宏伟蓝图，用开拓进取的精神推进重庆改革开放和现代化建设，走出一条符合重庆实际、具有区域特色的发展新路子。总的指导思想是：以邓小平建设有中国特色社会主义理论和党的基本路线为指导，遵照江泽民总书记“努力把重庆建设成为长江上游的经济中心”的要求，紧紧把握解放思想，抓住机遇，“开发三峡，振兴重庆”，加快发展，富裕城乡的工作方针，实施“科教兴渝”和可持续发展战略，坚持以经济建设为中心，以改革开放统揽全局。积极推进经济体制和经济增长方式的根本转变；坚持富民为本，城乡一体共同繁荣；坚持物质文明建设和精神文明建设两手抓，依法治市，保持社会稳定，促进经济、社会协调发展。“九五”期间，国内生产总值年均增长达到11%，到本世纪末，全市综合经济实力显著增强，经济增长质量明显提高，基本消除贫困现象，人民生活达到小康。到2010年，把重庆建设成为西南地区和长江上游的经济中心，形成长江上游新兴产业群，全市国内生产总值比1995年翻两番，综合经济实力力争达到全国省市中等偏上水平，人民生活富裕文明。

要实现上述目标，必须加快发展步伐。这对于具有特殊市情和承担特殊任务的重庆来说，没有现成的模式可以借鉴，只能靠我们在实践中大胆探索。因此，必须进一步解放思想，切实转变观念。要以各级领导干部思想观念更新为重点，切实解决好三个方面问题：一是破除“左”的思想束缚，“敢”字当头，坚持“三个有利于”的标准，鼓励和支持大胆闯、大胆试、大胆创新，坚决排除姓“资”姓“社”的困扰，消除怕犯错误的疑虑。对在探索中出现的失误，要坚持保护干部，不扣帽子、不打棍子。二是破除传统计划经济意识，坚决消除“统、包、管”的计划经济思想和做法，坚决摒弃束缚生产力发展的僵化思想，强化改革意识，树立市场经济观念，从实际出发认真执行好中央政策，充分发挥政策效应。三是破除自我封闭、地方和部门利益至上的狭隘意识，真正树立大开放促大发展的思想，善于接受新事物，坚持用全局的观点认识、分析和解决实践过程中的各种问题，真正做到以改革开放统领全市工作。

进一步确立加快发展的战略思想，具有非常重要的意义。“发展才是硬道理。”只有加快发展，重庆才能在西部地区发展和建设长江经济带中发挥更大的作用；只有加快发展，我们才能完成开发性移民和农村贫困人口越温脱贫的重任；只有加快发展，才能在你追我赶、激烈竞争的逼人形势下，确立重庆的地位，不负党中央、国务院的重托和全国人民的厚望，不辱重庆担负的光荣历史使命。全市共产党员、各族人民，要进一步增强紧迫感，在以江泽民同志为核心的党中央领导下，团结一心，振奋精神，只争朝夕，扎实苦干，满怀信心地努力创造出加快重庆发展的辉煌业绩！

二、苦干实干，加快振兴重庆经济

实现我市的战略发展目标，“九五”是关键。“九五”期间，是重庆加快发展、实现全面振兴的创业阶段，我们必须以经济体制和经济增长方式的根本性转变为主线，紧紧围绕完成三大战略任务，解决四大难题，努力做好各方面的工作，为下世纪初保持我市国民经济的快速发展，奠定坚实的物质技术基础和社会主义市场经济体制基础。增强重庆中心城市综合实力，完善城市功能，是促进中西部和长江上游地区经济发展的客观要求，其核心是振兴工业经济；城市乡村一体化，是从我市实际出发探索现代化建设新路子的重大实践，其关键是促进农村经济持续发展，确保农村贫困人口如期越温脱贫；搞好开发性移民和发展库区经济，是一项具有历史开创性的宏伟事业，其重点是妥善安置百万移民。此外，三峡库区形成以后，保持生态平衡和治理环境污染将会遇到许多新情况、新问题，我们必须处理好经济发展和环境保护的关系，努力实现经济社会可持续发展。完成三大战略任务，解决四大难题，既是加快重庆自身发展的需要，也是实施全国总体发展战略的需要，涵盖了加快重庆经济发展的基本途径、工作重点及目标，是今后五年重庆经济工作必须始终坚持的出发点和立足点。

（一）增强城市综合实力，充分发挥中心城市的辐射带动作用

重庆作为长江上游的工商业重镇，历史上对周边地区发挥了重要的辐射作用。根据重庆肩负的新的历史使命，我们必须尽快把重庆主城区建设成为长江上游的商贸中心、金融中心、科教文化信息中心和交通枢纽、通信枢纽及高新技术产业基地，并以此规划和部署今后五年的城市经济工作；围绕经济发展的主要矛盾和薄弱环节，加大改革开放和结构调整的力度，依靠科技进步，努力提高经济发展的速度和质量。

1. 不断深化城市经济体制改革，大力推进对内对外开放

重庆在长江上游地区和中西部地区的战略地位及其肩负的特殊历史使命，要求我们必须率先在中西部地区初步建立社会主义市场经济体制；同时，重庆是老工业基地，积累的困难和问题较多，解决这些困难和问题，也要求我们必须加大改革力度，加快建立社会主义市场经济体制步伐。在建立社会主义市场经济体制的过程中，要坚定不移地紧紧抓住国有企业改革这个中心环节，加快建立“产权清晰、权责明确、政企分开、管理科学”的现代企业制度的步伐，真正使企业成为“自主经营、自负盈亏、自我发展、自我约束”的法人实体和竞争主体。坚持“抓大放小”，对国有企业实施战略性改组，通过存量资产流动和优化组合，运用资本经营、股权运作、兼并联合、破产重组等方式实现国有资本优势扩张，力求从整体上搞活国有经济。各级党委和政府对国有企业改革中的难点问题一定要抓住不放，切实加大工

作力度，排除一切干扰，一个企业一个企业地抓，一个问题一个问题地解决，务必在近两年内使国有企业改革取得突破性进展。要坚持把改革、改组、改造和加强管理有机地结合起来，特别要注重加强企业领导班子建设，选配政治强、会管理、善经营的优秀人才担任领导工作，使企业领导班子能够自觉地贯彻党的方针政策，团结和带领广大职工积极推进改革和发展。

以建立社会主义市场经济体制为目标的城市经济体制改革，必须坚持重点推进与全面配套相结合。要加快培育和完善市场体系，特别是加快培育以资本市场为重点的要素市场，建立健全市场法规；加快国有资产管理体制改革，建立国有资本营运体系，促进政企分开；振兴财政，健全职能，执行适度从紧的财政政策，进一步完善分税制财政体制，切实加强预算外资金管理；合理调节社会分配关系，尽快建立健全以养老、失业、医疗、工伤、生育为主体的社会保障体系，同时积极推进再就业工程；根据“小政府，大社会”，“小机构，大服务”的要求，按照精简、统一、效能的原则，推进机构改革，切实转变政府职能，构建行政管理新体制，为市场经济发展创造良好的体制环境。

随着重庆直辖市的设立，重庆越来越受到国内外的广泛关注，必将成为继沿海开放城市之后全国又一个对外开放热点地区。我们应当乘势而上，坚定不移地贯彻对外开放的战略方针，以大开放促大发展，充分利用国际国内资源，积极开拓国际国内市场，对外开放与对内开放并举，树立大开放的新形象，形成大开放的新气势。在扩大开放的战略布局上，以重庆主城区为核心，以国家级经济技术开发区和高新技术产业开发区为窗口，以高速公路沿线和三峡库区沿江区县为主干，建设对内对外开放走廊，形成全方位、多层次开放的新格局。在扩大开放的战略重点上，加大引进外资的力度，重视引进外资的效果，认真研究并大胆进入国际资本市场，不断提高接纳国际资本的能力。同时，坚持市场多元化战略和以质取胜战略，大力发展对外贸易，扩大对外经济技术合作与交流；发挥三峡库区人文景观、自然景观的独特优势，加快发展国际旅游和服务贸易；结合科技文化交流、友好城市交往等外事工作，加大对外宣传，让世界了解重庆，让重庆走向世界。要一如既往地保持同四川省的密切联系，在经济社会发展的各个方面加强合作与交流。本着互惠互利、共同发展的原则，进一步开展与周边省区的横向联合，不断拓展合作领域，共同培育区域市场。在扩大开放的战略措施上，要大力改善投资环境，加强口岸建设，完善服务体系；特别是各级干部要进一步转变观念，努力提高办事效率和服务水平；加强投向引导，充分发挥资源优势、市场优势和经济技术基础较为雄厚的综合优势，使重庆成为有利可图、外商云集的投资宝地。

2. 实施战略性结构调整，加快建设长江上游新兴产业群

结构性矛盾突出是制约经济快速发展的关键问题，调整优化结构是“九五”期间我市经济工作的一项重要任务。产业结构的调整和优化，必须结合我市老工业基地改造、大城市与大农村并存以及库区开放开发的实际，以国家产业政策为指导，坚持市场配置资源的原则，强化第一产业，优化提高第二产业，大力发展第三产业。要集中力量发展壮大以汽车摩托车为主体的机械工业、以天然气化工和医药化工为重点的化学工业、以优质钢材和优质铝材为代表的冶金工业三大现有支柱产业，着力培育电子信息、建筑、旅游和食品四大新的支柱产业，加快形成我市新的经济增长点，加速产业结构合理化进程。

优化提高第二产业，要立足现有基础，扬长避短，发挥优势，以市场为导向，以效益为中心，优化工业内部行业结构、企业组织结构和产品结构；扶优扶强，重点扶持优势行业、优势企业和优势产品，加快其技术改造步伐。尤其要注重引进外资嫁接改造老企业，有效盘活存量资产，大力开发新技术、新产品，积极开拓国内外市场，不断增强企业竞争能力。全力实施大公司、大集团战略和名牌战略，形成高起点的集约化发展态势，力争在较短时间内，培育出若干在国内和国际市场上有较强竞争能力的大公司、大集团，成为重庆经济的支撑点。要把区域资源优势与现有工业基础结合起来，大力发展有利于增强地区经济实力，提高人民生活水平，促进城乡经济融合，带动一、二、三产业联动发展的新的产品链，把资源优势转化为经济优势。

调整优化工业结构，要充分发挥中央在渝企业的积极作用。中央在渝企业特别是国防工业企业，在资产规模、技术装备、人才和管理等方面具有较

强优势，是我市经济建设的一支重要力量。要按照市场经济规律，打破条块分割，加强地方企业与中央在渝企业的联合协作，以资产为纽带，以项目为龙头，形成新的组合优势。各级党委、政府和有关部门要牢固树立一盘棋思想，加强协调服务，为加快中央在渝企业的改革和发展创造良好的环境，不断壮大重庆工业经济的实力。

发达的第三产业是区域性经济中心的重要标志。“九五”期间，要从重庆的实际出发，切实加快以旅游业、金融业和商贸业为重点的第三产业的发展。要加强旅游业的行业管理，完善政策法规体系，不断拓宽发展思路，尽快制定发展规划，加大资源开发力度，努力提高综合服务水平，积极开拓市场，以效益为中心改善经营管理，形成具有重庆历史文化名城和三峡库区历史文化特色的巴渝三峡旅游带，把重庆建成全国的旅游热点地区。要加快与国际资本市场接轨的步伐，初步构建起适应我市经济特征的多元化金融组织体系，增强重庆区域性金融中心的功能。按照“大贸易、大流通、大市场”的战略思路，培育形成布局合理、功能配套、辐射能力强的商品市场体系，建设一批区域性消费品和生产资料批发市场，努力开拓农村市场；培植一批内外结合、跨地区、跨行业、跨国经营的大型现代流通企业；根据我市城区组团式结构的特点，加快建设商业区，扩大商品流通规模和辐射范围，繁荣城乡市场，使重庆成为我国西部地区商品贸易的集散地。同时，积极发展房地产、交通运输、通信、信息咨询、中介服务和休闲娱乐等行业，促进第三产业全面协调发展，逐步完善城乡社会化服务体系。

非公有制经济是我国社会主义经济的重要组成部分。我们要在坚持社会主义公有制经济为主体的基础上，继续把大力发展个体私营经济作为我市加快发展的一项战略措施来抓，使其成为我市新的经济增长点。要加强领导，改善管理，形成有利于加快个体私营经济发展的环境和氛围；以上规模、上档次、上水平为目标，扶优扶强，引导私营企业向规模经营发展，扶持一批大型私营企业，使之成为我市某些领域和行业的骨干。大力提高个体工商户和私营企业的素质，提倡爱国、敬业、守法，规范经营；提倡先富帮后富，积极参与社会公益事业，为重庆的经济发展和社会进步多作贡献。

城市建设和城市管理的状况，直接关系到重庆在西南地区和长江上游地区经济中心地位的确立。必须坚持现代化标准，高质量、高效率地建设一批基础设施重点工程，尽快改变目前基础设施落后对经济发展的瓶颈制约状况，构筑起经济起飞的跑道。健全城市管理体制，提高城市管理水平。突出抓好综合交通运输体系、邮电通信网络和城市公用设施建设，力争用五至十年，建成适应经济持续快速发展和全方位对内对外开放的、比较完善的城市基础设施。同时，要按照环境美、质量高、形象新的要求，努力在辖区内建设一批现代化山水园林城市。

3. 全面实施“科教兴渝”战略，提高全市经济增长的整体素质

促进重庆经济持续、快速、健康发展，关键是确立科学技术在经济建设中的战略地位。必须全面落实邓小平“科学技术是第一生产力”的思想，坚定不移地实施“科教兴渝”战略，把重庆经济建设真正转到依靠科技进步和提高劳动者素质的轨道上来。我市大专院校、科研院所和50万科技大军是振兴重庆的重要依靠力量。要充分发挥他们在“科教兴渝”中的主力军作用，鼓励、引导他们以多种形式进入经济建设主战场，逐步形成充满活力的新型科技体制和科研、开发、生产、市场紧密结合的新机制，促进科技与经济的结合，加速科技成果转化为现实生产力。要把建立企业技术创新机制作为深化企业改革、建立现代企业制度的重要内容，确立企业技术开发的主体地位。大力发展高新技术产业，用高新技术装备支柱产业、改造传统产业；把支柱产业、优势行业、拳头产品的发展建立在技术进步的基础之上。

百年大计，教育为本。必须继续把教育放在优先发展的战略地位，加大投入力度；着眼于提高全民素质，深化教育体制改革，调整中高等教育结构，推进多形式联合办学，鼓励支持社会力量办学；大力发展职业教育和成人教育，建立起同重庆肩负的历史使命相适应的高教体系；普及九年制义务教育，加快农村特别是贫困地区、少数民族地区教育事业的发展。

人才资源是重庆的第一资源。要在全市努力形成尊重知识、尊重人才的良好氛围，建立起有利于人才培养、评价、选拔、使用的机制，创造人尽其才、优秀人才脱颖而出的人才成长环境。努力培养一大批能担当时代重任的领导人才、高级专家、优秀企业家和一支高素质的职工队伍。采取有效的政策措施，大力引进人才，不断壮大我市各类人才队伍。

（二）加快农村经济发展，积极探索城市带农村，城乡一体共发展、共繁荣的新路子

农业的发展和农村经济的繁荣，是整个国民经济和社会稳定发展的基础。重庆农业人口多，农村脱贫和移民任务重，这就决定了农业、农村经济在全市经济发展中具有特殊的战略地位。没有农村经济的长足发展，我们就不能圆满完成三大战略任务。因此，农业的基础地位任何时候都不能动摇；加强对农业的领导，加快农村经济发展任何时候都不能放松。农村经济发展的基本思路是：继续稳定党在农村的各项方针和基本政策，坚持因地制宜、分类指导、城乡结合的原则，以奔小康统率整个农村工作，以推进农村经济体制和经济增长方式转变为主线，依靠科技进步，稳定粮食生产，大力调整农村产业结构，加快农业产业化进程，大力发展乡镇企业和小城镇，促进农村经济社会全面发展，为实现农业现代化和城乡一体化奠定坚实的基础。按照以上发展思路，在农业和农村工作中，要继续稳定和完善以家庭联产承包为主的责任制和统分结合的双层经营体制，加快农产品流通体制和农村金融体制改革步伐，大力培育农村市场，提高农村经济市场化程度。根据市场需求，大力发展高产优质高效农业，重点搞好城郊都市型农业、三峡库区生态农业、丘陵地区的现代农业、大巴山和武陵山的山区开发，建设在西南乃至全国都有特色和影响的农副产品商品基地，培植一批带动力强的龙头企业，提高农业产业化水平。把农业开放作为全市对外开放的一个战略重点，大力引进先进技术和资金，推进农业产业化进程。增加农业投入，搞好以农田水利基本建设为重点的农业综合开发，增强农业抗灾防灾的能力和发展后劲。坚持“科教兴农”，重点抓好农业技术进步工程、绿色技术工程、农村人才培养工程，积极发展农村职业技术教育，提高农民的科学文化素质，用先进技术改造传统农业，提高科技在农村经济增长中的贡献率。

农民是发展农村经济的主体，要坚定不移地依靠农民群众，充分调动广大农民建设社会主义新农村的积极性。切实减轻农民负担，保护农民利益，不仅是解放和发展农村生产力的关键，而且是严肃的政治问题。要尽快建立健全农业保护和支持体系，扎扎实实搞好农村富民工程，多为广大农民办实

事。通过积极发展多种经营，发展农村二、三产业，合理有序地转移剩余劳动力，大幅度增加农民收入。到2000年，基本解决贫困人口的温饱问题，80%以上的区县和80%以上的农户实现小康。

到本世纪末基本解决我市农村贫困人口温饱问题，既是一项迫切需要解决的重大经济问题，更是一项事关全局的政治任务，必须坚决如期完成“五三六”扶贫攻坚计划。要坚持开发式扶贫的方针，把解决贫困人口温饱问题作为扶贫的首要任务，对贫困地区实行政策倾斜，着力改善贫困地区的生产、生活条件。充分发挥大城市的优势，帮助贫困地区新上一些具有牵动作用的生产型骨干项目；加快贫困地区交通、通讯等基础设施建设；把科教扶贫与贫困地区资源开发结合起来，将资源优势转化为现实的经济优势，增强贫困地区的自我发展能力。要把少数民族地区的扶贫攻坚作为全市扶贫工作的重点战场，加大扶持力度，帮助培育新的经济增长点，加快少数民族地区经济发展。广泛动员全社会力量参与扶贫，实行“集团式扶贫”和对口扶贫工作责任制，不脱贫不脱钩，脱贫后不断线，巩固扶贫成果。

探索城市带农村，城乡一体共发展、共繁荣的新路子，必须实施城镇带动战略，建立新型的城乡关系，提高城乡经济融合度。实施城镇带动战略，一是要构筑科学的城镇网络体系，以重庆主城区为依托，以万县、涪陵、黔江、永川、江津、合川、南川、长寿等为地域城镇的核心，建设一批中小城市和一批中心城镇。通过功能调整，合理分工，各有侧重，逐步形成大中小城镇有机结合的、组团式、网络化的城镇群，带动农村发展。二是要充分发挥中心城市的辐射作用，通过建设畅达高效的交通、通信、信息、中介机构等网络和渠道，在“结合、转移、联系、服务”方面下功夫，进一步增强城乡联系，形成城乡统一的大市场，把城市的先进技术、人才、信息、资金向农村扩散，与农村丰富的资源结合起来；加快城市大工业的辅助生产和一部分下游工业向农村转移，把城市工业结构调整与农业产业化、农村工业化有机结合起来；切实加强城乡经济、社会、文化等方面的交流与联系；积极为农村提供各种综合性和专业性服务，促进城乡共发展。三是要正确引导、积极扶持、大力发展乡镇企业，坚持发展与提高并重，把乡镇企业发展与小城镇建设有机结合起来，使其成为连接城乡的接合点，加快新农村建设。乡镇企业的发展要继续发挥机制灵活、适应市场能力强的优势，增强效益观念，提高管理水平，要把发展重点放在农副产品加工、资源开发与深加工和与城市工业配套上，着力提高产品的科技含量，实现乡镇企业持续、快速、健康发展。

区县党委、政府在实施城镇带动战略中，具有十分重要的作用，承担着重要的责任。要坚持富民为本，着眼于推动本地区经济发展，在城乡结合上下功夫，走出一条城镇带农村、农村促城镇的路子，实现城乡协调发展，努力提高人民群众的收入水平和生活质量。市级各部门要牢固树立为区县经济发展服务的思想，把指导、协调、监督的职能寓于服务之中；要进一步下放权力，完善分级管理，增强区县党委、政府统揽本地区经济社会发展的能力，加快区县经济的发展步伐。

（三）搞好开发性移民，发展库区经济

三峡工程建设功在当代，利在千秋，成败的关键在移民。我们要义不容辞地承担起库区百万移民的光荣历史重任，为确保三峡工程建设的顺利进行贡献力量。

按照中央的部署以及三峡工程进度的要求，我市移民工作的目标任务是：通过加快库区开放开发，多渠道扩大移民安置容量，使移民进度与三峡工程进度相衔接，做到移民迁得出、安得稳、能致富；全面完成城镇、工矿企业搬迁和专业设施复建任务，努力把库区建设成为一个经济发达、环境优美、人民安居乐业的文明新区。

移民工作说到底是一个发展问题。我们必须把开发性移民方针贯穿于整个移民迁建的全过程，以移民促发展，以发展促移民。当前和今后一个时期移民工作的基本思路是：全面贯彻开发性移民方针，坚持以大农业为基础，三次产业并举，积极拓展移民安置渠道；加快基础设施建设，改善投资软硬环境，全方位扩大对内对外开放；加快原有企业的技术改造和资产存量的优化重组，带动移民迁建和库区经济发展。搞好开发性移民要坚持“五个结合”：农村移民安置与农业综合开发相结合，城镇迁建与建设城镇体系相结合，企业迁建与产业结构调整和技术改造相结合，专业设施复建与改善库区投资环境相结合，文物古迹的保护和迁建与发展库区旅游相结合。

要确保库区移民迁建任务的如期完成，必须加强对移民工作的领导和管理。第一，认真落实和严格实行移民工作责任制。库区各级党委、政府要以移民为先，以移民为重，把移民迁建工作纳入重要议事日程，落实领导责任，建立健全移民工作机构和工作制度，定期研究解决移民迁建中的重大问题，全面指挥协调移民迁建工作；从上到下实行移民工作目标责任制，把不同阶段的移民任务与政府工作的任期目标挂钩，保持库区领导干部和移民干部队伍的相对稳定，并将移民工作的实绩作为考核库区干部的重要依据。第二，加强对口支援的组织协调工作，进一步拓展对口支援的领域。按照优势互补、互惠互利、长期合作、共同发展的原则，打破地域、行业、所有制界限，实行多渠道、多层次、多形式的横向联合，广泛吸收外资投入库区建设。要以项目为载体搞好对口支援，注重引进名牌产品、名优企业与移民迁建企业嫁接组合，并力争在大农业的支援合作上有新的突破，把对口支援工作提高到一个新水平。第三，加强移民工作的管理与监督，健全和完善移民管理体制。按照“中央统一领导，分省负责，县为基础”的管理体制和移民经费包干使用的办法，库区各级党政必须建立和完善移民项目规划、计划、工程、资金、监督的管理体制，把移民管理工作纳入规范化、法制化的轨道；尤其要切实加强移民资金的管理和执法监察工作，严格实行移民资金民主评议使用制度和市县长负责审批制度，对挪用、挤占、贪污移民资金的人和事要坚决进行查处，保证移民资金的安全、有效使用。第四，加强部门协调配合，打好移民总体战。各级部门要积极主动履行职责，加强协调配合，简化办事程序，提高办事效率，做到移民工作特事特办，为移民迁建服好务。

（四）实施可持续发展战略，促进经济、社会相互协调和可持续发展

实现经济、社会可持续发展，是贯穿于社会主义现代化建设全过程的一项重大战略，是我们完成三大战略任务的必然要求。实施可持续发展战略必须正确处理经济建设与人口、资源、环境的关系，把控制人口、节约资源、保护环境放到重要位置，使人口增长与社会生产力的发展相适应，使经济建设与资源、环境相协调。

控制人口增长，提高人口质量是确保经济社会可持续发展的首要问题。

我市人口基数大，农村人口、贫困人口比例高，库区移民数量大，计划生育工作任务十分艰巨，必须长期坚持计划生育基本国策，认真执行计划生育政策，把计划生育工作与经济发展、移民和扶贫开发、建设文明幸福家庭结合起来，重点做好农村和流动人口的计划生育工作；深入持久地开展计划生育宣传教育，增强全民人口意识，做好优生优育工作；继续实行各级主要领导亲自抓、负总责的目标管理责任制，确保全市人口自然增长率控制在8‰以内。

节约资源、合理利用资源是实现经济社会可持续发展的内在要求。随着我市经济发展、人口增长和移民工作的推进，对资源的需求将会越来越大。必须坚持资源开发与节约并重的方针，依法保护和合理开发利用资源，尽快完善自然资源有偿使用制度，建立资源更新的经济补偿机制。尤其是要认真贯彻“十分珍惜和合理开发利用每寸土地，切实保护耕地”的基本国策，制定和完善土地利用总体规划及基本农田保护区规划，从严管理，保护耕地，把这件事关全局、泽及子孙的大事办好。

保持生态平衡，治理环境污染不仅是确保经济社会可持续发展的基本条件，而且直接涉及人民的生存质量。我们必须坚持经济发展、城乡建设、移民迁建与环境保护同步规划、同步实施、同步发展的方针，坚持谁污染谁治理、谁开发谁保护、谁受益谁补偿的原则，主动预防，积极治理，以防为主，防治兼顾。要抓紧预测三峡工程建成后对库区生态环境的影响并制定相应措施。进一步加强环境保护的宣传教育，增强全社会的环境保护意识，建立健全环境保护管理体系，加大生态环境保护的投入，强化源头治理。以治理水污染、保护库区水资源、防止水土流失和减轻空气污染为重点，通过调整生产力布局，优化产业结构，推广清洁生产，改善能源结构，植树造林，增加环境保护设施，积极创造良好的经济社会发展和生存空间，实现经济效益、社会效益和生态效益的统一。

同志们！我们承担的三大战略任务是极其光荣而艰巨的。全体党员和各级干部一定要发扬自力更生、艰苦奋斗的精神，坚持求真务实的思想作风和工作作风，刻苦学习，不断进取，身体力行，率先垂范，勇于创新，苦干实干。只有这样，我们才能克服前进道路上的困难，圆满完成三大战略任务，实现振兴重庆的宏伟目标！

三、育人兴市，大力推进社会文明进步

经济社会协调发展，两个文明共同进步，是建设繁荣、富裕、文明、进步的新重庆的根本要求。因此，必须始终坚持“两手抓，两手都要硬”，在物质文明大发展的同时，实现精神文明的大发展。要在全市人民中牢固树立建设有中国特色社会主义的共同理想，牢固树立坚持党的基本路线不动摇的坚定信念，不断提高公民素质、文化生活质量和城乡文明程度，形成高尚、进取的精神风貌和文明、团结的社会风尚，逐步完善与重庆地位相适应、与经济中心相协调的人才培养、科教信息、文化传播和医疗服务体系，把重庆建设成为我国中西部文明进步的先进地区。实现这样的目标，我市社会文明建设必须坚持以马克思列宁主义、毛泽东思想和邓小平建设有中国特色社会主义理论为指导，坚持党的基本路线和基本方针，实施“育人兴市”战略，以科学的理论武装人，以正确的舆论引导人，以高尚的精神塑造人，以优秀的作品鼓舞人；必须紧紧围绕经济建设这个中心，坚持重在建设，以人为本，制定和实施新重庆精神文明建设规划，做到思想道德建设与科学文化建设并举、城市与农村并重、普及与提高结合，卓有成效地推进我市精神文明建设和各项社会事业发展。

（一）加强思想道德建设，努力塑造高尚、进取、文明的当代重庆人

培育与社会主义市场经济发展相适应的思想道德，振奋起全市人民建设新重庆的巨大热情和创造精神，是重庆精神文明建设的重要任务。要用建设有中国特色社会主义理论和党的基本路线教育干部和人民，认清我们担负的光荣使命和历史责任，确立建设有中国特色社会主义的共同理想和开创重庆美好未来的坚定信念；充分运用重庆思想道德建设资源，加强爱国主义基地建设，广泛、深入、持久地对全体市民特别是广大青年和少年儿童进行爱国主义、集体主义、社会主义教育；加强社会公德、职业道德、家庭美德教育，制定明确具体的社会生活规范，努力形成爱党爱国、团结互助、遵纪守法、爱岗敬业的社会风尚，引导和激励人民群众在重庆改革和发展中建功立业。

加强我市思想道德建设，要继续深入开展“弘扬红岩精神，塑造当代重庆人”的活动，并使之同讲道德、树正气、立新风紧密结合，同做合格公仆、文明市民，提高城乡文明程度紧密结合，深入到两个文明建设的实践中去，形成发展重庆、振兴重庆的巨大精神力量。广大农村尤其是贫困地区，要把弘扬“红岩精神”与发扬“宁愿苦干，不愿苦熬”的“黔江精神”结合起来，加快越温脱贫、致富奔小康的步伐。

目前重庆正处在新的创业阶段，伟大的创业实践需要伟大的创业精神。要用江泽民总书记倡导的新时期创业精神教育人民，艰苦创业，勤俭建市，引导全市人民正确认识市情，增强建设重庆、振兴重庆的主人翁责任感、使命感。

各地区、各行业、各单位要根据“育人兴市”的要求，制定“塑造人”的阶段性目标和具体措施，积极培育和宣传先进典型，发挥道德典范的力量。坚持教育和法制两种手段相结合，建立健全有关法律法规和制度，依法加强对社会生活各方面的管理，努力使我市社会风气在近期内有明显好转。

（二）繁荣社会主义文化，不断满足人民群众的文化需求

文化是城市文明程度的重要标志。文化建设要坚持“为人民服务、为社会主义服务”的方向和“百花齐放、百家争鸣”的方针，以建设同重庆经济中心地位相适应的区域性文化中心为目标，积极开发运用巴渝文化、大后方抗战文化、三峡文化和少数民族文化资源，丰富和发展当代重庆文化，努力构建文化新格局，把重庆建设成为区域性文化开发、传播、人才培养中心和新闻出版基地。

坚持普及与提高相结合，在保证各族人民基本文化需求的同时，不断提高人们的精神文化生活质量。文学艺术创作要弘扬主旋律，提倡多样化，树立精品意识，抓好“五个一工程”，带动文化事业的全面繁荣。要加快建设以沿江城市为主线、同周围具有丰富文化资源的区县连接成若干副线的“长江三峡文化长廊”，使库区成为特色突出、服务完善的文化旅游区。新闻宣传和出版工作必须坚持党性原则，坚持实事求是，坚持团结稳定鼓劲、正面宣传为主的方针，把握正确的舆论导向，着力提高出版物的质量。要依托主城区和中等城市，以提高广播、电视覆盖率为重点，建设起沟通城乡、覆盖

全市的现代化传媒网络。文化市场建设要一手抓繁荣，一手抓管理，坚持把社会效益放在首位。哲学社会科学研究要坚持理论联系实际，把重庆改革开放和现代化建设的重大问题作为主攻方向，积极主动地为市委、市政府的工作决策和两个文明建设服务。

卫生保健事业要坚持面向人民群众，努力在2000年实现全市人人享有初级卫生保健的目标；把医疗卫生工作的重点放在农村、放在基层，积极发展社区卫生服务，建立健全城乡医疗保障体系。坚持群众体育和竞技体育协调发展，大力实施全民健身计划，积极推进奥运争光计划，逐步提高重庆竞技体育在全国的地位和水平。

要把文化标志性设施建设和各项文化事业发展纳入经济社会发展的总体规划。深化体制改革，增强文化事业发展活力。大力培养、积极引进文化建设优秀人才。加大政府调控和政策扶持力度，进一步完善文化经济政策，建立以财政投入为主、社会资助和自我发展相结合的投入保障机制，形成政府保证重点、鼓励社会力量兴办文化事业的发展格局。

（三）深入开展群众性精神文明创建活动，努力提高社会文明程度

群众性精神文明创建活动是两个文明建设有机结合的有效途径。要在继续搞好社区文化、村镇文化、企业文化、校园文化建设，开展军民、警民、工农、厂校等共建活动的同时，坚持不懈地创建文明城市、文明村镇、文明行业，把精神文明建设落实到城乡基层。

创建文明城市要以提高市民文明素质和城市文明程度为目标，把改善环境、改善秩序、改善服务和加强社会治安综合治理作为重点，高度重视社区建设，打牢创建文明城市的工作基础。水陆交通干道沿线窗口城市要率先搞好创建活动，努力成为全市的示范。

创建文明村镇要以提高农民素质、奔小康和建设社会主义新农村为目标，以集镇为重点，以农户为基础逐步推进。文明村镇建设要同加强党的基层组织建设、巩固基层政权结合起来，同逐步壮大集体经济实力、增强集体经济组织为广大农民服务的功能结合起来，同计划生育、保护环境结合起来，同党员开展“三带”、农民评选“三户”等活动结合起来。广泛开展群众性文化、卫生、体育、科普活动，坚持科技、文化、卫生“三下乡”、常

下乡。加强法制宣传教育，弘扬传统美德和时代新风，反对封建迷信和非法宗教活动，提倡文明健康科学的生活方式。用二至三年时间，建成一大批经济发展快、治安秩序好、村容镇貌美、村风民风正的文明示范村镇。

创建文明行业要以服务人民、奉献社会为宗旨，以塑造行业文明新形象为目标，以窗口行业为重点，广泛开展职业理想、职业道德、职业纪律和职业技能教育，提倡规范化优质服务，建立有效的激励、监督、制约机制，把群众关心的事办好。各级领导机关、各行业主管部门要率先垂范，带头讲道德、树正气、立新风，用公仆的良好形象和表率作用带动群众性精神文明创建活动。

各地区、各部门、各单位在群众性精神文明创建活动中，要坚持党政部门和工会、共青团、妇联等人民团体齐抓共管，形成合力。大力加强对农村贫困地区和少数民族地区精神文明建设和社会事业发展的对口支援。充分发挥民主党派在精神文明建设中的作用。坚持开展拥军优属、拥政爱民活动，增强军政、军民团结。广泛开展国防教育，努力增强全民国防意识，进一步加强民兵预备役工作，充分发挥驻渝部队在两个文明建设中的积极作用。

（四）积极推进民主政治建设，进一步加大依法治市力度

加强社会主义民主政治建设，调动全市人民的政治热情和聪明才智，是重庆发展和振兴的客观要求。社会主义民主政治的本质和核心是人民当家做主，要着眼于调动人民群众的积极性，紧紧依靠广大人民办好重庆的事情。各级领导机关必须坚持以民为本的思想，把全部工作都建立在尊重群众、依靠群众的基础上，重大情况让人民知道，重大问题经人民讨论。建立健全领导、专家、群众相结合的决策机制，逐步完善民主科学决策制度，不断提高决策的民主化、科学化程度。各级干部特别是领导干部要增强民主意识，发扬民主作风，充分尊重群众，团结群众开展工作。

人民代表大会制度是我国的根本政治制度。要坚持和完善这一制度，不断强化人民代表大会及其常委会的各项职能，加强人大立法工作和法律监督。要进一步密切各级人大、人民代表同人民群众的联系，更好地发挥人民代表的作用。爱国统一战线是新时期加快经济社会发展的重要法宝，我们要继续高举社会主义和爱国主义两面伟大旗帜，建设最广泛的统一战线。人民

政协是包括各民主党派、各人民团体和社会各方面代表的爱国统一战线组织，是我们发扬社会主义民主的重要形式。要继承和发扬我市统一战线的光荣传统，坚持和完善共产党领导的多党合作与政治协商制度，支持人民政协积极履行政治协商、民主监督和参政议政的职能。我市各民主党派、工商联和无党派民主人士中，汇集了一大批优秀人才，是促进两个文明建设的重要力量。各级党政领导要大力支持他们积极开展工作，同他们交朋友，交知心朋友，把他们紧紧地团结在党的周围，共同推进重庆发展和振兴的宏伟大业。支持和加强侨、台工作，促进祖国统一和我市的对外开放。要加强和改善党对工会、共青团、妇联等群团工作的领导，发挥他们作为党和政府联系群众的桥梁和纽带的作用。要切实加强职工代表大会、居民委员会和村民委员会建设，使其真正成为人民行使当家做主权力的有效组织形式。

实现社会文明进步，必须加强社会主义法制建设，坚持依法治市。要根据重庆经济和社会发展的需要，制订和完善保障改革开放、促进经济社会发展的法律法规，使各个方面的行为有章可循、有法可依。要坚决纠正有法不依、执法不严、以言代法、以罚代刑等现象，加大执法力度，提高执法水平。强化执法监督，发挥法律监督和行政监察的作用，逐步完善监督机制，畅通监督渠道，确保依法行政，依法管理；大力加强法制宣传教育，认真实施“三五”普法，增强广大市民特别是各级领导干部、执法人员和青少年的法律意识。

维护政治稳定和社会安定，事关人民群众安居乐业和改革开放、现代化建设的全局。要进一步健全和完善党政一把手抓稳定的政治领导责任制，确保一方平安。各级党政组织要正确认识和处理新形势下的人民内部矛盾，积极做好群众工作。继续深入持久地开展“严打”斗争和重点治理，着力解决突出的治安问题。认真开展扫除“黄赌毒”“打非”等专项斗争，坚决扫除各种社会丑恶现象。加强社会治安综合治理，努力提高预防和控制犯罪的能力。积极防范和坚决打击境内外敌对势力的破坏活动，维护国家安全和社会政治稳定。

重庆是一个多民族的地区，民族地区的发展关系到全市的繁荣和稳定。要认真贯彻《民族区域自治法》，全面落实国家关于少数民族的各项方针政策，大力发展民族教育，积极培养少数民族干部和各类人才，做好民族工作，采取切实有效的措施扶持民族地区经济社会发展，确保民族地区的稳定，促进各民族团结进步。

四、从严治党，努力把党建设成为振兴重庆的坚强领导核心

振兴重庆，关键在党，关键在人。坚持党的领导，加强党的建设，是完成我市改革开放和现代化建设各项任务的根本保证。我们要坚持以邓小平建设有中国特色社会主义理论和党的基本路线为指导，以“讲学习、讲政治、讲正气”为整个党的建设工作的主题，继承和发扬党的理论联系实际，密切联系群众和自我批评三大优良作风，从严治党，把我市各级党组织建设好，把党员队伍和干部队伍建设好。只有这样，我们才能更好地承担起振兴重庆的历史重任。

（一）用建设有中国特色社会主义理论武装头脑，切实加强党的思想政治建设

邓小平建设有中国特色社会主义理论，是当代中国的马克思主义，是我们党在新时期各项工作的根本指针。坚持用这一理论武装全党，是党的建设的根本任务。学习建设有中国特色社会主义理论，要在努力掌握这一理论的科学体系、基本原理和精神实质上下功夫。要坚持我们党实事求是、理论联系实际、一切从实际出发的思想路线，紧紧抓住解放思想、实事求是这个精髓，按照“三个有利于”的标准，破除陈旧观念，牢固树立与市场经济发展相适应的新观念。要敢于和善于学习、借鉴、吸收国内外一切文明成果，敢于和善于从实际出发，大胆探索重庆经济社会发展新路子。各级党员干部特别是县处级以上领导干部，要进一步增强学习的主动性和自觉性，带头学好建设有中国特色社会主义理论，努力掌握辩证唯物主义认识论和方法论，不断提高思想政治素质和解决实际问题的能力。

全市共产党员和各级干部要把讲学习、讲政治、讲正气作为座右铭，任何时候、任何情况下都必须坚持讲政治，做到以建设有中国特色社会主义理论和党的基本路线指导自己的思想和行为，在思想上、政治上和行动上同以江泽民同志为核心的党中央保持高度一致，自觉维护中央权威；在政治问

题、重大原则问题上一定要头脑清醒，旗帜鲜明，坚持正确的政治方向、政治立场、政治观点，严格遵守政治纪律，努力提高政治鉴别力、政治敏锐性。

学习建设有中国特色社会主义理论，要同学习《中国共产党党章》、深入开展全心全意为人民服务的教育结合起来。每一个党员、每一个干部都要牢记我们党的根本宗旨，并将其作为一切工作的出发点和落脚点。宗旨教育要同开展“做合格公仆，树机关新风”活动相结合，同检查和考核党员、干部与人民群众关系的状况相结合，同制定和完善行政规范、办事程序相结合，真正把为人民服务的宗旨落实到工作中，履行好人民公仆的职责。

（二）加强领导班子建设，把各级领导班子建设成为坚强的领导集体

领导班子是推动各项工作的“火车头”，加强各级领导班子建设是党的建设的一项重要任务。我们要按照坚决贯彻党的基本路线、全心全意为人民服务、具有领导现代化建设事业能力的基本要求，把我市各级领导班子建设成为推进重庆改革开放和现代化建设的坚强领导集体，以崭新的形象带领人民群众为建设新重庆而奋斗。

加强领导班子建设，必须健全和完善党的民主集中制。要以发展党内民主为基础，以维护中央权威为核心，以健全集体领导为重点，以加强党内监督为保证，建立和完善一整套规章制度，做到班子议事有规则、处理党内关系有原则、规范党内行为有准则。要坚持集体领导和个人分工负责相结合，健全和完善党内生活，积极开展批评和自我批评。要严格党的组织纪律，有令必行，有禁必止，确保政令畅通。

加强领导班子建设，必须增强班子团结。领导班子的团结是搞好重庆工作的关键。各级班子有了牢不可破、坚不可摧的团结，有了统一的意志和行动，形成坚如磐石的整体，才能发挥坚强的战斗力，在人民群众中产生巨大的凝聚力、向心力。各级领导班子成员必须视团结为党的生命，自觉养成维护团结、顾全大局的政治品格。我们必须清醒地认识到，没有各级领导班子的坚强团结，要完成我们肩负的历史使命是断然不行的！要继续坚持“团结一心向前看，集中精力抓发展”的工作方针，同心同德，和衷共济，把全部精力集中在工作上，做到互相信任，互相支持，互相谅解，互相补充，在各

级领导班子内决不允许滋生离心离德、闹无原则纠纷的不良习气。

加强领导班子建设，必须注重班子的群体配备，努力改善班子整体结构。要重视“一把手”的选配，把政治坚定、政绩突出、作风优良、群众公认、具有较强领导能力的优秀干部选配到“一把手”的岗位上来。各级党组织要全面正确地贯彻干部队伍“四化”方针和“德才兼备”原则，树立重党性、重实绩、重民意的用人观，解放思想，加大培养选拔优秀年轻干部的力度，重视培养、选拔妇女干部和少数民族干部，使各级领导班子成为整体素质优良、成员优势互补、能够驾驭全局的坚强领导集体。

（三）强化干部队伍建设，进一步提高各级干部的综合素质

建设一支能够担当跨世纪重任的高素质干部队伍，是加快重庆建设和发展的迫切需要。各级党委要根据重庆面临的新形势和新任务的要求，针对目前我市干部队伍素质存在的现实差距，从思想政治、工作作风、业务能力等方面着手，不断提高各级干部队伍的领导能力和水平，更好地肩负起我们光荣而艰巨的历史使命。各级党组织要教育干部加强政治理论学习，加强党性修养，坚定共产主义理想和信念，坚持正确的政治方向，坚决贯彻执行党的基本理论、基本路线和各项方针政策；要努力实践全心全意为人民服务的宗旨，密切联系群众，坚决维护人民群众的利益；解放思想，实事求是，遵纪守法，清正廉洁，艰苦奋斗，拒腐防变。同时，要组织干部认真学习社会主义市场经济、法律、历史和现代科学文化等方面知识，刻苦钻研业务，努力成为本职工作的内行和能手。

加强干部队伍建设，要狠抓干部作风的转变，努力培养和发扬务实创新、真抓实干的工作作风。要大兴调查研究之风，组织干部深入到改革开放的实践中去，深入到农村、企业、科研院所和大专院校中去，深入到人民群众中去，了解真实情况，听取群众意见，帮助群众克服困难，解决基层的实际问题，使我们的干部在实践中得到锻炼和提高。

建设高素质的干部队伍要按照中央的有关要求，有计划有步骤地对各级干部进行集中培训，发挥好党校、行政学院、社会主义学院等干部培训基地的作用；坚持干部交流，多渠道、多层次、多岗位培养复合型人才；加强干部实践锻炼，支持和鼓励干部到基层、到艰苦的地方去建功立业；强化干部

的管理监督，严格党内生活和日常管理。加大干部人事制度改革力度，健全干部培养、选拔、使用、任免、奖惩办法和程序，形成科学的管理体制和有效的激励机制。同时，要积极做好老干部工作，在政治上、生活上关心老干部，使他们在建设新重庆中老有所为。

（四）加强基层党组织建设，充分发挥党员的先锋模范作用

党的基层组织是党的全部工作和战斗力的基础，必须把加强党的基层组织建设放在党的建设的突出位置。基层党组织建设要始终坚持以经济建设为中心，以增强党组织的凝聚力、战斗力和发挥党员的先锋模范作用为着力点，使基层党组织成为“特别能战斗”的坚强堡垒。

基层党组织要结合各自特点，履行职责，发挥作用。要进一步强化乡镇党委对农村工作的领导。按照中央“五个好”的要求，结合开发性移民和扶贫攻坚，带领群众致富奔小康，加快发展农村经济，加强农村精神文明建设，维护农村社会稳定，加强以村党支部为核心的村级组织配套建设。继续抓好后进村党支部的整顿工作，采取有效措施巩固整顿成果。企业党组织要紧紧围绕生产经营、深化改革、转换经营机制、提高经济效益、确保企业稳定加强党建工作。要牢牢把握党对企业在政治上的领导权，认真贯彻落实中共中央“关于进一步加强和改进国有企业党的建设工作的通知”精神，充分发挥党组织的政治核心作用，坚持和完善厂长（经理）负责制，全心全意依靠工人阶级，逐步完善企业领导体制。要采取有效措施，把国有企业领导班子整顿好、建设好。要研究和加强各种新经济组织中党的建设工作。机关党组织要围绕党政中心工作，认真履行监督职能，加强机关作风和纪律建设，努力塑造我市党政机关为人民服务、为基层服务的新形象。街道、学校、科研院所等单位的党组织要针对不同行业的特点，为改革、发展、稳定服务，充分发挥战斗堡垒作用。

在重庆发展的新时期，全体共产党员担负着团结带领人民群众艰苦奋斗的光荣责任，应当成为本单位、本岗位两个文明建设的旗帜和楷模。各级党委要切实加强和改进对党员的教育和管理，在增强党性、提高素质上下功夫，使党员成为坚决贯彻执行党的基本路线，献身改革开放和现代化事业，诚心诚意为人民谋利益，为经济发展和社会进步努力工作的先进分子。各级

党组织要认真研究和积极探索在社会主义市场经济条件下发挥共产党员先锋模范作用的形式和途径。

党的组织发展是关系我们党的事业兴旺发达、后继有人的战略问题。党的基层组织要宣传群众、教育群众、动员群众，主动积极地向群众灌输共产主义思想，不断壮大党的后备力量。按照“坚持标准、保证质量、改善结构、慎重发展”的方针，积极做好发展党员的工作。发展的重点要放在生产、工作的第一线。

（五）密切联系群众，切实加强党风廉政建设

完成振兴重庆的宏伟事业，人民群众是我们的力量源泉和胜利之本。各级领导机关和党员、干部要进一步发扬我们党密切联系群众的优良传统和作风，时刻牢记全心全意为人民服务的根本宗旨，坚决维护最广大人民群众的根本利益。要尊重人民群众的主人翁地位，虚心向群众学习，广泛听取来自人民群众的批评和建议，使领导机关的决策和工作更加贴近群众，紧紧依靠人民群众做好各项工作。要深入基层调查研究，倾听群众呼声，关心群众疾苦，千方百计解决群众生活中的实际问题。

加强党风廉政建设，深入开展反腐败斗争，事关党同人民群众的血肉联系，事关党的生死存亡。各级党委要从战略和全局的高度充分认识其重要性和紧迫性，按照党中央确定的指导思想、基本原则和三项工作格局，以更大的决心、更大的力度和更扎实的工作，把我市党风廉政建设和反腐败斗争推向前进，保障改革开放和经济建设的顺利进行。

领导干部廉洁自律是党风廉政建设和反腐败斗争的重中之重。要大力加强党性党纪党风教育，把从严治党落实到严格要求、严格管理、严格监督上，促使各级领导干部按照党章和党的各项规定自重、自省、自警、自励，严于律己，以身作则。艰苦奋斗是我们党的政治本色，是反腐倡廉的重要武器，要认真贯彻执行党中央《关于党政机关厉行节约制止奢侈浪费的若干规定》，大力发扬艰苦奋斗的优良传统，坚决反对讲排场、比阔气、挥霍浪费等奢侈之风，在思想上筑起反腐防变的钢铁长城。要重点查办党政领导机关、行政执法机关、司法机关、经济管理部门和县处级以上领导干部中发生的违法违纪案件，尤其是重大案件，不管涉及到谁，都要一查到底，坚决惩

处。要从群众反映强烈的热点、难点问题入手，切实纠正部门和行业不正之风，把重点整顿与专项治理结合起来，加强各部门、各行业的业务建设和职业道德建设，努力塑造各行各业文明服务新形象。

各级党委要切实加强对党风廉政建设和反腐败斗争的领导，进一步落实责任制，把反腐败斗争与经济工作、业务工作一起部署、一起落实、一起检查、一起考核。党政主要领导要对本地区、本部门、本单位的反腐败斗争负总责，全面安排，统一部署，精心组织实施。要认真研究社会主义市场经济条件下党风廉政建设和反腐败斗争的特点和规律，建立健全党内和党外、自上而下和自下而上相结合的监督制度，逐步建立起查处案件、纠正不正之风同加强思想政治教育相结合，同加强制度防范和管理监督相结合的有效机制，开创我市党风廉政建设和反腐败斗争的新局面。

同志们！中国共产党的根本宗旨是全心全意为人民服务，我们党所做的一切工作都是为人民谋福利，都是为了让人民生活得更富裕、更幸福。加快重庆发展，建设繁荣、富裕、文明、进步的新重庆，是3000万各族人民的根本利益所在，是党中央、国务院对我们的殷切期望，是重庆各级党组织和全体共产党员肩负的光荣历史重任。让我们在以江泽民同志为核心的党中央领导下，高举邓小平建设有中国特色社会主义理论的伟大旗帜，团结和带领全市各族人民，同心同德，励精图治，奋力拼搏，艰苦创业，以实际行动迎接香港回归，迎接党的十五大的胜利召开！我们要抓紧每一年，走好每一步，胜利完成这次大会提出的各项任务，全面实现重庆发展的宏伟目标，为加快西南地区和长江上游地区的经济社会发展作出更大的贡献！

新重庆在这里奠基①

鲜花。绿树。红旗。彩球。

昨日，市委礼堂洋溢着隆重、热烈、喜庆的气氛，这里成了全市人民瞩目的焦点。具有重大而深远历史意义的盛会——中国共产党重庆市第一次代表大会在这里举行。

一大早，出席第一次党代会的代表陆续从驻地赶来，伴随着军乐团雄壮的乐曲声，满怀激情地步入会场。

被誉为轻工行业“五朵金花”之一的重庆牙膏厂厂长韩泰军代表掩饰不住内心的激动：“重庆直辖后经济发展面临机遇，更面临挑战。重庆轻工业应该抓住机遇，有一个大的发展，使‘五朵金花’变成五十朵、一百朵……”

大会主席团成员和特邀代表早早地来到会场，在主席台休息室倾心交谈、互致问候，同贺大会的召开。大会特邀代表、四川省原顾委常委张永青动情地说，作为特邀代表，我感到很高兴，对重庆的发展充满信心。

8时10分左右，张德邻、蒲海清同志来到主席台休息室和大家亲切握手，热情交谈。

8时30分，会场的电视屏幕显示出出席会议的代表人数：“代表737名，特邀代表11名。”张德邻、蒲海清同志等面带笑容地步入主席台就座。大会主持人王云龙同志宣布：“出席大会的代表人数符合法定人数，中国共产党重庆市第一次代表大会开幕！”

①本文原载于《重庆日报》，1997年5月28日。

庄严的《国际歌》在会场回荡。

大会按程序一项项地进行。

8 时 55 分，张德邻同志迈着坚实的步伐走上讲台，代表中共重庆市第七届委员会向大会作工作报告。

主席台上，十面鲜艳的红旗簇拥着金色的党徽；台前，五彩缤纷的鲜花生意盎然。代表们神情专注地聆听着报告，会议的实况通过电视直播传遍巴渝大地。

“重庆直辖市的设立，把重庆推上了历史发展的新起点……我们应当乘势而上……”张德邻同志的话语铿锵有力，代表们感到极大的振奋和鼓舞，他的报告多次获得大家的热烈掌声。

忠县县长梁祖元代表听完报告走出会场时心潮难平，他告诉记者，忠县既是贫困县，又地处库区，发展任务非常繁重。我们要根据大会的精神，负重自强，加快发展，通过艰苦努力改变贫困面貌。

年已 87 岁，有 60 多年党龄的老党员、特邀代表段大明同志，显得格外激动。他说，有市委的坚强领导，有全市人民的团结奋斗，报告确定的宏伟目标定能实现。把重庆搞上去，是老同志的心愿，是全市人民的心愿。

新重庆发展的宏伟蓝图，在这里绘就；

新重庆发展的里程碑，在这里奠基；

新重庆发展的历史，在这里揭开崭新的一页！

（《重庆日报》记者　明昭平　张德泽）

中国共产党重庆市第一次代表大会关于大会报告的决议[①]

（1997年6月1日通过）

中国共产党重庆市第一次代表大会批准张德邻同志所作的《负重自强，加快发展，为建设繁荣富裕文明进步的新重庆而奋斗》的报告。大会对中共重庆市第七届委员会代管万县市、涪陵市和黔江地区期间的工作表示满意。

国务院在八届全国人大五次会议上所作的《关于提请审议设立重庆直辖市的议案的说明》中指出：进一步发挥重庆的区位优势、“龙头”作用、“窗口”作用和辐射作用，带动西南地区和长江上游地区的经济、社会发展。党中央、国务院的这一重大战略决策，明确了重庆肩负的光荣而艰巨的历史使命以及在中西部地区经济、社会发展中的地位和作用。大会认为，报告为贯彻中央的战略决策而提出的“九五”期间及2010年重庆国民经济和社会发展的阶段目标、战略重点和主要任务，是积极可行的，符合重庆市的实际情况，反映了全市共产党员和各族人民的共同愿望。

从现在起到2010年，是重庆发展极为关键的时期。报告提出了这一时期重庆发展的总的指导思想：以邓小平建设有中国特色社会主义理论和党的基本路线为指导，遵照江泽民总书记“努力把重庆建设成为长江上游的经济中心”的要求，紧紧把握解放思想，抓住机遇，“开发三峡，振兴重庆”，加快发展，富裕城乡的工作方针，实施“科教兴渝”和可持续发展战备，坚持以经济建设为中心，以改革开放统揽全局，积极推进经济体制和经济增长

①本文原载于《重庆日报》，1997年6月2日。

方式的根本转变；坚持富民为本，城乡一体共同繁荣；坚持物质文明建设和精神文明建设两手抓，依法治市，保持社会稳定，促进经济、社会协调发展。大会赞同这一指导思想，并高度评价把加快发展、富民为本作为指导思想的主要内容。全市各级党组织和全体共产党员，要把这一指导思想始终如一地贯彻到各项工作中去。

大会指出，报告确定的加快发展和富民为本的战略思想，对于重庆肩负起历史使命，完成三大战略任务，解决四大难题，具有十分重要的意义。要大力推进两个根本性转变，不断深化经济体制改革，进一步扩大对内对外开放；搞好经济结构战略性调整，努力建设长江上游新兴产业群；全面实施“科教兴渝”战略，促进全市经济和各项社会事业持续、快速、健康发展；加快农村经济发展，积极探索城市带农村、城乡一体共发展共繁荣的新路子，加快脱贫致富奔小康的步伐，搞好开发性移民，发展库区经济；控制人口增长、提高人口素质，防治环境污染、保持生态平衡，实现经济效益、社会效益和生态效益的统一。

大会要求，要认真贯彻报告提出的“育人兴市”的战略方针。精神文明建设要坚持以邓小平建设有中国特色社会主义理论和党的基本路线为指导，紧紧围绕经济建设这个中心，重在建设，以人为本；继续深入开展“弘扬红岩精神，塑造当代重庆人”的活动，实行思想道德建设与科学文化建设并重、城市与农村并重、普及与提高并重，深入开展群众性精神文明创建活动，不断提高公民素质、文化生活质量和城乡文明程度，努力把重庆建设成为我国西部文明进步的先进地区。积极推进社会主义民主政治建设，进一步加大依法治市力度。全面落实国家关于少数民族的各项方针政策，促进各民族团结进步。

大会强调，要坚持从严治党，大力加强党的建设，努力把党建设成为振兴重庆的坚强领导核心。按照新形势和重庆所肩负的历史使命的要求，坚持“讲学习、讲政治、讲正气”，用邓小平建设有中国特色社会主义理论武装全党，坚持党的基本路线，继承和发扬党的三大作风，艰苦创业，勤俭建市，全面加强党的思想政治建设、领导班子建设、干部队伍建设和基层党组织建设，把各级领导班子建设成为坚强的领导集体，充分发挥共产党员的先锋模范作用。要下决心搞好党风廉政建设，深入开展反腐败斗争，保障改革开放和经济建设的顺利进行。

大会号召，全市各级党组织和全体共产党员，在以江泽民同志为核心的党中央领导下，高举邓小平建设有中国特色社会主义理论的伟大旗帜，团结一切可以团结的力量，调动一切积极因素，带领全市各族人民，解放思想，抓住机遇，负重自强，加快发展，完成这次大会提出的各项任务，为建设繁荣、富裕、文明、进步的新重庆而努力奋斗！

中共重庆市委
关于制定重庆市国民经济和社会发展“九五”计划和
2010年远景目标纲要的建议[①]

全国人大八届五次会议批准设立重庆直辖市，是党中央、国务院的重大战略决策，标志着重庆进入了一个新的发展时期。我们要肩负起历史的使命，面向21世纪，制定“九五”计划和2010年远景目标纲要，动员全市人民，努力奋斗，以崭新的姿态迈向21世纪，在2010年左右使重庆以繁荣、富裕、文明、进步的新形象屹立在中国大西南。

一、新形势和新任务

（一）未来十五年国内外宏观环境对重庆发展有利：世界经济重心正在向包括我国在内的地区转移，亚太地区将成为全球经济增长最有活力、最具潜力的地区之一。我国经济进入新的成长时期，市场化、工业化、城市化和经济国际化加速发展，正在成为亚太地区乃至世界经济中新的增长极，并由此创造新的市场环境和发展空间。国务院在八届全国人大五次会议上《关于提请审议设立重庆直辖市的议案的说明》指出：进一步发挥重庆的区位优势、“龙头”作用、“窗口”作用和辐射作用，带动西南地区和长江上游地区的经济、社会发展。我们要肩负起这一光荣使命，在全国跨世纪发展战略格局中，发挥重要的作用。

（二）今后十五年重庆发展面临三大战略任务：增强中心城市的综合实

---

①本文原载于《重庆日报》，1997年6月6日。

力，完善城市功能，把重庆建设成为名符其实的长江上游的经济中心；探索城市带农村的新路子，加快农村经济发展，实现城乡共发展、共繁荣；搞好开发性移民，发展库区经济。

（三）重庆面临五大历史性机遇：重庆直辖市的设立使重庆在国家行政管理体系和经济调控体系中层位提高，有利于拓展新的发展空间；三峡工程建设和库区开发，将促进地区经济繁荣，社会进步；建设长江上游新兴产业群，作为长江沿江开发开放的重点，与上海浦东产业群相呼应，将加快形成长江沿江产业带；重庆处在我国中部地区和西部地区的接合部，有条件成为国家大规模开发西部的重要突破口和我国新的增长点；国家继续支持老工业基地改造，有利于重庆经济加快两个转变，实行战略性结构调整。重庆要抓住机遇，加快发展，争取成为本世纪末下世纪初中国西部地区开发战略的重点、中国内陆腹地对外开放的热点、长江产业带发展新的增长点。

（四）重庆市经济、社会发展要发挥六大优势：一是区位优势，承东启西，兼得长江沿江地区和西南地区开发之利；二是资源优势，拥有丰富的天然气等矿产资源、淡水及水能资源和独具特色的三峡旅游资源，背靠资源富集的大西南；三是市场优势，市场容量巨大，随着人民生活由温饱向小康过渡，三峡工程库区移民和城镇企事业搬迁，大规模的基础设施建设等将产生巨大的消费需求和投资需求；四是劳动力优势，有素质较高的数百万产业工人，丰富的城乡劳动力资源，相对劳动成本较低；五是科教优势，科技教育力量雄厚，拥有近千家科研机构，40 多万科技人员，25 所高等院校；六是工业优势，工业固定资产存量很大，物质技术基础较好，有很大的发展潜力。

（五）未来十五年重庆市经济、社会发展要集中力量解决好关系全局的四大难题：一是按期完成三峡工程重庆库区百万移民；二是在“九五”期间实现 366 万贫困人口脱贫，基本消除贫困现象；三是搞好国有企业改革、改组、改造，实现老工业基地振兴；四是防治环境污染，保持生态平衡。

（六）面对新形势，全市人民要增强责任感和紧迫感，肩负起历史使命，抓住机遇，开拓进取，负重自强，攻克难题，开创新时期重庆经济社会发展的新局面。

二、指导思想和战略目标

（七）未来十五年重庆市国民经济和社会发展的指导思想是：以邓小平建设有中国特色社会主义理论和党的基本路线为指导，遵照江泽民总书记“努力把重庆建设成为长江上游的经济中心”的要求，紧紧把握解放思想，抓住机遇，“开发三峡，振兴重庆”，加快发展，富裕城乡的工作方针，实施“科教兴渝”和可持续发展战略，坚持以经济建设为中心，以改革开放统揽全局，积极推进经济体制和经济增长方式的根本转变；坚持富民为本，城乡一体，共同繁荣；坚持物质文明建设和精神文明建设两手抓，依法治市，保持社会稳定，促进经济、社会协调发展。

（八）今后十五年重庆市经济社会发展的战略目标是：把重庆建设成为长江上游和西南地区的经济中心，形成长江上游新兴产业群，到2010年全市国内生产总值比1995年翻两番，综合经济实力力争达到全国省市中等偏上水平，城乡人民生活富裕、文明。主要标志是：

——重庆主城区建设成为长江上游的商贸中心、金融中心、科教文化信息中心，交通枢纽、通信枢纽，高新技术产业基地，综合实力和区域辐射能力明显增强。

——建设功能和效率显著增强的综合交通运输网络，形成较为完备的基础设施体系。

——建设以中心城市为依托，大、中、小城市有机结合的组团式、网络化的长江上游城镇群体系。

——立足现有基础，发挥重庆老工业基地优势，加速结构调整和布局调整，把重庆建设成为现代化工业基地。

——沿成渝高速公路和长江沿江地区，建设对外开放走廊，以国家级经济技术开发区和高新技术产业开发区为核心，形成多层次、全方位的对外开放新格局。

——初步实现社会主义市场经济体制和经济增长方式的两个转变，创新运行机制，进一步解放和发展生产力。

——坚持物质文明和精神文明共同进步，经济和社会协调发展，全民素质明显提高，形成较完善的社会发展体系。

——全面完成三峡工程重庆库区移民任务，确保移民按期移走、长期稳定、发展致富；实现贫困地区人民脱贫目标，稳步走上致富奔小康的道路。

——加强生态环境保护和治理，调整和优化产业结构，建成经济、社会、环境相协调的三峡库区生态经济区。

综合分析和测算，今后十五年全市人口自然增长率控制在8‰左右；全市国内生产总值“九五”年均增长11%，后十年年均增长10%，在发展中力争更快更好，争取提前实现国内生产总值翻两番的目标。

按照十五年经济社会发展指导思想和战略目标，“九五”期间的主要任务是：到本世纪末全市综合经济实力显著增强，经济增长的质量明显提高，基本消除贫困现象，人民生活达到小康。

三、经济建设的战略重点和布局

（九）今后十五年我市经济建设总的要求是，切实转变经济增长方式，显著提高国民经济整体素质和效益，增强全市综合经济实力及对区域经济的带动和辐射能力；形成跨世纪的产业发展、生产力布局新体系。经济建设的重点是：（1）加快产业结构调整，强化第一产业，优化提高第二产业，大力发展第三产业；（2）推进城镇体系建设，调整生产力布局；（3）打好移民和扶贫两大攻坚战；（4）优先发展科技教育，大力开发人力资源。

注重体制和机制创新，注重科技进步，加快产业结构调整。集中力量发展壮大以汽车摩托车为主体的机械工业、以天然气化工和医药化工为重点的化学工业、以优质钢材和优质铝材为代表的冶金工业三大现有支柱产业，“九五”继续发挥其经济增长的重要支撑作用；着力培育电子信息、建筑、旅游和食品四大新的支柱产业，在“九五”发挥一定的支撑作用，下世纪初成为我市经济的主要支柱产业。在结构调整、城镇体系建设、生产力布局调整中，要把移民和扶贫放在十分突出的地位。

（十）始终把加强农业放在国民经济的首位，以致富奔小康统揽整个农村发展。统筹考虑农民、农业和农村工作，着重解决未来农业和农村经济发展面临的三个重大问题：一是粮食及主要农产品产量的稳定增长；二是有效地转移农村剩余劳动力；三是结合三峡移民，加速农业产业化和城乡经济一体化进程。

加快推进农业产业化、市场化进程。调整优化种植、养殖业结构，稳定粮食及主要农产品产量，大力发展优质高产高效的商品农业，实行区域化布局、专业化生产；加快农副产品商品生产基地和市场建设；积极培植龙头企业，支持大中型企业进入农业领域，发展“公司+基地+农户”组织，促进种养加、贸工农一体化经营。

因地制宜发展农村多种经营。充分利用三峡库区水体资源，发展水产养殖业；综合利用自然条件，发展林、果、茶、药等特色产品；开发山地资源，大力发展畜牧业；建设山水景观，发展旅游业。

大力增加农业投入，强化农业基础地位。广辟农业投入的资金渠道，逐年提高财政对农业投入的总量；转变农业投入机制，运用国内外信贷资金和吸收其他社会资金投入农业；积极引导农民投工、投劳，增加农业劳动积累。调整农业投资结构，大力提高农业投资效益。财政性农业投资的增量部分，主要集中用于水利设施、中低产田土改造、农业科技与教育、粮食和蔬菜基地建设，解决困扰农业发展的主要问题。

加强水利设施建设，提高抗旱、排涝、防洪能力。整治现有病害水库，进一步完善渠系配套。重点规划并稳步推进长江、嘉陵江、乌江等江河的大中型综合水利枢纽梯级开发，建设西部供水工程和一批具有综合效益的中小型水利工程。加快主要江河流域国土整治，减少水土流失和泥沙淤积。

加强国土开发，实行开发与改造并重的方针，以改造中低产田土为主，今后十五年对全市中低产田土实施改造，提高田土利用效率和复种指数。

注重对农业科技投入，走依靠科技进步增产增收增效的农业发展路子。加强种子工程，加快农作物良种更新；科学施肥，发展节水、节肥、节地农业。

大力发展乡镇企业，努力提高乡镇企业的素质和效益，发展优势产业和产品。培植发展大中型乡镇企业。结合小城镇建设，引导乡镇企业适度集中。改革农村户籍制度，扩展农村产业发展空间，有效转移农村剩余劳动力。稳步增加农民收入。

发展农业和农村经济，必须注重发挥广大农民的积极性。稳定党在农村的基本政策，在完善农村家庭联产承包责任制和统分结合的双层经营体制的基础上，鼓励土地使用权合理流动，有条件的地方逐步推进适度规模经营。发展农村社会化服务体系，逐步壮大集体经济实力，增强乡村集体经济组织的服务功能，鼓励多种形式的合作与联合。进一步改革农产品流通体制，促进农业生产专业化、商品化、社会化，增强农村经济发展活力。

（十一）加强国民经济基础结构，力争适当超前发展。统筹规划，合理布局，突出重点，兼顾一般，集中力量高质量、高效率地建设一批基础设施重点工程。

重点建设综合交通运输体系。形成各种运输方式有机衔接、结构合理、快速便捷的综合运输网。在2010年前建成达万线（达县至万县）、渝怀线（重庆至怀化）、遂渝线（遂宁至重庆）等铁路干线，做好渝汉线（重庆至武汉）、兰渝线（兰州至重庆）的铁路建设规划。分步实施重庆铁路枢纽总体改造，提高重庆枢纽在全国铁路路网中的地位。公路建设重点是打通出口，增加干线，形成环路，改善路网，提高等级。结合国家公路主干道和公路主枢纽布局，在2010年前基本形成全市的高等级公路体系。以二、三级公路为主体连接各区县政府所在地，以三、四级公路为主体连接乡镇，在“九五”末基本实现乡乡通公路。港航建设以长江干线为主轴，以乌江、嘉陵江为次轴，以重庆、涪陵、万县三个港口为枢纽，分步建设骨干客、货港，发展中小码头和货主码头，搞好与高等级公路和铁路的衔接。疏浚改造航道。发展集装箱运输，江海联运和快速旅客运输。按现代化国际空港标准，实施江北机场二期扩建。做好万县五桥机场、黔江舟北机场的前期工作，在条件具备时动工建设。

邮电通信发展的目标是，建成内外畅通、技术先进、高效安全的邮电网络，使重庆成为长江上游和西南地区的通信枢纽。努力扩大枢纽对外通信能力和交换能力，提高通信交换现代化和智能化水平。发挥国家干线光缆能力，逐步形成辖区内的光缆环路。扩建重庆卫星通信地球站，发展数据通信网。建成重庆江北长途通信枢纽工程，扩大移动电话网和无线传呼网。增加电话装机容量。“九五”末全市电话普及率力争达到8%，主城电话普及率达到52%，各区县城电话普及率达到25%以上，大部分行政村通电话。提高邮政运输能力和邮件处理能力，增加邮政网点。建成水陆空全方位的快速干线邮政运输网。实现邮政枢纽作业机械化、自动化和业务管理微机化。

坚持开发与节约并重的方针，优化能源生产结构和能源消费结构，促进经济与环境协调发展。加强煤炭地质勘探，增加储量；发展煤炭深度加工利用，提高综合效益。改造扩建骨干火电厂，开发乌江、嘉陵江水力资源，结合扶贫开发小水电。配套建设500千伏和改扩建220千伏、110千伏输变电网、城市中低压电网，形成重庆地区大电网。配合国家做好天然气田的勘探开发，创造条件开发浅层天然气，引入新的开发技术对煤田气进行工业开采。

（十二）加快老工业基地改造和结构调整，实现“一年起步，五年振兴”奋斗目标。工业结构调整坚持以下原则：要有所为，有所不为，扶优扶强，重点支持优势行业、优势企业、优势产品；以市场为导向，以效益为中心，注重经济效益、社会效益和环境效益的统一；使结构调整和企业改革、制度创新相结合，加快建立现代企业制度进程；立足挖掘现有潜力，以资本运营实现资本扩张，促使资产流动和重组；开发新技术、新产品，提高科技对经济增长的贡献率；工业结构调整要有利于带动一、三产业的发展。

以汽车摩托车为主体的机械工业：汽车工业突出品种结构特点，以零部件为基础，经济型轿车为重点，摩、微、轻、重及改装车、特种车协调发展；研制开发电动汽车、天然气汽车等新型燃料汽车。实行集团化战略，组织专业化生产，增加自主开发能力，带动相关产业发展，建成具有特色的汽车摩托车生产基地。同时，要重点发展输变电设备、环保设备、内河船舶制造等行业。

以天然气化工和医药化工为重点的化学工业：重点发展有资源优势的天然气化工，增强基本有机化工原料，发展大化肥生产。壮大医药工业，大力开发新药品种、制剂，提高加工深度，扩大优势品种的生产规模。发展汽车用化学品和新领域精细化工产品，把重庆建成我国综合性化工基地。

以优质钢材和优质铝材为代表的冶金工业：采取新技术、新工艺、新设备，发展替代进口和弥补国内市场空白的优质新型材料；加快骨干企业（集团）技术改造，建成我国重要的优质钢材和优质铝材加工基地。

实施“名牌”产品战略，培育和发展建材、玻陶和日用化工等优势行业，壮大一批拳头产品。对知名度较高、市场占有率高、带动力强的拳头产品，集中力量加以培育。提高经济规模，增大对全市经济增长的贡献。

重点支持一批骨干企业，实施大公司、大集团的战略，以资产为纽带，以市场为导向，规划、引导和组织年销售收入50亿~200亿元的跨行业、跨部门、跨所有制的大型企业集团。

配合结构调整，加大再就业工程实施力度，提供新的就业机会。

（十三）注重一、二、三次产业联动发展，形成一批产品链，促进城乡经济的融合，增强地区经济实力，提高人民收入水平。

优质农副产品—食品加工产品链。发展以优质农产品为原料的食品加工业，带动农业发展，满足人民生活需要。集中力量建设烤烟、果、茶叶、榨菜等生产基地，发展食品加工工业。

麻、丝、毛—纺织—成衣产品链。利用区域内丰富的苎麻、蚕丝、兔羊毛资源，发展麻纺、丝纺、毛纺，开发高档纺织品，发展服装生产，创出名牌，扩大出口，提高国内市场占有率。

牛、羊养殖—制革—皮革制品产品链。实行规模化、集约化牛、羊、猪养殖。引进技术发展制革，提高制革质量。生产中、高档皮革制品。

速生丰产林—造纸—纸制品及包装产品链。引进优良树种，利用山区种植速生丰产林，组织木片生产。引进先进工艺，严格环保措施，集中制浆，发展具有经济规模的造纸工业及各种纸制品。同时，关停小纸厂。发挥重庆包装工业优势，提高包装设计和包装制品质量水平。

高效经济林—林化工、中成药产品链。发展五倍子、白果、油桐、皂角等经济林木，发展林化工。利用黄连、杜仲、青蒿素等资源，发展中成药制品。

（十四）运用高新技术发展支柱产业和改造传统产业。推广运用电子信息技术，加快科技成果转化，形成高新技术产业基础，使之成为下世纪初叶的支柱产业。促进国民经济信息化进程，建设信息化系统。开发和推广电子信息应用系统和软、硬件产品。重点发展微型计算机及其应用产品、显示器、现代通信设备、专用集成电路、光电子器件及产品、自主版权软件及信息服务业，使电子信息业成为新的经济增长点。加快汽车电子产品开发，促进汽车工业上档次。仪器仪表行业要重点发展工业过程自动控制系统成套装置，力争在大型火电及核电机组成套自控系统取得突破。发挥科研院所和大专院校的优势，加强国际交流合作，研究开发微电子、新材料、新能源、生物工程技术，促进产业化。高新技术产业开发区要起好发展高新技术产业基地的作用。

（十五）今后十五年第三产业发展的目标是：建立适应社会主义市场经济体制的现代化市场体系、城乡社会化综合服务体系和社会保障体系。提高第三产业增加值占国内生产总值的比重。“九五”期间重点发展商贸流通、金融、旅游、房地产、信息咨询等行业。

商贸流通业。实施“大贸易、大流通、大市场”战略。扩大商品流通规模及辐射范围，构建长江商贸中心。建设一批区域性、全国性的消费品和生产资料批发市场。发展现代流通组织形式和营销形式。扩大开放，引进国内外著名商贸集团进入重庆市场经营发展。培植一批大型现代流通企业，形成内外贸结合的跨地区、跨行业、跨国经营的大型贸易集团和综合商社。重庆主城区建设中央商务区和几大中心商业区。建设万县、涪陵大型流通设施。吸引国外、外地企业到我市投资发展商贸业，扩大重庆商业、商品的市场占有率。发展中、小零售便民商店，鼓励非国有商业发展。规划布局和建设农村集贸市场，形成城乡市场网络。

金融保险业。完善金融营运体系，扩大金融市场规模，创新金融品种，加快金融手段设施现代化，增强重庆金融中心功能。加快商业银行改革的步伐和金融业对外开放进程，吸引国内外金融机构来渝设立分支机构。规划建设金融中心区。争取建立区域性的人寿保险公司和面向全国的地方商业银行。培育长期资本市场，发展和规范金融证券市场。按照国际规范要求，把重庆商品交易所建设成为我国西部地区最大的期货交易市场。发展投资类银行，建立产业投资基金。

旅游业。提高旅游在国民经济中的地位，旅游业要培育发展成为我市新兴的支柱产业。统一规划，加强行业管理，完善政策法规。优先发展国际旅游，积极发展国内旅游，提高旅游业的管理水平、经济效益、创汇能力和关联带动作用。旅游资源开发突出重庆历史文化名城和巴渝三峡历史文化特色。依托大足石刻、缙云山、钓鱼城、四面山、金佛山、长江三峡等国家级历史文化遗迹和风景名胜区，开发乌江峡谷、武陵山旅游线，完善旅游环形线路。扩大旅游环境容量，建设新的旅游景点，丰富旅游内容。大力改善旅游配套服务设施，提高旅游综合服务水平。开发旅游商品，形成地方特色产业。

房地产业。发展适应中低收入家庭居住为主的住房产业。优化配置房地产资源，引导产权置换，推进房地产交易市场化和住房商品化。促进建筑建材、装饰美化、工程设计、物业管理等行业发展。推广应用先进建筑技术，发展新型建筑和装饰材料生产，加快地产业的服务体系建设，不断地改善人民居住条件。使房地产业成为经济增长的新兴支柱产业。

信息咨询业。大力发展经济、科技、法律、财会、工程技术、经营管理、社会服务等咨询服务，形成结构合理、技术先进、敏捷高效的社会化信息服务体系，使信息咨询业成为促进国民经济和社会发展的新兴产业。

（十六）城镇体系建设的总目标是：实施城市总体规划，逐步建成由特大城市—大城市—中等城市—小城市—小城镇组成的层次分明、规模适度、功能合理的长江上游现代化城镇群；努力提高城市化水平。

适度扩大重庆主城区范围。建立以主城为核心的都市圈，延伸和发展主城综合功能和“多中心、组团式”用地结构。

万县、涪陵、黔江、永川、江津、合川、南川、长寿、开县等建设成地域城镇的核心。其他县城按小城市规划建设。规划建设一批中心城镇。

以改善市民的生产、生活环境和增强中心城市综合服务功能为目标，大中小城市要按照建设城市交通、城市供排水、城市供电照明、城市供气、城市绿化、城市环境卫生等市政环卫公用系统的规划进行建设。

小城镇要规划和建设必要的公用基础设施，创造经济社会发展的支撑条件。

努力提高城市管理水平。坚持条块结合、以块为主、两级政府、三级管理原则，坚持不懈地加强城市综合管理，不断地创建卫生城市，使城市功能有效发挥。

（十七）生产力布局，实施点轴系统开发模式：开发两线，南北展开，依托城市，带动全局。基本格局是：以成渝高速公路、长江沿江地区为两线，沿国道318、319、210、212，襄渝、川黔、渝怀等交通干线南北展开，发挥主城带动和辐射作用，依托万县、涪陵、黔江、永川、江津、合川、南川、长寿等城市，形成布局合理、各具特色的经济区，带动全市经济发展。

重庆主城区要逐步转向发展发达的第三产业为主。禁止在主城区新建高耗能、重污染、大运量的重化工业项目。现有企业要加强治理，创造条件逐步迁出或者转产。三峡库区要严格控制污染工业项目建设。

进一步加快区县经济发展。按照“统一领导，分级施政”的原则，区县要创造良好投资环境，增强统筹发展地区经济的能力。结合本地实际，大胆试验，勇于开拓，走出一条加速经济发展的路子。

（十八）打好三峡移民攻坚战。移民安置是三峡工程成败的关键，全面完成移民任务和加快库区开发，对于重庆的发展具有特殊的政治意义和经济意义。坚持开发性移民方针和“国家扶持、政策优惠、各方支援、自力更生”原则，在“移民中发展，在发展中移民”，规划和实施移民迁建，多渠道扩大移民安置容量，使移民“移得出，稳得住，生活有保障，经济有发展”，将三峡库区建成经济繁荣、环境优美、人民安居乐业的生态经济区和长江上游产业群的核心区。

今后十五年移民工作的目标是：全面完成三峡工程重庆库区百万人口的动态移民安置，全面完成淹没城镇和集镇、企事业单位的迁建，调整建设被淹的基础设施，抢救和保护文物古迹。1997年之前，搞好一期水位线下移民迁建，确保三峡大江截流；1998—2003年，完成135米水位线以下的移民迁建；2004—2008年，按175米水位全面完成重庆库区移民迁建任务。

完成移民任务的途径：一是发展大农业和乡镇企业，就地安置农村移民。二是按照规划进行城镇迁建或新建，搞好基础设施建设，布局骨干项目，发展二、三产业，安置城市移民。三是企业迁建与产业结构调整、培育支柱产业和新的经济增长点相结合。在库区布置一批技术起点较高、有严密环保措施、吸纳移民容量大的重大工业项目。四是受淹的交通、通信、电力等专业设施，要按照未来经济社会发展的需要进行复建，提高技术等级和服务能力，以大大改善库区的投资环境。五是做好文物古迹的迁建和抢救工作，发展富有三峡文化特色的旅游经济，吸纳更多的移民就业。六是在少数环境容量确实有限的地区积极探索异地移民的途径。七是积极争取国家的政策支持，落实各省市的对口支援，充分利用国务院批准的三峡开发区政策、库区联营专贷资金、库区进口退税等优惠政策，引进国内名牌产品、明星企业来库区落户，加快库区产业结构升级，壮大经济实力，安置更多的移民。

（十九）打好扶贫攻坚战，采取有力的扶贫措施，加大扶贫力度。“九五”期间扶贫目标是：通过五年的艰苦奋斗，完成21个贫困县成建制摆脱贫困，366万人的脱贫任务，基本消除贫困现象。解决群众的温饱问题是贫困地区经济建设的中心任务。

坚持开发式扶贫方针，遵循可持续发展原则，把贫困地区干部群众的自身努力同国家扶持结合起来，开发当地资源，发展商品生产，改善生产条件，增强自我积累、自我发展的能力；动员全社会力量参与扶贫，坚持不懈地苦干实干；多渠道增加扶贫投入，提高扶贫资金使用效益；加强对扶贫工作的领导，层层实行责任制；巩固和加强脱贫成果，防止返贫。

因地制宜，分类指导。全市扶贫攻坚采取以下措施：一是加强贫困地区的基础设施建设，尽快改变贫困地区封闭状况，改善生产生活条件。增加政府投资，加快交通、通信、广播电视等方面的建设；采取以工代赈和当地群众投工投劳相结合的办法，建设乡村公路、桥梁、水库、小水电站。二是加大科教扶贫力度，培养适用技术人才，大中专学校招生向贫困地区倾斜，定向培养技术人才和管理人才；向贫困地区推广先进适用的种植、养殖技术和农产品加工技术。三是开发当地资源，建立商品生产基地，培植支柱产业和经济增长点。四是城市工业配套加工向贫困地区扩散，城市第三产业要帮助贫困地区的商品开拓市场，为贫困地区的剩余劳动力转移输出搞好服务。五是推进挂钩扶贫和社会扶贫，各级党政机关、企事业单位、大专院校与贫困县、乡、村、户挂钩扶贫，不脱贫不脱钩。六是把三峡移民和扶贫有机地结合起来。七是增加扶贫投入，提高扶贫资金使用效益。

（二十）贯彻落实国家少数民族的各项政策，发展少数民族地区经济。

积极争取国家对少数民族的各项优惠政策并得到落实。支持少数民族地区发展教育，加强对少数民族干部的培养，提高素质。加快少数民族地区交通、通信、能源、水利等基础设施建设。支持少数民族地区建设优质农产品生产基地，开发当地资源，发展优势产业，优先安排重点项目。

（二十一）全面实施“科教兴渝”战略，经济建设必须依靠科技和教育，科技教育工作必须面向经济建设。科技发展的主要任务是：建立起适应社会主义市场经济体制和科技自身发展规律的新型科技体制，形成科研、开发、生产、市场紧密结合的机制；建立以企业为主体，产学研相结合的技术开发体系和以科研机构、高等院校为主的科学研究体系以及社会化的科技服务体系；提高科技进步对经济增长的贡献率，2000 年争取达到 45%，2010 年达到 50% 以上；把重庆建设成为长江上游地区高新技术及其产业发展基地。“九五”期间，集中力量实施农业技术进步工程、高新技术产业化工程、先进制造技术推广工程、绿色技术工程、国民经济信息化工程，增强自主创新能力；培育科技市场，加快科技成果向现实生产力转化。

深化科技体制改革。根据“稳住一头，放开一片”的方针，放开、放活科技开发型科研机构。要大力推进国家级大院大所和生产企业的联合协作。发展多种所有制形式和多种经营方式的科技企业。建立多元化科技投入机构，在争取国家加大对重庆的科技投入和稳定增加地方财力对科技投入的同时，使企业成为科技投入的主体。培育区域性技术和科技信息市场体系，建立科技信息网络。健全知识产权保护和科技市场法规体系，加速技术成果转化。建立并逐步完善科技人才管理、交流机制。

（二十二）振兴科技和繁荣经济，必须坚持教育为本，保障教育事业优先发展。教育要面向现代化，面向世界，面向未来，致力于提高全民素质。教育发展的目标是：到本世纪末，基本普及九年制义务教育，基本消除青壮年文盲，城区基本普及高中阶段教育，全民受教育水平有明显提高；城乡劳动者的职前、职后教育有较大发展；各类专门人才基本满足现代化建设的需要。到 2010 年，初步实现教育现代化，基本建立起由坚实的基础教育、完备的职业教育和成人教育、发达的高等教育组成的教育体系，人均受教育年限高于全国平均水平，各类教育质量在西部居于领先地位，高层次人才培养能力进入全国前列。

调整教育结构，提高办学效益，促进各类教育协调发展。大力加强基础教育，认真解决好“普九”、库区学校迁建、发展贫困地区和少数民族地区教育、薄弱学校改造等突出问题。认真实施素质教育，改革旧的教育思想、教育内容、教学方法，全面提高教育质量。积极发展职业教育和成人教育，重视人才知识更新和劳动技能提高，逐步形成能满足群众各种学习需要的职教体系和终身教育网络。稳步发展高等教育，适度扩大高校办学规模，提高办学水平。

优化教育资源配置，强化重庆中等和高等教育的区域功能优势。按照教育现代化发展要求，进行重庆地区中、高等教育结构调整，推进以重点大学、重点中专校为龙头的多形式联合办学。扶持高等学校开展技术开发、推广应用和咨询服务，兴办科技产业，促进科技成果转化为现实生产力。组织精干力量承担国家科技攻关项目和发展高新技术的任务。在高校新建一批重点学科、重点实验室、重点课程，新设一批博士、硕士学位点和博士后流动站。坚持普及与提高相结合的原则，在各类教育中建设一批在设施、师资、管理质量等方面达到全国一流水平的现代化示范学校，部分学校和部分学科进入国际先进行列。

深化教育改革，增强教育适应经济社会发展的活力。改革办学体制，逐步建立起以政府办学为主体、鼓励社会各界办学的新体制。尽快理顺高教管理体制；完善基础教育分级办学、分级管理体制。积极推进城乡教育综合改革，实行基础教育、职业教育、成人教育和高等教育的统筹，促进教育同经济、科技的结合，使教育更有效地为重庆现代化建设服务。扩大重庆教育同国际国内的交流与合作，迈出教育开放的新步伐。

增加教育投入，多渠道筹措教育经费，改善办学条件。加强教师队伍建设，努力提高教师的思想、业务素质，依法保障教师合法权益。在住房、就医和其他社会福利方面对教师实行优先、优惠政策。大力实施“广厦工程”，使教职工家庭人均住房面积高于当地职工平均水平。到本世纪末，把现有合格的民办教师全部转为公办教师。

（二十三）跨世纪杰出人才培养工程。实现我市跨世纪的宏伟蓝图，必须重点培养一批跨世纪的杰出人才，担当跨世纪发展的历史重任。培养一批既懂政治又懂经济的党政领导人才，尤其要培养、选拔一批优秀年轻干部充实到各级领导班子。培养一批既懂管理又懂业务的高级经营管理人才，形成一支高素质的企业家队伍。培养一批具有国内先进水平、保持学科优势的学术或科技带头人；造就一批具有较高学术造诣、成就显著、起核心作用的后备学术或技术带头人；培养一批年轻科技骨干、年轻高级技工。

确立“人才资源是重庆第一资源”的思想，注重人才资源开发，建立人才培养、评价、选拔、使用的机制，创造人尽其才、优秀人才脱颖而出的人才成长环境。加强人才引进，以优惠政策吸纳高素质人才来渝。

四、改革开放的重点和部署

（二十四）勇于改革，大胆试验，实行制度全面创新。在本世纪末初步建立起社会主义市场经济体制，下世纪初形成企业、市场、政府、社会各司其职、相互协调的市场经济运行机制。努力探索试验城市带农村、城乡一体共发展共繁荣的管理体制和发展模式；坚持以公有制为主体，多种经济成分共同发展的方针，以建立现代企业制度为目标，深化国有企业特别是大中型国有企业改革；积极培育和完善市场体系，充分发挥市场机制的作用；转变政府职能，形成以间接方式为主的经济调控体系；调节个人收入分配，建立统一的覆盖全市的社会保障体系。

（二十五）以国有企业改革为重点，建立现代企业制度。按照“产权清晰、权责明确、政企分开、管理科学”的要求，把国有企业改革同改组、改造和加强管理结合起来，加快建立现代企业制度。到本世纪末，大多数国有大中型骨干企业要初步建立现代企业制度，成为自主经营、自负盈亏的法人实体和市场竞争主体；到 2010 年，所有企业都要建立起适应社会主义市场经济的企业体制和经营机制。以产权制度改革为核心，通过存量资产的流动和重组，对国有企业实施战略性改组。实行“抓大放小”方针，政府重点抓关系经济发展全局的垄断性行业和骨干企业，以资产为纽带组建大型企业集团；放开搞活国有小企业。

积极发展民营经济，为不同所有制的企业创造公平竞争的环境，鼓励多种经济成分共同发展。

(二十六) 培育现代化市场体系。20 世纪末和 21 世纪初，基本建立主要由市场形成商品价格和要素价格的机制，发挥市场对资源配置的基础性作用。建立较为完善的市场运行规则和法规保证体系，建立健全市场监管体系和中介服务组织，初步形成统一开放、竞争有序的市场体系。发展和完善商品市场。培育和规范金融、劳动力、产权交易、技术、房地产等生产要素市场。

(二十七) 建立新型的政府经济社会管理体系。按照政企分开的原则，强化政府在国有资产和资源管理、基础设施建设、城市建设管理、社会公共事业管理方面的职能。按照精简、统一、效能的原则，改革和调整政府机构，加强经济综合部门，健全监督执法机构，改组、调整专业经济管理部门。划清事权、财权，实行分级管理，推进区县综合经济体制改革。

建立计划、金融、财税之间相互配合与制约的机制，加强对经济运行的综合协调。计划要充分发挥市场机制配置资源的基础性作用，贯彻实施国家产业政策，加强经济运行的监测监控和协调，深化投融资体制改革。人民银行要强化执行国家金融货币政策的作用，依法维护金融秩序，防范金融风险，积极推进金融体制改革。进一步完善分税制的财政体制，逐步建立规范的转移支付制度，加强预算外资金管理，努力增收节支，振兴财政。

建立健全国有资产管理、监督和营运体系。到本世纪末基本确立“国家统一所有、政府分级监管、中介机构独立营运、企业自主经营”的国有资产管理、监督和营运体系，实现政资分开和政企分开。

(二十八) 合理调节社会分配关系，建立健全社会保障体系。坚持按劳分配为主体，多种分配方式并存的制度，体现效率优先一、兼顾公平的原则，继续鼓励依靠诚实劳动和合法经营者先富起来。切实保障劳动者的最低收入报酬。通过税收调节等措施解决社会分配差距过大的问题，形成较为合理的初次分配和再分配机制。

加速建立健全社会保障体系。“九五”期间，按照社会统筹与个人账户相结合的社会保障统筹模式，逐步建立不同层次、标准有别的养老、失业和医疗保险制度。实行社会保障与商业保险互补的多层次社会保险体系。继续完善社会福利、救济制度。实施城乡不同水平的社会最低生活保障线和职工最低工资标准。切实依法保护妇女、未成年人和老年人、残疾人等特殊社会群体的合法权益。

（二十九）加快建立健全市场法规系统。保证市场交易在公开、公平、公正的竞争环境中有序进行。形成市场主体自我监督、社会公众监督、行政司法监督管理相结合的市场监管体系。积极发展各种行业协会、同业公会、商会以及会计师事务所、律师事务所、审计事务所、资产资信评估机构、财务公司等市场中介组织。发挥其服务、沟通、公证、监督、协调功能，维护市场运行的正常秩序。

（三十）全方位扩大对外开放，提高对外开放的水平。大力发展开放型经济，到2010年初步建立起连接内陆，面向全国，走向世界的具有内陆沿江开放特色的长江上游经济贸易中心和对外开放走廊。基本要求是：形成具有比较优势的出口导向产业和企业，具有国际竞争能力的出口产品群；建立与国际经济接轨的对外经济贸易运行机制；形成功能完善、精简高效的涉外服务体系，创造良好的国际融资和投资环境。

（三十一）大力发展进出口贸易。实行多元化市场战略，调整出口商品结构，发展精、深加工产品，尤其是技术含量高的机电产品出口。推进外贸企业与生产、科研企业相结合的集团化经营，加快外贸营运方式的转变。发展大型出口企业集团和大型综合商社，提高外贸出口集约化程度和规模效益。保持合理的进口规模，优化进口结构。高起点发展服务贸易。扩大劳务输出和对外经济技术合作与交流，以劳务出口带动技术出口和机电产品出口。增加非贸易创汇。加快国际旅游发展步伐。

（三十二）多渠道吸收利用外资。抓住机遇，争取使重庆成为中国内陆吸引外资的热点地区。坚持积极、合理、有效的方针，拓宽利用外资的领域，扩大利用外资的规模，提高利用外资的效果。吸引外商直接投资，引导外资投向，形成合理的投资结构。争取利用国外政府、国际金融组织中长期优惠贷款。实施以市场换技术的战略，把利用外资与我市产业结构调整、产业技术水平提高有机结合起来。积极引导外资直接投向三峡移民迁建、企业技术改造、能源、交通、通讯、城市基础设施、开发性农业和创汇农业、社会事业、环境保护等领域。

（三十三）加快开发区和成渝高速公路至长江沿江地区开放走廊的建设。以重庆经济技术开发区、重庆高新技术产业开发区两个国家级开发区为核心，在成渝高速公路至长江沿江一线的区县建立若干市级开发区，加快基础设施建设，完善管理体制，使之成为全市扩大开放、招商引资的窗口。争取设立重庆保税区或保税仓库，为西部地区经济发展和对外开放服务。

（三十四）加大对国内开放的力度，加强区域经济合作。发挥重庆在西部开发、长江产业带建设中的作用，加强辐射交流，做好综合服务。积极参与五省区七方经济协作区、重庆经济协作区、长江沿江城市协作网等区域性经济协作组织，促进“周围一圈”“长江一线”“西南一片”的区域经济发展。加强与沿海地区的经济合作与交流，创造良好的政策环境，吸引国内特别是沿海发达地区的资金、技术、人才流入重庆，推动跨地区的资产重组和联合兼并，促进重庆的结构调整和制度创新。

五、社会发展和精神文明建设

（三十五）未来重庆现代化建设，必须始终坚持可持续发展战略，保持人口、资源、环境与经济发展相互协调，相互促进。未来十五年社会发展的目标是：保持社会持续稳定，以满足人的全面发展需求为中心，不断提高人民物质文化生活水平和质量，提高人口素质和社会文明程度，积极促进社会公正、安全、文明、健康发展。社会发展的基本方针是，坚持城乡社会协调发展，实行普及与提高并重，在社会发展的基本方面争取适度超前，政府主导与社会广泛参与结合，库区移民开发与社会发展同步。

（三十六）严格控制人口增长，提高人口素质。重点加强广大农村和三峡移民过程中人口增长控制。认真执行少数民族生育政策。把人口控制与农村经济社会发展、移民开发、人力资源开发、扶贫等结合起来。坚持少生优生优育政策，控制人口数量与提高人口质量并重。

（三十七）提高人民物质文化生活水平和生活质量，到2000年人民生活总体上基本达到小康，到2010年使人民过上富裕文明的生活。改善居民消费结构，提高生活质量，重点解决住房和交通问题。扩大服务性消费，充实社会服务设施，发展社区服务。

发展各类卫生保健事业。加强卫生基础设施建设，重视发展中医中药，实现人人享有初级卫生保健目标。建立以预防为主的多层次卫生保健服务体系，重点改善农村医疗卫生条件，建立覆盖全地区的医疗急救网。发展群众性体育，加快体育产业化发展步伐，组建高水平竞技队伍，建设骨干体育设施，区县要建设“两场一池一馆”体育设施。

（三十八）拓宽就业渠道，解决城乡就业问题。发展乡镇企业、第三产业，大力发展城乡集体经济、个体经济和私营经济。利用多种形式组织农民从事农业开发和基础设施建设，增加劳动积累，缓解就业压力。实施再就业工程。建立就业前和在岗培训制度，形成规范化的劳动力市场，有计划地促进农村剩余劳动力输出，保证劳动力合理有序流动。

（三十九）加强生态环境保护与治理。坚持经济效益、社会效益和生态效益相统一，经济建设、城乡建设与环境保护同步规划、同步实施、同步发展的原则，以防为主，防治兼顾。预测三峡成库后对库区生态环境的影响并制定对策措施。通过调整生产力布局、优化产业结构、改善能源结构和增加环保设施等措施，严格控制污染物排放。强化治理，提高“三废”处理率，使环境质量逐步好转。发展环保设备制造，形成环保产业。加强国土开发和江河流域整治，大力植树造林，治理水土流失，改善生态环境。做好减灾防灾工作，加强对灾害性天气的监测预报，防治地质灾害，改善城市防洪基础设施。

（四十）建设社会主义精神文明，关系到跨世纪宏伟蓝图的全面实现。在把物质文明建设搞得更好的同时，切实把精神文明建设提到更加突出的地位，进一步开创新形势下精神文明建设的新局面。今后十五年，社会主义精神文明建设的主要目标是：弘扬“红岩精神”和“黔江精神”，塑造当代重庆人，在市民中牢固树立建设有中国特色社会主义的共同理想，牢固树立坚持党的基本路线不动摇的坚定信念，实现以思想道德修养、科学教育水平、民主法制观念为重点的公民素质的显著提高；实现以积极健康、丰富多彩、服务人民为主要要求的文化生活质量的显著提高；实现以社会风气、公共秩序、生活环境为主要标志的城乡文明程度的显著提高；在全市范围形成物质文明建设和精神文明建设协调发展的良好局面。

（四十一）努力提高全民思想道德素质。坚持爱国主义、集体主义、社会主义教育，加强社会公德、职业道德、家庭美德建设。在广大干部群众中深入持久地进行艰苦创业精神的教育，引导人们正确认识市情，大力发扬艰苦奋斗、励精图治、知难而进、自强不息的精神，为建设新重庆而努力拼搏。

（四十二）积极发展社会主义文化事业。发展文学艺术、新闻出版、广播电视等文化事业，满足人民群众日益增长的精神文化需求。坚持“为人民服务、为社会主义服务”的方向，贯彻“百花齐放、百家争鸣”的方针，弘扬主旋律，提倡多样化。建设巴渝文化群和长江三峡文化长廊。努力创作出更多的优秀的精神产品。促进文化市场健康发展，扶持健康的文化产品。倡导适合广大群众消费水平的有益文化娱乐活动。维护合法经营，保护知识产权，坚持不懈地开展扫除黄色出版物、打击非法出版活动的斗争。加强哲学社会科学研究，对重大课题组织力量攻关，多出有价值的研究成果。

（四十三）切实增加社会事业和精神文明建设的投入。适应社会主义市场经济的要求，逐渐形成对社会事业和精神文明建设多渠道投入的机制。要抓好城乡基层文化设施建设。合理布局，分期建设图书馆、博物馆、科技馆。集中必要的财力建设标志性设施。

（四十四）加强社会主义民主和法制建设。坚持和完善人民代表大会的根本政治制度。坚持和完善中国共产党领导的多党合作和政治协商制度，巩固和发展广泛的爱国统一战线。

加强决策的科学化和民主化，各级领导班子都要高度重视重大问题、重大政策研究和论证。建立和完善广大市民参政议政的渠道，加强工会、共青团、妇联等人民团体的建设，发挥各种社团组织的作用，增强人民群众的凝聚力。

坚持不懈地进行反腐廉政建设，深入持久地开展反腐败斗争。坚持党委统一领导，党政齐抓共管。领导干部要以身作则，廉洁自律。严肃查处违纪违法案件，惩治腐败分子。建立健全规范干部滥用职权的监督制度，坚决纠正部门和行业不正之风，以优良的党风政风推动社会风气好转。

依法治市。加强立法、执法、法律服务和普法工作，维护社会政治稳定，维护社会主义市场经济秩序。根据经济和社会的发展需要，制定和完善相关的法规。依法惩处各种刑事犯罪活动，严厉查禁各种社会丑恶形象。依法调节经济生活和社会生活。加强执法队伍建设，提高执法人员素质，严格执法和文明执法，加强执法监督。大力开展法律服务和普法教育，增强公民、法人和社会组织的法制观念和守法意识。健全完善社会治安综合治理领导责任制和目标管理责任制，加强基层基础工作，把治安综合治理的任务和措施落实到基层。

（四十五）进一步加强党的建设，努力造就一支高素质的干部队伍，带领全市人民为实现跨世纪的战略目标而努力奋斗。全体党员特别是党的干部，要讲学习、讲政治、讲正气，加强团结，提高党的凝聚力、战斗力。

全市各族人民要在党中央、国务院领导下，高举邓小平建设有中国特色社会主义理论伟大旗帜，抓住机遇，解放思想，负重自强，苦干实干，为实现重庆市国民经济和社会跨世纪发展战略目标而努力奋斗！

中国共产党重庆市第一次代表大会关于《中共重庆市委关于制定重庆市国民经济和社会发展“九五”计划和2010年远景目标纲要的建议》的决议[①]

（1997年6月1日审议通过）

中国共产党重庆市第一次代表大会批准《中共重庆市委关于制定重庆市国民经济和社会发展“九五”计划和2010年远景目标纲要的建议》。大会号召：全市人民要增强历史责任感和紧迫感，勇敢地肩负起党中央、国务院赋予重庆的历史使命和三大战略任务，集中力量解决关系全局的四大难题，解放思想，抓住机遇，负重自强，加快发展，开创新时期重庆经济社会发展的新局面。

会议强调，从现在起到2010年重庆经济社会发展的指导思想是：以邓小平建设有中国特色的社会主义理论和党的基本路线为指导，遵照江泽民总书记“努力把重庆建设成为长江上游的经济中心”的要求，紧紧把握解放思想，抓住机遇，“开发三峡，振兴重庆”，加快发展，富裕城乡的工作方针，实施“科教兴渝”和可持续发展战略，坚持以经济建设为中心，以改革开放统揽全局，积极推进经济体制和经济增长方式的根本转变；坚持富民为本，城乡一体共同繁荣；坚持物质文明和精神文明建设两手抓，依法治市，保持社会稳定，促进经济、社会协调发展。

会议提出了重庆市经济社会发展的战略目标：把重庆建设成为长江上游和西南地区的经济中心，形成长江上游新兴产业群，到2010年全市国内生

①本文原载于《重庆日报》，1997年6月2日。

产总值比1995年翻两番，全市综合经济实力力争达到全国各省市中等偏上水平，人民生活富裕文明。实现这个宏伟的战略目标，要求全市国内生产总值“九五”年均增长11%，后10年年均增长10%。

会议指出，从现在起到2010年要加快经济体制和经济增长方式的转变，改善产业结构和生产力布局，显著提高国民经济整体素质和效益，进一步增强全市综合经济实力及对区域经济的带动和辐射能力。

会议认为，要解放思想，进一步深化改革和扩大开放，大胆探索，大胆试验，力争在本世纪末初步建立起社会主义市场经济体制，到2010年形成比较完善的社会主义市场经济体制。

会议强调，要把社会发展和精神文明建设放在重要战略地位，努力控制人口增长，提高生活质量，扩大劳动就业，发展文化、卫生、体育、新闻、出版等社会事业，加强环境保护，促进社会公正、安全、文明、健康发展。坚持不懈地进行以“弘扬红岩精神，塑造当代重庆人”为主题曲的精神文明建设，提高全民的思想文化素质。依法治市，切实加强党风廉政建设，深入开展反腐败斗争。

会议要求，全市各级党组织要认真组织干部、群众学习这次大会通过的《建议》，并据此制定本地区、本部门、本单位的发展规划，团结和带领全市各族人民为实现《建议》提出的各项任务而努力奋斗。

中国共产党重庆市第一次代表大会闭幕词[①]

（1997 年 6 月 1 日）

张德邻

同志们：

中国共产党重庆市第一次代表大会，经过全体代表的共同努力，完成了会议的各项任务，今天就要胜利闭幕了。

这次代表大会，坚持以邓小平建设有中国特色社会主义理论和党的基本路线为指导，立足于重庆直辖后新的市情，着眼于重庆肩负的历史使命，把握发展全局，共商振兴大计。与会的各位同志，不负 125 万共产党员的重托和 3000 万各族人民的厚望，以高度负责的精神和饱满的政治热情，认真履行庄严神圣的职责，同心同德，群策群力，使大会获得了圆满成功。大会审议并通过了中共重庆市第七届委员会的报告、中共重庆市纪律检查委员会工作报告和中共重庆市委《关于制定重庆市国民经济和社会发展“九五”计划和 2010 年远景目标纲要的建议》，明确了建设新重庆的指导思想、奋斗目标、战略任务和主要措施；选举产生了中国共产党重庆市第一届委员会，形成了推进重庆改革开放和现代化建设大业的坚强领导核心，同时选出了中国共产党重庆市纪律检查委员会，选出了出席中国共产党第十五次全国代表大会的代表。这次大会，是一次负重自强、励精图治、加快发展、迈向新世纪的大会，是一次团结的大会、胜利的大会。全市共产党员和各族人民，将从此踏上建设新重庆的伟大征途！

①本文原载于《重庆日报》，1997 年 6 月 2 日。

从现在起到2010年，是重庆发展极为关键的时期。为了肩负起中央赋予的进一步发挥重庆的区位优势、“龙头”作用、“窗口”作用和辐射作用，带动西南地区和长江上游地区的经济、社会发展这一历史使命，我们必须以邓小平建设有中国特色社会主义理论和党的基本路线为指导，遵照江泽民总书记“努力把重庆建设成为长江上游的经济中心”的要求，紧紧把握解放思想，抓住机遇，“开发三峡，振兴重庆”，加快发展，富裕城乡的工作方针，实施“科教兴渝”和可持续发展战略，坚持以经济建设为中心，以改革开放统揽全局，积极推进经济体制和经济增长方式的根本转变；坚持富民为本，城乡一体共同繁荣；坚持物质文明建设和精神文明建设两手抓，依法治市，保持社会稳定，促进经济、社会协调发展。我们必须努力完成三大战略任务，切实解决四大难题，增强综合经济实力，使人民生活富裕文明，把重庆建设成为西南地区和长江上游地区名副其实的经济中心。我们的使命光荣而艰巨，重庆的发展任重而道远。只要我们紧紧依靠党中央、国务院的坚强领导，团结一心，艰苦创业，苦干实干，重庆的前途一定是无限美好的！

这次代表大会贯穿了一个根本的主题，就是加快发展。重庆要在中西部地区和长江经济带开放开发中发挥更大的作用，不负中央重托，不辱历史使命，就必须加快发展步伐。我们要进一步解放思想，更新观念，大胆探索，大胆创新，快马加鞭，只争朝夕，走出一条符合重庆实际、具有区域特色的发展路子。进一步深化改革，扩大开放，加快建立社会主义市场经济体制，迅速形成大开放的新气势和全方位、多层次开放的新格局，推动重庆经济社会的大发展。

加快发展的目的是富裕人民。我们这次代表大会最鲜明的特点，就是提出了富民为本。富民，既是我们一切工作的出发点，又是我们一切工作的落脚点。中国共产党的根本宗旨是全心全意为人民服务，我们党所做的一切工作都是为人民谋福利，都是为了让人民生活得更富裕、更幸福。“社会主义必须摆脱贫穷。”我们要如期完成“九五”期间366万农村贫困人口脱贫任务，确保库区百万移民“搬得出，稳得住，能致富”，提高职工群众的生活水平，就必须响亮地提出“振兴重庆，富裕人民！”

正是立足于富民为本，我们从重庆大城市与大农村并存，农业人口多，农村脱贫任务重，移民任务艰巨的特殊市情出发，提出了建立新型的城乡关系，增强城乡经济融合度，缩小城乡发展差距的战略任务，其目的就是为了实现城乡共同发展、共同繁荣、共同富裕。

开创重庆美好的未来，是全市各族人民的共同心愿，是社会各界的共同事业，也是全体共产党员和各族人民的共同责任。我们要始终坚持党的群众路线，充分调动人民群众的积极性、创造性，为实现重庆发展的宏伟目标共同奋斗。为此，必须实施“育人兴市”战略，坚持“两手抓，两手都要硬”，努力提高全市人民的思想道德素质和科学文化素质，提高城乡人民的文化生活质量和城乡文明程度，为重庆改革开放和现代化建设提供坚强的思想保证、有力的智力支撑和良好的社会环境。

振兴重庆，关键在党。坚持党的领导，加强党的建设，是我们的事业一定成功的根本保证。要继承和发扬党的理论联系实际、密切联系群众和批评与自我批评的优良作风，坚持“讲学习、讲政治、讲正气”，全面加强党的思想政治建设、组织建设和作风建设。在重庆发展的关键时期，我们尤其要加强党的团结、各级领导班子的团结、社会各界的团结和各族人民的团结。这是我们战胜一切困难，解决一切问题的重要法宝。我们要通过加强党的团结和各级领导班子的团结，形成坚强的战斗力和巨大的凝聚力，把全市各族人民和社会各界紧紧地团结在党的周围，同甘苦，共命运，心连心，为实现党和人民的共同理想而奋力拼搏！

大政方针已定，关键在于落实。各级党组织、广大干部特别是领导干部的工作做得怎样，对于完成这次大会提出的各项任务，将起到决定性的作用。当前的形势喜人又逼人，我们的工作绝不允许有丝毫的懈怠。大会结束以后，要在全市城乡广泛深入地学习宣传这次大会的精神，使大会提出的方针、任务家喻户晓，深入人心。各地区、各部门、各单位要扎扎实实地贯彻落实大会精神，结合实际，采取有效措施，努力推进我市改革开放和经济社会更快、更好地发展。

同志们！重庆有着光荣的革命传统，无数革命先烈为实现人类的美好理想在这里进行过惊天动地的斗争，谱写出可歌可泣的壮丽诗篇，培育形成了光照千秋的“红岩精神”。今天，我们有幸能够投身于振兴重庆、开创重庆美好未来的宏伟事业，深感责任重大，又感到无比自豪。我们一定要更加紧密地团结在以江泽民同志为核心的党中央周围，高举邓小平建设有中国特色社会主义理论的伟大旗帜，举全市之力，聚万众之心，纳各方之策，共创无愧于先烈、无愧于时代、无愧于人民的辉煌业绩！

全市各族人民团结起来，夺取建设繁荣、富裕、文明、进步的新重庆的伟大胜利！

现在，我宣布：中国共产党重庆市第一次代表大会胜利闭幕！

解放思想 抓住机遇 负重自强 加快发展
中共重庆市第一次代表大会闭幕[①]

具有重大历史意义的中国共产党重庆市第一次代表大会，圆满完成大会各项任务后，于昨日上午在市委礼堂胜利闭幕。大会号召，全市各级党组织和全体共产党员，在以江泽民同志为核心的党中央领导下，高举邓小平建设有中国特色社会主义理论的伟大旗帜，解放思想，抓住机遇，负重自强，加快发展，为建设繁荣、富裕、文明、进步的新重庆而努力奋斗。

张德邻、蒲海清、王云龙、于汉卿、张文彬、刘志忠、金烈、黄立沛、滕久明、李学举、肖祖修、牟大明、赵海渔、邢元敏、辜文兴、陈邦国、刘文、李兵、王鸿举、陈光国、税正宽在主席台就座。

中央组织部地方干部局副局长张常韧在主席台就座。大会主席团成员，特邀代表在主席台就座。闭幕式前，召开了第二次全体会议，进行大会选举。

张德邻同志主持会议。

大会应到代表和特邀代表764名，实到代表和特邀代表755名，符合法定人数。会议以无记名投票方式进行选举。

投票结束，大会主席团举行第七次会议。会议听取了大会总监票人对投票结果情况的汇报。会议委托张德邻同志主持中国共产党重庆市第一届委员会第一次全体会议，委托赵海渔同志主持中国共产党重庆市纪律检查委员会第一次全体会议。

---

①本文原载于《重庆日报》，1997年6月2日。

随后，大会总监票人和工作人员分别向大会报告选举情况，大会选举出中国共产党重庆市第一届委员会委员59名，候补委员9名；选举出中国共产党重庆市纪律检查委员会委员35名；选举出重庆市出席中国共产党第十五次全国代表大会代表30名。

选举结束，由蒲海清同志主持，举行了大会闭幕式。

闭幕式上通过了中国共产党重庆市第一次代表大会关于大会报告的决议、关于中国共产党重庆市纪律检查委员会工作报告的决议、关于《中共重庆市委关于制定重庆市国民经济和社会发展“九五”计划和2010年远景目标纲要的建议》的决议。

张德邻同志致闭幕词。

他指出，这次大会，是一次负重自强、励精图治、加快发展、迈向新世纪的大会，是一次团结的大会、胜利的大会。全市共产党员和各族人民，将从此踏上建设新重庆的伟大征途！

蒲海清同志在大会闭幕式上说，大会以后，全市各级党组织和共产党员，要认真贯彻执行大会的各项决议，努力实现大会确定的各项任务，进一步解放思想，振奋精神，同心同德，团结和带领全市各族人民，为把我市的改革开放和社会主义现代化建设事业推向新阶段而奋斗！

应邀出席大会闭幕式并在主席台就座的有：担任市人大、市政府、市政协领导职务的党外人士，市级各民主党派、工商联主要负责同志，解放军驻渝部队主要领导同志；有关方面负责同志列席了大会。

大会在雄壮的《国际歌》乐曲声中胜利闭幕。

（《重庆日报》记者　明昭平　张德泽）

中共重庆市第一届委员会举行第一次全会选举产生新一届市委领导班子[①]

中国共产党重庆市第一次代表大会选举产生的中共重庆市第一届委员会昨日下午举行第一次全体会议。会议选举张德邻同志为中共重庆市委书记，蒲海清、王云龙、刘志忠、王鸿举同志为中共重庆市委副书记，张德邻等12位同志为市委常委。

受市第一次党代会主席团委托，张德邻同志主持会议。

会议应到第一届市委委员59人、候补委员9人，实到委员59人、候补委员9人，符合法定人数。

会议鼓掌通过了《选举办法》和监票人、计票人名单。

会议以无记名投票方式选举产生了中共重庆市第一届委员会常务委员、书记、副书记。

会议听取并通过了中国共产党重庆市纪律检查委员会第一次全体会议选举结果的报告。

新当选的市委书记张德邻代表新一届市委在会议结束时作了重要讲话。

张德邻在讲话中指出，如何有效地把这次代表大会的精神变为全市共产党员、各级干部和各族人民的实际行动，切实落到各项工作的实处，关键看我们新一届市委领导核心作用发挥得如何。

张德邻说，新一届市委要做到五个带头，即带头始终不渝地坚持邓小平建设有中国特色社会主义理论和党的基本路线；带头坚持集中精力抓发展，

①本文原载于《重庆日报》，1997年6月2日。

解放思想，实事求是，以改革开放统揽全局；带头坚持“两手抓，两手都要硬”的方针，促进物质文明和精神文明共同进步，经济和社会协调发展；带头加强自身建设，大力提高执政水平；带头加强团结，增强“一班人”的凝聚力和战斗力。

市纪委委员列席了会议。

（《重庆日报》记者　张德泽）

在中共重庆市第一届委员会第一次全委会上的讲话[①]

（1997 年 6 月 1 日）

张德邻

同志们：

刚刚闭幕的中国共产党重庆市第一次代表大会，确定了我市当前和今后一个时期建设和发展的指导思想、奋斗目标、主要任务和基本方针政策；选出了中国共产党重庆市第一届委员会和重庆市纪律检查委员会；这次一届一次全委会又选出了市委常委会领导班子，形成了担当新重庆领导重任的新的领导核心。如何有效地把这次代表大会的精神变为全市共产党员、各级干部和各族人民的实际行动，切实落到各项工作的实处，关键看我们新一届市委领导核心作用发挥得如何。下面，我就这个事关重庆发展全局的问题，讲几点意见。

新一届市委要带头始终不渝地坚持邓小平建设有中国特色社会主义理论和党的基本路线。前几天，江总书记在中央党校省部级干部进修班毕业典礼上强调指出，在跨世纪的新征途上，一定要高举邓小平建设有中国特色社会主义理论的伟大旗帜。邓小平建设有中国特色社会主义理论作为马克思主义同当代中国实践和时代特征相结合的产物，是毛泽东思想在新的历史条件下的继承和发展，是当代中国的马克思主义，是马克思主义在中国发展的新阶段。党的十一届三中全会以来，党正确地分析国情，作出了我国还处于社会主义初级阶段的科学论断。在社会主义初级阶段，社会的主要矛盾是人民日

①本文原载于《重庆日报》，1997 年 6 月 3 日。

益增长的物质文化需要同落后的社会生产之间的矛盾，由此决定了我们的根本任务是集中精力发展社会生产力。这一科学论断是邓小平建设有中国特色社会主义理论的重要基础，是我们制定路线、方针、政策的根本出发点。江总书记已告诫我们，全党要保持清醒头脑，排除各种干扰，毫不动摇地坚持党在社会主义初级阶段的基本路线，把以经济建设为中心，同坚持四项基本原则、坚持改革开放，统一于建设有中国特色社会主义的全过程。江总书记的这些重要指示，更加坚定了我们沿着有中国特色社会主义道路前进的信心和决心。坚持邓小平建设有中国特色社会主义理论和党在社会主义初级阶段的基本路线，对重庆来讲具有极端的重要性。重庆市的市情同我国国情极其相似，人口众多，人均收入水平低，发展比较落后，人民日益增长的物质文化需要同落后的社会生产之间的矛盾十分突出，加快发展生产力是摆在我们面前的紧迫任务。因此，市委一定要坚定不移地把握住党在现阶段的基本路线，在自觉维护中央权威，同以江泽民同志为核心的党中央保持高度一致的前提下，切实发扬党的理论联系实际的优良传统，立足重庆的特殊市情，着眼重庆新时期发展的战略目标，把有中国特色社会主义理论和党的基本路线贯穿到完成三大战略任务的实践中去，贯穿到经济建设、精神文明建设和党的建设等各项工作中去。

新一届市委要带头坚持集中精力抓发展，解放思想，实事求是，以改革开放统揽全局。我们这次党的代表大会进一步确立了加快重庆发展的战略思想。确立这一战略思想，有非常重要的指导意义。从根本上讲，发展最终是为了提高人民的物质文化生活水平，富裕人民。重庆要使 366 万农村贫困人口尽快脱贫致富，要充分调动各族人民完成三大战略任务的积极性，必须坚持“富民为本”的思想。要“富民”，就要加快发展，舍此别无他途。市委要时刻从富民利民的目的出发，坚持集中精力抓发展不动摇。当前和今后较长一个时期，重庆解决所有问题的关键是加快自身发展，而改革开放是发展的强大动力。要推进改革开放，必须进一步解放思想，更新观念。解放思想和实事求是是一致的，只有大胆解放思想，才能真正做到实事求是，一切从实际出发。党的十一届三中全会以来，改革开放使我国发生了历史性的巨大变化。重庆作为我国第一个进行经济体制综合改革试点的大城市，所取得的一切成就，都得益于解放思想，得益于改革开放。在新的形势和任务面前，市委“一班人”必须始终坚持党的实事求是、理论联系实际、一切从实际出发的思想路线，紧紧抓住解放思想、实事求是这个邓小平建设有中国特色社会主义理论的精髓，牢固确立生产关系一定要适合生产力发展水平的马克思主义基本观点，严格按照“三个有利于”的标准，坚持以改革开放统揽全局，坚决从不符合社会主义市场经济发展规律、不符合重庆实际情况的条条框框中解放出来，大胆试、大胆闯。要认真学习社会主义市场经济理论和实践知识，提高驾驭市场经济的能力，努力探索完成三大战略任务、解决四大难题的新办法、新途径；努力探索优化经济结构、促进科技与经济结合、提高对外开放水平的新办法、新途径；努力探索率先在中西部地区初步建立社会主义市场经济体制的新办法、新途径，以改革开放为强大动力，推动我市经济社会的大发展。

新一届市委要带头坚持“两手抓，两手都要硬”的方针，促进物质文明和精神文明共同进步，经济和社会协调发展。坚持“两手抓，两手都要硬”，在建设高度社会主义物质文明的同时建设高度社会主义精神文明，是邓小平建设有中国特色社会主义理论的重要组成部分。所以，党的十四届六中全会明确地把社会主义精神文明界定为：社会主义精神文明是社会主义的重要特征，是社会主义现代化建设的重要目标和重要保证。这说明在建设有中国特色的社会主义过程中，加强社会主义精神文明建设，同加强社会主义物质文明建设具有同等重要的作用。联系重庆建设和发展的实际，加强精神文明建设，也是我们落实“富民”方针的需要。因为“富民”不光指的是物质上的富有，还包括精神上的富有；我们提出建设繁荣、富裕、文明、进步的新重庆，其中的“繁荣、富裕、文明、进步”八个字包括了物质文明和精神文明两方面的内容，是一个有机联系的整体，缺一不可。市委一定要带头始终坚持“两手抓，两手都要硬”，在团结带领全市干部和人民群众加快经济发展的同时，把精神文明建设提到更加突出的位置，进一步加强和改善对精神文明建设的领导，促进物质文明和精神文明共同进步，经济和社会协调发展。牢牢把握住了这一点，我们就把握住了重庆发展的全局。

新一届市委要带头加强自身建设，大力提高执政水平。新一届市委担负着建设重庆、振兴重庆，使重庆能够更好地肩负起中央赋予的历史使命的领导重任，这对其执政水平提出了更高的要求。要提高执政水平，必须大力加强市委班子的自身建设。思想政治建设始终是市委班子加强自身建设的首要任务。市委一定要按照江总书记“三讲”的要求，坚持讲学习，努力学习和掌握邓小平建设有中国特色社会主义理论，善于用邓小平的战略思想和理论观点，研究解决工作中出现的新情况、新问题；坚持讲政治，解决好政治方向、政治立场、政治观点、政治纪律问题，进一步提高政治鉴别力和政治敏锐性；坚持讲正气，牢固树立马克思主义的世界观、人生观和价值观，不断增强党性。全心全意为人民服务，密切联系群众，是市委班子加强自身建设所要达到的重要目标。市委成员是全市人民的公仆，必须始终坚持党的全心全意为人民服务的宗旨，发扬党的密切联系群众的优良传统，与人民群众同呼吸、共命运，保持血肉联系；必须始终把为重庆各族人民谋幸福作为一切工作的出发点和落脚点，多为人民办实事、办好事，切实履行好公仆的职责；必须始终保持廉洁自律、勤政为民的优秀品质，两袖清风，一身正气。严格执行党的民主集中制原则，是市委班子加强自身建设的基本要求。市委必须认真按照民主集中制原则办事，坚持群言堂，不搞一言堂；坚持民主和科学决策，不搞主观主义和经验主义；讲规矩，守纪律，顾大局，保证市委“一班人”在组织上、行动上的高度统一。同时，切实改进工作作风和工作方法。要敢于讲真话，善于讲真话，乐于听真话；要勤政廉政，艰苦奋斗，不尚空谈；要议大事，抓大事，针对影响全局的重大问题和关键环节，深入调查，集思广益，把握全市政治、经济、社会生活的脉搏，鲜明地提出正确主张，作出科学决策，为新重庆的发展掌好舵，定好纲，把好关。新一届市委只有从上述几方面加强自身建设，才能有效提高执政水平，真正形成建设重庆、振兴重庆的坚强领导核心。否则，难当新重庆的领导重任。

新一届市委要带头加强团结，增强“一班人”的凝聚力和战斗力。“人心齐，泰山移”，团结就是力量。建设重庆、振兴重庆，需要重庆各族各界拧成一股绳、一股劲，团结奋斗。市委位处关键，加强团结显得尤为重要。只有市委“一班人”团结统一，步调一致，才能形成全市上下同心同德、团结战斗的好局面。因此，新一届市委一定要把团结看得比生命更重要，切实加强和维护自身的团结统一，绝不允许有丝毫损害班子团结的现象存在。要团结，就要识大体，顾大局，坚决反对宗派主义和小团体主义；要团结，就要襟怀坦白，光明磊落，严于律己，宽以待人，坚决反对阳奉阴违和自由主义；要团结，就要严肃而认真地开展批评与自我批评，坚决反对搞无原则的一团和气和好人主义；要团结，就要出以公心，坚持以党和人民的利益为重，坚决抛开一切私心杂念。总之，市委“一班人”一定要在共同的政治基础上加强团结，增强凝聚力和战斗力，充分发挥振兴重庆的坚强的领导核心作用。

同志们！在新的历史时期，党中央、国务院把“进一步发挥重庆的区位优势、‘龙头’作用、‘窗口’作用和辐射作用，带动西南地区和长江上游地区的经济、社会发展”的历史使命交给了重庆，新一届市委肩负的任务光荣而艰巨。代表们选举我们组成新一届市委，是对我们的最大信任。我们绝不能愧对历史，要以坚强的党性和高度的政治责任感，担负起领导新重庆的重任；要以更大的气魄和胆略，全新的思想观念和思维方式，清正廉洁和扎实苦干的模范行动，出现在全市共产党员和人民群众面前，团结一心，恪尽职守，鞠躬尽瘁，求真务实。我们坚信，在以江泽民同志为核心的党中央领导下，通过市委全体同志的共同努力，新一届市委一定能够经受住历史的考验，团结和带领全市共产党员、各级干部和各族人民，圆满完成第一次党代会确定的各项任务，向党中央、国务院呈上一份合格的答卷，不辜负全市各族人民对我们的殷切期望！

中共重庆市第一届委员会和纪律检查委员会组成人员名单[①]

中共重庆市第一届委员会委员名单

（按姓氏笔画为序）

王大用　王云龙　王元楷（苗族）　王学斯　王洪华（女）　王根芳
王鸿举　甘宇平　叶　欣（土家族）史锦杰　邢元敏（女）　任大军
向仲怀　刘　文　刘成义　刘志忠　许忠民　李　兵　李华年　李学举
李德水　吴　云　吴连帆　吴家农　何国清　余远牧　张　轩（女）
张　复　张　勤　张天雄　张文彬　张德邻　陈万里　陈邦国　陈光国
欧可平　周建中　胡振业　赵公卿　赵克斌　赵国华　赵俊如　赵海渔
郝振堃　洪天云（土家族）秦信联　聂卫国　郭代仪　唐情林　焉华征
曹均绵　辜文兴　税正宽　曾元禄　蒲海清　滕久明（苗族）　魏益章

中共重庆市第一届委员会候补委员名单

（按得票多少为序）

薛文琪（女）　熊懋仁　郑　洪　李光华　孙贤元　蒋心仁　姚代云
戚万林

中共重庆市第一届委员会书记、副书记、常委名单

书　记：张德邻

①本文原载于《重庆日报》，1997 年 6 月 2 日。

副书记：蒲海清 王云龙 刘志忠 王鸿举

常务委员会委员：张德邻 蒲海清 王云龙 刘志忠 王鸿举
甘宇平 李学举 滕久明（苗族） 赵海渔
陈邦国 税正宽 邢元敏（女）

中共重庆市纪律检查委员会委员名单

（按姓氏笔画为序）

马儒沛（回族） 王之仿 王万培 王胜利 王道渝 石敦相（苗族）
卢思永 田平安 兰运华（女） 边其善 吕天庆 朱新仁 刘庆渝
刘福银 杨分友 杨昌茂（女） 杨联举 杨颖嘉 李昌伦 李学亭
李泉生 李瑞皇 何庆智（女） 何事忠 余 敏（女） 宋培滨
张宗顺 陈家琴（女） 陈富全 陈碧蓉（女） 金起农 赵海渔
曾联辉（女） 谢嘉庆 谭本志（土家族）

中共重庆市纪律检查委员会书记、副书记、常委名单

书 记：赵海渔

副书记：何事忠 李泉生 李昌伦

常务委员会委员：赵海渔 何事忠 李泉生 李昌伦 王之仿
杨颖嘉 卢思永 兰运华（女） 杨分友

坚定不移　扎实工作
努力开创新重庆党风廉政建设的新局面
——中共重庆市纪律检查委员会向中共重庆市第一次代表大会的工作报告[①]

现将中共重庆市纪律检查委员会的工作，向中共重庆市第一次代表大会作工作报告，请予审议。

一、适应新形势，我市党风廉政建设健康发展

自去年9月党中央、国务院批准四川省委、四川省人民政府委托重庆市代管万县市、涪陵市和黔江地区以来，中共重庆市纪委在市委和上级纪委的领导下，认真履行代管职能，坚持一手抓代管工作，一手抓党风廉政建设，使全市纪检工作又有了新的发展，为促进新重庆的两个文明建设作出了贡献，为“直辖”后全市纪检工作和党风廉政建设的顺利进行创造了有利条件。

（一）代管工作部署稳妥，进展顺利

原重庆市和万县市、涪陵市、黔江地区纪检监察系统全体干部，认真学习、领会中央“九·五”批示精神，深刻理解党中央、国务院关于重庆市对万县市、涪陵市和黔江地区实施代管重大决策的重大意义，统一了思想认识，明确了代管过渡期间的任务。重庆市纪委根据市委的统一部署，对实施代管后的业务工作主动同四川省纪委和万县市、涪陵市、黔江地区纪委进行

①本文原载于《重庆日报》，1997年6月7日。

了衔接，在工作关系、工作渠道等方面进行了磋商，明确了工作原则和代管具体事项；各业务部门负责人进行对口衔接，初步建立了适应新体制运行的各项业务关系；有关纪检监察法规的清理和修订工作正抓紧进行；调查研究，熟悉情况，加强指导，促进了团结。使纪检监察工作实施代管部署稳妥，衔接有序，运作协调，各项工作进展顺利。重庆市纪委于去年10月和今年2月先后召开了第七次、八次全会，对全市反腐败斗争和党风廉政建设工作进行了部署和安排。各级纪委讲政治，守纪律，讲团结，顾大局，按照市委的部署，集中精力狠抓反腐败各项任务的落实。同时，积极协助党委加强代管工作的纪律教育，制定和下发了有关规定，要求广大党员干部必须严格遵守党的纪律，保证中央决策的顺利实施，防止体制变化过程中在人、财、物等方面容易发生的违纪现象，有力地维护了全市社会稳定和正常的工作秩序，促进了社会经济的健康发展。

（二）党风廉政建设进一步加强，反腐败斗争取得了新的进展

自实施代管工作以来，全市各级党委、纪委按照党中央、国务院和中央纪委关于加强党风廉政建设，深入开展反腐败斗争的部署，在市委和中央纪委的领导下，依靠广大人民群众的积极支持和参与，注重在抓落实、见成效上狠下功夫，反腐败斗争在巩固以往成果的基础上，又取得了比较明显的成效。

领导干部廉洁自律意识得到增强。全市党政机关、基层组织和国有企业党员领导干部按照中央的要求，自觉参加民主生活会，对照廉洁自律有关规定，自查自纠。各级纪委在贯彻落实中央纪委廉洁自律规定中，结合实际，突出重点，抓住群众对领导干部在廉洁自律方面反映强烈的“热点”问题，专项治理成效较为明显。领导干部乘坐超标车问题得到了纠正；违反“两不准”规定，用公款“吃喝玩乐”风得到了一定遏制；党政机关经商办企业和党政机关、企事业领导干部兼职取酬的问题进一步得到清理和纠正；党政机关和企事业领导干部收入申报、收受礼品登记和企业业务招待费向职代会报告等制度已在各级党政机关和多数企业得到实施。通过开展这些工作，领导干部和党政机关工作人员廉洁自律的自觉性有所提高，作风有所好转。

查处违纪违法案件的工作力度进一步加大。在反腐败斗争中各级纪委坚

持把查处案件，特别是把查处大案要案摆在突出位置，集中精力，突出重点，加强内外协调配合，强化办案手段，落实办案责任制，尤其是各级纪委贯彻中央纪委案件检查工作会议精神后，强化办案措施，加大查案力度，使案件查办工作取得了新的进展。自实施代管至今年4月，全市纪检监察机关共受理群众举报33532件，初核案件线索5851件，立案调查2273件，结案2485件，处分党员干部2301人，其中涉及县处级以上党员干部152人；涉及“三机关一部门”911人；查办万元以上的经济案件318件，为国家和集体挽回直接经济损失2140万元。通过查办案件，有力地惩治了腐败，增强了广大人民群众对反腐败斗争的信心，激发了人民群众投身改革开放和经济建设的热情，取得较好的经济效益和社会效果。

纠正部门和行业不正之风工作取得了一定成效。各级纪检监察机关在纠风工作中，坚持以“突出重点，抓住热点，解决难点，标本兼治，务求实效”为指导思想，在党委、政府的统一领导下，加强组织指导，充分发挥各主管部门的职能作用，狠抓专项治理。治理公路“三乱”成效明显，我市境内的国、省道基本实现无“三乱”；行政事业单位乱收费现象有所抑制，实行了收支两条线；农民定项限额内负担得到了有效控制；中小学乱收费逐步得到治理；企业负担过重的问题已经列入工作重点，正在采取措施解决；“行风评议”和社会服务承诺制度正在推行，行风建设得到进一步加强，创建文明行业活动较为普遍开展。不正之风滋生蔓延的势头得到了一定程度的遏制。

党风廉政教育和监督机制不断得到强化。各级纪检监察机关利用执纪办案的优势，针对党风廉政建设工作中存在的问题，对广大党员干部重点进行了以党纪政纪条规为主要内容的反腐倡廉教育。举办“党纪政纪条规知识竞赛”活动，党员干部受教育面近100万人次，占全市党员总数的80%；发行条规教材15万余册，参加竞赛人数达70万人。重庆市纪委会同有关部门组织了反腐倡廉教育展览，观展人数达8万余人次；并对一批县处级以上党员干部违纪案件作了公开处理。万县市、涪陵市和黔江地区纪委根据上级部署，结合当地实际，采取多种形式进行了扎实有效的反腐倡廉教育。党内监督进一步加强，中央重申和建立的五项监督制度在各地开始实施，各级党委和纪委根据党风廉政建设实际，相继制定了执行民主集中制制度、个人重大事项报告制度、领导干部党风廉政档案制度、新提拔党政领导干部廉政谈话制度等，使党风廉政建设向法规化、制度化方面迈进了一步。

（三）设立重庆直辖市为加强党风廉政建设提供了有利条件

近几年来，全市各级党委、纪委为加强我市的党风廉政建设工作，始终坚持党中央确定的反腐败的总体思路和基本原则，把反腐败作为重点，并同维护改革、发展、稳定相结合，认真分析和总结了推动党风廉政建设的有效做法和经验，为全市今后加强党风廉政建设打下了坚实的基础。主要经验是：只有坚持贯彻执行党的基本路线，坚定不移地开展反腐败斗争和加强党风廉政建设，同时坚持解放思想和实事求是的思想路线，纪检监察工作才能更好地为改革、发展和稳定的大局服务；只有坚持和强化党委统一领导，党政齐抓共管，主要领导亲自抓，纪委组织协调，部门各负其责，依靠群众的支持和参与的领导机制，坚持和强化党风廉政建设责任制，反腐败斗争才能形成整体合力，反腐败各项任务才能真正落到实处；只有坚持以密切党群、干群关系为根本出发点，坚持走群众路线，发动和依靠群众参与，切实解决群众反映强烈的热点、难点问题，取信于民，反腐败斗争才有坚实的基础和强大的动力；只有既抓党风廉政建设的整体部署，又结合实际，突出重点，狠抓专项治理，才能促进反腐败工作的全面推进和深入发展；只有把思想政治建设、查处大要案件和加强反反腐倡廉制度建设有机地结合起来，标本兼治，综合治理，反腐败斗争才能更有成效。我们将继续坚持这些行之有效的做法，并在实践中不断总结和完善，推动新重庆党风廉政建设的深入开展。

重庆直辖市的设立，为加强全市党风廉政建设创造了极为有利的条件。自实施代管工作以来，党中央、国务院对我市两个文明建设更加重视和关心，中央纪委对我市党风廉政建设直接领导力度加大，督促指导更加具体。同时，新重庆新的发展战略和工作态势及全市人民负重自强的精神风貌，为加强党风廉政建设创造了良好的社会环境。各级党组织“两手抓，两手都要硬”的自觉性进一步增强，把开展反腐败斗争和加强党风廉政建设，作为建设新重庆、发展新重庆的重要保证，从战略高度制定了使精神文明建设和党风廉政建设整体推进的实施方案。全市广大党员干部在反腐败斗争中受到了深刻教育，各级党组织带领人民群众为促进全市两个文明建设不懈地奋斗，赢得了人民群众更多的支持和拥护，迫切期望进一步加大党风廉政建设的力度，以良好的党风带动社会风气的好转，促进新重庆经济建设的蓬勃发展。

设立重庆直辖市后，党风廉政建设工作面临着许多更特殊、更复杂、更艰巨的任务，广大纪检监察干部肩负的责任也就更重。要完成本次代表大会提出的各项任务，促进重庆经济社会发展跨世纪宏伟目标的顺利实现，振兴重庆，关键在党，关键在人。建设一支能肩负起历史重任、思想解放、求真务实、自觉奉献、廉洁勤政的党员干部队伍，是实现重庆大开放、大开发、大发展的根本保证，是各级党委、纪委一项十分艰苦而光荣的任务。只有把党的建设搞好，端正党员干部特别是领导干部的思想作风，党才有凝聚力和战斗力，才能激发广大人民群众的聪明才智，调动各个方面的积极性和创造性，去实现我们的宏伟目标。

在看到党风廉政建设的成绩和有利条件的同时，我们也必须清醒地看到存在的问题和困难，反腐败斗争的形势仍然是严峻的，在一定范围和一些方面，腐败现象滋生蔓延的势头还没有得到有效遏制。有的党员干部政治信仰动摇，党性观念淡漠；有的党组织和领导机关挥霍公款、贪图享乐、脱离群众、官僚主义、形式主义等问题还比较严重；少数党员干部以权谋私，徇私枉法，大案要案仍呈上升趋势；一些单位和部门少数领导干部对腐败的严重性和反腐败斗争的重要性、紧迫性认识不足，不能正确处理经济工作与党风廉政建设的关系，“一手比较硬，一手比较软”的问题还没有很好解决，反腐败工作在一些地区和部门发展不够平衡。执行党的纪律失之于宽，失之于软的问题仍然比较突出。因此，我们必须正确分析我市当前党风廉政建设的形势，既要看到已取得的成绩和加强党风廉政建设的有利条件，增强信心和决心，又要正视当前存在的问题，增强使命感和责任感。各级党委、纪委和广大党员干部，一定要充分认识党风廉政建设的重要地位和作用，围绕新重庆建设面临的“三大任务”和“四大难题”，针对反腐败斗争的实际，振奋精神，扎实工作，努力推动我市党风廉政建设的深入开展。

二、全面履行职能，进一步担负起党风廉政建设的各项任务

重庆直辖市的设立，把新重庆推上了历史发展的新起点。这次党代会确

定了我市经济社会发展的战略目标和基本思路，进一步明确了重庆精神文明建设和社会发展的目标、方针及任务，对坚持不懈地加强党风廉政建设提出了新的更高的要求。今后一个时期全市党的纪检工作总的要求是：坚持以邓小平建设有中国特色的社会主义理论和党的基本路线为指导，坚持党中央确定的反腐败斗争的指导思想、基本原则和工作格局；不断强化党委统一领导、党政齐抓共管的党风廉政建设领导机制；充分发挥党的思想组织工作部门和执纪执法机关整体力量，不断完善综合治理、标本兼治的党风廉政建设工作机制；不断加强法规制度建设，逐步建立健全以党内监督为核心的党风廉政建设监督机制，坚定不移地把反腐败斗争和党风廉政建设引向深入，努力为新重庆的两个文明建设作出积极的贡献。

根据这一要求，今后全市纪检工作的主要任务是：

（一）坚定不移地贯彻执行党的基本路线，牢固树立纪检工作为新重庆经济发展服务的指导思想

大力发展生产力是社会主义的根本任务。通过改革开放发展生产力，是建设有中国特色社会主义的客观要求。各级党委和纪委要牢固树立纪律检查工作必须保证党的基本路线贯彻执行的指导思想，增强以经济建设为中心的观念，使党风廉政建设紧紧围绕这个中心来进行，积极探索为经济建设和改革开放服务的新途径。

要进一步解放思想，增强服务意识。设立重庆直辖市给党的建设和纪检工作注入了新的活力。各级党委、纪委和全体纪检干部，要认真学习，全面掌握邓小平建设有中国特色的社会主义理论，进一步解放思想，增强改革开放意识、开拓创新意识、为经济建设服务的意识，克服不适应形势发展的旧思想、旧观念，摒弃封闭、保守的思维方式。要坚持用辩证唯物主义的观点和实事求是的思想路线，正确认识和处理加强纪律与发展经济的关系，正确认识和处理新重庆经济建设和党风廉政建设出现的各种新情况、新问题，不断拓宽工作思路，创造性地开展工作，使纪检工作更好地为新重庆经济建设和改革开放服务。

要加强调查研究，划清政策界限。各级党委、纪委和广大纪检干部要改进工作方法，大兴调查研究之风，深入经济建设第一线，切实在研究新情

况、解决新问题、总结新经验上狠下功夫。要紧密围绕新重庆经济建设的“三大任务”和“四大难题”，针对新时期党风廉政建设出现的新情况和新问题，制定纪检工作为经济建设服务，促进生产力发展的具体措施和办法，从理论和政策上划清界限，使广大党员干部，尤其是从事经济工作的同志，进一步放开手脚，开拓前进。要坚持把有利于发展社会主义社会的生产力，有利于增强社会主义国家的综合国力，有利于提高人民的生活水平，作为衡量是非的根本标准。要继续遵循“支持改革者，鼓励开拓者，帮助失误者，查处违纪者”的原则，实事求是地认识和处理经济建设中出现的各种矛盾和问题，努力做到既严肃执纪，又保护党员干部开拓创新的积极性，为新重庆的两个文明建设提供强有力的纪律保证。

要严肃政治纪律，确保政令畅通。各级党委和纪委要继续坚定不移地坚持“团结一心向前看，集中精力抓发展”的工作方针，增强党员干部的党性观念，维护党的团结和统一，在政治上、行动上同党中央保持高度一致，把思想和行动统一到市委、市政府的各项决策上来，严格遵守政治纪律，确保政令统一和畅通。各级党委、纪委要继续按照“思想领先，平稳过渡”的原则，采取有力措施，确保重庆行政体制转变的顺利实施。要严明党的纪律，对那些违背民主集中制原则，搞自由主义、小团体主义、本位主义、分散主义和违背政策规定的，要坚决纠正，严肃查处，为党的路线、方针、政策和国家的法律、法规，以及市委、市政府的决策措施的贯彻落实扫清障碍，为新重庆的现代化建设保驾护航。

（二）认真抓好领导干部廉洁自律工作，发挥党员干部的表率作用

领导干部自身行为在政治生活和社会生活中具有特殊的作用，切实抓好领导干部廉洁自律工作，不仅可以有效地克服、抑制腐败现象的发生，也是落实领导干部自重、自省、自警、自励的要求，建设高素质干部队伍的重要措施。中央纪委二次全会以来，中央先后重申和提出了一系列有关领导干部廉洁自律的规定。最近，党中央颁布的《中国共产党党员领导干部廉洁从政若干准则（试行）》，对廉洁自律内容进行了概括和规范。各级党委、纪委要围绕《廉政准则》的贯彻落实，切实抓好领导干部廉洁自律工作。要在全面贯彻各项规定的基础上，结合实际，突出重点。要结合党员领导干部中存

在的问题，解决领导干部在住房、建房、购房、装修住房等方面存在的严重以权谋私问题；继续落实不准参加用公款支付的营业性歌厅、舞厅、夜总会等娱乐活动，不准接受可能对公正执行公务有影响的宴请；不准利用职权为配偶、子女和亲友经商办企业提供任何优惠条件等有关规定，并制订相应的措施，巩固成果，防止反弹。在抓好党政领导干部廉洁自律工作的同时，进一步加大国有企业领导干部廉洁自律工作的力度，为国有企业改革的顺利实施创造一个良好的环境。要加大他律力度，切实抓好自查自纠、组织检查、群众评议、严格执纪等四个环节，努力提高民主生活会的质量。把自律与他律结合起来，对有问题不自查自纠和顶风违犯廉洁自律规定的，要坚决查处。

各级党政机关和领导干部要认真学习江泽民总书记在中央纪委第八次全会上的重要讲话，带头执行党中央《关于党政机关厉行节约制止奢侈浪费行为的若干规定》，大力发扬党的艰苦奋斗的优良传统和作风，坚决反对讲排场、比阔气、挥霍浪费等消极腐败现象。当前，重庆正值艰苦创业时期，各级党政机关、各部门、各行业要加强对党员干部的教育，深刻认识保持和发扬艰苦奋斗精神的必要性和重要性，把发扬艰苦奋斗精神，制止奢侈浪费作为今年加强党风廉政建设和反腐败斗争的重要内容来抓，把贯彻执行《关于党政机关厉行节约制止奢侈浪费行为的若干规定》，作为廉洁自律工作的重点，联系实际，认真纠正奢侈浪费现象。尤其是各业务部门要结合实际，制定出落实中央规定的具体措施，严格执行。各级纪检监察机关要协助党委、政府抓好“八条规定”的贯彻落实，并对执行的情况进行监督检查。对造成恶劣影响的奢侈浪费问题，要严肃处理。务必在党的十五大召开之前抓出明显成效，以在广大党员、干部中养成艰苦奋斗的良好风气。

（三）坚决查处违纪案件，严肃党的纪律

各级纪委要继续把查办案件，特别是查办大案要案作为严肃党纪的中心环节和惩治腐败的突破口，进一步加大工作力度。要把党政领导机关、行政执法机关、司法机关、经济管理部门和县处级以上领导干部的违法违纪案件，三峡移民资金和扶贫资金管理使用方面的违法违纪案件作为查处重点。坚决查处组织人事工作中的违法违纪案件，尤其对买官卖官的，要从严惩处；坚决查处基层干部违纪违法、严重侵犯群众利益的案件，以及国有企业领导干部以权谋私、肆意挥霍和侵吞国家财产的案件；坚决查处贪污、贿赂、挪用公款、徇私舞弊、套汇、走私、贪赃枉法、腐化堕落和失职、渎职案件。要进一步加强对案件查处工作的领导。各级党委要把查办案件工作放在反腐败斗争的突出位置，从领导精力、办案力量和物质条件上提供必要的保证。各级纪委要加强对下级机关办案工作的指导、督促和检查；加强同各执纪执法机关的协调配合，综合运用多种办案手段，形成突破案件的整体合力；加强信访举报工作，进一步依靠群众拓宽案件线索渠道。查办案件要坚持实事求是、从严治党、纪律面前人人平等和惩前毖后、治病救人等原则，既要坚决，又要稳妥。对各种违纪案件，要发现一件查处一件，不论涉及什么人，都要一查到底，严肃处理，坚决纠正执纪失之于软，失之于宽的问题。对腐败分子，必须坚决清除，决不姑息养奸。要严格办案程序，正确执行政策法规，严肃执纪，提高办案质量，增强办案的政治、经济和社会效果。

（四）切实加大纠正部门和行业不正之风的力度，进一步密切党和人民群众的联系

各级党委、政府、纪委要坚持“纠建并举”的方针和“谁主管，谁负责”的原则，认真贯彻落实中央和我市关于加强党风廉政建设的规定及措施，结合本地区、本部门实际，抓住人民群众关心的热点问题和倾向性问题，突出重点，开展专项治理。当前，要在减轻农民负担、减轻企业负担、清理预算外资金和“小金库”等方面加大力度，特别是要加强对三峡移民工程、扶贫资金管理使用以及建设工程项目的监督检查，力求取得阶段性的实际成效。对专项治理成效显著、风气明显好转的项目，要逐步纳入正常的行业管理加以巩固。把树立行业新风、创建文明行业同加强职业道德建设、完善行业管理有机地结合起来，把加强外部监督与强化内部制约结合起来，把弘扬正气与鞭挞歪风结合起来，以达到标本兼治、综合治理的目的。要采取更加有力的措施抓好行风评议、社会服务承诺和创文明行业工作，逐步形成促使行风好转的广泛的群众基础和浓厚的社会氛围，以促进经济建设的健康发展。

（五）深入进行党风廉政教育，进一步提高党员干部的政治思想素质

加强对党员干部的党风廉政教育，既是一项长期的任务，也是提高党员干部政治思想素质，增强抵御腐朽思想侵蚀能力的治本之策。各级党委、纪委要围绕这次党代会提出的中心工作任务，结合党风廉政建设的实际和党员干部的思想状况，全面地、广泛地开展党风廉政教育，进一步促进党风的好转。

要坚持以邓小平建设有中国特色社会主义理论和党的基本路线为指导，深入开展共产主义理想、信念教育，全心全意为人民服务的宗旨教育；开展学理论、学党章活动，大力加强以讲学习、讲政治、讲正气为主要内容的党性、党风、党纪教育；开展以《廉政准则》《中国共产党纪律处分条例（试行)》等为主要内容的党纪政纪条规教育；要结合重庆成为直辖市后，尚需艰苦创业的社会现实，加强对党员干部的艰苦奋斗、勤俭办事业的传统教育；继续开展“弘扬红岩精神，争做合格公仆”的宣传教育，使广大党员干部树立起“爱国、团结、奋斗、奉献”的精神，为加快重庆经济发展和社会进步，负重自强，迎难而上。

开展廉政教育，要从建设高素质干部队伍着眼，并同强化党的工作基础结合起来。各级党组织要充分利用党校和干部学校，有计划、有步骤地对各级干部进行系统的教育培训，教育和引导党员干部在改革开放和现代化建设实践中，增强党性观念，加强党性段陈。要把党风廉政教育作为一项重要措施，贯穿到党的基层组织建设中去，充分发挥党员干部的先锋模范作用和各级党组织的战斗堡垒作用。

要按照中央纪委《党风廉政教育工作纲要》的要求，不断总结运用行之有效的教育形式，加大宣传教育的力度。要切实抓好正反典型教育，有计划地总结、宣传党风廉政的正面典型，以弘扬正气。同时也要适时地选择一些有影响的大要案件进行公开曝光，以起到警戒、教育、预防的综合作用。要充分发挥新闻舆论的作用，广泛宣传反腐败斗争的方针、政策和原则，以及重大部署和阶段性成果，不断加大反腐倡廉的舆论声势，形成反腐败斗争的良好氛围。要通过党风廉政教育，着重解决党员干部在理想、信念和思想作风方面存在的突出问题，使全体党员干部牢固树立起思想道德防线，树立起

正确的世界观、人生观和价值观，不断增强拒腐防变的能力。

（六）进一步完善制度，强化党风廉政机制

加强制度建设，强化对权力的监督制约，是开展反腐败斗争，推进党风廉政建设的治本措施。近几年，全市各地区、各部门结合反腐倡廉工作实际，制定了有关党风廉政建设的规章制度，对保证党风廉政工作的顺利进行起了积极的作用。对于这些规章制度，必须进一步健全和完善并严格执行。

防止腐败，最根本的是要靠法制，靠健全有效的监督机制。监督的核心是对权力的制约。因此，要在抓好反腐败三项任务落实的同时，有步骤地加强制度和法制建设，形成以权力制约为核心的党风廉政监督机制，使党风廉政建设从单项治理向综合治理发展；从对腐败后果的治理向对腐败源头的治理发展；从临时性的应急措施向长远性的制度建设发展。要着重抓好以下工作：

要全面实行办事公开，并逐步建立起以此为主要形式的民主施政制度。各级党政机关、企事业单位和街道、农村都要逐步实行政务公开、事务公开、财务公开乃至党务公开，提高权力运行的透明度，为实施内外监督创造必备的条件。要进一步推广和完善群众评议制度，并与人大评议、民主党派评议等有机地结合起来，形成一种党内监督、民主监督、群众监督以及舆论监督于一体的综合性社会监督机制。要进一步加强对权力的监控，建立起职权分解与岗位轮换相结合的内部权力约束机制，以加强权力与权力间的相互制衡作用，从而有效地防止权力的自我纵容和自我庇护。各部门和单位，特别是掌管人、财、物实权和执法权力的部门及单位，都要针对自身特点，实行内部权力分解，对重要实权部位实行岗位轮换，使其始终处于被监控的环境下，减少腐败赖以生存的空隙。要坚持和完善收支两条线、内部经济评审、基建工程招投标和跟踪审计、回扣管理等制约方式，逐步形成系统的经济监管机制。

加强党风廉政机制建设，关键在于强化党内监督，坚持和健全党的民主集中制，坚持批评与自我批评的优良传统。各级领导班子要坚持集体领导，凡属重大问题决策、重要干部任免、重要建设项目安排和大额度资金使用，必须坚持集体讨论，集体决策，不得个人或少数人专断。同时要进一步强化党委班子内部监督，增强党员干部的监督意识，每个党员，特别是党员领导干部都要自觉接受党组织和党员的监督，又要积极参与监督，逐步形成健全有效的党内监督机制。要结合新重庆党风廉政建设的实际，继续抓好中央纪委关于重申和建立加强党内监督五项制度的落实，逐步加强对全市各地区、各部门领导班子及其成员贯彻执行党的路线、方针、政策以及廉政情况进行巡视督查，以增强监督的有效性。

三、狠抓落实，努力取得党风廉政建设新成效

党风廉政建设是执政党建设的重要内容，反腐败斗争是加强党的建设和政权建设的重要工作，是全党的共同任务，必须坚持全党抓，在党委的统一领导下，党政齐抓共管，把各项任务落到实处。

（一）切实加强对党风廉政建设和纪检监察工作的领导

要统一思想认识，高度重视党风廉政建设工作，增强抓党风廉政建设的自觉性和主动性。各级党委及党政领导干部要努力学习和全面理解邓小平建设有中国特色的社会主义理论，学习江泽民同志在中央纪委二次全会以来关于加强党风廉政建设的历次重要讲话，把思想认识统一到“两手抓，两手都要硬”的战略方针上来，切实对本地区、本部门的党风廉政建设负总责。要不断强化党委统一领导，党政齐抓共管，主要领导亲自抓，纪委组织协调，部门各负其责，依靠群众的支持和参与的反腐败领导机制。各级党委和政府任何时候都要牢牢把握经济建设这个中心，认真抓好反腐败和党风廉政建设，结合重大改革和发展经济措施的实施，研究在党风廉政建设方面可能出现的问题及对策，做到改革开放、发展经济坚定不移，反对腐败、端正党风、加强廉政建设坚定不移。

要进一步建立和完善各级领导干部党风廉政责任制。党政领导干部，首先是党政机关县处级以上领导干部，不仅自身要廉洁奉公，勤政为民，起好表率作用，按照“三严”“四自”的要求，管好领导班子成员，管好自己的配偶、子女和身边的工作人员，以良好的形象去影响和带动广大党员群众，而且对所在地区和部门的党风廉政建设负领导责任。各级党委、政府一把手要亲自抓，一级抓一级，一级带一级，层层抓落实。要把党风廉政建设纳入

年度工作目标，进行检查和考核，对本地区、本部门党风廉政建设因失职、渎职造成严重问题的，除了处理违法违纪人员外，还应当追究有关领导的责任。

要继续坚持反腐败专项任务分工包项责任制，把反腐败各项任务分解细化，落实到有关部门和人头，党政主要领导要抓好组织协调，使反腐败工作做到领导落实、任务落实、措施落实。

要建立党委统一领导下的党风廉政建设联席制度。定期召开纪检监察、司法机关、组织人事部门和政府其他执法监督部门联席会议，分析形势，研究对策，使各有关部门既各司其职，又互通情况，协调配合，做到党纪、政纪、法纪和经济处罚一起抓，充分发挥监督机关的整体效能。

要进一步加强对纪检监察工作的领导。纪检监察机关在党风廉政建设和反腐败斗争中肩负着重大的责任。各级党委要经常听取他们的工作汇报，定期研究党风廉政建设的新情况，针对存在的问题提出对策。要切实支持纪检监察机关依照党章、法律规定认真履行职权，帮助他们排除办案中的干扰和阻力。要从人力、物力、财力等各方面，为纪检监察工作提供保障和创造必要的工作条件。要关心和爱护纪检监察干部，保护纪检监察干部的合法权益，尽力解决他们工作、学习和生活中的实际问题，充分调动他们在反腐败斗争中的积极性和工作热情。要让纪检监察干部有更多的机会接触改革开放和经济建设的实际，及时了解党委、政府的工作部署，以便更好地围绕党委、政府的中心任务，充分发挥纪检监察职能作用，更好地为经济建设服务。

（二）切实加强对党风廉政建设的督促检查

加强督促检查，是推动党风廉政建设更扎实、更深入、更有效开展的重要手段。各级党组织要把督促检查工作放在应有位置，按照党风廉政建设责任制的要求，根据本地区、本部门党风廉政建设工作的进展情况及主要问题，研究检查方式，部署检查任务，组织检查力量，并在时间和经费上提供保证。要进一步发挥分工包项职能部门的督查作用，放手让他们对所承担的牵头工作抓好协调和指导。各级纪委要在党委的领导下，认真履行监督检查职能，并加强同人大、政协的联系，使监督检查更有广泛性和针对性。监督检查要深入群众，广泛听取群众对党风廉政建设的意见和呼声，不断改进和完善加强党风廉政建设的措施。在检查方式上，党政主要领导要挂帅出征，亲自到群众中去了解第一手情况。既要抓好定期检查，也要组织好不定期的检查；既要抓好阶段性目标落实情况的检查，又要抓好党风廉政建设全面推进的检查。各级党委、纪委要把贯彻市第一次党代会提出的发展新重庆战略决策执行情况作为检查的重点，保证市委确定的战略决策顺利实施。

（三）切实加强纪检监察队伍建设

各级纪委要以设立重庆直辖市为动力，按照江泽民同志建设高素质干部队伍的要求，进一步提高纪检监察干部的政治思想素质和业务素质，努力提高纪检监察工作的整体水平。

加强纪检监察队伍建设，重点在领导班子。要进一步坚持和健全民主集中制，维护领导班子的团结和统一，充分调动班子成员的积极性。坚持重大问题由领导班子集体研究决定，发挥集体领导的作用。积极开展以“学习、团结、勤政、廉洁”为主要内容的创“四好”活动，加强领导班子自身的党风廉政建设，维护自身良好形象。对广大纪检监察干部必须严格教育，严格管理，严格监督。认真总结纪检监察合署办公以来的工作经验，使合署办公的体制更加完善，团结一心，更好地发挥纪检监察两个职能作用。

要把加强思想政治建设放在首位，努力提高纪检监察干部的政治素质。纪检监察干部要按照“三讲”要求，加强政治理论学习，牢固树立正确的人生观、世界观和价值观；坚定共产主义信念，坚定不移地走中国特色社会主义道路；要增强政治敏锐性和政治鉴别力，善于分清是非，明辨美丑，站稳政治立场，经受住权力、金钱和美色的考验，保持政治上的坚定性；要增强党风廉政建设和反腐败斗争的使命感和责任感，坚持走群众路线，解放思想，实事求是，正确分析和处理党风廉政建设出现的各种新情况、新问题。

要以全心全意为人民服务为宗旨，加强纪检监察干部的职业道德建设。各级纪委要引导广大纪检监察干部深入开展“弘扬红岩精神”活动，并以此推动全市纪检监察系统的“学、比、超”活动，激励广大纪检监察干部继续发扬勤奋工作、拼搏进取的精神，坚持原则、敢于碰硬的精神，淡泊名利、乐于奉献的精神。要紧密联系反腐败斗争和纪检监察工作实际，恪尽职守、秉公执纪、不徇私情、公正严明，严格工作纪律。要有计划、有步骤地组织纪检监察干部学习党的政策、国家法律法规和党纪条规，学习社会主义市场经济知识和现代科技知识，不断提高业务水平。

要按照党中央关于在机构改革中纪检监察机关只能加强，不能削弱的精神，按照干部“四化”方针和德才兼备的原则，以重庆行政体制转变、机构改革和领导班子换届为契机，进一步加强纪检监察机关的组织建设。要依据《党章》和中央的规定以及纪检监察工作的需要，建立健全市级机关和事业单位纪检监察机构。凡是设立党委的单位，一般应设立纪律检查委员会。设立党组并对下属单位实行领导的部门，该派驻或自设纪检监察机构的，都要尽快派驻或建立起来，并配备必要的力量。各区市县要抓好乡、镇（街道办事处）纪检监察组织的设置。企业纪检机构的设置要按照中央和中央纪委有关规定认真予以落实。要继续落实中央和中央纪委关于“地方各级纪委书记应由同级党委副书记一级干部担任，并参加同级党委常委”等规定，选配好纪委书记、直属机关派驻或内设的纪检组组长及其他纪检监察领导干部。要加大纪检监察干部交流、岗位轮换和挂职锻炼等工作的力度，把纪检监察机关办成培养干部的大熔炉、大学校，增强纪检监察队伍的活力。各级纪委要切实结合纪检监察队伍的自身实际，采取各种行之有效的措施，努力把纪检监察干部队伍建设成为一支党性强、作风好、业务精、有战斗力的坚强队伍，以适应形势和任务的需要。

重庆直辖市的设立，将揭开重庆新的历史篇章，将加快重庆改革开放的步伐，将使未来的重庆更加宏伟壮观，人民生活更加美满。全市各级党委、纪委和广大党员干部，要认真贯彻重庆市第一次党代会精神，紧密团结全市各族人民，以高昂的斗志，信心百倍地肩负起光荣历史使命，以开拓进取的精神、求真务实的作风、顽强拼搏的毅力，为实现新重庆经济建设的宏伟目标，开创全市党风廉政建设的新局面而努力奋斗。

中国共产党重庆市第一次代表大会
关于中国共产党重庆市纪律检查委员会工作报告的决议[①]

中国共产党重庆市第一次代表大会批准中共重庆市纪律检查委员会的《坚定不移，扎实工作，努力开创重庆党风廉政建设的新局面》的工作报告。

大会认为，自去年9月重庆市代管万县市、涪陵市和黔江地区以来，中共重庆市纪委认真履行代管职能，坚持抓党风廉政建设和反腐败斗争，为“直辖”后全市纪律检查工作和党风廉政建设的顺利进行奠定了基础，大会表示满意。

重庆直辖市的设立，把重庆推上了历史发展的新起点。工作报告提出了今后一个时期全市党的纪检工作总的指导思想是：坚持以邓小平建设有中国特色社会主义理论和党的基本路线为指导，坚持党中央确定的反腐败斗争的指导思想、基本原则和工作格局；不断强化党委统一领导、党政齐抓共管的党风廉政建设领导机制；充分发挥党的思想组织工作部门和执纪执法机关整体力量，不断完善综合治理、标本兼治的党风廉政建设工作机制；不断加强法规制度建设，逐步建立健全以党内监督为核心的党风廉政建设监督机制，坚定不移地把反腐败斗争和党风廉政建设引向深入，努力为新重庆的两个文明建设作出积极的贡献。大会赞同这一指导思想，并要求全市各级党组织和纪检机关要把这一指导思想坚定不移地贯彻落实到各项工作中去。

大会强调，党风廉政建设和反腐败斗争是加强党的建设和政权建设的重要工作，是全党的共同任务，必须坚持全党抓。各级党委要不断提高认识，

①本文原载于《重庆日报》，1997年6月2日。

把思想统一到“两手抓，两手都要硬”的战略方针上来，做到改革开放坚定不移，加强廉政建设坚定不移。要切实加强对党风廉政建设和纪检监察工作的领导，进一步建立和完善各级领导干部党风廉政责任制。要切实加强纪检监察队伍建设，努力建设一支党性强、作风好、业务精，有战斗力的纪检监察干部队伍。

大会要求，全市各级纪委要适应新重庆改革开放和现代化建设的新形势，认真贯彻重庆市第一次党代会精神，坚持从严治党，切实搞好党风廉政建设和反腐败斗争，使党在领导建设繁荣富裕文明进步的新重庆的伟大事业中更好地发挥领导核心作用。

为建设繁荣富裕文明进步的新重庆而奋斗

——热烈祝贺中国共产党重庆市第一次代表大会胜利闭幕[①]

《重庆日报》社论

中国共产党重庆市第一次代表大会，圆满完成了大会的各项任务，胜利闭幕了！

这次大会以邓小平建设有中国特色社会主义理论和党的基本路线为指导，立足于重庆直辖后新的市情，着眼于重庆肩负的历史使命，把握发展全局，共商振兴大计。代表们不负125万共产党员的重托和3000万各族人民的厚望，以高度负责的精神和饱满的政治热情，认真履行庄严神圣的职责，审议并通过了中共重庆市第七届委员会的报告、中共重庆市纪律检查委员会工作报告和《中共重庆市委关于制定重庆市国民经济和社会发展“九五”计划和2010年远景目标纲要的建议》，明确了建设新重庆的指导思想、奋斗目标、战略任务和主要措施；选举产生了中国共产党重庆市第一届委员会，形成了推进重庆改革开放和现代化建设大业的坚强领导核心。同时选出了中国共产党重庆市纪律检查委员会，选出了出席中国共产党第十五次全国代表大会的代表。这次大会，是一次负重自强、励精图治、加快发展、迈向新世纪的大会，是一次团结的大会、胜利的大会。这次大会充分体现了全体代表绘制新重庆跨世纪宏伟蓝图和建设新重庆的坚强决心。

在这次大会上，张德邻同志代表市委所作的报告，是这次会议的一个重要文件。这个报告集中了全市人民的智慧，体现了邓小平建设有中国特色社

①本文原载于《重庆日报》，1997年6月2日。

会主义理论，体现了中央设立重庆直辖市的指导思想。报告结合重庆的实际，全面分析和深刻阐述了重庆肩负的历史使命，贯穿了加快发展这一主题，提出了苦干实干、富民为本、育人兴市的思想，坚持了“两手抓，两手都要硬”的方针，将成为我们建设新重庆、发展新重庆的指导原则。各级党组织和广大党员要认真学习和贯彻报告精神，把报告提出的各项任务落到实处。

中国共产党重庆市第一次代表大会，是为新重庆奠基的重要会议。会议通过的《中共重庆市委关于制定重庆市国民经济和社会发展“九五”计划和2010年远景目标纲要的建议》，把重庆置于整个中西部地区和全国总体发展战略之中，提出了未来十五年国民经济和社会发展的指导思想，是动员和指导今后重庆直辖市经济社会发展的指导性文件。

这次代表大会贯穿的一个根本主题，就是加快发展；一个鲜明的特点就是提出“富民为本”的思想。从现在起到2010年，是重庆发展极为关键的时期。我们要抓住机遇，完成三大任务，解决四大难题，在中西部地区发挥更大作用，就必须牢固树立“发展才是硬道理”的观点，进一步解放思想，更新观念，大胆探索，大胆创新，走出一条符合重庆实际、具有区域特色的发展路子；进一步深化改革，扩大开放，加快建立社会主义市场经济体制，迅速形成大开放的新气势和全方位、多层次开放的新格局。只有加快发展，才能如期完成“九五”期间366万农村贫困人口越温脱贫，才能确保库区百万移民“搬得出，稳得住，能致富”，才能提高职工群众的生活水平，实现城乡共同发展、共同繁荣、共同富裕。

建设繁荣、富裕、文明、进步的新重庆，关键在党，关键在人。坚持党的领导，加强党的建设，是我们的事业取得成功的根本保证。这次党代会选出的新一届市委领导班子，集中体现了全市党员和各族人民的意愿，将担负起重庆的建设和发展的历史重任。全市各级党组织和全体共产党员要在新一届市委的领导下，统一思想，统一步调，与以江泽民同志为核心的党中央在思想上、政治上和行动上保持高度一致，把有中国特色社会主义理论和党的基本路线贯穿于完成三大战略任务的实践中去；贯穿于经济建设、精神文明建设和党的建设等各项工作中去；要继承和发扬党的理论联系实际、密切联系群众和批评与自我批评的优良传统和作风，坚持“讲学习、讲政治、讲正气”，全面加强党的思想政治建设、组织建设和作风建设；要加强党的团结、各级领导班子的团结、社会各界的团结和各族人民的团结，带领全市共产党员和各族人民，圆满完成这次党代会确定的各项任务。

新重庆的航船已经扬帆。让我们高举邓小平建设有中国特色社会主义理论的伟大旗帜，更加紧密地团结在以江泽民同志为核心的党中央周围，在新一届重庆市委的领导下，聚万众之心，举全市之力，纳各方之策，共创无愧于先烈、无愧于时代、无愧于子孙后代的辉煌业绩！

中共重庆市委召开民主协商会 张德邻就市委推荐的市一届人大、政府、政协领导人员人选建议名单作说明[①]

中共重庆市委昨日下午就我市第一届人大、政协会议的人事安排等问题举行民主协商会，市级各民主党派、工商联、人民团体负责人出席了会议。

民主协商会由中共重庆市委书记张德邻主持，市委副书记王云龙，市委常委、组织部部长李学举参加了会议。张德邻在会上通报了中国共产党重庆市第一次代表大会的选举结果，就市委拟向重庆市第一届人大、政协会议推荐的市人大、政府、政协领导人员人选建议名单作了说明。

到会的各民主党派、工商联、各界人士在民主和谐的气氛中发言，在会上发言的有李克熙、冯克熙、程贻举、窦瑞华、韦思琪、徐宗俊、刘惠君、黄济人、陈鸿、陈上华、吴凯琦、刘文、洪天云、张轩、王子源、蓝锡麟、肖庆金、戴家福、刘崑水、罗淑芳，他们表示坚决拥护中共重庆市委的重大决策，认为中共重庆市委提出的新一届人大、政府、政协领导人员人选建议名单广泛听取了各方面意见，人选方案考虑得很周到，完全赞成这个名单。发言的同志还提出了许多好的建议。

出席民主协商会议的还有李照民、郑泽根、吴云汉、许大福、梁肇文、黄秉来、王孝询、马达、卢国纪、吴晓光，于汉卿、张文彬、邓中文、蒋书楠、蒋先齐、张忠惠、张国忠、易治安等参加会议。

（《重庆日报》记者　代　伟）

---

①本文原载于《重庆日报》，1997年6月3日。

富民为本 从严治党

——访中共重庆市第一届市委书记张德邻[①]

在6月1日结束的中共重庆市第一届党代会上，富民为本和从严治党成为这次会议鲜明的主线。为此，记者采访了新当选的重庆市委书记张德邻。

张德邻的话一开始就让人感受到沉甸甸的责任感：“发展是重庆的当务之急，富裕是重庆人民的最大愿望，而为人民谋福利是共产党的根本宗旨。因此，第一届重庆市委将以‘富民’为主线，组织全党，凝聚民心，开展各项工作。要保证在‘九五’期间使366万农村贫困人口脱离贫困并初步走向富裕；确保库区百万移民‘搬得出，稳得住，能致富’；切实提高城镇居民生活水平，让直辖后的重庆人民逐步过上小康生活。”

谈起重庆市委为什么把富民工作摆在如此高的地位上，已在重庆工作近两年的张德邻说：“这是重庆市情的必然要求。重庆直辖后变大了，但脱贫的任务极其繁重。43个区（县）中有12个国家重点扶持贫困县和9个省重点扶持贫困县，366万农村贫困人口。贫穷制约着重庆的发展进步，影响了社会的稳定。”

“要建设新重庆，就必须首先向贫穷宣战，让老百姓尽快富裕起来。”张德邻坚定地说，“本届市委的任期目标很明确，就是要让全市人民生活达到小康水平。‘九五’期间，重庆国内生产总值、城镇居民平均收入、农民人均纯收入都需要有一个较大幅度的提高，为下届市委的工作打好基础，为重庆直辖市在下个世纪初跨入经济强市的行列，为全市人民过上更加富裕文明

①本文原载于《重庆日报》，1997年6月6日。

的生活做好充分的物质准备。”

张德邻说，其实重庆的富民战略与发展战略是一个密不可分的共同体。邓小平同志早就说过“贫穷不是社会主义”，“共同富裕是社会主义的本质要求”。重庆把“富民为本”的思想贯彻到城乡共发展、共繁荣的战略中去，就是把邓小平建设有中国特色社会主义理论落实到振兴重庆的实际行动中。他说，随着人民富裕，购买力才会增强，市场才会兴旺，一、二、三产业才会相应发展，重庆的综合经济实力才会逐步增强。只有与富民紧密结合，重庆的发展才会赢得群众的广泛支持，才有可能长期健康地发展下去。

曾长期从事经济工作的张德邻，还详细阐述了重庆肩负的历史使命和三大战略任务与富民之间的关系。他说，中央之所以决定在重庆设立第四个直辖市，是为了进一步发挥重庆的区位优势、“龙头”作用、“窗口”作用和辐射作用，带动西南地区和长江上游地区的经济、社会发展。为了完成这一长期的历史使命，从现在起到2010年，重庆必须首先完成三大战略任务：一是增强中心城市的综合实力，完善城市功能，把重庆建设成为名副其实的长江上游经济中心；二是探索城市带农村的新路子，加快农村经济发展，实现城乡共发展、共繁荣；三是搞好开发性移民，发展库区经济，保证三峡工程建设的顺利进行。这三大战略任务的完成都需要以人民的富裕为基础，以人民的富裕为目的。在这个过程中，要始终贯彻“富民为本”的思想。

张德邻最后强调富民是检验重庆第一届市委工作成效的重要标准和尺度，而要实现富民的目标，就必须从严治党，充分发挥党组织的坚强领导作用，团结全党，凝聚民心。富民为本实际上是我们党群众观点这一基本政治观点和全心全意为人民服务这一根本宗旨的具体化。提出富民为本就是要求各级领导必须想人民之所想，急人民之所急，使广大干部和党员思想上尊重群众、感情上贴近群众，行动上深入群众。

他提出，重庆市委班子要以思想政治建设为重点切实加强自身建设，坚持“讲学习、讲政治、讲正气”，牢固树立马克思主义的世界观、人生观、价值观，不断增强党性。坚持民主集中制的集体领导，要搞群言堂，不搞一言堂；坚持民主和科学决策，不搞主观主义和经验主义；切实改进工作作风，勤政廉政，艰苦奋斗，不尚空谈；要议大事、抓大事，针对影响全局的重大问题和关键环节，深入调查，集思广益，为新重庆的发展掌好舵，把好关。各级党组织都要拧成一股绳、一股劲，团结奋斗，坚决反对宗派主义和小团体主义；反对阳奉阴违和自由主义；反对无原则的一团和气和好人主义；坚决抛开一切私心杂念，不允许丝毫损害班子团结的现象存在。

在结束采访时，张德邻郑重地说："选举我为重庆直辖市的第一届市委书记，我深感责任重大。全身心地投入到建设新重庆的宏伟事业中去，是我们市委一班人的共同决心。新的重庆市委将以求真务实的工作回报全市人民的信任，以坚强的党性和高度的政治责任感，担负起领导新重庆的重任，团结和带领125万共产党员和3000万各族人民经受住历史考验，建成一个繁荣富裕文明进步的新重庆。"

（新华社记者 王 安 刘 亢）

经济运行健康　社会活力增强
重庆直辖市各项工作开局良好①

重庆市今年各项工作开局良好，国内生产总值1月至4月比去年同期增长11.2%；对外开放进一步扩大，国内外客商来渝投资势头明显增强；三峡工程重庆库区的移民搬迁工作进展顺利。

从筹建直辖市之初，重庆市就从加大国有企业改革入手，以确保国民经济稳定增长。重庆市力求把“抓大放小”与产业结构调整结合起来，在组建一批体现重庆经济实力和技术水平的大型企业集团的同时，下放了市属247户小企业到区县，提高了经济运行质量。经过产业结构调整和企业资产重组，重庆工业经济出现了近5年未见的产销和效益同步增长的势头，工业品产销率高出全国平均水平1.45个百分点。独立核算工业企业4月底实现利税13.8亿元，比去年同期增长48.7%，其经济效益综合指数比去年同期提高6.23个百分点。重庆还大力发展多种经济成分，落实个体、私营经济政策，以此培育新的经济增长点。设立直辖市后，已有2400多户个体户和200多家私营企业返回重庆发展。

重庆市今年着眼于投资软环境的建设，相继出台了系列政策性文件，对外开放的61条优惠政策、吸引外资的产业导向目录、招商引资项目数据库，以及“一站式办公”服务，展示出重庆全方位开放的新形象。今年来渝洽谈的外商明显增多，到目前为止，已新签引资合同近百个。英国石油公司、美国百事可乐、荷兰飞利浦等世界大公司纷纷来渝兴建企业。日本本田、雅马

①本文原载于《重庆日报》，1997年6月6日。

哈、铃木等公司今年对重庆新注入资金2亿美元，法国、英国、瑞典等国还贷款给重庆，用于兴修电厂、公路、水厂等基础设施。外资逐步成为建设重庆的重要力量。

切实抓好移民工作，确保三峡工程大江截流，是重庆市的重要任务。今年重庆库区一期水位需安置移民2万多人，迁建集镇13个，搬迁工矿企业73个。设立直辖市后，重庆加强了对库区移民的领导工作。市政府定期在一期水位搬迁县巫山、奉节、云阳开现场办公会，按月按季督促检查。目前已安置移民近两万人，修建集镇居民房近7万平方米，动迁工矿企业68个。

重庆市还着力解决好当前社会热点问题，提高城市管理水平，努力为群众创造整洁、便利的生存环境。针对人民群众反映强烈的物价、社会治安、部分职工生活困难等问题，重庆市政府逐一专题研究，并认真落实解决措施。今年以来，重庆市物价指数逐月下降，人民收入有所增加，职工工资总额增加8.2%；通过春季“严打”，社会治安明显好转；加紧实施再就业工程，纺织、电子、化工三个行业的再就业中心已初步建立。重庆还重点抓了一批直接关系群众生活的城市基础设施建设项目：人民广场、菜园坝广场已建成使用；袁家岗立交桥、黄花园大桥、和尚山自来水厂等项目加紧施工……越来越多的重庆人正从身边的变化感受到直辖后这个城市的生机与活力。

（新华社记者　王　安　刘　亢）

重庆市第一届人民代表大会第一次会议

重庆市第一届人民代表大会第一次会议议程[①]

(1997年6月7日市第一届人民代表大会第一次会议预备会议通过)

一、选举重庆市第一届人民代表大会常务委员会主任、副主任、秘书长、委员，重庆市市长、副市长，重庆市高级人民法院院长，重庆市人民检察院检察长。

二、听取和审查重庆市人民政府工作报告。审查和批准重庆市“九五”计划和2010年远景目标纲要。

三、听取和审查重庆市1997年国民经济和社会发展计划草案的报告。审查和批准重庆市1997年国民经济和社会发展计划。

四、听取和审查重庆市1997年财政预算草案的报告。审查和批准重庆市1997年财政预算。

五、听取和审议重庆市政府关于三峡库区移民工作报告。

六、审议通过重庆市第一届人民代表大会第一次会议选举办法。

七、听取和审查重庆市人民代表大会常务委员会工作报告。

八、听取和审查重庆市高级人民法院工作报告。

九、听取和审查重庆市人民检察院工作报告。

十、审议通过关于重庆市第一届人民代表大会设立专门委员会的决定。通过各专门委员会组成人员名单。

十一、听取和审议重庆市适用地方性法规的说明。通过重庆市适用地方性法规的决定。

---

①本文原载于《重庆日报》，1997年6月7日。

万众一心 负重自强 抓住机遇 振兴重庆
重庆市第一届人民代表大会第一次会议开幕
王云龙同志致开幕词 金烈同志主持会议①

全市人民瞩目的重庆市第一届人民代表大会第一次会议昨日在人民大礼堂隆重开幕。

人民大礼堂气氛热烈而庄严。会场悬挂着“在以江泽民同志为核心的党中央领导下，高举邓小平建设有中国特色社会主义理论的伟大旗帜奋勇前进”“团结一致，振奋精神，为实现‘九五’计划和2010年远景目标而奋斗”两幅大红横幅。主席台的帷幕上10面鲜艳的红旗映衬着庄严的国徽，台前摆满鲜花。

来自8.2万平方公里土地上的800多名市人大代表，肩负着全市人民的重托，豪情满怀，汇聚在这里，充分行使人民当家做主的权力，共谋新重庆的发展大计，共绘新重庆的宏伟蓝图。

这次大会是设立重庆直辖市后的第一次人民代表大会，会议将选举重庆市第一届人民代表大会常务委员会主任、副主任、秘书长、委员，重庆市市长、副市长，重庆市高级人民法院院长，重庆市人民检察院检察长。

大会执行主席由主席团常务主席张德邻、王云龙、于汉卿、金烈、李学举、冯克熙、肖祖修、章必果、李克熙、陈之惠、王文德、许香谷、王华生、黄梅、康纲有、尹万邦、张洪国、唐闻一、田兴泉担任，他们在主席台前排就座。

---

①本文原载于《重庆日报》，1997年6月9日。

蒲海清、张文彬、刘志忠、王鸿举、甘宇平、赵海渔、陈邦国、税正宽、邢元敏、黄立沛、牟大明、辜文兴、刘文、李兵、陈光国、窦瑞华、唐情林、周建中、许忠民、李德水、韦思琪、蒋书楠、刘崑水、蒋先齐、徐宗俊、罗淑芳、张忠惠、刘惠君、张国忠、易治安、王谦、田立延，老同志段大明、张文澄、马力，原市委主任王效才、原市政协主席黄冶等同志和主席团成员在主席台就座。

四川省人大常委会副主任罗通达、四川省副省长邹广严到会祝贺并在主席台就座。

重庆市第一届人民代表大会第一次会议应到代表 856 人，出席开幕大会的实到代表 836 人，符合法定人数。

上午 9 时，主席团常务主席金烈宣布：重庆市第一届人民代表大会第一次会议开幕。全体起立，奏国歌。

大会主席团常务主席王云龙同志致开幕词。

王云龙说，刚刚闭幕的中国共产党重庆市第一次代表大会和市委一届一次全体会议，选举产生了中共重庆市委新的领导班子，确定了重庆市“九五”和 2010 年经济社会发展的大政方针，为这次人代会的胜利召开打下了坚实的基础，提供了有力的政治保证。这次大会，将以邓小平建设有中国特色社会主义理论为指导，坚持党的基本路线，认真贯彻八届全国人大五次会议和中共重庆市第一次代表大会精神，充分发扬民主，严格依法办事，保证大会各项议程顺利进行，动员和组织全市人民振奋精神，同心同德，抓住机遇，开拓进取，扎实苦干，推进我市两个文明建设向前发展，为振兴重庆、富裕人民而努力奋斗。这次大会，肩负着规划重庆发展、开创美好未来的历史使命，必将成为新重庆发展史上的重要里程碑！

王云龙说，各位代表肩负着全市各族人民的重托，要以饱满的政治热情和忠于人民的负责精神，认真行使自己的民主权利，选好新重庆的权力机关、行政机关、司法机关的领导干部，讨论审议好大会报告及“九五”计划和 2010 年远景目标纲要。我们要站在振兴重庆、富裕人民的高度，依靠全体代表的参政胆识、兴渝决心和聪明才智，圆满完成大会的各项任务，努力把这次大会开成民主、团结、务实、奋进的大会！

王云龙最后满怀激情地说：各位代表！满载着重庆 3000 万各族人民希望的巨轮已经启航，正胜利地驶向无限美好的彼岸。我们坚信，在以江泽民同志为核心的党中央的领导下，凭着重庆人民的勤劳勇敢、坚忍不拔、自强不息、勇于创新的优秀品格，一定能够完成这次大会确定的重庆发展的宏伟目标，让一个繁荣、富裕、文明、进步的新重庆屹立在祖国的大西南！

随后，罗通达同志宣读了四川省人大常委会致大会的贺信。罗通达、邹广严分别代表四川省人大常委会、四川省政府向大会赠送了纪念品。

会议以举手表决的方式通过了选举办法和大会总监票员、监票员名单。

列席大会的有：在渝的八届全国人大代表，在渝的原四川省八届人大代表，原重庆市人民政府组成人员，不是代表的原重庆市市级有关部门负责同志，原重庆市人民政府参事室负责人及参事，离任的原重庆市第十二届人大常委会委员、各专门委员会副主任，万县市、涪陵市人大常委会及黔江地区人大工委不是代表的副主任以及不是重庆市人大代表的区市县人大常委会主任，中央在渝有关单位负责人。

（《重庆日报》记者 张德泽 崔 健）

市第一届人大一次会议举行第二次全会 选举产生第一届人大常委会、市政府领导班子[①]

昨日上午，重庆市第一届人民代表大会第一次会议举行第二次全体会议，选举出重庆市第一届人大常委会主任、副主任、秘书长、委员，重庆市人民政府市长、副市长，重庆市高级人民法院院长，重庆市人民检察院检察长。王云龙当选为重庆市第一届人大常委会主任，蒲海清当选为重庆市人民政府市长。

昨日大会执行主席是李学举、冯克熙、王华生、李克熙、于光表、石敦高、关德忠、杨光、李大金、李贤书、张世芳、陈鸿、欧会书、彭哲英、谢应坤、谭连兴、戴家福。

主席团常务主席李学举主持大会。

大会应到代表856人，实到代表846人，符合法定人数。

代表们以无记名投票方式，等额选举市人大常委会主任、市政府市长、市高级人民法院院长、市人民检察院检察长；差额选举市人大常委会副主任、秘书长、委员，副市长。

投票结束后，主席团常务主席王云龙主持召开了主席团第五次会议。会议听取了大会选举结果的汇报。

大会选举王云龙为重庆市第一届人大常委会主任，金烈、冯克熙、肖祖修、章必果、李克熙、陈之惠为副主任，康纲有为秘书长；选举出常委会委员53人；大会选举蒲海清为市人民政府市长，王鸿举、甘宇平、许忠民、

---

①本文原载于《重庆日报》，1997年6月11日。

李德水、陈光国、吴家农、程贻举为副市长，赵俊如为市高级人民法院院长。大会选举了市人民检察院检察长，提请最高人民检察院报全国人大常委会批准。

新当选的市人大常委会主任王云龙和市长蒲海清在会上讲了话。他们分别代表新选出的市人大常委会和市政府领导班子，衷心感谢各位代表和全市3000万人民的信任和支持。他们表示要不负人民的殷殷重托，决心在以江泽民同志为核心的党中央和国务院的领导下，在中共重庆市委的直接领导下，恪尽职守，忘我奋斗，团结3000万重庆人民，努力开创重庆光辉的千秋大业！

（《重庆日报》记者 邓步来 张德泽）

把心交给三千万人民

——在重庆市第一届人大第一次会议上的讲话[①]

（1997年6月10日）

蒲海清

主席团各位领导、各位代表：

我和7位副市长衷心感谢各位代表以及全市3000万人民对我们的信任和支持。

当此受任之际，我们深感责任重大。我国改革开放的发展，把重庆推上了一个新的历史舞台。最近中央确定重庆为直辖市，加之全国发展的战略重心向中西部转移，举世瞩目的三峡工程建设和库区开发加快，长江产业带的快速兴建和沿江纵深对外开放，所有这一切确实给重庆带来了千载难逢的大发展的历史机遇。

同时我们也清醒地看到，重庆虽然有巨大的优势和潜力，但同全国先进地区比，还有很大的差距和难题。现在重庆城市职工和农村人均收入分别低于全国平均水平1000元和500元，还有366万农村贫困人口未脱贫，国有企业30多万下岗待岗的职工收入下降，老工业基地亟待改造，三峡库区100万移民需要妥善安置，城乡交通等基础设施欠账多，生态环境保护任务重。这些难题不是轻易就可以解决的。邓小平同志讲过：人总是难免要犯错误的，犯其他错误可以原谅，唯有丧失机遇的错误不能原谅，因为机遇一旦失去不会再来。重庆如何抓住机遇，发挥优势，突破难题，加快发展，实现小

①本文原载于《重庆日报》，1997年6月11日。

康，奔向富裕，并为加快我国中西部的发展作出应有的贡献，这是摆在我们面前光荣而艰巨的重大历史使命。

我和7位副市长商量，按照市第一次党代会提出的重庆市发展的战略目标，市政府整个工作的关键是：

一要坚持发展才是硬道理和“三个有利于”的根本原则，拼命把重庆的经济搞上去。市政府的领导班子要带头做到思想大解放，观念大更新，以大改革、大开放促进大发展，把改革开放的政策力量和思想解放的精神力量转化为物质力量。对上级已有的改革开放政策一定要用够、用足，不能放空；上级没有规定的，要结合实际，要敢于大胆地去试，大胆地去闯，尤其要用锲而不舍的精神去闯难区，破难题，搞创新。

新一届市政府一定要做到坚持改革不转向，咬定发展不放松。硬是要做到一计不成，再生一计，千方百计，计计不离搞活经济。没有这种奋力拼搏、奋力大改的精神，我们就会坐失良机，就是最大的失职。作为直辖市的新重庆一定要做到对外更加开放，对内更加放活，对下更加放权。衡量成败的标准只有一条，就是能不能抓住机遇，加快发展。对于部门和个人权益的得失是不能计较的。市政府领导班子和各职能部门只能做改革的开路人，不能当改革的挡路者。决不能迷恋计划经济的老体制、老模式、老章法、老程序，要敢于通过大改革、大开放，在社会主义市场经济的轨道上走出一条符合重庆实际、加快发展的新路子。

二要坚持真抓实干，做到快节奏、高效率。实干兴邦，空谈误国，这是一条真理。面对重庆难得的历史机遇、艰巨的任务、复杂的难题，我们只有下决心拼命实干、苦干、快干，才能够打开加快重庆发展的新局面。要坚决反对不负责任、不关心基层和人民疾苦的官僚主义，反对说空话、走过场、摆花架子的形式主义。我们要下决心苦干五年、十年，扎扎实实多为人民办实事，以实干、苦干取信于民。当务之急是，市政府和市级各部门的领导成员都要下决心尽快减少繁琐事务，精简会议、文件，深入基层，深入群众，多搞调查，深谋大事，狠抓“五年振兴”目标的落实。要突出重点，猛攻难点，抓住关键环节，拿出切实可行的措施，一抓到底，尽快抓出成效。

三要坚持依法行政，自觉接受监督，搞好民主、科学决策。从巴黎公社到毛主席的《论人民民主专政》，基本的一条就是人民是国家的主人，当干部的，所谓当“官”的都是人民的公仆和勤务员，坚持人民民主是搞好政权建设的根本。凡重大决策，市政府要主动向人大汇报，主动同政协协商，并主动征求人民群众的意见，避免出现大的失误。市政府和市府各部门都要自觉接受人大及其常委会和专门委员会的监督，认真听取人民代表、政协委员的意见和批评。还要自觉接受人民群众的监督和新闻舆论的监督。我们要时刻牢记，人民的积极性是我们一切力量的源泉，人民民主是智慧库，只有认真依靠人民，政府工作才能够做到坚强有力。

四要坚持做到尊重知识，尊重人才。人的力量归根结底是知识和觉悟的力量。当今世界激烈的经济、科技竞争，归根到底是人才和知识的竞争。谁拥有更多的人才，谁能够充分发挥人才和知识的作用，谁就能够在竞争中处于有利的地位。重庆要抓住机遇，发挥优势，突破难题，加快发展，不充分发挥人才和知识的作用是不行的。在这方面还有许多具体的工作要做。我和7位副市长心甘情愿为各行各业的人才发挥作用当好铺路石和勤务员，尽力使重庆成为人才乐于来归的用武之地。

五要坚持廉政为民，反对以权谋私。前人早就讲过，“吏治不整，国运难兴”。整饬吏治的要害就是廉洁奉公。没有廉政就做不到勤政，一个以权谋私的人是不可能把心思和精力集中到工作上的。从历史上看，中国老百姓心目中的好官就是“爱民不爱钱，为民不弄权”。我们的政权是人民的政权，政府是人民的政府，更应该做到全心全意为人民服务。市政府的领导成员要带头做到廉洁自律，还要管好亲属和身边的工作人员。决不利用任何形式在谋取贷款、物资、承发包建筑工程项目等方面为自己的配偶、子女和亲友提供方便。我和7位副市长还要带头做到不准配偶和子女在市内个人经商办企业，不准在市内的外商独资企业中任职。我们向市人民代表大会保证，在任何情况下都不搞权钱交易。市政府各部门要坚决纠正把职责内的公务活动变成有偿服务，利用权力向企业乱收费、乱摊派、乱罚款的隐形腐败行为。反腐倡廉是一场艰巨的斗争，市政府系统在自觉接受党委、人大和法纪部门检查的同时，还要建立健全严格的监督检查制度。要做到考核碰硬，奖罚分明，大开重廉任能的实干、苦干之路，严堵贪、懒、弄巧和虚报浮夸的幸进之门。只要我们坚持做到廉政、勤政为民，即使暂时困难多一点，日子暂时过得紧一点，也能够做到上下一心，同甘共苦，同舟共济，再大的困难也能够克服。市政府的领导成员和全体工作人员，对此都要有高度的自警、自律、自勉，当老实人，说老实话，做老实事，忠心耿耿为重庆3000万人民当好公仆和勤务员。

各位代表！今后五年是振兴重庆的关键时期，我们市政府一班人都清楚地认识到：重庆振兴发展的历史机遇不可多得，机不可失，时不再来，失去机遇将犯历史性的错误。我们这一班人正处在重庆发展的重要关头，肩负着重大的历史责任，都有一个上对中央、下对3000万父老乡亲，将来还要对子孙后代交代的问题。今天我们可以评价历史，将来历史也要评价我们！现在是历史选择了我们，是人民把我们推上了这个岗位，我们还有什么理由可以懈怠，还有什么私利不可割舍，还有什么个人恩怨不可超越，还有什么困难不可战胜！想想革命先烈，看看父老乡亲，展望美好未来，我们唯有鼓足勇气，充满信心，恪尽职守，忘我奋斗，不负人民的殷殷重托。我们决心在以江泽民同志为核心的党中央和国务院的领导下，在中共重庆市委的直接领导下，团结3000万重庆人民去开创重庆光辉的千秋大业！

决不辜负人民的信任和期望

——在重庆市一届人大一次会议上的讲话[①]

（1997年6月10日）

王云龙

各位代表、同志们：

在这次隆重、庄严的重庆市第一届人民代表大会第一次会议上，我们被选入市人大常委会领导班子。我和7位人大常委会副主任以及秘书长、常委，对各位代表和3000万重庆各族人民给予我们的信任和支持表示衷心感谢！

重庆成为直辖市，标志着重庆的发展进入了一个崭新的历史阶段，我们受任此际，深感责任重大，必须抓住机遇，负重自强，振奋精神，迎难而上，苦干实干，艰苦奋斗，振兴重庆，造福人民。

历史选择了重庆，重庆人民选择了我们。历史选择了重庆，重庆不会辜负历史的选择。人民选择了我们，我们也决不辜负重庆人民的信任和期望。我们是人民的公仆。我们要加强自身建设，自觉地接受人民的监督。我们要忠实地反映人民群众的意志，代表人民群众的利益，切实履行人大常委会的立法、监督、决定、任免等职权，认真地完成好大会确定的各项任务。我们决心同心同德，全力以赴，在以江泽民同志为核心的党中央的领导下，高举邓小平建设有中国特色社会主义理论的伟大旗帜，认真贯彻党的基本路线，在中共重庆市委的直接领导下，紧紧依靠重庆3000万各族人民，为建设繁荣、富裕、文明、进步的新重庆作出我们最大的努力和贡献。

请各位代表、全市人民在实践中检验我们！

---

①本文原载于《重庆日报》，1997年6月11日。

市一届人大一次会议举行第三次全会 蒲海清作政府工作报告 于汉卿主持会议 李德水作计划报告 王鸿举作财政报告 甘宇平作移民工作报告①

重庆市第一届人民代表大会第一次会议昨日下午举行第三次全体会议。新当选的重庆市人民政府市长蒲海清在会上作工作报告。

此次大会的执行主席是：于汉卿、许香谷、黄梅、康纲有、马平、王子源、华正兴、刘玉白、刘圣福、吴应南、张清河、陈世忠、陈继努、周光荣、徐荣高、曹胜才、谭明贵。

主席团常务主席于汉卿主持大会。

大会应到代表856人，实到代表764人，符合法定人数。

蒲海清市长在会上作了题为《抓住机遇，负重自强，努力开创重庆改革开放和现代化建设新局面》的报告。报告共分三个部分：一、紧紧抓住历史机遇，实现跨世纪奋斗目标；二、拼搏进取，真抓实干，全面完成“九五”经济社会发展的各项任务；三、建设高效廉洁政府，不负人民殷殷重托。

蒲海清说，根据中共重庆市第一次代表大会提出的战略指导思想和战略目标，在政府工作中，我们要坚持以加快发展为主线，把富民作为各项工作的基本点和落脚点，始终坚持以下方针，即坚持推进两个根本性转变；坚持大开放促大发展；坚持富民为本，不断提高人民生活水平；坚持产业结构战略性调整和地区经济、城乡经济协调发展；坚持强化农业基础，加快基础设

①本文原载于《重庆日报》，1997年6月11日。

施建设；坚持集中力量打好移民、扶贫两大攻坚战；坚持“科教兴渝”和可持续发展战略；坚持两个文明共同进步。

蒲海清指出，本届政府的奋斗目标是：全市经济总量和人均国内生产总值的增长幅度高于同期全国平均水平；农业和农村经济跨上新台阶，初步实现老工业基地改造振兴，第三产业在国民经济中的比重有较大提高；如期完成扶贫攻坚计划和库区分期移民任务，人民生活基本达到小康；初步建立社会主义市场经济体制，基本形成开放型经济格局；精神文明建设和各项社会事业取得新成绩。

蒲海清在谈到1997年的工作时指出，要集中精力继续抓好六个方面的重点工作，即加大改革力度，努力提高对内对外开放实效；保持经济持续快速增长；加快基础设施建设，搞好城市管理；抓好移民、扶贫工作；加强精神文明建设，促进各项社会事业全面发展；妥善处理好热点、难点问题，维护社会稳定。

在谈到建设高效廉洁政府时，蒲海清强调，我们一定要立足直辖市的高标准和新要求，加强政府自身建设，实现从思想观念、工作职能、管理体制和工作作风的全新转变。要建设一个团结、务实、廉洁、高效的政府，以良好的形象凝聚人心、鼓舞士气，以出色的政绩向党中央、国务院和重庆3000万各族人民交出一份满意的答卷。

会上，新当选的副市长李德水、王鸿举、甘宇平先后作了《关于重庆市1997年国民经济和社会发展计划（草案）的报告》、《关于重庆市1997年财政预算（草案）的报告》、《移民工作报告》。

出席市政协一届一次会议的委员列席了会议。

（《重庆日报》记者　张德泽）

抓住机遇 负重自强
努力开创重庆改革开放和现代化建设新局面

——在重庆市第一届人民代表大会第一次会议上的政府工作报告[①]

（1997 年 6 月 10 日）

蒲海清

各位代表：

我代表重庆直辖市第一届人民政府，向大会作政府工作报告，请予审议，并请市政协各位委员提出意见。

一、紧紧抓住历史机遇，实现跨世纪奋斗目标

1997 年 3 月 14 日，八届全国人大五次会议通过了关于批准设立重庆直辖市的决定，从此掀开了重庆历史发展的新篇章。设立重庆直辖市，是党中央、国务院为加快中西部地区经济、社会发展，缩小东西部地区差距，更好更快地实施“三步走”战略所采取的一项重大举措。迈向 21 世纪的新重庆，肩负着进一步发挥中心城市的区位优势、“龙头”作用、“窗口”作用和辐射作用，带动西南地区和长江上游地区经济、社会发展的历史使命。为此，我们必须完成三大战略任务：一是增强中心城市的综合实力，完善城市功能，把重庆建设成为长江上游的经济中心；二是探索城市带农村的新路子，加快农村经济发展，实现城乡共发展、共繁荣；三是搞好开发性移民，发展库区经济，确保三峡工程建设顺利进行。完成三大战略任务，根本在于抓住

①本文原载于《重庆日报》，1997 年 6 月 17 日。

机遇，加快发展，集中力量解决好关系重庆发展全局的百万移民，366万农村贫困人口脱贫，振兴老工业基地，防治环境污染和保持生态平衡四大难题。任务光荣而艰巨。我们必须正确认识重庆的基本市情和现实发展基础，正视前进中的困难和问题，增强忧患意识、机遇意识、发展意识，以对历史、对人民高度的责任感，勇敢地担负起时代赋予的光荣使命，实现重庆的振兴崛起。

设立直辖市后，重庆的区位优势突出，资源丰富，市场广阔，经济和社会发展的条件更加有利。重庆地处我国中西接合部，具有承东启西、左右传递的枢纽作用。区域内拥有丰富的农副产品资源、矿产资源、水能资源和独具特色的三峡旅游资源，具有极大的开发潜力。举世瞩目的三峡工程建设、库区开发和3000万各族人民奔小康所产生的巨大投资需求和消费需求，为重庆未来发展提供了广阔的市场空间。新中国成立四十多年来，特别是党的十一届三中全会以来，经济体制改革逐步深化，对外开放不断扩大，促进了我市国民经济和社会事业迅速发展，奠定了继续前进、加快发展的坚实基础。目前，全市拥有300多家大中型企业、近800亿元的工业固定资产，开始形成一批带动能力较强的支柱产业、优势行业和拳头产品。农村经济全面发展，一些主要农副产品产量在全国位居前列。商品市场、生产资料市场和各类要素市场不断发育完善。基础设施初具规模，成渝、襄渝、川黔三条电气化铁路在重庆交会，11条国家干线公路贯通全市，依托长江“黄金水道”，货物运输可以直通海外，重庆江北机场已开辟40多条国内国际航线。现代化的邮电、通信能力大为增强，市话总容量达114万门。能源建设成效显著，天然气年产量达26亿立方米，发电量141亿千瓦时，原煤产量3500万吨。科技教育基础雄厚，全市拥有独立的科研和各类技术开发机构近1000个、各类专业技术人员56万人；拥有各类学校2.5万所，其中高等院校25所。文化、卫生、体育、广播、电视、新闻、出版等各项社会事业都有较大发展。

去年以来，我们认真贯彻中央关于重庆市代管万县市、涪陵市和黔江地区的重大决策，坚持“思想领先，平稳过渡”的方针，一手抓代管，一手抓经济社会发展，顺利实现了代管工作的平稳过渡。1996年全市国内生产总值达到1175亿元，全社会固定资产投资完成321亿元，地方预算内财政收入完成54.9亿元，社会消费品零售总额达到445.5亿元，分别比上年增长10.7%，19.2%，19.4%和19.8%。农业喜获丰收，工业平稳增长，市场繁荣，物价稳定，企业改革步伐加快，对外开放进一步扩大，区（市）县经济稳定发展，基础设施建设取得新成绩，精神文明建设和民主法制建设进一步加强，全市呈现出经济发展、民族团结、社会稳定、人心振奋的可喜局面。特别是通过广泛开展“弘扬红岩精神，塑造当代重庆人”活动，“爱国、奋斗、团结、奉献”已经成为激励3000万各族人民奋发向上的强大精神力量。

建设和振兴重庆，我们虽然具备一定的物质技术基础和思想基础，但更要清醒地认识到面临的困难和问题。我们的经济社会发展现状与肩负的历史使命还很不适应，无论是人均经济总量，还是人均财力、城乡居民收入都处于全国中下水平。经济结构性矛盾突出，非国有经济发展缓慢，第三产业在国民经济中比重偏低，工业结构不尽合理，区（市）县经济发展滞后。农业基础脆弱，人均耕地少，水利设施严重不足，抗御自然灾害的能力不强。基础设施建设欠账较多，有的边远山区至今尚未通邮、通电、通公路。经过十多年的努力，一些重要领域的改革开放虽然取得了一定的成效，但由于受计划经济体制的影响和束缚较深，不少人市场经济观念淡薄、竞争意识不强，相当一部分国有企业机制不活、经营困难，市场体系的发育程度不高。我们必须正视这些问题，依靠改革开放克服面临的困难，推动重庆现代化建设事业不断前进。

纵观世纪之交，加快发展，有困难、有压力，但更有希望。重庆面临着千载难逢的发展机遇。国家正在实施加快中西部发展、长江流域开发开放两大战略，重庆作为西南地区和长江上游最大的经济中心城市，是加快西部地区发展的重要战略突破口和新的经济增长点。三峡库区移民开发有利于在新的起点上推进库区产业重构、城镇重建和经济社会功能再造，形成长江上游新兴产业群和城镇群。国家政策支持老工业基地改造，有利于加快重庆工业实行战略性结构调整，重振工业雄风。设立直辖市，提高重庆在国家行政管理体系和经济调控体系中的层次，有利于在更大的空间范围内进行生产要素的优化配置，发挥经济、科技、教育、人才、资源和市场的整体综合优势。

国家引导外资重点投向中西部地区，越来越多的国际大财团、大公司看好重庆市场，重庆将成为新一轮外商投资的热点。这些都是我们加快发展的有利条件。更为重要的是，我们有党中央、国务院的直接领导和政策支持，有国家各部委、各省市对三峡库区、贫困山区的对口支援，有勤劳勇敢、热情聪慧、自强不息、富于创造精神的3000万各族人民。只要我们抓住机遇，负重自强，发挥优势，战胜困难，拼搏进取，就一定能够圆满完成历史重任。

从现在起到2010年，是重庆改革开放和现代化建设承前启后、继往开来的重要时期。发展才是硬道理。我们要加快推进振兴重庆、发展重庆的宏伟事业，使重庆以经济繁荣、社会全面进步、充满生机与活力的崭新姿态跨入21世纪。在这一时期，重庆国民经济和社会发展的指导思想是：以邓小平建设有中国特色社会主义理论和党的基本路线为指导，遵照江泽民总书记“努力把重庆建设成为长江上游的经济中心”的要求，紧紧把握解放思想，抓住机遇，“开发三峡，振兴重庆”，加快发展，富裕城乡的工作方针，实施“科教兴渝”和可持续发展战略，坚持以经济建设为中心，以改革开放统揽全局，积极推进经济体制和经济增长方式的根本转变；坚持富民为本，城乡一体共同繁荣；坚持物质文明建设和精神文明建设两手抓，依法治市，保持社会稳定，促进经济、社会协调发展。到2010年，把重庆建设成为西南地区和长江上游的经济中心，形成长江上游新兴产业群，全市国内生产总值比1995年翻两番，综合经济实力力争达到全国省市中等偏上水平，人民生活富裕文明。

根据中共重庆市第一次代表大会提出的战略指导思想和战略目标，在政府工作中，我们要坚持以加快发展为主线，把富民作为各项工作的基本出发点和落脚点，始终坚持以下方针：

——坚持推进两个根本性转变。以建立社会主义市场经济体制为目标，以“三个有利于”为标准，坚持体制改革，坚持制度创新，注重提高经济增长的结构效益、规模效益、科技进步效益和科学管理效益，力争经济发展速度和经济增长质量高于、好于全国平均水平，确保国民经济隔几年上一个新台阶。

——坚持大开放促大发展。实施全方位整体开放战略，充分利用国内外两种资源、两个市场，以招商引资为重点，实行外引内联“两轮驱动”，敢于和善于利用资源、市场和存量资产换取资金、技术和管理经验，不断提高重庆经济的开放度，争取在利用外资加快基础设施建设、农业综合开发、老工业基地改造和三峡库区经济发展等方面取得新的突破。

——坚持富民为本，不断提高人民生活水平。建设有中国特色社会主义的根本目的是为了民富国强，人民政府的根本任务是为人民谋福利，让人民过上幸福生活。重庆要克服前进中的困难，实现全面振兴，必须不断提高人民生活水平，充分调动人民群众的积极性；经济的发展也必须着眼于增加人民收入，发挥消费对生产的促进作用。我们要以“富民”为己任，时刻心系人民群众，着力抓好百万移民安置、366 万贫困人口脱贫和企业下岗职工再就业，逐步改变城乡居民收入低于全国平均水平的状况，切实解决好与人民生活密切相关的就业、住房、生活环境等问题，力争 2010 年城乡居民收入在 1995 年的基础上翻两番，人民过上更加宽裕的小康生活。

——坚持产业结构战略性调整和地区经济、城乡经济协调发展。遵循“强化第一产业，优化提高第二产业，大力发展第三产业”的产业发展指导思想，集中力量发展壮大现有三大支柱产业，着力培育电子信息、建筑业、旅游业和食品加工四大新的支柱产业，尽快形成新的经济增长点。按照全市经济“一盘棋”、城乡一体化的要求，优化生产力布局，实施分类指导，加大对贫困山区、民族地区的支持力度，处理好全市经济与区（市）县经济、城市经济与农村经济之间的关系，充分调动和发挥区（市）县积极性，形成以城带乡、城乡联动、优势互补、各具特色、共同发展的区域经济新格局。

——坚持强化农业基础，加快基础设施建设。夯实农业、基础设施两个基础，是实现国民经济持续、快速、健康发展的重要保证。必须始终把农业放在经济工作的首位，坚定不移地推进农业产业化，全面振兴农村经济。坚持基础设施先行，集中力量建成一批具有全局性、关键性作用的水利、交通、通信、能源、市政公用重点骨干工程，缓解“瓶颈”制约，确保 2010 年前基础设施条件有较大改善。

——坚持集中力量打好移民、扶贫两大攻坚战。移民和扶贫是事关我市发展、稳定全局的大事，是富民为本方针的具体要求，必须始终放在政府工作的突出位置，采取更强有力的措施，加大移民开发和扶贫开发力度，在中央的领导和国家各部委、各省市的支持下，举全市之力确保完成移民、扶贫两大历史任务。

——坚持“科教兴渝”和可持续发展战略。突出科技教育的优先地位，充分发挥科技在推动经济社会发展中的决定性作用，为重庆跨世纪发展提供强有力的技术支撑和人才保障。把可持续发展思想贯穿到经济社会发展的各个方面，坚持经济效益、社会效益、生态效益相统一，认真实施国土保护、环境保护、计划生育三大基本国策，促进人口、经济、社会与资源、环境的协调发展。

——坚持两个文明共同进步。把物质文明和精神文明作为统一的奋斗目标，始终不渝地坚持“两手抓，两手都要硬”，在加快经济发展的同时，加强社会主义精神文明建设和民主法制建设，不断提高市民素质和城乡文明程度，努力把重庆建设成为我国西部文明进步的先进地区。

二、拼搏进取，真抓实干，全面完成“九五”经济社会发展的各项任务

重庆直辖市第一届政府，肩负着带领和组织全市人民全面完成现代化建设第二步战略目标，实现“一年起步，五年振兴”的光荣任务。本届政府的奋斗目标是：全市经济总量和人均国内生产总值的增长幅度高于同期全国平均水平；农业和农村经济跨上新台阶，初步实现老工业基地改造振兴，第三产业在国民经济中的比重有较大提高；如期完成扶贫攻坚计划和库区阶段性移民任务，人民生活基本达到小康；初步建立社会主义市场经济体制，基本形成开放型经济格局；精神文明建设和各项社会事业取得新成绩。

“九五”期间国民经济和社会发展的主要指标是：全市国内生产总值年均增长11%，达到2220亿元；全社会固定资产投资五年完成2500亿元；地方预算内财政收入年均增长12%；社会消费品零售总额年均增长18%，达到850亿元；外贸进出口总额年均增长10%以上；物价上涨幅度低于经济增长速度。城镇居民人均生活费收入达到7000元，农民人均纯收入达到2350元，人口自然增长率控制在8‰以内。为了完成上述目标，我们要突出抓好以下几个方面的工作。

（一）以改革开放统揽全局，加快建立社会主义市场经济体制，形成全方位对外开放新格局

改革开放是加快发展的根本动力，是重庆振兴崛起的必由之路。我们务必高举改革开放的大旗，全面创新经济体制，全方位推进对内对外开放，在“九五”期间初步建立起社会主义市场经济体制。

始终把国有企业改革作为经济体制改革的中心环节，实施国有企业战略性改组，从整体上搞活国有经济。加快建立现代企业制度，构建规范的企业法人治理结构和科学的管理机制，实现投资主体多元化。坚持“抓大放小”方针，大规模推进存量资产流动重组，壮大优势骨干企业，组建20个左右销售收入50亿元以上，在全市经济中发挥支撑和支配作用的大型企业集团。把市属小企业分批下放到区（市）县。以产权制度改革为核心，实施租赁、转让、兼并、联合、破产、重组、股份合作、产权置换等多种形式，全面放开放活小企业。鼓励兼并，规范破产，全面实施再就业工程，在全市主要行业中建立再就业服务中心，通过多种渠道妥善安置企业下岗职工。“九五”期间，实施企业兼并破产200户以上，实现25万下岗职工再就业。把国有企业战略性改组与转换政府职能，建立健全国有资产管理、监督和营运体系结合起来，搞好资本运作，促进国有企业改革调整，实现国有资产保值增值。

把大力发展非公有制经济作为深化改革、振兴经济的战略措施，进一步放宽政策，加强引导，促进个体、私营经济上规模、上档次、上水平，培育扶持一批骨干民营企业，大幅度提高非公有制经济在全市经济中的比重，形成以公有制经济为主体，多种经济成分共同发展的新局面。

加快市场体系建设，发展和完善商品市场，积极培育资本、劳动力、房地产、技术信息、产权交易等要素市场，完善市场法规，整治经济秩序，建立统一开放、平等竞争的市场体系。加快投资体制改革，实行投资主体多元化，强化投资风险和责任，推行固定资产投资资本金制、项目法人责任制、招标投标制和工程监理制。按照效率优先、兼顾公平的原则，逐步完善社会分配制度。加快社会保障体系建设，建立健全社会统筹与个人账户相结合的养老保险制度，积极推进失业、医疗以及工伤、生育等保险制度改革，逐步

建立统一的社会保障管理机构。继续完善城镇职工最低工资和城镇居民最低生活费保障制度，发展社会救济、社会福利、优抚安置、社会互助、个人积累等多层次社会保障，探索建立农村社会保障体系。要继续深化住房制度改革，加快住房商品化步伐。

进一步增强政府对经济的调控能力，努力振兴财政。完善分税制财政体制，逐步建立规范的财政转移支付制度，切实加强税收征管，强化预算外资金管理。采取有效措施帮助区（市）县，尤其是财政困难的区（市）县发展经济，培植财源，增强区（市）县可支配财力，努力实现全市财政收支平衡，“九五”期间力争消化历年财政赤字。

重庆必须是一个全面开放的城市。重庆的发展必须面向全国、面向世界，积极参与国际分工与竞争，进入国际国内经济大循环。要强化全民开放意识，增强对外开放的紧迫感，真正认识到重庆不扩大开放就不能实现加快发展，不扩大开放就不能实现富民目标。要牢固树立“开明促开放，开放促发展”的思想，着力营造良好的投资环境，在国内外树立起重庆大开放的良好形象，加快形成以主城区为核心，以两个国家级开发区为窗口，以高速公路沿线和沿江区（市）县为主干的多层次、全方位整体开放新格局。

继续把引进利用外资作为对外开放的重点，努力拓宽利用外资领域，提高利用外资的质量，引导外资重点投向基础设施建设、老企业嫁接改造、农业综合开发、移民扶贫和第三产业。围绕老工业基地改造和产业结构升级，拿出一些优势项目和骨干企业，与世界一流企业合资合作，争取更多的世界著名跨国公司来渝投资。鼓励企业进入国际资本市场，开拓国际融资渠道，提高国际资本运作的能力和水平。“九五”期间力争实际利用外资达到35亿～40亿美元。坚持市场多元化战略和以质取胜战略，努力开拓国际市场，优化出口商品结构，培育发展出口导向型产业，加快外贸经营方式转变，组建4～5家贸工农一体的大型外贸集团和综合商社，建设10个左右各具特色的出口商品生产基地。

把对内开放摆在与对外开放同等重要的地位，抓住全国对口支援三峡库区和贫困地区的有利条件，广泛开展横向经济联合，促成更多的联合协作项目和移民扶贫项目，吸引国内大公司、大集团来渝办厂设店。高度重视发展川渝两地、成渝两市的传统经济联系，加强与西南地区和长江沿江省市的横向联合，携手共建跨省市重大基础设施和重大资源开发项目，培育统一开放的区域市场，为长江经济带建设和西部经济发展作出重庆应有的贡献。

（二）始终把农业放在经济工作首位，积极推进农业产业化，全面发展和繁荣农村经济

重庆农村幅员面积大，农业人口多，农业和农村经济在全市经济中具有十分重要的战略地位。必须坚持以奔小康总揽农村工作全局，坚持“稳粮、增收、调结构”，突出抓好农业产业化体系建设，加快传统农业向现代农业转变，确保主要农产品产量稳定增长，农村剩余劳动力有效转移，农民基本过上小康生活。

充分认识农业特别是粮食问题的极端重要性，坚持依法保护耕地，建立完善基本农田保护制度，保持粮食播种面积的基本稳定。把实施科教兴农战略放到突出位置，充分发挥我市农业科研院所、大专院校的作用，健全巩固农村科技推广服务体系，加快农业先进实用技术推广，着力抓好“种子工程”，改革耕作制度，推广科学施肥和植保技术，发展节水型农业，加强农业生物工程及实用化技术研究，争取在新一轮农业技术更新和革命中走在全国前列。强化以水利为重点的农业基础设施建设，抓紧兴建一批骨干水利工程项目，进一步发动群众广泛开展微小型水利工程建设，力争本世纪末改造中低产田土150万亩，新增有效灌溉面积110万亩。继续重视发展以化肥为重点的农用工业。强化农业基础，必须增加农业投入，要努力提高固定资产投资、各级财政预算内资金和信贷资金用于农业的比重，积极引导社会各方面资金投向农业开发，加快形成多渠道增加农业投入的机制。

提高农业综合效益，实现农业增产、农民增收，根本出路在于农业产业化。要按照“确立主导产业，实行区域布局，依靠龙头带动，发展规模经营”的要求，积极调整农业内部结构，培育发展蔬菜、瘦肉型猪、牛羊兔、禽蛋、水产、林果、烟叶、蚕桑、茶叶、药材、奶类等主导产业。连片建设一批优质农副产品生产基地，扶持壮大一批龙头企业和贸工农一体化经营组织。充分发挥城市大工业和大商贸的带动作用，推动农业生产向农产品深加工和市场流通两头延伸，重点发展以优质农副产品为原料的食品加工、麻丝

毛纺及制衣、皮革制品、药材加工等产业链，在中心城镇和主要产区建立完善农产品批发市场。加强对农业的统筹规划，分类指导，合理布局，因地制宜发展城郊农业、丘陵平坝农业、山区农业和三峡库区农业，逐步形成各具特色的农业区域发展格局。

始终把发展乡镇企业作为振兴农村经济和推进城乡一体化的战略措施，坚持大发展、大提高方针，促进乡镇企业围绕农业产业化、农村资源综合开发和城市工业配套，加快结构调整，推进技术进步，强化企业管理，完善经营机制，培育和发展50户销售收入上亿元、上10亿元的大中型骨干企业和企业集团。把乡镇企业发展与小城镇建设结合起来，加强规划，加快乡镇工业小区建设，完善综合服务功能，提高建制镇建设规模和档次，本世纪末下世纪初力争把30%的建制镇建设成为设施配套、功能齐全、具有较强辐射带动作用的新型城镇。

发展农村经济必须稳定农村基本政策，深化农村经济体制改革。“九五”期间，要在五个方面取得突破性进展：一是在稳定、完善家庭联产承包责任制和双层经营体制的基础上，深化土地使用权和小型水利设施使用权转让制度改革，积极稳妥地推行农业适度规模经营；二是加快试点小城镇的户籍制度改革，逐步实现城乡户籍管理一体化；三是改革农产品流通体制，组织农民直接进入市场，鼓励发展各类产、加、销一体化的农民合作经济组织和龙头企业；四是深化农村金融体制改革，积极创造条件建立农村合作银行和农村保险机构，规范发展农村合作基金会；五是建立健全政府对农业的扶持保护体系，切实减轻农民负担，保护好农民的积极性。

（三）加快工业结构战略性调整，大力提高经济增长的质量和效益，努力振兴老工业基地

工业是重庆国民经济的主体，在完成三大战略任务中，担负着增强城市综合实力，带动农业、农村和库区经济发展的重任。要把战略性结构调整作为工业发展的中心环节，以市场为导向，坚持“有所为，有所不为”的方针，加强老工业基地改造调整，加快库区和贫困地区工业发展，构建长江上游新兴产业群，为建设现代化工业基地奠定基础。

工业结构调整的基本方向是：集中力量发展壮大以汽车摩托车为主体的

机械工业、以天然气化工和医药化工为重点的化学工业、以优质钢材和优质铝材为代表的冶金工业三大支柱产业；培育发展电子信息、建筑材料、食品加工、日用玻陶制品、日用化工等优势行业；扶持50个左右具有标志性的名牌产品。“九五”末，支柱产业、优势行业的增加值占全市工业增加值的比重达到60%以上。按照跨世纪发展的要求，大力发展计算机及应用产品、自动化仪器仪表、光机电一体化、新材料、生物技术及生物医药工程等高新技术产品和产业。

调整工业结构必须与优化生产力布局相结合，避免“大而全，小而全”，防止不合理地重复建设。主城区要把高新技术产业、高附加值加工工业作为发展重点；库区和贫困地区要开发培育具有自身资源优势和市场潜力的产业和产品，依托城市工业发展配套加工，外引内联形成一批名牌拳头产品。进一步理顺工业管理体制，加强对全市工业的统筹协调，打破条块分割，密切部市合作、城乡联合，壮大区（市）县工业和乡镇工业实力，支持中央在渝企业加快发展，使全市工业形成各方力量汇聚、相互协调、竞相发展的局面。

坚持“三改一加强”的方针，突出抓好市场开拓、技术改造、加强管理，推进工业结构调整，促进企业增盈扭亏。把拓展国内外市场作为一项全局性工作来抓，加强营销队伍和营销网络建设，改进市场营销手段，推进工商联合，努力提高重庆工业品在区域市场和全国市场的占有率。加快企业技术改造和技术引进步伐，抓好15万辆奥托轿车项目、川维天然气化工系列产品改造和特钢技改工程等一批重大技术改造项目，增强工业发展后劲，促进产业结构优化。把“学邯钢，抓管理”活动不断引向深入，全心全意依靠工人阶级，切实加强企业领导班子建设，以效益为中心，强化质量管理、成本管理、劳动管理，在提高企业产品质量和资金利润率、劳动生产率上狠下功夫。“九五”末，全市工业综合效益指数达到或超过全国平均水平。

实施工业结构战略性调整，整体搞好国有经济，必须加大政府的政策支持力度。一是认真落实优化资本结构试点城市政策，多渠道增资减债、分离企业办社会职能、分流企业富余人员；二是认真落实企业兼并破产和职工再就业政策，加快企业组织结构调整步伐；三是建立完善以国家专项补助和地方财政投入为主体的工业结构调整基金；四是完善“抓大放小”的配套政策；五是盘活资产存量，加快企业股权改造步伐，利用资本运作筹集更多的资金。

（四）大力发展第三产业，增强城市辐射功能，培育新的经济增长点

把重庆建设成为长江上游的经济中心，必须加快第三产业发展。要立足于增强城市综合服务功能和聚散辐射能力，把旅游、商贸、金融、房地产、信息咨询业作为第三产业发展的重点，努力提高第三产业在国民经济中的比重。

坚持“大贸易、大流通、大市场”规划，规划发展主城“中央商务区”、区（市）县商业中心和城乡商业服务网点，逐步形成沿江沿线“商贸走廊”和多层次商贸网络。建设培育10多个全国性、区域性工业品批发交易市场和一批重点农副产品批发市场，继续办好重庆商品交易所。建设重庆国际会展中心，举办大型商品博览会，扩大重庆在区域和全国市场的影响。进一步调整商贸结构，组建一批大型国有商贸集团和综合商社，发展超级市场、配送中心、连锁店等现代流通形式，增强重庆商贸流通的竞争力和辐射能力。

以构建长江上游金融中心为目标，建立健全金融组织体系、金融市场体系和金融监管体系。继续支持国有银行提高经营管理水平，努力引进外资银行、国内其他商业银行和国内外非银行金融机构来渝设立分支机构，争取新建地方商业银行和区域性保险公司，积极发展证券、信托投资等非银行金融机构，办好城市合作银行。加快培育证券、基金等资本市场，发展完善同业拆借和票据市场。切实加强政府对金融的调控，强化金融监管，维护金融秩序，防范金融风险，形成良好的融资环境。大力引进和培养金融人才，加强金融手段和设施的现代化，提高重庆金融的资金集聚能力和服务水平。

充分发挥我市旅游资源丰富，自然景观、人文景观、历史遗迹众多的优势，尽快把旅游业培育成为全市的支柱产业。进一步开发长江三峡黄金旅游热线，发展配套旅游环线，建设具有世界影响的长江三峡旅游带。加强配套设施建设，扩大宣传促销，提高旅游服务质量。围绕旅游业，带动水上快速交通、旅游名特产品加工和食、宿、行、游、购、娱等相关业务发展，逐步

形成新兴产业。

结合推进国民经济信息化进程，大力发展信息咨询服务业。加强领导，统筹组织建设一批重点信息工程，尽快形成统一的公用通信平台和公共信息网络系统，充分发挥信息咨询在经济社会发展中的作用。

（五）集中力量打好两大攻坚战，完成库区移民搬迁阶段性任务，按计划实现脱贫目标

坚持把移民和扶贫放在政府工作的突出位置，紧紧依靠全市人民自力更生，艰苦奋斗，在国家和兄弟省市的支持帮助下，如期完成库区分期移民任务，确保三峡工程顺利建设；本世纪末全面完成“五三六”扶贫攻坚计划，基本解决农村贫困人口温饱问题。

坚持开发性移民方针，进一步深化完善移民统筹规划，拓宽移民安置途径，努力实现在移民中发展，在发展中移民。农村移民安置要坚持以大农业为基础，加快农业综合开发和农业产业化步伐，建设一批优质农副产品生产基地，提高土地承载能力。大力发展农村移民企业，新建一批农村移民新村。稳妥地探索异地移民的路子。库区工矿企业迁建要结合全市工业结构调整，立足市场、资源和劳动力优势，高起点推进企业技术改造，实行组合式重建，合理布局一批经济效益好、移民容量大、有利于环境保护的工业项目。积极引导主城区工业向库区合理转移和扩散，有计划有组织地大力争取对口支援，制定优惠政策，引进培育一批明星企业和名牌产品。库区城镇迁建要按照全市城镇体系规划，合理布局，提高专业设施复建技术等级，增强城镇综合服务功能，扩大移民安置容量。本世纪内基本完成135米水位线下的阶段性移民安置任务。

坚持开发式扶贫方针，发扬“宁愿苦干，不愿苦熬”的“黔江精神”，大力发展贫困地区经济，增强贫困地区自我积累、自我发展能力。加大贫困地区农业综合开发力度，发展区域特色经济，培育发展一批支柱性加工工业。通过区域开发，受益到户，力争贫困户家家有稳产田、找钱地和家庭副业，贫困地区有支柱产业、骨干企业和大宗财源。努力改善贫困人口生产生活条件，解决好饮水、住房困难，尽快实现贫困地区乡乡通电、通公路。坚持“科教扶贫”方针，积极发展贫困地区科技、教育、文化、卫生和广播电视事业，提高贫困地区经济社会发展整体水平。更广泛更深入地动员全社会力量参与扶贫攻坚，继续大力争取国家各部委、各省市对口支援，认真组织全市各级机关、企事业单位与贫困县、乡、村开展挂钩扶贫活动，坚持不脱贫不脱钩。

把扶贫攻坚与发展民族地区经济结合起来，认真贯彻实施《民族区域自治法》，执行好发展民族地区经济的优惠政策，加快少数民族地区的能源、交通、通信、水利等基础设施建设，促进民族地区经济、社会发展。

移民和扶贫是关系全局的大事，各级政府要采取强有力的措施，确保移民和扶贫任务如期完成。一是优先安排库区和贫困地区的资源开发和基础设施建设项目；二是增加对扶贫攻坚的财政支持；三是引导外资、内资更多地投向库区和贫困地区；四是继续争取中央政策扶持；五是加强组织领导，健全工作机构，落实责任，强化监督，管好用好移民和扶贫资金。

（六）加快以交通为重点的基础设施建设，调整优化城镇体系布局，形成现代化城市新格局

以增强城市综合服务功能，促进地区和城乡经济社会协调发展为目的，统筹规划，合理布局，突出重点，集中力量加快基础设施建设。把综合立体交通运输体系建设作为重中之重，提高公路等级，打通出口通道，完善道路网络。开工兴建重庆至长寿、长寿至涪陵、梁平至万县、重庆至綦江、长寿至梁平、重庆至合川等6条高速公路，初步形成市域内“大”字形高等级公路主骨架；抓紧县乡公路和边远山区公路的建设改造，2000年前实现乡乡通公路。开工建设达万铁路，抓紧渝怀铁路和遂渝、兰渝铁路前期准备工作，分步实施重庆铁路枢纽总体改造。充分利用长江黄金水道，重点整治长江、嘉陵江和乌江航道，加快建设以重庆、涪陵、万县三大港口为枢纽的长江上游水运体系。按照现代化国际空港标准，抓紧江北机场二期工程建设，做好万县五桥机场和黔江舟北机场建设的前期准备工作。通信要以建成长江上游通信枢纽为目标，重点建设对外光缆干线和区内环形光缆，完成江北长途枢纽工程，扩建重庆卫星通信地球站，积极发展数据通信，提高通信交换现代化和智能化水平；建设重庆汽车邮运中心和国家二级邮政枢纽及储奇门重庆水运邮政转运站，加快建设和完善城乡电话网，到2000年，中心城区电话

普及率达到全国先进水平。能源建设要适应经济社会发展需要，尽快形成区域内大电网，完成珞璜电厂二期工程，继续做好彭水电站、开县白鹤电厂、武隆江口电站的前期工作，配合国家建设长寿至万县、自贡至重庆500千伏输变电工程。做好天然气田的勘探开发，建成大天池至长寿输气干线。

从建设现代化直辖市的战略高度，加大城市空间布局调整。强化主城区政治、经济、文化中心的综合功能；按照大中城市的规模要求，高标准规划建设万县和涪陵、黔江、永川、江津、合川、南川、长寿、开县等地区中心城市；合理规划布局一批小城市和小城镇，“九五”末全市城市化水平达到25%。逐步形成以主城区为核心，地区中心城市为依托，众多小城镇为基础的组团式、网络化的城镇体系。

按照现代化城市要求，高质量地规划建设和维护好城市交通、供水排水、供电照明、供气供热、抗灾防灾、园林绿化等市政公用设施。尽快形成主城高速公路环，建成黄花园大桥，兴建鹅公岩大桥，积极发展城市轨道交通。加快万县、涪陵、黔江等城市的公共客运交通和供排水设施建设。以创建山水园林城市为目标，搞好城市绿化美化，人均公共绿地达到4平方米，城市绿化覆盖率达到25%。把以住宅建设为重点的建筑业培育成为新的支柱产业，实施“安居工程”，“九五”末全市城镇人均居住面积达到9平方米，住房成套率达到70%，基本解决人均居住面积4平方米以下的困难户和无房户。坚持城市建设和城市管理并重，健全完善城管体制，高标准、高质量规划建设一批市政环卫设施，按照国家卫生城市标准，强化市容市貌综合整治，加强社区管理和城区交通管理，努力提高城市管理效能。

（七）实施“科教兴渝”战略和可持续发展战略，促进经济社会与环境、资源协调发展

振兴经济必须坚持以科技为先导，教育为基础，把经济增长的立足点切实转移到依靠科技进步和提高劳动者素质上来。要全面贯彻科学技术是第一生产力的思想，大力实施“科教兴渝”战略，统筹规划科技发展和经济建设，组织实施农业技术进步工程、高新技术产业化工程、国民经济信息化工程、科技扶贫工程、绿色技术工程和跨世纪科技人才培养工程，促进科技与经济密切结合，加快科技成果向现实生产力转化。深化科技体制改革，鼓励

引导科研院所、高等院校与企业紧密合作，建立以企业为主体的产学研技术开发体系。办好国家级技术开发中心。进一步培育发展技术市场。加强高新技术产业开发区建设，力争跨入全国先进行列。继续增加科技投入，健全配套政策法规，促进科技经济协调发展。本世纪末，科技进步对经济增长的贡献率力争达到45%。高度重视社会科学研究，积极发挥社会科学在科学决策和两个文明建设中的重要作用。继续做好科普工作，努力提高全民科学文化素质。

把教育放在优先发展的战略地位。加快普及九年义务教育步伐，重点加强农村、库区、贫困地区和少数民族地区的义务教育，在经费和师资上给予更多倾斜。2000年基本普及九年义务教育，基本扫除青壮年文盲，主城区基本普及高中阶段教育。加强高校管理，改善高等教育结构，通过联合、共建等形式，调整学校布局，努力提高高校办学质量，办好一批重点学科、重点试验室，力争部分学科和专业达到全国一流水平。积极发展职业教育和成人教育，注重发展高等职业教育，加强农民实用技术培训，大力提高劳动者素质。重视少数民族教育、师范教育和特殊教育。积极推进应试教育向素质教育转变，加强和改进德育工作。鼓励和引导社会力量办学。加强师资队伍建设，提高教师政治、业务素质，改善教师生活工作条件。不断增加教育投入，财政对教育拨款的增长要高于财政经常性收入的增长。人才资源是重庆的第一资源，要采取得力有效措施，抓紧培养一批具有国内外先进水平、保持学科优势的学术或技术带头人，调动各类专家、学者和科技人员的积极性，培养和引进大批跨世纪优秀人才，使重庆成为高素质人才荟萃之地。

人口增长与社会生产力的发展相适应，经济建设与资源、环境相协调，是实现可持续发展的基础。要坚定不移地贯彻执行计划生育基本国策，把计划生育同经济社会发展、移民开发和脱贫致富结合起来，重点做好农村和流动人口的计划生育工作，确保实现人口控制目标。坚持经济建设、城乡建设与环境建设同步规划、同步实施、同步发展。制定实施“青山、碧水、蓝天”计划，健全环保管理体系和法规体系，提高“三废”处理率，确保库区水体污染和城市大气污染基本得到控制。依法保护、合理开发利用土地、水、矿产等自然资源，加快水土流失和危岩滑坡的综合治理以及长江防护林体系建设，争取生态环境逐年好转，逐步把重庆建设成为生态经济区。

（八）加强社会主义精神文明建设和民主法制建设，促进各项社会事业全面发展

社会主义精神文明建设是重庆现代化建设的重要目标和重要保证，必须把精神文明建设提到更加突出的地位，坚持两个文明共同进步、协调发展，努力提高市民素质和城乡文明程度，塑造迈向21世纪的重庆人新形象。

加强思想道德建设。坚持用邓小平建设有中国特色社会主义理论武装广大干部和人民群众，广泛开展爱国主义、集体主义、社会主义教育，加强社会公德、职业道德、家庭美德建设，形成健康向上的良好社会风尚。重庆正处在新的创业时期，要把弘扬“爱国、奋斗、团结、奉献”的“红岩精神”作为思想道德建设的重要内容，高举解放思想和艰苦奋斗两面旗帜，发扬敢想敢干、敢闯敢试的改革创新精神和艰苦奋斗、自强不息的创业精神，激励全市人民为建设新重庆建功立业。各级政府要加强和改善对精神文明建设的领导，增加资金投入，加强载体建设，根据城乡、部门、行业的不同特点，制定完善市民公约、乡规民约、服务公约，更加富有成效地推进“做文明市民”“兴文明家庭”“创文明行业”“建文明城市”和“军民共建”“警民共建”等精神文明建设活动。做好民兵、预备役工作、人防工作和双拥工作。

全面繁荣社会主义文化事业。坚持“为人民服务，为社会主义服务”的方向和“百花齐放，百家争鸣”的方针，弘扬主旋律，提倡多样化。积极发展文学艺术、广播电视、新闻出版、哲学社会科学等各项事业，抓好“五个一工程”，出精品，出力作。集中力量办好一批在全国有影响的新闻媒体、出版社、文艺院团、公共图书馆、博物馆，分期分批建设国家三峡博物馆、重庆文化艺术中心和重庆广播大厦等一批标志性设施。重视文物保护，把库区建设成为集峡江自然景观、历史文化特色和现代文化艺术于一体的三峡文化长廊。加强贫困地区少数民族地区广播电视建设，逐步形成通过卫星和数字微波传送节目的广播电视覆盖网，到2000年全市广播电视人口覆盖率达到90%。坚持一手抓繁荣，一手抓管理，促进文化市场健康、有序发展。

坚持以农村为重点，预防为主，中西医并重，积极发展卫生事业，到2000年基本实现全市人人享有初级卫生保健目标。切实把卫生工作的重点放

在广大农村、边远山区和贫困地区，大力发展合作医疗，完善县乡村三级医疗网，做到乡镇卫生院房屋、设施、人员三配套，积极防治局部地区自然疫源性疾病和职业病，“九五”末基本控制住地方病。广泛开展群众体育运动，组织实施全民健身计划和奥运争光计划，加快袁家岗体育中心和区（市）县体育场馆等设施建设，突出抓好优势项目，提高重庆竞技体育水平，争取在全运会和世界大赛上获得好成绩。

加强社会主义民主法制建设，增强民主法制观念，提高依法治市水平。各级政府要自觉接受同级人民代表大会及其常委会的监督，积极支持人民政协的工作，主动加强与民主党派的联系，认真听取各个方面的意见。发挥工会、共青团和妇联等人民团体的作用。认真做好民族、宗教、侨务和对台工作。坚持和完善民族区域自治制度，巩固和发展民族团结。继续完善城镇居民和农村村民自治制度，加强基层政权建设，发展基层民主。加强立法、司法、执法、普法工作，坚持改革决策、发展决策与立法决策有机结合，到2000年初步形成与国家法律法规相配套，具有地方特色的法规规章体系。建立健全强有力的执法监督机制，加大行政执法力度和严格执法监督，使经济活动、社会发展、城市管理做到“有法可依、有法必依、执法必严、违法必究”。加强仲裁工作，维护经济秩序。抓好普法教育，增强公民的法律意识，提高广大干部依法行政、依法管理的水平。深入持久地开展反腐败斗争，坚决纠正部门和行业不正之风。加强社会治安综合治理，落实各级领导责任制，加强司法、执法队伍建设，严厉打击各种严重刑事犯罪和严重经济犯罪，正确处理新时期人民内部矛盾，努力化解各种不安定因素，全面维护社会稳定。

各位代表，1997年是重庆踏上历史新征程的第一年。实现振兴发展重庆的战略目标，必须着眼长远，立足当前，一步一个脚印地开拓前进。今年全市经济社会发展的主要指标是：国内生产总值增长11%，达到1365亿元；地方预算内财政收入增长10%；固定资产投资总额增长21.6%；外贸进出口总额增长6.4%；社会消费品零售总额增长20%；商品零售物价和居民消费价格涨幅分别控制在6%和8%以内。

今年1月至5月，我市国民经济稳定增长，改革开放取得新成绩。全市国内生产总值增长 11.7%。农业小春粮食喜获丰收，大春播种栽插情况良好，全市乡及乡以上工业企业总产值比去年同期增长 15.2%。新签利用外资合同 108 个，协议利用外资 1.6 亿美元，比去年同期减少 7.4%；实际利用外资 1.7 亿美元，比去年同期增长 23.1%；外贸进出口总值 4.7 亿美元，其中出口 2.5 亿美元，增长 14.5%。城乡市场繁荣活跃，基础设施建设进展顺利，移民工作稳步推进，社会保持基本稳定。为了实现全年工作目标，要集中精力继续抓好六个方面的重点工作。

一是加大改革力度，努力提高对内对外开放实效。坚持“抓大放小”方针，大力推进国有企业改革，在资产重组、减员增效、兼并联合、资产营运、股份制运作、国有资产管理等方面下功夫，率先搞活部分国有企业，加快建立现代企业制度。要切实放开放活小企业；发展民营经济；推进商贸流通体制改革；培育发展生产要素市场，逐步建立资本市场、产权市场；进一步深化农村土地和小型水利设施等使用权制度改革，制定农业产业化政策，在试点小城镇试行农村户籍制度改革；全面落实向区（市）县放权政策，今年务必取得实效；研究加快政府机构改革、制度创新的方案和实施办法，力争这些改革取得突破性进展。认真落实对外开放优惠政策，加大境外融资力度，坚持“一站式”办公，搞好项目库建设，加强口岸建设，努力改善投资环境，争取引进 2～3 家外资银行和一批境内外大财团、大公司，全年实际利用外资达到 7.3 亿美元。

二是保持经济持续快速增长。依靠科技挖掘农业增产潜力，立足抗灾夺丰收，确保全年粮食总产量达到 1186 万吨。实施农业产业化工程项目，完成中低产田土改造 50 万亩，建成市级蔬菜新基地 5 万亩，完成 400 万只蛋鸡工程。着力抓好乡镇企业结构调整和改制工作，促进以乡镇企业、股份合作制企业为重点的区（市）县经济较快发展。

认真落实好中央给予重庆老工业基地改造的各项扶持政策，促进支柱产业、优势行业和工业“50 强”企业发展，年内推出 6 家股份制公司上市。研究制定加快轻工、医药、旅游和建筑建材等四个产业发展的规划。加大企业兼并破产力度，促成 20 户劣势企业并入优势企业或企业集团，继续完成市级和区（市）县 68 户已进入司法程序的企业破产终结。全面启动“再就业工程”，指导安置5万下岗职工再就业。

积极发展以金融、商贸、旅游为重点的第三产业。继续争取国家政策支持，努力扩大资金融通规模，增加证券交易网点，抓紧筹建农村合作银行，争取年内有一批全国性或区域性商业银行和非银行金融机构来我市开展业务。加快解放碑中心购物广场建设，发展一批超市、连锁店和配送中心等新型流通组织，积极培育发展农村市场。尽快制定扶持旅游业发展的相关政策，增强旅游业自身发展实力。

三是加快基础设施建设，搞好城市管理。继续抓好交通建设年工作，重点加强高速公路、库区交通和城区环线交通建设。建成万县、江津两座长江大桥和袁家岗立交桥；抓紧续建重庆至长寿、长寿至涪陵高速公路，开工建设重庆至綦江、万县至梁平高速公路；抓紧梁平至长寿、重庆至合川高速公路前期工作；完成涪陵至秀山等一批干线公路改造，建成山区公路150公里，实现15个乡年内通公路。继续实施乌江“岩崩”整治。完成城镇体系规划编制工作。加快“安居工程”建设，解决4平方米以下住房困难家庭15000户。新增市话20万门。

继续强化城市管理，加强对机场、车站、码头、商业繁华区以及出租车等服务行业的形象整治，改善主城区和万县、涪陵、黔江等地区中心城市的街容街貌。新增一批环卫设施，加紧实施四期灯饰工程，确保人民广场二期工程年内开工。完成对“十五小”污染企业的关停任务，做好城市空气污染的周报、预报工作，努力改善我市环境质量。

四是抓好移民、扶贫工作。完成18个淹没涉及区（市）县的移民安置规划评审和全市库区移民安置总体规划的编制。搞好巫山、奉节、云阳三个县城和31个集镇、166个企业的迁建，完成一期水位线下2.24万移民安置。切实加强移民资金管理，建立健全移民安置公证制度。继续抓紧扶贫攻坚，加强贫困地区基础设施建设，解决70万贫困人口吃水问题，确保黔江、忠县、龙宝、南川等四个区（市）县成建制脱贫，为120万贫困人口解决温饱。各级政府要认真抓好对口支援工作，组织社会各方面力量支持移民和扶贫，力争年内有10个国内名牌产品到库区贫困地区落户。

五是加强精神文明建设，促进各项社会事业全面发展。在全市认真组织

“迎香港回归”庆祝活动，广泛开展“认识新重庆，热爱新重庆，建设新重庆”活动，增进各民族之间的团结，调动和发挥全市人民投身重庆现代化建设的积极性和创造性。继续推进以科技、教育为重点的各项社会事业全面发展。抓好8个科研院所改革试点，组建一批市级重点实验室和企业技术开发中心，加快新产品开发和农业先进实用技术推广。抓紧理顺高等教育管理体制，搞好高教发展规划。基本完成8个区（市）县的“普九”和扫盲任务。扩建红岩革命纪念馆，建成重庆西山广播电视差转台。建设竣工一批医疗设施，组织科技、文化、卫生“三下乡”。继续开展争创全国文化、体育先进县活动。抓好计划生育工作，强化目标责任制，全市人口自然增长率控制在8‰以内。

六是妥善处理好热点、难点问题，维护社会稳定。继续实施“为民办实事工程”，认真办好已确定的10件实事。在全市范围内建立城镇职工最低工资收入、城镇居民最低生活费保障线。进一步做好人民来信来访工作，解决好困难企业职工生活费发放、拆迁安置等问题。采取切实措施抓好安全生产，减少伤亡事故。坚持不懈地开展反腐败斗争，加紧查处大案要案，公布一批典型案件。继续强化社会治安综合治理，加强基层基础工作和基层政权建设，进一步拓展“110”报警服务台的辐射范围，提高预防和控制犯罪能力。保持强大的声势和力度，深入持久地开展“严打”斗争，提高大案要案的侦破能力，依法从重从快打击严重刑事犯罪，坚决扫除“黄赌毒”等各种社会丑恶现象，为改革开放和经济建设创造良好的社会环境。

三、建设高效廉洁政府，不负人民殷殷重托

顺利实现跨世纪宏伟战略目标，完成三大战略任务，各级政府肩负着重大的历史责任。我们一定要立足直辖市的高标准和新要求，加强政府自身建设，实现思想观念、工作职能、管理体制和工作作风的全新转变，建设一个团结、务实、廉洁、高效的政府，以良好的形象凝聚人心、鼓舞士气，以出色的政绩向党中央、国务院和3000万各族人民交出一份满意的答卷。

我们要加快政府职能转变，按照“小政府、大社会”“小机构、大服务”的要求，创新政府行政管理体制。坚持宏观管住管好，微观放开放活，

将政府的主要职能转向统筹、协调、监督、服务，制订实施经济社会发展战略规划、计划和产业政策，抓好城市规划、建设和管理，搞好重大基础设施建设，建立完善市场体系和社会保障体系，为重庆经济的持续、快速、健康发展创造良好的宏观环境。调整和精简政府机构，加强农业、农村工作和移民工作机构，强化综合管理、城市管理和执法监督部门，把综合经济部门逐步建设成职能统一、具有权威的宏观调控部门；把专业经济管理部门逐步改组成不具有政府职能的经济实体，或国家授权经营国有资产的单位及行业管理组织。合理划分市与区（市）县政府的职责，扩大区（市）县统揽辖区经济社会发展的权力，积极探索适合特大城市特点的“统一领导、分级施政”的行政管理机制，建立结构合理、运转协调、精干高效的新型政府管理体系。

政府工作的民主化、法制化和制度化，是政府实施科学管理和宏观调控的前提。要坚持重大决策提请人大或人大常委会审议，把与人民政协、民主党派和人民团体的协商纳入政府决策程序，广泛听取基层和广大群众的意见，高度重视各类研究咨询机构和专家在决策中的参谋作用，实行重大问题咨询论证制和集体决策制。凡重大问题，未经有关研究咨询机构和专家咨询论证不决策；未经两个以上方案比较研究不决策；未经政府领导集体讨论不决策，以避免出现大的失误。切实把政府工作纳入法制化轨道，增强广大政府工作人员特别是领导干部的法制观念，提高依法行政水平。严格行政执法和执法监督，加强审计、监察工作，建立行政执法评议制度，实施行政赔偿制度，规范政府行政行为。建立健全监督约束机制，各级政府要自觉接受人大及其常委会的法律监督和工作监督，接受人民政协和民主党派的民主监督，接受新闻媒介的舆论监督和人民群众的社会监督。积极探索行之有效的政府工作制度，完善政府工作目标管理制度，推行政府部门社会承诺服务制度。增强政府工作的透明度，试行政务公示制度，公开办事制度和办事程序，公开办事依据和办事结果，为形成法制化的社会管理局面提供制度保证。

各级政府要认真做好推行国家公务员制度工作，坚持从严治政，按照新形势、新任务的要求，努力建设一支政治坚定、业务精通、纪律严明、作风优良，党和人民信赖满意的干部队伍。

——我们的干部队伍必须是“讲学习、讲政治、讲正气”的队伍。要认真学习马列主义、毛泽东思想和邓小平建设有中国特色社会主义理论，学习社会主义市场经济知识、现代科学技术知识和法律知识，不断提高政治理论素质，增强做好本职工作的能力，认真贯彻党和国家的路线、方针、政策，正确履行职责，坚定不移地同以江泽民同志为核心的党中央在政治上、思想上和行动上保持高度一致。

——我们的干部队伍必须是解放思想、开拓创新的队伍。要始终坚持“三个有利于”标准，彻底破除“左”的思想束缚，鼓励和支持大胆试、大胆闯、大胆创新，坚决排除姓“资”姓“社”的困扰，对探索中出现的失误，要坚持保护干部，不扣帽子、不打棍子。彻底破除传统计划经济观念，坚决消除“统、包、管”的计划经济思想和做法，坚决摒弃束缚生产力发展的僵化思想，强化改革意识，对下更加放权，对内更加搞活，只要能让人民群众通过诚实劳动增加收入，政府都要放宽政策大力支持。对企业、对基层决不能搞竭泽而渔，“欲取之，必先予之”，把富民为本的方针切实体现在经济工作的各个方面。要彻底破除自我封闭、地方和部门利益、小团体利益至上的狭隘意识，真正树立大开放促大发展的观念，坚持各方面的工作都要服从于、服务于振兴重庆的大局，克服故步自封、墨守成规的思想，善于接受新事物，善于把中央精神与重庆实际紧密结合起来，创造性地开展工作，努力走出一条具有重庆特色的发展路子。

——我们的干部队伍必须是顾全大局、团结协作的队伍。要正确处理好全局与局部的关系，一切以大局为重，对事关改革和发展的重大问题，必须服从统一协调，明确责任，不得各行其是，推诿扯皮，坚持一级抓一级，一级管住一级，强化监督管理，确保政令畅通；自觉维护团结统一，增强地区之间、干群之间和领导班子内部的团结，把各方面力量汇聚成发展振兴重庆的巨大合力。

——我们的干部队伍必须是勤奋工作、求真务实的队伍。要坚持全心全意为人民服务的宗旨，强化公仆意识，切实履行好人民公仆的职责，以强烈的事业心和责任感忘我工作，苦干实干，艰苦奋斗，勤俭创业，力戒官僚主义、形式主义，坚决反对弄虚作假，无所作为。看一个干部，不但要看其所说，还要看其所为，更要重其实绩。要深入实际调查研究，知实情、鼓实劲、重实干、求实效，把勤政为民落到实处。

——我们的干部队伍必须是廉洁自律、奉公守法的队伍。要时刻牢记手中的权力是人民给的，只能用来为人民谋利益，决不允许利用职权牟取私利，决不允许搞权钱交易，坚决惩治腐败，严厉查处违法违纪案件特别是大案要案，切实纠正行业不正之风。全体政府公务人员，特别是领导干部要自觉遵守廉洁自律的各项规定，率先垂范，严于律己，管好亲属子女和身边工作人员。在个人生活上力求简朴，在办事交往上崇尚节俭，在工作和事业上励精图治，塑造出为政清廉的好政风。

各位代表，今后五年是重庆实现跨世纪宏伟目标的关键时期。重庆直辖市的发展举世瞩目，任重道远。展望未来，前途光明，我们充满信心。我们决心以邓小平建设有中国特色社会主义理论和党的基本路线为指针，在以江泽民同志为核心的党中央和国务院的领导下，在中共重庆市委的直接领导下，在全国人民和兄弟省市的大力支持下，艰苦创业，团结奋进，用我们的勤劳和智慧创造重庆光辉灿烂的明天！

关于重庆市1997年国民经济和社会发展计划（草案）的报告[①]

（1997年6月10日）

李德水

各位代表：

我受重庆市人民政府委托，向大会报告重庆市1997年国民经济和社会发展计划（草案），请予审议。

一、制定1997年计划的依据和基础

去年6月，四川省根据中央决定，着手筹备委托重庆市代管万县市、涪陵市和黔江地区的有关工作。9月，中央批准代管方案，正式实施代管，并相继完成了计划、投资、项目、重要物资、生产配额、专项资金等方面的基数划转和衔接工作。按照中央的要求，从1997年1月1日起，万县市、涪陵市、黔江地区的国民经济和社会发展计划加入重庆市计划盘子，在国家计划中实行单列。在过去的一年里，不仅实现了代管工作的平稳过渡，而且保持了经济和社会的持续发展，取得了可喜的成就。

按照新的行政辖区统计，重庆市的经济和社会发展已具有一定的规模。1996年全市实现国内生产总值1175亿元，完成全社会固定资产投资321亿元，社会商品零售总额445.5亿元，地方预算内财政收入54.9亿元。粮食产量、肉类产量、汽车摩托车、天然气化工、精细化工、化学医药、部分冶

①本文原载于《重庆日报》，1997年6月21日。

金产品和轻工产品在全国或西南地区具有一定优势。1996 年全市进出口总值 14.1 亿美元，实际利用外资 4.2 亿美元，一批外国大公司进入我市汽车摩托车、机械设备制造、化工医药、基础设施建设、旧城改造等重要领域合资合作。铁路、公路、水运、航空和管道运输相互衔接的综合运输体系初具规模。文化、广播、电视、新闻出版、体育、卫生等社会事业进一步得到加强，在精神文明建设中发挥了重要作用。这就是重庆市一年起步的基础、五年振兴的起跑线，也是制定 1997 年经济和社会发展计划的依据和基本出发点。

二、1997 年计划安排的指导思想和主要调控目标

1997 年是重庆市发展史上的一个里程碑，它标志着重庆开始进入一个崭新的发展时期。编制好今年的经济和社会发展计划有着十分重要的意义。

1997 年计划安排的指导思想是：以邓小平建设有中国特色社会主义理论和党的基本路线为指导，认真贯彻中央经济工作会议、全国计划会议和中共重庆市第一次代表大会精神，紧紧把握解放思想，抓住机遇，“开发三峡，振兴重庆”，加快发展，富裕城乡的工作方针，组织实施“科教兴渝”和可持续发展战略，积极推进两个根本性转变，加强农业基础，深化企业改革，加快结构调整，扩大对外开放，培植新的经济增长点，提高经济质量，抓好移民和扶贫工作，加强社会主义精神文明建设，努力提高人民生活水平。按照“一年起步，五年振兴”的要求，负重自强，奋力拼搏，为建设繁荣、富裕、文明、进步的新重庆迈出坚实的第一步。

1997 年经济和社会发展的主要调控目标是：

国内生产总值 1365 亿元，增长 11%。其中第一产业增长 3.5%，第二产业增长 12%，第三产业增长 15%。

农业总产值 243 亿元，增长 3%。

工业总产值 1255 亿元，增长 20%。其中乡及乡以上工业总产值 805 亿元，增长 11%。

地方预算内财政收入 60 亿元，增长 10%。

全社会固定资产投资 390 亿元，增长 21.6%；投资率 28.9%。

社会消费品零售总额535亿元，增长20%。

商品零售价格上涨幅度控制在6%以内，居民消费价格上涨幅度控制在8%以内。

外贸进出口总额15亿美元，增长6.4%。

实际利用外资7亿美元，增长66.7%。

人口自然增长率控制在8‰以内。

城镇居民人均生活费收入增长10.5%；农民人均纯收入增加230元；城镇登记失业率控制在3.6%以内。

三、1997年经济和社会发展的主要任务

（一）强化农业基础，加大扶贫力度，进一步增强区（市）县经济实力

重庆农村地域广大，农业人口比重高，要把发展农业和农村经济放在经济工作的首要位置，实现城乡共发展、共繁荣。1997年计划安排：农业增加值310亿元，增长3.5%；粮食总产量1186万吨，增长1.2%；油料、肉类总产量、烤烟、水产品、蔬菜产量均有一定增长；乡镇企业总产值增长20%。

千方百计夺取粮食丰收。计划安排粮食种植面积4337万亩，比去年略有增加。严格执行控制非农业建设用地的各项规定，切实保护耕地。继续改革耕作制度，提高复种指数，大力推广良种和先进适用的增产技术，提高粮食单产水平。适当增加财政补贴，继续实行定购粮食与化肥供应挂钩的政策和粮挂肥直供到县的办法。根据市场变化，组织好化肥的生产、收购、储运和供应，保证不误农时。在放开农地膜销售价格之后，要保证将生产农地膜的计划价原料安排到定点工厂，尽量降低农地膜成本。

放手发展多种经营，加快推进农业产业化进程。根据市场需要，发展优质农副产品、山区经济型林业、草食畜禽、江河船体网箱养鱼、破季蔬菜，培育各种新型的种植、养殖业。鉴于全国烟叶产大于销的实际情况，对烟叶要继续坚持“计划种植、合同收购”的原则，将烟叶生产的重点转向提高质量，不断增强我市烟叶的市场竞争力。大力发展农产品加工、销售，推进农业产业化。

加大对农业的投入，以治水保土为重点，改善农业生产条件。除按现有法规和规定增加农业投资外，还要针对重庆农业的现状，研究筹集水利建设资金的新办法。1997 年农业投资主要安排中型骨干水利工程、西部水源工程、农业综合开发、长防林工程、国家商品粮基地、农业教育科研和农技推广设施、良种良畜基地、重要农业产业化工程等。纳入投资计划的农业项目，要按筹资渠道落实资金，按规定比例到位。进一步发动群众，兴修小型、微型水利工程，提高防灾抗灾能力。

加大投入，按期完成今年扶贫攻坚计划。1997 年扶贫攻坚所确定的基本农田建设、县乡公路建设、人畜饮水工程和脱贫人口等各项任务要层层分解落实，确保完成。国家安排的以工代赈、库区水利专项、扶贫专项贷款，优先安排给在建工程，确保建成一批，见效一批。积极帮助贫困地区和少数民族地区因地制宜开发资源，增强“造血功能”。在同等条件下优先安排贫困地区和少数民族地区的交通设施、水利设施和资源开发项目。

为缓解区（市）县经济发展的“瓶颈”制约，要加快建设全市公路主骨架、通信网主骨架和国家电网主骨架。随着主城区经济结构调整，引导更多的生产性项目向远郊区扩散。市委、市政府加快区（市）县经济和社会发展的有关政策要尽快到位。对市里下放的小企业要进一步落实有关政策。组织好纳入市级计划的区（市）县骨干项目的建设。鼓励有条件的乡镇企业使用世界银行工业改造贷款，加快技术改造步伐。

（二）加快工业改造和结构调整，培育新的经济增长点

振兴工业经济是增强全市综合经济实力的关键环节。工业经济的发展必须立足于现有基础，从大力调整结构入手。在这方面特别要把握好以下几点：一是转变观念，面向市场，着力于资产存量的优化组合；二是认真学习，深刻领会，用活、用好、用够国家已经给予的各项政策；三是大力培育支柱产业和大型骨干企业，充分发挥其“领头羊”的作用。今年要具体抓好以下工作：

根据中共重庆市第一次代表大会通过的国民经济和社会发展“九五”计划和 2010 年远景目标的《建议》，以及本次人代会审议批准的《纲要》所确定的原则，组织制定全市“九五”工业结构战略调整规划纲要，理清每一

个行业的发展思路。今年调整的重点是纺织和电子两大行业。酝酿提出一批结构调整和改造的重大项目，组织专家论证，筹集平衡资金，分期实施，今年开始起步。要用好国家专项补助的工业结构调整资金，用好库区迁建企业技改专项贷款5亿元和库区联营企业专项贷款15亿元以及库区国有企业进口退税指标等专项资金和政策，加快全市工业结构调整和改造。

抓好可在近期见效的现实增长点。近年来，我市通过基建、技改形成一批新的生产能力，由于种种原因不能发挥效益。在国家的支持下，今年将对一部分产品有销路、有效益的企业，补充注入8亿元流动资金，使之尽快发挥效益。对一部分生产经营前景好但资产负债偏高的企业，市政府将注入一批资本金，帮助其改善资产质量，加快发展壮大。按照效益优先、扶优扶强的原则，在资金、能源、运力、股票债券指标、进口配额等的安排上要向支柱产业、优势产品和“50强”企业重点倾斜，支持他们在有销路、有效益的前提下扩大生产规模，尽量占领更大的市场份额。汽车工业要发挥第一支柱产业的作用，今年计划安排汽车产量14.35万辆，比去年增加1.98万辆。庆铃轻型车、长安奥拓轿车等市场销售较旺的产品，要加快改扩建工程的速度，挖掘生产潜力，尽可能增加产量，扩大销售，并带动一批零部件配套企业的生产。摩托车重点是加快新产品开发和国内外市场的开拓，并通过清理整顿，改变我市摩托车及其零部件生产、销售中的混乱现象。特钢厂新区建设项目要尽快开工。重钢通过股票上市，加快现代企业制度建设，要在提高产品质量、降低消耗、增加效益等方面上一个新台阶。112厂要通过减员增效，改善资产结构，增强市场竞争能力。天然气化工的重点是组织好川维厂改扩建工程的实施，并利用丰富的天然气资源新建大型天然气化工基地，带动重庆市经济和社会的全面发展。轻工行业在进一步发展壮大现有“五朵金花”的同时，还要大力开发一批市场前景好的新产品，如微波系列家电产品等。今年计划安排食盐指标13.5万吨；其中新增食盐指标5.93万吨，主要安排给万县索特集团，以发挥规模效益。卷烟生产计划安排71.2万箱，比去年新增2.2万箱，新增指标主要安排给单箱税利较高的涪陵卷烟厂。在计划执行中还可以争取国家追加一些卷烟生产指标。

深化国有工业企业改革，加强企业管理。继续坚持“抓大放小”的方针，把一大批国有小型企业推向市场，实现产权的多元化，转变经营机制。大力推进企业兼并，妥善处理好已破产企业的遗留问题，做好减员增效工作。分流和下岗人员的安置以及职工的再就业工程，政策性强，又很敏感，各级政府都要积极热情、深入细致地做好工作，要时刻把困难职工的冷暖放在心上。

近几年，相当一批企业管理严重滑坡，问题成堆。各部门、各级政府要把正在进行的企业管理检查深入进行下去，对查出的问题要限期整改。在此基础上，市政府准备以加强企业财务管理为突破口制订国有企业管理条例，以规范各方面的行为，坚决堵塞国有资产流失的各种漏洞。

（三）优化投资结构，集中资金保证重点建设，加大移民投资力度

为适应加快经济发展的要求，必须保持相应的投资增长速度。同时又要考虑资金供给的可能，量力而行地安排建设。计划安排全社会固定资产投资总规模为390亿元，比上年增长21.6%。

1997年投资安排的原则是：注重结构调整，突出交通发展，加强农业基础，加快精神文明建设，保重点、保竣工、保投产，启动一批条件成熟的新开工项目，努力提高投资效益。

市政府已确定1997年市重点建设项目68项，今年安排投资95亿元，其中纳入市级平衡计划安排的资金有89.8亿元。要着重抓好交通、城建、水利和工业改造项目的资金筹措，努力消除资金缺口。纳入资金平衡计划的重点建设项目力争全年资金到位率达到95%以上。资金的投放要向当年能完工收尾的项目倾斜，确保万县长江大桥、涪陵长江大桥、乌江岩崩抢险整治、武隆至彭水公路，4个110kV变电站、石板水电站、大河口水电站、20万门市话扩容、第二长途电信枢纽大楼、和尚山水厂一期工程、袁家岗立交桥、兆峰陶瓷二期工程等16个项目年内完工或正式投入运行。

进一步解放思想，拓宽筹集建设资金的渠道。各级政府和企业领导要研究如何进行资本的运营和扩张，不仅要掌握资产管理，还要学会资本的管理和运作。今年要抓住国家扩大直接融资规模的机会，运用股票等筹集资金，加快经济结构调整和企业资产的优化重组，转变企业经营机制。大力支持、精心组织有条件的企业到境外上市和发行债券，开辟我市企业从国际资本市

场上直接融资的通道。选择一批符合国家产业政策的项目，纳入国家投资计划，争取政策性银行贷款。为保证三峡工程大江截流，今年国家加大了重庆库区移民投资力度。在抓紧完成重庆库区各县移民安置规划的同时，组织好1997年度移民投资计划的实施，按期完成巫山、奉节、云阳三县一期水位的搬迁安置。库区各地（市）县要努力争取更多的对口支援项目。

认真着手解决经济建设中的“大而全、小而全”问题。今年拟按国家部署，对“八五”和“九五”期间的建设项目进行一次清理。同时要选择条件成熟的前期工作项目，列入“九五”计划安排建设，经论证缺乏可行性的项目要予以注销。

今年深化投资体制改革，主要是贯彻市政府下发的《重庆市实行项目资本金暂行规定》《重庆市实行项目法人责任制暂行规定》《重庆市加强投资概算管理的暂行规定》《重庆市重点项目管理办法》等四个文件，着重解决投资管理中存在的项目严重超概算、不按基本建设程序办事、工程招投标不规范、工程监理不严格、建设资金使用混乱等问题。今后在项目实施中，凡违背市有关规定，不公开实行招标的项目，要从计划上予以注销，终结安排资金。

（四）继续控制物价，大力发展第三产业

去年我市物价涨幅回落较大，为今年物价调控奠定了好的基础。今年构成价格上涨的因素主要是需要调价的气、电、水和公用事业收费。因此，要把控制消费价格指数列为今年物价工作的重点，确保物价调控目标的实现。

大力发展第三产业。第三产业增加值的增长率要力争达到15%，占全市国内生产总值的比重达到35.5%。实施大流通战略，培育大型商贸集团和综合性商社，建立各种区域性市场，推进工商联合，发展连锁、超市、直销、配送、代理等新型营销方式。要利用中央给予的支持，吸引国内外金融机构来渝设立分支机构，积极争取国家批准建立区域性保险公司和三峡发展基金。各种金融机构要大力吸收存款，利用资金拆借市场，扩大融资量，确保全市贷款增长高于全国平均水平。加快旅游业发展，逐步将其培育成新的支柱产业。今年要做好全市旅游发展规划，制定促进旅游业发展的政策，办好“第三届三峡国际旅游节”。推进住房制度改革，培育房地产市场，更大规模地实施“安居”“广厦”工程，发展以住宅建设为主的房地产业。积极引进国内外资金发展第三产业，不断增强区域性中心城市的功能。

（五）以提高效益为中心，开创扩大对内对外开放的新局面

要进一步解放思想，大力改善投资环境，全面落实各项优惠政策，开创扩大开放的新局面。

1997年计划安排外贸进出口总额15亿美元，其中出口6.5亿美元，进口8.5亿美元。努力提高出口商品的档次，降低换汇成本，在效益提高的基础上扩大出口数量。结合工业结构调整，开发有竞争力的出口创汇产品，特别是冶金、化工、医药、机械、仪表等行业，要按市场需求和国际标准加速产品更新换代，积极开拓国际市场。深化外贸企业改革，推行集团战略，加强内部管理，努力控制和降低成本，提高竞争实力。积极支持有条件的生产企业实行自营出口，不断调整优化我市出口结构。

1997年计划实际利用外资7亿美元，比上年有较大增长。今年珞璜电厂二期工程、渝黔公路、黄花园大桥、达万铁路、四川省轮船公司引进船舶、黔江大河口水电站、川维醋酸项目、庆铃汽车技改、长安奥拓车技改、世行工业改革与环保贷款、和记大都会广场等一批重大项目都要进入用款高峰或正式开始启动。各项目业主和有关单位要积极组织落实国内配套资金，提高外资的到位率。

在吸收外资上，关键在于拿得出好项目，做好各种准备工作，提高与外商谈判的成功率。

加强区域经济合作，吸引国内特别是沿海发达地区的资金、技术、人才流入重庆，推动跨地区的资产重组和联合兼并，促进我市结构调整和制度创新。

（六）实施“科教兴渝”战略，推进社会发展和精神文明建设

继续以“普九”为重点，加强基础教育，提高适龄儿童的小学入学率，进一步推进对青壮年文盲的扫盲工作。理顺中专、高等教育管理体制，解决好原四川省属院校划转中的实际问题。按照控制总量、调整学科结构、提高质量的原则发展中、高等教育。在与四川省联合搞好今年大中专学校招生的同时，为明年独立招生做好各项准备。增加教育投入，进一步改善办学条件

和教师生活条件，优先安排三峡库区淹没学校的迁建。进一步落实国家有关政策，加快贫困地区和少数民族地区教育的发展。抓好科学研究及其成果的推广应用，尽快启动“科教兴渝”的六大工程。

加快建设广播电视微波网，积极做好电视节目上卫星转播的准备工作。争取在年内建成市图书馆特藏书库、市外科医院综合大楼、市职业病防治院综合大楼和市第九人民医院门诊部。抓紧袁家岗体育中心、涪陵体育馆、万县妇幼保健院等在建项目的建设。积极推进红岩革命纪念馆、市文化艺术中心、自然博物馆、市口腔医院住院部、黔江中心医院的前期工作，创造条件尽早启动建设。

做好规划，分期安排公、检、法、司、武警等方面的投资，以适应直辖市政权建设的需要。积极引进外资兴建环保项目，强化污染企业的整治，进一步改善环境质量，并积极筹划发展我市的环保产业。

以农村地区、城市流动人口和库区移民人口为重点，搞好计划生育工作，严格控制人口增长，提高人口素质。组织力量开展全市人口变动及生育节育的抽样调查，继续实行计划生育目标管理责任制，力争将人口自然增长率控制在8‰以内。要把少数民族地区的发展作为社会发展的重要内容，研究扶持政策，增强民族团结。配合工业结构调整、国有企业减员增效和下岗分流，不断完善社会保障体系，提高保障功能，为企业改革创造条件。为下岗待业人员提供再就业培训，帮助其寻找重新就业的机会，将城镇登记失业率控制在3.6%以内。

各位代表！今年前几个月全市经济增长速度逐月加快，效益有所改善，显露了一些新气象。在今后几个月，我们要按照中共重庆市第一次代表大会和本次人代会的精神，以饱满的热情和科学的态度，踏踏实实地做好工作，力争全面完成1997年各项计划目标，在直辖市成立的第一年取得优异的成绩！

重庆市国民经济和社会发展第九个五年计划和2010年远景目标纲要[1]

（1997年6月15日重庆市第一届人民代表大会第一次会议批准）

序　言

全国人民代表大会八届五次会议批准设立重庆直辖市，是党中央、国务院为加快中西部地区经济社会发展所采取的一项重大战略举措，重庆进入了一个新的发展时期。我市要面向21世纪、面向全国、面向世界，争取用十多年时间，建设一个繁荣、富裕、文明、进步的直辖市，把重庆建设成为长江上游和西南地区的经济中心，为下世纪中叶基本实现现代化奠定坚实的基础。根据《中共重庆市委关于制定重庆市国民经济和社会发展"九五"计划和2010年远景目标纲要的建议》，市政府制定的《重庆市国民经济和社会发展第九个五年计划和2010年远景目标纲要》（以下简称《纲要》），将作为新时期组织和动员全市人民推进改革开放和现代化建设的行动纲领。

《纲要》突出宏观性、战略性和政策性，把15年远景目标和5年中长期计划安排结合起来。远景目标设想提出战略目标和发展方向；"九五"计划重点确定经济建设、社会发展、改革开放的主要目标、任务、政策措施的总体部署，提出预测性、指导性的计划指标。到2000年全面实现"九五"计划目标以后，本届政府确定的"一年起步，五年振兴"的任期目标基本实现。各区县、市级各部门要根据本《纲要》重新制定或调整本地区、本行业

①本文原载于《重庆日报》，1997年6月27日。

的规划。

一、跨世纪发展的宏观环境

（一）历史使命与发展机遇

未来15年国内外宏观环境对重庆发展有利。世界经济重心正在向包括我国在内的地区转移，亚太地区将成为全球经济增长最有活力、最具潜力的地区之一。我国经济进入新的成长时期，市场化、工业化、城市化和经济国际化加速发展，正在成为亚太地区乃至世界经济中新的增长极，并由此创造新的市场环境和发展空间。国务院在八届全国人大五次会议上《关于提请审议设立重庆直辖市的议案的说明》中指出：进一步发挥重庆的区位优势、"龙头"作用、"窗口"作用和辐射作用，带动西南地区和长江上游的经济、社会发展。这是迈向21世纪的重庆肩负的历史使命。

今后15年重庆要完成三大战略任务：增强中心城市的综合实力，完善城市功能，把重庆建设成为名副其实的长江上游的经济中心；探索城市带农村的新路子，加快农村经济发展，实现城乡共发展、共繁荣；搞好开发性移民，发展库区经济。

重庆面临着难得的历史性机遇：直辖市的设立，使重庆在国家行政管理体系中地位提高，在国家宏观经济调控体系中层次提高；三峡工程建设和库区开发，将促进地区经济繁荣，社会进步；建设以三峡库区为核心的长江上游新兴产业群，与上海浦东产业群相呼应，将加快形成长江沿江产业带；重庆处在我国中部地区和西部地区的接合部，有条件成为国家开发西部的重要突破口和新的增长点；国家继续支持老工业基地改造，有利于重庆经济加快两个转变，实行战略性结构调整。重庆要抓住机遇，加快发展，争取成为本世纪末下世纪初中国西部地区开发战略的重点、中国内陆腹地对外开放的热点、长江产业带发展的新增长点。

（二）发挥优势，攻克难题

重庆市经济社会发展要发挥优势：一是区位优势，承东启西，兼得长江沿江地区和西南地区开发之利；二是资源优势，拥有丰富的天然气等矿产资源、淡水及水能资源和独具特色的三峡旅游资源，背靠资源富集的大西南；

三是市场优势，市场容量巨大，随着人民生活由温饱向小康过渡，三峡工程库区移民和城镇企事业搬迁，大规模的基础设施建设等将产生巨大的消费需求和投资需求；四是劳动力优势，有素质较高的数百万产业工人，丰富的城乡劳动力资源，相对劳动成本较低；五是科教优势，科技教育力量雄厚，拥有近千家科研机构，50 多万科技人员，25 所高等院校；六是工业优势，工业固定资产存量很大，物质技术基础较好，有很大的发展潜力。

未来 15 年重庆市经济社会发展要集中力量解决好关系全局的四大难题：一是按期完成三峡工程重庆库区百万移民；二是在“九五”期间实现 366 万农村贫困人口脱贫，基本消除贫困现象；三是搞好国有企业改革、改组、改造，实现老工业基地振兴；四是防治环境污染，保持生态平衡。

面对新形势，全市人民要增强机遇意识，增强责任感和紧迫感，肩负历史使命，开拓进取，负重自强，攻克难题，开创重庆经济社会发展的新局面。

二、指导思想和奋斗目标

（一）指导思想和奋斗目标

未来 15 年重庆市国民经济和社会发展的指导思想是：以邓小平建设有中国特色社会主义理论和党的基本路线为指导，遵照江泽民总书记“努力把重庆建设成为长江上游的经济中心”的要求，紧紧把握解放思想，抓住机遇，“开发三峡，振兴重庆”，加快发展，富裕城乡的工作方针，实施“科教兴渝”和可持续发展战略，坚持以经济建设为中心，以改革开放统揽全局，积极推进经济体制和经济增长方式的根本转变；坚持富民为本，城乡一体，共同繁荣；坚持物质文明建设和精神文明建设两手抓，依法治市，保持社会稳定，促进经济、社会协调发展。

根据党中央的战略部署和总体要求，今后 15 年重庆经济和社会发展的奋斗目标是：把重庆建设成为长江上游和西南地区的经济中心，形成长江上游新兴产业群，到 2010 年全市国内生产总值比 1995 年翻两番，综合经济实力力争达到全国省市中等偏上水平，城乡人民生活富裕文明。主要标志是：

——重庆主城区建设成为长江上游的商贸中心、金融中心、科教文化信息中心，交通枢纽、通信枢纽，高新技术产业基地，综合实力和区域辐射能力进一步增强。

——建设功能和效率显著增强的综合交通运输体系，形成较为完备的基础设施体系。

——建设以中心城市为依托，大、中、小城市有机结合的组团式、网络化的长江上游城镇群体系。

——立足现有基础，发挥老工业基地优势，加快结构调整和布局调整，把重庆建设成为现代工业基地。

——沿成渝高速公路和长江沿江地区，建设对外开放走廊，以国家级经济技术开发区和高新技术产业开发区为核心，形成多层次、全方位的对外开放新格局。

——初步实现社会主义市场经济体制和经济增长方式的转变，创新运行机制，进一步解放和发展生产力。

——坚持物质文明和精神文明共同进步，经济和社会协调发展，全民素质明显提高，形成较完善的社会发展体系。

——全面完成三峡库区移民任务，确保移民按期移走、长期稳定、发展致富。

——实现贫困地区人民脱贫目标，稳步走上致富奔小康的道路。

——加强生态环境保护和环境治理，调整和优化产业结构，建成经济、社会、环境相协调的三峡库区生态经济区。

（二）“九五”计划的主要任务

“九五”是为实现跨世纪奋斗目标奠定基础的关键时期，主要任务是：到本世纪末，全市综合经济实力显著增强，经济增长质量明显提高，基本消除贫困现象，人民生活达到小康，初步建立社会主义市场经济体制，转变经济增长方式取得成效，实现“一年起步，五年振兴”。

“九五”期间经济社会发展的主要指标是：

经济总量：国内生产总值年均增长 11%（按可比口径），2000 年达到 2220 亿元；人均国内生产总值年均增长 10%（按可比口径），2000 年达到 7060 元。

财政收入：地方预算内财政收入年均增长 12%，2000 年达到 80 亿元。

建设规模：全社会固定资产投资年均增长 22%，五年投资总规模 2500 亿元，平均投资率 29%。

利用外资：实际利用外资 5 年总规模 35 亿～40 亿美元。

内外贸易：社会消费品零售总额年均增长 18%，2000 年达到 850 亿元；外贸进出口总额年均增长 10%，2000 年达到 24 亿美元。

科技教育：科技进步对经济增长的贡献率 2000 年达到 45%；基本普及九年义务教育。

人民生活：到 2000 年城镇居民人均生活费收入达到 7000 元，农民人均纯收入达到 2350 元，城镇登记失业率控制在 4% 以内。

人口规模：人口自然增长率控制在 8‰左右，到 2000 年全市人口控制在 3145 万人左右。

三、加强国民经济基础结构

强化国民经济基础结构，增强对经济发展的支撑能力。集中资金进行水利、交通、通信、能源、城市基础设施的建设，力争适当超前发展，建成一批重点骨干工程。

（一）水利建设

水利是农业的命脉，是城乡经济发展重要的基础设施。加强水利设施建设，提高抗旱、排涝、防洪能力。“九五”期间，要抓紧整治现有病害水库，进一步完善渠系配套。改造和建设一批机电提灌设施，增加农田有效灌溉面积。重点抓好一批具有综合效益的中小型水利工程。抓紧实施三峡库区水利专项工程。分期实施西部供水工程。加快农村人畜饮水工程建设，力争“九五”期间基本解决农村人畜饮水问题。稳步推进长江、嘉陵江、乌江等江河的大型综合水利枢纽前期工作。

（二）综合交通运输体系建设

综合交通运输体系建设是国民经济基础结构的重点，也是加快区域经济发展的载体。交通运输发展的目标是：以铁路干线、公路主干道、长江黄金水道、空中航线为重点，形成交通运输体系的骨架，实现快速便捷、内外通达、各种运输方式有机衔接，初步形成功能完善和高效运行的综合交通运输体系。

1. 铁路

铁路运输发展的基本任务是：建设新的进出通道，完善铁路路网结构，扩大枢纽能力，改善技术装备，提高运输质量和效率。

铁路干线。“九五”开工建设达万铁路，加快渝怀铁路前期工作，力争“九五”末开工建设；2010 年前争取建成遂渝线；做好渝汉线（重庆至武汉）、兰渝线（兰州至重庆）的规划。

重庆铁路枢纽总体改造。“九五”期间建设重点是：改造重庆西编组站，扩大东站等货场能力。2000 年后结合渝怀线建设江北新客站和唐家沱货场。2010 年前建设兴隆场编组站。

2. 公路

公路交通运输建设的任务是：打通出口，形成骨架，改善路网，提高等级。在 2010 年前争取形成通向市外的高等级公路体系；以二、三级公路为主体连接区县政府所在地，以三、四级公路为主体连接乡镇；结合扶贫，加快山区公路建设，在“九五”末实现乡乡通公路。

主骨架公路。结合国家公路主干道和公路主枢纽布局，在 2010 年前形成以重庆主城为中心，成渝路、渝万路（重庆主城至万县苏拉口）、渝黔路（210 线重庆主城至綦江崇溪河）、渝达路（210 线重庆主城至达川）、渝南路（212 线重庆主城至南充）、渝遂路（319 线重庆主城至遂宁）六条高等级公路和涪秀路（319 线涪陵至秀山段，二级路）组成的放射状主骨架公路网。其中“九五”建设重点是：建成渝万高等级公路上桥至长寿段、梁平至万县段，开工长寿至梁平段；建成长寿至涪陵高等级公路，完成涪陵经黔江至秀山二级路改造工程；建设渝黔高等级公路。

一般骨架公路。加快建设县城之间的重要联络线和县域出境通道，初步形成全境内的公路网络。

特大型公路桥。“九五”建成江津、涪陵、丰都、万县等长江大桥；2000 年左右开工建设忠县长江大桥。

公路主枢纽及站场建设。建设连接城市干道、快速公路和国道的过境环路，力争“九五”期末初步形成；加快衔接各种运输方式的客货场站建设和支撑服务体系建设，尽快形成重庆公路主枢纽。

3. 水运

水运发展的任务是：以长江干线为主轴，以乌江、嘉陵江为次轴，以重庆、涪陵、万县三个港口为枢纽，形成水上快速通道。结合三峡迁建，对库区沿江重要港口进行总体布局调整，把重庆港、涪陵港、万县港建设成为三大内河深水良港。

分步建设骨干客、货港，发展中小码头和货主码头，搞好与公路和铁路的衔接。“九五”重点是加快改扩建九龙坡港区，新建集装箱码头和杂货码头各一座，改扩建重件码头；新建佛耳岩港区，发展汽车滚装运输；改造兰家沱港区和猫儿沱港区，扩大川、滇、黔物资中转能力；筹建寸滩集装箱港区；做好鱼嘴港区和长寿港区建设的前期工作；抓好涪陵港、李渡港、丰都港、忠县港、万县港、云阳港、奉节港等的调整复建和扩建。结合嘉陵江、乌江开发，疏浚改造航道，改造和新建一批港口。新增水运运力。调整运力结构，进一步发展快速旅客运输和江海联运，提高水运效益，增强水运企业自我发展能力。

4. 航空

航空发展的任务是：按现代国际空港标准，实施江北机场二期扩建。“九五”重点扩建站坪、停机坪，新建滑行道；争取延长跑道、第二候机楼等工程开工。抓好万县五桥机场的建设。推进黔江舟北机场前期工作，条件成熟时动工建设。

开辟新的国内航线和国际航线，扩大重庆与亚太地区主要城市的国际直航运输。大力提高航空运输服务质量。

（三）邮电通信建设

邮电通信发展的目标是：建成内外畅通、技术先进、高效安全的邮电网络，使重庆成为长江上游和西南地区的通信枢纽。加快建设长途通信网络，努力扩大枢纽对外通信能力和交换能力，提高通信交换现代化和智能化水平。配合国家信息基础结构（NII）建设，建成覆盖全市、互联互通、统一标准的公用高速通信网。建成江北长途通信枢纽工程。加强对外联系的国家光缆干线。形成重庆行政辖区内的光缆环路。扩建重庆卫星通信地球站。加快电话扩容工程，增加电话装机容量。“九五”末建成以重庆主城、万县城区、涪陵城区、黔江县城为中心的四个本地电话网，全市电话普及率力争达到8%，主城电话普及率达到52%，各区市县城电话普及率达到25%以上，大部分农村通电话。2000年电话装机容量达到250万门。全市实现电话程控化。

邮政枢纽及网点建设。提高全市邮政运输能力和邮件处理能力，增设邮政网点，扩大乡村邮政服务网点。建设重庆汽车邮运中心、重庆邮政枢纽工程、储奇门重庆水运邮件转运站，形成水陆空全方位的快速干线邮政运输网。建成现代邮政枢纽。

（四）能源发展

坚持开发与节约并重的方针，优化能源生产结构和能源消费结构，促进经济与环境的协调发展。

1. 煤炭开发

通过技改稳定提高国有煤矿的生产能力，规范乡镇煤矿开采，逐步提高煤矿综合效益。加强煤炭地质勘探，增加资源储量。发展煤炭深度加工利用，提高原煤入洗率。引入新的开发技术，对煤田瓦斯气进行工业开采、利用。长远设想，为改善本地区大气质量，要逐步减少高硫煤产量，加大优质煤炭的调入。

2. 电力工业

电力工业的发展要水、火并举，努力增加可再生能源发电比例和清洁发电比例，大力加强电网建设，提高电网可靠性和电能质量要求。电力建设的重点是，完成国家500千伏骨干电网及配套工程，确保二滩和三峡两大水电基地按期按量向重庆送电；改造扩建骨干火电厂，分期开发乌江、嘉陵江水力资源。“九五”建成珞璜电厂二期（2×36万千瓦）工程、大河口水电站、石板水电站；做好彭水电站、江口电站、嘉陵江梯级水电站，以及开县白鹤火电厂二期工程、龙桥火电厂二期扩建工程、永川火电厂三期工程、珞璜三期工程、合川双槐树火电厂等项目前期工作，创造开工建设条件。结合扶贫开发小水电，建设一批电气化县。提高电网建设的投资强度，配合国家500

千伏骨干电网建设，改扩建220千伏、110千伏输变电网和城市中低压电网，逐步形成可靠、高效、灵活、开放的重庆地区现代电网。

3. 天然气

配合国家做好天然气田的勘探开发，建成大天池至长寿输气干线、渡舟天然气净化总厂。创造条件开发浅层天然气。

4. 加强能源节约和综合利用

强化节能意识，推广节能技术。改造能耗高的落后生产工艺和设备，提高能源利用率。重点抓好冶金、化工、建材、能源工业等高耗能产业的节能降耗。积极发展沼气，探索太阳能、风能利用，大力开发农村能源。

四、加快产业结构的战略性调整

加快产业结构战略性调整是今后15年的一项重要任务。产业结构战略性调整的目标是：加快农业产业化和优质农产品生产基地建设；发展壮大以汽车摩托车为主体的机械工业、以天然气化工和医药化工为重点的化学工业、以优质钢材和优质铝材为代表的冶金工业三大现有支柱产业，着力培育电子信息、建筑、旅游和食品四大新的支柱产业，加快发展高新技术产业，大力发展第三产业，逐步形成以三峡库区为核心的长江上游新兴产业群，加速产业结构高级化和现代化进程。

（一）强化第一产业

始终把加强农业放在国民经济的首位，以致富奔小康统揽整个农村工作。统筹考虑农民、农业和农村工作。努力争取粮食及主要农产品产量稳定增长；有效地转移农村剩余劳动力；结合三峡移民，加速农业产业化、城乡经济一体化进程。不断地提高农民的收入水平。

“九五”期间，农业和农村经济发展的主要任务是：推广良种，提高单产效益；推进农业科技进步，优化种植养殖业；大兴水利，提高抗御灾害能力；加快小城镇建设，大力发展乡镇企业。

1. 加快推进农业产业化和市场化进程

调整优化种植养殖业结构，稳定粮食及主要农产品产量并力争有所增长；根据市场需求，大力发展高产优质高效的商品农业，实行区域化布局、专业化生产；加快优质农产品商品生产基地和市场建设；积极培植龙头企业，发展“公司＋基地＋农户”组织，促进种养加、贸工农一体化经营。

因地制宜发展农村多种经营。利用三峡库区水体资源，发展水产养殖业。综合利用自然条件，发展林、果、茶、药等特色产品。开发山地资源，大力发展畜牧业；建设山水景观，发展旅游业。

2. 大力增加农业投入，强化农业基础地位

广辟农业投入的资金渠道，逐年提高财政对农业投入的总量；转变农业投入机制，运用国内外信贷资金和吸引其他社会资金投入农业；积极引导农民投工、投劳，增加农业劳动积累，采取以工代赈进行农田水利基础设施建设。调整农业投资结构，大力提高农业投资效益。财政性农业投资的增量部分，主要集中用于水利设施、中低产田土改造、农业科技与教育、粮食和蔬菜基地建设，解决困扰农业发展的主要问题。

走依靠科技进步增产增收增效的农业发展路子。特别要加强种子工程，加快农作物良种更新，科学施肥，发展节水、节肥、节地农业。

3. 大力发展乡镇企业，加快小城镇建设

大力发展乡镇企业是繁荣农村经济和实施城市带农村战略的重点。乡镇企业要继续以工补农，吸纳更多的农村富余劳动力，为增强区县和全市综合实力作出新的贡献。努力提高乡镇企业的素质和效益，结合小城镇建设，引导乡镇企业适当集中，工业小区和小城镇建设互为依托，提高集聚效应，增加就业容量。注重发展带动产业化的龙头企业，培植发展大中型乡镇企业。注重盘活现有存量，改制、改组现有企业。注重科技进步，发展优势产业和特色产品，改革农村户籍制度，扩展农村产业发展空间，有效转移农村剩余劳动力。

4. 深化农村经济体制改革

发展农业和农村经济，必须充分发挥广大农民的积极性。稳定党在农村的基本政策，处理好农民和土地的关系，在完善农村家庭联产承包责任制和统分结合的双层经营体制的基础上，鼓励土地使用权合理流动，有条件的地方逐步推进适度规模经营。加快农村金融体制改革，规范农村合作基金组织。发展农村社会化服务体系，增强乡村集体经济组织的服务功能，鼓励多

种形式的合作与联合。进一步改革农产品流通体制，促进农业生产专业化、商品化、社会化，增强农村经济发展活力。

（二）优化提高第二产业

加快老工业基地改造和结构调整，是增强全市综合经济实力，实施城市带农村战略，实现“一年起步，五年振兴”奋斗目标的关键环节。按照两个根本性转变的要求，工业结构调整必须坚持六个原则：要有所为，有所不为，扶优扶强，重点支持优势行业、优势企业、优势产品；以市场为导向，以效益为中心，注重经济效益、社会效益和环境效益的统一；使结构调整和企业改革、制度创新相结合，加快建立现代企业制度进程；立足于挖掘现有潜力，以资本运营实现资本扩张，促进资产流动和重组；开发新技术、新产品，提高科技对经济增长的贡献率；工业结构调整要有利于带动一、三产业的发展。

1. 工业结构调整要突出重点

发展壮大支柱产业，是工业结构调整的重点。以汽车摩托车为主体的机械工业、以天然气化工和医药化工为重点的化学工业、以优质钢材和优质铝材为代表的冶金工业三大产业，是重庆现有的支柱产业，应集中力量发展壮大。

以汽车摩托车为主体的机械工业：要突出我市汽车、摩托车的品种结构优势，以零部件为基础，经济型轿车为重点，摩、微、轻、重及改装车、特种车协调发展；研制开发电动汽车、天然气汽车等新型燃料汽车。实行集团化战略，组织专业化生产，增强自主开发能力，带动相关产业发展，建成具有特色的汽车、摩托车生产基地。同时，培育输变电设备、环保设备、内河高速船舶制造等机械工业新增长点。

以天然气化工和医药化工为重点的化学工业：重点发展有资源优势的天然气化工，增加基本有机化工原料并发展中下游产品，发展大化肥生产。壮大医药工业，大力开发新药品种、制剂，提高加工深度，扩大优势品种的生产规模。发展汽车用化学品和新领域精细化工产品，把重庆建成我国综合性化工基地。

以优质钢材和优质铝材为代表的冶金工业：采取新技术、新工艺、新设备，发展替代进口和弥补国内市场空白的优质新型材料。抓紧重庆钢铁（集团）公司和重庆特殊钢（集团）公司的技术改造，提高竞争能力，并在环境保护、资源综合利用与节约能源方面取得大的进展。全面完成西南铝加工厂的技术改造，充分发挥装置能力，形成我国重要的优质铝材加工基地。

培育和发展建材、玻陶和日用化工等优势行业，强化其作为全市工业经济重要增长点的作用。

实施“名牌”产品战略，大力发展一批拳头产品。对知名度较高、市场占有率高、带动力强的拳头产品，要集中力量加以培育。提高经济规模，增大对全市经济增长的贡献。实施大公司、大集团战略，重点支持一批骨干企业，以资产为纽带，以市场为导向，发展成为年销售收入超过50亿元的跨行业、跨部门、跨所有制的大型企业集团。

2. 发挥工业对一、三产业的带动作用

注重一、二、三次产业的联动，实施工业带农业，促进城乡经济发展。发挥区域资源优势，利用国内外先进技术，发展产品链。

——优质农副产品—食品加工产品链。大力发展以优质农产品为原料的食品加工业，带动农业发展，满足人民生活需要。集中力量建设烤烟、水果、茶叶、榨菜等生产基地，发展食品加工工业，形成地方特色食品。

——麻、丝、毛—纺织—成衣产品链。利用区域内丰富的苎麻、蚕丝、兔羊毛，发展麻纺、丝纺、毛纺，开发高档纺织品，大力发展服装生产，创出名牌，扩大出口，提高国内市场占有率。

——猪、牛、羊养殖—制革—皮革制品产品链。实行规模化、集约化养殖猪、牛、羊。引进技术发展制革，提高制革质量。生产中、高档皮革制品。

——速生丰产林—造纸—纸制品及包装产品链。引进优良树种，利用山区发展速生丰产林，组织木片生产。引进先进工艺，严格环保措施，集中制浆，发展具有经济规模的造纸工业及各种纸制品。关闭小纸厂。发挥重庆包装工业优势，提高包装设计和包装制品质量水平。

——高效经济林—林化工、中成药产品链。大力发展五倍子、白果、油桐、皂角等经济林木，发展林化工。利用黄连、杜仲、青蒿素等资源，发展中成药制品。

3. 培育高新技术产业

运用高新技术发展支柱产业和改造传统产业，加快科技成果转化，形成高新技术产业基础，使之成为21世纪初叶的支柱产业。促进国民经济信息化进程，建设信息化系统。开发和推广电子信息应用系统和软、硬件产品。重点发展微型计算机及其应用产品、显示器、现代通信设备、专用集成电路、光电子器件及产品、自主版权软件及信息服务业，使电子信息业成为新的经济增长点。加快汽车电子产品开发，促进汽车工业上档次。仪器仪表行业要重点发展工业过程自动控制系统成套装置，力争在大型火电及核电机组成套自控系统取得突破。充分发挥科研院所和大专院校的优势，加强国际交流合作，研究开发微电子、新材料、新能源、生物工程技术，促进产业化。高新技术产业开发区要起好发展高新技术产业基地的作用。

（三）大力发展第三产业

今后15年第三产业发展的目标是：建立起适应社会主义市场经济体制的现代化市场体系，城乡社会化综合服务体系和社会保障体系。强化重庆作为长江上游商贸中心、金融中心、信息文化中心和交通枢纽、通信枢纽的城市综合功能，提高第三产业增加值占国内生产总值的比重。第三产业中要快速发展商贸流通、金融、旅游、房地产、信息咨询等五大行业。

1. 商贸流通业

实施“大贸易、大流通、大市场”战略。扩大商品流通规模及辐射范围，构建长江上游商贸中心。建设一批区域性、全国性的消费品和生产资料批发市场。发展现代流通组织形式和营销形式。扩大开放，引进国内外著名商贸集团进入重庆市场经营发展。培植一批大型现代流通企业，形成内外贸结合、跨地区、跨行业、跨国经营的大型贸易集团和综合商社。在重庆主城区内建设中央商务区和几大中心商业区。建设万县、涪陵、黔江大型流通设施。吸引国外、外地企业到我市投资发展商贸业，扩大重庆商业、商品的市场占有率。发展中、小零售便民商店，鼓励非国有商业发展。规划布局和建设农村集贸市场，形成城乡市场网络。

2. 金融保险业

按照把重庆建设成为长江上游金融中心的目标，初步建立适应社会主义市场经济体制的独立执行货币政策的中央银行区域性宏观调控体系；建立政策金融与商业金融分离，以国有银行为主体、多种金融机构并存的金融组织体系；建立既有服务于大工业、大商业，也有服务于大农业、三峡库区大开发的多层次、多类别的银行与非银行金融机构体系；培育长江上游区域性货币市场和资本市场，发挥重庆在长江上游资本流动的龙头和枢纽作用。集聚金融人才，使重庆金融从业人员素质跃居全国各大城市前列。建立由中央银行有效监管、金融机构行业自律组织和金融机构内部监控机制相结合的监管体系。建立高效的现代化金融营运体系，扩大金融市场规模，创新金融品种，加快金融手段设施现代化，提高重庆区域性融资中心功能。加快金融业的对外开放进程，大力吸引国内外金融机构来渝设立分支机构。争取国家批准在渝外资金融机构经营人民币业务试点。规划建设金融中心区。争取建立区域性的人寿保险公司和面向全国的地方商业银行。培育长期资本市场，发展和规范金融证券市场。按照国际规范要求，把重庆商品交易所建设成为我国西部地区最大的期货交易市场。发展各类投资银行，建立产业投资基金。

3. 旅游业

提高旅游在国民经济中的地位，旅游业要培育发展成为我市新兴的支柱产业。统一规划，加强行业管理，完善政策法规。优先发展国际旅游，积极发展国内旅游，提高旅游业的管理水平、经济效益、创汇能力和关联带动作用。旅游资源开发要突出重庆历史文化名城和巴渝三峡历史文化特色，依托大足石刻、缙云山、钓鱼城、四面山、金佛山、长江三峡等国家级历史文化遗迹和风景名胜区，开发乌江峡谷、武陵山旅游线，完善旅游环形线路。扩大旅游环境容量，开发新的旅游景点，丰富旅游内容。大力改善旅游配套服务设施，提高旅游综合服务水平，开发旅游商品，形成地方特色产业。

4. 房地产业

发展适应中低收入家庭居住的住房产业。利用土地级差收益，优化配置房地产资源，引导产权置换，推进房地产交易市场化和住房商品化。促进建筑建材、装饰美化、工程设计、物业管理等行业发展。推广应用先进建筑技术，发展新型建筑和装饰材料生产，完善房地产业的服务体系，不断改善人民居住条件，使房地产业成为新的经济增长点。

5. 信息咨询业

大力发展经济、科技、法律、财会、工程技术、经营管理、社会服务等咨询服务，形成结构合理、技术先进、敏捷高效的社会化信息服务体系，满足信息咨询的多元化、高效化需求，使信息咨询业成为国民经济发展的新兴产业。

五、城镇体系建设和生产力布局

(一) 城镇体系建设

城镇体系建设的总目标是：实施城市总体规划，逐步建成由特大城市—大城市—中等城市—小城市—小城镇组成的层次分明、规模适度、功能合理的长江上游现代化城镇群。形成以重庆都市圈为中心，万县、涪陵、黔江、永川等为地区性中心城的“一星多极网络”的空间结构体系，努力提高城市化水平。

城镇体系建设的重点，一要突出重庆都市圈在长江上游产业群和我国西部地区开发中的战略地位，强化“三中心、两枢纽、一基地”的区域性功能；二要加快三峡库区移民迁建城镇建设，促进三峡工程顺利进行；三要发展中、小城镇，引导乡镇企业和农村剩余劳动力向中、小城镇集聚，加速农村城镇化进程。

1. 实施重庆城市总体规划

继续保持“多中心、组团式”布局结构，建设富有历史文化传统和山水园林特色的现代化城市，规划和建设重庆主城北部片区，形成以主城为核心的都市圈，延伸和发展主城综合功能。

2. 规划建设区域城镇

结合三峡移民和城镇企事业搬迁，重新调整规划和布局。把万县建设成为长江三峡库区新港和渝东地区的水陆交通枢纽、对外贸易口岸、三峡旅游服务基地，形成一批新型产业，使万县成为新兴的工业城市。

把涪陵建设成为长江上游的重要港口，乌江流域的物资集散地和旅游服务基地，以食品、轻化工、医药、机械、建材、造船为主的工业生产基地。

将条件较好的黔江、永川、合川、江津、南川、长寿、开县规划建设成为地区性中心城市。

3. 建设一批小城市和小城镇

县政府所在地都要按小城市进行规划建设。建制镇政府所在地，要发挥其“亦工亦农”的特点，促进农村经济和社会全面发展。边远地区根据交通条件进行乡镇建设调整。

4. 加强与长江中下游城镇群的联系

长江上游城镇群的发展，要加强与长江中下游城镇群的协调发展，与以上海为中心的长江三角洲城镇群、以武汉为中心的长江中游城镇群相呼应，共同构成发达的长江沿江城市带。

（二）城市公用设施建设

以改善市民的生产、生活环境和增强城市综合服务功能为目标，大、中、小城市都要按照建设城市交通、供排水、供电照明、供气、绿化环卫五大市政系统的要求，做好规划和建设。

1. 城市交通系统

要加快形成重庆主城和都市圈的高速环路和放射状快速干路。完善主城内道路网络，改造平交路口，增加与高速公路的联络道，建设城市轻轨交通、桥梁、立交、索道、电动扶梯，提高城市交通系统的现代化水平。

万县、涪陵及库区移民迁建县城，要尽快建设形成城市道路主骨架。建设涪陵城市防护大堤，形成滨江路。其他区县也要按城市远期发展的需要，适度超前规划建设城市道路，以满足城市未来发展需要。

2. 城市供排水系统

考虑三峡工程的影响，合理规划和布局，新建改造供、排水设施。“九五”期间要继续改扩建和新建城市水厂，新建和改造一批小城镇水厂。提高饮用水质和工业用水重复利用率。统筹规划和建设一批污水处理厂，提高库区城市污水处理能力。

3. 城市供电照明系统

各大、中、小城市，都要改造城区供电系统，规划建设新城区供电设施。在提高生产生活用电质量的基础上，改善城市照明。

4. 城市供气系统

改造现有天然气管网，建设新城区输气管网，增加储气设施。提高城市民用天然气气化率。

5. 城市绿化环卫系统

重庆主城要按“山水园林城市”要求规划建设。市域内所有城镇建设都要注重绿化，为居民创造良好的居住环境。加强城市环卫设施建设，规划建设一批新型无害化垃圾处理厂，新建和改造城市垃圾站，逐步实现对垃圾进行集中无害化处理。

（三）提高城市管理水平

坚持条块结合、以块为主，两级政府，三级管理原则，不断提高城市管理水平。完善城市管理法规，提高城市管理队伍素质和执法水平。实行城区政府行政首长负责制，坚持不懈地加强城市综合管理，创建“卫生城市”“文明城市”。

（四）生产力布局

实施点轴系统开发模式：开发两线，南北展开，依托城市，带动全局。基本格局是：以成渝高速公路、长江沿江地区为两线，沿国道319、318、210、212，襄渝、渝黔、渝怀等交通干线南北展开，发挥主城带动和辐射作用，依托大、中、小城市，逐步形成布局合理、各具特色的经济区，带动全市经济和社会发展。

重庆主城区要逐步转向以发展第三产业为主。禁止在主城区新建高耗能、重污染、大运量的重化工业项目。现有企业要加强治理，创造条件逐步迁出或者转产。全市都要认真执行国家产业政策，严格控制污染工业项目建设。

进一步加大区县经济发展。把壮大区县经济实力作为城乡居民致富奔小康，实现城乡共繁荣、共发展的重要途径。创造良好的外部政策环境，赋予区县统揽发展本地经济的能力。在生产力布局上，凡是能够摆在区县的项目，都要尽量摆到区县。主城大工业项目的协作配套产品要向区县扩散，尤其要向三峡库区扩散。注重开发区县优势资源，形成特色经济。各区县要进一步解放思想，扩大开放，努力改善投资软硬环境，提高招商引资成效。加快市场体系的培育发展，带动农业产业化发展。大力发展乡镇企业和非公有制经济。

（五）促进区域经济发展

重庆市要与周围地区、全国各省市寻求合作和共同发展。发挥重庆在我国西部开发、长江产业带和西南开发中的功能作用，加强协作交流，做好综合服务。按照“优势互补，利益共享，互惠互利”的原则积极参与五省区七方经济协作区、重庆经济协作区、长江沿江城市协作网等区域性经济协作组织，开展全方位经济技术合作、社会文化交流。特别要保持与成都市的传统合作关系，共同为渝、川的发展作出贡献。加强与沿海地区的经济合作与交流，学习和推广先进地区的先进经验。

六、科学技术和教育发展

（一）全面实施“科教兴渝”战略

贯彻科学技术是第一生产力的思想，全面实施“科教兴渝”战略。坚持科技为先导，教育为基础，确保科技教育优先发展的战略地位。深化科教体制改革，促进科技教育与经济有机结合，增强全市的科技实力和科技成果转化能力，提高全市人民的科学文化素质，为加快经济增长方式的转变和经济社会发展提供科技和人才，不断提高科技进步对经济增长的贡献率，实现经济社会相互协调和可持续发展。“九五”期间实施“科教兴渝”的战略重点是：

——优化配置全市科技教育资源，增强科技教育的综合实力，加强重庆在长江上游、西南地区科技信息中心和人才培育基地的功能。

——加快科技开发与经济发展相结合，依靠科技促进经济增长方式转变。重点推进应用技术开发研究和科技成果转化；运用科技改造传统产业、壮大支柱产业，加快培育高新技术产业。

——稳步发展教育事业。强化基础教育，优化中高等教育结构，发展职业教育，形成适应经济和社会发展的现代教育体系。

——加强各类人才的重点培养，大力吸引中外优秀人才。在全社会形成尊重知识、尊重人才和人尽其才、人才辈出的良好环境。

（二）科学技术发展

科学技术发展的总体目标是：建立起适应社会主义市场经济体制和科技发展自身规律的新型科技体制，形成科研、开发、生产、市场紧密结合的机制；建立起以科研机构、高等院校为主的科学研究体系，以企业为主体、产学研相结合的技术开发体系和社会化的科技服务体系；提高科技进步对经济增长的贡献率，到2000年科技进步对全市经济发展的贡献率力争达到45%，2010年达到50%以上，把重庆建设成为长江上游地区高新技术研究开发及产业发展基地。

“九五”期间，科技发展的重点是集中力量实施五大工程，增强创新能力，培育科技市场，促进科技成果向现实生产力转化。

——农业技术进步工程。主要任务是：按照科技兴农的要求，应用现代生物、化学等先进技术和新型农业装备，发展高产、优质、高效、低耗农业。研究开发、大力推广良种良法，按照市场需求不断推出农副产品新品种；选择先进实用的农业技术、农副产品深加工技术进行推广示范，建设一批科技农业示范区；发展生态农业，提高农业产业化，促进一、二、三产业相结合；继续实施“绿色证书工程”，培育大批农民技术骨干，提高农业劳动者素质。

——高新技术产业化工程。主要任务是：在电子信息技术、生物医药、光电技术、机电一体化、新型材料等领域发展一批市场前景好、效益高、规模大的高新技术产品，培育新的经济增长点，推进全市产业结构和产品结构高级化，为下世纪形成高新技术产业群体和新的支柱产业奠定基础。

——科技扶贫工程。主要任务是：坚持开发式扶贫的方针，围绕解决贫困农民温饱问题和发展资源开发型扶贫支柱产业两大任务，以科技扶贫项目为载体，组织大学、科研院所、企业和技术推广部门的科技力量，加强贫困地区广大农民科技知识教育、普及与技能培训，因地制宜地推广应用一批符合市场需要，技术上成熟实用的“短、平、快”科技成果，提高贫困地区的生产力水平和自我发展能力，发挥科技强大作用，完成全市“五三六”扶贫攻坚目标。

——绿色技术工程。主要任务是：结合《中国21世纪议程》的实施和经济增长方式的转变，大力发展合理有效利用资源、防止环境污染、改善生态环境的绿色技术。推广清洁能源技术、清洁生产技术、资源重复及再生利用技术，开发绿色产品，降低消耗，减少污染，改善全市环境质量，提高人民生活质量。

——国民经济信息化工程。主要任务是：认真贯彻信息化建设的“统筹规划、国家主导、统一标准、联合建设、互联互通、资源共享”的指导方针，进一步加快国家信息基础结构和信息产业的发展。到2000年，初步形成国民经济信息化体系，初步建成国家“金桥中心”重庆分中心和以国民经济信息“金”字工程为重点的全市经济、商贸、金融、税务、科技、政务等信息体系和一批重点数据库，大力开发公共和基础性信息资源，努力培育信息市场，强化重庆作为长江上游信息中心的作用。

加强科技基础设施建设，大力开展科普活动。建设重庆科技馆等重点科普设施，建设各区县科普场馆。

深化科技体制改革。根据“稳住一头，放开一片”的方针，放开、搞活开发型科研机构。发展多种所有制形式和多种经营方式的科技企业。建立多元化科技投入机制，争取国家加大对重庆的科技投入，稳定增加地方财政投入，企业成为科技投入的主体。培育区域性技术和科技信息市场，建立科技信息网络。健全知识产权保护和科技市场法规体系，加快科技成果转化。建立和完善科技人才交流、管理机制。

（三）教育事业发展

教育事业发展的总体目标是：到本世纪末，全民受教育水平有明显的提高，城乡劳动者的职前、职后教育有较大发展，各类专门人才满足现代化建设的需要，2000年基本普及九年义务教育，基本消除青壮年文盲，主城区基本普及高中阶段教育。到2010年，基本建立起比较完善的教育体系，初步实现教育的现代化。

加强基础教育，加快普及九年义务教育步伐。加强农村、库区、贫困地区和少数民族地区的义务教育。积极发展中等职业教育，2000年高中阶段职业技术教育在校学生人数比重达到65%，未升学的初中和高中毕业生普遍接受不同年限的职业技术培训。通过岗位培训、再就业培训、在职教育和农民文化技术教育等途径，提高劳动者素质。

优化教育资源配置，强化重庆中等和高等教育的区域功能优势。按照教育现代化发展要求，加大高等教育体制改革力度，通过联合、共建、合作等形式，调整学校布局，提高教育质量和办学效益。建设新的综合大学。形成一批重点学科、重点实验室和博士后流动站，扩大研究生教育规模，力争部分学科和专业达到全国一流水平。扶持高等学校开展技术开发、推广应用和咨询服务，兴办科技产业，促进科技成果转化为现实生产力；组织精干力量承担国家科技攻关项目和发展高新技术的任务。

深化教育体制改革。改革办学体制，逐步建立起以政府办学为主体，社会各界共同办学的体制。基础教育，以地方政府办学为主，实行分级办学，分级管理。高等教育和中等职业教育，要逐步建立起政府宏观管理、学校面向社会自主办学的体制，政府实施质量监督与条件评估。非义务教育分阶段逐步实行缴费上学，择业自主。完善奖学金、贷学金和特困生补助等制度。

增加教育投入，多渠道筹措教育经费，改善办学条件。加强教师队伍建设，努力提高教师的思想、业务素质，依法保障教师合法权益。在住房、就医和其他社会福利方面对教师实行优先、优惠政策。实施“广厦工程”，使教职工家庭人均住房面积高于当地职工平均水平。到本世纪末，把现有合格的民办教师全部转为公办教师。

（四）跨世纪杰出人才培养工程

实现重庆跨世纪的宏伟蓝图，必须培养一批跨世纪的杰出人才，担当经济和社会发展的历史重任。要培养一批既讲政治，又懂经济的党政领导人才，尤其要培养、选拔一批优秀年轻干部充实到各级领导班子。培养一批既懂管理，又懂业务的高级经营管理人才，形成一支高素质的企业家队伍。培养一批具有国内外先进水平、保持学科优势的学术或技术带头人；培养一批具有开拓进取精神，具有较强研究创新能力的中青年科技骨干。

树立“人才资源是第一资源”的思想观念，注重人才资源的开发，建立起人才培养、评价、选拔、使用的机制，创造人尽其才、优秀人才脱颖而出的人才成长环境。同时，要加强人才引进，营造宽松的发展空间，实行优惠政策吸引海内外人才来渝发展。

七、三峡移民和城镇企事业迁建

（一）开发性移民的方针和目标

三峡移民是未来15年跨世纪发展的重大战略任务。移民工作要根据国家的统一部署积极稳妥地推进，坚持开发性移民方针和“国家扶持、政策优惠、各方支援、自力更生”的原则，“在移民中发展，在发展中移民”，多产业、多途径、多方式安置移民，使移民“移得出，稳得住，生活有保障，经济有发展”。

今后15年要动迁安置百万人口的移民，全迁5座县城（巫山、奉节、云阳、开县、丰都），部分迁建2座城市（万县、涪陵）和2座县城（忠县、长寿），迁建和部分迁建上百个集镇，搞好1380个工矿企业的技改迁建和结构调整，调整建设被淹没的交通、通信和电力设施，抢救和保护文物古迹。通过库区经济发展，扩大移民安置容量，确保三峡工程顺利建成，初步建成经济繁荣、环境优美、人民安居乐业的生态经济区和长江上游产业群的核心区。实现这个总目标，移民工作分阶段进行：

——1997年之内，修订完善移民安置和城镇、企事业迁建规划，搞好一期水位线下移民安置和企事业迁建，确保1997年三峡工程大江截流。

——1998至2003年，完成135米水位线以下移民迁建任务，库区投资环境明显改善，经济和社会得到较大发展，人民生活水平逐步提高。

——2004至2008年，按175米水位全面完成重庆库区移民安置和城镇企事业迁建任务。库区经济和社会发展实现总体规划目标。

（二）移民安置的主要途径

调动各方面积极性，采取以下移民途径：

1. 发展以产业化农业综合开发和优质农产品基地为重点的大农业，结合小城镇建设发展乡镇企业，就地安置农村移民。

2. 搞好淹没迁建城镇的基础设施建设，发展二、三产业，布局骨干项目，安置城市移民。

3. 企业迁建与产业结构调整相结合，培育支柱产业和新的经济增长点。

迁建企业要选准产品进行技术改造，调整组织结构，实现经济规模生产。在库区布置一批技术起点较高、环保措施严密、移民容量大的大中型工业项目。

4. 受淹的交通、通信、电力等专业设施，按照未来经济社会发展的需要复建，提高技术等级和服务能力，大大改善库区投资环境。

5. 保护性迁移开发文物古迹，发展富有三峡文化特色的旅游经济，吸纳更多的移民就业。

6. 就地后靠解决一部分移民安置，在少数环境容量有限的地区适度异地移民。

7. 积极争取国家在政策上、投入上的大力支持，主动争取兄弟省市的对口支援，引进资金、技术、名牌产品、人才等加快库区经济发展，进行移民安置。

八、开发性扶贫和少数民族地区经济发展

（一）扶贫开发的方针和目标

搞好扶贫开发工作是“九五”期间全市经济和社会发展的重大攻坚任务，必须采取有力的扶贫措施，加大扶贫力度。

“九五”期间扶贫开发的目标是：实施“五三六扶贫攻坚计划”，即通过5年的艰苦奋斗，完成366万人的脱贫任务，基本上消除贫困现象。把解决群众的温饱问题作为贫困地区经济建设的中心任务。

坚持开发式扶贫方针，遵循可持续发展原则。把贫困地区干部群众的自身努力同国家的扶持结合起来，开发当地资源，发展商品生产，改善生产条件，增强自我积累、自我发展能力；动员全社会力量参与扶贫，坚持不懈地苦干实干；多渠道增加扶贫投入，提高扶贫资金使用效益；加强对扶贫工作的领导，层层落实责任制；促进经济和社会协调发展，巩固和加强脱贫成果，防止返贫。

（二）扶贫开发的措施

重庆扶贫工作要针对不同地区、不同情况，采取因地制宜、分类指导的扶贫方法。

1. 建立信息网络，改变贫困地区封闭状况，使干部群众开拓视野，更新思想观念。

2. 加快贫困地区的基础设施建设，改善生产生活条件。采取以工代赈和当地群众投工投劳相结合的办法，进行道路交通、水利设施、农田基本建设等基础设施建设。

3. 加大科教扶贫力度。开展教育活动，提高贫困人口素质。培养适用技术人才，大中专学校招生向贫困地区倾斜，定向培养较高素质的技术人才和管理人才；向贫困地区推广先进适用的农业生产技术。

4. 开发优势资源，建立商品生产基地，培养主导产业和经济增长点。

5. 城市二、三产业向贫困地区辐射，带动区域经济发展，生产力布局向贫困地区倾斜。

6. 采取异地扶贫的办法，将生存条件险恶地区的贫困人口迁移至城市区域，城市区域设立扶贫园区，鼓励贫困地区到扶贫园区开发和定居。

7. 推进挂钩对口扶贫和社会扶贫。党政机关、企事业单位、大专院校与贫困县、乡、村、户挂钩扶贫，不脱贫不脱钩。

8. 实行三峡移民和扶贫有机地结合，增大扶贫力度。

9. 增加扶贫投入，提高扶贫资金使用效益。积极争取国家各种财政性扶贫专项资金、扶贫专项贷款，地方各级财政要落实扶贫配套资金。

（三）加快少数民族地区经济发展

贯彻落实国家支持少数民族地区发展的各项政策，结合开发式扶贫，发展少数民族地区经济。加快少数民族地区能源、交通、通信、水利等基础设施建设，优先安排资源开发和重点建设项目，发展具有民族特色的产业。同时，要加大少数民族地区社会发展力度，弘扬民族优秀文化，吸收现代文明，大力发展教育事业，加强少数民族干部培养，全面提高素质。

九、深化改革和扩大开放

（一）经济体制改革的目标

建立和完善社会主义市场经济体制是今后 15 年深化改革的战略任务。重庆作为国家综合改革试点城市，要大胆探索和试验，加大改革力度，实行制度全面创新，在本世纪末初步建立社会主义市场经济体制。坚持以公有制为主体，多种经济成分共同发展的方针；以建立现代企业制度为目标，深化国有企业改革；转变政府职能，形成以间接方式为主的经济调控体系；积极探索城市带农村的经济发展模式和政府行政管理体制；积极培育和完善市场体系，充分发挥市场机制的作用；调节个人收入分配，建立统一的覆盖全市的社会保障体系。

（二）经济体制改革的重点

1. 以国有企业改革为中心建立现代企业制度

以建立现代企业制度为目标，把国有企业改革同改组、改造和加强管理结合起来，构造社会主义市场经济体制的微观基础。按照“产权清晰、权责明确、政企分开、管理科学”的要求，加快建立现代企业制度。到本世纪末，大多数国有大中型骨干企业要初步建立现代化企业制度，成为自主经营、自负盈亏的法人实体和市场竞争主体。到2010年，所有企业都要建立起适应社会主义市场经济的企业体制和经营机制。以产权制度改革为核心，通过资产的流动和重组，对国有企业实施战略性改组。实行“抓大放小”的方针，政府重点抓关系经济发展全局的垄断性行业和骨干企业，以资产为纽带组建大型企业集团，放开搞活国有小企业。

积极发展民营经济，对不同所有制的企业一视同仁，创造公平竞争的环境，鼓励多种经济成分共同发展。

2. 大力培育现代化市场体系

市场体系建设的要求是：本世纪末和下世纪初，基本建立主要由市场形成商品价格和要素价格的机制，发挥市场对资源配置的基础性作用；发展和完善商品市场，培育和规范生产要素市场；建立较为完善的市场运行规则和法规体系；初步形成统一开放、竞争有序的市场体系。

加快建立健全市场法规。保证市场交易的公开、公平、公正，形成市场主体的自我监督、社会公众监督、行政司法监督管理相结合的市场监管体系。积极发展各种行业协会、同业公会、商会以及会计师事务所、律师事务所、审计事务所、资产评估机构、财务公司等市场中介组织，发挥其服务、沟通、公证、监督、协调功能，维护市场运行的正常秩序。

3. 建立新型的政府经济社会管理体系

按照政企分开的原则，转变政府职能。强化政府在国有资产和资源管理、基础设施建设、城市建设管理、社会公共事业管理方面的职能。按照精简、统一、效能的原则，改革和调整政府机构，加强经济综合部门，健全监督执法机构，改组、调整专业经济部门，划清事权、财权，实行分级管理，推进区县综合经济体制改革。

建立计划、金融、财税之间相互配合与制约机制，加强对经济运行的综合协调。计划要充分发挥市场机制配置资源的基础性作用，贯彻实施国家产业政策，加强经济运行的监测监控和协调，深化投融资体制改革。人民银行要强化执行国家金融货币政策的作用，依法维护金融秩序，防范金融风险，积极推进金融体制改革。进一步完善分税制的财政体制，逐步建立规范的转移支付制度，加强预算外资金管理，努力增收节支，振兴财政。

建立健全国有资产管理、监督和营运体系。到本世纪末基本确立“国家统一所有、政府分级监管、中介机构独立营运、企业自主经营”的国有资产管理、监督、营运体系，实现政资分开和政企分开。

4. 合理调节社会分配关系，建立健全社会保障体系

坚持按劳分配为主体、多种分配方式并存的制度，体现效率优先、兼顾公平的原则，鼓励依靠诚实劳动和合法经营者先富起来。切实保障劳动者的最低收入报酬。通过税收调节等措施解决社会分配差距过大的问题，形成较为合理的初次分配和再分配机制。

加速建立社会保障体系。“九五”期间，按照社会统筹与个人账户相结合的社会保险统筹模式，逐步建立不同层次、标准有别的养老、失业和医疗保险制度。实行社会保障与商业保险互补的多层次保险体系。完善社会福利、救济制度，实施城乡不同水平的社会最低生活保障线和职工最低工资标准，并适时进行调整。切实保护妇女、未成年人、老年人和残疾人等特殊社会群体的合法权益。

（三）扩大对外开放的目标

大力发展开放型经济，到 2010 年初步建立起连接内陆，面向全国，走向世界的具有内陆沿江开放特色的长江上游经济贸易中心和对外开放走廊。

基本要求是：形成具有比较优势的出口导向产业和企业集团，以及具有国际竞争能力的出口产品群；建立与国际经济接轨的对外经济贸易运行体制；形成功能完善、精简高效的海关、商检、疫检、边检、外运等涉外服务体系和贸促、商务、咨询、法律等中介服务体系；创造良好的国际融资和长期资本投资环境。

（四）扩大对外开放的主要任务

1. 大力发展对外贸易

实行多元化市场战略，调整出口商品结构，发展精、深加工产品，尤其是技术含量高的机电产品出口。推进外贸企业与生产、科研企业相结合的集团化经营，加快外贸营运方式的转变。发展大型出口企业集团和大型综合商社，提高外贸出口集约化程度和规模效益。

高起点发展服务贸易。扩大劳务输出和对外经济技术合作与交流，以劳务出口带动技术出口和机电产品出口，拓展服务领域的涉外业务，增加非贸易创汇。

2. 多渠道吸收利用外资

抓住机遇，提高办事效率，改善投资环境，使重庆成为我国内陆腹地对外开放的“热点”地区。坚持积极、合理、有效的方针，拓宽利用外资的领域，扩大利用外资的规模，提高利用外资的效果。吸引外商直接投资，引导外资投向，形成合理的投资结构。争取利用国外政府、国际金融组织中长期优惠贷款。

把利用外资与重庆产业结构调整、产业技术水平提高有机结合起来。积极引导外资直接投向三峡移民开发、企业技术改造和能源、交通、通信、城建、开发性农业、环境保护、社会发展等领域。

3. 加快开发区和成渝高速公路至长江沿江地区开放走廊的建设

以重庆经济技术开发区、重庆高新技术产业开发区两个国家级开发区为核心，在成渝高速公路至长江沿江地区一线布局重点开放区域，形成开放走廊，加快基础设施建设，完善管理体制，使之成为全市扩大开放、招商引资的窗口。加强口岸建设，完善口岸服务功能。争取设立重庆保税区或保税仓库，为西部地区经济发展和对外开放服务。

十、国土开发和生态环境保护

认真实行可持续发展战略，坚持经济发展、移民安置与保护生态环境相协调的原则，处理好人口、资源、经济、环境之间的关系。

（一）国土资源保护和开发

1. 加大国土开发整治力度

根据国家统一规划，对长江、嘉陵江、乌江流域进行综合整治。山区耕地以坡改梯为主攻方向，增加可利用耕地资源。努力建设好基本农田保护区和农副产品生产基地，大力发展生态农业，实现农业生产的良性生态循环。以小流域为单位，加快实施造林工程，增加植被面积，力争 2010 年三峡库区森林覆盖率达到 30% 以上，水土流失趋势基本得到控制。

2. 提高抗御自然灾害的能力

开展地质灾害勘查评价，建立预警预报系统，重灾点采取必要的工程防护措施。库区移民迁建与地质灾害治理同步实施，避开地质灾害地段新建城镇和布局重大项目。地质灾害防治的重点主要有：三峡库区干流沿岸崩塌、滑坡；沿岸城市危岩滑坡群；主要交通干道及人口密集区域的岩崩地裂等。增强对地震灾害的防、抗、救能力，进一步健全和完善防震减灾工作体系，提高监测预报水平，建设项目实行抗震设防。实施港口、泥沙淤积整治及防洪工程，增强防洪抗洪能力。

3. 保护好自然风景区

继续建设好缙云山、金佛山、四面山三个国家级自然保护区，加快建设大宁河小三峡、武隆白马山自然保护区等风景区。

4. 搞好资源综合开发利用

加强土地管理，坚持合理用地、节约用地、依法用地、计划用地、保护耕地资源，规范完善土地市场。推行节约用水、计划用水，加强水资源特别是饮用水资源保护。统一全市地质矿产管理，完善有偿开采制度，建立起矿产资源的勘查、开发、投入的良性循环机制。

（二）环境保护

环境保护和防治工作是各级政府的重要任务。坚持经济效益、社会效益和生态效益“三统一”，经济建设、城乡建设与环境保护同步规划、同步实施、同步发展“三同步”原则，以防为主、防治兼顾。三峡成库后对生态环境的影响尽快制定对策措施。通过调整生产力布局、优化产业结构、改善能源结构和增加环保设施等措施，严格控制污染物排放，强化治理，提高“三废”处理率，使环境质量逐步好转，把三峡库区建设成为环境与经济协调发展的生态经济示范区。

环境保护的主要目标是：2000 年，全市环境污染和生态破坏的恶化趋势得到控制，城市的环境质量有所改善。长江及其主要支流嘉陵江、乌江主要指标控制在Ⅲ类水域标准；次级河流水质也要有所改善。城市大气悬浮微粒、二氧化硫有所降低；工业固体废弃物综合利用率、垃圾无害化处理率、噪声达标区覆盖率都有较大提高。

1. 实施三大环保工程

“九五”期间实施城市污水、工业废水和主要次级河流的水污染综合治理工程；以控制酸雨和重点企业排放烟气进行治理为主的大气污染控制工程；以城市生活垃圾、工业固体废弃物综合利用和无害化处理为主的固体废弃物处理工程。

2. 增加环保投入

各级财政要增加环保投入，建立政府环保基金。坚持“污染者负担”原则，进一步完善排污收费制度，加强环保职能部门的监管措施。争取国家及流域周边地区对三峡成库后水体污染防治的支持，制定优惠政策鼓励外资投向环保领域，争取世行、亚行等国际金融组织的环保贷款和国外政府优惠贷款。

3. 大力发展环保产业

重点发展性能先进、可靠、经济、高效的大气污染控制设备、水污染控制设备、固体废弃物处理设备、废物资源综合利用设备、降噪振动控制设备，节能、节水设备，电子、生物工程和高新技术产业环保技术装备，先进适用的环境监测仪器仪表、污染事故应急处理装备，各种环境保护专用材料。并将我市生产的环保设备用于库区污染防治。

4. 加强环保立法和执法监督

制定三峡库区生态环境保护法，尽快建立库区移民工程和城市建设生态环境保护的监察制度。新建工业项目实行环保一票否决制。加快制定三峡库区环保规划。

十一、社会发展

（一）社会发展的目标和方针

今后15年我市社会发展的目标是：保持社会持续稳定，以满足人的全面发展需求为中心，不断提高人民物质文化生活水平和质量，提高人口素质和社会文明程度，积极促进社会公正、安全、文明、健康发展。发挥重庆作为长江上游和西南地区科教文化信息中心、医疗服务中心的功能和作用，建立起与重庆市地位相匹配的发达的社会发展体系。

社会发展的基本方针是：坚持城市带动农村，城乡社会协调发展、共同进步的原则；实行普及与提高并重，整体推进与重点突破相结合的方针；坚持政府主导、产业化驱动和社会广泛参与相结合；库区移民开发中经济与社会同步发展。

按照区域覆盖的原则，增加各级政府对社会发展的投入，规划建设一批标志性社会事业重点项目，强化社会发展的物质基础。深化社会事业发展体制改革，增强其自我发展能力，逐步引入市场机制发展社会事业，鼓励社会各方面投资兴办社会事业。加强宣传引导，鼓励社会成员投身于创建文明社会和美好生活的活动。

（二）严格执行计划生育基本国策

严格控制人口增长，提高人口素质。坚决执行计划生育政策，重点加强广大农村和三峡移民过程中人口增长控制，认真执行少数民族生育政策，搞好城市流动人口的计划生育工作。实行计划生育目标管理责任制，加强对计划生育工作的领导。把人口控制与农村经济社会发展、移民开发、人力资源开发、扶贫等结合起来，实行综合控制。提倡晚婚晚育，坚持少生优生政策，把控制人口数量增长与提高人口素质结合起来。稳定计划生育工作队伍，加强农村计划生育基层服务网络建设。提高计划生育工作人员的政策水平和技术水平。控制重庆主城区人口机械增长，加强流动人口有序管理。

（三）提高人民生活水平和质量

努力提高人民物质文化生活水平和生活质量。到2000年人民生活总体上达到小康，基本消除贫困现象；到2010年使人民过上富裕文明的生活。

改善居民消费结构，提高生活质量。逐步提高人均住房面积，改善交通条件，扩大服务性消费，充实社会服务设施，发展社会服务。推进城镇住宅商品化，建立完善住房公积金制度，加快实施安居工程，提高城镇居民住房成套率。在村镇规划基础上，加快农村住宅建设改造。2000年城镇居民人均住房面积达到9平方米左右，住房成套率达到70%左右。农民人均住房面积有所改善，砖木结构住房比重提高。

（四）文化事业发展

坚持“为人民服务、为社会主义服务”的方向和“百花齐放、百家争鸣”的方针，弘扬主旋律，提倡多元化，全面繁荣社会主义文化。

实施精品战略，创作一批思想性艺术性统一，具有强烈吸引力感染力的文化艺术精品和优秀剧目，培养和造就文艺人才。大力发展地方特色文化，建设巴渝文化群和三峡文化长廊，弘扬传统文化艺术。保护少数民族文化。发挥文联作用，促进文学创作上新水平。加强哲学社会科学研究，组织重大课题研究。

提高出版物质量，扩大出版物发行量，增加公共图书藏量，开发利用图书馆、档案馆、博物馆等信息资源。加强文物的保护和合理利用。加强文化市场管理，促进文化市场健康发展。维护合法经营，保护知识产权，扶持健康文化产品和适合广大群众消费水平的文化娱乐活动；坚持不懈地开展“扫黄打非”斗争。

广播电视要坚持正确舆论导向，不断提高节目制作水平和质量，丰富节目内容。加强广播电视覆盖网建设，特别要加强万县、涪陵、黔江等地区的广播电视设施建设。实现卫星和数字微波传送广播电视节目。到2000年广播和电视覆盖率力争达到90%，改善电影发行机制，加强电影市场管理。

加大城市文化艺术、广播电视、科技教育等向边远山区、贫困地区、民族地区的扩散，加大交流、合作、转移、扶持力度，逐步提高这些地区人口的综合素质和文化生活质量。

深化文化管理体制改革，增强文化事业发展活力。特色文化建设和群众文化活动相结合。开展对内、对外文化交流，把重庆文化精品推向国内、国际文化市场，推进国内、国外优秀文艺团体来渝展示、演出、传播，提高全市人民的文化品位。通过举办“三峡文化艺术节”等形式，以文化促旅游、经济的发展。

多渠道筹集资金，建设一批标志性文化设施。重点规划和建设重庆文化艺术中心、重庆历史博物馆、重庆自然博物馆、重庆科技馆、重庆音乐厅、三峡博物馆、重庆文化广场、重庆广播大厦、重庆广播电视发射塔等文化设施。

（五）卫生事业发展

到20世纪末，基本实现人人享有初级卫生保健目标。重点改善农村医疗卫生条件，普及农村初级卫生保健服务。全市农村乡镇卫生院基本实现无危房，做到房屋、设备、人员三配套；巩固农村医疗预防保健网络；普及卫生健康知识，建立医疗保险体系。坚持中西医并重、中西医结合的方针，重视中医、中药的发展。

建立以预防为主的多层次卫生保健服务体系，建立覆盖全地区的医疗急救网。强化对传染病的监控和免疫接种。提高计划免疫率，降低结核病患病率，消灭麻风病，基本控制碘缺乏病、地氟病等地方病。加快研究与防治局部地区自然疫源性疾病和职业病。严防艾滋病、霍乱病的传入和蔓延。

加强医疗服务管理，不断提高医疗卫生服务质量和效率，加强卫生执法。加强医药市场管理，不断提高药品质量。

加强卫生基础设施建设，实施医疗中心工程。依托重庆医科大学、第三军医大学和市级骨干医院，建立医疗教学、医学研究、临床试验与治疗一体的医疗卫生体系。为长江上游及西南地区培训和输送中、高级医疗人才，提供技术服务。“九五”期间着重完成一批有影响的专科医院的改造扩建工程。

（六）体育发展

大力发展体育事业，增强人民体质。实施全民健身计划，普及群众性体育运动。加强学校体育，改善青少年身体素质。促进体育、科研、教育、宣传和对外交流的发展。

发展竞技体育，按市场原则组建高水平竞技队伍。争取本世纪末下世纪初重庆竞技体育水平达到全国省市中等水平。加快体育产业化发展步伐，形成政府与社会共同兴办体育事业的格局。

建设标志性体育骨干设施，“九五”期间重点建设袁家岗体育中心。各区县要建设“两场一池一馆”体育设施。

十二、加强社会主义精神文明建设和民主法制建设

（一）精神文明建设

建设社会主义精神文明，关系跨世纪宏伟蓝图的全面实现。切实把精神文明建设提到突出的地位，开创精神文明建设的新局面。精神文明建设的根本任务是：培养有理想、有道德、有文化、有纪律的社会主义公民，提高全民思想道德素质和科学文化素质。

今后15年，社会主义精神文明建设的主要目标是：在市民中牢固树立建设有中国特色社会主义的共同理想，牢固树立坚持党的基本路线不动摇的坚定信念，实现以思想道德修养、科学教育水平、民主法制观念为主要内容的公民素质的显著提高；实现以积极健康、丰富多彩、服务人民为主要要求的文化生活质量的显著提高；实现以社会风气、公共秩序、生活环境为主要标志的城乡文明程度的显著提高。在全市范围内坚持不懈地开展以弘扬“红岩精神”和“黔江精神”为主旋律的精神文明建设，形成物质文明建设与精神文明建设协调发展的良好局面。

——坚持不懈地用邓小平建设有中国特色社会主义理论教育干部和人民，树立正确的人生观、世界观和价值观，形成全社会的共同理想和精神支柱。加强社会科学研究，特别要加强对今后一个时期我国、我市经济社会发展及改革开放中重大问题的研究。

——坚持爱国主义、集体主义、社会主义教育，加强社会公德、职业道德、家庭美德建设，努力提高全民思想道德素质。在广大干部群众中深入持久地进行艰苦创业精神的教育，大力发扬艰苦奋斗、励精图治、知难而进、自强不息的精神，为建设新重庆而努力拼搏。

——引导人们正确处理国家、集体、个人三者利益关系，倡导爱祖国、爱人民、爱科学、爱劳动、爱社会主义的基本道德风尚，在全社会形成团结互助、平等友爱、共同进步的新型人际关系。

——深入持久地开展群众性精神文明创建活动。广泛开展“文明家庭”“文明单位”和“军民共建”“警民共建”等精神文明创建活动。积极开展以提高市民素质和城市文明程度为目标的创建“文明城市”活动，开展以提高农民素质、奔小康和建设社会主义新农村为目标的创建“文明村镇”活动，开展以服务人民、奉献人民为宗旨的创建文明行业活动。提倡开展社会志愿者活动和社会互助活动，大力表彰、宣传各类先进典型，弘扬社会正气，倡导科学、文明、健康的生活方式，移风易俗，破除陈规陋习和封建迷信。

切实增加对精神文明建设的投入。适应社会主义市场经济的要求，建立规范有效的筹资机制，逐渐形成对精神文明建设多渠道投入的体制。健全和完善各级精神文明建设指导机构，进一步理顺领导体制，形成各级主要领导总负责，各有关部门和团体共同参与，分工协作，齐抓共管的工作格局。

（二）社会主义民主和法制建设

坚持和完善人民代表大会根本政治制度。坚持和完善中国共产党领导的多党合作和政治协商制度，巩固和发展广泛的爱国统一战线。

加强决策的科学化和民主化。各级领导班子都要高度重视重大政策的研究和论证。要培养广大市民的参政议政意识，广泛收集各界意见，从而减少决策失误。加强工会、共青团、妇联、侨联、台联等人民团体的建设，发挥各种社会团体的作用，增强人民群众的凝聚力。

坚持不懈地进行廉政建设，深入持久地开展反腐败斗争。坚持党委统一领导，党政齐抓共管。领导干部要以身作则，廉洁自律。严肃查处违纪违法案件，惩治腐败分子。建立健全防止干部滥用职权的监督制度，坚决纠正部门和行业不正之风，以优良的党风政风推动社会风气好转。

依法治市。加强立法、执法、法律服务、普法工作。根据经济和社会发展需要，适时制定和完善相应的法规。坚决纠正有法不依、执法不严、违法不究、滥用职权等现象，建立对执法违法的追究制度和赔偿制度。加强执法队伍建设，提高执法人员素质，严格执法和文明执法。加强执法监督。继续开展普法教育，增强公民、法人和社会组织的法制观念和守法意识。

（三）维护社会稳定

政法各部门要充分履行各项法律职责，坚决维护社会稳定。

积极防范和依法严厉打击各类严重刑事犯罪和经济犯罪活动，坚决扫除各种社会丑恶现象。严厉打击暴力犯罪，坚持不懈地查禁和取缔各类社会丑恶现象，严惩贪污贿赂、走私贩私、金融和商业诈骗、骗税逃税等严重经济犯罪。

加强对水灾、交通事故的防范。

推进社会治安综合治理，维护社会长治久安，维护经济生活的稳定局势。落实各级领导责任制，把社会治安综合治理的各项措施落实到城乡基层单位。完善各种治安管理和安全防范制度。正确认识处理改革开放和经济建设中所出现的矛盾，妥善处理和解决国有企业改革和三峡移民迁建中的不稳定因素，做好疏导教育工作，确保三峡移民任务胜利完成和各项改革措施的顺利实施。

全市人民要在党中央、国务院领导下，更加紧密地团结起来，高举邓小平建设有中国特色的社会主义理论伟大旗帜，认真贯彻“加快发展、富民为本”的战略思想，负重自强，开拓进取，为实现重庆市国民经济和社会发展第九个五年计划和2010年远景目标而努力奋斗！

重庆市1996—2010年经济社会发展主要指标测算

主要指标	计算单位	增长速度		绝对值		
		1996—2000年	2001—2010年	1995年实际	2000年规划	2010年规划
一、人口及城市化水平						
1. 总人口（常住人口）	万人			3001.78	3145	3230
2. 城镇人口占总人口比重	%			18.6	25	38
3. 人口自然增率	‰	8				
二、经济总量						
1. 国内生产总值（当年价）	亿元	11	10	1013.32	2220	9800
其中：第一产业	亿元	3.5	3	265.05	430	1000
第二产业	亿元	12	11	427.51	930	3900
第三产业	亿元	16	15	320.76	860	4900
2. 人均国内生产总值（当年价）	元	10	9	3376	7060	30340
三、财政金融						
1. 地方预算财政收入	亿元	12	11	46	80	230
2. 金融机构存款余额	亿元	22	20	673.9	1820	11200
3. 金融机构贷款余额	亿元	20	18	761.1	1890	9800
四、建设规模						
1. 全社会固定资产投资规划合计数	亿元	22	20	269.06	727 (2500)	4500 (24000)
2. 规划期平均固定资产投资率	%				(29)	(28)

续表

主要指标	计算单位	增长速度		绝对值		
		1996—2000年	2001—2010年	1995年实际	2000年规划	2010年规划
五、国内市场和物价						
1. 社会消费品零售总额	亿元	18	15	372	850	3445
2. 社会商品零售物价指数	%	6	5			
六、对外开放						
1. 外贸进出口总额	亿美元	10	15	14.8	24	100
2. 实际利用外资总规模	亿美元			5.94	(35—40)	(150)
七、人民生活						
1. 全部职工平均工资	元	13	12	4509	8300	25780
2. 城镇居民人均生活费收入	元	13	12	3800	7000	21740
3. 农民人均纯收入	元	15	12.5	1167	2350	7600
4. 城镇居民人均居住面积	$米^2$				9	12
5. 城镇登记失业率	%			3.2	4	3
八、交通运输邮电						
1. 客运量	亿人	10	7	4.26	7	13.5
2. 货运量	亿吨	6	5	2.28	3	5
3. 邮电业务总量	亿元	20	20	11.3	28	175
九、科技和教育						
1. 科技进步对经济增长的贡献率	%			38	45	50
2. 人均受教育年限	年			6.5	7	10
3. 受高等教育人口占劳动力人口比重	%			2.8	3.2	6
4. 高中阶段接受职业教育在校生比重	%			64.8	65	70
十、社会发展						
1. 每千人口病床数	张			2	2.8	4
2. 广播人口覆盖率	%				90	95
3. 电视人口覆盖率	%				90	95

续表

主要指标	计算单位	增长速度		绝对值		
		1996—2000 年	2001—2010 年	1995 年实际	2000 年规划	2010 年规划
十一、环境保护						
1. 全市森林覆盖率	%			20.4	25	30.6
2. 主城城区大气总悬浮微粒年日均值	微克/米^3			320	280	250
3. 主城城区大气二氧化硫年日均值	微克/米^3			340	300	250
4. 主城城市饮用水源水质达标率	%			86.1	91	92
5. 主城城区区域环境噪声昼夜平均等效声级	分贝			55.6	56	55

重庆市人民代表大会常务委员会工作报告[①]

（1997年6月13日）

王云龙

各位代表：

我受重庆市第一届人民代表大会常务委员会的委托，向大会报告工作，请予审议。

一、认清形势，肩负起历史使命和人民重托

设立重庆直辖市，标志着重庆改革开放和现代化建设进入了一个崭新的发展阶段。我们要做好新时期的人大工作，充分发挥地方国家权力机关的作用，加强民主法制建设，保障和推进我市改革开放和现代化建设事业，首先必须正确认识和把握我们面临的新形势和肩负的历史使命。

在邓小平建设有中国特色社会主义理论的指导下，党的十四大以来，我国出现了经济发展、政治稳定、民族团结、社会进步的大好局面。为促进地区经济合理布局和健康发展，更好更快地实施“三步走”发展战略，党中央、国务院相继作出了建设长江经济带、加快三峡工程建设和库区开发、加快中西部发展的战略决策，并采取了设立重庆直辖市这一重大举措。直辖后的重庆，肩负着进一步发挥区位优势、“龙头”作用、“窗口”作用和辐射作用，带动西南地区和长江上游地区经济、社会发展的光荣而艰巨的历史使命。要担负起这一使命，重庆面临着三大战略任务：一是增强中心城市的综

①本文原载于《重庆日报》，1997年6月24日。

合实力，完善城市功能，把重庆建设成名副其实的长江上游的经济中心；二是探索城市带农村的新路子，加快农村经济发展，实现城乡共发展、共繁荣；三是搞好开发性移民，发展库区经济，保证三峡工程建设的顺利进行。完成三大战略任务，我们必须解决好妥善安置100万移民、366万农村贫困人口越温脱贫、振兴老工业基地、防治环境污染和保持生态平衡这四大难题。

为确保设立重庆直辖市这一重大决策的顺利实施，1996年9月，党中央、国务院批准了四川省委托重庆市代管万县市、涪陵市和黔江地区的请示。在中共重庆市委的领导下，我市坚决贯彻中央的部署和“思想领先，平稳过渡”的方针，一手抓代管，一手抓经济发展和社会稳定，代管工作按照中央的要求顺利实施。代管期间，原重庆市、万县市、涪陵市的人大常委会和黔江地区人大工委，在党委的领导下，坚持以邓小平建设有中国特色社会主义理论和党的基本路线为指导，围绕改革、发展和稳定，依法行使各项职权，认真履行各自的职责，人大工作取得了新的进展。

各地大力推进民主法制建设，依法治理的工作得到加强。组织开展了农业法、预算法、科技进步法、环境保护法、四川省农作物种子管理条例和计划生育条例等十多部法律法规执行情况的检查。在做好地方立法工作的同时，对现有法规进行了全面系统的清理，随着行政区划的变化，提出了地方性法规适用问题的意见。围绕改革开放、市场经济发展、扶贫、移民等重要工作，以及人民群众关心的热点、难点问题，多次听取和审议“一府两院”的工作报告和汇报。组织人大代表，开展了评议公安部门的工作。依法任免国家机关组成人员，及时调整充实了领导班子。继续抓好代表工作，督促办理代表议案、建议，组织代表视察、调查等活动。加强地方人大之间的联系，扩大对外交往。开展人大理论研究，宣传人民代表大会制度和人大工作。注重人大机关自身建设，提高干部素质和工作效率。通过上述工作，促进本行政区域两个文明建设和民主法制建设，维护了社会稳定，为做好代管期间各项工作，实现平稳过渡，发挥了地方国家权力机关的重要作用。在召开这次代表大会之前，根据法律的有关规定、中央设立重庆直辖市的有关指示和全国人大的有关要求，原重庆市、万县市、涪陵市、黔江地区分别召开了人大常委（扩大）会、人民代表大会或人大工作会议，就各自的工作向人大代表作了报告，对人大工作作了总结。各地过去所做的工作和取得的成绩，为直辖市的人大工作奠定了良好的基础。

设立重庆直辖市，把重庆推上了历史发展的新起点。刚刚闭幕的中国共产党重庆市第一次代表大会，确定当前和今后一个时期重庆改革开放和现代化建设的大政方针，明确了重庆发展振兴的指导思想、奋斗目标和主要任务，鲜明地提出了加快发展的主题和富民为本的思想，向全市发出了“负重自强，加快发展，为建设繁荣、富裕、文明、进步的新重庆而奋斗”的号召。我市人大常委会的工作，要高举邓小平建设有中国特色社会主义理论的伟大旗帜，坚持党的基本路线和基本方针，牢牢把握“抓住机遇、深化改革、扩大开放、促进发展、保持稳定”的全党全国工作大局，认真贯彻重庆市第一次党代会精神，全面履行宪法和法律赋予的各项职责，加快立法，强化监督，积极推进社会主义物质文明、精神文明和民主法制建设，维护社会稳定，保障和促进我市改革开放和现代化建设事业的顺利进行。

面对我市发展的新形势和新任务，进一步加强社会主义民主法制建设，激励全市人民的政治热情，是重庆发展和振兴的客观要求。社会主义民主政治的本质是实现人民当家做主。党中央提出“依法治国，建设社会主义法制国家”的战略目标和治国方略的核心，就是江泽民同志指出的“广大人民群众在党的领导下，依照宪法和法律的规定，通过各种途径和形式参与管理国家、管理经济文化事业、管理社会事务”。因此，充分调动全市人民群众的积极性，紧紧依靠广大人民群众办好重庆的事情，是做好人大工作的出发点和立足点。作为地方国家权力机关的人大及其常委会，在这个历史进程中肩负着光荣而艰巨的任务，我们要认清形势，明确责任，创造性地开展工作。

要进一步解放思想，更新观念。要站在历史的、发展的和战略的高度，加深对改革开放、经济建设和两个根本性转变以及建设新重庆所面临的任务等一系列重大问题的理解和认识，坚持按照“三个有利于”的标准来观察事物，分析问题和评判是非，一切从全市经济发展的大局出发，从发展社会主义民主，健全社会主义法制的根本任务出发，积极主动地支持政府提出的促进社会生产力发展，增强经济实力，提高人民生活水平的改革发展举措，形成改革开放的合力，不失时机地推进我市的改革开放和经济发展。

要正确处理好民主法制建设与经济建设的辩证关系。经济建设是全党工作的中心，民主法制建设为经济建设提供坚强有力的保障。人大及其常委会要坚持以经济建设为中心，以全党全市工作的大局统揽人大工作，从加强社会主义民主法制建设入手，通过正确行使立法权、决定权、监督权和任免权，积极发挥保障和促进作用，更好地为改革开放和经济建设服务。

要注意抓人事，抓重点。在实际工作中，人大及其常委会要把注意力集中在抓好本地区经济建设中带全局性的重大事项，对事关改革开放和经济发展全局的重大问题，对社会生活中带根本性、方向性、倾向性的问题，对人民群众普遍关心的“热点”“难点”问题，人大要抓住不放，一抓到底，抓出成效。

二、认真履行职责，充分发挥地方国家权力机关的重票作用

重庆市人民代表大会及其常委会是我市地方国家权力机关，在推进社会主义民主法制建设，实施依法治市，保障人民群众当家做主中的作用，是其他地方国家机关所不能取代的。一定要消除把人大视为二线班子、二线机构的误解；人大代表也决不是摆设，而是权力机关的组成人员。充分发挥人大和人大代表的重要作用，决定着我市经济社会发展和民主法制建设的进程。市人大常委会一定要针对重庆的新情况，全面履行宪法和法律赋予的职责，积极探索，勇于实践，努力做好新形势下的人大工作。

（一）适应改革和发展的需要，进一步加快地方立法步伐

在建立社会主义市场经济体制的过程中，加快重庆改革开放和现代化建设，胜利完成三大战略任务，解决四大难题，必然会遇到许多新情况、新问题和新矛盾。这就要求我们必须加快地方立法步伐，强化依法治市，用法律、法规来规范和调节经济社会关系。因此，市人大常委会要始终把地方立法工作放在突出位置，在做好现有法规清理和适用衔接工作的同时，加快制定地方性法规的进程，以适应重庆经济和社会发展的需要。

要结合我市改革开放的实际和实施经济社会发展战略的需要，制定我市未来五年的立法规划。要根据突出重点、急用先立的精神，做好 1997—1998

年度立法计划，从总体上把握立法进程，积极稳妥地开展地方立法工作。在立法重点上要围绕建立健全农业保护和支持体系、减轻农民负担、振兴工业经济、完善社会保障制度、加强移民工作的管理与监督、规范市场行为、加强文化影视出版管理等重要方面，加快立法步伐，努力使法规在经济建设和社会事业的发展中发挥导向、规范和保障作用。

要进一步提高法规的质量。改革和完善我市的立法体制，建立科学的立法运行机制，尽快制定立法条例，严格依法立法。要注意克服立法中的部门利益倾向，加强起草、调查、论证中的组织协调作用，进一步增强法规的地方特色和可操作性。同时，要在实践中加强立法队伍建设和地方立法理论研究，提高立法水平。

在加快地方立法的同时，大力加强普法工作。加强法制宣传和教育，是推进依法治国、建设社会主义法制国家的基础性工作。人大常委会要高度重视这项工作，要在深入开展“三五”普法宣传教育活动中，充分发挥好主导作用。要抓住守法和执法的典型事例进行宣传，使法制宣传教育更富实效。各级干部特别是领导干部要带头学法、执法、守法和护法，做到依法决策、依法行政、依法管理。今年，市人大常委会要重点组织好《刑法》、《刑事诉讼法》的宣传活动。

（二）加大监督力度，提高监督实效

人大及其常委会的监督权是宪法和法律赋予的一项重要职权，是实施其他各项职权的重要保障。市人大常委会要在加大监督力度，提高监督实效上狠下功夫。要按照宪法和法律的规定，卓有成效地监督行政、审判、检察机关的工作，特别是监督法律的有效实施。

要改进和加强执法检查。常委会要在加快地方立法的同时，用更多的精力做好对法律、法规实施的检查监督。今年常委会和各专门委员会的执法检查要把国土法、农业技术推广法、乡镇企业法、环境保护法、赔偿法、城市规划法等法律、法规作为重点。要加强对市司法机关个案监督以及国有企业法定代表人离任审计监督的检查。要切实加强对执法检查工作的领导，集中力量，突出重点，在提高检查实效上下功夫。要建立健全规范性文件备案审查制度，维护法制的统一和法律的权威。

要加强对“一府两院”的工作监督。围绕我市改革开放和经济建设的中心任务，围绕政府工作报告、移民工作报告和“九五”计划及2010年远景目标纲要确定的目标、任务、措施的贯彻落实，加强对计划和预算执行情况、深化国有企业改革、调整经济结构、推进再就业工程、农业和农村扶贫脱贫、三峡库区开发性移民和环境保护等重大事项的工作监督。通过听取“一府两院”的工作汇报，开展调查、视察、检查等活动，必要时作出相应的决议或决定，帮助“一府两院”推进和改进工作。人大常委会在依法监督“一府两院”的工作中，要敢于监督，善于监督。人大常委会也要自觉接受人大代表和人民群众的监督。

要加强对国家机关及其工作人员的廉政监督。反腐倡廉是关系到政权巩固、国家兴旺、长治久安的重大政治问题。认真贯彻执行惩治腐败的法律法规和有关规定，适时听取司法、审计、行政监察等机关的工作汇报，把廉洁从政情况作为干部述职评议的重要内容，督促司法机关依法惩治腐败行为。要研究制定反腐倡廉的地方性法规，把反腐倡廉逐步纳入法制轨道。强化权力制约，防止公共权力的滥用以及以权谋私、徇私枉法、贪污受贿、失职渎职、弄虚作假、铺张浪费等腐败行为的发生和蔓延，保证国家机关的清正廉洁。

要采取有效措施增强监督实效。在总结地方人大监督工作经验的基础上，继续采取述职评议、执法责任制、个案监督和错案责任追究制度等新的监督方式，增强监督的力度和实效。要继续开展对“一府两院”及其工作人员的评议。把行使任免权与监督权结合起来；把人民群众的监督同权力机关的监督结合起来；把对事的监督同对人的监督结合起来，增强评议效果。要全面推行部门执法责任制。进一步明确执法主体，落实执法责任，健全执法制度。常委会要加强检查监督，狠抓落实。要加强对行政执法和司法机关的监督，实行错案责任追究制。继续办好执法监督公开电话，受理信访中的群众投诉案件，对那些影响大、群众关心的重大案件，要加强监督，一抓到底。对错案不仅要督促纠正，而且要追究执法人员的责任。特别是对那些执法犯法、徇私违法、贪赃枉法，利用职权欺压百姓的，一定要监督执法部门从严查处，有多少查处多少，决不手软。

（三）加强代表工作，密切同人民群众的联系

人大代表是国家权力机关的组成人员，代表人民群众的利益，体现人民群众的意愿，行使人民赋予的权力，是党和国家机关联系人民群众的桥梁和纽带。充分发挥人大代表的作用，对于坚持和完善人民代表大会制度，行使好人民当家做主的权力，更好地解决新时期人民内部矛盾，团结广大人民群众进行现代化建设具有重要意义。是否真正发挥人大代表的作用，是衡量是否实现人民当家做主的一个重要标志。今后，我们将把人大代表在一个单位、一个地区作用发挥得如何，作为衡量一个单位、一个地方是否尊重人民当家做主权力的重要依据。

代表工作是人大常委会最重要的基础工作，要重视发挥人大代表在闭会期间的作用。要坚持常委会组成人员与选举单位和代表联系，向代表通报情况，定期不定期召开代表座谈会，组织代表视察、调查和执法检查。积极组织代表参加评议活动，充分发挥代表在管理国家事务中的作用。认真办理代表议案和建议，提高办理质量，充分尊重代表的民主权利，要把“一府两院”及其部门办理议案和建议的情况作为有关方面考核部门工作和干部任职情况的重要依据。维护代表的合法权益，为代表履行职责创造良好的环境和必要条件。提倡和鼓励代表向选举单位报告工作，接受选举单位的监督，使代表和地方国家权力机关更好地反映人民的意愿和要求。人大代表也要不断提高自己的素质和水平，增强履行代表职责的能力。

（四）指导区县换届选举，加强地方政权建设

今年下半年至明年初，我市各区（市）县将依法逐步开展换届选举工作，市人大常委会要认真按照中央关于换届选举工作的指示和要求，做好对区县换届选举的指导工作，把这次换届选举作为加强社会主义民主法制建设的大事来抓。在换届选举的全过程中，要充分发扬民主，严格遵守地方组织法和选举法的规定，保证换届选举工作顺利进行。通过换届选举，进一步提高代表素质，加强地方国家政权机关建设，调动广大人民群众的积极性，更好地担当起建设新重庆的历史重任。

三、加强自身建设，努力提高人大工作水平

随着我国社会主义现代化建设和改革开放的深入进行，特别是社会主义

市场经济体制的逐步建立和完善，民主化、法制化进程进一步加快，作为权力机关的地方各级人大及其常委会所担负的任务越来越繁重。不断加强人大常委会及人大机关的自身建设，既是做好新形势下地方人大工作的重要前提条件，又是地方国家权力机关发挥作用的重要保证。重庆直辖市的设立，对人大工作提出了更新、更高、更严的要求，而我们的思想、作风、工作等自身建设的实际状况还很不适应直辖市的要求，市人大常委会必须坚持把自身建设放在重要位置，切实抓紧抓好。

（一）把思想政治建设摆在人大自身建设的首位

我市各级人大常委会组成人员及工作人员要讲学习、讲政治、讲正气。要结合工作实践和思想实际，认真学习马克思主义、毛泽东思想和邓小平建设有中国特色社会主义理论，加深对建设有中国特色社会主义理论科学体系、精神实质和基本观点的认识和理解，用以指导民主法制建设的实践。要深刻认识社会主义市场经济条件下加强两个文明建设的重要性，提高勤政廉政和当好人民公仆的自觉性，增强贯彻执行党的基本路线和方针、政策的坚定性，进一步提高对全党全国工作大局的认识。认真学习宪法、法律和法规，不断增强民主法制意识，贯彻依法治国方针，提高依法办事能力。认真学习人民代表大会制度理论和人大工作业务，努力提高人大工作水平，增强做好人大工作的使命感、责任感和紧迫感。

（二）加强组织建设，培养一支高素质的人大干部队伍

人大及其常委会的性质、任务和肩负的历史使命，迫切要求全面提高人大常委会组成人员和人大干部的综合素质，使其能够依法正确行使职权，代表人民管理好国家和社会事务，更好地担负起历史的责任和人民的重托。对人大干部要从严要求，要通过工作实践、学习培训、下基层锻炼、外出考察等多种形式，加强干部的教育和培养。要反腐倡廉，纠正工作中的不正之风。同时，要根据工作需要，调整人大工作机构，充实调配工作人员，加大干部交流力度，努力把人大机关建设成高效、廉洁、全心全意为人民服务的地方国家权力机关。

（三）加强制度建设，使人大工作更加程序化、规范化

加强人大工作制度建设，最重要的是坚持民主集中制，发挥人大及其常

委会的整体功能。要进一步完善民主程序，坚持集体行使职权的原则，提高决策的民主化、科学化程度。要结合实际进一步完善人民代表大会、常务委员会、主任会议议事规则和保证人大机关日常工作正常运行的一系列制度。常委会“一班人”要带头执行制度，机关全体干部要用制度自觉规范自己的行为，使工作逐步走上制度化、规范化的轨道。

（四）转变机关作风，改进工作方法

常委会组成人员要深入基层，深入实际，大兴调查研究之风，紧紧围绕人代会、常委会会议的主要议题，深入进行调查研究。要广泛听取人民群众的呼声和要求，正确集中人民群众的意见，体现人民意志，为行使好人大的各项职权提供可靠的依据。

人大机关工作要在密切联系人大代表和人民群众，搞好三个服务上下功夫。也就是，要在为人大代表及常委会组成人员依法行使职权服务；为人代会、常委会议和主任会议服务；为发展社会主义民主、健全社会主义法制和完善人民代表大会制度服务。人大机关干部要树立严谨扎实的工作作风，求真务实，真抓实干，把精力集中在扎扎实实干事业，脚踏实地办实事上，各司其职，各负其责，恪尽职守，精益求精，把工作做好。要努力改善人大工作条件，帮助解决实际困难，关心人大干部，充分调动他们的工作积极性，提高机关工作效能。

（五）加强人大理论研究和宣传工作

加强人大理论研究和宣传工作，是加强人大制度建设的重要内容。人大理论研究要牢牢抓住坚持和完善人民代表大会制度这个总题目，认真研究地方人大工作和建设中的新情况、新问题。要充分发挥人大常委会调研机构和人大制度研究会的作用，动员和组织科研单位、大专院校、专家学者和从事人大工作的同志投入人大理论研究。人大宣传工作要不断拓宽宣传领域，改进会议报道形式，切实加强人代会闭会期间经常性的宣传，继续办好《公民报》和《权与法》杂志，不断提高质量，扩大宣传效果。

要主动争取全国人大常委会的指导，进一步加强同兄弟省市人大常委会和我市各区（市）县人大常委会的联系。同时，要积极开展与外国议会的交往，增进相互了解，为扩大开放、加快重庆发展穿针引线、牵线搭桥。

四、坚持和依靠党的领导，是做好人大工作的根本保证

中国共产党是执政党，是中国各族人民利益的忠实代表，是社会主义现代化建设事业的领导核心。党的根本宗旨是全心全意为人民服务，除了最广大的人民群众的利益，党没有任何特殊的利益。坚持党的领导与坚持人民代表大会制度，实现人民当家做主是完全一致的。没有共产党的领导，就不可能有人民民主专政，就不可能有人民代表大会制度。人民代表大会制度的不断加强和完善，可以更好地实现党对国家的领导。党对国家权力机关依法行使职权的支持和领导，就是支持和领导人民当家做主，这是党的宗旨和社会主义国家性质决定的。坚持和依靠党的领导，是坚持和完善人民代表大会制度，做好人大工作的根本政治保证。

人大及其常委会要始终把坚持和依靠党的领导作为人大工作的根本原则。要依靠和尊重同级党委的领导，坚持重大问题向党委请示报告的制度。要正确处理好贯彻党的政策与执行国家法律的关系，加强党的领导和严格依法办事的关系，坚持党管干部原则与依法任免干部的关系，善于把党的主张变为国家权力机关的意志。市人大及其常委会，要通过认真履行职能，通过加强民主和法制建设，确保中共重庆市委提出的大政方针、指导思想和工作部署的贯彻落实。对人大工作和自身建设方面存在的困难和问题，要及时主动向党委汇报，提出建议，在党委的支持下搞好人大工作和自身建设。

各位代表，1997 年是我们重庆抓住机遇，迎接挑战，奋力拼搏，迈向新世纪的起跑年。机遇与挑战并存，希望与困难同在。加强社会主义民主法制建设，坚持和完善人民代表大会制度，巩固和发展安定团结的政治局面，是实现重庆发展宏伟目标的重要保障。我们坚信，重庆市第一届人民代表大会及其常委会在中共重庆市委的领导下，一定能够以新的姿态、新的思想、新的举措，开创人大工作的新局面，把我市人大工作提高到一个新的水平。让我们在以江泽民同志为核心的党中央领导下，高举邓小平建设有中国特色社会主义理论的伟大旗帜，振奋精神，把握大局，勤奋工作，开拓前进，为加快民主法制建设步伐，推进依法治市，夺取重庆改革开放和现代化建设事业的新胜利而努力奋斗！

重庆市第一届人民代表大会第一次会议各项决议[①]

关于重庆市人民政府工作报告的决议（1997 年 6 月 15 日第五次全体会议通过）

重庆第一届人民代表大会第一次会议听取和审查了蒲海清市长代表市政府所作的《政府工作报告》。会议认为，《政府工作报告》符合我市实际，目标明确，思路清晰，重点突出，措施有力，振奋人心，体现了新一届政府开拓创新、求真务实的精神。会议决定批准《政府工作报告》。

会议同意《政府工作报告》提出的本世纪内重庆国民经济和社会发展的指导思想：以邓小平建设有中国特色社会主义理论和党的基本路线为指导，遵照江泽民总书记“努力把重庆建设成为长江上游的经济中心”的要求，紧紧把握解放思想，抓住机遇，“开发三峡，振兴重庆”，加快发展，富裕城乡的工作方针，实施“科教兴渝”和可持续发展战略，坚持以经济建设为中心，以改革开放统揽全局，积极推进经济体制和经济增长方式的根本转变；坚持富民为本，城乡一体，共同繁荣；坚持物质文明建设和精神文明建设两手抓，依法治市，保持社会稳定，促进经济、社会协调发展。会议同意《政府工作报告》提出的本届政府的奋斗目标：全市经济总量和人均国内生产总值的增长幅度高于同期全国平均水平；农业和农村经济跨上新台阶，初步实现老工业基地改造振兴，第三产业在国民经济中的比重有较大提高；如期完成扶贫攻坚计划和库区分期移民任务，人民生活基本达到小康；初步建立社会主义市场经济体制，基本形成开放型经济格局；精神文明建设和各项社会

---

①本文原载于《重庆日报》，1997 年 6 月 16 日。

事业取得新成绩。

会议指出，1997 年是重庆直辖市的开局年，努力做好今年的各项工作，对完成《政府工作报告》提出的各项任务具有十分重要的意义。市政府要按照“两个根本性转变”和“两手抓，两手都要硬”的要求，突出重点，狠抓落实，把已经确定的各项工作任务落到实处。

会议要求，各级政府和全体公务人员都要切实改进工作作风，清正廉洁，严于律己，密切联系群众，全心全意为人民服务；要力戒官僚主义、形式主义和无所作为的思想和行为，反对铺张浪费和弄虚作假。要以强烈的事业心和责任感，振奋精神，扎实苦干，勤奋敬业，努力开创重庆改革开放和现代化建设的新局面。

会议号召，全市 3000 万各族人民要在中共重庆市委领导下，认真贯彻落实中共重庆市第一次代表大会和重庆市一届人大一次会议精神，以高昂的政治热情和强烈的历史使命感，同心同德，负重自强，艰苦创业，团结奋进，为建设繁荣、富裕、文明、进步的新重庆而努力奋斗！

关于重庆市国民经济和社会发展“九五”计划和 2010 年远景目标纲要的决议

重庆市第一届人民代表大会第一次会议，审查了市政府提出的《重庆市国民经济和社会发展第九个五年计划和 2010 年远景目标纲要》（以下简称《纲要》)。会议决定批准这个《纲要》。

会议指出，八届全国人大五次会议作出了关于批准设立重庆直辖市的决定，赋予重庆进一步发挥中心城市的区位优势、“龙头”作用、“窗口”作用和辐射作用，带动西南地区和长江上游地区经济社会发展的历史使命。这对于重庆既是一次大好的发展机遇，又是一个巨大的历史责任。从现在起到 2010 年，是重庆改革开放和现代化建设承先启后、继往开来的重要时期，全市人民一定要抓住机遇，加快发展，努力推进振兴重庆、发展重庆的宏伟事业，使重庆以经济繁荣、社会全面进步、充满生机与活力的崭新姿态跨入 21 世纪。

会议认为，《纲要》较为准确地把握了重庆的市情，既充分认识到重庆发展所面临的历史机遇和有利条件，也深刻分析了重庆发展的现实差距和发展进程中的困难和压力，在此基础上提出的“九五”时期和2010年的指导思想、奋斗目标和方针措施，符合邓小平建设有中国特色社会主义理论和党的基本路线，反映了全市各族人民的根本利益和共同愿望，经过努力是能够实现的。现在，关键的问题是要狠抓落实，一步一个脚印地把宏伟的目标变为现实。

会议要求，各级政府要始终坚持全心全意为人民服务的宗旨，坚持以加快发展为主线，把富民为本作为各项工作的基本出发点和落脚点，解放思想、团结协作、求真务实、廉洁自律，加快政府职能转变，增强政府工作的民主化、法制化、科学化程度，提高工作效率，建立结构合理、运转协调、精干高效的新型政府管理体系，卓有成效地组织《纲要》的实施。

会议号召，全市各族人民，要立足于重庆发展的大局，树立强烈的主人翁责任感和历史使命感，负重自强、励精图治、同舟共济，按照《纲要》确定的目标，做好各方面的工作，为建设一个繁荣、富裕、文明、进步的新重庆而努力奋斗！

关于重庆市1997年国民经济和社会发展计划的决议

重庆市第一届人民代表大会第一次会议经过审查，并根据本次代表大会计划预算审查委员会的审查报告，决定批准市人民政府提出的重庆市1997年国民经济和社会发展计划，批准市人民政府副市长李德水受市人民政府的委托所作的《关于重庆市1997年国民经济和社会发展计划（草案）的报告》。

关于重庆市1997年财政预算的决议

重庆市第一届人民代表大会第一次会议经过审查，并根据本次代表大会计划预算审查委员会的审查报告，决定批准市人民政府提出的1997年市级预算，同意市人民政府副市长王鸿举受市人民政府委托所作的《关于重庆市1997年财政预算草案的报告》。

关于重庆市人民政府移民工作报告的决议

重庆市第一届人民代表大会第一次会议审查了副市长甘宇平受市政府委托所作的《移民工作报告》。会议认为，过去十多年来对三峡库区移民工作的有益探索，已经取得了初步成效，《报告》符合实际，决定批准。

会议认为，举世瞩目的三峡工程，是当今世界上最大的水利水电工程。工程规模巨大，综合效益显著，功在当代，利及千秋。移民工作成功与否，直接关系到三峡工程的成败，关系到重庆未来的发展。重庆三峡库区百万移民是一个庞大而复杂的社会系统工程，安置人口多，复建规模大，时间跨度长，涉及面广，其艰巨程度是中外水利水电建设史上所罕见的。我市库区各级政府要坚持把移民迁建放在工作首位，有关部门要主动配合，全社会要通力协作，打好移民工作的总体战。

会议指出，今后5年，我市平均每年要动迁农村移民3.4万人，完成88户企业、270万平方米城镇房屋迁建。农村移民动迁，要把移民安置与农业综合开发结合起来。企业迁建，要与技术改造和结构调整结合起来，充分利用对外开放、对口支援的有利条件和优惠政策，吸引国内外优秀企业到库区落户，尽快形成库区支柱产业和新的经济增长点。城镇迁建，要与建设长江上游城镇体系、加快城市化进程相结合，切实按“规划”办事，把基础设施建设与改善库区投资环境相结合，提高基础设施的承载能力。

会议要求，要认真贯彻国务院颁布的《移民条例》，坚持开发性移民方针，在移民中发展，在发展中移民，坚决贯彻实施可持续发展战略，正确处理移民迁建与经济社会发展中其他工作的关系。认真落实保护耕地的基本国策，注重生态平衡，加强环境保护，保护文物古迹，保护珍稀动植物资源，大力发展富有三峡文化特色的旅游经济。要切实加强移民资金的管理，进一步健全和严格实行财务管理制度。要强化移民资金的执法监察工作，对贪污、挪用、浪费移民资金的人和事，必须坚决查处，决不手软。各级人大及其常委会要加强对本级人民政府移民工作的监督。

会议强调，做好今年的移民迁建工作将为今后打下良好基础。市政府要加强组织领导，分解任务，落实责任，如期完成一期水位移民安置，抓紧

“规划”扫尾工作，提高年度计划完成率。

会议号召，我市库区各级政府要在党中央、国务院领导下，遵照中共重庆市第一次代表大会提出的总体部署和要求，贯彻市一届人大一次会议精神，团结一致，负重自强，战胜一切困难，为把三峡库区建设成为一个经济发达、环境优美、人民安居乐业的文明新区而努力奋斗。

关于重庆市人大常委会工作报告的决议

重庆市第一届人民代表大会第一次会议听取和审查了市人大常委会主任王云龙所作的《重庆市人大常委会工作报告》。会议认为，报告对原重庆市、万县市、涪陵市人大常委会和黔江地区人大工委过去一年工作的回顾和评价是实事求是的，对今年工作的安排部署，是在深刻认识新重庆的实际情况，充分考虑新形势对人大工作的更高要求的基础上作出的，是切实可行的。会议决定批准这个报告。

会议指出，1997 年，是我国发展史上极其重要的一年，也是重庆发展史上具有特殊意义的一年。市人大常委会在重庆的发展中肩负着重大的历史使命。常委会要坚定不移地坚持邓小平建设有中国特色社会主义理论和党的基本路线，坚持依法治国方针，牢牢把握“抓住机遇、深化改革、扩大开放、促进发展、保持稳定”的工作大局，全面贯彻“开发三峡，振兴重庆”，加快发展，富裕城乡的工作方针，创造性地开展工作。要始终坚持和依靠党对人大工作的领导，以经济建设为中心，认真履行宪法和法律赋予的各项职权，大力加强民主法制建设。要依法审议和决定本行政区域的重大事项；进一步加快立法步伐，以适应重庆经济和社会发展的需要；切实加强对法律法规贯彻执行情况的监督检查，提高监督实效；深入开展“三五”普法宣传教育活动，深化和完善行政执法责任制，加快依法治市进程；加强对“一府两院”的工作监督，加大监督力度；依法任命“一府两院”领导人员和工作人员，完善新一届地方政权机关；继续抓好对任命干部的述职评议和对“一府两院”的工作评议，完善评议制度，改进工作方法，增强评议效果；指导区（市）县换届选举，切实加强地方政权建设；加强常委会的自身建设，密切联系群众，充分发挥代表作用，加强人大制度和人大工作的理论研究和宣传工作，为进一步完善人民代表大会制度，推进社会主义民主法制建设，促进重庆的经济建设、改革开放、社会稳定和精神文明建设，为“把重庆建设成为长江上游的经济中心”作出贡献。

关于重庆市高级人民法院 1997 年工作安排意见的报告的决议

重庆市第一届人民代表大会第一次会议听取和审查了市高级人民法院院长赵俊如所作的《重庆市高级人民法院 1997 年工作安排意见的报告》，决定批准这个报告。

关于重庆市人民检察院 1997 年工作安排意见的报告的决议

重庆市第一届人民代表大会第一次会议听取和审查了市人民检察院秦信联所作的《重庆市人民检察院 1997 年工作安排意见的报告》，决定批准这个报告。

关于四川省和原重庆市地方性法规在重庆市适用的决定[①]

为了维护社会关系的稳定，保障法制的统一和法规的连续性，进一步推进我市改革、开放和经济、社会的发展，对四川省和原重庆市地方性法规在重庆市的适用作如下决定：

1. 四川省的法规继续在重庆市适用，至重庆市人大及其常委会制定出相应的法规或作出终止执行的决定为止。

2. 原重庆市的地方性法规，在原重庆市 21 个区（市）县首先适用，至重庆市人大及其常委会制定出相应的法规或作出终止执行的决定为止。

3. 适用四川省的地方性法规以 1997 年 3 月 14 日前制定并实施的法规为限。四川省和原重庆市地方性法规的适用以公布的目录为准。

4. 法规适用中如涉及到执法主体的调整，由重庆市人民政府确定。

5. 四川省和原重庆市的地方性法规，在适用中与《中华人民共和国行政处罚法》相抵触的，其抵触部分无效。

6. 四川省和原重庆市的地方性法规在适用中的解释权属重庆市人大常委会。

附件：

1. 在重庆市继续适用的四川省地方性法规目录；
2. 在原重庆市所辖区域继续适用的原重庆市地方性法规目录。

---

①本文原载于《重庆日报》，1997 年 6 月 16 日。

在重庆市继续适用的四川省地方性法规目录

序号	法规名称	通过日期
1	四川省文物保护管理办法	1985. 11. 30
2	四川省长江水源涵养保护条例	1988. 12. 7
3	四川省老年人合法权益保护条例	1989. 3. 10
4	四川省禁止赌博条例	1989. 9. 20
5	四川省《中华人民共和国渔业法》实施办法	1989. 11. 15
6	四川省县级人民代表大会常务委员会行使职权的规定	1990. 1. 16
7	四川省《中华人民共和国集会游行示威法》实施办法	1990. 4. 28
8	四川省人民代表大会常务委员会地区工作委员会工作条例	1990. 9. 5
9	四川省未成年人保护条例	1990. 9. 5
10	四川省工业企业劳动卫生管理条例	1990. 11. 7
11	四川省《中华人民共和国草原法》实施细则	1990. 11. 7
12	四川省技术市场管理条例	1991. 3. 15
13	四川省《中华人民共和国村民委员会组织法（试行）》实施办法	1991. 5. 28
14	四川省农作物种子管理条例	1991. 5. 28
15	四川省中等职业技术教育暂行条例	1991. 7. 29
16	四川省环境保护条例	1991. 7. 29
17	四川省农民负担管理条例	1991. 7. 29
18	四川省酒类管理条例	1991. 7. 29
19	四川省消防管理条例	1991. 9. 28
20	四川省预算外资金管理条例	1991. 11. 2
21	四川省绿化条例	1992. 1. 25
22	四川省《中华人民共和国水法》实施办法	1992. 3. 13
23	四川省国防教育条例	1992. 7. 22
24	四川省城市园林绿化条例	1992. 7. 22
25	四川省各级人民代表大会常务委员会监督条例	1992. 9. 26
26	四川省查禁卖淫嫖娼活动的规定	1992. 9. 26
27	四川省保护消费者合法权益条例	1992. 9. 26

续表

序号	法规名称	通过日期
28	四川省惩治拐卖、绑架妇女、儿童违法犯罪的规定	1993. 4. 18
29	四川省个体工商户条例	1993. 6. 21
30	四川省预防控制狂犬病条例	1993. 6. 21
31	四川省《中华人民共和国归侨侨眷权益保护法》实施办法	1993. 8. 21
32	四川省禁毒条例	1993. 10. 28
33	四川省村镇规划建设管理条例	1993. 12. 15
34	四川省计划生育条例	1993. 12. 15
35	四川省企业负担监督管理条例	1993. 12. I5
36	四川省《中华人民共和国水土保持法》实施办法	1993. 12. 15
37	四川省科学技术成果推广条例	1994. 4. 2
38	四川省《中华人民共和国妇女权益保障法》实施办法	1994. 4. 2
39	四川省公路路政管理条例	1994. 5
40	四川省风景名胜管理条例	1994. 5
41	四川省《中华人民共和国残疾人保障法》实施办法	1994. 5. 28
42	四川省乡镇集体矿山企业和个体采矿管理条例	1994. 5. 28
43	四川省私营企业条例	1994. 7. 26
44	四川省农业承包合同管理条例	1994. 7. 26
45	四川省公证条例	1994. 12. 3
46	四川省产品质量监督管理条例	1994. 12. 3
47	四川省《中华人民共和国城市居民委员会组织法》实施办法	1994. 12. 3
48	四川省医疗机构管理条例	1994. 12. 3
49	四川省测绘管理条例	1994. 12. 3
50	四川省《中华人民共和国全国人民代表大会和地方各级人民代表大会代表法》实施办法	1995. 2. 11
51	四川省实施《中华人民共和国教师法》条例	1995. 4. 26
52	四川省长江防护林体系管理条例	1995. 4. 26
53	四川省实施《中华人民共和国台湾同胞投资保护法》办法	1995. 4. 26
54	四川省各级人大常委会加强对法律实施情况检查监督的规定	1995. 4. 26

续表

序号	法规名称	通过日期
55	四川省人大常委会关于严厉查处生产、销售假冒伪劣商品违法行为的决定	1995. 4. 26
56	四川省文化市场管理条例	1995. 6. 20
57	四川省外商投资企业工会条例	1995. 6. 20
58	四川省《中华人民共和国全国人民代表大会和地方各级人民代表大会选举法》实施细则	1995. 6. 20
59	四川省《中华人民共和国城市规划法》实施办法	1995. 6. 20
60	四川省《中华人民共和国土地管理法》实施办法	1995. 6. 20
61	四川省乡镇人民代表大会主席团工作条例	1995. 8. 17
62	四川省预防控制性病艾滋病条例	1995. 8. 17
63	四川省《中华人民共和国工会法》实施办法	1995. 8. 17
64	四川省农业机械管理条例	1995. 8. 17
65	四川省社会治安综合治理条例	1995. 10. 19
66	四川省劳动安全条例	1995. 10. 19
67	四川省饮用水水源保护条例	1995. 10. 19
68	四川省义务教育条例	1995. 10. 19
69	四川省鼓励外商投资条例	1995. 10. 19
70	四川省反不正当竞争条例	1995. 10. 19
71	四川省基层法律服务条例	1995. 12. 20
72	四川省收容遣送条例	1995. 12. 20
73	四川省蚕种管理条例	1995. 12. 20
74	四川省统计管理条例	1995. 12. 20
75	四川省职业介绍管理条例	1996. 4. 16
76	四川省归侨侨眷企业事业权益保护条例	1996. 4. 16
77	四川省《中华人民共和国红十字会法》实施办法	1996. 4. 16
78	四川省价格管理条例	1996. 4. 16
79	四川省道路运输管理条例	1996. 4. 16
80	四川省防震减灾条例	1996. 6. 18

续表

序号	法规名称	通过日期
81	四川省《中华人民共和国野生动物保护法》实施办法	1996. 6. 18
82	四川省《中华人民共和国母婴保健法》实施办法	1996. 6. 18
83	四川省农村机电提灌管理条例	1996. 8. 19
84	四川省水上交通事故处理条例	1996. 8. 19
85	四川省社会法律咨询服务条例	1996. 10. 14
86	四川省殡葬管理办法	1996. 10. 14
87	四川省公民献血条例	1996. 10. 14
88	四川省建筑管理条例	1996. 10. 14
89	四川省暂住人口治安管理条例	1996. 12. 24
90	四川省《中华人民共和国档案法》实施办法	1996. 12. 24
91	四川省《中华人民共和国农业技术推广法》实施办法	1996. 12. 24
92	四川省土地监察条例	1996. 12. 24
93	四川省各级人民代表大会常务委员会评议工作条例	1996. 12. 24
94	四川省开发区管理条例	1996. 12. 24
95	四川省邮电通讯管理条例	1996. 12. 24
96	四川省中医条例	1997. 2. 21

在原重庆市所辖区域继续适用的原重庆市地方性法规目录

序号	法规名称	通过日期
1	重庆市城市环境卫生管理办法	1987. 11. 13
2	重庆市技术市场管理暂行规定	1988. 3. 16
3	重庆市实施《中华人民共和国渔业法》的办法	1988. 12. 7
4	重庆市预决算审批监督暂行条例	1989. 1. 1
5	重庆市林地保护管理办法	1989. 5. 8
6	重庆市城市规划管理条例	1989. 5. 8
7	重庆市文化市场管理暂行条例	1989. 11. 11
8	重庆市实施《中华人民共和国集会游行示威法》办法	1990. 4. 28
9	重庆市人民代表大会常务委员会监督工作条例	1990. 6. 27

续表

序号	法规名称	通过日期
10	重庆市林业行政管理处罚条例	1990. 6. 27
11	重庆市环境保护条例	1990. 9. 5
12	重庆市保护消费者合法权益条例	1990. 11. 7
13	重庆市实施全民义务植树条例	1990. 11. 7
14	重庆市职工教育条例	1990. 12. 9
15	重庆市实施《四川省计划生育条例》的办法	1991. 5. 28
16	重庆市农村合作经济组织承包合同条例	1991. 7. 29
17	重庆市罚款和没收财物管理条例	1991. 7. 29
18	重庆市蔬菜基地管理条例	1992. 3. 13
19	重庆市社会治安综合治理条例	1992. 9. 26
20	重庆市城市房屋拆迁管理条例	1992. 9. 26
21	重庆市水利工程管理条例	1993. 4. 18
22	重庆市实施《中华人民共和国未成年人保护法》办法	1993. 4. 18
23	重庆市外商投资企业工会条例	1993. 8. 12
24	重庆市制定地方性法规条例	1993. 12. 15
25	重庆市经济技术开发区管理条例	1993. 12. 15
26	重庆市基本农田保护条例	1994. 4. 2
27	重庆市经纪人条例	1994. 4. 2
28	重庆市统计管理条例	1994. 4. 2
29	重庆市水资源管理条例	1994. 5. 28
30	重庆市社会法律咨询服务管理条例	1994. 5. 28
31	重庆市农民负担管理规定	1994. 9. 26
32	重庆市人民代表大会议事规则	1994. 9. 26
33	重庆市发展个体私营经济条例	1994. 9. 26
34	重庆市义务教育实施条例	1994. 12. 3
35	重庆市市政工程设施管理条例	1994. 12. 3
36	重庆市乡镇企业股份合作制条例	1995. 2. 11
37	重庆市水上交通安全管理条例	1995. 4. 26

续表

序号	法规名称	通过日期
38	重庆市人民代表大会常务委员会人事任免条例	1995. 4. 26
39	重庆市科学技术投入条例	1995. 4. 26
40	重庆市天然气管理条例	1995. 6. 20
41	重庆市禁止燃放烟花爆竹条例	1995. 6. 20
42	重庆市鼓励外商投资条例	1995. 6. 20
43	重庆市公民义务献血条例	1995. 10. 19
44	重庆市城市园林绿化条例	1995. 10. 19
45	重庆市农业投资条例	1995. 12. 20
46	重庆市邮政通信管理条例	1995. 12. 20
47	重庆市商品交易市场管理条例	1995. 12. 20
48	重庆市宗教事务管理条例	1995. 12. 20
49	重庆市人民代表大会常务委员会对市司法机关案件监督条例	1995. 12. 20
50	重庆市国有企业法定代表人离任审计条例	1996. 4. 16
51	重庆市户外广告管理条例	1996. 4. 16
52	重庆市旅游管理条例	1996. 4. 16
53	重庆市妇女权益保障条例	1996. 4. 16
54	重庆市人才市场管理条例	1996. 6. 18
55	重庆市高等级公路管线工程管理条例	1996. 6. 18
56	重庆市商业网点建设管理条例	1996. 8. 19

重庆市人民代表大会公告①

第一号

重庆市第一届人民代表大会常务委员会主任、副主任、秘书长和委员已由重庆市第一届人民代表大会第一次会议于1997年6月10日选出，现予公布。

主 任：王云龙

副主任：金 烈 冯克熙 肖祖修 章必果 李克熙 陈之惠

秘书长：康纲有

委 员（按姓氏笔画排列）：

万世坪 马鸣图 王子源 王志芳（女） 王高峨（女）
尹万邦 卢义慈（女） 田兴泉（土家族）刘文辞（女）
刘重来 刘德申 阳仁全 牟之益 牟禾荣 李有国
李荣光 李唏朦 严顺炳 肖希纯 何 俊（女）
何景华 张先禄 张洪国 张朝贵 陈 驰 陈 鸿
陈在贵 陈启华 陈宝荣 陈忠慧 陈继努（苗族）
陈朝栋 陈雅棠 范存祺（女） 易治安 周 旬
侯守渠 侯雪岩 顾乐观 郭棣华 高绍先 唐闻一
部立臻 章高炎 彭复生 彭哲英（女） 曾弟书（女）
曾祥云 谢贻奎 谭明贵 谭瑞群 蔚立信 戴大奎

重庆市第一届人民代表大会第一次会议主席团

1997年6月10日

①本文原载于《重庆日报》，1997年6月11日。

第二号

重庆市人民政府市长、副市长已由重庆市第一届人民代表大会第一次会议于1997年6月10日选出，现予公布。

市　长：蒲海清

副市长：王鸿举　甘宇平　许忠民　李德水　陈光国　吴家农　程贻举

重庆市第一届人民代表大会第一次会议主席团

1997年6月10日

第三号

重庆市高级人民法院院长已由重庆市第一届人民代表大会第一次会议于1997年6月10日选出，现予公布。

院　长：赵俊如

重庆市第一届人民代表大会第一次会议主席团

1997年6月10日

第四号

重庆市人民检察院检察长已由重庆市第一届人民代表大会第一次会议于1997年6月10日选出（提请最高人民检察院报全国人大常委会批准）。

重庆市第一届人民代表大会第一次会议主席团

1997年6月10日

重庆市第一届人民代表大会各专门委员会组成人员名单[①]

一、内务司法委员会（9 人）

主 任 委 员：肖希纯

副主任委员：陈朝栋　戴大奎　曾弟书（女）

委　　　员（委员按姓氏笔画排列，下同）：

兰应木　李长禄　陈　驰　周厚熙　郑兴明

二、财政经济委员会（8 人）

主 任 委 员：李荣光

副主任委员：牟禾荣　谭瑞群　蔡开文

委　　　员：华正兴　张　净　张永华　谢应坤

三、教育科学文化卫生体育委员会（11 人）

主 任 委 员：何　俊（女）

副主任委员：部立臻　王长楷　叶川英（女）

委　　　员：王子源　李生达　张兴云　易治安　罗荣汉

郭相颖　童光琦

四、农业委员会（7 人）

主 任 委 员：张朝贵

---

①本文原载于《重庆日报》，1997 年 6 月 16 日。

副主任委员：谭明贵　谢贻奎　曾祥云

委　　　员：王　健　胡启能　赵学源

五、城乡建设环境保护委员会（9 人）

主 任 委 员：蔚立信

副主任委员：陈在贵　卢义慈（女）　李有国

委　　　员：王崇举　关德忠　何景华　张爱理　侯雪岩

六、民族宗教侨务台务外事委员会（11 人）

主 任 委 员：王志芳（女）

副主任委员：邓启权

委　　　员：刘德申　杨家常（土家族）　杨震华　陈上华
陈忠慧　陈继努（苗族）　范存祺（女）　释心月
温厚鸿（回族）

七、法规委员会（5 人）

主 任 委 员：尹万邦

副主任委员：高绍先　李昌麒

委　　　员：马鸣图　陈德敏

为实现跨世纪宏伟目标而奋斗

——祝贺市一届人大一次会议、市政协一届一次会议闭幕①

《重庆日报》社论

重庆市第一届人大一次会议和政协重庆市第一届一次会议，完成了预定的各项议程，分别于6月15日和6月12日胜利闭幕了。我们对“两会”的圆满成功表示热烈的祝贺！

八届全国人大五次会议批准设立重庆直辖市后召开的“两会”，是在掀开重庆历史发展新篇章的重要时刻召开的大会；是按照重庆市第一次党代会精神，动员全市各族人民肩负起重大历史使命，实现重庆振兴的大会；是民主、求实、团结、鼓劲的大会。参加“两会”的人大代表、政协委员，以对历史、对重庆各族人民高度负责的精神，选出了重庆市第一届人大常委会、重庆市第一届人民政府、政协重庆市第一届委员会领导班子；认真审查批准和协商讨论了蒲海清市长的政府工作报告、《重庆市国民经济和社会发展第九个五年计划和2010年远景目标纲要》，以及其他报告、决议、决定。代表、委员们一致认为，报告和《纲要》是在大量调查研究，反复征求各方人士意见的基础上实行民主和科学决策的产物，凝聚了全市人民的意志，是新重庆实现跨世纪宏伟目标的指导性文件。认真贯彻落实“两会”精神，努力完成报告和《纲要》提出的奋斗目标，是当前和今后一个时期我市各族人民的重要任务。

从现在起到2010年，是重庆发展史上极为关键的时期，刚刚通过的

①本文原载于《重庆日报》，1997年6月16日。

《纲要》提出：今后15年，重庆经济和社会发展的奋斗目标是把重庆建设成为长江上游和西南地区的经济中心，形成长江上游新兴产业群，到2010年全市国内生产总值比1995年翻两番，综合经济实力力争达到全国省市中等偏上水平，城乡人民生活富裕文明。要实现这个目标，我们面临着难得的机遇和明显的优势。但是，我们必须清醒地认识到，机遇伴随着严峻的挑战，优势后面隐含着巨大的困难。摆在全市各族人民面前的任务，就是要认真学习和贯彻落实市第一次党代会和市一届人大一次会议、市政协一届一次会议的精神，按照市第一次党代会提出的建设繁荣富裕文明进步的新重庆的总要求和《纲要》提出的总目标，紧紧围绕完成三大任务、解决四大难题开展工作。把报告和《纲要》作为新时期组织和动员全市人民推进改革开放和现代化建设的行动准则，以两个根本性转变为主线，进一步加快国有企业改革的步伐，加大结构调整力度，提高对外开放水平，全面实施“科教兴渝”战略，搞好开发性移民，发展库区经济，防治环境污染，保持生态平衡，按照脱贫致富奔小康的要求，加快农村经济和少数民族地区的经济发展，积极探索出一条城市带农村，城乡一体共发展、共繁荣的新路子；进一步加强社会主义精神文明建设，始终坚持“两手抓，两手都要硬”的方针，继续开展“弘扬红岩精神，塑造当代重庆人”的活动，突出“育人兴市”和提高社会文明程度这个主题，实现以思想道德修养、科学教育水平、民主法制观念为主要内容的公民素质的显著提高，努力把重庆建设成为我国西部文明进步的先进地区。

建设重庆、振兴重庆、开创重庆美好的未来，关键在党，关键在人。随着市第一次党代会和“两会”的胜利召开，新重庆的领导班子相继产生，全市改革开放和社会主义现代化建设的大政方针已定，各项任务都很明确。各级领导班子和各级领导干部，一定要在中共重庆市委的领导下，进一步加强党的建设，增强党性、服从大局、加强团结，牢固树立全心全意为人民服务的宗旨，想群众之所想，急群众之所急，帮群众之所需，坚决克服官僚主义、形式主义、铺张浪费的作风；树立艰苦奋斗、求真务实、勇于开拓的作风，以知实情、鼓实劲、重实干、求实效的要求和廉洁自律、率先垂范的表率作用，团结和带领全市各族人民，朝着《纲要》既定的目标而努力奋斗。

人民代表大会是我国的根本政治制度。中国共产党领导的多党合作和政治协商制度是我国的基本政治制度。我们一定要在党的领导下，充分发挥这两项重要政治制度的作用。进一步加强社会主义民主和法制建设，全面建立起社会主义市场经济所必需的法律体系，深入、扎实地开展法制宣传教育和各项依法治理活动，增强全体公民的法律意识和法制观念；充分发挥人民政协人才荟萃、智力雄厚、联系广泛这一特有优势，为加快我市经济社会发展集思广益，献计出力。各级人大及其常委会和各级政协，要不辜负全市各族人民的殷切期望，更加奋发努力地工作，更好地履行自己的职责，为实现“两会”提出的各项任务而作出新贡献。

历史选择了重庆，重庆不会辜负历史。具有光荣革命传统的重庆各族人民，一定要高举邓小平建设有中国特色社会主义理论的伟大旗帜，紧密地团结在以江泽民同志为核心的党中央周围，在中共重庆市委的领导下，为“努力把重庆建设成为长江上游的经济中心”，“开发三峡，振兴重庆”，为圆满完成党中央、国务院赋予重庆直辖市的历史重任，为实现跨世纪宏伟目标，在重庆发展的历史上写下辉煌壮丽的篇章。

建设一个繁荣发展的新重庆[①]

（1997年6月15日）

李 鹏

成立重庆直辖市是党中央、国务院的重大战略决策，目的是进一步缩小东西部差距，进一步发挥重庆作为它所辐射的地区经济中心城市的作用，也是为了支援三峡工程建设，妥善做好库区移民工作，把库区建设成新的繁荣的库区。重庆市的任务是繁重而艰巨的，中央知道你们有三大困难，这就是100万移民，300万贫困人口，100万下岗人员和一批不景气的企业。但是，重庆市也有许多优势，有克服这些困难的条件和不可多得的发展机遇。可以说是机遇与困难并存，机遇大于困难。

重庆直辖市的成立，宣告了在祖国这块8万平方公里土地上的3000万人民翻开了他们发展史上崭新的一页。全国人民正关注着你们，世界也在关注着你们。我们希望全市人民鼓足勇气，树立信心，在以江泽民同志为核心的党中央和重庆市委、市政府的领导下，坚持以邓小平同志建设有中国特色社会主义理论为指导，发扬重庆的红岩革命精神，树立长期自力更生、艰苦奋斗的思想，脚踏实地，一步一个脚印地去克服存在的困难，变压力为动力，变困难为优势。中央的支持和各省市的帮助是必要的，但主要靠重庆市人民自己的努力。我相信，一个繁荣发展的新重庆将会出现在祖国大西南的大地上。

---

①这是李鹏同志在第一届重庆市人民代表大会上的讲话要点。本文原载于李鹏：《李鹏论三峡工程》，中国三峡出版社、中央文献出版社2011年版，第182—183页。

重庆市政协第一届第一次会议

共谋兴渝良策 共图发展大计
市政协一届一次会议隆重开幕[1]

中国人民政治协商会议重庆市第一届委员会第一次会议昨日上午在市人民大礼堂隆重开幕。

肩负着全市各族各界人民的重托，市政协委员迎着灿烂的朝阳，步入庄严雄伟的市人民大礼堂，履行政治协商、民主监督、参政议政的神圣职责。

出席大会开幕式并在主席台前排就座的主席团常务主席有：张文彬、黄立沛、韦思琪、李兵、窦瑞华、徐宗俊、张忠惠、刘惠君、张国忠、邓中文、蒋书楠、刘昆水、蒋先齐、罗淑芳、魏朝贵。

今天大会的执行主席是：张文彬、黄立沛、韦思琪、李兵。主席团常务主席会议主持人张文彬主持了大会开幕式。

大会应到委员 779 人，实到委员 731 人，符合法定人数。

上午 9 时，张文彬宣布大会开幕，全体起立，乐队高奏国歌。

大礼堂主席台帷幕中央，悬挂着中国人民政治协商会议会徽，会徽两旁衬托着十面鲜艳的红旗。

张德邻、蒲海清、王云龙、于汉卿、刘志忠、王鸿举、甘宇平、李学举、赵海渔、陈邦国、税正宽、邢元敏、金烈、王文德、冯克熙、许香谷、王华生、黄梅、章必果、李克熙、陈之惠、康纲有、肖祖修、唐情林、周建中、许忠民、李德水、易治安、魏守柜、刘胜岩，老同志代表段大明、张文澄、马力以及原市顾委主任王效才、原市政协主席黄冶等同志在主席台就座。

---

①本文原载于《重庆日报》，1997 年 6 月 8 日。

张文彬致开幕词。

四川省政协主席聂荣贵代表四川省政协到会致词祝贺，并赠送了中共四川省委、省人大常委会、省政府、省政协给大会的纪念品。

政协原重庆市第十届委员会常务委员会作关于原重庆市代管万县市、涪陵市、黔江地区以来的工作报告。为适应新的形势，完成历史赋予的新任务，自去年6月底，政协常委会及时调整工作部署，把政府做好代管工作放到各项工作的首位，认真贯彻中央关于“思想领先，平稳过渡”的方针，坚持民主、团结的工作主题。组织市政协组成单位和广大委员，开展新重庆发展战略研究，积极为我市两个文明建设献计献策，同时认真反映社情民意，加强提案和信息工作，参政议政的水平和实效有了新的提高，为促进全市各族各界群众统一思想，振奋精神，为重庆直辖市的组建和经济社会的发展做出了新的贡献。

八届全国人大五次会议批准设立重庆直辖市的决定，标志着重庆改革开放和现代化建设进入了一个新的发展阶段。新形势、新任务对人民政协履行职能提出了更高的要求，也为人民政协发挥作用提供了更为广阔的天地。建议重庆直辖市政协第一届委员会的工作，以邓小平建设有中国特色社会主义理论为指导，在中共重庆市委领导下，认真贯彻中共重庆市第一次代表大会提出的工作方针，坚持人民政协民主、团结的工作主题，紧紧围绕建设新重庆宏伟蓝图的实施，充分发挥政协自身的特点和优势，以积极主动、开拓进取的精神，找准位置，选准角度，认真履行职能，继续推进履行职能的规范化、制度化，不断提高履行职能的水平和实效，努力使政协的各项工作形成新的气势，做出新的成绩，创造新的经验，出现新的局面，为建设繁荣、富裕、文明、进步的新重庆作出新的贡献。

市委书记张德邻在会上作了题为《全市各族各界紧密地团结起来，为建设繁荣富裕文明进步的新重庆而奋斗》的重要讲话。他指出，这次会议对于团结和动员全市各族各界，为建设繁荣、富裕、文明、进步的新重庆贡献力量，开创重庆政协工作新局面，具有十分重要的意义。希望各位委员本着对重庆建设和发展高度负责的责任感，以饱满的政治热情，集中精力，施展才智，把这次大会开成一次民主、团结、求实、鼓劲的大会。

全市各族各界紧密地团结起来
为建设繁荣富裕文明进步的新重庆而奋斗[①]

（1997 年 6 月 7 日）

张德邻

各位委员，各位同志：

政协重庆市第一届委员会第一次会议，在重庆历史发展进入崭新阶段的重要形势下胜利召开了。这里，我谨代表中共重庆市委，向大会表示热烈的祝贺，向各位委员、各位同志表示崇高的敬意！

前几天刚刚闭幕的中国共产党重庆市第一次代表大会，总结了重庆市代管万县市、涪陵市和黔江地区以来的工作，审议和通过了中共重庆市委《关于制定重庆市国民经济和社会发展“九五”计划和 2010 年远景目标纲要的建议》，确定了未来 5 年至 15 年重庆经济社会发展的指导思想、战略目标、战略重点和主要措施；选举了中国共产党重庆市第一届委员会，形成了担当新重庆领导重任的新的领导核心。这次政协会议，就是要高举邓小平建设有中国特色社会主义理论的伟大旗帜，坚持党在社会主义初级阶段的基本路线和基本方针，认真贯彻中共重庆市第一次代表大会精神，充分履行政治协商、民主监督、参政议政的职能，讨论重庆市国民经济和社会发展“九五”计划和 2010 年远景目标纲要，选举产生政协重庆市第一届领导机构。这次会议对于团结和动员全市各族各界，为建设繁荣、富裕、文明、进步的新重庆贡献力量，开创重庆政协工作的新局面，具有十分重要的意义。希望各位

①本文原载于《重庆日报》，1997 年 6 月 8 日。

委员、各位同志本着对重庆建设和发展高度负责的责任感，以饱满的政治热情，集中精力，施展才智，把这次大会开成一次民主的大会、团结的大会、求实的大会、鼓劲的大会。

为了让各位委员、各位同志更全面地了解重庆面临的新形势和新任务，更好地把握全局，参政议政，圆满完成这次大会的各项任务，下面我讲三点意见。

一、认清形势，把握大局

当前，我们正处在世纪之交的重要历史时期。1997 年，是我国历史发展的重要年份。中国将洗雪百年耻辱，恢复对香港行使主权；中国共产党将召开第十五次全国代表大会，确定我国改革开放和社会主义现代化建设跨世纪的大政方针。真可谓喜事、盛会接踵而来。今年对重庆来讲，更是极不平凡的一年。3 月 14 日，八届全国人大五次会议通过了批准设立重庆直辖市的决定，这标志着重庆历史发展新时期的到来。目前，重庆经济社会发展面临着崭新的形势，呈现出以下显著特点：

第一，重庆面临有利的外部环境。从国际形势看，世纪之交的世界进行着复杂而深刻的变革。世界形势总体趋向缓和，经济因素在国际关系中的作用不断增强，各国都更加重视加强科学技术、发展教育和增强综合国力，谋求在多极化发展格局中占据有利地位。从现在起到今后相当长一个时期，世界经济可望出现一个相对景气的增长阶段。这为我国深化改革，扩大开放，加快现代化建设，提供了有利的国际大环境。从国内形势看，党的十四大以来，在邓小平建设有中国特色社会主义理论的指导下，我国出现了经济发展、政治稳定、民族团结、社会进步的大好局面。国民经济持续、快速、健康发展，各项社会事业不断进步，安定团结的政治局面进一步巩固。随着我国改革开放和社会主义现代化建设的推进，为了促进地区经济合理布局和健康发展，更好更快地实施“三步走”发展战略，党中央、国务院相继作出了建设长江经济带，加快三峡工程建设和库区开发，加快中西部地区发展的战略决策。重庆位于我国东部经济发达地区和西部资源富集地区的接合部，是西南地区和长江上游最大的经济中心城市和重要内河口岸，在全国发展总格局中的地位和作用十分突出，中央实施三大战略决策，把重庆推上了跨世纪发展的前沿和历史发展的崭新阶段。

第二，重庆具有良好的发展基础。重庆区域经过几十年的建设，特别是改革开放以来的迅猛发展，具备了一定的综合实力，中心城市的辐射和带动作用得到增强。1996 年，全市实现国内生产总值 1175 亿元，其综合经济实力在全国 31 个省级行政区中居第 21 位（中国台湾、中国香港地区缺统计资料）。作为我国六大老工业基地之一，重庆市工业资产存量达 700 多亿元，工业门类比较齐全，已形成汽车摩托车为主体的机械工业、以天然气化工和医药化工为重点的化学工业、以优质钢材和优质铝材为代表的冶金工业这三大支柱产业，电子信息、建筑、旅游、食品等新的支柱产业正在孕育成长。全市科技教育基础比较雄厚，现有各类科研机构近 1000 个，各类专业技术人员 50 余万人；有大专院校 25 所，在校生 8 万多人。科技对经济增长的贡献率已达到 32%。基础设施初具规模，形成了铁路、公路、水路、航空并存的立体交通运输网络，建成了面向西南的数据信息交换中心和情报中心，生产环境和投资环境进一步改善。新重庆具有丰富的资源和广阔的市场，天然气、铝土矿、煤炭和盐矿资源有巨大的开发价值；独具特色的三峡旅游资源闻名世界，立体气候形成的农业资源、生物资源和巨大的库区淡水资源为生态经济发展提供了广阔的前景；三峡库区建设的巨额投资和库区人民奔小康产生的消费需求构成了广阔的城乡市场。所有这些，都为重庆的建设和发展奠定了前进的基础。

第三，重庆出现了可喜的发展势头。1996 年 9 月，党中央、国务院批准了四川省委托重庆市代管万县市、涪陵市和黔江地区的请示。中共重庆市委坚决贯彻中央的部署和“思想领先，平稳过渡”的方针，一手抓代管，一手抓经济发展和社会稳定，紧紧围绕“抓住机遇、深化改革、扩大开放、促进发展、保持稳定”的全党全国工作大局，以加快发展为主题，以推进两个根本转变为主线，上下一心，狠抓落实，代管工作按照中央的要求进展顺利。实施代管以来，市委认真组织全市党员、干部学习中央精神，把广大干部群众的思想统一到党中央、国务院的重大决策上来；先后对全市经济工作、精神文明建设、党的建设、国有企业改革、农村工作、移民工作、扶贫工作作了全面部署和安排；及时做好重庆经济和社会发展计划、财政等同中央和四川省的衔接；组织力量对重庆经济社会发展战略进行了认真研究，形成了中共重庆市委《关于制定重庆市国民经济和社会发展“九五”计划和2010年远景目标纲要的建议（草案）》；大力加强领导班子建设，广泛开展了“弘扬红岩精神，塑造当代重庆人”的活动。经过广大干部和人民群众的共同努力，1996年全市国民经济总体运行平稳，速度逐步加快。农业获得丰收，区市县经济稳定发展；国有企业改革加大了力度，取得了一定进展；工业经济在艰难条件下保持了发展势头，部分骨干行业和骨干企业增长速度和效益进一步提高；城乡市场活跃，物价基本稳定；各项社会事业有了新的进步。进入1997年，重庆各方面工作开局良好，全市人心振奋，社会稳定，展现了经济社会持续、快速、健康发展的可喜前景。重庆代管任务的圆满完成，为设立重庆直辖市创造了有利条件，为重庆今后工作的全面展开打下了坚实基础。

第四，重庆肩负着光荣而艰巨的历史使命。设立重庆直辖市，把重庆推上了历史发展的新起点。根据国务院在八届全国人大五次会议上《关于提请审议设立重庆直辖市的议案的说明》，重庆肩负着进一步发挥重庆的区位优势、“龙头”作用、“窗口”作用和辐射作用，带动西南地区和长江上游地区的经济、社会发展这一光荣而艰巨的历史使命。要肩负起这一使命，重庆必须完成三大战略任务：一是增强中心城市的综合实力，完善城市功能，把重庆建设成西南地区和长江上游的经济中心；二是探索城市带农村的新路子，加快农村经济发展，实现城乡一体共发展、共繁荣；三是搞好开发性移民，发展库区经济，保证三峡工程建设的顺利进行。我们必须解决好妥善安置100万移民、“九五”期间366万农村贫困人口脱贫致富、振兴老工业基地、防治环境污染和保持生态平衡四大难题。

通过以上分析，我们可以看到，重庆面临的机遇很大，优势很多，具有许多加快发展的有利条件，但我们又必须清醒地认识到，重庆所有的机遇都伴随着严峻的挑战，所有的优势背后都隐含着巨大的困难，而且一些优势是潜在的，困难却是现实的。目前，全国改革和发展形势很好，但区域间的竞争越来越激烈，国家实施的几大发展战略对我们来说是机遇，对其他省市也是机遇；我们有良好的发展基础，但与其他城市特别是京、津、沪三个直辖市比较，我们市情特殊，起点较低，经济结构调整滞后，区域经济发展很不平衡，经济发展总体水平不高。因此重庆的基本形势是“四个并存”：一是机遇与挑战并存，挑战大于机遇，机遇稍纵即逝，如果抓不住，我们将难以战胜挑战；二是希望与困难并存，只有战胜一个一个的困难，重庆才有希望；三是优势与劣势并存，我们必须充分发挥优势，进一步壮大优势，努力克服劣势；四是动力与压力并存，我们的动力还需要进一步加强和积累，而压力也在一天天加大。我们必须认清形势，把握全局，增强历史责任感和现实紧迫感，增强克服一切困难的勇气，坚定完成历史重任的信心。

中共重庆市第一次代表大会明确指出，在新的形势下加快重庆发展，实现重庆振兴，必须用新的思想观念、新的思维方式来认识重庆，思考未来，把重庆的发展置于整个中西部发展和全国总体发展战略之中，科学地制定今后几年的宏伟蓝图，用开拓的精神推进重庆改革开放和现代化建设，走出一条符合重庆实际、具有区域特色的发展路子。总的指导思想是，以邓小平建设有中国特色的社会主义理论和党的基本路线为指导，遵照江泽民总书记“努力把重庆建设成为长江上游的经济中心”的要求，紧紧把握解放思想，抓住机遇，“开发三峡，振兴重庆”，加快发展，富裕城乡的工作方针，实施“科教兴渝”和可持续发展战略，坚持以经济建设为中心，以改革开放统揽全局，积极推进经济体制和经济增长方式的根本转变；坚持富民为本，城乡一体共同繁荣；坚持物质文明建设和精神文明建设两手抓，依法治市，保持社会稳定，促进经济、社会协调发展。“九五”期间，国内生产总值年均增长11%，到本世纪末，全市综合经济实力显著增强，经济增长质量明显提高，基本消除贫困现象，人民生活达到小康。到2010年，把重庆建设成为西南地区和长江上游的经济中心，形成长江上游新兴产业群，全市国内生产总值比1995年翻两番，综合经济实力达到全国省市中等偏上水平，人民生活富裕文明。

实现这一宏伟目标，今后五年是打基础的关键时期，认真做好五年的工作非常重要。我市第一次党代会对重庆改革开放和现代化建设的各项任务作了全面部署。在经济建设方面，总的要求是以两个转变为主线，紧紧围绕完成三大战略任务、解决四大难题开展工作，为下世纪初保持我市国民经济快速发展奠定坚实的物质技术基础和社会主义市场经济体制基础。要抓住国有企业改革这个中心环节，不断深化经济体制改革；坚持以大开放促大发展，大力推进对内对外开放，形成全方位、多层次开放的新格局；根据建设长江上游新兴产业群的目标，加快经济结构的战略性调整；全面实施“科教兴渝”战略，把经济建设真正转到依靠科技进步和提高劳动者素质的轨道上来；围绕越温脱贫奔小康的要求，加快农村经济发展，积极探索城市带农村、城乡一体共发展、共繁荣的新路子；按照三峡工程进度，搞好开发性移民，加快库区经济发展；着眼于经济社会的可持续发展，控制人口增长，提高人口素质，防治环境污染，保持生态平衡，实现经济效益、社会效益和生态效益的统一。在精神文明建设方面，要以邓小平建设有中国特色社会主义理论和党的基本路线为指导，坚持以经济建设为中心，重在建设，以人为本，突出“育人兴市”和提高社会文明程度这个主题，抓好思想道德建设和发展当代重庆文化，加大依法治市力度，使重庆成为我国中西部文明进步的先进地区。在党的建设方面，要按照重庆面临的新形势和肩负的历史使命的要求，以继承和发扬党的三大优良作风和“讲学习、讲政治、讲正气”为主线，从严治党，努力把党建设成为振兴重庆的坚强领导核心。我们要认真学习宣传我市第一次党代会的精神，进一步用大会的精神统一思想、统一步调，扎扎实实地抓好贯彻落实，以团结一心、只争朝夕、拼搏苦干的实际行动，努力创造出加快重庆发展的辉煌业绩。

二、加强大团结，共创新局面

在新的历史时期建设重庆、振兴重庆，开创重庆美好未来，是重庆各族人民的共同愿望，是重庆社会各界的共同事业。我们必须高举社会主义和爱国主义两面伟大旗帜，建设最广泛的统一战线，举全市之力，万众一心，苦干实干，共图大业。加强各族各界的大团结，同重庆的前途命运息息相关，同3000万重庆人民的切身利益息息相关。在重庆发展的新时期，团结比以往任何时候都具有更加特殊、更为重要的意义。

第一，团结是我们党的优良传统。中国共产党的历史，是一部领导和团结各族人民克服和战胜各种艰难险阻的历史。半个世纪以前，面对日本帝国主义的侵略，在中华民族处于生死存亡的时刻，中国共产党提出建立抗日民族统一战线的正确主张，促成了第二次国共合作，实现了全国一切爱国力量的大联合，取得了中国人民反侵略战争的伟大胜利。此后，在推翻三座大山、建立新中国的旗帜下，我们党动员全国各族人民，联合一切爱国民主力量，取得了新民主主义革命的胜利。在改革开放和现代化建设的新时期，为实现建设四化、振兴中华、统一祖国的共同愿望，在中国共产党的领导下，巩固和发展了最广泛的爱国统一战线，全体人民正在同心同德地为实现共同理想而奋斗。

第二，团结是统一战线和人民政协的基本主题。邓小平同志指出，我国统一战线已进入一个新的历史发展阶段，具有空前的广泛性，是全体社会主义劳动者、拥护社会主义的爱国者的最广泛的联盟。要调动一切积极因素，团结一切可以团结的力量，把一切能够联合的力量都联合起来，为把我国建设成为现代化的社会主义强国，完成祖国统一大业而共同奋斗。邓小平同志的这些论述，明确了现阶段我国统一战线的性质和任务，是新时期统一战线各项方针政策的主要依据和理论基础，也是我们实现宏伟目标的行动指南。重庆是毛泽东、周恩来、邓小平等老一辈无产阶级革命家开创和发展爱国统一战线的重要城市，也是我国一些民主党派的诞生地，有着统一战线、多党合作的光荣历史和优良传统。党的十一届三中全会以来，我市统一战线和人民政协工作以马克思列宁主义、毛泽东思想和邓小平建设有中国特色社会主义理论为指导，坚持“一个中心，两个基本点”的基本路线，紧紧围绕经济建设这个中心，积极维护安定团结的政治局面，为推进改革开放和社会主义现代化建设，为健全社会主义民主和法制，为促进“一国两制”、和平统一祖国发挥了独特的作用，作出了重要贡献。可以说，我市两个文明建设取得的一切成就，都是在党的领导下加强各族各界大团结的结果，都饱含着各民主党派、工商联和无党派爱国人士的心血。

第三，团结是形成凝聚力、战斗力和发展生产力的根本保证。我们党领导的事业要发展，不但必须有正确的理论和路线，还必须形成团结统一、万众一心的政治局面，才能更好地贯彻执行党的理论和路线。这是中国革命和建设反复证明了的真理。改革开放的实践也说明，团结的力量对于一个地区、一个城市建设和发展是多么的重要。哪个地方有一种紧密团结、和衷共济的局面，哪个地方凝聚力、战斗力就强，发展就快，建设就好；哪个地方与别的地方即使是同样的环境、同样的政策，而人心涣散、缺乏合力，哪个地方发展就慢，各方面建设就会落后。从这个意义上讲，团结出生产力，不团结就破坏生产力。因此，离开了各族各界的大团结，离开了各个方面的积极性，就会削弱凝聚力和战斗力，制约生产力的发展。毛泽东同志教导我们："国家的统一，人民的团结，国内各民族的团结，就是我们的事业必定要胜利的基本保证。"加强各族各界的大团结，是我们克服一切困难，解决一切问题的重要法宝。今天，重庆发展正处在新的起跑线上，要解决各种矛盾，战胜各种困难，完成肩负的重任，特别需要我们发扬光大珍视团结、加强团结、依靠团结的优良传统，巩固和发展团结奋斗的政治局面。

我们要加强整个区域的大团结。设立重庆直辖市后，整个区域 43 个区（市）县是一个整体，3000 万各族同胞都是一家人，大家都是重庆直辖市的主人翁，有共同的愿望、共同的理想、共同的目标和共同的任务。我们这个区域有着悠久的历史、文化渊源和优良的革命传统，人民在长期实践中形成了勤劳勇敢、热情聪慧、质朴善良、坚韧不拔、自强不息、敢为人先的优秀品格，这是我们加快重庆发展的力量源泉。离开了整个区域内各族人民的大团结，就不可能实现重庆的振兴。"人心齐，泰山移。"只要我们团结一心，就没有克服不了的困难，就没有解决不了的问题。重庆各族人民要更加紧密地团结起来，共同勇敢地担负起党中央、国务院赋予我们的光荣而艰巨的历史使命。

我们要加强社会各界的大团结。建设重庆、振兴重庆，必须充分发挥社会各界的热情和智慧，依靠全社会的力量共同把重庆的事情办好。我市各民主党派、工商联、各群众团体和无党派民主人士中，集中了一大批优秀人才，是推动两个文明建设的一支重要力量。因此，在重庆发展的新时期，我们要进一步拓宽民主渠道，团结一切可以团结的力量，调动一切积极因素，把各方面的力量拧成一股劲，形成团结奋斗的大好局面。我们也希望社会各界把自身的利益同重庆建设和发展大局紧密地连在一起，增强主人翁责任感，发扬主动精神，焕发创造热情，全力投身到建设重庆、振兴重庆的伟大事业中去。

实现全市人民的大团结，最根本的是加强中国共产党党内的团结和各级领导班子的团结。坚强的党内团结和各级领导班子的团结，是各族各界大团结的重要前提。市委认为，我市各级领导班子的团结是搞好重庆工作的关键。只有领导班子统一了意志和行动，真正形成坚如磐石的整体，才能在人民群众中产生巨大的凝聚力、向心力。我们要继续坚持“团结一心向前看，集中精力抓发展”的工作方针，进一步加强各级领导班子的团结。党的团结是党的战斗力之所在，自觉维护团结是每个领导干部必须具备的政治品格。市委要求，各级领导班子和领导干部一定要视团结为生命，识大体，顾大局，襟怀坦白，光明磊落，认真开展批评与自我批评，做维护团结统一的模范，努力在政治上、思想上、组织上同以江泽民同志为核心的党中央保持高度的一致，把思想和行动统一到市委的各项决策上来。唯有如此，才能更好地团结和带领人民群众为建设和振兴重庆去奋斗、去拼搏。

三、高度重视政协工作，充分发挥政协作用

中国共产党领导的多党合作和政治协商制度，是我国的基本政治制度，是符合中国国情、具有中国特色的政党制度。维护和发展这一基本政治制度，是中国共产党和各民主党派的共同责任。中国共产党历来十分重视统一战线工作，毛泽东同志把统一战线作为中国革命的三大法宝之一；邓小平同志继承和发展了毛泽东同志关于统一战线的重要思想，提出了新时期爱国统一战线的理论，强调新的历史时期“统一战线仍然是一个法宝”，必须加强和扩大；以江泽民同志为核心的第三代中央领导集体多次强调，巩固和发展新时期的爱国统一战线比以往任何时候都更加重要。人民政协作为中国人民爱国统一战线组织，作为中国共产党领导的多党合作和政治协商的重要机构，作为我国政治生活中发扬社会主义民主的重要形式，在组织上具有最广泛的代表性，在政治上具有最大的包容性，是大团结的象征。人民政协通过富有成效的工作，能够最大限度地把各族各界紧密地团结在中国共产党的周围，把各民主党派、各社会团体的意志和力量凝聚到振兴重庆的宏伟事业

上来。

在重庆建设和发展的新的历史时期，要完成三大战略任务，实现经济社会发展的宏伟目标，必须调动全社会的力量，集中全体人民的智慧，在这方面，人民政协具有不可替代的重要作用。这就要求我们必须充分发挥人民政协的职能，把各民主党派、工商联、广大爱国知识分子和社会各族各界人士紧紧地团结在中国共产党的周围，为深化改革、扩大开放、加快发展、维护稳定作出更大的贡献。

一是充分发挥人民政协的团结协调作用。政协代表性强、联系面广，政协委员作为各界人士的代表具有广泛的影响力，同时积累了坚持求同存异、加强广泛联系、相互交心通气、善于合作共事等宝贵经验，可以通过各种形式交换意见，沟通思想，理顺情绪，化解矛盾，为维护团结和稳定发挥重要作用。

二是充分发挥人民政协的决策咨询作用。人民政协作为政治协商机关，提出决策咨询意见和建议，为党和国家的决策服务，充分显示了我国社会主义民主政治的特点和优势。在新的历史时期完成建设重庆、振兴重庆的各项繁重任务，实现宏伟的战略目标，必然会遇到许多新情况、新问题、新困难，这就更加需要充分发挥人民政协的决策咨询作用，更加需要各民主党派、工商联和各界人士建言献计、出谋划策。

三是充分发挥人民政协的民主渠道作用。人民政协的政治协商、民主监督和参政议政，具有广泛性和很大的影响力。通过发挥人民政协的民主渠道作用，可以使我们在分析形势时，能更全面和实际；在制定政策时，能更符合社情民意；在解决问题时，更能急群众之所急、办群众之所需，真正获得广大群众的拥护和支持。

四是充分发挥人民政协的桥梁纽带作用。人民政协在发展海外统一战线，促进祖国和平统一中具有特殊的优势。通过人民政协多种形式的联谊交友活动，能广泛团结台湾同胞、港澳同胞和海外侨胞，增进相互了解和信任，共同致力于统一祖国、振兴中华的宏伟事业。重庆有本地籍的台湾同胞、港澳同胞和海外侨胞30多万人，加上他们的亲属共60多万人，政协中一些党派和不少委员有海外联系，这是加强重庆与海外广泛联系，推动我市经济建设，促进祖国和平统一的重要民间渠道。

为了充分发挥人民政协的重要作用，我们必须高度重视人民政协工作，努力开创重庆政协工作的新局面。

第一，各级党委要加强和改善对政协工作的领导。重视人民政协工作，充分发挥人民政协的作用，是我们党的一贯方针，是加强社会主义民主政治建设，提高决策民主化、科学化水平的必然要求，也是建设有中国特色社会主义的重要组成部分。加强和改善党对政协工作的领导是事关党的工作全局的大事，要把懂不懂中国共产党领导的多党合作和政治协商制度这一国家基本政治制度，重不重视人民政协工作，作为衡量主要领导干部政治素质、领导水平高低的重要标志之一。各级党委一定要从巩固执政党的地位和人民政权的高度，从实现党的奋斗目标的高度，从加强民族团结和保持社会稳定的高度，从建设有中国特色社会主义的高度，深刻认识人民政协在新时期的地位和作用；一定要以高度的政治责任感，切实承担起领导责任，把政协工作作为党委工作的重要方面，纳入全局工作一道统一研究，统一部署，统一考核检查；一定要坚持和完善政治协商、民主监督、参政议政、情况通报、加强联系等一系列制度，并带头执行好这些制度，以保证党对政协工作领导的经常化、规范化和制度化。中共重庆市委将坚决执行中共中央关于统一战线的方针政策，继续深入贯彻中共中央〔89〕14 号文件精神，坚定不移地按照“长期共存、互相监督、肝胆相照、荣辱与共”的方针，充分尊重各民主党派在宪法范围内的政治自由、组织独立和法律地位平等的权利，进一步发扬光大重庆市过去重视和支持统一战线的优良传统，一如既往地加强同我市各民主党派、工商联和无党派爱国人士的团结合作，一如既往地支持各民主党派、工商联政治协商、民主监督、参政议政以及加强自身建设，充分发挥民主党派参政党的作用和工商联民间商会的作用，充分发挥其知识优势、人才优势和联系广泛的优势，不断提高民主决策、科学决策水平，把重庆改革开放和现代化建设的宏伟事业推向前进。各级党委负责同志要坚持主动同民主党派和无党派人士交知心朋友，交净友，经常沟通思想，加深感情，建立密切的联系，大力加强合作。

第二，各级政府要全力支持政协工作。政府工作与人民政协工作历来有着紧密的联系，没有人民政协的支持与配合，政府工作是做不好的；没有政府的支持与配合，人民政协的作用也是难以发挥的。因此，各级政府特别是各级领导干部，要进一步强化国家基本政治制度观念，强化人民政协观念，坚持把支持政协工作摆在政府工作的重要位置，坚定不移地把党关于人民政协工作的一系列方针、政策贯穿于政府工作的全过程，落实到政府的各项工作中去；要坚持协商于决策之前的原则，凡是关系全局的重大决策，都要在决策前通过人民政协进行协商；进一步坚持和完善情况通报制度；积极支持民主党派和无党派人士担任各级政府及职能部门的实职；自觉、主动地接受民主监督；继续支持和帮助人民政协改善工作条件。

第三，社会各方面要积极协同配合政协工作。社会各方面必须充分认识到发挥人民政协作用是全社会共同的政治责任，是社会主义民主政治建设的需要，是建设重庆、振兴重庆的需要。政府各部门、社会各方面要积极主动地支持、配合政协开展的一切参政议政活动；政协各专门委员会的各对口职能部门要加强与政协专门委员会的联系，积极支持和配合他们的工作；政协委员所在的基层单位要支持和关心委员的学习、工作和生活；各级教育、文化、出版部门和新闻单位要积极宣传各级政协的重要活动和工作经验；各级党校、干校、高等院校、社科研究机构要大力宣传、研究党的统一战线和人民政协的理论和方针、政策。

第四，各级政协要进一步加强自身建设。在重庆建设和发展的新形势下，各级政协进一步加强自身建设，提高参政议政水平，显得特别重要。市委希望各级政协从重庆肩负的重大历史使命出发，继续发扬优良传统，充分发挥决策咨询作用，围绕全市的中心工作，想全局、抓大事，切实履行各项职能，为加快重庆改革开放和发展出好谋、划好策、献好计；充分发挥团结协调的作用，利用独特优势，为维护我市社会政治稳定贡献力量；充分发挥民主渠道作用，积极反映社情民意，加强民主监督职能，进一步促进决策民主化、科学化，推动我市的民主政治建设；充分发挥桥梁纽带作用，加强对外交流和合作，促进重庆经济社会和改革开放，促进祖国和平统一。为此，市委希望各级政协和各民主党派、工商联在加强自身建设中，特别要注重抓好思想政治建设，重点是抓好邓小平建设有中国特色社会主义理论的学习，抓好形势教育、爱国主义教育、多党合作传统的教育。当前还要结合重庆新的市情，抓好八届全国人大五次会议关于设立重庆直辖市有关文件的学习，深刻认识党中央、国务院设立重庆直辖市的战略意义，增强我们的历史使命感和政治责任感。同时要抓好组织建设，重点是抓好领导班子建设。只要领导班子自身建设搞好了，就能够增强各个党派和组织的参政议政能力，更好地动员和团结全体同志，充分发挥各民主党派、工商联的优势和作用，保证圆满完成各级政协所肩负的光荣任务。

各位委员，各位同志！政协重庆市第一届委员会的届内工作，正处于跨世纪的重要时期，正处于重庆发展和振兴的关键时期。各位委员、各位同志肩负着光荣的使命和神圣的职责，让我们更加紧密地团结在以江泽民同志为核心的党中央周围，高举邓小平建设有中国特色社会主义理论的伟大旗帜，坚持党的基本路线和基本方针，坚持和完善中国共产党领导的多党合作和政治协商制度，进一步巩固和发展我市爱国统一战线，同心同德，继往开来，去创造重庆更加美好的明天！

谢谢大家！

市政协一届一次会议举行第二次大会
选举产生新一届市政协领导班子
张文彬当选市政协主席
黄立沛 韦思琪 李兵 窦瑞华 徐宗俊 张忠惠 刘惠君 张国忠当选市政协副主席①

昨日上午，政协重庆市第一届委员会第一次会议举行第二次大会，按日程安排进行了大会选举，选举产生了政协重庆市第一届委员会主席、副主席、秘书长、常务委员。张文彬当选政协重庆市第一届委员会主席。在昨天的大会上，还选出了政协重庆市第一届委员会副主席，他们是黄立沛、韦思琪、李兵、窦瑞华、徐宗俊、张忠惠、刘惠君、张国忠。选举魏朝贵为秘书长，并选出106名常务委员。

出席大会并在主席台前排就座的主席团常务主席有张文彬、黄立沛、韦思琪、李兵、窦瑞华、徐宗俊、张忠惠、刘惠君、张国忠、邓中文、蒋书楠、刘崑水、蒋先齐、罗淑芳、魏朝贵。

大会执行主席是：黄立沛、窦瑞华、张忠惠。会议由张忠惠主持。

本次大会应到委员779名，实到735名，符合法定人数。

与会委员首先用举手方式通过了政协重庆市第一届委员会第一次会议选举办法，通过了总监票、监票、总计票人员名单。按规定，政协重庆市第一届委员会选举主席1人，副主席9人，秘书长1人，常务委员106人。并按

①本文原载于《重庆日报》，1997年6月10日。

照通过的选举办法进行等额选举。

接着，大会将正式确定的候选人名单，提交与会全体委员进行投票选举。投票结束，市政协一届一次会议主席团举行了第四次会议，听取选举结果报告。

最后，大会请工作人员向全体委员宣读了选举结果和当选人名单。至此，大会主持人宣布：政协重庆市第一届委员会主席、副主席、秘书长、常务委员候选人全部当选。

（《重庆日报》记者 明昭平 谭红樱）

政协重庆市第一届委员会主席、副主席、秘书长、常务委员名单

（经1997年6月9日政协重庆市第一届委员会第一次会议选举产生）①

主　席：张文彬

副主席：黄立沛　韦思琪　李　兵　窦瑞华　徐宗俊　张忠惠
刘惠君（女）　张国忠

秘书长：魏朝贵

常务委员（按姓氏笔画为序）：

丁肇岐（回族）　万吉昆　马一平　王乃庆　王昭一
王方启　王亚非（女）　王志忠　王孝询　王群生
方雁均　尹明善　艾为学　卢国纪　白渝平
包　慧（女）　冯文二　皮　开　吕禾春　吕志清
刘　灵　刘成汉　刘梦禄　刘学谦　江成海　许　由
许大福　孙　敏　孙志芳（女）　杨桂华（女）
杨良慧（女）　杨国渝（女）　杨晓碧（女，苗族）
苏显吾　苏鸿发　李　义　李元林　李照民　李国全
李克昌　吴云汉　吴晓光　吴绪伦（土家族）
吴凯琦（女）　吴珍龄（女）　岑道源　余正祥
谷守禄　邹景行　沈光汉　宋令理（女）

①本文原载于《重庆日报》，1997年6月10日。

张牛（回族） 张运兰（女） 张学良 张元铸
张耀锦 陈万志 陈在贵 陈慧中（女） 陈荣华
陈崇远 陈景秋 邵 健 罗永光 周学伦 周成锡
周顺福 郑顺民 郑泽根（朝鲜族）荣儒璧 赵大为
赵学清 俞舫龄 洪道元（土家族）姚洪川
姚珍薇（女） 贾培基 夏培度 徐心贻 高 群
黄秉来 黄希庭 曹学彬 曹泽翰 梁安萍（女）
梁肇文 彭邦兴 蒋国庆 傅相锴 谢应森 释惟贤
赖 明 蓝钧鳌 雷亨顺 蔡约生 廖七一 廖长光
熊 笃 熊一娣（女，仡佬族） 熊宗敏（女）
翟春林 缪光奎 裴丽珍（女） 颜维仁 戴宏民
瞿开厚

中国人民政治协商会议
重庆市第一届委员会第一次会议决议[①]

（1997年6月12日通过）

中国人民政治协商会议重庆市第一届委员会第一次会议于1997年6月7日至12日举行。这次会议是在八届全国人大五次会议批准设立重庆直辖市，重庆改革开放和现代化建设进入一个崭新发展阶段的新形势下召开的。通过全体与会同志的共同努力，会议圆满地完成了预定的各项任务，是一次民主、团结、求实、鼓劲的盛会。

会议听取了中共重庆市委书记张德邻同志所作的《全市各族各界紧密地团结起来，为建设繁荣富裕文明进步的新重庆而奋斗》的重要讲话。委员们认为，讲话全面地分析了我市面临的形势，明确地提出了加快发展的宏伟目标，指出了共创新局面必须加强大团结，强调了各级党委和政府要高度重视政协工作，对各级政协提出了新的要求，对开好这次会议和做好政协今后的工作具有十分重要的指导意义。

会议听取并讨论了原重庆市政协第十届常务委员会关于原重庆市代管万县市、涪陵市、黔江地区以来的工作报告。认为自代管以来，第十届委员会按照市委的部署，认真贯彻"思想领先，平稳过渡"的方针，坚持民主、团结的工作主题，发扬积极主动、开拓创新的精神，为重庆直辖市的组建和经济社会的发展作出了贡献。会议还讨论了政协原重庆市第十届委员会提案委员会关于原重庆市代管万县市、涪陵市、黔江地区以来提案办理情况的报

①本文原载于《重庆日报》，1997年6月13日。

告。认为代管以来的提案办理工作，在促进我市经济发展和社会进步，协助党和政府改进工作等方面发挥了积极作用。

会议选举产生了政协重庆市第一届委员会主席、副主席、秘书长、常务委员，组成了第一届常务委员会。

与会同志列席了重庆市第一届人民代表大会第一次会议，协商讨论了《重庆市国民经济和社会发展第九个五年计划和2010年远景目标纲要（草案)》，听取并协商讨论了市政府工作报告和其他报告。对《纲要》和报告表示原则赞同，并提出了一些修改意见。认为《纲要》展示了新重庆跨世纪发展的宏伟蓝图，是激励和团结全市各族各界人士向更高目标迈进的行动纲领。同时对当前一些关系全局的重大问题，如加强农业基础地位、坚持“科教兴渝”和可持续发展战略、加快国有企业改革步伐、扩大对外开放、加大扶贫力度、搞好开发性移民、加强民族工作、加速发展第三产业、防治环境污染、加强精神文明建设和民主法制建设、深入开展反腐败斗争、搞好社会治安综合治理等，深表关注，提出了积极的意见和建议，希望市政府采取有力措施切实加以解决。

会议认为，本届政协任期内的五年，是跨世纪的五年，是实施我市国民经济和社会发展“九五”计划和2010年远景目标纲要的重要时期。建设新重庆，人民政协责无旁贷。为适应新形势，完成新任务，常务委员会要组织和依靠全体委员、各组成单位和各级政协，认真学习邓小平建设有中国特色社会主义理论，不断增强团结合作的政治基础；围绕实施新重庆国民经济和社会发展“九五”计划和2010年远景目标纲要，认真履行协商监督职能；坚持民主、团结的工作主题，促进社会政治稳定；开展海外联谊活动，推进祖国和平统一；继续推进履行职能的规范化、制度化，不断提高工作水平和实效；适应新形势的需要，切实加强政协自身建设，努力使政协履行职能的各项工作形成新的气势，做出新的成绩，创造新的经验，开创新的局面，为实现新重庆的宏伟目标作出更大的贡献。

会议强调，1997年是我国也是我市发展史上十分重要的一年。我国面临香港回归和召开中共十五大两件大事，事关全局，举世瞩目，意义深远。重庆已进入直辖市建设的新时期，面临难得的机遇、严峻的挑战，百事待举，任务艰巨。要完成建设新重庆、开创美好未来的伟大事业，必须有一个安定团结的社会政治环境。人民政协在组织上具有最广泛的代表性，在政治上具有最大的包容性，是大团结、大联合的象征；要高举社会主义和爱国主义旗帜，根据自身特点，开展卓有成效的工作，团结一切可以团结的力量，调动一切积极因素，努力形成千军万马共创大业的生动局面。

会议号召，我市政协各级组织、各组成单位和全体委员，要紧密团结在以江泽民同志为核心的中共中央周围，高举邓小平建设有中国特色社会主义理论的伟大旗帜，在中共重庆市委的领导下，毫不动摇地坚持社会主义初级阶段的基本路线，坚持和完善中国共产党领导的多党合作和政治协商制度，进一步巩固和发展爱国统一战线，抓住机遇，把握大局，再接再厉，同心同德，开拓前进，为建设繁荣富裕文明进步的新重庆而努力奋斗。

认真履行职能　为振兴重庆献计出力

——在市政协一届一次会议闭幕会上的讲话[①]

（1997年6月12日）

张文彬

各位委员，各位同志：

中国人民政治协商会议重庆市第一届委员会第一次会议，经过与会委员的共同努力，按照预定议程，已经圆满地完成各项任务，今天就要闭幕了。这次会议是八届全国人大五次会议通过关于设立重庆直辖市的决定，我市改革开放和现代化建设进入崭新的发展阶段，继中共重庆市第一次代表大会之后，我市召开的又一次重要会议。中共重庆市委对我们这次会议高度重视，市委书记张德邻同志在开幕式上发表了重要讲话，对开好这次会议乃至做好今后的政协工作，都具有十分重要的指导意义。会议期间，各位委员认真听取并讨论了原重庆市政协第十届常委会关于原重庆市代管万县市、涪陵市、黔江地区以来的工作报告，讨论了原重庆市政协提案委员会关于原重庆市代管万县市、涪陵市、黔江地区以来提案办理情况的报告，选举产生了政协重庆市第一届委员会主席、副主席、秘书长和常务委员，列席市人代会，协商讨论了我市国民经济和社会发展“九五”计划和2010年远景目标纲要，听取并讨论了市政府工作报告和其他报告。与会同志以高度的政治热情和主人翁责任感，围绕我市直辖后如何抓住机遇，加快发展这一主题，坦诚建言，献计献策，充分展示了政协委员履行职能的风采，体现了中国共产党与各民

①本文原载于《重庆日报》，1997年6月13日。

主党派、无党派人士肝胆相照、荣辱与共的亲密关系。刚才蒲海清市长又作了重要讲话。会议自始至终充满了民主、团结的气氛，激扬着为建设新重庆集思广益、共谋振兴大计的主旋律，开得隆重热烈，生动活泼，富有成果。这次大会，是一次认清形势、统一思想的大会，是一次振奋精神、求实鼓劲的大会。会议的圆满成功，对于鼓舞全市各族各界人士团结一心促发展，齐心协力创未来，必将产生积极的影响。

感谢委员们的信任，这次会议选举我们组成重庆直辖后的市政协第一届常委会。我们深感任务艰巨，责任重大。新一届市政协的全体常委一定不辜负大家的期望，今后要刻苦学习，团结合作，积极主动，尽职尽责，共创政协工作的新局面，为建设新重庆作出应有的贡献。

各位委员！市政协一届委员会任期内的五年，是我国实施“九五”计划和2010年远景目标纲要，跨入新世纪的重要时期，也是重庆直辖后改革和发展进入新阶段的关键时期。

不久前召开的中共重庆市第一次代表大会，提出了新重庆跨世纪的宏伟目标、指导方针和战略措施，对我市改革开放和现代化建设的各项任务作了全面部署。实现这一宏伟目标，是全市人民的共同任务，也是人民政协义不容辞的责任。我们一定要认清形势，牢固树立光荣感、责任感和使命感，发挥积极性、主动性和创造性，按照市委提出的“举全市之力，聚万众之心，纳各方之策，共创辉煌业绩”的要求，努力使市政协的各项工作形成新的气势，开创新的局面。这种新的气势，主要体现在政协要围绕全市工作大局，认真履行职能，为市委、市政府实现民主决策、科学决策广纳群言，广求善策；体现在充分发挥政协自身的优势，努力做好大团结、大联合的工作，为促进政治和社会稳定作出贡献；体现在正确处理继承和创新的关系，既发扬优良传统，又努力探索新形势下履行职能的新途径、新方法，不断提高工作水平和实效。总之，要以更加高昂的精神状态，更加勤奋的工作态度，更加有效的活动方式，把我们肩负的神圣使命更好地担当起来，以不辜负全市各族各界人士的重托。

一、坚持讲政治，进一步巩固人民政协的思想政治基础

讲政治，是马克思主义的一条重要原则，是中国共产党的一大优势。人民政协作为党领导的爱国统一战线组织，坚持讲政治，是由其性质、地位及我们所处的时代、面临的形势和任务所决定的，是人民政协履行职能、发挥作用，形成共同思想政治基础的重要前提。

政协工作坚持讲政治，必须自觉地、始终不渝地坚持中国共产党的领导，这是坚持多党合作与政治协商制度的根本原则，是人民政协履行职能的根本保证。我们无论是建言献策，还是协商监督，都要有利于加强和改善中国共产党的领导；在日常工作中，要主动争取和自觉接受党的领导；要紧紧围绕贯彻落实党的路线、方针、政策积极开展各项活动，用履行职能的实际行动，确保完成党和人民交付的光荣而繁重的任务。

政协工作坚持讲政治，必须坚持人民政协自我教育的优良传统。运用各种形式，努力学习邓小平建设有中国特色社会主义理论，尤其要认真学习和领会邓小平关于新时期人民政协的基本论述，不断加深对人民政协性质、地位和作用的认识，划清我国社会主义民主同西方议会民主的界限，增强贯彻执行党在社会主义初级阶段基本路线的自觉性。

政协工作坚持讲政治，必须树立全局观念，坚持以经济建设为中心，抓大事、议大事，把履行职能的各项工作置于抓住机遇、加快发展、振兴重庆、富裕人民这一全市工作的大局之中，紧紧围绕全局思考问题、安排工作，使我们的工作步调与全局合拍，自觉地为实现党的中心任务服务。

政协工作坚持讲政治，必须坚持党的群众观点。我们想问题，做工作，对不对，好不好，最根本的衡量尺度就是要看人民群众拥护不拥护、赞成不赞成、高兴不高兴、答应不答应。人民政协是发扬社会主义民主的重要形式，社会主义民主的本质就是让人民群众当家做主。人民政协履行职能，充分发挥作用，必须与各族各界群众保持密切联系，倾听群众呼声，体察群众情绪，反映群众愿望，维护群众利益，这是我们政协工作的出发点和归宿。离开广大群众，我们将一事无成。

二、充分发挥人民政协的优势，为建设新重庆做好大团结工作

实现大团结，促进大联合，是邓小平同志统一战线理论的核心内容和一贯思想。他曾多次指出，统一战线的本质是团结大多数。人民政协的性质决定了它的工作主题是民主、团结，必须把促进团结、推进民主、维护稳定作为工作的重中之重。人民政协所具有的人才荟萃、智力雄厚，联系广泛、代表性强，视野开阔、位置超脱，渠道畅通、信息量大的优势，决定了它应该而且可以为实现大团结、促进大联合作出贡献。

实现建设新重庆的宏伟目标，需要团结一切可以团结的力量，调动一切积极因素，形成千军万马共创大业的局面。新一届市政协要高举大团结、大联合的旗帜，根据自身的特点，经常加强与各组成单位和广大委员的联系与交往，相互学习，相互尊重，以诚相待，合作共事；要在政协组织内部创造团结、民主、和谐、宽松的氛围，形成畅所欲言、各抒己见、知无不言、敢讲真话的生动局面；政协各组成单位和每位委员要加强与本界别群众的联系，经常倾听他们的呼声，体察他们的情绪，积极反映社情民意，多做增进了解、加深理解、消除误解、达到谅解的工作，多做协调关系、化解矛盾、理顺情绪、鼓舞士气的工作，多做沟通感情、联谊交友、凝聚人心、稳定大局的工作，为促进全市人民的大团结，齐心协力建设新重庆发挥应有的作用。

三、围绕实施新重庆的宏伟蓝图，积极参政议政

围绕党和政府的工作大局，认真履行职能，积极参政议政，是人民政协的主要工作和基本任务。中共重庆市第一次代表大会提出了《关于制定重庆市国民经济和社会发展“九五”计划和2010年远景目标纲要的建议》，正在召开的我市一届一次人代会将审议通过新重庆的远景目标纲要。这一《纲要》是设立重庆直辖市后，按照党中央和国务院的要求制定的建设新重庆的第一个宏伟蓝图。全面实现宏伟蓝图，事关战略全局，事关重庆未来。人民政协历来是为实现党的大目标服务的，我们要以加快重庆发展政协责无旁贷的时代紧迫感和高度政治责任感，紧紧围绕建设新重庆宏伟蓝图的实施，认真履行职能，积极开展活动，为全面实现《纲要》献计出力。

围绕实施宏伟蓝图，积极参政议政，要坚持从政协的实际出发，围绕完成三大战略任务和必须解决好四大难题，选择党政重视、政协能做到的若干课题，有组织有计划地深入开展调查研究，积极向市委、市政府提出具有决

策参考价值的意见建议；要坚持“三个有利于”的客观标准，就国家大政方针的贯彻落实和全市人民普遍关注的一些“热点”“难点”问题，有组织地开展各种活动，认真负责地提出意见，切实有效地实施民主监督；要运用多种形式，围绕实现新重庆的宏伟目标，为委员履行职能提供广阔的舞台和便利的条件，进一步拓展参政议政领域。

四、坚持用理论指导实践，推动工作

为使第一届市政协今后的工作有所创新，有所前进，不断开创新的局面，必须坚持用科学的理论武装头脑，指导实践；必须坚持在实践中勇于探索，用实践经验不断丰富理论，推动工作。

人民政协作为党领导的爱国统一战线组织、我国基本政治制度的重要机构，只有紧密联系政协工作的实际，运用马列主义的立场、观点和方法，深入开展邓小平建设有中国特色社会主义理论，特别是邓小平关于新时期统战政协论述的学习与研究，发挥理论的先导作用，运用理论研究解决工作中的实际问题，才能保证政协履行职能的正确方向，使政协工作始终保持强大的动力。

用科学理论指导工作，必须以实践为基础，坚持在实践中探索，在实践中完善，在实践中丰富和发展。我们要按照李瑞环主席在八届全国政协五次会议上的讲话要求，以邓小平建设有中国特色社会主义理论和关于新时期人民政协的重要论述为指导，以《政治协商、民主监督、参政议政的规定》为依据，以总结履行职能的新鲜经验为重点，对过去的工作进行认真总结。通过认真、全面地回顾，冷静、深入地思考，找出成绩和不足、经验和教训，从理论与实践相结合的高度总结一些好的经验，以指导今后的实践。

五、发挥整体功能，加强自身建设，不断适应新形势的需要

设立重庆直辖市的新形势，实现加快发展、兴市富民的新任务，对政协工作提出了更高的要求。为完成历史赋予我们的光荣使命，把履行职能的各项工作推向新的台阶，必须切实加强政协的自身建设，充分发挥整体功能，使我们在思想、组织、工作水平和工作作风等方面上一个新的台阶。

市政协主席会议和常委会“一班人”要按照党的十四届五中、六中全会和即将召开的党的十五大精神，认真贯彻落实江泽民同志关于“讲学习、讲政治、讲正气”的要求，把加强思想政治建设放在首位，带头发扬人民政协团结合作、联系群众、艰苦奋斗、求实创新的好传统，树立积极主动、开拓进取的精神状态，提倡苦干实干、不尚空谈的工作作风，勤奋学习，努力工作，尽职尽责，勇于奉献，充分发挥领导班子的模范带头和组织协调作用。

为发挥政协组织的整体功能，市政协要加强同参加本会的各党派和人民团体的联系与合作，组织他们参与重大问题的协商，发挥他们参政议政和民主监督的作用。要密切与广大政协委员的联系，通过多种形式，发挥委员的主体作用。要加强与基层政协的联系，发挥对区（市）县政协的指导作用。主动搞好与党委、政府和人大有关职能部门的配合，争取社会各方面的理解、支持和帮助，努力创造履行职能的良好外部环境。

要按照精简、统一、效能的原则，合理设置政协的工作机构和办事机构。各专门委员会要按照本次大会的《决议》和市政协的工作部署，组织委员经常开展活动，不断改进活动方法，提高活动质量。市政协机关要不断加强思想、组织、作风和制度建设，不断提高机关的整体素质、工作质量和服务水平。

政协委员是各党派、团体和各族各界的代表，要珍惜自己的政治荣誉，把光荣感与历史使命感和社会责任感结合起来，努力学习邓小平建设有中国特色社会主义理论，学习党和国家的方针政策，不断提高自身的政治思想素质和履行职能的水平；要保持与本界别群众的密切联系，积极参加政协组织的各项活动，充分反映群众的要求，主动负责地发表意见建议。同时，要在各自不同的岗位上，振奋精神，扎实苦干，勇于创新，艰苦奋斗，不愧政协委员的光荣称号。

各位委员，各位同志！我们正处在世纪之交的重要时期，建设新重庆的历史使命为人民政协履行职能提供了广阔的舞台。我们一定要高举邓小平建设有中国特色社会主义理论的伟大旗帜，紧密团结在以江泽民同志为核心的中共中央周围，在中共重庆市委的领导下，抓住机遇，负重自强，团结奋斗，开拓进取，为建设繁荣富裕文明进步的新重庆作出新的贡献。

现在，我宣布：中国人民政治协商会议重庆市第一届委员会第一次会议闭幕！

市政协一届一次会议胜利闭幕①

中国人民政治协商会议重庆市第一届委员会第一次会议圆满完成了各项议程，昨日下午在市人民大礼堂胜利闭幕。

会议号召，我市政协各级组织、各组成单位和全体委员，紧密团结在以江泽民同志为核心的中共中央周围，在中共重庆市委领导下，高举邓小平建设有中国特色社会主义理论的伟大旗帜，坚持和完善中国共产党领导的多党合作和政治协商制度，进一步巩固和发展爱国统一战线，抓住机遇，把握大局，再接再厉，同心同德，开拓前进，为建设繁荣富裕文明进步的新重庆而努力奋斗。

在主席台前排就座的大会主席团常务主席有张文彬、黄立沛、韦思琪、李兵、窦瑞华、徐宗俊、张忠惠、刘惠君、张国忠、邓中文、蒋书楠、刘水、蒋先齐、罗淑芳、魏朝贵。

闭幕大会的执行主席是黄立沛、韦思琪、李兵、徐宗俊。大会由黄立沛主持。

参加闭幕式并在主席台就座的有市党政军领导张德邻、蒲海清、王云龙、刘志忠、王鸿举、于汉卿、甘宇平、李学举、赵海渔、陈邦国、税正宽、邢元敏、金烈、冯克熙、肖祖修、章必果、李克熙、陈之惠、许忠民、陈光国、吴家农、程贻举、魏钜，老同志段大明、张文澄、马力，原市领导王效才、黄冶、王文德、许香谷、王华生、黄梅等，以及市各民主党派、工商联负责人。

---

①本文原载于《重庆日报》，1997 年 6 月 13 日。

下午3时，黄立沛宣布闭幕大会开始。

新当选的市长蒲海清在大会上讲话。他代表市人民政府，首先对大会的圆满成功表示热烈的祝贺。

蒲海清说，市政府高度重视委员的意见和建议，认真组织实施“九五”计划，着力解决关系重庆改革发展全局的重大问题，即“富民为本、加快发展”的问题，解放思想、更新观念的问题，城乡一体共同繁荣的问题，加快产业结构战略性调整、发展支柱产业的问题，“科教兴渝”和可持续发展战略的问题，加强精神文明建设、维护社会稳定的问题。

接着，蒲海清在谈到当前经济发展的形势和下一步经济工作的重点时说，今年1月至5月，全市经济社会发展形势较好，但也存在一些矛盾和困难。为了确保今年各项任务的完成，市政府要坚持以深化改革来统揽全局，今年要突出抓好七个方面的改革、四个行业的调整改造、加快发展移民扶贫两件大事。

蒲海清强调，一是抓好国有企业改革，促进工业经济发展；二是认真落实市委市政府《关于加快区市县经济发展的意见》，切实搞活区市县经济；三是加快对内对外开放步伐，努力提高开放的实效；四是放宽放活政策，加快民营、个体经济发展；五是深化流通体制改革；六是加强要素市场体系建设；七是深化和完善农村经济体制改革。

蒲海清说，关于轻工、医药、旅游、建筑建材业四个重点行业的调整改造、加快发展问题，市委、市政府已经着手准备，将按照政府分工，由分管副市长牵头，部门为主，集中力量组织专题研究，提出政策措施和目标，制定规划方案，争取四个重点行业的发展，尽快见到实效。关于移民和扶贫，蒲海清要求，要坚持开发性移民方针，突出一期水位搬迁，打好总体战，确保大江如期截流。扶贫工作要重点突出搞好项目实施，资金到位到户和继续组织落实好对口扶贫，今年120万人口越温脱贫的任务必须确保完成。

蒲海清最后说，人民政协作为我国最广泛的爱国统一战线组织，在动员和组织各种社会力量共同致力于改革和建设的伟大事业中，具有特殊的地位和作用。在新形势和新任务面前，重庆各级政府必须提高对人民政协的再认识，高度重视人民政协在新的历史条件下的重要地位和作用，充分发挥政协人才荟萃、智力雄厚、联系广泛的优势，积极支持政协履行政治协商、民主监督、参政议政的职能，努力为政协履行职责创造良好的外部环境和工作条件，在中共重庆市委领导下，万众一心，发奋图强，共同开创重庆灿烂美好的明天。

最后，新当选的市政协主席张文彬在会上讲了话。他说："感谢委员们的信任，这次会议选举我们组成重庆直辖后的市政协第一届委员会。我们深感任务艰巨，责任重大。新一届市政协的全体常委一定不辜负大家的期望，今后要刻苦学习，团结合作，积极主动，尽职尽责，共创政协工作新局面，为建设新重庆作出应有的贡献。"

闭幕大会还通过了市政协一届一次会议决议。

大会在雄壮的国歌声中闭幕。

（《重庆日报》记者　谭红樱　明昭平）

四川祝贺重庆政协一次会议召开[①]

6月7日，应邀到渝参加重庆市政协第一届委员会第一次会议的四川省政协主席聂荣贵，在大会开幕式上代表四川省政协向大会宣读了贺信，并代表四川省委、省人大、省政府、省政协向重庆市政协赠送了贺礼——一个由“巴蜀”二字组成心形图案的木质雕盘。

聂主席动情地说，巴山蜀水相连相依，巴蜀儿女情同手足，巴蜀文化水乳交融，巴蜀未来共存共荣。重庆成立直辖市后，四川和重庆虽然在行政区划上分开了，但我们的感情却分不开，政治、经济、文化的紧密联系也分不开。

（《华西都市报》记者　须　红）

①本文原载于《华西都市报》，1997年6月8日。

重庆直辖市挂牌揭幕大会

振兴重庆要处理好四个关系[①]

（1997 年 6 月 17 日）

李　鹏

今天上午，我们商量了一下，看来与你们的要求相差很远，但是中央也是尽了很大的力量。比如说财政，去年财政基数上缴减少了 6 个亿，今年又减少了 3 个亿，共 9 个亿，这在全国来讲恐怕也是少有的，至少是我当总理这么多年少有的。应该说这是干货，不是贷款，是资本金，这是做了很大的努力，距离你们原来四川省的平均水平也接近了。所以我想，还有些项目，如果我们以天然气、化工为基地，刚才讲的那几个项目如果能成立的话，这对重庆市的发展、库区的发展将起到重大的作用。郭树言[②]同志讲移民费用 400 亿，85% 是切在重庆，静态是 400 亿，动态是 700 亿。700 亿的移民费用，我看不仅能够安置好移民，而且能够使库区面貌发生巨大的变化。现在问题就是要怎么样把这个钱花好，尤其是资本金，还有贷款可以配合，有些项目现在全国都有对口支援。关于公路的问题，三条干线，黄镇东[③]同志也下了很大的功夫，319 国道、309 国道，还有到綦江、到贵阳的 210 国道，都是大干线，有高速公路也有高等级公路，而且还有外环，形成一个外环的网。万达铁路的修建，铁道部也花了很大的力量，其他各部委都还有一些安

---

①这是李鹏同志考察重庆时在重庆市工作汇报会上的讲话。本文原载于李鹏：《李鹏论三峡工程》，中国三峡出版社、中央文献出版社 2011 年版，第 184—196 页。

②郭树言，时任国家计委副主任、国务院三峡工程建设委员会副主任兼办公室主任、党组书记。

③黄镇东，时任交通部部长、党组书记。

排，所以应该说总体上讲中央对重庆市的支持还是很大的。

重庆直辖市的成立经过了三个阶段。第一个阶段是实行对两市一地的代管，基本上很好地完成了这个代管任务，做到了“思想领先，平稳过渡”。第二个阶段就是全国人民代表大会正式通过了设立重庆直辖市，以法律的形式把它肯定下来，这是中国政治生活中的一件大事情。因为从我们解放初期一直到现在，就是建立了两个省级行政区划，一个海南，一个重庆市，而且重庆是直辖市，这是第二个阶段。第三个阶段是三个代表大会的召开，一个是党代会、一个是人大会、一个是政协会，三个代表大会的召开，建立了新的领导班子，又通过了《重庆市国民经济和社会发展“九五”计划和2010年远景目标纲要》。这个发展规划，刚才德邻同志把这个大纲讲了一下，我看总的来讲是好的，反正还是那句老话，根据重庆市的具体情况，在国家的总体规划下，我们尽力而为，量力而行，稳中求进，重庆市可以发展得快一点，但是必须是有效益的。有了这样一个发展规划，又建立了新的领导班子，我看现在重庆市人民的情绪是很好的。虽然还有很多的困难，但是前景是光明的，士气得到了鼓舞，开了一个好头，起了一个好步。江泽民同志对重庆市的工作是非常关心的，本来原定的计划这次他要来，后来，因为我们现在要筹备十五大，香港回归还有很多的事情要做，所以我们商量了一下，我们商量的结果我先来，他准备在今年9月份以后第四季度专程到重庆。江泽民同志来了以后，我想对重庆市工作在指导思想方面、在工作方面有更多、更大的帮助。听了汇报以后，我想提点意见，重庆市要做好这个工作，要处理好以下四个方面的关系。

第一个关系就是原来的重庆和整个现在的重庆的关系，或者说叫小重庆与大重庆的关系。小重庆当然也不小了，有1500万人口，另外现在又加了两市一地，现在有3000万人口，8万平方公里土地。那么，重庆市的工作既要搞好现在这个重庆作为中心城市，发挥中心城市的作用，来带动全市的经济发展，又要把工作做好统筹安排，使这3000万人口，8万平方公里，经济有一个振兴，上次我讲了有一句话叫做：开发三峡，振兴重庆。这个重庆的振兴不仅是现在这个重庆市的振兴，而且应该是整个3000万人口、8万平方公里的振兴。实际上这也是个城乡的关系，要用一个并不是很大的城市来带动这么大的农村的人口，在世界上都是一个创举，本身是比较困难的。所以我们工作的重点，决不能够满足于搞好重庆市本身市区的工作，而要从指导思想上来讲要搞好全重庆市的工作，不仅是一个城乡的关系，而且也是个三峡库区移民，把移民工作摆在什么地位的问题。我很赞成刚才德邻同志讲的，我们三峡实行开发性移民，开发性移民后三峡应该是比过去好，不是简单地把移民生活安置好，而要使三峡成为一个经济发达的、富强的、环境优美的、良好的新的库区，成为一个新的经济增长点。现在全国纷纷进行对口支援，许多名牌产品进入库区，当然你们也给他们提供了市场、提供了劳动力，还是互利互惠。总之，我觉得，三峡的建设对库区是一个振兴，不是简单的一个搬迁，所以我赞成每年的人民代表大会要听取一次关于三峡库区建设、库区移民的工作报告。同时市委、市政府要拿出很大的力量来关心、处理库区的工作，同时也要关心扶贫工作，因为贫困地区都是在两市一地，原来重庆市也有，主要是在两市一地。很坦率地讲，直辖市之所以能够建立，我们讲了三条理由。发挥重庆市作为西南地区的中心城市的经济中心作用，这是对你们的鼓励。现在成都市的发展不比重庆差，而且它也是一个中心，昆明也是一个中心，你的辐射地区目前就是辐射在重庆市，比如说还有在陕西的安康这个地区，在湖北的恩施和贵州省这些范围。我们写这个的时候是写的西南，泽民同志给你们题词也是对你们的一种鼓励，实际上建立重庆市，是以三峡库区移民为基地，如果没有这个任务，就没有重庆直辖市的产生，很坦率地讲，希望你们把移民工作放在很重要的位置上。三峡移民一共是 100 万，按现在来计算人口还要增加，85% 在重庆，85% 中的 80% 又在万县。万县是一个移民的重点，在截流以前要完成 2 万多人，现在看来完成情况是比较好的，有可能保证今年的截流。下一个阶段就是水位到 135 米要发电，到 135 米发电的时候重庆还要移出 45 万人，每年平均 8 万人，这任务是非常艰巨的，力度也是很大的。这个工作不仅是甘宇平同志一个人的事情，也是张德邻、蒲海清、王云龙，也是整个的市委、市政府这个班子的事情，希望你们进一步提高认识。当然三峡将来发电了以后，就觉得我们除了移民以外好像一无所获，那也不见得。我看我们将来再研究一下，三峡发的电，还有二滩的电，这 25% 的增值税怎么分法的问题。我原则上主张是按照移民人口来进行划分增值税。所以你们也有一大笔收入，不说库区本身经济的发展，但这个问题是今天这么说一下，三峡办也是这个意见，我们回去还要具体落实，因为这个问题还早嘛，等到2003年才发电。

第二个关系我要讲一讲，就是新重庆与老重庆的关系，这主要是讲干部问题。我们重庆的干部来自四面八方，海清同志在路上跟我讲三次大移民，一次是明末清初湖广填四川，我们的老祖先也是从麻城来的，我看在座的好多重庆人都是麻城人；后来到抗日战争时期又一次大移民，蒋介石国民政府建陪都，重庆因此在世界上有它一定的地位，来了不少叫下江人，也有湖北、江苏、上海、浙江的；第三次大军南下，我们二野小平同志带领很多的干部都留到重庆，这是第三次。这一次我们对领导班子调整的时候，为了加强重庆市的力量，我们也从全国各地调了些干部，也有从原来的四川省来的，海清同志就是从四川省来的，德邻同志在哈尔滨，后来到机械部，王云龙同志是山西的省委副书记，张文彬同志就是老重庆，所以你看几个核心领导人都来自四面八方，所以这里就有一个团结的问题，有一个老重庆与新重庆干部的团结问题。在这个问题上，我们应该充分肯定过去重庆市委所做的工作，不能只讲过去重庆市委、市政府有多少缺点、什么工作不得力，我们也要看到他们打下来的基础，比如说今天讲的五座桥，这五座桥不是几年以前就开始建设的吗？到现在你们手上才开花结果。关于建设这个房子的问题，居民楼，我印象非常深刻，原来朝天门这个江边，50年代、60年代、80年代我都来过，那都是几根棍、几根竹竿撑起来的，都是危房，这叫做吊脚楼，那里面我也去过，居住条件很恶劣，现在都成了环行路了，都搬迁出去了，这些事情也是过去重庆老市委、市政府做的。现在我们又花了点钱，在这个阶段我们把它使用起来，经过装修，现在1.8万户搬进去了，还有几千户，这件事情我们继续支持。所以要充分肯定过去重庆市干部的工作，这样我们新老之间才有一个团结的、融洽的工作气氛。第二点就是四大班子，我们希望四大班子要团结得像一家人一样，虽然功能不一样，但是大家一条心。人大是最高权力机构，也是在市委领导之下，它对政府要起着立法、监督作用，这是宪法规定的。在监督以外还要进行支持，因为困难很多。中国共产党领导的多党合作和政治协商制度是有中国特色社会主义民主制度的重要内容，它可以调动各民主党派、各界人士的积极性，目的当然也要进行对市政府的工作进行监督，提出建议，但是也同样要支持市政府的工作。总的来讲我们要以市委为核心。重庆市现在群众情绪这么高涨，这么好，尽管困难很多，但是情绪这么好，今后的工作要看你们常委一班人怎么样，特别是一、二把手，德邻同志、海清同志，希望你们能够团结得真正地像一家人一样。有不同的意见不要紧，有不同意见最好的解决方式就是谈心，交换意见，重大一点问题拿到常委会上大家来讨论，为同一个目标我觉得这是我们重庆市做好工作的基础。有了这个基础以后，其他困难都可以克服。你们跟我表态，我也是很感动的，你们两位也算年富力强，才50多岁，云龙同志也是50多岁，还可以干两届，真正为重庆市的发展打下一个好的基础，在原来基础上开展新的创业。

第三个关系就是新建企业和改造老企业的关系。因为重庆市已经有基础，在三线建设的时候我们进行了大量的新建，重庆是兵器工业部所属企业集中的地方，还有铝材加工，我们去看的企业除了陶瓷厂是新的，都是老企业。新企业是必须要建的，比如石油化工、天然气化工。中国有中国的特色，就是在整个的经济布局中间，现在只有海南岛有天然气，四川有天然气，还有陕甘宁有天然气，陕甘宁天然气现在正在开发，那个恐怕将来还得以京津这一带民用为主，四川的天然气除了民用外就有发展石油化工，像这些企业是要新建的。一些三峡库区搬迁的企业也属于新建，不少老企业实际上淹没了，一般地说我们都要以改造为主，在原地、旧地改造，实行滚动开发。投资必须要有市场，项目必须要有市场，而且要有资本金，我非常赞成和欣赏长安汽车厂这种滚动的开发方式。但将来到市场上竞争我不敢打包票，究竟人家买不买你的汽车，那是顾客的问题，顾客满意的汽车，你有竞争能力，就可以搞到15万辆，而且现在照我看无论从价格、质量方面都还是有一定吸引力的。但是它实行滚动的开发，和特钢的项目比较起来，特钢就有一定的盲目性，这都是过去的事情了。但是我们新的重庆市委在企业改造上要抓大放小，实行两个转变，这个中央都有政策，你们按这个政策去做，这是我特别强调的一点。重庆这个地区，土地资源是非常的宝贵，切不可乱占地；而且又有很大的潜力，原来的老企业有很大的潜力，这个我们应该充分地进行老企业的技术改造，这样既可做到少花钱多办事，投资省，见效快。我在特钢的时候讲了一个例子，就是我们鞍钢，原来是一个全国最大的亏损企业，经过3年的认认真真的努力，现在已经摘掉了亏损的帽子。他们就在旧厂房里面进行技术改造，和你特钢是一样的，他是1935年的厂房，你是1934年的，当然资格比他还老一点，他们想尽了办法，投资就很省了，工人也有活干了，技术力量也发挥了，所以要正确地处理好老企业改造的关系。但是决定的因素是市场，就是你进行技术改造，改造完了以后如果你的产品没有市场，也是一场空。滚动开发有什么好处呢，滚动开发能适应市场的需要，哪怕你厂房建的时候留有发展的余地也是可以的，但是你购买设备时，一定要考虑产品有市场，而且要看到市场的变化，市场变化是很大的，冶金企业就经常变化，头一年冶金是全国畅销，后来来个竞争，国外进口的竞争，价钱比我们还便宜，就滞销，以后又畅销，好几个反复了。电也有同样的情况，我昨天去看了华能电厂，利用小时不到5000小时，这说明什么问题呢？这说明现在不是电源的问题，而是一个有电怎么能够把它充分地发挥作用，怎么样经过电网建设把电能够落下来。过去我们电力系统有句行话，重发轻供不管用，重发电轻视供电不管用电，这不管用电是很糟糕的事情。现在北京有很多大楼，北京电源现在也有了，它叫“9511”工程，1995年11月后北京就不拉闸限电，主要依靠自己建设和内蒙古、山西给它送电，但是用户他要装空调，要装冰箱、微波炉这个大楼里面就不行，你一装就烧保险，因为线路太旧了，线太细了，势必就要烧保险。现在拿北京市来讲，它也要把精力放在改造线路上来。重庆市电力局刚刚成立，我想你们以后也会有这个问题。以后建设房子，7层楼、10层楼不安电梯恐怕也还真是不怎么样，至少还浪费时间。特别是有些小项目，我看了兆峰陶瓷厂，远离市区，周围都是农村包围这个工厂，但是这么一个环境之下能够创出名牌，而且进行扩建，说明其他厂也同样能够扩建，能够就地改造，问题是你要有一个好的产品。刚才我在讲鼓励外资，你们想要成立保税区、开发区，现在已经有一点过时了，现在开发区也没什么政策，就是一个所得税，所得税本来就是你们的了，你们自己把它返还了就行了；还有一个政策就是进口，我们是单项批准，而且给三峡一个政策是包干，就是给你切块使用，三峡有这么一个政策，我看回去总体研究一下，为了鼓励重庆的技术改造，适当给它一点额度，实际上就是让你减税，现在不会当场答应，我们回去再给它磨一磨。大项目我们可以特批，小项目我看回去商量一下，总是给你手里一把米，让你来吸引外资，但是吸引外资一定要讲政策，如果不讲政策，你搞些重复建设，你还搞空调、还搞电视机，竞争不过长虹的，你还搞涤纶，都是长线产品，不能搞。根据你的特色，我看可以从这两个办法解决：就是大项目我们实行按照国家政策，你是先进的，国内没有的，比如石油化工、支农的，我们特批，这个特批很少，我作为总理我一个人也没有权，我们还要在总理办公会议上讨论；另外我看，切一块给他们，究竟是怎么个切法，我回去再研究一下，这样你蒲海清手里就有一把米了。

第四个关系我觉得最重要的还是你们要处理好中央的支持、各省市的支援和你们自力更生的关系。如果这个问题不处理好，简单地说一句话就是难有大的发展。因为现在是困难与有利条件并存的，而且应该说有机遇、有困难，机遇大于困难。过去不是说“不三不四”① 吗？还有一句话“不上不下”②，你现在真正上来了，不是“不三不四，不上不下”了，而且你还有静态400亿，动态700亿，将来我们还考虑在增值税方面给予重庆市照顾。今天，应当说财政支持了9个亿，这对财政来讲确实要伤风感冒。另外你看各部委，都在表态积极支持，太特殊也在全国造成不平衡，你们的老大哥四川就讲了你们吃块蛋糕，给我们吃块糖吧，我说糖还是要给你们吃的，你基础好嘛。我们这次出手就是要支援3个自治州，海清你当过副省长，你知道这3个州的困难，它的财政是多么困难，工资发不出去，贫困县，又是少数民族地区，还有个民族团结问题，我们就给了他5000万块钱，他也很满意了，我看他这个态度也好吧，反正有5000万，总比没有强。我们这次一下子就给了你们一个6个亿、一个3个亿，我都觉得你们还是要埋头苦干，甚至于不要去宣传这个东西，不要引起全国性的攀比，因为还有很多地区困难程度不比你们重庆差，南疆地区困难就很大；当然我们也给了项目了，铁路修进去了，公路修进去了，现在要种棉花，但是它现在人均收入是很低的。所以我觉得在德邻同志的报告里面，提出了弘扬“红岩精神”“黔江精神”，

---

①“不三不四”，是指既不属于一度准备筹建的三峡省，也不属于四川省。

②“不上不下”，是指三峡工程一会儿说上，一会儿说下，反复论证，具有不确定性。

人是要有一点精神的，没有精神躺在国家的身上、躺在别人的支持身上是永远做不好的、永远不能振兴重庆的。

希望你们正确处理好当前重庆市发展的这四个关系，这是我从跟你们的接触中间，从我平常的了解中间，我感觉到这四个关系。要处理好了这四个关系，重庆的工作就大有希望。海清讲，重庆建立了120块钱最基本生活费，也不能到人，七扣八扣老百姓真正的贫困户拿不到120块钱，扣到最后剩下80块钱了，这个不行。我看重庆市要当一件大事情来抓，这120块钱就得到户到人，不能在中间再扣。我跟你们讲，在鞍山我是非常感动，在电视上你们是看到的，在鞍山访问贫困户的时候，每一个领导干部，每一个单位包一户，或者包一条街，它是这个办法，钱花得不多，但送了温暖，有了生活保障，有些很贫困的户拿到实惠了。像你们这个基本生活费用，如果120块钱还这样扣那样扣，到了老百姓手里拿不到120块钱，就等于没有。桥归桥，路归路，你这个亏损企业有其他亏损的问题，也不能吃这个120块钱，这120块钱是我们救命的钱，保平安的钱，如果有120块钱我看就不会有那么多人上访了，基本生活保证啦。这不是说一户120块钱，是每个人120块钱，应该说吃饭是没有问题，穿衣服要穿得漂亮一点那就不行了，但吃饭应该说起码的基本生活是可以的，还不是像过去我们吃窝窝头，包顿饺子就过年了，这不是那个时代，恐怕是大米白面了，一天1公斤蔬菜都能得到保证，算个账，基本生活得到保障，还可以发动群众随时把城市里面的多余的衣服、生活用品帮助一些困难户、贫困的山区，开展经常性的这种活动。上海就是这样，我们现在一号召，大家踊跃捐献。我们这个毛病就是动员一次交一次，上海就建立一个经常交衣服的机构，每一街道都有，你平时随时清理箱底的时候就可以交上去，但它有一定的条件洗干净嘛。这些你可以把它救济贫困山区、救济困难户。所以说我们中国的救济制度只能够按现行的水平搞基本生活救济。我讲了很多了，要处理好这几个关系。我相信在以江泽民同志为核心的党中央的领导下，认真贯彻小平同志建设有中国特色的社会主义理论，在新成立的重庆市委的领导之下，市委、市政府、人大、政协同心协力，和老百姓万众一心，有一个长期的艰苦奋斗的打算，自力更生，开发三峡，振兴重庆，一定是大有希望的！

翻开巴渝历史新篇章　开创重庆发展新局面
重庆直辖市挂牌揭幕大会昨隆重举行[1]

刚刚诞生的中国第四个直辖市——重庆市，昨日上午在重庆人民大礼堂隆重举行挂牌揭幕大会。

中共中央政治局常委、国务院总理李鹏出席大会，他殷切寄语重庆市各级党委、政府和全市人民：自力更生，艰苦奋斗，齐心协力，抓住机遇，战胜困难，建设一个繁荣、富裕、文明、进步的新重庆。

昨天一早，在人民广场高高飘动的彩球下，人潮涌动，从四面八方自发赶来的市民伫立在霏霏细雨中，静候着一个庄严的历史时刻的到来；人民大礼堂内，出席大会的3000多名各界代表神情庄重，他们将亲眼目睹重庆的历史在这里翻开新的一页。

上午9时50分，李鹏总理和夫人朱琳迎着经久不息的热烈掌声，走上大会主席台。

国务院有关部委和其他方面的领导同志何椿霖、郭树言、刘仲黎、肖秧、韩杼滨、黄镇东、钮茂生、陈光毅、姚振炎、张俊九、梁国庆、万绍芬、徐鹏航、徐大铨、江恕诚、吴建常、姜云宝，市领导张德邻、蒲海清、王云龙、张文彬，市委常委、市人大常委会副主任、市政府副市长、市政协副主席和驻渝部队首长、老同志等在主席台上就座。

蒲海清市长主持大会。他宣布大会开始，全体起立，军乐队奏响了庄严的国歌。

---

①本文原载于《重庆日报》，1997年6月19日。

上午10时，大会举行了挂牌揭幕仪式。市委书记张德邻、市长蒲海清、市人大常委会主任王云龙、市政协主席张文彬、市纪委书记赵海渔在雷鸣般的掌声中，分别为市委、市人大常委会、市政府、市政协、市纪委的挂牌揭开了大红绸幕。这一庄严的时刻，标志着重庆直辖市党的领导机构和各项国家职能全面启动和运转。

李鹏总理在大会上作了重要讲话。

他首先代表党中央、国务院，代表江泽民总书记向重庆的3000万各族人民表示热烈祝贺！

他指出，设立重庆直辖市是党中央、国务院为加快中西部地区经济社会发展所作出的重大决策。它有利于充分发挥重庆的区位优势和经济中心城市的作用，促进西南地区和长江上游地区的发展；有利于组织好、安排好三峡库区的移民，保证三峡工程顺利进行，建设一个繁荣、文明的新型经济区；有利于振兴重庆老工业基地，增强城市的综合经济实力，带动广大农村的发展。

他说，设立重庆直辖市既是重庆各族人民政治、经济和社会生活中的一件大事，也是事关全国发展大局的一件大事。重庆直辖市的设立，翻开了重庆历史发展的新篇章。

他说，重庆在代管“两市一地”期间，市委、市政府认真贯彻“思想领先，平稳过渡”的方针，做了大量艰苦细致的工作，保证了经济持续、稳定、健康发展和社会稳定，为设立重庆直辖市奠定了良好基础。全国人大批准设立重庆直辖市后，经过两个多月的精心筹备，圆满地召开了重庆直辖市的第一次党代会、人代会、政协会，明确了重庆发展的指导思想、奋斗目标、战略任务、主要措施，选举产生了重庆直辖市的第一届领导班子，形成了振兴重庆的领导集体，中央对重庆市在设立直辖市过程中的工作是满意的。

他说，当前，重庆人民既面临着难得的发展机遇，也面临着不少困难和问题。但是我坚信，在邓小平建设有中国特色社会主义理论和党的基本路线的指引下，有以江泽民同志为核心的党中央的关怀，有中央各部委、各省市的大力帮助和支持，特别是有3000万重庆人民在重庆市委、市政府领导下的艰苦奋斗，一切困难都是可以克服的。

他说，中央希望重庆市的广大干部和群众坚定信心，抓住机遇，勇敢地担负起时代赋予的历史使命，深化改革，扩大开放，及时推进经济体制和经济增长方式的转变，发扬自力更生、艰苦奋斗的精神，真抓实干，做好各方面的工作。

他强调指出，在建设新重庆中，要特别注意处理好以下四个关系：第一，要处理好大重庆和小重庆的关系，树立大重庆的全局观念；第二，要处理好新重庆和老重庆的关系，建设团结奋进的领导班子和廉洁勤政的干部队伍；第三，要处理好新建和改造老企业的关系，走振兴老工业基地的路子；第四，要处理好中央支持和各地支援与自力更生的关系，把立足点放在自力更生上。

李鹏总理最后说：我相信，经过3000万重庆人民的艰苦奋斗，一个繁荣、富裕、文明、进步的新重庆，一定会屹立于祖国的大西南！

市委书记张德邻在会上讲了话。

他说，李鹏总理代表党中央、国务院出席重庆直辖市挂牌揭幕大会，并作了极其重要的讲话，表达了党中央、国务院对重庆3000万各族人民的关怀、支持和殷切希望，给我们指明了前进方向。

他说，加快发展是重庆永恒的主题，发展的目的是富裕人民。只有加快发展，富裕人民，才能更好地肩负起进一步发挥重庆的区位优势、“龙头”作用、“窗口”作用和辐射作用，带动西南地区和长江上游地区的经济、社会发展的光荣而艰巨的历史使命，不负党中央、国务院的重托，不负人民的厚望。

他指出，我们一定要深刻认识党中央、国务院作出设立重庆直辖市这一重大决策的深远意义，进一步增强历史使命感、政治责任感和时代紧迫感，增强振兴重庆的信心和决心。按照江泽民总书记“努力把重庆建设成为长江上游的经济中心”和李鹏总理“开发三峡，振兴重庆”的要求，解放思想，抓住机遇，实施“科教兴渝”和可持续发展战略，以经济建设为中心，以改革开放统揽全局，积极推进经济体制和经济增长方式的根本转变，促进经济、社会协调发展。

大会上，驻渝某集团军军长桂全智代表驻渝部队和武警官兵，市人大常委会副主任、民盟重庆市委主委冯克熙代表各民主党派、工商联，黔江地区行政公署专员叶欣代表各少数民族，团市委书记洪天云代表各界群众先后在大会上发言。

重庆直辖市挂牌揭幕大会结束后，市委、市人大常委会、市政府、市政协、市纪委分别在各驻地大门前举行了挂牌仪式，市领导分别出席了仪式。

（《重庆日报》记者　任美荣）

在重庆直辖市挂牌揭幕大会上的讲话①

（1997年6月18日）

李 鹏

同志们：

今天有机会参加重庆直辖市挂牌仪式，感到十分高兴。我代表党中央、国务院，代表江泽民总书记，向重庆3000万各族人民表示热烈的祝贺！

今年3月14日，八届全国人大五次会议审议批准了关于设立重庆直辖市的决定，这既是重庆各族人民政治、经济、社会生活中的一件大事，也是事关全国发展大局的一件大事。设立重庆直辖市，是党中央、国务院为加快中西部地区经济和社会发展所采取的重大决策。这一决策有利于充分发挥重庆的区位优势和经济中心城市的作用，促进西南地区和长江上游地区的发展；有利于组织实施三峡库区开发性移民，保证三峡工程顺利进行，加快库区经济发展；有利于振兴重庆老工业基地，增强城市综合经济实力，探索大城市带动广大农村发展的路子。江泽民总书记对设立重庆直辖市非常关心，对重庆的发展提出了“要把重庆建设成为长江上游的经济中心”的要求。重庆直辖市的设立，翻开了重庆历史发展的新篇章。

重庆直辖市的成立经过了三个阶段：第一个阶段，去年9月，党中央、国务院批准了四川省委托重庆市代管万县市、涪陵市和黔江地区的请示。重庆市委、市政府认真贯彻中央的部署和“思想领先，平稳过渡”的方针，做

①本文原载于李鹏：《李鹏论三峡工程》，中国三峡出版社、中央文献出版社2011年版，第197—201页。

了大量艰苦细致的工作。全市上下齐心协力、团结奋斗，保持了经济持续健康发展和社会稳定，圆满完成了代管期间的各项任务，为设立重庆直辖市奠定了基础。第二个阶段，就是全国人民代表大会审议批准设立重庆直辖市，以立法的形式把它定下来。第三个阶段，重庆市委在中央的领导下，经过两个多月的精心筹备，圆满地召开了重庆直辖市第一次党代会、人代会和政协会，选举产生了重庆直辖市第一届市级领导班子，制定了《重庆市国民经济和社会发展“九五”计划和2010年远景目标纲要》，中央对重庆市委、市政府在筹建直辖市过程中所做的工作是满意的。

当前，广大干部、群众精神面貌很好，重庆面临着难得的发展机遇。重庆市要抓住这个机遇，在国家总的规划指导下，从自身的实际情况出发，深化改革，扩大开放，加快发展。重庆市可以发展得快一些，但必须是有效益的。要量力而行，尽力而为，稳中求进。从今后的工作看，重庆市要特别注意处理好以下几个关系。

第一，要处理好“大重庆”与“小重庆”的关系，树立“大重庆”的全局观念。我们决不能满足于搞好重庆市市区(“小重庆”)的工作，而要从指导思想上确立搞好3000万各族人民、8万平方公里“大重庆”的工作。这不仅是一个城乡关系问题，也是一个把移民工作摆在什么位置的问题。要立足于开发三峡，搞好移民，振兴重庆。重点是解决好三峡库区的移民问题，发展库区经济，使库区的发展成为“大重庆”新的经济增长点。移民的任务是艰巨的，百万移民的85%在重庆市，移民工作直接关系到整个三峡工程的建设。我们实行的是开发性移民，不是简单的搬迁，而是在移民过程中对库区进行开发。没有三峡工程的建设，就没有库区经济的振兴；没有库区经济的振兴，就没有繁荣、发展的“大重庆”。在搞好库区开发移民的同时，要注意抓好扶贫工作，特别是要解决“两市一地”（万县、涪陵、黔江）贫困人口的温饱问题。

第二，要处理好“新重庆”与“老重庆”的关系，建设团结、奋进的领导班子和廉洁勤政的干部队伍。为了加强重庆市的领导力量，中央从外省市和中央的部委抽调了一些干部来重庆工作，大家来自四面八方，集思广益，对重庆的发展是有利的，是件好事情。好事要办好，最重要的一条就是新老干部要团结。只要新老干部齐心协力，互相尊重、互相支持，重庆的事情就能办好，困难、问题也能克服和解决。对老重庆市委、市政府的工作，我们应给予充分肯定。重庆市有今天这样的局面，城市的改造、道路、桥梁、水、电等基础设施的建设，还有居民居住条件的明显改善等等，都是与老重庆市领导班子的努力分不开的，是他们的辛勤工作为今天新重庆的发展打下了好基础。现在，新重庆的四套领导班子均已产生，同样要注意搞好团结，要在市委的统一领导下，紧密配合开展工作。看到新的市级领导班子成员大多是年富力强的同志，我很高兴，希望你们能够团结奋进，带领重庆人民进行新的创业。

第三，要处理好新建与改造老企业的关系，走出老工业基地振兴的新路子。重庆是全国老工业基地之一，无论过去和现在对全国的经济发展都起了重要作用。当然，目前也确实存在一些困难或问题，但这是我们在向社会主义市场经济迈进过程中的暂时困难，是前进中的问题，只要我们坚持改革，积极推进经济体制和经济增长方式的根本转变，这些困难和问题是一定能够克服的。对于重庆来说，利用天然气资源优势建立和发展天然气化工工业，还要新建一些企业。但对众多的老企业来说，要以技术改造为主，走滚动发展的道路。这里的关键是产品要有市场。有了市场，产品有了销路，才能出效益，才能不断扩大生产，滚动发展起来。重庆的土地资源是十分宝贵的，搞建设，搞改造，都要特别珍惜用地，要给子孙后代留有余地，切不可大手大脚占用有限的土地，盲目上马搞易地改造。

第四，要处理好中央支持、各地支援与自力更生的关系。重庆发展确实是机遇与困难并存，既有有利条件，也有不少困难，总的是机遇大于困难。对新重庆，中央肯定是要给予支持的，各兄弟省（区、市）也会给予大力支援，这是毫无疑问的，但这里我要强调，最重要的还是要处理好各方面支持和自力更生的关系。也就是说，立足点放在哪儿？这个问题处理不好，就难有大的发展。我看你们还是要靠埋头苦干，把立足点放在自力更生上，这是最可靠的发展基础。对于中央和各方面的支持，你们要正确对待，不要过分依赖，因为这总是有限的，国家这么大，底子又薄，困难的地方多，还有比重庆更困难的地方需要国家的帮助和支援，你们要体谅国家的困难。我同意张德邻同志在报告中提出的要重庆人发扬“红岩精神”“黔江精神”。人是要有点精神的，没有自力更生的奋斗精神，完全靠国家的支持，躺在别人的支援上，是不能振兴重庆的。

我想，处理好以上四个关系，重庆的工作就大有希望。

在重庆直辖市挂牌揭幕大会上的讲话①

（1997 年 6 月 18 日）

张德邻

尊敬的李鹏总理，尊敬的各位领导，各位来宾，同志们，朋友们：

今天，我们怀着无比喜悦和兴奋的心情，在这里隆重举行重庆直辖市挂牌揭幕仪式。李鹏总理非常关心重庆，在设立重庆直辖市的喜庆日子里，百忙之中带领中央各部委负责同志专程来渝视察、指导工作，帮助我们把关定向，研究解决新重庆发展的重大问题。今天，李鹏总理代表党中央、国务院出席重庆直辖市挂牌揭幕仪式，作了极其重要的讲话，表达了党中央、国务院对重庆 3000 万各族人民的亲切关怀和殷切希望，给我们指明了前进的方向，给我们的工作提出了明确具体的要求，总理的讲话给我们以极大的鼓舞，必将对重庆的振兴起到极大的推动作用。我代表重庆 3000 万各族人民，向总理和中央各部委领导及同志们表示衷心的感谢，并致以崇高的敬意！会后，我们一定组织广大党员、干部认真学习和领会总理讲话精神，把总理讲话精神和各项要求落到实处，扎扎实实把重庆的事情办好，请党中央、国务院放心，请总理放心。

今年 3 月 14 日，八届全国人大五次会议通过了批准设立重庆直辖市的决定，揭开了重庆历史发展新的一页。在党中央、国务院的直接领导和亲切关怀下，在全市广大党员、干部、各族人民、各界人士的共同努力下，经过前段时间的精心筹备，我们圆满地召开了重庆直辖市第一次党代会、人代会

---

①本文原载于《重庆日报》，1997 年 6 月 19 日。

和政协会，确定了加快发展、富民为本的指导思想、奋斗目标、战略任务和主要措施，选举产生了重庆直辖市第一届市级领导班子，形成了振兴重庆的领导集体。

加快发展是重庆永恒的主题，发展的目的是富裕人民。只有加快发展，富裕人民，才能更好地肩负起进一步发挥重庆的区位优势、“龙头”作用、“窗口”作用和辐射作用，带动西南地区和长江上游地区的经济、社会发展的光荣而艰巨的历史使命，不负党中央、国务院的重托，不负人民的厚望。我们一定要深刻认识党中央、国务院作出设立重庆直辖市这一重大决策的深远意义，进一步增强历史使命感、政治责任感和时代紧迫感，增强振兴重庆的信心和决心。按照江泽民总书记“努力把重庆建设成为长江上游的经济中心”和李鹏总理“开发三峡，振兴重庆”的要求，解放思想，抓住机遇，实施“科教兴渝”和可持续发展战略，以经济建设为中心，以改革开放统揽全局，积极推进经济体制和经济增长方式的根本转变，促进经济、社会协调发展。

我们一定要始终坚持“两手抓，两手都要硬”的方针，在加快经济发展的同时，把精神文明建设提到更加突出的地位，实施“育人兴市”战略，把“弘扬红岩精神，塑造当代重庆人”作为精神文明建设的主题曲，大力提高全市人民的文明素质和全社会的文明程度；进一步加大依法治市力度，积极推进社会主义民主法制建设；维护政治和社会稳定，为改革开放和现代化建设提供良好的社会环境。

振兴重庆，富裕人民，关键在党，关键在人。领导全市各族人民为实现重庆发展的目标共同奋斗的责任落在我市各级党政领导班子的肩上。要把我市各级班子建设成为坚强的领导集体，最根本的是要在以江泽民同志为核心的党中央领导下，始终不渝地坚持邓小平建设有中国特色社会主义理论和党的基本路线，坚持讲学习，讲政治，讲正气，牢牢把握全党全国工作大局，努力加强自身建设。

我们一定要时刻牢记全心全意为人民服务的宗旨，始终把“振兴重庆，富裕人民”作为一切工作的出发点和落脚点，进一步发扬我们党密切联系群众的优良传统，发扬自力更生、艰苦奋斗的精神，坚持求真务实的思想作风和工作作风，率先垂范，勤政廉政，过几年紧日子，以苦干实干和卓有成效的工作取信于民，真正尽到人民公仆的责任。

我们一定要继续坚持团结一心向前看、集中精力抓发展的工作方针，加强党内的团结和各级领导班子的团结，形成统一的意志和行动，形成坚如磐石的整体，形成巨大的凝聚力和向心力；要大力加强社会各界和 3000 万各族人民的大团结，团结一切可以团结的力量，调动一切积极因素，投入建设新重庆的宏伟事业。

同志们！我们的事业是开创未来、充满希望的事业。我们为能亲身参加振兴重庆的伟大实践而感到自豪！重庆有着悠久的历史和光荣的革命传统，重庆人民是勤劳勇敢、热情聪慧、质朴善良的人民。把重庆直辖市建设好，共创重庆美好未来，是全市各族人民的共同事业。我们坚信，有党中央、国务院的正确领导，有中央各部委的大力支持，有兄弟省市的对口支援，有全市共产党员、各级干部和各族人民的自力更生、艰苦奋斗，重庆的前途一定是无限光明的。让我们紧密团结在以江泽民同志为核心的党中央周围，高举邓小平建设有中国特色社会主义理论的伟大旗帜，解放思想，抓住机遇，负重自强，加快发展，圆满完成党中央、国务院赋予重庆的光荣历史使命，为建设繁荣、富裕、文明、进步的新重庆而努力奋斗！

誓将宏图化秋实　万众同心谱华章

——热烈祝贺重庆直辖市正式挂牌①

《重庆日报》社论

今天，全市3000万各族人民怀着无比喜悦的心情，隆重庆祝重庆直辖市正式挂牌，我们在共享喜悦的同时致以热烈的祝贺！

多少年来，重庆人民没有像今天这样欢欣鼓舞，没有像今天这样信心百倍，没有像今天这样劲头十足，没有像今天这样憧憬无限美好的未来！

设立重庆直辖市是党中央为实现邓小平同志关于加快中西部发展的战略构想，逐步实现共同富裕而作出的重大战略决策之一。

邓小平同志指出："社会主义的本质，是解放生产力，发展生产力，消灭剥削，消除两极分化，最终达到共同富裕。"这是对马克思主义科学社会主义理论的重大发展。

循着邓小平同志建设有中国特色社会主义伟大理论指引的航向，党的十四大以来，我们国家国运昌达，政通人和，人民安居乐业。随着国民经济的持续、快速、健康发展和各项社会事业的不断进步，为逐步改变地区发展的不平衡状况，更快更好地实施"三步走"发展战略，党中央、国务院相继作出了加快中西部地区发展、建设长江经济带、加快三峡工程建设和库区开发的战略决策。重庆处于我国东部经济发达地区和西部资源富集地区的结合部，是西南地区和长江上游最大的经济中心城市和重要的内河口岸，也是三峡库区唯一的特大城市，不仅对长江经济带和西南地区有双重辐射功能，可

①本文原载于《重庆日报》，1997年6月18日。

以起到承东启西、左右传递的枢纽作用，而且应当承担起搞好库区移民，发展库区经济，确保三峡工程建设顺利进行的重任。为此，党中央作出了设立重庆直辖市的重大决策。这既给重庆创造了一个千载难逢的发展机遇，也赋予了重庆重大的历史使命。

在党中央、国务院的亲切关怀和巨大鼓舞下，经过全市共产党员、各级干部、广大群众的共同努力，在不太长的时间内，圆满地完成了代管任务，为设立重庆直辖市奠定了坚实的基础；经过科学论证，民主决策，一个以“富民为本”、展示重庆无限美好未来的战略发展蓝图制定了；经过精心组织，相继成功地召开了重庆直辖后的中国共产党重庆市第一次代表大会、重庆市第一届人民代表大会第一次会议、中国人民政治协商会议重庆市第一届委员会第一次会议，并选举产生了相应的领导班子，加上今天重庆直辖市挂牌仪式的正式举行，标志着建设跨世纪的现代化的新重庆的历史巨轮正式启航。

现在，摆在我们全市党员、干部和各族人民面前的一个无比重大的历史重任，就是以只争朝夕和百折不挠的奋斗精神，去干，去大干、苦干、实干、巧干、拼命干，干出一个新天地，干出一番崭新的事业，干出一个繁荣、富裕、文明、进步的新重庆！

要干，就不能写在纸上，说在嘴上，只说不干，只要别人干，自己不干；就要把共同的奋斗目标具体分解到每一个地区、每一个部门、每一个单位，来个“倒计时”，落实目标责任制，不达目的，誓不罢休。要大干，就不能小打小闹，松松垮垮，打打停停，无所作为。要苦干，就不能怕苦怕累，苦等苦熬，拈轻怕重，前怕狼后怕虎。要实干，就不能摆花架子，搞形式主义。要巧干，就不能盲目乱干、蛮干，就既要敢闯、敢试，又要严格按科学规律办事。要拼命干，就要识大体、顾大局，勇于牺牲、奉献。舍此种种，就不是真干。

振兴重庆，关键在党，关键在人。要真干，就要从严治党，努力把我们党建设成为坚强的领导核心；要真干，就要加强领导班子建设，把各级领导班子建设成为坚强的领导集体；要真干，就要加强干部队伍建设，进一步提高各级干部的综合素质；要真干，就要加强基层党组织建设，充分发挥党员的先锋模范作用；要真干，就要密切联系群众，切实加强党风廉政建设！

我们深知，我们肩负的历史责任是重大的，任务是光荣而艰巨的。但是我们坚信，有邓小平同志建设有中国特色社会主义伟大理论的光辉指引，有以江泽民同志为核心的党中央的无限关怀，有兄弟省、市、自治区的大力支持，有勤劳智慧的3000万各族人民的奋力拼搏，我们的目标一定能实现！

让我们在中共重庆市委的领导下，万众一心，同心同德，励精图治，艰苦创业，奋力谱写重庆历史发展的新篇章！

贺 信[①]

成都军区某集团军

中共重庆市委、重庆市人大常委会、市政府、市政协：

在重庆市第一次党代会和一届一次人代会、政协会圆满结束，选举产生重庆直辖市第一届领导班子和直辖市挂牌之际，我们集团军党委、机关和全体官兵谨向你们，并通过你们向全市3000万各族人民致以最热烈的祝贺！

重庆是我国特大城市之一，处于我国经济发达的东部地区和资源富集的西部地区的接合部，区位优势得天独厚，是西南地区和长江上游的经济中心和重要交通枢纽。重庆又是一个有着光荣革命历史和优良传统的英雄城市。重庆人民在党的领导下，不屈不挠，英勇奋战，铸就了伟大的“红岩精神”。重庆的建设和发展凝聚着党和国家几代领导人的心血。设立重庆直辖市，是党中央、国务院的重大战略决策，有利于三峡工程建设和库区移民的统一规划、安排、管理；有利于长江开发开放，形成以上海为“龙头”、重庆为“龙尾”的长江经济带；有利于中西部地区经济的快速发展，是落实邓小平同志关于社会发展三步走的伟大构想和加快中西部发展战略决策的一项重大举措。在世纪之交的历史时期，直辖市的成立，赋予重庆千载难逢的发展机遇和重大历史责任。重庆市“三会”的召开，将对重庆今后的改革开放和经济社会发展产生巨大的推动作用。集团军部队广大官兵坚信，有邓小平建设有中国特色社会主义理论和党在社会主义初级阶段的基本路线的指导，有以

①本文原载于《重庆日报》，1997年6月18日。

江泽民同志为核心的党中央的正确领导，有伟大的“红岩精神”的感召和鼓舞，有3000万各族人民加快发展的强烈愿望和奋力争先的拼搏精神，重庆各族人民一定能凭着勤劳、智慧和百折不挠的毅力，在市委、市政府的领导下，解放思想，抓住机遇，负重自强，加快发展，把重庆建设成为繁荣、富裕、文明、进步的直辖市。

军民团结如一人，试看天下谁能敌。爱重庆，建重庆，集团军部队责无旁贷。集团军部队官兵一定牢记全心全意为人民服务宗旨，遵循江总书记提出的“同呼吸、共命运、心连心”的指示，发扬拥政爱民的优良传统，深入开展双拥共建活动，进一步密切军政军民关系，一如既往地支持和积极参加新重庆的经济建设和精神文明建设，军民携手，同舟共济，在新的征途上，为重庆的两个文明建设作出新的贡献。

李鹏总理考察重庆工作①

国务院总理李鹏近日在重庆考察工作时强调指出，重庆直辖市的设立，翻开了重庆历史发展的新篇章。重庆市各级党委、政府和全市各族人民，要以设立直辖市为契机，正确处理四个方面的关系，努力开创新局面，建设繁荣、富裕、文明、进步的新重庆。

从6月15日至6月18日，李鹏总理在重庆市委书记张德邻、市长蒲海清的陪同下，先后考察了重庆特钢（集团）公司、长安汽车有限责任公司、重庆李家沱长江大桥、兆峰陶瓷有限公司、华能珞璜电厂、西南铝加工厂，与企业负责人进行了座谈。

考察期间，李鹏听取了重庆市委、市政府的汇报，并就重庆市的改革与发展问题发表了重要讲话。他指出，八届全国人大五次会议审议批准了关于设立重庆直辖市的决定，这既是重庆各族人民政治、经济、社会生活中的一件大事，也是事关全国发展大局的一件大事。设立重庆直辖市，是党中央、国务院为加快中西部地区经济和社会发展所采取的重大决策。江泽民总书记对设立重庆直辖市非常关心，对重庆的发展提出了“要把重庆建设成为长江上游的经济中心”的要求。李鹏说，重庆市委、市政府认真贯彻中央的部署和“思想领先，平稳过渡”的方针，在直辖市成立的三个阶段中做了大量艰苦细致的工作，制定了《重庆市国民经济和社会发展“九五”计划和2010年远景目标纲要》，选举产生了重庆直辖市第一届市级领导班子。中央对重庆市委、市政府在筹建直辖市过程中所做的工作是满意的。

---

①本文原载于《重庆日报》，1997年6月19日。

李鹏指出，当前，广大干部、群众精神面貌很好，重庆面临着难得的发展机遇。要从自身的实际情况出发，抓住机遇，深化改革，开发三峡，振兴重庆。他说，重庆市可以发展得快一些，但必须是有效益的。要量力而行，尽力而为，稳中求进。从今后的工作看，要特别注意处理好以下四个方面的关系：要处理好“大重庆”与“小重庆”的关系，树立“大重庆”的全局观念。要从指导思想上确立搞好3000万各族人民、8万平方公里的“大重庆”。这不仅是一个城乡关系问题，也是一个把移民工作摆在什么位置的问题。移民的任务是艰巨的，百万移民85%在重庆市。要在移民过程中对库区进行开发，使三峡库区的发展成为“大重庆”新的经济增长点。没有三峡工程的建设，就没有库区经济的振兴；没有库区经济的振兴，就没有繁荣发展的“大重庆”。在搞好库区开发移民的同时，要注意抓好扶贫工作，特别是要解决“两市一地”贫困人口的温饱问题。

李鹏说，要处理好“新重庆”与“老重庆”的关系，建设团结、奋进的领导班子和廉洁勤政的干部队伍。为加强重庆市的领导力量，中央从外省市和中央的部委抽调了一些干部来重庆工作。大家来自四面八方，五湖四海，集思广益，对重庆的发展是有利的，是件好事情。好事要办好，最重要的一条就是新老干部要团结。只要新老干部齐心协力，互相尊重、互相支持，重庆的事情就能办好，困难、问题也能克服和解决。对老重庆市委、市政府的工作，我们应给予充分肯定。新重庆的四套领导班子同样要注意搞好团结，要在市委的统一领导下，紧密配合开展工作，带领重庆人民开创新的事业。

李鹏强调，要处理好新建企业与改造老企业的关系，走出老工业基地振兴的新路子。重庆是全国老工业基地之一，无论过去或现在对全国的经济发展都起了重要作用。当然，目前也确实存在一些困难和问题，但这是我们在向社会主义市场经济迈进过程中的暂时困难，是前进中的问题，只要我们坚持改革，积极推进经济体制和经济增长方式的根本转变，这些困难和问题是一定能够克服的。对于重庆来说，利用天然气资源优势建立和发展天然气化工工业，还要新建一些企业。但对众多的老企业来说，还是要以技术改造为主，走滚动发展的道路。这里的关键是要有市场。有了市场，产品有了销路，才能出效益，才能不断扩大生产，滚动发展壮大起来。他说，重庆的土地资源十分宝贵。搞建设，搞改造，都要特别珍惜用地，要给子孙后代留有余地，切不可大手大脚占用有限的土地，盲目上马搞易地改造。

他指出，要处理好中央支持、各地支援与自力更生的关系。重庆的发展是机遇与困难并存，是机遇大于困难。对新重庆，中央要给予支持，各兄弟省、自治区、直辖市也会给予大力支援。但是，最重要的还是要处理好各方面支持和自力更生的关系。要靠埋头苦干，把立足点放在自力更生上，这是最可靠的发展基础。对于中央和各方面的支持，要正确对待，不要过分依赖。要看到国家这么大，底子又薄，困难的地方多，还有比重庆更困难的地方需要国家的帮助和支援。在建设新重庆的过程中，重庆人民要继续发扬“红岩精神”与“黔江精神”。

他说，处理好以上四个关系，重庆的工作就大有希望。

李鹏表示相信，在邓小平建设有中国特色社会主义理论和党的基本路线指引下，在以江泽民同志为核心的党中央领导下，经过重庆人民艰苦奋斗，齐心协力，一个繁荣、富裕、文明、进步的新重庆一定会屹立在祖国的大西南。

国务院有关部门负责同志陪同李鹏总理在重庆进行考察。

（新华社记者　王　安　张宿堂　《重庆日报》记者　张德泽）

李鹏总理在渝考察纪实①

6月15日至6月18日，中共中央政治局常委、国务院总理李鹏在市委书记张德邻、市长蒲海清的陪同下，先后考察了重庆特钢（集团）公司、长安汽车有限责任公司、李家沱长江大桥、兆峰陶瓷有限公司、华能珞璜电厂、西南铝加工厂，与企业负责人进行了座谈。

考察期间，李鹏总理听取了市委、市政府的汇报，并就重庆市的改革与发展问题发表了重要讲话。他指出，重庆直辖市的设立，翻开了重庆历史发展的新篇章。重庆市各级党委、政府和全市各族人民，要以设立直辖市为契机，正确处理四个方面的关系，努力开创新局面，建设繁荣、富裕、文明、进步的新重庆。

国务院有关部门负责同志陪同李鹏总理在我市进行考察。

（《重庆日报》记者　秦德渝）

①本文原载于《重庆日报》，1997年6月20日。

总理为《重庆日报》作标题[①]

6月19日晚，《重庆日报》新闻出版部灯火通明，一片忙碌，报社值班领导和编辑们正紧张地编排着20日出版的《重庆日报》。晚10时许，一份有李鹏总理亲笔批示和他18日在重庆直辖市挂牌揭幕大会上的讲话的电报传真，由市委办公厅送到了新闻出版部。编辑们发现，总理对《讲话》作了18处修改；亲自加上了题目："正确处理好四个关系，开创重庆市新局面"；并批示："已修改过了，同意在《重庆日报》发表。""总理亲自为我们作了标题。"值班的社领导惊喜地提醒在场的编辑们。消息在新闻出版部一下子传开了，大家争相传阅。编辑们为总理对重庆工作的重视、关心，对《重庆日报》的厚爱而欢欣鼓舞；对总理不辞辛劳，认真细致的工作作风而感动不已。

6月14日，总理率领国务院有关部门负责同志来重庆考察指导工作。在渝期间，他走工厂、进车间、听汇报，风尘仆仆，日夜操劳。18日上午，总理参加重庆直辖市挂牌揭幕大会，作了重要讲话。总理的讲话，表达了党中央、国务院对重庆3000万各族人民的亲切关怀和殷切希望，给重庆的发展指明了前进的方向，提出了要求，具有极其重要的指导意义。

总理的讲话要点，通过电波传遍了巴渝大地，全市干部、群众深受鼓舞。

总理讲话结束后，市委书记张德邻深感《讲话》意义重大，随即吩咐市委办公厅负责同志，赶快请示随同考察的总理办公室主任姜云宝同志，希望

①本文原载于《重庆日报》，1997年6月21日。

在《重庆日报》发表总理的《讲话》，以便全市干部、群众学习、贯彻。总理公务繁忙，下午要赶回北京，来不及审改。

18 日下午 3 时 20 分，李鹏总理一行乘专机离开重庆回京。

4 时 56 分，市委办公厅将《讲话》电传总理办公室。

5 时 20 分左右，总理的专机飞抵北京。总理收到传真电报后，不顾在四川省和重庆市连续 8 天考察的疲劳，连夜对《讲话》字斟句酌，反复推敲、修改，并加上了题目，作出批示。

19 日，总理的批示和修改好的《讲话》迅速传到重庆。经过编辑们的精心编排，20 日一大早，带着油墨清香、刊有总理讲话及图片的彩报，及时送到了读者手中。

依靠人民群众　办好重庆的事

——重庆直辖市挂牌之际访蒲海清市长①

重庆人民6月18日迎来了喜庆的日子——重庆直辖市正式挂牌。在这万民同庆之时，我们的市长在想什么，对挂牌后有些什么打算？记者18日瞅准空子，采访了百忙中的蒲海清市长。

在市政府宽敞的办公室里，满面春风的蒲市长听明记者的来意后，热情而随意地同记者谈开了。他说，重庆直辖市今天挂牌，这标志着重庆踏上了历史的新征程。党的改革开放春风吹拂山城，重庆人民沐浴着春风，迈着坚实的步伐，奔向更美好的未来。我作为市长，同大家一样心里特别高兴，但同时又感到肩上的压力十分沉重。

你想想吧，要搞好三峡库区的100万移民，让366万农村贫困人口脱贫，振兴老工业基地，防治环境污染和保持生态平衡，任务是够艰巨的。我们要实行“富民为本”的方针，到2010年，全市人均收入要翻两番达到8000～9000元，这中间有好多工作要做呀！

张德邻同志在党代会上的报告中讲，我们要反“左”，要破除“左”的思想束缚。这可不是个小问题。我们有的同志的思想，还受着姓“资”姓“社”的困惑，还有着浓厚的计划经济的框框，这些必须坚决摒弃，要不然我们就会被巫山遮住视线而裹足不前，我们要“不畏浮云遮望眼”，解放思想，力戒空谈，实干、苦干，大胆闯，大胆试，就有希望把重庆的事搞好。

要办好重庆的事，办法有千条万条，但我认为归根结底有两条。一靠党

①本文原载于《重庆日报》，1997年6月21日。

中央的领导，坚定不移地走建设有中国特色社会主义道路，坚持改革开放的方针政策。二靠全市的人民群众。毛主席说过，人民，只有人民，才是创造世界历史的动力。我们只有全心全意依靠人民群众才能把重庆的事情办好。

要依靠人民群众，首先要取信于人民群众。我们市政府这个班子要勤政廉政，起好表率作用，真正树立起为人民服务的思想。我们受人民委托走上了市领导岗位，就要对得起人民，为人民办实事。我要求市政府领导班子的成员必须兢兢业业、勤勤恳恳工作，把我们这把骨头交给人民，鞠躬尽瘁，死而后已。

依靠群众还得深入群众，了解群众，倾听群众呼声，了解群众在想什么、希望我们干什么，把群众的疾苦和痛痒放心上。我们要逐步改变城乡居民收入低于全国平均水平的状况，切实解决好与人民生活密切相关的就业、住房、生活环境等问题，让人民过上更加富裕的小康生活。

依靠群众还要把党的政策原原本本地交给群众，把我们的困难和问题告诉群众，充分发挥群众的聪明才智和大力引进我们所需要的各类人才，让群众同心同德地和我们一道。群众的能量是十分大的，有了群众的全力支持就没有克服不了的困难。

重庆市高级人民法院、重庆市人民检察院挂牌揭幕[①]

6 月 19 日，重庆市高级人民法院、重庆市人民检察院挂牌揭幕仪式在市委礼堂隆重举行。

最高人民法院副院长谢安山、最高人民检察院副检察长梁国庆、四川省高级人民法院院长李玉龙、四川省人民检察院检察长龚读纶到会祝贺。

市领导张德邻、蒲海清、王云龙、张文彬等以及为法院、检察院工作作出贡献的历届老领导和近 3000 名法院、检察院同志参加了大会。

市委常委、市政法委书记陈邦国主持仪式。

上午 9 时，谢安山、赵俊如、梁国庆、秦信联分别为重庆市高级人民法院、重庆市人民检察院挂牌揭幕。

市委书记张德邻代表市委、市人大、市政府、市政协殷切希望“两院”在新的历史时期中，充分发挥审判机关和检察机关的职能作用。法院要运用法律手段为重庆的经济建设和社会发展创造良好的法制环境，全力维护好我市政治和社会的稳定。检察院要把反腐败作为重要政治任务抓紧抓好，重点查办党政机关、行政执法机关和经济管理部门人员的经济犯罪案件。张德邻要求“两院”要在新的形势下，切实加强队伍建设，培养出一批受人民群众爱戴的、有真才实学的高级法官和高级检察官，培养出一批优秀的领导干部，提高整体执法水平，建立一支忠于党、忠于人民、秉公执法、刚直不阿、无私奉献的法官队伍和检察官队伍。

赵俊如、秦信联分别代表“两院”表示，今后要在全市人民监督之下，

---

①本文原载于《重庆日报》，1997 年 6 月 20 日。

开拓进取，严肃执法，秉公办案，勤政为民，为新重庆社会稳定、经济发展提供有力的司法保障。

（《重庆日报》记者　聂嘉英）

锁定这一历史瞬间[①]

“5、4、3、2、1”，当时针指向18日零时，“啪!”市委书记张德邻、市长蒲海清冒雨在市人民广场拍下了新重庆诞生后富有历史意义的第一张照片。同时也拉开了“重庆一日”大型纪实摄影采访活动的序幕。

6月18日，重庆直辖市举行挂牌成立仪式，为了形象地记录下这一珍贵的历史时刻，来自全国各地的100多名摄影家及摄影爱好者参加了“重庆一日”摄影采访活动。他们在今天的24小时内，深入到我市各地区、各行业进行采访拍摄，记录下新重庆的风采、重庆人民崭新的精神风貌。

张德邻同志在拍下第一张照片后兴奋地说，今天标志着重庆历史翻开了新的一页。重庆人民一定更加紧密地团结在以江泽民同志为核心的党中央周围，把重庆建设得更加美好。蒲海清激动地说，新的一天开始了，重庆的明天更加灿烂。

（《重庆日报》记者 罗华宇 牛 强 戴 勇）

①本文原载于《重庆日报》，1997年6月18日。

重庆会记住这一天[①]

1997年6月18日零时，在润物无声的霏霏细雨中，在人民广场，市委书记张德邻、市长蒲海清在来自全国100多名摄影家和摄影爱好者的簇拥下，按动了照相机的快门，将重庆历史的这一瞬间定格。

1997年6月18日，这是重庆3000万各族人民以深情的目光注视的日子。

1997年6月18日，闪耀着不同寻常的光彩，辉映着重庆前进的步伐，揭开了重庆历史发展的新篇章。

这天一大早，人民广场站满了参加重庆直辖挂牌揭幕仪式的各界代表和群众。这一天，晶莹的雨丝将天地洗得格外清新、亮丽。

直辖挂牌揭幕仪式的会场设在人民大礼堂里，标语、彩旗、鲜花把整个会场装点得庄重、热烈、喜庆。主席台上悬挂着圆形红色会徽，会徽上浮雕金色的新重庆版图，版图的中央是雄伟的人民大礼堂，下面记载着“重庆1997.6.18”。

上午9时50分，李鹏总理脸上露出欣喜的笑容，鼓掌回应着大家的欢迎，带领国务院有关部门负责同志，在雄壮的军乐声中步入会场。

市长蒲海清主持挂牌揭幕仪式。他宣布庆典开始，全场响起长久的掌声，这掌声代表了3000万重庆各族人民庆直辖的喜悦心情。10时整，市领导张德邻、蒲海清、王云龙、张文彬、赵海渔分别揭开了中国共产党重庆市委员会、重庆市人民代表大会常务委员会、重庆市人民政府、中国人民政治协商会议重庆市委员会、中国共产党重庆市纪律检查委员会牌子上的红绸，

---

①本文原载于《重庆日报》，1997年6月19日。

霎时，掌声伴着军乐声在大礼堂里久久回荡。

红绸滑落的那一瞬间，展现出具有3000年历史和璀璨文化名城的蓬勃活力和盎然生机。

红绸滑落的那一瞬间，显示了重庆人民不畏艰险，奋力拼搏，把重庆历史推向前进的勇气和决心。

红绸滑落的那一瞬间，宣告了共和国第四个直辖市将肩负起历史的重任，迎接光辉的未来。

李鹏总理百忙之中带领国务院有关部门负责同志出席庆典仪式，带来了以江泽民同志为核心的党中央的热烈祝贺和殷切希望，这是新重庆的殊荣，是3000万重庆各族人民的荣耀。随着这份荣光印入重庆人心中的是李鹏总理那番热情洋溢而语重心长的话语。当他说到中央会支持重庆时，全场爆发了雷鸣般的掌声，这掌声热烈而真挚，经久而不息。总理笑了，笑得那样舒心。接着，李鹏总理用了一个转折词“但是”，他希望重庆人民立足于自力更生去铸成更可靠的基础。全场又发出一阵会意的笑声，这时总理也笑了，总理的心和重庆人民的心紧紧地贴在一起。依靠党中央、国务院的正确领导，依靠我们3000万重庆各族人民自力更生、艰苦奋斗，加上兄弟省市的大力支持去建设一个新重庆，迎接21世纪的辉煌，这不正是每个重庆人的心愿吗？此刻，人民广场上汇集着无数的群众，直辖挂牌的喜庆将他们聚集在了这里，他们在会场外分享着场内一样的喜悦。

仪式结束后，在市委、市人大、市政府、市政协、市纪委门前，许多自发赶来的群众在等待观看挂牌的庄严仪式。市领导张德邻、蒲海清、王云龙、张文彬、赵海渔先后将市委、市人大、市政府、市政协、市纪委象征着党和人民赋予的神圣权力的标牌挂在了各自驻地的门柱上，标志着重庆跨入了一个新的发展阶段，也昭示着新的领导班子将带领重庆3000万各族人民，肩负起实现跨世纪宏伟蓝图的神圣使命。

1997年6月18日，重庆会记住这一天，重庆3000万各族人民会记住这一天。

新重庆，将从这一天开创新的纪元！

（《重庆日报》记者 曾宪国）

媒体报道与评论

设立重庆直辖市
——发展长江上游的战略抉择[①]

3月14日，是八届全国人大五次会议的最后一天。下午3时58分，2000多名代表以对历史负责的态度，对国务院启动西部经济腾飞的重大战略决策设立重庆直辖市议案，投下了赞成票。这一时刻，引起全国无数双眼睛的注视。从此，我们伟大祖国的版图上，将出现一个人口最多的直辖市。

"战略扁担"，重庆肩上责任重大

进入80年代以来，中国以惊人的发展速度日渐引人瞩目。

90年代初，国家在成功实施沿海开放战略之后，又确定了重点开发长江的战略决策，并把开发开放浦东，兴建三峡工程，作为实施这一战略的两项重大举措。

1992年，小平同志在视察南方时不仅特意把上海、武汉作为视察重点，而且反复强调上海和沿江经济发展的重要性。据了解，小平同志在80年代和90年代初就非常关注人口大省四川能否尽快奔小康的问题。他曾多次提出，要研究一下四川太大、人口太多，不便发展、不便管理的问题，要研究发挥重庆中心城市带动作用的问题。

伟人的智慧，总带有历史的思辨。曾长期在香港工作的人大代表王文德这样阐述了自己的理解：小平同志提出分三步走的战略目标，这是根据我国地域

---

①本文原载于《人民日报》，1997年3月15日。

辽阔、发展差异大的实情提出的。小平同志当初决定开发深圳，开发海南，开发上海，主要从它们所处的区位、从它们在全国发展的战略地位来决定的。

一位老同志向记者形象地描述了小平同志在战争年代率部队千里跃进大别山的壮举。小平同志曾幽默地告诉他们，这是一肩挑两头的“战略扁担”作用。改革开放以来，小平同志熟练而巧妙地发挥“扁担”作用，启动了中国整个沿海地区的经济“马达”，成功地实现了与国际市场的初步对接。

启动中西部经济发展，选择什么地区作为肩挑两头的“战略扁担”，成为近几年决策者经常思虑的问题。一位研究长江开发问题的专家分析说，要想成功实施中西部发展战略，必须找到一个具体的办法或载体。而连接中国11个省市区，跨越东、中、西部三大经济带、辐射数亿人口的长江，是首选载体。于是用长江开发战略来推动中西部发展战略，启动中西部经济腾飞就有了保证。

长江开发，“龙头”在上海，“龙尾”即是重庆。经过解放后40多年的发展建设，重庆在西部地区已具有了较强的辐射和带动作用。仅以工业固定资产为例，已拥有700多亿元的存量。如果国家采取相应对策，激活这笔资产存量，发出的“热能”将辐射西南地区。

现在，中央为了推动中西部发展战略，加快中西部发展，已确定将处于长江上游和中西部接合带的重庆设立为直辖市，这是小平同志战略思想的再一次生动的体现。

作为巴渝文化的发祥地，重庆有文字记载的历史已有3000多年。公元前11世纪，这里是古代巴国的首都江州。公元581年杨坚称帝，改为渝州，故重庆简称“渝”。公元1102年，宋徽宗改渝州为恭州。公元1189年，南宋孝宗皇帝的三子赵惇先封藩王后称帝，双重喜庆，“重庆”由此得名，至今已800余年。

历史上，重庆曾经历三次“直辖”、三次“计划单列”的建制变化，由此看出，重庆的区位优势十分突出，为历代中央政府所重视，抓住了这个重镇，就可以对这一广大区域发挥“扁担”作用。

启动市场，西南腹地充满希望

西部渴望发展，西部渴望富足。近10年，沿海开放战略的巨大成功，也激起西部发展经济的强烈欲望。我国西部周边与15个国家接壤，但主要是侧重边贸互利作用，较难有沿海地区那种追赶世界先进技术和管理水平，高速发展，壮大自身，影响一片的作用。于是，在大跨度的东西部之间寻找结合区，以弥补缺陷，从而保证全国经济进入良性循环，就被急迫地排上了日程。

八届全国人大五次会议批准设立的重庆直辖市，地跨东经105度11分至110度11分，北纬28度10分至32度13分之间，位于青藏高原与长江中下游平原的过渡地带。东邻湖北、湖南，南靠贵州，西接四川省内江市、遂宁市，北连陕西省和四川省达川、广安地区，东西长470公里，南北宽450公里，主要分布在长江沿线，基本处于云贵川藏的腹地，总面积8.24万平方公里，总人口3000万。

经济学家认为，根据地缘经济学和边际效应理论，在占有天时地利的长江上游地区，投以巨大的激发因素，它所产生的“裂变效应”，不仅会直接促成长江开发战略的成功，更会使西南2亿多人口受益。中西部地区的共同富裕之路由此透露出新的曙光。

在与记者的探讨中，万县市委书记陈光国代表坦言，仅从三峡今后的发展角度看，必须有重庆这样区域性的大城市来通盘考虑和规划产业结构，从而避免趋同和重复，并对形成的库区产业有大的牵动能力，这才能解决移民的长治久安问题。河南省省长马忠臣代表说，设重庆直辖市实际上就是给了重庆一个发展资金市场、资源市场、人才市场、信息市场等的大政策。来自四川的人大代表张文彬认为，重庆原来的发展定位是符合四川全省经济发展的要求的，今后的定位，应以国家对它提出的要求为坐标。

作为东部战略开放的先锋城市深圳的市委书记厉有为代表说，新兴的发展经济学有一个“增长极”理论，深圳在国家的统一部署下，用了10多年时间，成为东部地区的“增长极”，希望重庆也在国家的统一部署下成为具有强大推动作用的西部地区的“增长极”。

不少中西部省区的代表们认为，不论从现实角度还是从长远角度看，要使西部经济驶入快车道，重庆直辖是最佳的战略选择，充分体现了中央对中西部地区发展的极大重视，这一战略部署的成功，必将成为中西部几亿人民共同富裕的一个“加速器”。

首尾呼应，让中国拥抱21世纪

振兴西部、发展西部，这不仅是西部的渴望，也是东部地区的需求，更是中国整体起飞的大目标。

十多年来一直关注长江发展和研究三峡问题的专家雷亨顺代表，将自己多年的调查研究积累的感受告诉记者：根据小平同志设计，80年代开发沿海特区，90年代实施长江发展战略，这就形成一种弓箭战略，沿海经济特区形似一张弓，长江形似一支箭，箭在弦上，不得不发，射向太平洋，射向全世界。

从总体发展趋势看，领改革开放风气之先的沿海发达地区，虽已“兵强马壮”，但“粮草尚缺”。东部资源匮乏，市场饱和，劳动力紧缺。东部的产品，在打入海外市场的同时，也需要深入内地市场，需要稳固而坚实的后方基地。这一切，正是需要西部逐渐发展与之互补、交融的关键因素。

专家认为，20世纪90年代，世界经济重心由西向东转移，成为全球经济格局最引人注目的变化。发达国家因受市场、劳力、环境等诸因素制约，正大规模开发新兴产业，转移传统产业。而中国沿长江逐渐上行的广大地域，有丰富的资源、廉价的劳力、较好的工业基础，对国际资本、技术及产业的转移有很强的吸引力。

但专家提醒，由于亚洲、东欧一些国家的开放和崛起，世界性的产业大调整给中国带来的机遇，仅有15年至20年，也许更短。谁动作早，谁动作快，谁将得先行之利。因而这次中央、国务院下大决心提议设重庆直辖市，八届全国人大五次会议予以通过，就成为中国东中西部地区如何接纳和参与这次世界性的产业大调整的一个重要举措。

不少代表形成共识，只有东部与西部同行，“龙头”与“龙尾”共“舞”，中国才有资格拥抱21世纪，才不愧对改革开放的总设计师小平同志。

（《人民日报》记者 李维平 周 庆）

加快中西部发展的战略举措

——写在重庆直辖市诞生之际①

1997年3月14日下午，人民大会堂。

出席八届全国人大五次会议的2720位代表经过庄严表决，通过了关于批准设立重庆直辖市的决定。

自此，我国继北京、上海、天津之后，诞生了第四个中央直辖市。

这是我国行政管理体制和机构改革的一件大事，它的意义绝不仅仅是四川省和重庆市区划的调整，更非简单的重庆市行政升格，而是国家为加快中西部地区经济和社会发展所采取的一项重要举措。

发展的选择

把重庆从四川省划出来这一构想，酝酿已久，并随着我国加快发展中西部经济，缩小东西部差距战略的推进而日渐成熟。

重庆在历史上一直是我国大西南的政治、军事和商贸中心。解放初期重庆就是中央直辖市，1954年才改为四川省的一个地级市，但直到1958年重庆仍为计划单列市。1983年，中共中央、国务院决定将重庆作为首批经济体制改革的试点城市和计划单列市，赋予省级经济管理权限，并辟为外贸口岸。

重庆在我国的版图上占有极为重要的地理位置，它处在长江大动脉的上游，云、贵、川三省的交界点，是东部经济发达地区和西部资源富集地区的

①本文原载于《重庆日报》，1997年3月15日。

接合部。我国《国民经济和社会发展“九五”计划和2010年远景目标纲要》，规划了七个跨省区市的经济区域，其中一个是长江三角洲及沿江地区，还有一个是西南和华南部分省区，重庆则横跨了这两大经济区域。在实施中西部战略中，重庆起着承东启西、左右传递的枢纽作用。

鉴于重庆的特殊地位，加之四川省太大，人口过多，不便管理，早在80年代初，一个把重庆从四川省划出来的设想就提了出来。

把重庆从四川省划分出来，无论从整个国家的利益还是从西南地区的发展看，都是十分必要的。对于这一点，上至中央，下至地方的认识是一致的，问题是如何才能使这一举措更好地为经济建设这个中心服务。

近些年来，国务院有关机构、四川省一直在酝酿、寻找比较合适的方案。其间有过将原重庆市升格为直辖市的构想，有过建立川东省的提议，还有过设立三峡省的动议等等，但这些方案都一一被否决了。特别是对是否设省的问题，一个基本的看法是，从稳定全国行政区划的大局出发，四川省的格局不宜作大的变动。如果设省，难免要建立一整套省级机构，增加编制，增加非生产性建设和行政、事业经费，势必耗费财力；设省后，重庆不但省和市两级机构重叠，也不利于发挥它在长江上游和我国西南地区中心城市的作用。

1995年12月9日，中共四川省委、省政府主要领导给江泽民、李鹏同志写信，正式建议中央将四川一分为二，改重庆为中央直辖市，将三峡库区的万县市、涪陵市、黔江地区等地市划归重庆，负担川东地区经济发展和三峡库区移民工作；新的四川省可着重支持川西少数民族地区的发展。

很快，中央机构编制委员会对这一建议进行了认真研究，认为四川省委、省政府主要领导的建议是可行的，并提出一个方案。方案认为，四川是我国第一大省，人口1.119亿，是英国、法国的总和；面积57万平方公里，大于法国。管理好这样的大省，实属不易。从长远考虑，从全局出发，设立重庆直辖市，从四川划出一部分地市归重庆管辖，是解决四川省人口过多、面积过大、难于管理的最佳办法。

至此，党中央、国务院把设立重庆直辖市列入了工作日程。

我国宪法明确规定，省、自治区、直辖市的建制，由全国人民代表大会批准。主要程序是，先由国务院提出议案，再由全国人大常委会或者是人大主席团向全国人民代表大会提出议案，经过全国人民代表大会审议、讨论，最后表决。

1996 年 12 月，国务院就设立重庆直辖市提请全国人大常委会审议。

1997 年 2 月，八届全国人大常委会第二十四次会议审议后决定，将《国务院关于提请审议设立重庆直辖市的议案》提请第八届全国人民代表大会第五次会议审议。

艰巨的使命

新的重庆是个极其特殊的直辖市：面积 8.24 万平方公里，是京、沪、津三个直辖市总面积的 2.4 倍；人口 3002 万，是前三个直辖市总人口的 83%；所管辖 43 个区市县，是前三个直辖市所辖区县总数的 75%；农村人口大大超过城市人口，占新重庆总人口的 81%；还有 5 个少数民族自治县。

这是世界上人口最多、面积最大、农民最多的一个直辖市。设立这样一个直辖市，无论是从大城市带大农村的角度，还是从担负三峡库区百万移民的角度看，都是富有挑战性的试验。

党中央一直寄厚望于重庆。江泽民总书记 1994 年提出："努力把重庆建设成为长江上游的经济中心。"这正是重庆直辖市设立后第一位的任务。

90 年代初，党中央作出了以上海浦东开发为"龙头"，推动长江三角洲及沿江地区开发开放的重大决策。作为"龙头"的上海浦东已初具规模，重庆是"龙尾"地区最大的工商业城市。以重庆为依托，建设三峡库区新的产业群，与上海浦东相呼应，将对大西南乃至全国经济产生巨大带动作用。

应该说，重庆具备了建设长江上游经济中心的基础。据有关部门统计，重庆独立核算工业企业的固定资产达 700 多亿元，在全国大中城市中名列前茅；商贸年流通额 800 亿元，超过其国内生产总值；与世界上 110 多个国家和地区建立了经贸关系。重庆直辖市的设立，将进一步发挥重庆在长江上游以及大西南的"窗口"示范作用和辐射作用。

从世界范围看，中心城市带动农村，城乡互补，工农互济，实现城乡共同繁荣，是经济发展的一个普遍规律。设立重庆直辖市，是在更大范围内进行大城市带大农村的探索试验。这个试验的难度也是世界上少有的。因为这个特大型城市，80% 以上是农民，40 多个县市区中一半至今还是国家重点扶持的贫困县，城镇不发达，农民与城市相隔甚远。正因为如此，这一试验不仅将为我国中西部地区农村的城市化、工业化、现代化探索一条新路子，而且对有类似任务和难题的第三世界国家也有示范作用。这便是重庆直辖市的第二大任务。

举世瞩目的三峡工程投资巨大、技术先进，但其最大的难点在于史无前例的百万移民。李鹏总理说："三峡工程建设成败的关键在移民。"有关部门介绍，整个三峡工程动态移民 120 万人，而重庆直辖市占了 107 万，再加上大规模的工矿企业搬迁，其动迁规模之大，时间跨度之长，都是中外历史上前所未有的。政治、经济、科技、生态、社会、文化等各种因素相互交织，牵一发而动全身，没有强有力的领导和高效直辖的管理体制，是难以解开这道世界级难题的。这是重庆直辖市的第三大任务。

抓住机遇是关键

不可否认，重庆作为直辖市也具有先天不足的弱点。以 1995 年全国省区市的经济总量排序比较，重庆直辖市排在 20 位左右，属中下水平，与京、沪、津相比，差距更大。

但是，重庆的机遇在于国家发展中西部的战略转移，在于长江经济带开发战略的实施，在于三峡工程建设和库区经济开发，在于大西南改革需要突破，在于中央直辖市的种种权益和国家的支持，在于 3000 多万重庆人民新的积极性。抓住这些机遇，是重庆直辖市发展经济的关键。

重庆直辖市的设立，对东部沿海和长江沿江地带的发展也将带来新的机遇，因为东部正面临新一轮产业结构调整，而包括重庆新辖区在内的中西部，是劳动密集型等传统产业的最佳转移地带。

重庆过去就是我国西南地区利用外资最多的城市，从去年开始，一些敏感的客商就看中了重庆日益重要的经济地位，作出了超乎寻常的反应。日本关西投资协会、新加坡亚太控股公司等大型投资组织，都提出派人来重庆考察。香港中华总商会会长曾宪梓说，他领导的总商会正在制定向重庆等中西部地区重点投资的计划，其中一些企业已开始向重庆的基础设施建设和第三产业投资。在日中投资促进机构中，已设立了“长江中上游流域开发合作委员会”，并筹划年内合资建立海运公司，开通由日本直航重庆的江海联运。日本东京银行、美国美洲银行、法国兴业银行等 18 家国际金融机构也相继到渝考察。日本住友银行已在重庆开设了在我国中西部的第一家代表处，其首席代表川端良岩先生说：“我们看中的是重庆在中国建设中的重要位置和理想的投资回报率。”

从 20 世纪末到 21 世纪，东部沿海战略、长江沿江战略、中西部战略的协调发展，将成为我国经济腾飞的三大支点。应运而生的重庆直辖市，在这三大战略中的地位举足轻重，任重道远。人们寄希望于重庆直辖市，集全国改革开放之经验，抓住机遇，以全新的机制、全新的面貌，尽早成为带动中西部加快发展的“火车头”。

（新华社记者　陈　芸　王　安　牟丰京）

重任在肩　孜孜不怠

——访全国人大代表、重庆市委书记张德邻[①]

重庆直辖市议案的通过，标志着这座有800多年历史的古城在世纪之交掀开新的一页。3月14日晚，重庆市委书记张德邻接受了本社记者采访。他说：“此时此刻，最强烈的感受是千斤重担在肩，压力大于喜悦，我们只有一种选择：珍惜机遇，迎接挑战，正视困难，踏实工作，用重庆的快速发展来回报全国人民的厚望。”

张德邻首先结合实际分析了重庆目前所面临的挑战，他称：“重庆有三多，一是困难企业多，去年重庆工业企业盈亏相抵净亏10亿元；二是贫困人口多，贫困人口占重庆总人口的10%，比全国贫困人口比高出一倍；三是移民多，重庆动态移民将达107万人。”他用数字分析了重庆与其他三个直辖市的差距，“人均国内生产总值上海、北京、天津分别比重庆高5倍、3倍、2.9倍，人均创财政收入京、津、沪分别是重庆的6倍、4倍、10倍”。

张德邻感慨地告诉记者：“重庆就是在这种条件下根据国家发展大局的需要成为第四个直辖市的。发挥长江上游经济中心的作用，探索城市带农村的新路子，搞好开发性移民，是中央交给重庆的三大任务，这使重庆肩负的责任，与京、津、沪既有相同之处，又有很大差别。这就要求我们既要认真学习借鉴京、津、沪的发展经验，又要发扬邓小平同志倡导的敢闯、敢试的改革精神，在实践中大胆探索符合重庆实际的发展道路，艰苦奋斗10年、20年，向全国人民奉献一个崭新的重庆！”

---

①本文原载于《重庆日报》，1997年3月16日。

找准坐标：建设长江上游经济中心

“根据江泽民总书记提出‘努力把重庆建设成为长江上游的经济中心’的要求”，张德邻说：“我们选准了发展方向——把重庆建成长江上游的商贸、金融、科教信息中心，交通、通信枢纽和现代化工业生产基地。”

“我们将着力构筑长江上游经济高地，健全辐射通道，走一条可持续发展的新路子。”张德邻理智地谋划未来，长江上游经济高地靠两点来支撑——一方面，通过壮大汽车摩托车、化工和冶金三个支柱产业，发展具有现实和潜在优势的机电设备、电子信息、食品、建材、玻陶、日用化工六个行业，盘活存量资产，让老工业基地焕发青春；另一方面，利用行政体制向上位移的机遇，吸引外部资金，扩大增量资产，尽快形成长江上游新兴产业群。他兴奋地告诉记者，一批国际大财团、大企业纷纷来渝洽谈；国内东部发达地区企业常州柴油机厂、浙江娃哈哈等也孔雀西南飞。

在构筑经济高地的同时，重庆正根据区域经济中心的定位，重新设计自己。张德邻介绍说：“我们正在有针对性地完善各种城市功能：两条新铁路线、以高速路为主干的公路网、江北机场扩建工程均在筹建、动工；技术先进的邮电网络正在建设；重庆将构建多元化的金融组织体系，为西南发展承担起‘血库’的任务；重庆还将建设长江上游商贸中心和科教中心，为经济发展提供动力。”

认真探索：完成大城市带大农村历史任务

3000 万的人口，80% 以上为农村人口，其中贫困人口近 400 万。这个世界上从未有过的极特殊城市所进行的大城市带大农村实践，未必让人感到胜券在握。但张德邻并不气馁，他告诉记者：“我们现都以农村经济是重庆经济重要的组成部分，是重庆经济宝贵的生存空间的认识来统领工作。”

张德邻信心满怀地说：“正视优势与困难并存的现实，我们梳理出了发展思路：发挥行政体制变革的有利条件，用行政手牵市场手，实现城乡各种经济要素的合理配置，促进经济水平的提高，最终实现城乡共繁荣。”他介绍，重庆将用行政这只有形的手，在两个点上着力：一是规划整个区域的产业布局，避免产业趋同造成的重复建设、资源浪费，形成一个区域分工明确的多圈式经济结构；一是规划城市布局，建设“金字塔”形城镇体系，为城市带农村挂上联动的链条，首先扩大和完善重庆主城区的各项功能，壮大万县、涪陵、永川等城市综合实力，其次建设星罗棋布的中小城镇，加强它们与高一层城市的联系，直接带动农村城市化进程。

张德邻说，需求旺盛的城市市场、幅员广阔的农村市场，是重庆大城市带大农村的最大优势。两个市场如能对接得好，发挥联动效应，将使农村丰富的自然和人力资源，尽快装备上城市先进的技术和信息，大大加快农村工业化和城市化的进程，缩短完成探索的时间。他说，重庆在构建城乡结合的市场体系时，将积极发挥市场这只无形手的催化作用。完善城市中心市场，培植一批现代化流通企业；加快农村商品市场建设，培育大中小配套的批发市场；扶持一批沟通城乡经济联系的中介机构，将城乡市场衔接起来，形成网络。

踏实工作：破解百万移民的难题

面对移民量大、时间紧迫、移民安置的环境容量小等诸多矛盾，张德邻认为三峡移民是难题，但更是机遇。他告诉记者，库区不仅是个巨大的消费品市场，而且因三峡工程建设也成为生产资料和资金的大市场。不容置疑，谁先认识把握这个未来中国需求量最大的市场，谁就拥有经济发展的主动权。百万移民带给重庆挑战，更给重庆带来河山重整的希望。

张德邻指着地图给记者说：“设立重庆直辖市，使三峡库区连为一体，便于将老重庆的工贸、金融、科技与‘两市一地’的丰富资源、广阔市场结合起来，统筹实施开发性移民，保证移民安置和库区开发工作有序、有效地进行。这不仅能增强库区社会经济整体功能，在空间和产业上增大库区移民环境容量，也为把库区建成一个经济蓬勃发展、人民安居乐业的山清水秀的生态经济区夯实了基础。”他介绍，开发性移民这篇大文章经过几年努力现在开始破题。从1993年至今，重庆库区共投入资金33.4亿元，安排实施移民项目800多个，开发土地16万亩，安置移民1.8万人。尤其是一些企业借此脱胎换骨，成为新的经济增长点。如涪陵太极药厂，这个原年产值仅100

万元的作坊式企业，把移民资金作为资本金争取到了1亿多元的其他投资，去年产值达5亿元，利税8600万元。

张德邻说，“国内兄弟省市支援库区，参与绘制三峡蓝图，点活了库区经济，也推动了移民进程。上海白猫集团与万县市淹没搬迁企业五一日化公司联合组建白猫有限公司，吸纳移民550人，还带动了万县其他6个企业，去年实现销售收入1.1亿元。”

采访结束时，张德邻再一次表示：“渴望奋进的3000多万重庆人民一定能凭着勤劳智慧，凭着百折不回的毅力，在以江泽民同志为核心的党中央领导下，在全国人民的支持下，继承邓小平同志遗志，圆满完成重庆承担的历史重任，为中华民族的繁荣昌盛作出贡献！”

移民任务更艰巨 库区前景更美好

——访国务院三建委移民局局长漆林[①]

三峡工程大江截流，标志着三峡工程结束一期移民，转入二期移民。截流前夕，记者采访了国务院三峡工程建设委员会办公室副主任、移民开发局局长漆林。

漆林说，三峡建设的实践有力地证明，三峡工程成败的关键确实在移民。5年来，三峡移民工作取得了举世公认的成绩。无论是坝区移民，还是库区移民，都满足了工程建设需要。从1993年到1997年，国家累计安排移民资金85.75亿元。到今年9月底，全库区已搬迁安置移民8.23万人，加上坝区和占地移民，预计到今年年底累计安置达10万人。在过去的5年时间里，不仅移民搬迁安置进展顺利，而且通过搬迁有力地带动了三峡库区的经济发展和移民脱贫致富。据对移民任务较大的万县、涪陵、宜昌三个市统计，1996年与1993年比较，三市国民生产总值分别增加了153%、128%和99%，农民人均纯收入分别增加128%、155%和135%，增长幅度超过一般地区。它充分说明，三峡工程的兴建，为库区经济发展带来了生机与活力。

漆林说，一期移民整体目标基本实现，这在整个三峡移民中，仅仅是一个良好的开端。在三峡工程17年施工期内，三峡移民累计搬迁人数将近120万。目前已经完成的不到十分之一。进入二期移民后，任务将更加艰巨。从1998年至2003年的二期移民，将搬迁安置50万人，搬迁淹没工矿企业624家。在今后6年时间里，每年平均要搬迁安置8.3万人，搬迁工厂104家。

---

①本文原载于《重庆日报》，1997年11月7日。

根据计划安排，明年将搬迁安置7.16万人。

虽然二期移民任务重、强度大、时间紧，但有利条件很多。漆林向记者介绍了二期移民的主要有利条件：过去5年中已经探索出路子，积累了经验；库区大量基础设施和专业设施已经先行完成，为二期移民安置提供了基本条件；国家将对三峡库区实行更多的优惠政策；国务院50多个部门和全国20个省市区、10个城市将加大对口支援三峡库区移民的力度。

漆林满怀信心地说，有党中央、国务院的正确领导，有全国人民的大力支援，加上库区干部群众艰苦奋斗，二期移民的目标一定能实现，三峡库区一定会更富裕、更美好。

（新华社记者　施勇峰）

重庆，你准备好了吗？[①]

近些天来，重庆笼罩在一派节日的喜悦气氛中。

没得说，人大通过决议，设立重庆直辖市，3000万重庆人，恐怕没得哪个不兴奋的。

不过，兴奋之余，他们更多的还是清醒和冷静。

建直辖市后，摆在重庆面前的，有三大难题。

一、三峡移民100万。

二、农村脱贫360万。

三、市区老工业基地改造。

三大难题，一个比一个棘手，一个比一个急迫。就目前说，最急迫最棘手者，是市区老工业基地改造。

一

市委书记张德邻告诉记者，市区老工业基地改造，已经不能再拖了。必须尽快拿出措施，见到成效。

代市长蒲海清说，重庆建直辖市，各项工作都要搞好，但首先得尽快把市区这块搞好。

书记和市长，说到市区老工业基地改造，都很激动，不约而同，都强调要“尽快”，急迫之情，溢于言表。

是的，不急不行啊。作为全国六大老工业基地之一的重庆，十多年来，

①本文原载于《经济日报》，1997年3月27日。

市区建设和企业改造的欠账，已经不少。交通拥塞，城区破旧，企业老化。如今，作为全国第四个直辖市，作为要担负带动中西部、带动长江上游经济发展这“两大带动”历史使命的西南特大城市，市区状况如此，企业状况如此，如何吸引投资，谈何带动作用？

“市区老工业基地改造，我们把它分为两块。”蒲海清站在新重庆地图前，向记者详细讲解：“一块，是市区市政建设；一块，是国有老企业改造。这两件事，都得有钱。去年，市里已经为渝中区城建投资15个亿，但资金还有很大缺口。钱从哪里来呢？我逢会必讲，解放思想。只要解放了思想，钱少，会变成钱多；没钱，会生出钱来。”

此话怎讲？蒲海清举了一个例子。

为加快市政建设，重庆准备在渝中区和江北区之间，建另一座嘉陵江大桥。这，大约需要10亿元投资。钱从哪里来呢？从政策来。市里规定，这座大桥，谁投资，大桥周围土地就归谁开发，就由谁来管理，就该谁受益。

政策一出台，投资者纷纷涌来。

利益是看得见摸得着的：

——建了桥，过桥费可以收到可观一笔；

——建了桥，方便了交通，地价迅速升值，转让部分土地，可得相当一笔；

——建了桥，两岸既可建工厂，又可开发第三产业，投入少，产出大，这更是很大一笔。

就这么着，市里只是给政策，只是低价划拨一部分土地，不但不投入，反而有产出，便可建起一座嘉陵江大桥。

同样办法，今年，重庆还准备在长江上再建五座跨江大桥。

也是同样办法，今后，重庆市政府打算北迁，迁过去后，原址变卖，新址升值，市里也不用花钱，反而能“找补”一笔。

“本市长腰无分文，但事情还得要办。”蒲海清笑笑说：“怎么办呢？这就要开动脑筋想办法。重庆建直辖市，很大一个好处是中央给的自主权大了，包括制定政策、土地开发、吸引外资等等，有了这些权力，再加上解放思想，就能办成很多过去想办而办不成的事。”

这些事，包括在城区招商引资，改造重庆老城。

这些事，也包括兴建高速公路，通往三峡库区。

这些事，还包括改造国有企业，使其焕发青春。

二

农村脱贫360万，是仅次于市区老工业基地改造的近几年就必须完成的大事。重庆建直辖市后，面临着三个前所未有：

——农村人口高达2400万，这在全国大城市中是前所未有的。

——新划进重庆的22个区县中，有21个是国家和省里定的贫困县，这也是前所未有的。

——重庆农村贫困人口高达366万，占全市总人口的12%，高于全国平均水平（6%）一倍，这又是前所未有的。

“这三个前所未有，使我们感到肩上的担子非常之重。”市委书记张德邻谈及脱贫话题，语调平缓而冷静：“重庆决不把360万贫困人口带入21世纪。这是我们当着中央表了态的。怎么办呢？我们准备采取四项措施。”

措施之一——加大基础设施建设。

贫困地区之所以贫困，一个重要原因是交通不便。交通不便，你即使有金山银山，也拉不出来。我们建市后，第一件事，就是要大大改善重庆的交通状况。除了长江上还要再建五座跨江大桥外，市区还要新建五条高速公路，直通三峡库区和贫困区县。此外，通讯设施也要进一步改善，一是道路通，二是信息灵，这才能为贫困地区尽快脱贫打下基础。

措施之二——增强城市辐射功能。

城市对农村的辐射功能，表现在几个方面：一是城市二、三产业的发展，对于农村劳动力的转移和安置；二是城市加工工业对农村农副产品资源的消化；三是城市大中企业的配套产品，积极向农村延伸。中心城市的辐射功能愈强，城市周围农村的脱贫步伐就愈快。

措施之三——科教兴农科教扶贫。

科技是第一生产力。这一点，在农村表现得尤为突出。我们制定了一系列措施，鼓励科技人员下乡。有的贫困地区，科技人员下乡后，只是推广了一项地膜覆盖技术，粮食产量便大大提高，农业生产就上了一个台阶。至于农村教育，既是贫困地区农村的一个薄弱环节，也是这些地区加快脱贫的最大潜力。

措施之四——城乡支援对口扶贫。

为了把360万人口的脱贫落到实处，为了加快全市扶贫脱贫的速度，市里已作出城乡支援对口扶贫的决定。全市无论是机关商店还是工厂企业，都必须落实自己的对口扶贫单位。一对一，一帮一。对口扶贫单位从领导到职工，都要采取措施，帮扶农村，尽快脱贫。

三

“中央建立重庆直辖市的首要目的，是三峡工程建设。100万三峡移民能否移得动、住得下、能致富，将是衡量重庆市工作是否得力的标志，也是衡量中央决策是否正确的标志。”

重庆市委书记和市长，以如此口气谈论100万三峡移民，可见此事在他们心头不寻常的分量。

“恐怕过不了几年，重庆市领导的头发都要变白的。”两会期间，一些人大代表谈及三峡移民时，也曾不无调侃地如此预言。

三峡移民125万，85%在重庆。好家伙，移民百万！这在中国乃至世界历史上，何曾有过？

“随着今年底长江截流，以及明后年大坝的不断升高，三峡移民数量将会逐年增加。到2009年，我们将要迁走5座县城，上百个集镇，上千家企业，上百万居民。这，当然会碰到很大的困难，但只要处理得好，这也是重庆发展的难得的机遇。”张德邻如是说。

机遇何在？在人的把握。譬如，移民资金300多亿（动态资金达700多亿），如果消极地看，这笔钱当然是远不够用的。但从积极的眼光看，这笔钱又将是多么大的需求？将需要多么大的市场？同时，除了支付必需的安置费用外，它同时也是一笔数量相当可观的投资资金。这里的关键，是要抓住发展这个要害，“在移民中发展，在发展中移民”。已经有了很好的例子。

三峡库区在前期移民中，提出各种优惠政策，吸引沿海企业和名牌企业前来投资办厂。

娃哈哈来了。

红塔山来了。

格力空调来了，万家乐电器来了。

三枪、海螺、春都、白猫都来了……

外地企业看中什么？看中两条，一是市场，二是资金。

在中西部唯一的直辖市投资办厂，辐射开来，其产品将覆盖重庆、四川、西南乃至整个中西部数亿人口——这是何等诱人的市场！

在三峡库区投资办厂，一是重庆可以在移民资金中拿出部分发展基金与外来企业合资，二是企业生产的流动资金，由当地供给——这又是多么优惠的条件！

“只要我们坚持‘在移民中发展’，三峡库区经济就会得到一次难得的发展机遇；坚持‘在发展中移民’，百万移民在三峡经济发展中就会安居乐业。这件事如果思路对头，谨慎行事，完全可以办成一举两得的大好事。再过5年、10年、15年，重庆三峡库区很有可能成为中国中西部一个非常活跃的新的经济增长区，成为中国的名牌企业库和名牌产品库。”张德邻言谈及此，眉宇间的凝重渐渐转为自豪和轻松。

重庆建直辖市，碰到的难题，当然远不止以上三项，重庆要解决这些难题，当然也远非这么简单。但是，记者在采访中，已经依稀看到了重庆市委、市政府的办法、思路和决心。而这，在建市伊始，应该是最重要的。

重庆，你准备好了吗？人们发问。

准备好了。重庆回答。

（《经济日报》记者　詹国枢　李昧朦）

重庆直辖：跨世纪的宏图 箭在弦上[1]

经济发达的沿海地区像一张张开的弓，横贯东西的万里长江犹如一支蓄势待发的箭。目前中国经济的发展态势，犹如“箭在弦上”。

长江流域聚集了我国40%的企业和财富，是国家经济的脊梁。90年代初，中央制定了长江经济带开发战略。目前，浦东开发初具规模，长江“龙头”昂首欲飞；沿江开放硕果累累，三峡工程进展顺利。地处长江“龙尾”的重庆已成为一片投资热土。1992年，国家号召全国对口支援三峡库区。千里库区抓住机遇，“开窗放入大江来”，引入到位资金16亿元，实施支援项目820个，众多名牌产品落户库区：格力空调、万家乐电器来了，春都、白猫、三枪、海螺都来了。浙江娃哈哈集团兼并重组涪陵的三个淹没搬迁企业，安置移民近3000人，去年创利税2000多万元，成为涪陵的一个支柱企业。常州柴油机厂与万县三峡柴油机厂去年合资3500万元组建常万公司，创下当年开工、当年投产、产品供不应求的“常万速度”。库区经济驶入快车道。

跨世纪的三峡工程为重庆造就了庞大的原材料、机械、建筑等市场，短短几年内，将有1000多亿移民、扶贫、技改和城镇建设资金涌入重庆，这个巨大的磁场吸引着外商云集重庆。重庆市外经贸委负责人薛文琪告诉记者：“近几年来，国际一些知名大公司纷纷落户重庆，如英国BP公司，日本五十铃、本田、铃木，美国康明斯、百事可乐。到去年底，重庆实际利用外资累计达26亿美元，兴办‘三资’企业2000多家。去年全市外资企业实现

---

①本文原载于《重庆日报》，1997年6月10日。

销售收入125亿元，利税10亿多元，已经成为重庆经济新的增长点。今年初，美国、德国、英国、日本、新加坡、中国香港的一些大公司及18家国际金融机构纷纷来重庆考察、洽谈、签约。重庆人民宾馆在今年1月份旅游淡季，因为接待纷至沓来的商务客人，收入反比去年旅游旺季高出200万元。”

“忽如一夜春风来，千树万树梨花开。”饱受资金短缺和闭塞之苦的重庆，终于盼来了经济发展的春天。当然，在迎来发展机遇的同时，也碰到了保护生态环境的大命题。

三峡成库以后，奔腾的长江在这里变成绵延千里的“高峡平湖”，自我净化能力减弱，一旦污染，则后患无穷。目前，总投资17亿元的污水处理项目正在实施，重庆已经选定繁荣经济、减少污染的发展之路，这就是：加快开放步伐，引进国内外资金、技术和众多名牌产品，把千里库区建成经济发展、人民富裕、环境优美、山清水秀的生态经济区和名牌产品产业带，与上海浦东产业群首尾呼应，让长江巨龙起舞腾飞。因长江而兴的重庆，犹如一艘巨轮，正借江造势，冲出夔门，奔向大海！

（中央人民广播电台记者　邓河春　陈代泽　吴新伟　张建平）

重庆：新的机遇新的挑战[①]

三月的重庆，春花初绽，记者走出江北机场，踏上这块引起所有中国人注目的土地，立刻感受到“雾都”那似轻烟似细雨似薄纱的雾气和些许春意。记者认识重庆是从《红岩》开始的，印象中的它，山多水多，是革命烈士江姐、许云峰牺牲的所在地。《红岩》中那段：在一个阴风惨惨的深夜，伸手不见五指，甫志高来到沙坪坝陈松林书店的段落，我仍记忆犹新。

其实，重庆的历史可以上溯至3000多年前。经过历史的变迁，今天的重庆，已成了我国西南重镇，长江上游的经济中心，中国著名的重工业基地。

自古以来，以重庆为代表的“巴山”文化与以“成都”为中心的“蜀水”文化在漫长的历史长河水乳交融，相得益彰，在中国历史上写下了美好的篇章。

设立重庆直辖市，有几点是中国政治家、经济学家们的共识，有利于三峡工程建设和库区移民统一规划、管理，有利于推动川东地区以至西南地区和长江上游地区的经济和社会发展。

就这样，历史把重庆推向了中国改革的最前沿。

“窗口”面面观

商业是一个城市的窗口，随着市场经济的深入发展，固守了几十年的重庆商业遇到了强有力的挑战，历史的车轮转到了1997年，山城的国有商业

---

①本文依据《文汇报》摘编；本文原载于《重庆日报》，1997年3月26日。

企业终于动了“大手术”：着力于“抓大放小”战略，重组国有资产。重庆区、市、县商业单位都选定了自己的“大”，或合并合作，或政策倾斜，以国有资产为纽带，以市场占有率为主攻方向，一时间热火朝天，如火如荼。以实力雄厚的重庆市交电公司、重庆化工公司、新世纪百货公司为主体的山城第一支商业联合“舰队”日前已经下水，一个年销售额20亿元以上的大型商业集团，正以崭新的态势活跃在重庆的商界；重庆百货大楼在牢牢占领解放碑市场的同时，以连锁经营的方式培育市场，取得可观的经济效益。“放下”是重庆商业改革的另一个成功之举，为适应日趋激烈的市场竞争，山城商业企业从改革中找出路，重组结构，拓展市场；万盛区以产权制度改革为突破口，多种形式并举，把商业小企业推向市场；荣昌县以改制、转让、租赁、兼并、解体、破产等方式，使商业小企业市场竞争力大增。

在山城商业迈出深化改革步伐的同时，一些外省市的商家也纷纷谋划新招，试图能够在历史转折时期，更多地占领重庆的市场份额。去年6月8日开业的上海第一百货重庆店总经理林根霄说，设立直辖市，商业机会更多，商业竞争将会更激烈，因此，上海把名特优商品拿到重庆来，势在必行，刻不容缓。

比起其他城市，重庆可引以为豪的不仅仅有大粮仓、大果篮、大猪圈，而且还是中国的钢铁、铝材加工、自动化仪表及机械生产基地之一，它生产的“奥拓”汽车、嘉陵摩托车等全国闻名。它目前已与世界120多个国家和地区建立了经贸关系。去年，在全国汽车不景气的情况下，重庆第一支柱产业汽车业，取得了巨大成就：汽车工业总产值达206亿元（包括摩托车），比上年增长了0.7%。

在重庆汽车业取得显著成就的同时，不能忘记重庆的“老乡”产品。如今你在重庆市场买商品很难断定这是国有企业“老大”生产的，还是“小弟弟”乡镇企业制造的。进入“九五”以来，重庆“老乡”工业在激烈的市场竞争中，大步向规模化发展，隆鑫、轰达、宏达等摩托车发动机生产集团的出现，使重庆的发动机生产企业从1994年的58家减少到了14家，而产量却从30多万台上升到了60多万台。据悉，重庆市目前销售收入在千万的“老乡”企业已达220家，“老乡”工业的规模经营，出现了喜人的规模效应。

按重庆旅游市场的惯例，3 月份是传统的淡季，客房出租率达到 40% 就不错了。然而，历史性机遇给山城宾馆业带来了“发财”机遇，使重庆的宾馆淡季不淡，目前最高的日客房出租率达到了 99%。被称作“无烟工业”的重庆旅游业，1996 年创下了历史新高：全年接待海外旅游者 15.18 万人，创汇 5660 万美元；接待国内旅游者 1130 万人次，收入 32.61 亿元人民币，分别比上年增长了 49.14%、24% 和 38.14%、42%。去年 10 月，重庆市委书记张德邻正式确定了旅游业在山城的地位——支柱产业。

曾几何时，重庆的脏、乱、差不仅令外地人讨厌，即使是本地人也头疼。重庆市政府觉察到这种现象可能给重庆发展带来的负面效应，于是对市容环境予以整治和管理。1996 年，重庆投入城建资金一举达到了 15 亿元，让山城人看到了决策层为改变城市面貌的决心。在投入巨额资金的同时，重庆城市建设，尤其是基础设施建设也在迈向国际化，去年年底开工的袁家岗立交，作为重庆的形象工程全面按国际标准建造。

重庆山高路不平的地理位置曾让外地人摇头，如今，重庆人竟将电梯修进了“山腹”！山城的马路虽然还像过去那样陡峭，像蚂蚁一样多的“奥拓”车，却能如入无人之境，满城地跑。1997 年，是重庆“交通建设年”：将建设 5 座长江大桥、5 条高速公路，并将加快重庆、涪陵、万县重点港口改造，开展达万铁路和万县五桥机场建设的前期工作，开工建设黄花园大桥等。

机遇与挑战并存

三峡工程为重庆带来了赚取巨大财富的机会，成了一块诱人的“天鹅肉”。然而，任何事情总是有利有弊，三峡工程移民所需资金巨大，仅重庆地下管网被淹后的重建资金就达几个亿；在三峡的百万移民中，有 30 多万是农民，这是移民工程中的难点，如何才能让这些移民迁得出，留得住，能致富？并不能毕其功于一役；带动周边贫困地区走出贫困，也非一朝一夕可以解决……

重庆的国有大中型企业论数量、论技术装备、论管理技术，在全国并不会输给谁，众多军工企业的“军转民”为重庆的工业增添了腾飞的翅膀，为重庆创造了长安“奥拓”、五十铃汽车、嘉陵摩托车、建设摩托车。重庆拥有一批著名产品，如奥尼系列产品、科尔士皮鞋、桥头牌火锅底料、冷酸灵牙膏等。然而，重庆的名牌产品面临着危机与挑战。重庆摩托车去年以来在市场上受到很大冲击，以嘉陵为首的摩托大军是重庆市工业的骄子，去年完成产值79.83亿元，虽高于汽车制造业，但由于产品开发不力，老车型唱主角，致使比前年下降7.33%。与此同时，记者在重庆解放碑等地的商业橱窗中发现，琳琅满目的商品多是外地的产品。重庆百货大楼地方产品仅占20%；新世纪百货公司地方产品仅占18%；友谊华侨公司地方产品占15%；在群鹰购物广场、上海重庆一百重庆店、富安百货、百盛购物中心等外地商业网点中，重庆产品所占的比例8%都不到。

重庆彩电溃不成军。曾经在重庆市场上畅销不衰的“金鹊”“红岩”彩电，如今已在重庆的商业橱窗中消失；1984年，重庆某企业用巨额外汇引进的一套冰箱生产线生产的“将军”冰箱，曾在重庆市场上颇为紧俏，要“开后门”“批条子”才能买到，可事到如今，“将军”已全军覆灭；重庆的“三峡”洗衣机目前虽没有倒闭，但在“海尔”“小天鹅”“威力”的夹攻下，已成散兵游勇，弱不可挡。素有“火炉”之称的山城，好不容易有了自己的空调“爱迪尔”，却还没有长大，就被“春兰”“格力”“科龙”等外地产品打得“玉殒香消”。一度在重庆很有市场的“九龙”“凤凰”牌服装，如今在“美尔雅”“雅戈尔”“杉杉”的包围之中已销声匿迹……

重庆的产品为何一个接一个地败北？据重庆市一位商业界的权威人士分析：重庆“扶优强乏力”，不少品牌闯进市场后，没有政策、资金的有效扶持；一些产品一旦有了知名度后，成了“唐僧肉”，谁想去吃，就咬上一口，“吃都把它吃垮了”。当这些产品市场走俏时，企业感觉太好，遇到商业单位选购时“把价抬得高高的”，迫使商业单位另寻出路，引进外地产品，而企业产品一旦市场失宠，既失了外地市场，也丢了本地市场。

重庆在面对内部结构大调整，进行战略选择的同时，还有个与新四川建立什么样关系的问题。不错，对于四川省来说，失去重庆意味着失去了一根经济支柱，一个生财的“宝罐”；失去重庆意味着四川省失去了中国第一人口大省、第一产粮大省的交椅，失去了旅游业支柱——三峡。此外，由于重庆的划出，四川省的民族区域成分也将大大改变，藏族居住区将占新四川的1/2；失去重庆导致新四川产业结构出现逆向演替趋向；第二、三产业比重呈下降趋势，第一产业比重上升，在工业内部，重工业比重由57.7%降为55.9%，这些势必给新四川工业带来若干消极影响。但是未必重庆通过直辖得到的都是利益，涪陵、万县、黔江三地市是四川省最穷的地区之一，外加重庆经济总体水平发展不高，人均水平落后于新四川人均水平。所以设立重庆直辖市，对新四川，尤其是成都同样也是一个新机遇：重庆被划出四川，成都将承担新四川经济的组织协调功能，而由于重庆划出所造成的新四川产业结构调整使成都能在新四川经济发展中唱“主角”，并得到全省更大的支持。重庆、新四川行政区划的变化虽然会带来各自的利益追求，但从两地经济、人缘、历史、文化等因素看，两地的经济关系基本是互相依存、协调发展。重庆只有与四川紧密结合才能更好地发挥优势；反之，四川进入长江流域开发建设的接口在重庆，四川只有与重庆密切配合，才能以完整的“龙尾”姿态加入长江流域开发建设的行列。

综上所述，重庆设立直辖市获得的不仅仅是“天鹅肉”，它还面临着突出的矛盾和困难：结构性的矛盾比全国更加突出，结构调整的任务更加艰巨。从所有制看，重庆市国有资产比重占69%，国有经济比重过大，矛盾很集中、很突出；从产业结构看，重庆一、二产业比重过大，第三产业发展滞后；从工业结构看，轻工业占31%，重工业占69%，投入产出低，资金紧张的矛盾更加突出；从产品结构看，优势拳头产品实力不强，新增长点不多。国有企业改革机制不活，包袱沉重，亏损量大面广，经营方式不适应市场经济的发展需要。经济学家预测，设立直辖市后的重庆面临着四大难题：百万移民，300多万农村人口脱贫，振兴工业经济，保持生态平衡和治理环境污染。不少经济学家认为，今天的重庆是机遇与挑战并存。一些商业界人士认为，重庆作为中西部地区的特大城市，充分发挥中心城市的功能和作用，以中心城市带动农村，促进商业的繁荣十分必要。重庆市博物馆副馆长黄晓东说，人民了解一个城市，更多地是从文化的角度来感受的，重庆是巴蜀古都，人杰地灵，有着灿烂的文化历史。因此，加强加快重庆文化设施的硬件建设迫在眉睫，刻不容缓。

这也许是设立直辖后，重庆人要反复思考的一个长久话题。

外张的重庆人

作为老工业城市的重庆，在转轨变形期间，需要人文素质的提高。以直辖为契机，重庆市应该抓住机遇提高自身素质，以适应新时期的新要求。

重庆人的最大特点是热情、敏捷、质朴、有激情、能吃苦。重庆人性格的另一面，就是好胜心强，凡事好分出胜负。日前，重庆学生与成都学生在重庆进行了一场辩论比赛，结果成都学生略胜一筹；但重庆的评委坚持重庆学生比成都强，连重庆报人拟出的标题也是“重庆学生虽败犹荣”。

四川作家高虹在重庆、成都两地生活过多年，向记者谈起两地差异，颇有见地：它们同属一个区域，曾是一个行政区域的仅有的两大城市，相隔不过几百公里，但两座城市的脾气和血性却迥然不同甚至截然相反。说气候，重庆燥热难耐，成都凉爽宜人；说地形，重庆山高路不平，成都一马平川；说性格，重庆人火爆耿直，成都人细致绵软；重庆人喝的是浓烈苦涩的沱茶，成都人却喜欢喝芬芳的花茶。

你会发现山城的姑娘特别挺拔、洋气，胖姑娘很少见，据说这是重庆姑娘成天爬坡上坎练就的。

时事政治是重庆人日常生活中的味精。重庆老人在忆及往事时，往往是这样开头的：“那是军阀杀学生那年”或者“水巷子里头那家，老辈了出过汉奸，日本飞机来了，拿个镜子打光给飞机指路”。

重庆人的金融意识并不比上海人、深圳人差，在重庆有价证券公司江北营业部，早上 8 点左右，门口已是人头攒动。随着重庆成为直辖市的“利好”消息的传播，“重庆板块”备受山城股民关注，给重庆的股民带来了更多的想象空间和吸引力，深谙“炒朦胧”的重庆股民纷纷看好雾中的月色。据悉，去年是重庆的“炒股年”，在册登记的股民成倍增加，出现了前所未有的炒股热浪。

重庆颇有名气的作家莫怀戚对于重庆人与上海人有过一番高论：上海人具有经济眼光，精明，盘算本领很强；上海人的敬业、遵守劳动纪律的秉性全国第一；上海人对世界经济的了解、向世界先进模式学习的倾向也是全中国第一的。他认为重庆人的缺点是缺乏上海人的细致，有时因讲义气而忽视实际的利害，没有具备如何发挥自己优势、学习别人长处的心态。重庆人要克服弱点，就应该像北京人那样有政治素养、学天津人那种善于建设好家园的实干精神、学上海人的精明和科学态度。

重庆应在长江上游发挥“龙头”作用

——访国家经贸委主任王忠禹①

“重庆是长江上游最大的经济中心城市。党中央、国务院决定设立重庆直辖市，是加快中西部发展的战略性决策，为重庆的改革和发展，带来了很好的机遇。现在是如何抓住这个机遇，来加快重庆改革发展的步伐，进一步发挥重庆的区位优势和‘龙头’作用。”王忠禹主任在接受记者采访时，首先把“很好的机遇”与“很好的‘龙头’作用”联系起来，提出如何加快重庆改革发展的问题。

王主任紧接着说：“重庆如何加快改革发展步伐？我认为，很重要的是应该有一个总体规划。不仅要看到现在，而且要看到将来。要把现在与将来，当前与长远结合起来，搞好规划。然后，按照这个规划，一步一步抓下去，坚持数年，一定会取得好的成果。”

王忠禹主任指出，重庆市要搞好发展战略规划，内容是很多的。从工业经济角度讲，首先要抓好国有企业。重庆是一个老工业基地，国有企业比较多，特别是一些重点国有企业占的比例比较大，能不能把国有企业搞好，关系着重庆经济的发展。所以，当务之急，是千方百计把国有企业搞好。搞好国有企业的重点是抓好改革。因为，国有企业当前困难比较多，解决问题的根本出路在于改革。今年，特别要在减亏增效、兼并破产、实施再就业工程上加大力度。就重庆来说，实施再就业工程，是必须首先解决好的问题。只有把再就业工程搞好了，才能实施兼并破产。重庆国有大中型企业比较集

---

①本文原载于《重庆日报》，1997年7月30日。

中，要多兼并，少破产。重庆搞企业兼并是有条件的。重庆不仅要在本地搞企业兼并，还应该走出去，跨地区、跨行业实施兼并，通过兼并来扩大重庆国有企业的实力，组建重庆大型国有企业集团，提高和增强重庆国有企业的竞争能力。总之，搞好国有企业应该是重庆长远发展战略和总体规划的一个重要组成部分。

王主任谈到了重庆重工业比重大，军工企业多，要在结构调整上加大力度，特别要大力发展第三产业。他认为，重庆市的结构调整如果搞得好，就会有力地推动重庆市的发展。

王主任特别强调，重庆是老工业基地，大部分企业设备比较陈旧，采用新技术不多。如何提高新产品开发能力，提高产品竞争能力？只有依靠技术进步。这就要不断地对企业进行技术改造。对重庆来说，抓好现有企业技术改造是重要的一环，要依靠技术创新、技术进步，来降低消耗，提高质量，提高效益。

王主任谈到这里稍作停顿后，微笑着对记者说："抓好这三方面的工作，重庆的国有企业会有新面貌的。"他接着表示："这三方面工作都是与国家经贸委有直接联系的。国家经贸委负责企业工作，也负责技术改造和结构调整。重庆市是我们重点联系的地区，确定试点城市首先就是重庆市，现在仍然是国家重要试点城市，一些改革重点企业也在重庆。今后，我们要进一步加强与重庆市的联系，做好服务工作，为加快重庆改革和发展共同努力。"

采访结束时，王忠禹主任表示相信重庆广大职工群众在市委、市政府的领导下，一定会群策群力，克服困难，加快重庆改革和发展的步伐，在推动中西部发展中发挥更大的作用。

（重庆新闻单位驻京记者站　肖喻雷　杨　勇）

重庆发展要抓住历史机遇

——访国家计委副主任郭树言[1]

“重庆是我国西部最大的工业城市，也是老工业基地，长期以来，对国家贡献很大。改革开放后，老工业基地虽然面临一些困难，但重庆发展仍取得了明显的进展。设立重庆直辖市，有利于充分发挥重庆市作为特大经济中心城市的作用，有利于进一步推动长江上游和西南地区经济和社会发展，有利于三峡工程建设和库区移民的统一规划、安排和管理。”曾经担任过湖北省长的郭树言副主任，现在还兼任国务院三峡工程建设委员会副主任，负责三峡工程日常工作。他熟悉了解过去的重庆，更关心支持设立直辖市后重庆的发展。

郭树言主任在接受记者采访时强调，重庆人民要抓住重庆发展的历史机遇。首先，要抓住设立重庆直辖市的机遇。党中央、国务院作出设立重庆直辖市的决定，是经过认真研究、反复论证的，是为了加快中西部地区经济和社会发展采取的一项重要举措。去年底，吴邦国副总理受李鹏总理的委托，率领国务院19个部委的领导同志到重庆办公。今年6月，李鹏总理又亲自率领国务院部分部委领导同志来渝考察，参加重庆直辖市挂牌揭幕大会，并作了重要讲话，这充分说明党中央、国务院对重庆设立直辖市后的发展高度重视。他说，再就要抓住中央加快实施中西部发展战略的机遇。重庆是地处中西部接合部的特大经济中心城市，具有特殊的重要地位。国家将逐步把国际上优惠的金融贷款往中西部转移，这对重庆来讲是很大的机遇。

---

①本文原载于《重庆日报》，1997年8月5日。

郭主任说，重庆发展要牢牢抓住三峡工程建设和库区开发的机遇，用好有关政策。现在，我们所有老工业基地的改造，都面临资金问题，重庆也一样。但是，重庆现在有一个有利因素，就是三峡库区工矿企业搬迁国家要给予资金补偿。国家给的这笔钱可以作资本金，再结合国家技改贷款及引进的外资，使库区的工矿企业通过技术改造，调整产品结构，甚至把企业的组织结构也予以调整。他接着说，国务院1992年就号召全国各省、市对口支援三峡库区，这项工作一年比一年实在，一年比一年规模大，效果好，一些具有名牌产品的企业开始进入库区。通过三峡库区的搬迁，会形成一批很有竞争力的企业。这批在库区形成的产业，将来很可能成为地方的重要财源。重庆这项工作抓得好与不好，关系很大，也就是说，投资环境好与不好，当地政府服务好与不好，观念变得快与不快，关系很大。

郭主任谈到这里，稍作停顿后，把话题转到“重庆还要抓住对外开放的机遇”上。他说，现在三资企业在全国都已实行国民待遇的条件下，三峡库区作为经济上的对外开放区，国家将给予特殊的优惠政策，对外商有更强的吸引力。这是很好的机遇，要把政策运用好，吸引更多的外资来发展重庆。

郭主任在指出重庆面临机遇和希望，优势和潜力很大的同时，也强调重庆作为老工业基地，当前困难企业较多，技术改造任务很重，必须科学地理清发展思路，坚持量力而行，尽力而为，把有限的资金用于扶持支柱行业和有优势的企业，扶持一批名优产品，培育新的经济增长点。他还谈到重庆人民应高度重视环境保护，为保证三峡水库一盆清水作贡献。重庆市委、市政府更应关注环保项目和污水处理项目，争取利用国际金融组织的贷款。

采访中，郭主任特别强调三峡库区移民工作的重要性。他希望重庆直辖市和库区各级政府要把移民工作作为重要工作抓紧抓好，坚持开发性移民的方针，坚持切块包干的原则，农村移民坚持就地后靠，大农业安置为主的方向，大力发展“两高一优”农业，以保证移民群众移得出，稳得住，富得起来。他指出，移民工作完成的好坏，可以说是中央对新重庆市的重要考验。他表示相信，重庆人民一定会以大局为重，为中央分忧，为顺利建设三峡工程作出贡献。

（重庆新闻单位驻京记者站　肖喻雷）

重庆要在体制创新上努力

——访国家计委副秘书长白和金[①]

白和金，1961年毕业于西南师范大学，先后在四川省计委、重庆市计委工作。1990年调国家计委工作，先后任国民经济综合司副司长、司长，现任国家计委副秘书长。

作为国家宏观经济管理部门的官员，白和金的视野相当广阔、思路非常清晰。在他简朴的办公室里，一见面他便提出：成为直辖市后的重庆，应该在体制的创新上多作努力，而不应在要放权让利的政策上花太多的功夫。

没等我们提问，白和金便很有条理地分析起重庆面临的问题，并提出重庆发展思路的建议。

他认为，面积的扩大，人口的增多，使新的重庆市呈现出“东北现象（国有企业困难较多）和西部现象（农村贫困人口较多）重叠”的困难，重庆经济中比较薄弱的是“老乡（乡镇企业）、老外（三资企业）”这两方面。而重庆所面临的大形势至少可以归纳为两个基本点。一是改革开放已超越减免税收、多给投资项目的放权让利阶段，进入建立社会主义市场经济体制的阶段；二是改革成果的积累，已使国家计划中的指令性计划在国民经济中所占的比重很小，投资、信贷等集中度大大下降。因此，向中央要放权让利的政策已经没有多少实际意义。

相反，“重庆要政策的着眼点应该放在有利于机制、体制创新上面”。说到这里，白和金话锋一转，分析起重庆体制创新的有利条件来。

---

①本文原载于《重庆日报》，1997年3月31日。

重庆曾经是一个开放度比较高的城市，是最早开埠的内陆城市之一，历史上与上海联系多，也是长江上游的经济中心，这样的历史积淀铸就了重庆人能吃苦、敢开拓的精神。有这样的基础，再加上党中央、国务院赋予重庆直辖市的地位，那么，重庆对国有企业的改革和贫困人口脱贫致富的改革，在体制创新和地域上就有了更大的空间与自由度。重庆独有的承东启西的地理位置，还可能使在重庆进行的改革试点具有更广泛的区域适应性。

我们请白副秘书长把他的看法具体化一些，他就举了一些例子。比如尝试建立打破条块分割、覆盖全社会的社会保障制度。又比如，规范全国估计占 GDP 20%左右的预算外收入，完善地方税种。还有成立类似城市基础设施建设（如公路、桥梁）管理控股公司，通过股票上市来筹集资金，加快城市基础设施建设。一句话，作为直辖市，要政策应该是要创造新体制的政策。

这时，有人来请白副秘书长开会。于是，他把自己的思路归纳起来："党中央、国务院和全国人民希望重庆成为中心城市，从根本上讲希望它首先成为市场中心。目前，重庆面临的困难如此之多，首先应转变观念，只有观念到位，才可能在体制上有所突破，而体制上的创新突破才可能解决大城市带动大农村，解决百万移民和振兴国有企业，从而形成新的经济格局，为加快中西部地区的改革开放，作出符合重庆地位的贡献。"

（《重庆日报》记者　杨　勇　任美荣）

充分发挥重庆的西南交通枢纽作用

——访国家交通部部长黄镇东[①]

曾随吴邦国副总理于去年12月来渝考察的黄镇东部长，今年6月随同李鹏总理再次来渝，参加了重庆直辖市挂牌揭幕大会。黄部长这两次来渝，对重庆的公路、水运交通状况和发展，作了比较深入的调查研究。他在接受记者采访时指出："重庆直辖市的第一年就是'交通建设年'，这是重庆市委、市政府抓住机遇，从基础设施入手，改善投资环境，增强发展后劲的一个重大举措，对重庆今后的发展将会起到很重要、很长远的作用。"

黄镇东部长强调，重庆历来都是西南地区交通枢纽，设立直辖市后，重庆的交通枢纽作用显得更加突出。所以，把重庆的交通运输安排好，促进重庆直辖市区域范围内的经济发展，提高重庆人民的生活水平，带动西南地区，特别是长江上游地区的经济发展，意义重大。交通部作为全国公路、水运的主管部门，将会全力以赴地支持重庆发展公路、水运事业。

当记者请黄部长就重庆交通发展思路谈谈指导性意见时，他说，从重庆交通发展思路和指导思想来看，设立直辖市后，应处理好四个方面的问题。首先，要处理好重庆区域交通发展与全国综合运输网及西南地区综合运输网发展的关系，不仅要解决好重庆本身的规划建设指导思想，而且要解决好把直辖市放在整个西南地区交通运输发展框架内来考虑的指导思想。第二点，要利用好三峡工程建设的有利时机，充分开发重庆直辖市得天独厚的水利资源。重庆直辖市有600多公里长江航道，三峡成库以后，航道条件将得到很

①本文原载于《重庆日报》，1997年8月18日。

大改善，利用水运优势来发展好交通运输，也应是一个重要思路来加以明确。国家投巨资建设的三峡工程，不仅仅具有防汛、发电功能，而且是一项具有综合功能的宏伟工程，也有利于航运事业的发展。三峡成库后，长江重庆段就会改变险滩多、操作难、航运能力较小的状况，对重庆交通发展意义重大。第三点，要注意量力而行、量入为出。基础设施建设的特点是投资规模大，建设周期长，要认真贯彻中央量力而行、适度超前的原则。也就是说，要根据重庆和西南地区本身的经济发展水平，按照我们国家颁布的技术规范，来合理地确定技术标准。在基本建设过程中，尽量处理好综合运输方式中各种运输方式之间的关系，防止重复建设——即使在一种运输方式中也要防止重复建设，用较少的投入取得较大的产出。第四点，要认真贯彻党中央、国务院提出的两个根本性转变，特别是有关经济增长方式转变的指导思想，在交通规划建设中实行规模经济，集约经营，调整好交通运输结构，包括各种运输方式之间的关系和运输工具结构，尽可能运用先进技术。黄部长谈到这里稍作停顿后，微笑着对记者说："这四个方面处理好了，我相信重庆直辖市的交通运输就将健康地稳定地向前推进，与重庆经济发展同步，或者适当超前发展。"

黄部长拿出一张"重庆市公路主干线规划图"，摊开在他的大办公桌上对记者说，我国960万平方公里国土面积规划了五条纵向、七条横向的公路主干线，即"五纵七横"。重庆在"五纵七横"中有两条主干线贯通。一条是上海至成都线，重庆境内450公里左右；一条是成都至重庆、贵阳、南宁一直到北部湾的西南出海通道，重庆境内有100多公里。黄部长在规划图上边比划边说，从重庆直辖市境内由东向西看，公路主干线是一个"大"字形，横线是210国道，一撇线由湖北省进入重庆市万县、梁平、长寿到中心市区接成渝高速公路，另一撇线是由重庆市区到长寿、涪陵接黔江地区，还可以接通湖南、贵州。在"五纵七横"中差就差在黔江这条路，而这条路在重庆设立直辖市后，显得很重要，对重庆少数民族地区脱贫致富是一条很重要的主干线，也是实现重庆大城市带动大农村战略的交通运输重要通道。为改造好这条公路，黔江人民作出了巨大贡献，国家和重庆市也尽力支持。

黄部长谈到这里用很严肃庄重的目光看着记者说："八届全国人大五次

会议通过设立重庆直辖市后，交通部对原重庆市及万县、涪陵、黔江的‘九五’规划作了调整，调整的总概念是加大对重庆直辖市投资的强度，把有些本来安排在‘十五’规划的项目安排到了‘九五’规划中，加快重庆市的公路、水运建设。”

黄部长的话锋转到了“水运发展”上，他说，我们的指导思想是要充分利用长江的自然资源。长江流经重庆直辖市境内688公里，水运资源很丰富，三峡旅游线是一条重要的线路，发挥长江作用要充分考虑到三峡工程建设。三峡工程建成后，长江重庆段水运条件会大大改善。但到2009年蓄水完成前有个时间差，这个过程中我们如何发展水运？要有一个科学的规划。重庆中心城区是重庆直辖市的核心部分，如果港口保持原样，肯定不能满足重庆发展的需要。我们在“九五”期间安排了一些项目，如九龙坡港区二期工程等。万县、涪陵的港口充分利用现有条件能改善的适当改善，不搞新建，库区的工作重点应放在规划上，要同当地的经济发展和新城区的发展规划衔接好。三峡工程成库以后，水位差很大，在高水位差地区建码头还是个复杂的技术问题。因此，这段时间一个是要搞好规划，一个是要解决好港口装卸工艺上怎样适应高水位差情况下的港口布局。就是现有的港口基础设施充分利用，适当改善，满足需要，关键是抓好规划和技术上的研究。

黄部长最后特别指出，三峡工程今年就要大江截流，实行明渠通航，达到一定的流量时，小船就可能过不去。我们在三峡工程建设总公司的积极支持下，作了大量的模型试验，将采取一些相应措施。这也给重庆直辖市带来一个新问题，充分利用这个机会来对船舶结构进行调整，进行技术改造，淘汰一部分技术落后、经济效益差的小船，增加一批装备优良的大船，这对今后三峡成库后重庆经济发展也是有好处的。资金问题，国家、重庆市要支持，主要还要靠企业通过深化改革来调整船舶结构，改善航运条件。

（重庆新闻单位驻京记者站 肖喻雷 杨 勇）

积极支持新重庆搞好交通网络建设

——访国家铁道部部长韩杼滨[①]

在北京西城木樨地的铁道部大楼里，韩杼滨部长听说重庆记者来访，高兴地说："铁路部门坚决拥护设立重庆直辖市，积极支持新重庆搞好交通网络建设，充分利用铁路运输能力加大物资流通量，尽量满足人民旅行和乘车需要。"

当记者问到铁路运输与加快发展的重庆经济是否适应时，韩部长指出，当前，铁路运输还远远不能满足重庆经济发展的需要。他说，为了打通重庆市和四川省的铁路"限制口"，扭转运输紧张被动局面，铁道部从"六五"就开始着手制定加强该地区铁路建设的规划，并投入大量资金付诸实施。已安排建成，在建和将要进行的铁路建设工程有：襄渝线襄樊至达县段扩能、达县至重庆段电化；川黔线电化；西安至安康线建设；阳安线扩能；成达线、达万线及株洲至六盘水复线铁路建设。此外，还将建设连通南昆线的内昆线和水柏线，分流成昆线、川黔线车流，使西南地区增加一个新的出海口。

韩杼滨部长在回答记者提出的"铁路在现有条件下，如何改善重庆的运输环境，提高运输能力"的问题时说，铁路克服重重困难，精心安排，精心组织，努力提高铁路运输能力，尽力改善重庆的运输环境，适应重庆经济发展。在客运方面，为便利重庆市与东南沿海地区的旅客交流，在1997年新运行图中增加开行了重庆至福州间的特快旅客列车，每日一对。同时，将重

---

①本文原载于《重庆日报》，1997年8月19日。

庆到贵阳的旅客列车延长到了昆明。考虑到重庆地区季节性客流需要，在历年的春节运行图中，都要增开重庆至广州的直通快车，客流高峰期还随时增开不定期的临时快车；重庆到华东地区的临客也作了相应安排。在货运方面，目前进出西南地区的铁路运输仍然非常紧张，全国各地装到西南地区的物资运输满足程度只有30%左右。为使有限的运力发挥更大的作用，我部运输部门与重庆市经委商定，对关系重庆市经济发展和人民生活的重点物资，由重庆市经委提出具体要求，铁道部下达各有关铁路局予以重点安排。这一办法实行几个月来，取得了良好效果。

当记者告别时，韩部长再次强调，重庆直辖市成立后，机遇很好，任务也重，必将对铁路运输提出新的要求。铁路部门将积极支持重庆的发展，努力改善重庆铁路运输条件。他要求重庆地区的铁路职工振奋精神，克服困难，与重庆人民一道为建设新重庆作出新贡献。

（重庆新闻单位驻京记者站　肖喻雷）

加大城市基础设施建设力度

——访国家建设部部长侯捷[①]

繁忙的侯捷部长是在当天上午已有法国一家报纸总编和中央电视台专题采访两个重要活动之前，挤出时间接受我们采访的。所以，当公务员们跨入建设部大楼上班时，记者已在部长办公室对侯部长进行采访了。

“重庆这座城市有山有水，自然风光非常美。重庆市重工业比较发达，经济基础较好。设立重庆直辖市后，农村幅员广阔，通过大城市带动大农村发展，将会探索出一条西部发展的新路子来。”侯部长对重庆充满感情和希望的话语，一下子活跃了采访气氛。他紧接着说，设立重庆直辖市是要发挥西部最大的经济中心城市对长江上游和西南地区的发展带动作用，意义重大，任务繁重，工作量是很大的。

侯捷部长把几个直辖市联系起来进行横向比较。他说，现在北京、天津、上海、重庆四个直辖市，京、津、沪是原来的直辖市。直辖市的位置上，经济上各方面政策都比较宽，各方面支持比较大，发展速度比较快。重庆市过去是计划单列市，但仍是省辖市，尽管经济基础较好，但按直辖市来要求，差距还很大，还有很多工作需要做。如城市基础设施建设，就需要大大加强和改善，才能适应直辖市的要求。他指出，重庆直辖市的建设和发展，主要靠重庆市自身的努力，但也不仅仅是重庆人民的事情，国家机关和全国人民都应该支持重庆的建设和发展。

侯部长强调，重庆直辖市成立后，整体规划很重要。我们建设部有责任

---

①本文原载于《重庆日报》，1997年9月1日。

协助配合重庆市搞好修编，按照直辖市和大城市带动大农村来规划建设。建设项目要加强和改善城市适应性，如供水、供气、供热和道路、绿化等等，都要加大力度，才能符合直辖市的要求。他接着说，建设部在技术力量上是有实力的。在资金投入方面，建设部的力量是很弱的。但尽管很弱，我们建设部仍将采取倾斜的办法，我们能支持的尽量支持重庆发展。特别是在开发方面，今后有些项目能列入国际支援的，如国际开发基金、投贷等，能帮助重庆的，我们多说说话，多为重庆办实事，使重庆发展适应直辖市的要求。

侯捷部长在采访结束时热情地说：“借重庆记者采访的机会，请转达建设部对重庆市委、市政府和重庆人民群众的致意。”

（重庆新闻单位驻京记者站　肖喻雷　杨　勇）

加快重庆通信建设 适应直辖市发展需要

——访国家邮电部部长吴基传[①]

“重庆，作为长江上游和西南地区最大的经济中心城市，也是西南地区主要邮政、电信枢纽之一。成为直辖市后，应抓住机遇，加快通信的发展，适应建设长江上游和西南地区商贸、金融、文化、教育、科技事业中心和交通枢纽及高新技术产业基地的需要。”国家邮电部长吴基传开门见山，指出加快重庆邮电通讯产业发展的重大意义。

吴基传部长对记者说，邮电通信是社会的基础设施，实现“两个根本性转变”，推进国家信息化都离不开四通八达的通信网络。改革开放以来，重庆的邮电通信事业与全国一样，发展很快，通信能力、技术层次和服务水平都有了明显提高。重庆不仅邮政电信基础较好，还有生产电信传输设备的企业和邮电院校，科技力量比较雄厚，发展邮电事业有一定的优势。重庆直辖市成立后，地域广，人口多，任务重，邮政、电信各方面工作都需要加强，以适应新重庆的发展。目前，新组建的重庆市邮政管理局和重庆市电信管理局已经开始工作，邮电通信的运营和组织管理工作正在逐步理顺和加强。

吴基传部长指出，重庆在整个西南地区的通信网络中具有重要地位。西南地区很多电路，尤其是联结云南、贵州以及华东、中南的电路出口都在重庆。重庆要利用这一优势，加速网络的调整和充实。重庆到成都、贵阳、汉口的干线光缆已经开通，加上“九五”期间规划有一条从西安经四川达川到重庆的光缆，这样就使重庆成为一个“十”字形通信网络的中心。这个中心

---

①本文原载于《重庆日报》，1997 年 9 月 27 日。

向三峡库区涪陵、黔江、万县的二级光缆原来就有，只要业务组织适当调整，就能更好地改善这些地区的通信条件。

采访中，吴部长强调要加大重庆本地电话网的规模。他说，本地电话网规模是所有通信业务的基础，本地网上不去，将来的数据业务、图像业务、多媒体通信业务都上不去。目前，重庆的电话普及率低于全国平均水平，应尽快提高电话普及率，尤其是抓好农村电话的普及。通信不适度超前发展，就会影响重庆市整体发展的速度。

吴部长还告诉记者，重庆是西南的邮件交换中心，邮件的吞吐量比较大。目前的场地和处理能力都不够。邮电部已将建设重庆的第二个邮政枢纽楼列入“九五”计划。他希望重庆把现有通信设施利用好，利用电信传输网络发展话音、数据、图像、多媒体通信等综合业务，做到统一规划，综合运用，避免重复建设。特别要保证国家通信网的完整性、统一性和先进性，以增强重庆通信的整体效能，更好地为重庆的经济和社会发展服务。

采访结束时，吴部长表示邮电部将与重庆市进一步加强联系，继续积极支持重庆邮电通信的发展。他还要求重庆市的全体邮电职工，要在重庆市委、市政府的领导下，与重庆人民一起，团结拼搏，艰苦奋斗，为重庆的振兴，为长江上游和西南地区的经济腾飞作出新的贡献。

（重庆新闻单位驻京记者　肖喻雷）

开发劳动力资源　提高劳动者素质

——访国家劳动部部长李伯勇[①]

曾经担任四川省委常务副书记的李伯勇同志，尽管回北京任国家劳动部长多年，仍很关心重庆的发展。听说重庆记者来访，他很高兴地说，第八届全国人大第五次会议审议通过重庆设立直辖市时，他作为全国人大代表，是按了表决赞成键的，因为重庆在开发长江上游和振兴西部经济中具有重要的战略地位。

李部长指出，从“区位优势”看，重庆既处于中西部地区的接合部，又处于长江经济带与西南经济区的接合部，激活重庆经济，就会在东部经济发达地区与西部资源富集地区之间起到承东启西、左右传递的特殊作用。从经济基础看，重庆是我国西部最大的工商业城市和物资集散中心之一，是重要的机械、冶金、化工工业基地，水陆交通枢纽。尽管这些年作为老工业基地，因技术改造难度大，历史包袱重等因素，造成技术进步迟缓，结构性矛盾突出，一定程度上影响了重庆发展的速度，但重庆的经济基础仍然是较好的。从科教人才看，重庆高等院校、科研机构较多，科技力量比较雄厚，特别是有一支素质较高的产业工人队伍。所以，设立重庆直辖市，不仅将为这个老工商业城市的发展带来强大的推动力，使其带动三峡库区的发展，还将带动整个长江上游和西南地区的发展。时代给了重庆历史性机遇，重庆要善于利用机遇，以经济和社会的更快发展来回报党中央、国务院的关怀和全国人民的支持。

之后，李部长把话题转到了劳动工作上。他说，重庆劳动力资源丰富，

---

①本文原载于《重庆日报》，1997年10月21日。

发展劳动密集型企业成本低，是吸引外资的一大优势。同时，作为国有大中型企业比较集中的老工业基地，在调整产业结构，实施企业兼并破产过程中，企业职工解困和再就业工作任务非常艰巨。三峡工程重庆库区百万移民中，一部分劳动力要转移到二、三产业中来。因库区经济文化落后，劳动力素质偏低，使拓展二、三产业，开辟新的就业门路受到一定限制。这就要求重庆设立直辖市后，抓住机遇，把开发劳动力资源与提高劳动者素质结合起来，使劳动力资源优势尽快转化为经济发展的强大推动力。

李部长强调，当前，要积极贯彻党中央、国务院关于企业解困和再就业工作的各项政策措施，进一步建立健全解困和再就业工作的各项制度，确保困难职工生活水平不低于当地最低生活标准，使有劳动能力的下岗职工实现再就业，这是深化国有企业改革，促进经济结构调整的重要措施。他说，我国经济发展很快，创造的就业岗位很多，关键是要转变观念。开发就业岗位一定要和经济结构调整结合起来，向所有制结构调整和产业结构调整要岗位，要积极做好宣传教育工作，引导下岗职工转变观念，增强竞争就业的意识，鼓励下岗职工自谋职业。要注意发挥职工队伍中那些有一定管理与技术水平的人的带头作用，把下岗职工组织起来就业。要加大职业技能开发工作的力度，对需要转换职业的下岗和失业职工开展有针对性的培训。要加快劳动力市场建设，强化就业服务。在谈到重庆市以大城市带动大农村的发展战略时，李部长指出，在引导乡镇企业和农村剩余劳动力向小城镇集聚，加速城镇化进程的同时，要花力气建立和完善社会保障体系。

李部长对记者说，重庆作为老工业基地，一直很重视安全生产，并且取得了一定成绩，但也存在一些薄弱环节，需要进一步加强与完善，对安全生产工作一定要做到常抓不懈。

最后，李部长还希望重庆直辖市成立后，劳动工作能够更上一个新台阶，适应新的要求。他表示，劳动部将加强与重庆市委、市政府的联系，协助配合重庆进一步搞好劳动工作，共同为重庆深化企业改革，保持社会稳定作出努力。李部长要记者转达他对重庆人民的问候，并向重庆从事劳动工作的同志，特别是工作在基层劳动战线的同志致意。

（重庆新闻单位驻京记者站　肖喻雷）

重庆旅游业应有跨世纪蓝图

——访国家旅游局局长何光暐①

旅游业是我国改革开放以来发展最快、最具活力的产业之一。我市在发展大思路中，确定把旅游业作为经济发展的支柱产业来培育。记者就重庆直辖市设立后旅游业的发展，采访了国家旅游局局长何光暐。

设立重庆直辖市是党中央、国务院加快大西南经济发展，逐步提高人民生活水平，平衡中西部地区发展水平的重大战略举措。重庆市的经济发展，包括旅游业的发展正面临一个历史的机遇，一个崭新的开篇。何光暐局长说："重庆市委、市政府在发展大思路中，把旅游业确定为经济发展的支柱产业来培育，从重庆市的实际情况出发，把发展旅游业与扶贫开发相结合、与三峡库区移民相结合、与解决下岗职工再就业相结合、与调整产业结构相结合，这就抓住了旅游业的特点和优势。只要措施得力，通过发展旅游业带动经济其他方面发展的目标一定能够实现。"

何光暐局长不仅对重庆旅游业的发展很关心，而且非常熟悉了解重庆旅游业状况。他指出，重庆旅游业有着相当丰厚的资源优势，既有长江三峡、大足石刻这些举世闻名的资源，还有其他大小景点1300处。近几年来，旅游设施建设和旅游产品开发也有了相当坚实的基础，重庆一个市就有星级饭店20家，各类游船110只，已开发景点300多处。重庆直辖市设立后，市委、市政府发展战略的确立，使我们有理由相信，经过重庆旅游行业和社会各方面的共同努力，一定会克服旅游发展中存在的问题，取得更大的成绩。

---

①本文原载于《重庆日报》，1997年11月17日。

何光暐局长强调，目前，重庆市旅游业的发展首先要有一个大的规划，有一个具有前瞻性的跨世纪的蓝图。他对记者说：“重庆市的旅游资源丰富，决不可一哄而上，粗开发。一定要找准市场，定好位，与交通住宿等配套考虑。同时，许多专家、学者都指出，三峡库区的文物要抓紧抢救。沿岸的景区在蓄水过程中会有变迁，新景点的开发建设起点要高，不能急功近利。”

何光暐局长希望市委、市政府在税收、投资、财政等方面给予旅游业更多的有力支持。重庆旅游管理部门要发挥好行业主管部门的作用，加快完善旅游市场体系，加大法制建设力度，深化改革与加强管理并重，为旅游业发展营造良好的运行环境。

何光暐局长表示，国家旅游局将一如既往地支持重庆旅游业的发展。

（重庆新闻单位驻京记者　肖喻雷）

科技是把金钥匙

——中国科协主席周光召访谈录[①]

中国科协主席周光召匆匆从美国飞抵北京，稍事休息，5 日晚又转乘飞机来到本市，参加重庆市科学技术协会第一次代表大会。昨天，他接受了我市新闻单位记者的采访。

早在 10 月 8 日，市委书记张德邻就向周光召发出邀请信，希望他届时在“百忙之中拨冗光临大会，并向我市部分干部、科技工作者作一场报告”。周光召欣然应允。

周光召，被国人称为“下凡的星宿”。今年 68 岁的他，看上去比实际年龄要年轻得多。现在，他还身兼美国科学院、俄罗斯科学院等 11 个国家和地区的科学院院士。

周光召走到哪里，都带着“百宝箱”笔记本电脑，其储存量达 40 兆。

周光召打开笔记本电脑，荧光屏上出现了一只奇特的苍蝇，它的头上竟然长出了两条腿！他指着这张照片微笑说：“这是因为科学家把它的基因链条切断，重新进行了排列。”

屏幕上接着又出现两堆西红柿的照片，一堆看上去诱人、新鲜，另一堆已开始腐烂。周光召介绍说：“那堆新鲜的西红柿，在常温下已经存放了好几个星期，因为那是采用了高新技术培育的新品种。而那堆坏了的西红柿系一般品种，仅存放了几天。”

纵观历史，科学技术带动着生产力不断发展，科技犹如一把金钥匙，开

①本文原载于《重庆日报》，1997 年 12 月 7 日。

启着一道道未知王国的大门，让人类进入神秘的自然王国去探秘。

周光召说：“21 世纪的科技发展前景十分诱人。未来的生物技术，可以采用基因疗法治疗肿瘤、心血管疾病、老年痴呆等常见病；用高产、优质、抗病和抗逆的转基因，生产粮食、油料；模仿人体功能的各种智能芯片，可植入人体以提高记忆和恢复视力、听力等。下世纪中叶，太阳能和各种可再生能源将成为主要能源，而这一切的实现，都要依靠科学技术。”

周光召话锋一转，说起重庆话题。他说，“重庆市很重视科技，张德邻、蒲海清两位同志很重视科技，对重庆今后的发展，邀请了不少专家来咨询、论证。重庆是国家为发展西部经济而设立的直辖市，是西部地区经济、文化和科技中心，有几十万名科技人员组成的大军。如何调动科技人员的积极性，组织他们投身到‘科教兴渝’中来，需要很好研究”。他对重庆的未来，对中国西部的未来，充满了信心。

周光召最后表示：“中国科技工作者有优良的传统，有献身科学的精神，他们是掌握科技‘金钥匙’的主人。”

（《重庆日报》记者　卫新华　宋小渝）

写好重庆改革开放新篇章

——访经济学家杨启先教授[①]

杨启先教授，经济学家。历任河北大学经济系主任、国务院体改办规划组组长、国家体改委规划局局长、国务院经济体制改革方案研究办公室副主任、国家体改委专职委员等职务。现为中国经济体制改革研究会副会长、中国市场经济研究会副会长。

杨教授虽然少小离家，但多年来一直关注着家乡重庆的改革发展。一见面，他便历数重庆十多年来改革开放的大事，接着又提出“怎样使重庆发展得更快一些”的问题。他认为基本的途径有两条。一是尽可能多地引进境外、市外的资金，二是重庆全市人民解放思想、深化改革，最大限度地作出自身的努力。

杨教授说的这两条实际上就是开放和改革。

重庆地域范围虽然扩大，但几个地区都比较贫困，建设和发展所需资金自我解决能力较弱。但是，沿长江分布的重庆各区县自然资源比较丰富、劳动力成本较低，另外，经过国家“大三线”战略布局和十多年改革发展的积累，基础设施和管理水平都达到相当高的程度，因而，有吸引外来资金弥补自身不足的有利条件。问题就在于重庆要扩大开放的度，树立服务的意识，借长江黄金水道之利，把自己建成西南地区的经济中心、市场中心。

“不过，更为重要的是深化改革，一举改变目前的被动局面”，杨教授以黑龙江省针对自己林业、煤炭工业萎缩而提出的“开辟第二战场”的举措为

---

①本文原载于《重庆日报》，1997年4月15日。

例，为重庆出谋划策。

他说，重庆首先是观念要转变到市场经济上来。以建直辖市为契机，向国家争取办第三家证券市场。如果成功，资本市场的建设将会给重庆带来积聚巨额资金，促进企业股份制改造进程等好处。同时，抓紧劳动力市场和商品市场的建设，还有利于“抓大放小”发展非公有制经济，建立统一的社会保障制度等。应趁直辖市政府机构组建的机会，下决心少设专业机构、少设岗位职务，以“小政府、大社会”为原则。进行体制改革尝试，实行政企分开和国有资产的所有权与经营权分开，建立国有资产管理局、国有资产运营公司这样的国有企业运营、管理新体制。

“如果真正做到了这样，那么，重庆将从根本上改变国有企业当前在改革路上所面临的社会保障不力、政府机构职能不清、改革难以深入的被动局面。”作为老工业基地的重庆，一旦国有企业活了，几个世界级的难题也会在经济实力增强的前提下，容易更好地解决。

（《重庆日报》记者　杨　勇　任美荣）

重庆下一步

——访经济学家胡鞍钢教授①

胡鞍钢博士，经济学家。90年代初曾在美国耶鲁大学作博士后研究。现为中国科学院生态环境研究中心国情分析室主任、研究员，清华大学21世纪发展研究院教授。

对于设立重庆直辖市，胡教授认为，总体上可以看成是中央政府对中西部地区雪中送炭的重大举措。他解释道，改革开放以来，中国经济每年都保持两位数的高速增长，使历史的、地理的、人文的等种种因素形成的中西部与东部沿海地区发展不平衡状态，更加凸现出来。沿海地区已经进入经济社会的自我积累、自我投资的良性循环状态。而广袤的中西部地区，虽然资源相对丰富，但开发不足，没能形成经济优势；虽然曾对东部沿海地区的发展作出了一些支持，但差距却在拉大，同时，差距还呈逐渐扩大的趋势。有资料表明地区人均GDP相对差距1990年为29.4%，1993年上升为38.6%。

如何平衡呢？胡教授自问自答。有两种方式，一种是中央政府用财政转移支付的方式，另一种就是市场的作用，它包括商品，甚至劳动力由中西部向东部沿海地区流动。

基于上述背景的分析，胡教授评价重庆成为直辖市的意义。他认为，设立重庆直辖市是中央政府加快中西部的发展战略中的重要步骤。因此，中央政府希望重庆尽快扮演起长江上游乃至西南地区经济中心的角色。这个任务相当重，因为与京、津、沪这三个直辖市相比，重庆不在沿海，也没有新中

①本文原载于《重庆日报》，1997年4月22日。

国成立以来就开始的积累，先天不足。再加上 2/3 以上的人口在农村，城市化程度低，还有 300 多万贫困人口、100 多万移民，使得重庆迈向经济中心之路荆棘丛生。他指着手上的《重庆区县》画册说，重庆既要像其他直辖市一样发展城市经济，又要发展农村经济。在发展战略的确定上，就必须依据市情、区情，找准自己的比较优势和比较劣势，选择一种赶超型的战略。

胡教授认为，设立直辖市之后，重庆首先要给中央政府的一个交代是：创造一个高于全国平均水平，甚至全国最高的经济增长率。同时，重庆还应该组建全国最小、效率最高的政府机构，与市场经济接轨。他反问道，若不这样要求，中央政府干什么花这么大的力气设立重庆直辖市呢？重庆的示范作用和以后逐渐增强的辐射、带动作用，实际上都是向党中央、国务院、全国人民的回报和交代。

就在胡教授准备结束谈话时，他像想起了什么似的补充了一句："小平同志说的共产党人不是要做官，而是要做事的话，应该是重庆人举杯庆祝直辖后，好好思索体会的。"

的确，如果我们每个重庆人都认真思考自己下一步应做些什么事，那么，重庆迈出的下一步一定会坚实有力。

（《重庆日报》记者 杨 勇 任美栄）

世界关注重庆

——外国记者报道重庆直辖综述[①]

全国人大决定设立重庆直辖市以来，外国记者纷纷来渝捕捉新闻。今年上半年来渝的就达20批90人。他们分别来自日、美、英、法、德等11个国家，23家新闻单位。美国有线电视新闻网（CNN）、美联社，日本共同社、《读卖新闻》、《朝日新闻》、日本广播协会（NHK），英国路透社、《泰晤士报》、《金融时报》，法国《费加罗报》等世界知名的新闻媒体都派员来渝，NHK一月内派了三批7人次到重庆采访，他们除踊跃在我市举行的记者招待会上提问，采访有关主管部门外，还深入工厂、农村、街道实地调查、摄影，向国内发回了大量新闻，纷纷报道重庆直辖，提高了我市在国际上的知名度。

美联社《道琼斯新闻》记者在《亚洲华尔街日报》的头版和八版以“重庆地区雄心勃勃”和“重庆渴望成为经济巨人”，英国《泰晤士报》以“党致力于在长江的锅中舀取富裕——中国试图在经济贫困地区注入新的生命”为题报道我市直辖的消息。英国独立电视台用15分钟的节目报道了我市直辖。英国《经济学家》报道：“设立直辖市意味着重庆也能享受官方认同的被上海等沿海城市长期垄断的经济优惠政策和特权。”“迄今为止，除人口迅速增长外，中国的很多经济方面的增长重庆都没能沾上边。”英国《金融时报》以“北京让长江的‘龙尾’摆起来——重庆，中国人口最多的中心城市将成为直辖市”为题报道：“重庆成为一个内陆直辖市，是北京在行

①本文原载于《重庆日报》，1997年9月10日。

政举措上的大胆尝试。由此反映出领导层要将落后内陆地区发展起来的愿望……”“重庆将成为金融、贸易和高科技中心……长江上游的现代化工业城市。”德国《商报》4 月 7 日以“重庆正致力于振兴经济”为题报道：“重庆已经同北京、上海、天津一样成为只对中央政府负责的直辖市。”并说，“像雀巢、ABB 和西门子，一些跨国公司正在那里开设办事处，日本和德国的银行也在谈判设分行的问题”。

有的报道说：“重庆已成为世界最大的都市之一。这个位于长江边丘陵上的城市是一个巨大的工地，……到处都造高楼、开办新的商店和餐馆，建设新的工厂。对美好时代的向往成了人们的动力。”“香港亿万富翁李嘉诚花 22 亿元在重庆建一个购物城。”并引述一位香港老板的话：“重庆是一个任何投资者都不容忽视的城市。”

日本最大的半官方广播电视公司 NHK 于 5 月 20 日在黄金时段以半小时的时间，用大量篇幅介绍了以重庆为龙尾的中西部地区发展战略和重庆在这个战略及三峡工程中的地位和作用。日本《读卖新闻》、《每日新闻》、《经济新闻》、《朝日新闻》等都用相当多的篇幅报道了重庆直辖。

三峡工程举世瞩目，百万移民更使外国记者关注，来到重庆的外国记者无一不在报道中提到此事。《金融时报》报道说：“（大坝将使重庆形成一个）600 平方公里的巨大内海……万吨船队的通航无疑将使重庆成为交通枢纽。”日本《经济新闻》5 月 14 日以“三峡工程渐入佳境——对资金、移民的期待和不安”为题报道：“世界最大的三峡工程 11 月将正式截流。113 万人的移民也已开始。中央和地方政府对移民工作全力以赴。”

日本 NHK、《每日新闻》、《经济新闻》都报道了“不待水位上升提前搬迁的重庆市（云阳县）故陵村”和采访丰都、忠县石宝寨、万县等地移民的情况。绝大多数移民的态度是“服从大局，服从中央”。

日本 NHK 在电视节目中报道了我市交通拥挤的现状，也展现了我市两路口自动扶梯和市内交通发展前景。澳大利亚广播公司记者在沿长江采访时看着漂浮着污物的江水对陪同的我方人员说：“长江很美丽，应该加强保护。”

（《重庆日报》记者　刘均仁）

重庆——具有战略优势的大陆中心区域①

很多外国人都从未听说过中国最大的市——重庆。重庆原有人口1500万，经过直辖后的行政区划调整，重庆的人口增加一倍，达3000万。

尽管重庆较脏乱，但人们还是从周围农村大批涌入。他们身材矮小，通常穿着蓝色的短上衣，被重庆人称为“棒棒军”，用竹制扁担在肩上替雇主搬运电视机、卫生纸等需要运送的东西。重庆城山高坡陡仅是棒棒军出现的部分原因。同时人口众多意味着劳动力低廉，20公斤（44磅）货物搬运20分钟只需要大约2元钱（25美分），这比租用货车便宜。从棒棒军的观点看来，在重庆城里打工挣钱总比回家种田要好得多。

近来，山城棒棒们路过股票证券交易所时不得不小心翼翼地绕过从早到晚闹哄哄地聚集在一起的股民们，股票热笼罩着中国，重庆的股票热与中国的其他地区相比只有过之而无不及。

设立重庆直辖市，突出了重庆在建设规模浩大的长江三峡水利工程中所发挥的重要作用。三峡大坝建成后将出现一个从大坝沿长江逆流而上蜿蜒660公里的可供航行的巨大水库。重庆同时也承担起了安置三峡库区百万移民的任务。

最重要的是，设立直辖市还意味着重庆也能享受官方认同的被上海等沿海城市长期垄断的经济优惠政策和特权。迄今为止，除了人口迅速增长以

---

①根据英国《经济学家》（1996年12月7日）摘编；本文原载于《重庆日报》，1997年7月2日。

外，中国的很多经济方面的增长重庆都没能沾上边。尽管本世纪 90 年代有 1000 亿美元的外资涌进中国，但流向重庆的外国投资却仅有 7 亿美元。

重庆与外部世界的联系（交通、通讯）还需要大笔的投资进行进一步的改进和提高，货物从运出厂门到运抵中国大陆东海岸的长江入海口平均需要两星期的时间。另一方面，重庆所处的地理位置有利于帮助开发中国广袤的中西部不发达地区。成渝高速公路的修建意味着现在从重庆出发只需要 4 个小时即可抵达四川繁华的省会——成都。

重庆对与沿海发达城市发展关系和拓展贸易业务联系情有独钟。由于中国沿海经济发展出现的奇迹般的成功，重庆的“恋海情结”也是可以理解的。但这种“恋海情结”要冒忽略重庆自身作为特大城市内在的发展前途和潜在价值的风险。在日本东京、大阪等人口超过百万的大城市已经建立起了大范围的经济自治区域，日本的地区间铁路货运量只占日本全国运输总量的 14.7%，日本三个主要的人口超百万的特大城市间的货运贸易量仅占全国铁路运输量的 1.5%。在中国，相比之下，长期中央计划经济的遗留影响意味着在中国广袤大地上地区与地区之间高达 34% 的贸易额显得矫揉造作。在重庆设立直辖市的结果如果是进一步强化了重庆忽视邻近地区的趋向，那么设立重庆直辖市就会事与愿违，重庆市民也许会错过发展良机，继续与繁荣无缘。

（廖 忠 编译）

迈向新世纪的中国第四个直辖市①

重庆直辖市，位于中国西南部，地处长江上游：东西长470公里，南北宽450公里，面积8.23万平方公里；现辖13个区、4个县级市、18个县、5个自治县，总人口3042.9万，其中有土家族、苗族等少数民族人口172万，占5.7%。

重庆位于中国东部经济较发达地区和西部资源富集而相对落后地区的结合部，是中国西南地区和长江上游的经济中心。1997年全市国内生产总值1375亿元，比上年增长11.5%。其中第一产业实现增加值308亿元，增长4%；第二产业增加值582亿元，增长13.1%；第三产业增加值485亿元，增长14.7%。

重庆是中国近代工业发展较早的城市和重要的老工业基地之一，是全国重要的机械工业基地、综合化工基地、医药工业基地和仪器仪表基地。工业是全市经济的主体。重庆的工业以重工业为主，行业门类较全，配套能力较强。全市有各种类型的工业企业16万多户，其中国有大中型企业360户，独立核算工业企业固定资产原值800多亿元，均居全国前列。以汽车摩托车为主体的机械工业、以天然气化工和医药化工为重点的化学工业、以优质钢材和优质铝材为代表的冶金工业已成为支柱产业。机电设备、电子信息、建筑材料、食品、日用玻陶、日用化工等行业具有一定优势。

重庆农村地域广阔，多样的地形地貌和适宜的气候，为开发立体农业和

①本文原载于中国香港《文汇报》，1998年6月18日。

生态农业创造了有利条件。全市耕地面积 162.2 万公顷，农用耕地开发度较高，农林牧副渔全面发展，是全国重要的粮食主产区和商品猪肉生产基地。1997 年全市粮食产量 1185 万吨，出槽肥猪 1699.7 万头。重庆还是全国著名的优质柑橘、柚子、黄桃等水果和榨菜、桐油、烤烟的重要产地，桑蚕茧、家禽、茶叶、黄连等农产品也有较高的市场占有率。重庆乡镇企业已成为全市经济发展的重要组成部分，1997 年乡镇企业总产值达到 517 亿元，比上年增长 25.3%。

重庆得长江水运之利，长久以来就是中国西南地区和长江上游的物资集散地和商贸中心，是进出中国大西南的水上门户，商品流通兴旺发达。目前全市有各类消费品和生产资料综合市场 1000 多个，有粮油、肉类、蔬菜、水果等集贸市场 2300 多个，有各类商业、饮食业、服务业网点 40 多万个。1997 年全市社会消费品零售总额 507.9 亿元。重庆金融业基础较好，发展较快，市场活跃，已基本形成了以人民银行为领导，以国有商业银行为主体，其他商业银行、非银行金融机构及境外金融机构相结合的体系。交通银行重庆分行等一批商业银行已成为中国西南地区的区域性银行；一批外资银行正积极筹划在重庆开展金融业务。日本住友银行、加拿大丰业银行和香港宝生银行已在重庆设立分支机构。

重庆是中国较早实行对外开放的城市，对外经济发展较快。对外开放十多年来，重庆已与 120 多个国家和地区保持着经济贸易往来关系，在 28 个国家和地区建立了 70 多家企业和贸易机构。1997 年全市外贸进出口总值 16.78 亿美元，其中进口总值 8.98 亿美元，出口总值 7.8 亿美元。全市累计利用外资项目 2000 多项，兴办外商投资企业 2000 多家，实际利用外资 37.1 亿美元。国家级的重庆经济技术开发区和高新技术产业开发区，以及 10 个省级开发区已经成为重庆对外开放的窗口和外商投资的重点地区。

重庆科技教育实力较为雄厚，研究开发能力较强。全市有各类科研和技术开发机构近 1000 个，其中国家级和市级重点实验室、工程技术中心、企业开发中心 17 个，有各类专业技术人员 56 万多人，其中高中级专业技术人员 19 万多人。全市有各级各类学校 2.5 万多所，在校学生 400 多万人。有普通高校 25 所，博士学位点 52 个，硕士学位点 189 个，博士后流动站 5 个。

全市已基本形成了由基础教育、高等教育、职业教育、成人教育构成的教育体系。

重庆是长江上游和中国西南地区最大的水、陆、空交通枢纽和邮电通信枢纽。水运以长江黄金水道为依托，建有港口和客货码头数十个，开展了重庆经上海至海外的江海联运业务，千吨级轮船可终年通航。三峡工程建成后，万吨级船队可直达重庆。近年来，发展很快的高速水翼船运输，大大提高了长江水运的效益和竞争力。陆路交通有成渝、襄渝、川黔三条电气化铁路干线与全国铁路网相连；有成渝高速公路等 21 条干线公路，其中包括 17 条跨省公路构成的四通八达的公路网络。重庆江北国际机场已开辟了连接国内主要城市的 40 多条航线和直达香港、澳门、名古屋的班机，并开通了重庆经澳门至台北、高雄一机到底航线，以及到曼谷、新加坡、吉隆坡的包机。1997 年全市交通运输部门完成货运量 5929 万吨，客运量 2.73 亿人次；完成货物周转量 348.8 亿吨公里，旅客周转量 231.9 亿人公里。重庆是联系中国西南地区的邮电通信业务指挥调度中心。邮件通达世界 100 多个国家及地区，开展了与国内大中城市之间的商包直投、邮政快件、特快专递等业务和国际邮件互换业务。已建成重庆至武汉、西安、贵阳、昆明、成都的五条明线载波一级干线通信网和重庆至武汉、西安、成都的三条大通路载波铜轴电缆；已建成卫星通信地球站，开通 180 多个国家和地区的直拨电话；主城区电话号码升至 8 位，所有区县均进入全国电话程控交换网，已开通程控电话 150 万门，电话用户 132 万户。

重庆是历史文化名城，有 3000 多年历史。因境内嘉陵江古称渝水，故今简称“渝”。巫山龙骨坡古人类遗址考古发现，200 万年前这里就有早期人类活动。重庆是巴渝文化发祥地，东部的“大溪文化”和西部的“铜梁文化”也是旧石器文化和新石器文化的典型代表。巴人是这里的先民。公元前 11 世纪，巴国先后在渝中区、涪陵区建都。公元 1189 年，宋光宗赵惇在渝先封恭王后即帝位，自诩“双重喜庆”，重庆由此得名。1891 年开埠，1929 年设市。抗战时期曾为国民政府“陪都”。新中国成立初期，重庆是中央直辖市。重庆境内自然风光和人文景观极为丰富，相互交融，是中国旅游资源最富集的地区之一，发展旅游业具有显著优势和良好条件。目前已开发出 20 多个大景区的 300 多处旅游参观点。其中长江三峡、江津四面山等四处为国家级风景名胜区，大足石刻、合川钓鱼城、红岩革命纪念馆、涪陵白鹤梁、巫山龙骨坡遗址等七处为国家级重点文物保护单位。旅游业正作为全市新的经济增长点和支柱产业加以培育。1997 年全市接待国内旅游者 1850 万人次，旅游收入 64.7 亿元；接待海外旅游者 25.9 万人次，创汇 1.05 亿美元。重庆正处于长江三峡工程库区，面临着繁重的移民和搬迁任务。全市受淹没地区涉及 18 个区县及主城区部分河滩地。到 2009 年三峡工程建成时，全市将要搬迁安置移民约 107 万人。三峡库区是中国的贫困地区之一，百万移民搬迁给库区经济发展和农民脱贫致富带来了历史性机遇。中央确定的“开发性移民”方针，已使率先搬迁的农民逐步走上了脱贫致富的道路。三峡库区作为全国对口扶贫支援地区，已与国内 22 个省、市建立对口支援关系，一批国内名牌产品已落户库区，并且产生了显著的社会经济效益。三峡库区正日益成为境外的大公司、大财团看好的极具潜力的投资热点地区。

世纪之交，重庆市的发展举世瞩目，任重道远。重庆将抓住机遇，深化改革，扩大开放，加快发展，努力实现新的振兴！

搬得出　稳得住　逐步能致富

——重庆市认真抓好三峡库区移民工作[①]

重庆市人民政府新闻办公室

重庆市委、市政府高度重视移民工作。把移民工作纳入各级党委、政府的目标任务考核，形成了“党委统一领导，政府全面负责，职能部门综合管理”的工作局面，推动了移民工作的顺利进行。

重庆是三峡库区的主要淹没区，正常蓄水位175米，淹没涉及江津以下18个区、市、县，各类淹没实物指标总量占整个三峡库区85%左右。主要涉及10个县城，到三峡工程建成时，重庆库区将规划动迁安置103万人。

1993年至1997年为三峡库区一期移民阶段。五年来，重庆库区移民工作在整体上实现了有计划地全面推进。截至1997年底止，重庆库区累计完成移民项目投资44.73亿元，共完成城乡移民搬迁近5万人。1997年9月，重庆库区一期水位移民工作通过了国家的正式验收，保证了三峡工程大江截流的需要。

重庆库区二期移民的基本任务是：静态总投资达147.59亿元，搬迁移民44.9万人，其中农村移民生产安置13.2万人。平均每年搬迁移民7.4万人。

二期移民任务主要是由重庆库区承担，因此重庆库区移民工作总的指导思想是：全面落实党的十五大精神，坚定地贯彻开发性移民方针政策，进一步抓住机遇，迎接挑战，强化领导，奋力攻坚，不断探索移民迁建安置的有

---

①本文原载于中国香港《文汇报》，1998年6月18日。

效途径，圆满完成二期移民任务，促进库区经济发展，保持库区社会稳定，为确保2003年三峡工程蓄水发电的顺利实现而努力。采取的主要措施是：

第一，统一思想，加大组织领导力度。第二，抓住重点突破难点，分类指导。第三，对外开放，深化对口支援工作。第四，加强管理，健全政策法规体系。第五，转变作风，强化干部队伍建设。

我们坚信，在党中央、国务院的正确领导下，在中央各部委和兄弟省市的大力支持下，只要我们充分利用库区移民的优惠政策，调动各方面积极因素，依靠库区广大干部和群众，团结一心，开拓进取，就一定能够夺取二期移民攻坚战的胜利，实现库区移民搬得出，稳得住，逐步能致富的目标，完成库区移民和经济发展的历史重任，把库区建成一个经济繁荣，环境优美，人民安居乐业的新型经济区。

对中共设立重庆直辖市之研析（节录）[①]

一、前言

中共八届人大五次会议于1997年3月14日通过决定，批准设立重庆直辖市，撤销原重庆市。这是继北京、上海和天津之后，中共设立的第四个直辖市。中共在决定中指出：重庆直辖市管辖原重庆市、万县市、涪陵市和黔江地区所辖行政区域；重庆直辖市设立后，由国务院依据宪法和有关法律的规定，对其管辖的行政区域的建置和划分作相应的调整。

原重庆市面积23114平方公里，人口1520万人，是中国大陆最大的城市，比上海、北京、天津三个直辖市人口均多（这三个直辖市人口分别是1301万、1070万、895万人），升格为直辖市后的重庆面积扩大为82400平方公里，总人口增加为3022.8万人（1996年底统计），由于面积大、人口多，成为中国大陆一个独特的直辖市，也成为世界上人口最多的市。

被中共喻为中西部发展“领头羊”和长江经济巨龙“龙尾”的重庆市，将是大陆中西部地区第一个中央直辖市，拥有计划单列市所没有的一些权限，如地方立法权。以其特大城市及大陆西南部和长江上游最大的经济中心城市和重要的交通枢纽的地理优势，将有助于中共“长江发展战略”和“中西部发展战略”的推动，并产生深远影响。至于重庆市今后的发展，亦将进入机遇与挑战并存的新局。

行政区划是国家的一项大政，设置是否科学合理，对一个国家的政治、

---

①根据中国台湾地区《中共研究》，1997年8月，第31卷第8期。

经济、文化、民族等各方面，都会产生重大的影响，是关系到国家长治久安的大事，不可等闲视之。无疑，中共设置重庆直辖市，是一项战略性举措。本文将对中共设置重庆市的背景、战略意图，以及可能产生的影响，从行政区划的角度切入，探讨中共为何将达到设省标准的重庆作直辖市的建制，并评估重庆市能否承担这一历史性任务，并对重庆市今后可能的发展提出预测。

二、中共筹设重庆直辖市的经过

（一）政策由来

四川省面积57万平方公里，在全大陆30个省市区中排名第五；1995年的人口高达11300多万人，是大陆人口最多的省份；但人均GDP在30个省区中，却排名第23，居倒数第8。

近几年来，中共中央针对四川省因面积过大、人口过多、管理困难、负担过重，以及为安置三峡工程百万移民等问题苦思对策。在政策选择中，有三个方案曾被列入考虑：一是变更四川省的行政区划，把重庆从四川省分割出来另建省；二是将“两市一地”（万县市、涪陵市、黔江地区）纳入重庆市，并将重庆升格为直辖市；三是将重庆市直接升格为直辖市。在秘而不宣的情况下，中共对这三个方案进行审慎的评估研究。在评估的过程中，有23位国务委员以上的党和中央主要领导人先后到重庆视察。

三个方案经中央政治局常委讨论后，最后选定第二案。此项讯息见之于1996年8月下旬中共国务院在转发四川省委及省政府办公厅的一份内部文件。该文件要点是：

1. 中共中央决定将重庆市筹建为继北京、天津、上海后的第四个直辖市，在次年八届人大五次会议中审议通过后实施。

2. 重庆在建立直辖市之前，应先行展开行政区划调整，由四川省及重庆市、万县市、涪陵市和黔江地区等领导干部共同组成重庆市代管“两市一地”筹备领导小组，先期筹划代管事宜。

3. 特别要求重庆改设直辖市的工作，要避免四处宣扬，所有新闻单位须在“人大”此案批准通过后，才能进行相关内容的报道。

9 月 13 日，四川省和筹备小组共同研商具体工作事宜，商定原来由四川省负责之工作，延续至当年底，省应拨资金不因代管受到影响，与重庆市做好工作衔接；三峡库区移民规划由省移民办公室负责到年底后，移交重庆办理；充实并加强重庆领导班子。

9 月 15 日，重庆市正式代四川省对“两市一地”行使党政、经济与社会发展及三峡库区移民工作等管理职能。

（二）李鹏在“人大”的说明

中共省级行政区划的变更有明文规定，需要提报人大审议。

根据中共国务院 1985 年 1 月 15 日公布实施的《关于行政区划管理的规定》，省、自治区、直辖市、特别行政区的设立、撤销、更名，由国务院牵头，民政部及有关部、委参加，在反复调查研究，并征求有关各级地方行政机关、权力机关和专家学者、当地居民意见的基础上，进行多方案综合比较，拟定最佳变更方案，经国务院讨论同意，以国务院总理的名义提出议案，报请全国人民代表大会审议决定。重庆直辖市的设立即遵照此规定办理。

中共国务院总理李鹏在 1997 年 3 月召开的八届人大五次会议上说：“设立重庆直辖市是经过中央、地方反复酝酿、研究才提出来的，中央、国务院希望通过这次行政区划的调整，来减轻四川的压力，搞好三峡百万之众的开发性迁移，全面实施长江经济战略。设重庆直辖市是本世纪末和 21 世纪初加快中西部发展的一个重大战略举措。为了充分发挥重庆市作为特大经济中心城市的作用，进一步推动川东地区以至西南地区和长江上游地区的经济和社会发展，并且有利于三峡工程建设和库区移民的统一规划、安排、管理，同时解决四川由于人口过多和所辖行政区域过大、不便管理的问题。国务院经过认真研究、反复论证，拟设立重庆直辖市。”

（三）人大的审查意见

中共人大代表们在审议重庆升格议案时，从现实意义及长远意义两方面通过此议案，指出：

1. 在现实意义方面

原四川人口过亿，幅员 57 万平方公里，过大的范围及庞大的人口已对四川形成了巨大的压力，行政管理上难免顾此失彼。

三峡库区将有百万民众要迁移，简单的赔偿性迁移显然不足以解决这一世界级难题。要完成这个开发性移民的核心便是库区经济的大发展，需要行政上的强有力统一管理。三峡库区需要一个业主、一个法人、一个精力可以全部集中的责任人。

2. 在长远意义方面

自1992年起，长江开发战略开始实施，“龙头”上海率先昂起，同年，兴建三峡工程定案。三峡工程的兴建，将在重庆至大坝之间形成一个长达600公里的库区，到2009年，累计在库区的投资数百亿元人民币，既能安置百万移民，又能建设出经济发达的开发示范区。设立重庆直辖市，就是要让这项巨额的投入发挥最大的效益。

长江“龙头”是上海浦东，“龙尾”是重庆一带。现在“龙头”已强劲地舞起来了，但“龙尾”如果老是摆不起来，那么整个长江经济带，以至中国的中西部也很难有大的改观。实现“龙尾”经济的腾飞，才能实现“龙头”“龙尾”的互动。

如果长江上游这个面积达82000平方公里的区域能率先发展起来，对整个中西部地区无疑是一个成功的示范与有力的带动。设立重庆直辖市是中国整体战略发展大构想的一个伟大设计。

……

七、结语

（一）重庆直辖，肩挑三大重任：发挥长江上游经济中心作用；探索超大城市带动大农村经济发展的新路子；完成三峡工程百万移民重任。如果一切顺利，重庆市完成这三项任务，则将产生三大战略影响：重庆成为长江上游经济中心，带动和辐射西南经济的发展，把大陆中西部战略推向深入，平衡东西部发展；可以完成大城市带动大农村的试验，加快中西部城乡一体化的进程，有助达成中共到本世纪末解决贫困问题的决心；可以通过发挥直辖市的行政调控作用，完成三峡百万移民任务，使全世界最大的水力发电厂顺利完成。准此以观，重庆这个西南重镇地位的提高，将促使长江经济巨龙腾飞，是中共中央调整产业布局，经济建设重心由沿海向中西部延伸的重大战略决策，是促使东中西协调发展的重要之举。然而要收到这些成效，并非一蹴可及。

（二）直辖后的重庆首先面临着安置107万移民，发展库区经济的艰巨任务，还面临着近400万人口的脱贫，更面临着重庆老工业基地衰败，百业待举以及大片农村如何发展的一系列艰困难题。重庆市要完成这些任务，除非中共在政策上给予更多的优惠和权限，在财政上大力支援，利用外资的环境也能快速改善，使外商愿意深入内陆投资，否则在短期之内重庆设直辖市的预期战略影响将难以完全发挥出来，甚至有可能形成“农村包围城市”，使重庆演变为大陆城市中问题最为严峻的城市。

（三）比较值得注意的是，重庆从地级市升格为直辖市，管辖区域扩大数倍，这是中共行政改革的一大尝试。借由行政层级的提升，提高行政效率，杜绝官僚主义，并借由特大城市行政层的提高，促使其有效发挥对邻近省份地区经济发展的辐射和带动作用，促进整个地区的经济繁荣。此外，亦可借此缩小原来省区面积过大、省府包袱太大的问题，加快城乡发展。至于直辖市面积的大幅扩大，将可加速城市化进程，有助经济现代化。因此，未来中共可能借鉴重庆市改革经验，增加直辖市的数目，以促使大陆行政区划趋于合理化，以利市场经济体制的建立和发展。

后 记

本书从2016年初开始筹划，历时一年，终于完成了任务。

本书由重庆市地方史研究会立项编纂。重庆市地方史研究会会长周勇教授亲历了1997年的重庆直辖，曾参与了1998年本会编纂《设立重庆直辖市纪实》的工作。此次编纂《重庆直辖时刻》，由周勇牵头负责，确定纲目、整理资料、选取文献、编辑注释、审定书稿。重庆市地方史研究会秘书长黄晓东以及汪浩、唐伯友、郭金杭、周敏、周昌文、李维、熊定富等参加了资料搜集、整理工作，重庆出版集团别必亮、曾海龙参加了书稿纲目的讨论。

我们要感谢1998年重庆市地方史研究会、重庆市政协文史资料委员会编纂《设立重庆直辖市纪实》一书时的主编孟广涵，和编辑组李书敏、徐朝鉴、李宗杰、李青光、文国伟等同志，他们当年付出的辛劳，是我们得以大踏步前进的基础。感谢给予我们支持的市委办公厅、市政府办公厅、市政协办公厅、市地方志总编室、市委党校、重庆日报社、重庆晚报社等单位。

感谢重庆日报报业集团总裁向泽映、重庆日报总编辑张小良的大力支持。在过去20年中，他们开发了"重庆日报电子检索系统"，成为我们重要的资料来源，也是我们能够较快完成编纂任务的技术保证。在此过程中，集团总裁办、档案科的陈新等年轻同志给我们提供了许多工作的方便。

感谢重庆市图书馆、中国民主党派历史陈列馆、《红岩春秋》杂志社、重庆长风齿轮有限公司在资料搜集方面的大力支持。

感谢重庆出版集团30年来对重庆市地方史研究会研究工作的高度关注和大力扶持。在这本书的编纂过程中，总编辑陈兴芜，重点图书编辑室主任别必亮、副主任曾海龙同志，他们对本书的选题、纲目、出版方面，给予了大力帮助。

特别需要说明的是，尽管时间已经过去了20年，重庆直辖的文献史料仍然有相当部分还藏在档案室中，还没有成为可供学者方便使用的历史档案。因此，尽管我们尽了很大的努力来披露其中的重要内容，但也仅限于已经公开的部分。我们期待更多的直辖档案，能够公之于世，进入寻常百姓之家，让我们能够走进直辖的历史，能够还原直辖的历史，了解直辖的历史，从而更加理解重庆的沧桑巨变，更加热爱这座城市，热爱这个伟大的时代。

我们也深知，由于我们的水平和条件所限，不论是资料搜集，还是历史梳理、材料编排，都有许多不尽如人意之处，期待读者指正。

编　者

2017年2月11日